Links–Nietzscheanismus II

«Aufrecht geht mir bei Zeiten,
oh meine Brüder, lernt aufrecht gehn!»
(Nietzsche, *Also sprach Zarathustra*)

Gewidmet meinen Gefährtinnen und Gefährten
im Kampf um die Befreiung.

Paul Stephan

Links–Nietzscheanismus

Eine Einführung

Band 2: Aneignungen Nietzsches

Schmetterling Verlag

Bibliografische Informationen der Deutschen Nationalbibliothek
Die Deutsche Nationalbibliothek verzeichnet diese Publikation in der Deutschen Nationalbibliografie; detaillierte bibliografische Daten sind im Internet über http://dnb.d-nb.de abrufbar.

Schmetterling Verlag GmbH
Libanonstraße 72A
70184 Stuttgart
www.schmetterling-verlag.de
Der Schmetterling Verlag ist Mitglied von aLiVe,
der assoziation Linker Verlage.
ISBN 3-89657-049-8
1. Auflage 2020
Printed in Poland

Satz und Reproduktionen: Schmetterling Verlag
Druck:sowa, Warschau, Polen

Inhalt

Dieser zweite Band der Studie *Links–Nietzscheanismus. Eine Einführung* ist nur bedingt verständlich ohne die Kenntnis des ersten Teils, der die Einleitung des Gesamtprojekts, methodologische Reflexionen, eine Interpretation Nietzsches sowie auch das Schlusskapitel der Studie beinhaltet.

I. Anarchisten, Künstler und sonstige Spinner: Nietzsche bis zum Ersten Weltkrieg

Bis zu seinem geistigen Zusammenbruch im Januar 1889 in Turin kann man weder von einer linken noch von einer rechten Nietzsche-Rezeption sprechen – es fand (mit einer gewichtigen Ausnahme) außerhalb von Nietzsches (nicht sehr großem) Freundeskreis keine nennenswerte Aneignung statt. Seine Bücher blieben nahezu ungelesen, unverkauft und unbesprochen, selbst seine Freunde hatten wachsende Probleme, Nietzsches immer unkonventioneller werdenden Gedanken zu folgen. Nietzsche fühlte sich zunehmend unverstanden. Er reflektiert diese Vereinsamung in seinen Werken, etwa in der *Vorrede* des *Zarathustra*, doch tut er meistens so, als ob sie ihn nicht stören würde. Er wisse ja um seine Auserwähltheit und bedürfe der Anerkennung des «Pöbels» nicht. «Ich selber bin noch nicht an der Zeit, Einige werden posthum geboren»[1], schreibt er und: «Erst das Übermorgen gehört mir.»[2]

Der ‹Größenwahn› seiner späten Schriften kann in dieser Hinsicht auf zweierlei Art interpretiert werden: Auf den ersten Blick wirkt es schlicht so, als wollte sich Nietzsche hier gegenüber den ihm zugefügten Kränkungen immunisieren und sich deshalb in einen ins Wahnhafte übergehenden Narzissmus versteifen. Doch geht man damit Nietzsche nicht vielleicht auf den Leim? Der Kommentator Andreas Urs Sommer, der von Nietzsches «maximalem Wirkungswillen»[3] spricht, gibt jedenfalls zu bedenken, dass man den immer schrilleren, lauteren, polemischeren Ton, den Nietzsche in seinen letzten Schriften anschlägt, auch als Strategie interpretieren könnte, auf diesem Wege Aufmerksamkeit auch für seine nachdenklicher und differenzierter argumentierenden früheren Werke zu generieren.[4]

1 EH *Bücher* 1.

2 AC *Vorwort.*

3 *Nietzsche und die Folgen*, 64. Diese kleine Monographie ist als knappe Einführung in Nietzsches Leben, sein Werk und seine Wirkung auf dem neusten Stand der Forschung sehr zu empfehlen.

4 Vgl. *Kommentar zu Nietzsches Der Antichrist, Ecce homo, Dionysos-Dithyramben, Nietzsche contra Wagner*, 335–340. Der Heidelberger

Dafür sprechen eigene Aussagen Nietzsches[5] – und sein Kalkül sollte auch aufgehen, denn mit den letzten Schriften begann in der Tat Nietzsches Aufstieg zu einem der führenden Autoren seiner Zeit binnen weniger Jahre. Der schrille Ton seiner letzten Schriften kombiniert mit seinem geistigen Zusammenbruch, der ihn erst recht als eine Art ‹Seher› erschienen ließ, der an der Tiefe seiner eigenen Gedanken zerbrochen war: Diese Mischung war es, die Nietzsche schnell zu einer Kultfigur werden ließ (und sein Image bis heute prägt).[6] «[N]ach einer Gestalt, faszinierender als die des Einsiedlers von Sils Maria, sieht man sich in aller Weltliteratur und Geistesgeschichte vergebens um» (235), schrieb Thomas Mann (1875–1955) in seinem Text *Nietzsches Philosophie im Lichte unserer Erfahrung* von 1947.

Der aufmerksame Zeitbeobachter Harry Graf Kessler, auf den wir noch zurückkommen werden, notierte schon 1895 in sein Tagebuch: «Es giebt wohl heute in Deutschland keinen leidlich gescheuten studierten oder gebildeten Mann von zwanzig bis dreissig Jahren, der nicht Nietzsche einen Teil seiner Weltanschauung verdankte oder doch mehr oder weniger von ihm beeinflusst wäre.»[7] In seinen Erinnerungen *Gesichter und Zeiten* schreibt er:

> In uns entstand ein geheimer Messianismus. Die Wüste, die zu jedem Messias gehört, war in unseren Herzen; und plötzlich erschien über ihr ein Meteor Nietzsche. [...] Die Art, wie Nietzsche uns beeinflußte, oder richtiger gesagt in Besitz nahm, ließ sich mit der Wirkung keines anderen zeitgenössischen Denkers oder Dichters vergleichen. Er sprach nicht bloß zu Verstand und Phantasie. Seine Wirkung war umfassender, tiefer und geheimnisvoller. Sein immer stärker anschwellender Widerhall bedeutete den Einbruch einer Mystik in die rationalisierte und

Nietzsche-Kommentar ist ein äußerst hilfreiches Werkzeug vor allem hinsichtlich der Quellen Nietzsches, auch wenn die Qualität zwischen den Bänden bisweilen schwankt.

5 So schreibt er etwa an seinen Verleger Contantin Georg Naumann: «Diese Schrift [GD], deren Umfang nicht beträchtlich ist, kann vielleicht auch in dem Sinne wirken, die Ohren etwas für mich aufzumachen: so daß jenes Hauptwerk [Gemeint ist ein geplantes Buch mit dem Titel *Umwerthung aller Werthe*] nicht wieder solchem absurden Stillschweigen begegnet wie mein Zarathustra.» (Bf. v. 7.9.1888; Nr. 1103)

6 Mir ist sogar schon die, von der Forschung freilich nicht gedeckte, Theorie zu Ohren gekommen, dass Nietzsche seinen Wahnsinn nur simuliert habe, um endlich berühmt zu werden.

7 28.1.1895; Bd. 2, 320.

> mechanisierte Zeit. Er spannte zwischen uns und dem Abgrund der Wirklichkeit den Schleier des Heroismus. Wir wurden durch ihn aus dieser eisigen Epoche wie fortgezaubert und entrückt.[8]

Als wesentlichen Punkt von Nietzsches Philosophie benennt Kessler dabei die als «neue[] Sittlichkeit gepredigte heroische Gesinnung»[9], den Glauben an starke Persönlichkeiten als unabdingbare Träger der Kultur.

Die ‹glückliche Fügung› seines mentalen Kollapses erklärt freilich keineswegs allein, warum Nietzsche in so kurzer Zeit vom *no name* zum *must read* mutierte. Ganz offensichtlich hatten plötzlich sehr viele Menschen das Gefühl, dass seine Werke etwas Wesentliches enthalten würden, das auch ihrer eigenen Weltsicht entsprach und ihr einen glaubwürdigen Ausdruck verlieh. (Insofern ist es fraglich, ob wirklich, wie Kessler schreibt, seine Leser ihre Weltanschauung zu einem Teil Nietzsche verdankten – vielmehr müsste man korrekt formulieren, dass sie in Nietzsche etwas vorfanden, was sich in ihre unabhängig von aller Lektüre geformte Weltanschauung sehr gut integrieren ließ und ihnen half, aus ihr eine einigermaßen konsistente Ideologie zu formen.)

Was Nietzsche seine in dieser Zeit fast durchweg fortschrittlich (also freigeistig, links und/oder liberal) geprägten Interpreten einte und ihm zu seinem Ruhm verhalf, lässt sich auf den Begriff des Individualismus bringen: Nietzsche wurde als Prophet einer ganz neuen, auf Selbstverwirklichung und Befreiung der Leiblichkeit basierenden Weltanschauung verstanden, die seine Fans als Heilmittel gegen die moderne Welt und ihre Pathologien betrachteten. Wie bereits erwähnt, war Deutschland in jenen Jahren eine Boomnation, eine aufsteigende Supermacht. Schon allein durch die Größe seiner Bevölkerung und seines an Bodenschätzen damals reichen Territoriums war es geradezu prädestiniert, zur Führungsmacht des europäischen Kontinents aufzusteigen – und die politische Elite setzte, erst recht unter Wilhelm II. (1859–1941), alles daran, dass es durch ein gigantisches Flottenbauprogramm und eine aggressive Kolonialpolitik auch zu einer wichtigen Weltmacht aufsteige.

Eine von Nietzsches Kerndiagnosen war gewesen, dass vielleicht nicht die Modernisierung schlechthin, wohl aber die Art

8 199–210.
9 Ebd., 210.

und Weise, wie sie in Deutschland von statten ging – ihr ungeheures Tempo, die durch sie hervorgebrachten wachsenden sozialen Konflikte, die Ausbreitung der modernen städtischen Lebensart und der mit ihr einhergehenden Probleme, die beginnende kapitalistische Naturzerstörung – die Kultur vor ganz neue Aufgaben stellte, auf die die bisherigen Ideologien keine Antwort wussten. Insbesondere die stetig an Bedeutung gewinnende linke Ideologie sah er nicht als eine adäquate Antwort an, sondern erblickte in ihr einen radikalen Modernismus, von dem er fürchtete, dass er die bestehenden Probleme erst recht verschärfen würde. Gegen die linke Ideologie und den Mainstream-Konservativismus gleichermaßen galt es, eine *andere Moderne* zu konzipieren – wofür Nietzsche kein Patentrezept lieferte, wohl aber, aus der Sicht seiner Fans, die richtigen Fragen aufwarf und die richtigen Anregungen gab. Er wurde so vor allem für Außenseiterfiguren interessant, die in der Gesellschaft des Kaiserreichs für sich keinen Platz sahen – darunter auch zahlreiche Linke, die Nietzsches Kritik auch am linken Modernismus plausibel fanden. Der Faschismus existierte als Ideologie noch überhaupt nicht: Es ging diesen Leuten nicht darum, gegen Monarchie und Republik – in Frankreich hatte sich ja inzwischen gezeigt, dass es möglich war, eine einigermaßen stabile republikanische Ordnung zu begründen – gleichermaßen eine ‹Diktatur der Ordnung› zu begründen, sie arbeiteten ganz im Gegenteil an einem Weltbild, dass das Individuum und seine leiblichen Bedürfnisse ins Zentrum rückte.

Vieles an dem Geist jener Jahre kommt uns aus heutiger Sicht eigenartig vor – bereits Adorno etwa mokierte sich wiederholt über den Kitsch jener Zeit und gerade auch ihrer Nietzsche-Interpretation. Es scheint manchmal so, als stünde uns die Zeit vor 1890 im Grunde näher. Und doch sollten wir in ihr ein beeindruckendes Laboratorium der Moderne erblicken, das Ideen entwickelte, die demonstrieren, dass der Verlauf der Geschichte ab 1914 vielleicht keine Notwendigkeit gewesen ist: Vor 1914 formierte sich, mit Nietzsche als ‹Apostel›, eine Gegenbewegung gegen die moderne Massengesellschaft, die, wäre sie siegreich gewesen, das Kommende vielleicht hätte verhindern können. Vielleicht waren jene Jahre die letzte Blütezeit wirklicher Humanität und sie erscheinen uns heute als ‹naiv› und ‹kitschig›, weil wir uns längst an ein Leben nach den Katastrophen des 20. Jahrhunderts, die in Schützengräben des Ersten Weltkriegs – wenigstens innerhalb Europas[10] – ihren Anfang nahmen, gewöhnt haben. Vielleicht hilft uns die Beschäftigung mit jener Periode, uns unserer eigenen Brutalisierung gewahr zu werden und uns der Begrenztheit unseres Zynismus innezuwerden.

Wenn es nun insbesondere die Idee einer freien Individualität und einer befreiten Leiblichkeit waren, die die ersten Nietzsche-Rezipienten umtrieben, dann ist es wenig verwunderlich, dass es ausgerechnet Nietzsche war, auf den sie stießen. Natürlich hatten diese Motive schon immer eine Rolle gespielt, doch niemand hatte sich mit den Konzepten von innerer Befreiung und Befreiung der Leiblichkeit so intensiv befasst wie Nietzsche und sie derart konsequent in das Zentrum seines Denkens gerückt. Der Leib war prominent von Schopenhauer als zentrales Thema in die Philosophie eingeführt worden – natürlich hatte er schon immer eine Rolle gespielt, doch kein Philosoph vor ihm hatte den Menschen derart konsequent als durch und durch leibliches Wesen bestimmt. Er hatte allerdings noch nicht seine Befreiung verkündet, sondern im Gegenteil für die Askese Partei ergriffen. Seine Befreiung war prominent von Ludwig Feuerbach zum Thema gemacht worden – doch das auch noch nicht in der Schärfe und Konsequenz, die Nietzsche ihr geben sollte. Zumal Feuerbachs Leibkonzept noch immer sehr ‹klassisch› war: Er sah den Menschen als grundlegendes gutes, liebendes Wesen an und erhoffte sich von der Zerstörung leibfeindlicher Ideologien wie dem Christentum einen Fortschritt in der Humanität. Nietzsche verband gewissermaßen Feuerbach und Schopenhauer und hatte keine Probleme damit, offen auch für die Befreiung der ‹hässlichen› und ‹bösen› Aspekte des Leibes zu plädieren. Damit betrat er eindeutig philosophisches Neuland, das hatte vor ihm noch niemand so klar gesagt.

Was den Individualismus betrifft, gab es vor Nietzsche nur einen bedeutenden Denker, der die Befreiung des Individuums zu einem zentralen Anliegen gemacht hatte: den Linkshegelianer und Feuerbach-Kritiker Max Stirner (1806–1856), der in seinem Hauptwerk *Der Einzige und sein Eigentum* (1844), zugleich sein einziges, die unbeschränkte Freiheit des Einzelnen

10 Europa reimportierte ja nur den Schrecken seiner kolonialen Unterdrückungsregimes, den es jahrzehntelang weitgehend draußen gehalten hatte (von wenig Ausnahmen wie Irland abgesehen). Im Grunde nicht viel anders als heute: typische europäische Bigotterie, den nackten Terror, auf dem die eigene Humanität basiert, outzusourcen – und effektiv.

vertreten hatte – nicht nur gegen die Kirche, sondern auch die gesamte tradierte Metaphysik inklusive Hegel, den Staat und den Kommunismus. Bei Stirner spielt die Befreiung *des* Leibes freilich nur eine untergeordnete Rolle. Es ist klar, dass Stirners Philosophie letztendlich wenig attraktiv ist, ist aufgrund ihrer Radikalität doch gänzlich unklar, worin das «Wozu» der Befreiung noch liegen könnte. Stirner wurde jedoch in genau der Zeit, in der Nietzsche populär wurde, wiederentdeckt und mit Nietzsche oft in einem Atemzug genannt. Die beiden waren Konkurrenten im Kampf darum, welcher Philosoph einen besseren zeitgemäßen Modernismus artikulierte – einen Kampf, den Nietzsche klar für sich entschied. Wir werden auf diese Thematik *en detail* noch zurückzukommen haben, ist diese ‹Nietzsche-Stirner-Kontroverse› doch ein nicht unwichtiger Bestandteil der Geschichte des Anarchismus.

Die Verbindung von einem anspruchsvollen Begriff der individuellen Befreiung von ideologischen und politischen Zwängen mit einer klar antikapitalistischen Schlagseite in Kombination mit einer gegen die moderne Industrialisierung des Lebens gerichteten Lehre von der Befreiung des Leibes und der Rückwendung zur Natur in ihrer ganzen Fülle: Diese Melange ließ Nietzsche in den 1880er-Jahren als abseitigen Spinner erschienen, nun war sie plötzlich zum Gemeingut geworden. Sie war für breite Schichten derart attraktiv und evident, dass andere Elemente von Nietzsches Denken mitunter völlig in den Hintergrund gerieten.

Doch auch diese inhaltliche Übereinstimmung mit dem Geist der Zeit reicht noch nicht hin, um Nietzsches Erfolg zu erklären. Er hängt nicht zuletzt damit zusammen, dass er diesem Inhalt auch eine adäquate sprachliche Form verlieh. Ein Philosoph, der Aphorismen nicht als nebensächliche Spielereien betrachtet, sondern fast ausschließlich in Aphorismen und anderen Kurzformen schreibt, dessen Stil zugleich reich an interessanten neuartigen Metaphern, Assoziationen und Paradoxien ist: Das hatte es noch nicht gegeben und das entsprach genau dem modernen Bedürfnis nach einer schnellen Lektüre, nach Effekten und Neuartigem. Nietzsche ist nicht nur der erste Kritiker der modernen Massenkultur – er ist zugleich auch der erste Philosoph, der sich ihr in seinem Schreiben vollständig angepasst hat und einen ‹edelfeuilletonistischen› Stil in die Philosophie eingeführt hat, der epochemachend war. Was in den 1880ern als schlampig und absonderlich gegolten hatte, galt nun als Muster zeitgemäßen Schreibens und Nietzsche als «das Erdbeben der Epoche [und] nach Luther das grösste Sprachgenie»[11]. Nietzsche war der erste Pop-Philosoph – in dem doppelten Sinne, dass er systematisch mit Knalleffekten zuungunsten der inhaltlichen Stringenz spielte und der Philosophie zugleich eine neue Popularität durch einen neuen Bezug zur sozialen Wirklichkeit verlieh. Er schreibt für Eilige, er schreibt im Grunde einfach, setzt keinen allzu großen Bildungshorizont voraus, verlangt wenig Geduld – und doch wirkt er nicht flach, sondern tiefsinnig. Nietzsche macht etwas, was sich kein Philosoph vor ihm in dieser Konsequenz traute: Er schreibt *geil*; er spricht nicht nur zum Kopf, sondern auch zum Herzen und vielleicht sogar zum Unterleib. Und er versteht es, den Leser als *je einzelnen* zu adressieren und nicht als Teil eines anonymen Publikums. Er verleiht seinen Lesern das Gefühl, sich allein durch ihre Lektüre von der tumben Masse abzugrenzen und irgendwie etwas ‹Besonderes› zu sein, Teil einer erlesenen Elite von auserwählten Eingeweihten – genau dieses Gefühl zu bekommen wurde um 1900 erstmals zu einem *massenhaften* Bedürfnis.

Diesen Aspekt von Nietzsches Stil kann man auch sehr kritisch sehen – doch es ist einfach so, dass jede Epoche den zu ihr passenden Stil mit Notwendigkeit hervorbringt. Die antiken Philosophen schrieben für eine kleine aristokratische Elite, die viel Zeit zum Lesen hatte, die mittelalterlichen Mönche fast ausschließlich für ihresgleichen und ebenso die frühbürgerlichen Gelehrten. In einer Welt der Kutsche konnte man noch in langatmigen Abhandlungen schreiben – doch sie gründete darauf, dass es Pferde und Kutscher gab. Die Welt der Eisenbahn – die Nietzsches nomadischen Lebensstil erheblich prägte – erheischte ein Ende des großen Werkes, das beansprucht, auf mehreren hundert Seiten die Welt zu erklären. Der eifrige Zeitungsleser Nietzsche hatte über die Zeitungsleser geschimpft,[12] doch schrieb selbst für Zeitungsleser, die sich auch mal was ‹Besseres›

11 Gottfried Benn, *Nachlass*, 245.

12 An einer der wenigen Stellen, wo Nietzsche die Form des Aphorismus reflektiert, heißt es: «In Aphorismen-Büchern gleich den meinigen stehen zwischen und hinter kurzen Aphorismen lauter verbotene lange Dinge und Gedanken-Ketten; und Manches darunter, das für Oedipus und seine Sphinx fragwürdig genug sein mag. Abhandlungen schreibe ich nicht: die sind für Esel und Zeitschriften-Leser. Ebensowenig Reden.» (NF 1885 37[5])

gönnen wollten. Der österreichische Schriftsteller Hermann Bahr (1863–1934) bezeichnete ihn 1894 nicht völlig zu Unrecht als «recht geschickten und amüsanten Feuilletonisten, der freilich, was bei uns sehr selten ist und darum wirklich ein Verdienst ist, *einen leserlichen Stil* schreibt».[13] Damit wurde Nietzsche nicht zuletzt auch für diejenigen interessant, die er eigentlich verachtete: Nämlich diejenigen, die noch immer von den hohen Bildungsinstitutionen ausgeschlossen waren, allen voran Arbeiter und Frauen, die sich vermehrt darum bemühten, sich selbst zu bilden und entsprechende Vereine gründeten. Nietzsches Texten konnten sie zentrale Einsichten gerade auch in die Machtstrukturen der Gesellschaft entnehmen. Wider seinen Willen war Nietzsche ein demokratischer Autor, der gerade nicht zur Bildungselite seiner Zeit sprach, sondern zur Paria, und so erheblich zur Demokratisierung der Philosophie beitrug. Es dauerte Jahrzehnte, bis er in den Kanon der ‹großen Denker› aufgenommen wurde und bis heute gilt er vielen elitären Schnöseln im akademischen Betrieb eher als Schriftsteller denn als ‹echter Philosoph›. Auch er selbst ist ein Paria geblieben – zum Glück vielleicht.

1. Individuum, Freiheit, Sinnlichkeit: Nietzsche als Stichwortgeber einer undogmatischen Linken

Die Regierungszeit Wilhelms II. von 1888 bis 1918 war von einer krass voranschreitenden Modernisierung geprägt. Zwischen 1890 und 1910 wuchs die Bevölkerung des Reiches von 49 auf 65 Millionen Einwohner, davon lebten 1910 bereits mehr als 20 % in Großstädten. Dies führte nicht zuletzt zu einem rasant wachsenden Bedeutungsgewinn der Arbeiterbewegung. Bis 1890 verbot das von Bismarck 1878 verhängte Sozialistengesetz alle linken Organisationen, die SPD konnte sich nach seiner Aufhebung schnell reorganisieren. 1893 erhielt sie bei der Reichstagswahl bereits 23,4 % der Stimmen, 1912 wurde sie mit 34,8 % deutlich stärkste Partei. Ihre stärksten Konkurrenten waren die Zentrumspartei, die sich als Interessenvertretung

13 Zit. n. Karl Kraus, [In den «Studien zur Kritik der Moderne»], 27. Für Kraus, der ununterbrochen gegen die Presse und die Journalisten wettert, aber selbst einer der erfolgreichsten Journalisten seiner Zeit ist, gilt ähnliches wie für Nietzsche.

der im mehrheitlich protestantischen Reich in vielerlei Hinsicht diskriminierten katholischen Bevölkerung verstand, sowie die verschiedenen konservativen und liberalen Parteien. An Bedeutung gewannen allerdings auch diejenigen Parteien, die sich offen als antisemitisch bezeichneten.

Wilhelm II. versuchte insbesondere, das Deutsche Reich in einen führenden *global player* zu verwandeln und bemühte sich zu diesem Zweck aggressiv darum, gegenüber den etablierten Kolonialmächten England, Frankreich und Spanien aufzuholen. Flankiert wurde dies durch ein gigantisches Flottenprogramm, das das Reich zu einer führenden Seemacht machen sollte. Insbesondere die Sozialdemokraten opponierten gegen diese Politik und wurden dafür als «vaterlandslose Gesellen» diffamiert. Wie diese Formulierung bereits erahnen lässt, bemühten sich die aristokratischen und Teile der bürgerlichen Kräfte eifrig darum, einerseits von der technologischen und ökonomischen Modernisierung zu profitieren, andererseits die soziale und kulturelle Modernisierung möglichst auszubremsen und durch eine aggressive chauvinistische Ideologie zu kompensieren. Eine wirklich tiefgreifende kulturelle Modernisierung, wie sie vor allem in Frankreich zur selben Zeit erfolgte, blieb so aus – der Nährboden entstand, auf dem später der Nationalsozialismus wuchern konnte.

Die bereits 1863 gegründete SPD war in jener Zeit mehrheitlich eine marxistische Partei, die eine sozialistische Revolution anstrebte. Der Boom der bereits damals sehr exportorientierten deutschen Industrie ab 1890 entschärfte freilich die sozialen Konflikte ein wenig, so dass mehr und mehr auch reformistische, teilweise, wie Eduard Bernstein – sein Motto: «Kant wider Cant»[14] (engl., ‹Heuchelei› oder auch ‹Jargon›) –, von Kant und seiner Theorie des allmählichen Fortschritts beeinflusste, Stimmen in der Partei an Bedeutung gewannen, die darauf hofften, innerhalb der bestehenden politischen Ordnung den Sozialismus Schritt für Schritt umsetzen zu können.

Die linke Bewegung beschränkte sich aber nicht nur auf die Sozialdemokratie. Es entstanden in Deutschland immer stärker werdende Gewerkschaften und eine Arbeiterkultur, in der es insbesondere darum ging, durch Kultur- und Bildungsarbeit eine distinkte proletarische Weltanschauung zu formen, die sich dem Einfluss der Kirchen und der staatlichen Kulturpolitik widersetz-

---

14 *Die Voraussetzungen des Sozialismus.*

te. Hinzu kam ein starkes Anwachsen der Frauenbewegung, die sowohl einen bürgerlichen als auch einen proletarischen Flügel umfasste, die sich mitunter feindselig gegenüberstanden – aber auch der Anarchismus gewann eine gewisse Bedeutung bis ins Arbeitermilieu hinein. An dem Gegensatz zwischen anarchistischem und marxistischem Flügel war 1876 die Internationale Arbeiterassoziation zerbrochen – er blieb trotz des Einschwenkens der SPD auf einen mehr oder weniger geschlossenen marxistischen Kurs auch weiterhin ein potentieller Sprengstoff. Einer der Kernkonflikte war, welche Bedeutung der individuellen Freiheit – einem gesamtkulturell betrachtet immer wichtigerem Thema – für die linke Bewegung zukommen sollte: Bedurfte es, so die marxistische Position, einer straffen autoritären Organisation, um die Staatsgewalt an sich zu reißen und *dann* die erträumte kommunistische Gesellschaft zu errichten – oder war das ein Irrweg, der notwendig zur Errichtung eines autoritären Regimes führen musste, wie führende anarchistische Theoretiker schon vermuteten, ehe sich diese These empirisch bestätigen sollte? Die Anarchisten versuchten jedenfalls, in ihren Organisationen selbst schon die erhoffte Gesellschaft vorwegzunehmen und in ihnen konsequent antiautoritäre Vorstellungen zu verwirklichen – was freilich oftmals dazu führte, dass sie sehr lose und instabil blieben und sie sowohl gegenüber der marxistischen Arbeiterbewegung als auch erst recht gegenüber den bürgerlichen und reaktionären Kräften nur wenig Kampfkraft besaßen. Häufig begnügten sich die Anarchisten auch damit, ihre Vorstellungen von Befreiung rein individuell auszuleben oder auf das kulturelle Gebiet zu beschränken. Wir werden sehen, dass es vor allem Anarchisten waren, die in Nietzsche ‹einen der ihren› erblickten.

a) Der erste bedeutende Rezipient: Ein dänischer Atheist

Die erste positive Rezeption von Bedeutung – und die einzige bedeutungsvolle, von der er vor seinem geistigen Zusammenbruch etwas mitbekam – wurde Nietzsche von einem dänischen Atheisten namens Georg Brandes (1842–1927) zuteil, der jüdische Wurzeln hatte, sich jedoch selbst nicht als Jude verstand. Der in Dänemark bis heute als wichtiger Wegbereiter der kulturellen Moderne geltende Literaturkritiker hielt 1889 in Kopenhagen Vorlesungen über Nietzsche, die sehr gut besucht waren, und publizierte im selben Jahr die erste Monographie über Nietzsches Denken, *Eine Abhandlung über aristokratischen Radikalismus*. Schon um 1883 herum wird Nietzsche auf den dänischen Literaten, der während dieser Zeit in Berlin lebt und mit Lou Andreas-Salomé und Paul Rée zu tun hat (zwei enge Freunde Nietzsches, auf die wir noch eingehen werden), aufmerksam und lässt ihm Freiexemplare seiner Bücher zukommen. Es kam in der Folge auch zu einem Briefwechsel zwischen beiden, in *Ecce homo* nennt Nietzsche seinen Namen nicht ohne eine gewisse Genugtuung: «An welcher deutschen Universität wären heute Vorlesungen über meine Philosophie möglich, wie sie letztes Frühjahr der damit noch einmal mehr bewiesene Psycholog Dr. Georg Brandes in Kopenhagen gehalten hat?»[15]

Den Titel von Brandes' Monographie lobt Nietzsche dezidiert: «Der Ausdruck ‹aristokratischer Radikalismus›, dessen Sie sich bedienen, ist sehr gut. Das ist, mit Verlaub gesagt, das gescheuteste Wort, das ich bisher über mich gelesen habe.»[16]

Brandes demonstriert den grundsätzlich fortschrittlichen Charakter der frühen Nietzsche-Rezeption. Er selbst setzte sich u. a. für die Frauenemanzipation ein und veröffentlichte 1881 ein wiederholt neu aufgelegtes Porträt von Ferdinand Lassalle (1825–1869)[17], einem der Gründerväter der SPD. In diesem Lassalles Verdienste aufs Höchste lobenden Essay zitiert Brandes auch wiederholt Marx und betont die Ähnlichkeit der Theorien der beiden Kontrahenten.

Ab den späten 1880er-Jahren rückte Brandes angesichts der beschränkten Wirksamkeit seiner auf Volksaufklärung abzielenden Bemühungen allerdings ein wenig von den demokratischen Prinzipien seines frühen Schaffens ab und vertrat einen für zahlreiche Nietzscheaner dieser ersten Welle der Nietzsche-Rezeption typischen Elitismus der ‹großen Persönlichkeit›. Nietzsche wirkte hierbei als Katalysator. Brandes betont in seiner Monographie zunächst, dass Nietzsche im Sieg Deutschlands gegen Frankreich 1871 zugleich den Beginn einer wirklichen Niederlage erblickt habe, nämlich des Niedergangs der deutschen Kultur.[18] In ihr regierten die «Bildungsphilister» (35), die ihre «un-

15 FaW 4.
16 Bf. an Georg Brandes v. 2.12.1887; Nr. 960.
17 *Ferdinand Lassalle.*
18 Vgl. *Nietzsche*, 32. Der Herausgeber entschied sich dazu, Brandes' Buch unter diesem Kurztitel zu veröffentlichen.

persönliche Bildung für die eigentliche Kultur» (ebd.) hielten. Nietzsches Kernanliegen sieht Brandes in Nietzsches Kampf gegen jenen halbgebildeten Konformismus – sein Gegenentwurf sei eine Ethik der Selbstwerdung. Brandes sieht den dänischen Philosophen Søren Kierkegaard (1813–1855) dabei als Vorläufer Nietzsches an.[19] Der Zweck der Kultur sei die Schaffung großer Einzelner, über die tumbe Masse herausragender Genies.[20] Die Moderne sei dagegen ein Zeitalter der Vermassung und des «Widerwillen[s] gegen das Geniale» (45); «hervorragenden Individuen» (46) bleibe dieser übermächtigen Tendenz gegenüber nur der individuelle Rückzug. Er liest Nietzsche dabei als strikten Antimaterialisten:

> Bezeichnend für Nietzsches später so ausgeprägte aristokratische Tendenz ist sein Eifern gegen den Respekt, welche die moderne Geschichtsschreibung für die Massen hält [...]. So aufgefaßt sind ihm denn die Massen entweder Kopien großer Persönlichkeiten, schlechte Kopien, verwischte Kopien aus schlechtem Material, oder sind Widerstand gegen die Großen, oder sie sind Werkzeuge der Großen. Im übrigen sind sie etwas für die Statistik, die in den Massentrieben: Nachäffen, Faulheit, Hunger und Geschlechtstrieb sogenannte historische Gesetze findet.[21]

Wirkliche Kultur basiere auf Lebenserfahrung statt Epigonentum und einer entschiedenen Verachtung des Erfolgs.[22]

Brandes' Darstellung ist dabei nicht unkritisch. Er stelle etwas heraus, dass auch der Sozialist Lassalle – entgegen Nietzsches Vorurteil, dass Sozialisten einen Weltstaat um jeden Preis wollten[23] – schon das Recht für ungeeignet zur Regelung der Beziehungen zwischen den Völkern gehalten habe.[24] Er weist auf den Widerspruch hin, der darin liegt, dass Nietzsche einerseits den Anarchismus und Sozialismus in äußerst unsachlicher und polemischer Weise kritisiert, andererseits jedoch selbst den

19 Vgl. 36 f.
20 Vgl. 44.
21 52 f.
22 Vgl. 54.
23 Vgl. etwa GM II 11.
24 Brandes, *Nietzsche*, 77. Lassalle bezieht sich dabei vermutlich auf entsprechende Überlegungen Hegels aus den *Grundlinien der Philosophie des Rechts*, mit denen Hegel gegen Kants Idee von einem staatähnlichen Völkerbund argumentiert (vgl. etwa § 333; S. 442 f.).

Staat kritisiert.[25] Auch spiegele sich in Nietzsches Werk der Bismarcksche Militarismus.[26] Auch Nietzsches Äußerungen zur Frauenfrage beurteilt er eher skeptisch, gesteht ihm jedoch zu, den realen Antagonismus zwischen den Geschlechtern klar erkannt zu haben; er etabliert dabei den Mythos, dass Nietzsche die Frauen schlicht zu schlecht gekannt habe, um sie adäquat zu beurteilen – wir werden gleich sehen, dass das nur die halbe Wahrheit ist.[27] Sogar den Antisemiten Dühring nimmt Brandes gegen Nietzsches Polemik in Schutz.[28]

Schon in der 1893 verfassten Nachschrift zu seiner Darstellung stellt Brandes fest: «Aus dem fast unbekannten, selten genannten Denker ist in wenigen Jahren der Modephilosoph des Tages geworden.» (102) Er paraphrasiert darin drei erste Urteile zu Nietzsche: Dasjenige Lou Andreas-Salomés (auf das wir noch eingehen werden) fasst er kritiklos zusammen, gegen den Nietzsche-Kritiker Ludwig Stein (1859–1930), ein in dieser Zeit bedeutender Philosoph und Soziologe, der zahlreiche bedeutende Linke wie Walter Rathenau, Rosa Luxemburg und Leo Trotzki prägte, verteidigt Brandes Nietzsche. Stein hatte Nietzsche in seiner 1893 erschienenen Schrift *Friedrich Nietzsche's Weltanschauung und ihre Gefahren* als «Neo-Cyniker» dargestellt, der für einen bedenklichen Amoralismus, einen Anarchismus der Mächtigen, stehe, ein Kernargument der linken Nietzsche-Kritik. Er sei zudem ein unsauberer Scharlatan, der vor allem durch einen mitreißenden Stil überzeuge, nicht jedoch durch die Kraft seiner Argumente. Brandes argumentiert, dass es bei der Beurteilung von Autoren wie Nietzsche nicht so sehr darauf ankomme, ob ihre Aussagen richtig oder falsch, reaktionär oder nicht, seien, sondern ob aus ihnen «eine ureigene, mächtige Persönlichkeit» (109) spräche. Es gehe generell darum, Nietzsche nicht einfach nachzuplappern.

Er wendet sich schließlich der Nietzsche-Interpretation von Nietzsches Schüler und ‹freiwilligem Privatsekretär› Peter Gast alias Heinrich Köselitz (1854–1918) zu und wirft ihm wiederum vor, Nietzsches ‹Militarismus› zu wörtlich, d.h. zu ungeistig, zu verstehen.[29] Er ist sich aber mit Gast darin einig, dass Nietzsche

25 Vgl. 98 f.
26 Vgl. 99.
27 Vgl. 99 f.
28 Vgl. 100 f.
29 Vgl. 111.

v. a. ein Kritiker der modernen Massengesellschaft, ihrer Mittelmäßigkeit und ihres Hasses auf ‹große Einzelne› sei.

Brandes' Wirkung ist kaum zu unterschätzen. Er wurde etwa von Hugo von Hofmannsthal, Stefan Zweig, Gerhart Hauptmann und Thomas Mann als einer der wichtigsten Schriftsteller seiner Zeit bezeichnet, seine Werke wurden in alle großen europäischen Sprachen übersetzt.[30] Noch in seinem Nietzsche-Text von 1947 beruft sich Thomas Mann auf ihn, um seinem Nietzsche-Bild Konturen zu verleihen. Brandes habe die «Nachbarschaft [...] von Ästhetizismus und Barbarei» (261), die mit dem Aufstieg des Faschismus kenntlich geworden sei, noch nicht erkannt:

> Diese unheimliche Nähe wurden gegen Ende des 19. Jahrhunderts noch nicht gesehen, gefühlt, gefürchtet, – sonst hätte Georg Brandes, ein Jude und liberaler Schriftsteller, den «aristokratischen Radikalismus» Nietzsches des deutschen Philosophen nicht als neue Nuance entdecken und Propaganda-Vorlesungen darüber halten können: ein Zeichen für das damals noch herrschende Sicherheitsgefühl, die Sorglosigkeit des zur Neige gehenden bürgerlichen Zeitalters, – ein Zeichen aber auch, daß der gewiegte dänische Kritiker Nietzsches Barbarismus nicht ernst, nicht eigentlich nahm, ihn cum grano salis[31] verstand, – woran er recht tat.[32]

Diese Einschätzung ist, wie gezeigt, nicht ganz richtig, da Brandes durchaus auch eine Kritik an Nietzsche vornimmt. Seine Ideologie der individuellen Befreiung und Höherbildung und der ‹großen Persönlichkeit›, auf die hin er Nietzsche – deutliche Verkürzungen in Kauf nehmend etwa hinsichtlich Nietzsches materialistischer und leibesbejahender Seite – liest, lässt ihn jedoch alle Einwände beiseite wischen – und damit wurde er zum Vorreiter einer ganzen ‹Schule› von Nietzsche-Lesern jener Zeit.

Diese Ideologie hat, von Brandes nicht verschwiegen, eine deutliche antidemokratische Schlagseite. Doch als individualistischer Protest gegen die Nivellierungstendenz der modernen Gesellschaft bleibt sie aktuell.

Die Rede von Nietzsches ‹Aristokratismus› wurde in der Folge oft aufgegriffen, meistens wurde dabei jedoch von dem demokratischen Zug dieser Ideologie abstrahiert und sie allein als

30 Vgl. 7 f

31 Lat., mit einem Korn Salz. Heißt so viel wie ‹nicht ganz wörtlich›.

32 Ebd.

Vorläuferideologie des Faschismus betrachtet. Der jüngste Beitrag in diesem Sinne ist Domenico Losurdos zweibändige Studie *Nietzsche, il rebelle aristocratico* (ital., *Nietzsche der aristokratische Rebell*) von 2012. Sowohl Nietzsche selbst als auch seine Rezeptionsgeschichte – Losurdo tut so, als wäre Nietzsche von Anfang an von rechts bejubelt, von links kritisiert worden,[33] was, wie jede Seite dieses Abschnitts zeigt, vollkommen falsch ist – wird in dieser Perspektive grob verzerrt. Dazu passt, dass Losurdo an anderer Stelle selbst für eine Renaissance des Stalinismus eintritt und den chinesischen Staatskapitalismus als alternativlos rechtfertigt.[34] Autoritären Linken war Nietzsche seit jeher ein Dorn im Auge.

b) Nietzsche als Vordenker des Feminismus

Wie bereits angedeutet, gehörten zu den wichtigsten Lesern Nietzsches der ersten Stunde ausgerechnet bildungshungrige und um ein intellektuelles Selbstverständnis ringende Frauen – die ihn vor allem als Philosophen ihrer persönlichen Befreiung lasen. An der seltsamen Affinität zwischen gebildeten Frauen und dem großen Kritiker von Feminismus und weiblicher Bildung hat sich im Übrigen wenig geändert: Dass auch in diesem Buch vor allem ‹große Männer› behandelt werden, sollte nicht darüber hinwegtäuschen, dass Nietzsche *immer* ein Denker war, der viel stärker als andere zu Frauen sprach und von ihnen als jemand, der zu ihnen sprach, wahrgenommen wurde. Man vergleiche einfach einmal die Sprecherliste eines typischen Kant- mit der eines typischen Nietzsche-Kongresses. (Auf die jüngere feministische Nietzsche-Rezeption werden wir noch zu sprechen kommen.)

Die Affinität zwischen ‹den Frauen› und Nietzsche erklärt sich sicherlich aus der bereits beschriebenen ambivalenten sozialen Lage, die gerade gebildete Frauen mit Nietzsche teilen: Sie sind einerseits hoch qualifiziert und können es an Bildung mit den Angehörigen der männlich dominierten (bzw. auch noch im späten 19. Jhd. nahezu ausschließlich von Männern gestellten) Bildungs-

33 Vgl. *Nietzsche der aristokratische* Rebell, 709-716. Der zeitgenössischen politischen Nietzsche-Rezeption in einer so umfangreichen Studie zu Nietzsches politischer Bedeutung gerade einmal sieben Seiten zu widmen, ist schon an sich sehr mutig.

34 Vgl. Christoph Jünke, *Auf zum letzten Gefecht?*

elite locker aufnehmen – doch der Zugang zu ihr ist ihnen trotzdem versperrt. Ähnlich erging es Nietzsche aufgrund seiner Erkrankung. Seine Philosophie bietet Konzepte an, die helfen, mit dieser schwierigen Situation des ‹Dazwischens› – dem Schwanken zwischen einer wachsenden Verachtung gegenüber dem Establishment, dessen Borniertheiten man gerade aufgrund seiner partiellen Zugehörigkeit zu ihm mitunter schärfer durchschaut als völlige Außenseiter, und der Unfähigkeit, seine subjektive Identifikation mit ihm gänzlich aufzugeben – irgendwie umzugehen ohne zu verzweifeln oder in Lethargie zu verfallen; aber auch ohne sie aufzulösen, indem man mit dem Establishment entweder ganz bricht oder sich seinen Normen völlig unterwirft. Die schwedische Feministin und Reformpädagogin Ellen Key (1849–1926) schrieb in diesem Sinne: «Die Lehre vom Glückswert des Leids war Nietzsches köstlichste Gabe *an das Geschlecht, mit dem seine Qual ihn am innigsten verbindet* ...»[35]

Im Detail unterscheiden sich jedoch die Nietzsche-Leserinnen erheblich, insbesondere hinsichtlich der Frage, wie sie mit Nietzsches misogynen Stellen und seinem Antifeminismus umgehen. Einige übernehmen Nietzsches Antifeminismus und wollen sich primär individuell und *als Frau* befreien; andere verbinden Nietzsches Philosophie mit feministischen Gedanken. Entsprechend dem Anliegen dieses Buch soll der Fokus des folgenden Abschnitts auf letzteren liegen – und es sollen hier vor allem diejenigen vorgestellt werden, die wir nicht anderweitig diskutieren (wie etwa Emma Goldman im Kapitel über die anarchistische und Lou Andreas-Salomé im Kapitel über die psychoanalytische Nietzsche-Rezeption).

Doch zunächst seien hier einige Worte zur Kontextualisierung von Nietzsches aus heutiger Sicht sehr sexistischen und misogynen Äußerungen vorangeschickt, die es verständlicher machen sollen, warum Nietzsche von jenen weiblichen Fans der ersten Stunde in dieser Hinsicht als gar nicht ‹so schlimm› wahrgenommen wurde, wie er heute erscheint. Trotz mancher Fortschritte waren Frauen bis zum Ersten Weltkrieg in ganz Europa Bürger zweiter Klasse in jedweder Hinsicht. Insbesondere

35 Zit. n. Karl Kraus, *Zur Frauenfrage*, 23. Kraus macht daraus allerdings ein Argument gegen Nietzsche, der kein «eminent männliche[r] Mann» (ebd.) wie etwa Schopenhauer gewesen sei. Sein offen zur Schau gestellter Sexismus macht es Kraus schwer, die Verdienste der in diesem Artikel diffamierten «Nietzscheweiber» (ebd.), über deren Elitismus er sich lustig macht, richtig zu würdigen.

aus dem politischen und dem intellektuellen und künstlerischen Feld waren sie nahezu vollkommen ausgeschlossen, das Deutsche Reich war hier im Vergleich zu anderen Ländern wie Frankreich, England, den USA und auch der Schweiz besonders rückschrittlich, an preußischen Universitäten etwa waren Frauen ab 1896 nur als Gasthörerinnen zugelassen, 1913 waren nur 8 % aller Studenten weiblich.

Wir dürfen nicht vergessen, wie sehr sich unsere heutige Lebenswelt in dieser Hinsicht von den Zuständen, die jahrtausendelang nahezu überall geherrscht haben, unterscheidet: Frauen wurden vor der Moderne fast überall wie Sklaven der Männer behandelt und waren weitgehend rechtlos. In Europa gelang es nur wenigen weiblichen Angehörigen des Klerus und des Adels sich in relevanter Weise am politischen und kulturellen Leben zu beteiligen – oft hinter den Kulissen in der Rolle von dominanten Mätressen oder Ehefrauen. Die Verdienste der wenigen intellektuell und künstlerisch tätigen Frauen wurden kaum adäquat anerkannt und kleingeredet – oft kommt Philosophinnen, Schriftstellerinnen und Künstlerinnen jener dunklen Jahrtausende erst heute die ihnen gebührende Anerkennung zu Teil.

Die männlichen Intellektuellen hatten vor diesem Hintergrund schon allein aus ökonomischen Gründen ein geringes Interesse, Frauen die Fähigkeit zuzusprechen, auf Augenhöhe mit ihnen am kulturellen und politischen Leben teilzuhaben. Selbst fortschrittliche Philosophen wie Kant und Hegel machten da etwa keine Ausnahme. Kant spottet etwa in den *Beobachtungen über das Gefühl des Schönen und Erhabenen* von 1764 über wissenschaftlich ambitionierte Frauen:

> Ein Frauenzimmer, das den Kopf voll Griechisch hat, wie die *Frau Dacier*, oder über die Mechanik gründliche Streitigkeiten führt, wie die Marquisin von *Chastelet*, mag nur immerhin noch einen Bart dazu haben; denn dieser würde vielleicht die Miene des Tiefsinns noch kenntlicher ausdrücken, um welchen sie sich bewerben.[36]

---

36 229 f. Anne Dacier (1647–1720) war eine äußerst verdienstvolle Altphilologin, die die Werke wichtiger griechischer Klassiker ins Französische übersetzte, Émilie du Châtelet (1706–1749) übersetzte u. a. Newtons Hauptwerk *Philosophiæ Naturalis Principia Mathematica* (lat., ‹Die mathematischen Grundlagen der Naturphilosophie›) von 1687 ins Französische und verfasste einige wichtige Beiträge zur Physik und zur Philosophie.

Und Hegel schreibt in den *Grundlinien der Philosophie des Rechts* (1820):

> Frauen können wohl gebildet sein, aber für die höheren Wissenschaften, die Philosophie und für gewisse Produktionen der Kunst, die ein Allgemeines fordern, sind sie nicht gemacht. Frauen können Einfälle, Geschmack, Zierlichkeit haben, aber das Ideale haben sie nicht. Der Unterschied zwischen Mann und Frau ist der des Thieres und der Pflanze: das Thier entspricht mehr dem Charakter des Mannes, die Pflanze mehr dem der Frau, denn sie ist mehr ruhiges Entfalten, das die unbestimmtere Einigkeit der Empfindung zu seinem Prinzip erhält. Stehen Frauen an der Spitze der Regierung, so ist der Staat in Gefahr, denn sie handeln nicht nach den Anforderungen der Allgemeinheit, sondern nach zufälliger Neigung und Meinung. Die Bildung der Frauen geschieht, man weiß nicht wie, gleichsam durch die Atmosphäre der Vorstellung, mehr durch das Leben als durch das Erwerben von Kenntnissen, während der Mann seine Stellung nur durch die Errungenschaft des Gedankens und durch viele technische Bemühungen erlangt.[37]

Den Vogel schoss aber wohl Nietzsches Lehrer Schopenhauer ab, der in seinem Werk *Parerga und Paralipoma* (lat., ‹Beiwerke und Nachträge›) in dem Abschnitt *Über die Weiber*[38] u.a. behauptete, dass die Frauen aus ‹metaphysischen› Gründen zum Leiden bestimmt seien, ein Leben lang «große Kinder» blieben, zu allen geistigen und künstlerischen Tätigkeiten unfähig seien (für Schönheit nicht einmal einen Sinn hätten) und über keinen Kapitalbesitz und kein Grundeigentum verfügen sollten. Den schädlichen Einfluss der Frauen auf die Politik macht er für den Niedergangs Frankreichs und die von ihm natürlich verachtete Revolution verantwortlich. Denker, die uneingeschränkt für die gleichberechtigte Teilnahme der Frauen am sozialen Leben Par-

---

37 Zusatz zu § 166 (S. 247). Man mag denken, dass derartige Überlegungen mittlerweile endgültig *ad acta* gelegt wären, doch dem ist nicht so: Der rechte Blogger Christoph Rothämel etwa zitierte diese Passage, leicht fehlerhaft, 2010 unter der Überschrift *Georg Wilhelm Friedrich Hegel ist sich sicher* auf dem Blog der neurechten Zeitschrift *Blaue Narzisse* und fügte hämisch hinzu: «Wohin Homosexuelle, feminisierte Männer [er verlinkt an dieser Stelle auf ein Bild des interessanterweise recht konservativ eingestellten Ministerpräsidenten von NRW, Armin Laschet] und Hermaphroditen, nach ihren Auswirkungen beurteilt, hinzuzurechnen sind, darf sich jeder selbst ausmalen.»

38 719–735.

tei ergriffen wie Marx und Engels waren in jener Zeit die große Ausnahme.

Gerade im Vergleich mit den wüsten Tiraden Schopenhauers nehmen sich selbst die ‹derbsten› Stellen Nietzsches gemäßigt oder sogar fortschrittlich aus – und genau so wurden sie von vielen seiner zeitgenössischen Leserinnen auch aufgefasst.

α) *Emanzipierte Frauen in Nietzsches Bekanntenkreis*

Entgegen dem landläufigen Vorurteil hatte Nietzsche durchaus einige Frauen in seinem Bekannten- und Freundeskreis, auch wenn er wenig Glück in der Suche nach einer Ehefrau hatte. Frauen spielten in seinem Leben schon von Beginn an eine prägende Rolle: Nach dem frühen Tod seines Vaters wuchs er in Naumburg in einer reinen ‹Weiberwirtschaft› auf, die aus seiner Mutter und seiner Schwester Elisabeth, seiner Großmutter, zwei unverheirateten Tanten väterlicherseits und einem Dienstmädchen bestand. Zu seiner Mutter Franziska Nietzsche (1826–1897) und seiner Schwester Elisabeth Förster-Nietzsche, auf deren Biographie wir noch eingehend zu sprechen kommen werden, hatte er ein Leben lang ein sehr enges Verhältnis. Möglicherweise hat Nietzsches ‹schwieriger› Charakter und seine Unfähigkeit, in die Rolle eines Patriarchen zu schlüpfen und eine Ehefrau zu finden, etwas damit zu tun, dass ihm in seiner Kindheit ein männliches *role model* fehlte, das auch spätere Vaterfiguren wie der ihn stark protegierende Altphilologe Friedrich Ritschl und Richard Wagner nicht ersetzen konnten? Vielleicht gelang es ihm nie, seine Bindung an Mutter und Schwester zu überwinden – wovon möglicherweise gerade die hasserfüllten Passagen zeugen, die er ihnen in *Ecce homo* widmet, wo es etwa heißt:

> Wenn ich den tiefsten Gegensatz zu mir suche, die unausrechenbare Gemeinheit der Instinkte, so finde ich immer meine Mutter und Schwester, – mit solcher canaille mich verwandt zu glauben wäre eine Lästerung auf meine Göttlichkeit. Die Behandlung, die ich von Seiten meiner Mutter und Schwester erfahre, bis auf diesen Augenblick, flösst mir ein unsägliches Grauen ein: hier arbeitet eine vollkommene Höllenmaschine[.][39]

39 *weise* 3.

Nietzsche bewahrte zu seinen weiblichen Freundinnen und Bekannten jedenfalls meist ein recht distanziertes Verhältnis, wurde von ihnen aber fast einhellig für sein höfliches, unaufdringliches Auftreten geschätzt – manche verliebten sich sogar in ihn. Es waren dabei fast immer ausgerechnet gebildete und emanzipierte Frauen, die sich zu Nietzsche hingezogen fühlten – zwischen dem Menschen Nietzsche und seinen expliziten Äußerungen klafft hier eine eigenartige Lücke;[40] eine Ambivalenz, die sich freilich auch darin zeigt, dass sich Nietzsche über seine Freundinnen auch immer wieder sehr abfällig gegenüber Dritten äußerte. Das Standardwerk zu dieser Thematik ist Carol Diethes verdienstvolle Studie *Vergiss die Peitsche. Nietzsche und die Frauen*[41]. Im Folgenden sollen zunächst zwei jener Freundinnen Nietzsches vorgestellt werden, die für unser Anliegen von besonderer Relevanz sind.

Die vielleicht interessanteste jener Figuren ist **Malwida von Meysenbug** (1816–1903), die Nietzsche in den frühen 70ern kennenlernte und die ihm in der Folge zu einer Art ‹zweiten Mutter› wurde. Sie förderte Nietzsche in jeder Hinsicht und versuchte u. a., ihn bei der Suche nach einer Ehefrau zu unterstützen – wodurch Nietzsche auf Lou Andreas-Salomé aufmerksam wurde. Meysenbug war eine der ersten, die sich in Deutschland für die Frauenemanzipation einsetzten. Sie sympathisierte mit der 48er-Revolution und lebte im Anschluss daran mehrere Jahre in London, später hielt sie sich größtenteils in Italien auf, wo Nietzsche sie mehrfach besuchte. Sie war allerdings in ihren späteren Jahren eher konservativ-elitären Vorstellungen zugeneigt, weshalb sie Nietzsches Antifeminismus nicht allzu sehr störte. Was sie ihm allerdings nicht verzieh, waren seine späten Polemiken gegen den von ihr vergötterten Richard Wagner (die im Übrigen auch bei zahlreichen anderen Freunden Nietzsches auf Unverständnis stießen).

Meysenbug betätigte sich als eifrige Schriftstellerin. 1901 veröffentlichte sie unter dem Titel *Individualitäten* eine Sammlung von Portraits ‹großer Persönlichkeiten› in ihrem Sinne, von denen das erste Nietzsche gewidmet war. Ihre Bedeutung er-

---

40 Hervorzuheben ist hier, dass sich Nietzsche während seiner Zeit als Basler Professor für die Zulassung von Frauen zur Doktorandenprüfung einsetzte – gegen die Mehrheit seiner Kollegen (vgl. Andreas Urs Sommer, *Friedrich Nietzsche als Basler Philosoph,* 44 f.).

41 Dieses Buch ist die Hauptquelle dieses gesamten Abschnitts zu Nietzsches früher weiblicher Rezeption.

hellt sich daraus, dass sie im selben Jahr als erste Frau für den Literaturnobelpreis nominiert wurde. Ihr wichtigstes Werk sind jedoch die von 1869 bis 1876 zunächst anonym veröffentlichten *Memoiren einer Idealistin*, die auch Nietzsche sehr gefielen.[42]

Die Ideologie ihrer Spätphase kreist ganz um den Begriff der ‹Persönlichkeit›. Frauen sollten sich eher um ihre persönliche Bildung bemühen im Sinne der Reifung zu einem harmonischen, unabhängigen, mit sich selbst einigen Individuum als um politische und soziale Reformen. Das waren in dieser Zeit freilich durchaus radikale und neue Gedanken – auch wenn es natürlich vor allem wohlhabende Frauen wie Meysenbug selbst waren, für die eine solche Weltsicht plausibel war.

Eine enge Freundin Meysenbugs war **Meta von Salis** (1855–1929), die von den *Memoiren* derart beeindruckt war, dass sie sich fortan für die Frauenemanzipation einsetzte und Kontakt zur Autorin des Buches suchte. Auch sie, die etwa ihre Homosexualität recht offen auslebte, war vor allem individualistisch und in vielerlei Hinsicht konservativ eingestellt, vertrat teilweise sogar rassistische und deutschnationale Vorstellungen. Gleichzeitig trat sie jedoch auch offensiv für die politische Gleichberechtigung der Frauen ein und machte sich dadurch viele Feinde. Wie Meysenbug und teilweise auch Nietzsche selbst vertrat sie einen ‹Aristokratismus der großen Persönlichkeiten›, dem zufolge wirklicher Adel durch eine innerliche Reifung erarbeitet werden muss und nicht einfach angeboren ist. Sie studierte u. a. Philosophie und 1897 wurde sie die erste Frau Graubündens, die sich ‹Frau Doktor› nennen durfte.

Sie traf sich mit Nietzsche mehrere Male, u. a. besuchte sie ihn zwei Mal in Sils-Maria. Sie freundete sich mit Nietzsches Schwester an und kaufte für sie 1897 die ‹Villa Silberblick›, in der sich später das Nietzsche-Archiv etablierte (die beiden eigensinnigen Frauen zerstritten sich jedoch in der Folge aufgrund von von Elisabeth vorgenommenen Umbaumaßnahmen). Im selben Jahr veröffentlichte auch sie eine Biographie Nietzsches mit dem Titel *Philosoph und Edelmensch*, in der sie Nietzsches

42 Er empfiehlt das Werk immer wieder an Freunde zur Lektüre, am 14.4.1876 bezeichnet er es etwa in einem Brief an Erwin Rohde als einen «Spiegel für jeden tüchtigen Menschen, in den man ebenso beschämt als ermuthigt blickt, ich las lange Zeit nichts, was mich so innerlich umdrehte und der Gesundheit näher brachte.» (Nr. 519)

Philosophie ganz vor dem Hintergrund einer Ethik der ‹großen Persönlichkeit› interpretiert.[43] Sie widerspricht Nietzsche darin, dass Frauen nicht zu solchen «Edelmenschen» reifen könnten, verteidigt seine Frauenverachtung jedoch mit dem Argument, dass sie empirisch betrachtet die allermeisten Frauen zu Recht träfe (angesichts der in der Tat desolaten Lage der Bildung der Frauen in jener Zeit sicherlich nicht zu Unrecht). Zu diesem Zeitpunkt vom Mainstream-Feminismus enttäuscht stimmt sie sogar Nietzsches Polemik gegen die Feministinnen zu, die sie als vermännlichte traurige Gestalten ohne Charme beschreibt. Sie träumt von einer «Frau der Zukunft», die ein «höhere[s] Ideal[] von *Kraft und Schönheit*»[44] repräsentiert.

β) *Eine beispielhafte Individualistin: Fanny zu Reventlow im Klages-Kreis und in Ascona*

Von Salis und Meysenbug sind zwei Beispiele von Frauen, die dem Feminismus ambivalent gegenüberstanden und sich vor allem als Individualistinnen verstanden, denen es darum ging, selbst gemäß dem Ideal einer ‹großen Persönlichkeit› zu leben und nicht darauf zu warten, bis die Frauenbewegung ein solches Leben allen Frauen ermöglichte. Ihr Reichtum ermöglichte es ihnen eine solche Haltung einzunehmen – wie ja auch Nietzsche ohne seine stattliche Rente kaum der freie Philosoph hätte werden können, als der er in die Geschichte eingegangen ist. Beiden war es daher relativ problemlos möglich, an Nietzsches Philosophie – in der entsprechenden Interpretation – nahezu ungebrochen anknüpfen zu können und Nietzsches Feminismuskritik sogar teilweise zu übernehmen.

Dieser Zugang zu Nietzsche ist typisch für jene Jahre und auch typisch für zahlreiche Leserinnen Nietzsches, die dem Feminismus als politische Bewegung fernstanden, jedoch eine Art ‹Mikro-Feminismus› praktizierten, indem sie sich in ihrem privaten Bereich von patriarchalen Zwängen emanzipierten. Stellvertretend für diese Strömung soll nun die Schriftstellerin und Künstlerin Fanny (oder auch: Franziska) zu Reventlow vorgestellt werden – nicht zufällig eine weitere Aristokratin, die 1871 in Husum zur Welt kam.

---

43 Adorno sollte, wie wir sehen werden, diese Biographie als Beispiel für den Kitsch der frühen Nietzsche-Rezeption heranziehen.

44 Diethe, *Vergiss die Peitsche,* 109.

Während Meysenbug und von Salis aus Nietzsches Schriften ein elitäres Bildungsideal entnahmen – das freilich mit der neoklassizistischen Idee eines schönen Körpers verknüpft war –, folgerte zu Reventlow, die weitaus weniger betucht war, aus ihm einen weitaus radikaleren Bruch mit allen bürgerlichen Konventionen. Auch wenn sie einige Schriften und Kunstwerke hinterließ, ist es vor allem die konsequente praktische Umsetzung eines unkonventionellen Lebens, die an ihr bis heute fasziniert. Wie nur wenige Frauen ihrer Zeit lebte sie dabei vor allem ihre Sexualität aus.

Ihre Lektüre des *Zarathustra* als Jugendliche beschreibt sie in ihrem autobiographischen Roman *Ellen Olestjerne* (1903) in einer für die Nietzsche-Rezeption jener Zeit sehr typischen Weise als spirituelles Erweckungserlebnis:

> Das war nicht mehr Verstehen und Begreifen – es war Offenbarung, letzte äußerste Erkenntnis, die mit Posaunen schmetterte – brausend, berauschend, überwältigend. Und alles andere, der Alltag, das Alltagsleben und -Empfinden schrumpfte in eine öde, farblose Masse zusammen, verlor sein Dasein – nur das wahre, das heilige, große Leben leuchtete und lachte und tanzte. [...] Und von nun an lasen sie jeden Abend, der Zarathustra wurde ihre Bibel, die geweihte Quelle, aus der sie immer wieder tranken und die sie wie ein Heiligtum verehrten. Auch wenn sie mit ihren Freunden zusammen waren, – da gab es Gespräche, bei denen sie alle fieberten: die alte morsche Welt mit ihrer Gesellschaft und ihrem Christentum fiel in Trümmer, und die neue Welt, das waren sie selbst mit ihrer Jugend, ihrer Kraft, mit allem, was sie schaffen und ausrichten wollten. Es war wie ein gärender Frühlingssturm in ihnen, jeder träumte von einem ungeheuren Lebenswerk, und sie alle hätten sich jeden Tag für ihr Lebensrecht und ihre Überzeugung hinschlachten lassen, wenn es nötig gewesen wäre.[45]

In diesem Roman berichtet sie von der Flucht vor der Enge ihres norddeutschen Herkunftsmilieus in die Schwabinger Bohème. Er endet – auch dies sehr typisch und sichtlich von Nietzsches Lob der Schwangerschaft inspiriert – mit der emphatischen Beschreibung der Geburt ihres geliebten Sohnes Rolf und einem Bekenntnis zu einer dionysischen Bejahung des Lebens gerade auch in seinen dunklen Aspekten:

45 575 f.

Mein Weg war wohl oft dunkel und blutig, ich habe den Tod von Angesicht zu Angesicht gesehen und seinen Blick gefühlt, den Wahnsinn und die letzte Verzweiflung – nun sehe ich dem Leben ins Auge und bete es an, weil ich weiß, daß es heilig ist. Es hat mich all seinen Reichtum gelehrt an Leiden und Lust – ich liebe alle die Schmerzen, die es mir angetan hat, und all die Opferwunden, die es schlug – ich liebe auch die Verlassenheit und die Not, die vor unserer Tür steht. – Wie konnten wir je Feinde sein? Mag es jetzt geben oder nehmen – ich sehe ihm ins Auge und wir lächeln beide.[46]

München war damals ein bedeutendes Zentrum der kulturellen Moderne. Zu Reventlow war schon bald mitten im Zentrum jener um Selbstverwirklichung und Leibesnähe bemühten Kreise, zu ihren Bekanntschaften zählten u. a. Theodor Lessing, Erich Mühsam, Rainer Maria Rilke und Frank Wedekind – alle in diesen Zusammenhängen waren von Nietzsche in irgendeiner Form geprägt.[47] Sie pflegte zahlreiche Affären und führte ein selbständiges, am ehesten wohl als ‹lumpenproletarisch› zu bezeichnendes Leben; zeitweilig verdiente sie sich ihr Geld auch als Prostituierte. Sie wurde so zu einer ersten Ikone der sexuellen Befreiung. Zur Frauenbewegung pflegte sie freilich ein eher zynisch-distanziertes Verhältnis – allerdings auch zum Konservativismus des Kaiserreichs. Annette Kolb (1870–1967) schrieb über sie nach dem Krieg in ihrem Roman *Zarastro* (1921)[48]: «Ihr Zynismus kannte keine Grenzen, doch immer alles mit Grazie.» (91)

Von besonderer Bedeutung ist dabei ihre Beziehung mit Ludwig Klages (1872–1956) und dem Kreis der «Kosmiker», zu dem neben Klages selbst, mit dem sie auch zeitweilig liiert war, u. a. auch Stefan George zählte, von dem wir noch hören werden. Neben Nietzsche war ein zentraler Bezugspunkt jenes illustren Zirkels das Werk *Das Mutterrecht* (1861) von Johann Jakob Bachofen (1815–1887), ein persönlicher Freund Nietzsches während seiner Basler Zeit, in dem dieser die These ver-

46 704.

47 1919 wurde in München sogar die weltweit erste Nietzsche-Gesellschaft gegründet, Vorstandsmitglieder waren u. a. Thomas Mann, Ernst Bertram und Hugo von Hofmannsthal. 1943 wurde die Gesellschaft verboten und aufgelöst.

48 Wie der Titel zu Recht vermuten lässt ein äußerst lesenswerter Nietzsche-Roman, der in tagebuchartiger Form die Ereignisse von 1917 bis 1919 erzählt.

trat, dass dem Patriarchat ein ursprüngliches Matriarchat vorausgegangen sei, in dem die Frauen geherrscht hätten und dass von einer großen Nähe zum Leib und zur Natur und sexueller Freizügigkeit gekennzeichnet gewesen sei – freilich auch von einem großen sozialen Chaos, weshalb Bachofen im gewaltsamen Übergang zum Patriarchat, von der u. a. die Legende vom Krieg gegen die Amazonen berichte, einen klaren Fortschritt vom «lunaren» Dunkel zum «solaren» Licht erblickt.[49] Eine heute umstrittene, jedoch einflussreiche These, die für den Feminismus bedeutsam war – an sie schlossen sich u. a. auch August Bebel[50] und Friedrich Engels[51] an, die das Matriarchat allerdings als harmonischen Urkommunismus darstellen, in der eine Gleichberechtigung der Geschlechter geherrscht habe. Sie bewerten den Übergang zum Patriarchat ambivalent und konzipieren den herzustellenden Kommunismus als Rückkehr des Matriarchats auf einer höheren Entwicklungsstufe. Und auch in der Psychoanalyse spielt diese Theorie eine bedeutende Rolle.[52]

Wie Bebel und Engels vertraten auch die Kosmiker, in allerdings offen irrationalistischer Manier, die Vorstellung von einer Rückkehr zu jener verloren gegangenen archaischen Ursprünglichkeit, die sie mit der Vision einer befreiten Sexualität und Sinnlichkeit verbanden, die sie auch zu praktizieren versuchten. Sie bekämpften insbesondere auch die moderne Naturzerstörung. Einher ging mit diesem Archaismus allerdings auch ein aggressiver Antisemitismus und ein Glaube an die Überlegun-

---

49 Nietzsche diskutiert die Thematik des Mutterrechts zwar in seinen Texten nicht und noch nicht einmal Bachofens Name taucht in ihnen (außer in Briefen) auf, doch es gibt auffällige Affinitäten zwischen beider Auffassungen der Antike. Insbesondere interessieren sie sich beide für die wilde, dionysische, der klassischen Interpretation des alten Griechenlands widersprechende Seite dieser Periode. (Vgl. Frances Nesbitt Oppel, *Nietzsche on Gender,* 36–62)

50 In seiner erwähnten Schrift *Die Frau und der Sozialismus.*

51 In Anknüpfung an Bebel in *Der Ursprung der Familie, des Privateigentums und des Staats* (1884).

52 Sigmund Freud bezieht sich, implizit, auf Bachofens Theorien. Die Urszene der Geschichte ist bei ihm die Tötung des allmächtigen Urvaters durch seine Söhne, worauf eine relativ egalitäre, matriarchale Gesellschaft gefolgt sei, die allerdings wiederum durch eine Rückkehr des Urvaters in Gestalt des patriarchalen Vaters verdrängt worden sei. Er geht von einem beständigen Kampf zwischen matriarchalen und patriarchalen Triebkräften in der Kultur aus. (Vgl. *Der Mann Moses und die monotheistische Religion.* In: SA Bd. 9, S. 455–581; 529–532)

gen der germanischen Rasse, die besonders erdverbunden gewesen sei.

In Klages' Ideologie (auf die wir später noch näher eingehen werden) mischen sich auf eigenwillige Weise eindeutige Vorwegnahmen des Nationalsozialismus und Momente, die auch für ein linkes Denken interessant sein könnten. Ihm ist zu Gute zu halten, dass er 1914 als einer der wenigen der allgemeinen Kriegsbegeisterung widerstand. Außerdem beeinflusste er den jungen Walter Benjamin.[53] Die Nationalsozialisten betrachteten Klages zunächst als einen der ihren, später wurde er jedoch von führenden Nazi-Ideologen wie Alfred Rosenberg öffentlich diffamiert.

Zu Reventlow blieben die rassistischen und antisemitischen Tendenzen des Klages-Kreises nicht nur nicht verborgen, sondern sie hat sie auch in ihrem Roman *Herrn Dames Aufzeichnungen* (1903), einem lesenswerten Portrait jener Zeit, ironisch-distanziert vorgeführt. Dort kritisiert sie auch den einseitigen Bezug jener Kreise auf den dionysischen Aspekt Nietzsches, indem sie eine Romanfigur sagen lässt:

> Apollo ist bekanntlich der Gott des Lichts, der Vernunft – Dionysos der des Rausches und des Blutes. Auch in Wahnmoching [wie Schwabing in dem Roman bezeichnet wird] hat man nicht umsonst seinen Nietzsche gelesen, aber es genügt hier, zu wissen, daß es ehrenhafter ist, mit dem Dionysos auf vertrautem Fuß zu stehen.[54]

Die Betonung des dionysischen, rauschhaften Moments in Nietzsches Denken gegenüber dem Apollinischen ist noch lange kein Ausweis einer progressiven Haltung – im Gegenteil kann jener ‹Dionysmus des Blutes› als direkte Vorläuferideologie des Nationalsozialismus gelesen werden, gerade aufgrund ihres avantgardistischen Charakters.

Wie viele ihrer Münchner Freunde hielt es zu Reventlow während des Krieges nicht länger im Reich aus und floh in die neutrale Schweiz – und zwar in das idyllische Dörfchen Ascona im Tessin, einem wahren Epizentrum des progressiv eingestellten Teils der Avantgarde jener Zeit, wo man ab 1900 in einem kommuneartigen Zusammenleben versuchte, ein neues Leben zu praktizieren. Hier waren u. a. auch Otto Gross, Pjotr Alexe-

53 Vgl. Miriam Bratu Hansen, *Benjamin's Aura*.

54 Zit. n. Diethe, *Vergiss die Peitsche*, 149.

jewitsch Kropotkin, Ernst Bloch, Hans Arp, Hugo Ball, Gerhart Hauptmann, Franz Kafka und Hermann Hesse zu Gast. Man versuchte in den Schweizer Alpen Individualismus und eine Befreiung des Leibes – die man gerne mit dem Verzicht auf Kleidung und einer vegetarischen Ernährungsweise verband – mit einem solidarischen Miteinander zu verknüpfen. Der Monte Verità (ital., Wahrheitsberg), wie sich das Siedlungsprojekt nannte, wurde insbesondere zum Laboratorium des Ausdruckstanzes, in dem es darum ging, sich nicht mehr, wie im klassischen Ballett, gemäß strikten Konventionen zu bewegen und mit möglichst kunstfertigen Figuren technisches Können zu demonstrieren, sondern darum, den eigenen Leib zu entdecken und für seine Regungen einen authentischen, ungezwungenen Ausdruck zu finden. Schon Nietzsche hatte ja den Tanz immer wieder als Metapher eines gelungenen Verhältnisses zwischen Mensch und Leben verwendet. In Ascona wirkten in diesem Sinne die begeisterten Nietzsche-Leser Rudolf von Laban (1879–1958) und seine Vertraute Mary Wigman (1886–1973), die sich einen geradezu dämonisch wirkenden freien Stil erarbeitete. Zu ihren Tänzen wurde oft getrommelt und aus dem *Zarathustra* rezitiert. Wigman wurde als Verkörperung der «neuen Frau» angesehen, wie sie Meta von Salis propagiert hatte: «Mary Wigman ist schöpferisch. Eine Frau, die aus dem Material ihres Leibes große Kunst formt. Sie ist nicht mehr Anpassung an das Männertum. Sie ist souveränes Weib.»[55]

Freilich ist auch diese Seite des Nietzscheanismus jener Zeit mitnichten ‹unschuldig›: Laban wurde 1934 von den Nazis zum Direktor der Deutschen Tanzbühne ernannt, 1936 inszenierte er eine *Vom Tauwind und vom neuen Freunde* betitelte Choreographie bei den Olympischen Spielen in Berlin, die Motive aus dem *Zarathustra* aufgriff. Allerdings wurden den Braunen Labans avantgardistische Experimente schnell zu bunt – schon 1937 emigrierte er nach England, wo er bis zu seinem Lebensende blieb.[56]

Zu Reventlow konnte die offene Atmosphäre von Ascona freilich nicht lange genießen und starb dort im Juli 1918.

---

55 Zit. n. Steven E. Aschheim, *Nietzsche,* 61. Es handelt sich bei Aschheims Studie um *das* Standardwerk zur deutschen Nietzsche-Rezeption bis 1945.

56 Vgl. zu Ascona und dem Tanz ebd., 59–61.

γ) *Die Nietzsche-Rezeption innerhalb der Frauenbewegung*

Es gab freilich auch der Frauenbewegung gegenüber weitgehend positiv eingestellte Frauen, die von Nietzsche schwärmten. Zunächst ist dabei die feministische Autorin **Hedwig Dohm** (1833–1919) zu nennen, eine der wichtigsten für die Sache der Frauen eintretenden Autorinnen des Kaiserreichs, die selbst innerhalb des linken Lagers der Frauenbewegung als Radikale galt. Schon der Titel ihrer Novellensammlung *«Werde, die Du bist!» Wie Frauen werden* von 1894 greift einen der Kernsätze Nietzsches auf. Sie kritisiert dort die mangelnden Möglichkeiten zur Selbstverwirklichung für Frauen in der bestehenden Gesellschaft – und in einmaliger Weise auch die verbreitete Verachtung für alte Menschen, die gerade betagte Frauen schmerzhaft erfahren müssen.

In anderen Schriften kritisiert sie Nietzsches Antifeminismus auf scharfsinnige Weise, ihre Kritik ist dabei jedoch ambivalent. In dem Artikel *Nietzsche und die Frauen* heißt es etwa:

> Friedrich Nietzsche! Du mein größter Dichter des Jahrhunderts, warum schriebst Du so über die Frauen so ganz jenseits von Gut? Ein tiefes, tiefes Herzeleid für mich. Es macht mich noch einsamer, noch abseitiger.[57]

In ihrer Schrift *Nietzsche und die Frauen* (1898) heißt es:

> O Nietzsche, Du hoher, priesterlicher Geist, tiefer Geheimnisse Wisser und doch der einfachsten Wahrheiten Nichtwisser! Mit Gott und Göttern kannst Du reden, mit den Gestirnen, mit dem Meer, mit Geistern und Gespenstern. Nur mit und über Frauen kannst Du nicht reden.[58]

Lily Braun (1865–1916) war eine in der SPD aktive Frauenrechtlerin. Sie blieb in der Partei allerdings eine Außenseiterin, die wie auch ihr Mann Heinrich Braun (1854–1927) als reformistische Opportunistin galt. (In der Tat unterstützte sie etwa 1914 die ‹Burgfriedenspolitik›, auf die wir noch eingehen werden.) Sie veröffentlichte zahlreiche feministische Schriften, von denen die wichtigste ihre Monographie *Die Frauenfrage* (1901) war. Ihre nietzscheanische Haltung blieb in ihren Schriften allerdings sekundär, sie machte sich eher in ihrer individualistischen Grundhaltung und ihrem entsprechenden Lebenswandel

---

57 Zit. n. Diethe, *Vergiss die Peitsche,* 164.
58 Zit. n. ebd., 168.

bemerkbar, der in der SPD vielfach auf Ablehnung stieß (sie lebte bspw. mit ihrem späteren Mann und dessen Noch-Ehefrau zeitweilig in einer *ménage à trois*). In ihrem autobiographischen Roman mit dem sichtlich von von Meysenbug inspirierten Titel *Memoiren einer Sozialistin* (1909 & 1911) bekennt sie sich jedoch in sehr deutlichen Worten zu ihm, die zugleich sehr gut zusammenfassen, wie man in dieser Zeit Nietzsche häufig las:

> Nietzsche gab dem Sozialismus «das, was wir brauchen: eine ethische Grundlage … Alle seine großen Ideen leben in uns: der Trieb der Persönlichkeit, die Umwertung aller Werte, das Jasagen zum Leben, der Wille zur Macht. Wir brauchen die blitzenden Waffen aus seiner Rüstkammer nur zu nehmen – und sollten es tun. … Und spüren Sie den Geist der Verneinung nicht in allem, was heute lebenskräftig ist und vorwärts will? Kunst und Literatur, Wissenschaft und Politik setzen ihr Nein der Vergangenheit entgegen, die noch Gegenwart sein will.»[59]

Auch **Helene Stöcker** (1869–1943) versuchte, Feminismus, Sozialismus und Nietzscheanismus zu verbinden. Sie war drei Jahre lang die Assistentin des bedeutenden Philosophen Wilhelm Dilthey (1833–1911) in Berlin, zog aber 1900 nach Bern, um dort zu promovieren. Eines der zentralen Themen ihrer Schriften und politischen Engagements war die Befreiung der Sexualität der Frau und eine Kritik der bürgerlichen Ehe. Sie prägte dabei den Ausdruck «sich ausleben» als Grundsatz einer neuen Ethik, auf den wir noch wiederholt zurückkommen werden, da ausgesprochen viele spätere Nietzscheaner der unterschiedlichsten Richtungen ihre Abgrenzung zum ‹naiven› Nietzscheanismus der ersten Welle genau an diesem Ausdruck festmachen. In der Tat findet sich diese Formulierung so auch nicht bei Nietzsche, der mit ‹Ausleben› entweder ein auf äußere Wirkung bezogenes Leben[60] meint oder ein gutes Sterben[61], nicht jedoch eine Verwirklichung innerer Triebe. – Woraus natürlich nicht folgt, dass Nietzsche einer solchen Haltung völlig fernstünde.

1905 gründete sie den Bund für Mutterschutz, der sich in diesem Sinne betätigte. Die Ziele der von ihr im selben Jahr gegründeten Zeitschrift *Mutterschutz. Zeitschrift zur Reform der sexuellen Ethik* umriss sie wie folgt:

---

59 Zit. n. ebd., 173 f.
60 Vgl. MA II VM 228.
61 Vgl. MA II VM 224.

> Sie soll zu energischen Reformen sowohl in bezug auf Institutionen wie Anschauungen führen, zu einer neuen Ethik, deren Wert nicht blos die Entsagung und Verneinung ist, – freilich erst recht nicht rohe genusssüchtige Willkür –, sondern die sich eine *stärkere frohere Menschheit zum Ziel setzt.*[62]

Kernziele ihrer politischen Arbeit waren u. a. das Eintreten gegen den Gebärzwang, für die Rechte unverheirateter Frauen und für die Legalisierung von Abtreibungen. Man versuchte auch, Frauen über den Gebrauch von Verhütungsmitteln aufzuklären. Ihr Verein wurde von konservativer Seite (auch konservativ-feministischer) heftig kritisiert, stand aber auch eugenischen und rassenhygienischen Vorstellungen offen gegenüber, wofür wiederum ebenfalls Nietzsche als Gewährsmann zitiert wurde.

Stöcker war mit Elisabeth Förster-Nietzsche gut befreundet und veröffentlichte zahlreiche Artikel zu Nietzsches Philosophie. 1914 trennten sich ihre Wege allerdings, da Stöcker sich ebenso leidenschaftlich gegen den Krieg engagierte wie Förster-Nietzsche für ihn – beide beriefen sich dabei gleichermaßen auf Nietzsche. Nach dem Krieg war der Pazifismus ihr Hauptthema, was sie u. a. mit dem ‹Obernietzscheaner› Harry Graf Kessler in Kontakt brachte, auf den wir noch zu sprechen kommen werden. 1933 musste die bedeutende Nietzscheanerin vor denen fliehen, die sich Nietzsche nun auf die Fahnen schrieben, und starb im amerikanischen Exil.

Zum Abschluss dieses Kapitels sei ein kurzer Abschnitt aus einem von Stöckers Texten zitiert, der gut zusammenfasst, worin auch Nietzsches Relevanz für seinen gegenwärtigen Feminismus bestehen könnte – und für eine linke Bewegung im Allgemeinen:

> Wer das Leben bejaht, bejaht auch die Liebe, die Freude, die Vereinigung der Geschlechter. [Nietzsche] sprach nicht nur das Lachen, nicht nur die Freude heilig, er sprach auch die Liebe heilig. Mit dieser «Umwertung» der mittelalterlichen Verachtung der Sinne und der Lebensfreude ist schon einer der entscheidendsten Schritte getan, auch die Frauen aus der mittelalterlichen Verachtung herauszuheben.[63]

62 Zit. n. Diethe, *Vergiss die Peitsche*, 175.
63 Zit. n. ebd., 182.

c) *Die Nietzsche-Rezeption in Sozialdemokratie und Arbeiterbewegung*

Mit Lily Braun sind wir bereits einer bedeutenden Sozialdemokratin begegnet, die sich als Nietzscheanerin begriff; Helene Stöcker fasste 1939 in einem autobiographischen Fragment ihr Programm mit der Formel «Nietzsche *und* Sozialismus»[64] zusammen – wenden wir uns nun dem männlichen Teil der Arbeiterbewegung zu, wo Nietzsche auf Zustimmung, aber auch auf Ablehnung stieß.[65] Ab 1890 entstand in der deutschen Arbeiterbewegung eine lebhaft geführte Diskussion darüber, wie nun genau mit Nietzsche umzugehen sei, die hier exemplarisch referiert werden soll.[66]

Innerhalb der SPD bildete sich um 1890 ein als die «**Jungen**» bezeichneter Kreis individualistisch eingestellter Dissidenten, die zwar keine Anarchisten waren, aber der Mainstream-SPD autoritäre Tendenzen vorwarfen. Wichtigster Protagonist war der Schriftsteller **Bruno Wille** (1860–1928). Organ dieses Zirkels war u. a. die Zeitschrift *Der Sozialist*, die von 1891 bis 1899 erschien und sich ab 1893 unter der Herausgeberschaft Gustav Landauers, dem wir uns im folgenden Abschnitt widmen werden (er rechnete sich selbst den «Jungen» zu[67]), mehr und mehr dem Anarchismus zuwandte. Den «Jungen» diente Nietzsche in ihrem individualistischen Protest als wichtiger Gewährsmann. Nachdem sie sich mit ihrer Kritik auf dem Erfurter Parteitag von 1890 nicht durchsetzen konnten, wandten sie sich größtenteils von der SPD ab oder wurden sogar ausgeschlossen.[68]

Die Grundhaltung der «Jungen» fasste Wille in seinem 1894 erschienen Buch *Philosophie der Befreiung durch das reine Mittel. Beiträge zur Pädagogik des Menschengeschlechts* zu-

---

64 Zit. n. Aschheim, *Nietzsche*, 170.

65 Eine Grenzziehung, die natürlich nicht strikt zu nehmen ist. Es geht hier vor allem darum, ob sich die jeweiligen Protagonisten und -innen *primär* in der Arbeiter- oder in der Frauenbewegung verorten lassen. (Ähnlich verhält es sich mit sämtlichen Zuordnungen eines Protagonisten in diese oder jene Kategorie in diesem Buch.)

66 Für einen vollständigeren Überblick vgl. Aschheim, *Nietzsche*, 168–186.

67 Vgl. sein Artikel *Die geschmähte Philosophie* von 1893, in dem er eine ähnliche Kritik am Marxismus wie Wille artikuliert und sich insbesondere dagegen wehrt, dass der Sozialismus eine *proletarische* Bewegung sei. Er sei vielmehr eine *geistige,* der sich Mitglieder aller Klassen anschließend könnten.

68 Vgl. Miething, *Anarchistische Deutungen*, 153–155 und Aschheim, *Nietzsche*, 172 f.

sammen. In dem Begriff des «reinen Mittels» steckt bereits der Kern von Willes Kritik an der Sozialdemokratie: Denn die versuche den Menschen, so eben definiert Wille den Autoritarismus, durch unreine Mittel, durch Zwang, Lockung, Ehrfurcht oder emotionale Verführung,[69] zu überreden anstatt ihn wirklich durch Argumente zu überzeugen: Mittel, die unrein sind, weil sie den Zweck, die Überzeugung, eben konterkarieren, keine *wirkliche* Überzeugung herstellen. Wille ist insofern Rationalist, doch er vertritt einen radikal individualistischen Rationalismus, dessen Ziel die Befreiung des Einzelnen von aller geistigen und sozialen Knechtschaft, allen «autoritären *Tendenze[n]*»[70], ist. Nietzsche dient ihm dabei oft als – teilweise ungenannter – Stichwortgeber. Neben der Vernunft betont er die Wichtigkeit des «Wollens»:

> Wollen ist ein Gestaltungstrieb, eine Schöpferkraft des Daseins. Wo es verkümmert, da versiegt die Entwicklung; Nationen, Gesellschaftsschichten, welche [...] die rechte Kraft des Wollens eingebüsst haben, befinden sich in einer Sackgasse, wo ihre Fortentwickelung aufhört, wo Versumpfung, Dekadenz ihr Los ist. Ich feire das Wollen, das jugendfrisch neue Ziele aufsucht, selbst wenn es vorläufig in verschwommener, unbestimmter Sehnsucht besteht.[71]

Jenes «Wollen» zeige sich vor allem in den Träumen, Wünschen und Sehnsüchten der «Persönlichkeiten», die «Beete solcher Keime, solcher Gefühle, Bestrebungen, Ideen» (4) seien. Wille spricht von «Beeten», weil er jene «Bestrebungen» nicht als bloß individuelle Regungen missverstanden wissen will, sondern als Eingebungen «jene[r] rätselhaften Macht, die unser Dasein bestimmt» (ebd.), die Wille nicht näher definiert. Jene «Persönlichkeiten» seien «Adepten» jener «höheren Macht» – ein «Adeptentum», welches ihr «edles Innenleben» (6) auszeichne. Der Adept «ist es, weil er es sein will, weil sein starker, adliger Wille sich durchsetzt» (ebd.). Wille bedient sich so dezidiert eines aristokratistischen Vokabulars, doch es ist klar, dass er keinen Elitismus vertritt: Letztendlich kann jeder seiner «Elite» angehören, es kommt nur auf den Willen an. Die moderne Massenkultur und die Großstadt verachtet Wille, da sie

69 Vgl. 28.
70 Ebd., 28.
71 3.

dem Individuum feindlich gesonnen seien. Er bezeichnet sich als «Zigeuner» (17), aber auch als überzeugten Sozialisten.

Zur Umschreibung seines Ideals eines «freien Vernunftmenschen» dient Wille Nietzsches «Übermensch».[72] Ähnlich wie Nietzsche spricht er von der «Herdennatur» (48) des Menschen als Hindernis für seine Befreiung, die man allerdings nicht rein negativ beurteilen dürfe. Und er zitiert den *Zarathustra*: «Um die Erfinder von neuen Werten dreht sich die Welt: – unsichtbar dreht sie sich.»[73]

Wille plädiert aufgrund seiner Philosophie für zahlreiche Kernforderungen der Lebensreformbewegung, auf die wir noch näher eingehen werden, u. a. eine offene Sexualerziehung der Kinder (siehe Nietzsche) bzw. generell einen antiautoritären, an den Interessen der Kinder angelehnten Unterricht, und ein offeneres Verhältnis zur Nacktheit.[74] Ebenso kritisiert er den Krieg und die militärische Disziplin.[75] Er ist allerdings kein völliger Pazifist, insofern er die Gewalt als «reines Mittel» ansieht, um sich von einem gewaltsamen Zwang zu befreien.[76] Es gehe nicht darum, moralisch einzufordern, dass sich die Herren «entherren», vielmehr müssten sich die Knechte «ent-knechten», um selbst zu Herren zu werden.[77] Im geistigen Bereich kritisiert er mit Nietzsche alle Vorstellungen einer absoluten, metaphysischen Wahrheit.[78] Was den wirtschaftlichen Bereich angeht, gesteht er zu, dass in vormodernen Zeiten die Privilegierung weniger sinnvoll gewesen sein mag – heute sei sie jedoch durch den technischen Fortschritt überholt.[79] «Jedem nach seinen Bedürfnissen und Fähigkeiten», ist für Wille das Motto eines «anarchistischen Kommunismus».[80] Er variiert damit Marx' Rede von der Losung «Jeder nach seinen Fähigkeiten, jedem nach seinen Bedürfnissen», wobei er durch die kleine Veränderung des Satzes ‹Input› und ‹Output› noch weiter entkoppelt als Marx, der in jener Losung ja doch noch ein gewisses Entsprechungsverhältnis zwischen beiden Seiten betont.

72 Vgl. ebd., 33 f.
73 Ebd., 67. Vgl. Za, *Fliegen des Marktes.*
74 Vgl. 178–180.
75 Vgl. 76–86.
76 Vgl. 112–21.
77 Vgl. 121.
78 Vgl. 126.
79 Vgl. 167 f.
80 Vgl. 173.

Wille vertritt dezidiert keinen «Staatssozialismus», sondern plädiert für einen *wirklich* freien Wettbewerb; er ist also nicht gegen freies Unternehmertum und Konkurrenz.[81] Unter Berufung auf die Staatskritik des *Zarathustra* kritisiert Wille jede Form von Staatlichkeit.[82] Auch Stirner taucht in diesem Kontext als explizite Referenzfigur auf.[83] Insofern die Sozialdemokraten staatsfixiert seien, seien auch sie eine Partei der Unfreiheit.[84] Auch die Moral kritisiert er grundsätzlich und führt hier wiederum Nietzsche als Referenz an, vor allem seine Kritik des Gewissens.[85] Ähnlich wie Nietzsche kritisiert Wille die Bigotterie der bürgerlichen Ehe – und tritt für eine freie Liebe ein, die gerade nicht mit einer Verrohung, sondern einer Veredelung der Sexualität einhergehen würde.[86] In dem Kapitel über die «Parteiherrschaft» rechnet Wille schonungslos mit dem Dogmatismus, Autoritarismus und der Korrumpiertheit der SPD ab.[87]

Die Reaktion auf derartige antiautoritäre Umtriebe blieb nicht aus. Den ersten gewichtigen Beitrag zur linken Nietzsche-Kritik legte bereits 1891 der Schriftsteller **Franz Mehring** (1846–1919) vor, der in dieser Zeit begann, im Sinne der SPD zu schreiben und bald zu einer ihrer führenden Stimmen wurde. Er kritisiert Nietzsche in einer Polemik gegen den Schriftsteller Paul Lindau (1839–1919) mit dem Titel *Kapital und Presse. Ein Nachspiel zum Fall Lindau*. Mehring artikuliert darin bereits die Grundelemente der späteren marxistischen Nietzsche-Kritik: Nietzsche sei ein «Sozial-Philosoph des Kapitalismus» (121). Während die Arbeiterklasse das Erbe der klassischen bürgerlichen Philosophie, die ihren höchsten Ausdruck in der Philosophie Hegels gefunden, angetreten habe,[88] habe sich das Bürgertum selbst angesichts des sich abzeichnenden Untergangs

81 Vgl. 174 f.

82 Vgl. 183 & 241 f.

83 Vgl. 196 f. Wille nennt «die kühne Ich-Freiheit Max Stirners und die ‹Herren-Moral› Nietzsches» (228) in einem Atemzug als von der Sozialdemokratie gleichermaßen abgelehnte Freiheitslehren.

84 Vgl. 218.

85 243. Nietzsche wird im gesamten Abschnitt über die Moral immer wieder zitiert.

86 Vgl. 288–290.

87 Vgl. 295–365.

88 Schon Engels hatte seinen Text *Ludwig Feuerbach und der Ausgang der klassischen deutschen Philosophie* (1886) mit der Losung beendet: «Die deutsche Arbeiterbewegung ist die Erbin der deutschen klassischen Philosophie.» (307)

des Kapitalismus von seinen eigenen Idealen verabschiedet und fröne nun einem hemmungslosen Irrationalismus, für den Nietzsche wie kein zweiter stehe. Er sei ein Mundstück des Großkapitals, der «nur in Neid, Haß, Habsucht, Herrschsucht lebenszeugende Affekte» (123) sehe, er schreibe «die Philosophie des – Kapitalismus» (126):

> Der rothe Faden, der durch all die Widersprüche von Nietzsche läuft, ist der Versuch, die Klassenmoral des Kapitalismus auf der heutigen Stufe seiner Entwicklung zu entdecken und die Bande zu zersprengen, welche die Klassenmoralen seiner früheren Entwicklungsstufen, die kleinbürgerliche Ehrbarkeit und die großbürgerliche Respektablität, ihm noch anlegen.[89]

Mehrings Kritik ist sichtlich verfehlt. Nicht nur wirkt sie unfassbar dogmatisch, weil sie einfach Marx' und Engels' Theorien als Wahrheiten setzt und Nietzsche die Abweichung von ihnen vorwirft, sondern weil, wie hinreichend gezeigt, diese Darstellung Nietzsches ein schlicht unwahres Zerrbild ist. Die genannten Affekte würde Nietzsche dem Ressentiment zurechnen und gerade als pöbelhaft verdammen, ebenso wie das ungehemmte Profitstreben. Natürlich kann man sich Zitate aus Nietzsche zusammenklauben, die dieses Bild irgendwie rechtfertigen, doch letztendlich handelt es sich hier um eine klare Verfälschung.

Bereits **Kurt Eisner** (1867–1919) kritisiert in seiner im selben Jahr[90] erschienen Polemik *Psychopathia spiritualis. Friedrich Nietzsche und die Apostel der Zukunft* Mehrings Verdikt über Nietzsche als «überherb[], ungerecht[], vielfach unzutreffend[] und zwar hochmütig überlegen[], aber nicht gründlich überlegt[]» (94), auch wenn es «doch ein wenig berechtigt» sei. Mehring mache es sich zu einfach, wenn er «Nietzsche abthut, wie den ersten besten Börsenjournalisten» (ebd.). Das Buch ist zugleich Eisners erster wichtiger Beitrag zur sozialdemokratischen Diskussion und stellt eine wichtige Station auf Eisners Weg zu einem der wichtigsten Schriftsteller der SPD dar, der schließlich 1918 Ministerpräsident der für viele in diesem Buch behandelten Figuren so wichtigen bayrischen Räterepublik werden sollte. 1919 wurde er von einem Monarchisten erschossen. Eisner entwickelt in seinem Nietzsche-Buch eine Polemik, die zwar nicht minder scharf ist als Mehrings, aber doch differenzierter.

---

89 Ebd., 127.

90 In diesem Jahr erschien es in der Zeitschrift *Die Gesellschaft*, 1892 als Buch.

Seine Grundthese ist, dass Nietzsche vor allem eins ist: ein Träumer und Neuromantiker. Sein Denken sei wie eine ansteckende Krankheit, eine Epidemie, die den Geist verwirre. Eisner spricht dabei sogar bereits von einem ‹Nietzscheanismus› und führt als Hauptbeispiel dafür Julius Langbehns *Rembrandt als Erzieher* an, auf das wir noch eingehen werden. Eisner sieht in Nietzsche, trotz der partiellen Zustimmung zu Mehring, nicht so sehr einen Philosophen der Mächtigen, sondern einfach nur einen Vertreter eines schwachsinnigen Spinnertums, der letztendlich ohne echte gesellschaftliche Relevanz sei, einen Modephilosophen, dessen Wirkung schnell verflogen sein werde:

> Über den Einfluß Nietzsches auf die Weltanschauung oder besser, Weltbestimmung einzelner moderner Geister, über die Verbreitung und Verbreiterung gewisser Nietzschescher Ideen, wird später noch manches zu sagen sein. Die Geschichte des *Nietzscheschen Einflusses* zu schreiben, wäre bereits jetzt eine dankbare, weitgreifende Aufgabe. Will einer diese Aufgabe übernehmen, so mag er sich beeilen, damit die Nietzsche-Episode nicht früher fertig werde, als seine Arbeit.[91]

Eisner erblickt in Nietzsche einen Individualisten, Lehrer der Befreiung des Leibes und sogar Anarchisten, doch sieht er all das mit dem Sozialismus für unvereinbar an. Die «Jungen» beschreibt er in diesem Sinne als Zirkel nicht ernstzunehmender Wirrköpfe, deren Lehrer Nietzsche gewesen sei. Nietzsche sei zwar geistreich, doch «‹Geist› ist Todfeind dem Geist der Wahrheit» (9).

Allerdings gibt Eisner zu, dass Nietzsche «der gefährlichste und verführerischste *Gegner der Sozialdemokratie*» (88) sei. Der Widerspruch dieser These mit der gerade zitierten über den ephemeren Charakter der ‹Nietzsche-Welle› verweist darauf, dass Eisner Nietzsche gar nicht so sehr auf einer theoretischen Ebene treffen will. Vielmehr will er in dem Text Nietzsches assoziativen Sprachstil angreifen und seine Absurdität so nicht nur beweisen, sondern vorführen: «‹*Sprüche und Pfeile*› wollte ich gegen Nietzsche, seine Lehren und seine Schüler senden, keinen systematischen Kampf führen.» (98) Eisner will also Nietzsche mit seinen eigenen Waffen schlagen – dabei aber zugleich aufzeigen, wie lächerlich diese Waffen sind. Man könne Nietzsche ohnehin nicht mit Argumenten widerlegen, weil er das

91 18 f.

Argumentieren ja ablehne. Er sei letztendlich ein Dichter, kein Philosoph.

Diese, von Eisner ja offen ausgesprochene, Metadimension seiner Nietzsche-Kritik entgeht Mehring in seiner Replik auf Eisners Buch.[92] Er beharrt dort auf seinem Standpunkt, dass man Nietzsche verharmlose, wenn man ihn nur als weltfremden Träumer darstelle, er vertrete hingegen einen ganz bestimmten Klassenstandpunkt. Mehring gesteht nun allerdings zu, dass Nietzsche in zweifacher Hinsicht «nützlich» für den Sozialismus sei: Zum einen genau *weil* er untalentierte möchtegernradikale Literaten wie die «Jungen» vom Sozialismus weglocke, zum anderen, weil er talentierte Menschen, die aus bürgerlichen Verhältnissen stammen, von ihren bürgerlichen Illusionen befreien und zum Sozialismus hinführen könne:

> Bei Nietzsche stehen bleiben können sie auf Dauer [...] nicht, denn mit einer genügend großen Rente kann man wohl in der Einsamkeit der Hochalpen den «Uebermenschen» spielen, aber im Drange und Kampfe des wirklichen Lebens paukt ihnen die ökonomische Dialektik solche Schrullen gründlich aus.[93]

Beide Beobachtungen werden durch die empirische Rezeptionsgeschichte gründlich widerlegt, doch wahr ist an ihnen die Beobachtung, dass man sich eine derart weltabgewandte Haltung wie diejenige Nietzsches eben auch *leisten* können muss. Ansonsten erkennt aber auch Mehring nun an, dass es mit Nietzsche doch mehr auf sich hat, dass sein Amoralismus auch positive Effekte zeitigen kann.

1897 fasste Mehring in dem Artikel *Nietzsche gegen den Sozialismus* seine Nietzsche-Kritik noch einmal zusammen. Nietzsche sei «der Philosoph des Großkapitals» (546), der «den proletarischen Klassenkampf bekämpfte aus denselben erhebenden Gedankenkreisen heraus, wie der erste beste Börsenjobber oder das erste beste Reptil» (ebd.). Er stellt die, unwahre, Behauptung auf, dass Nietzsche den Sozialismus nur oberflächlich kenne.[94] Nietzsche spende dem «Mammonskultus den philosophischen Segen» (ebd.). Und Mehrings Polemik gipfelt darin, zu behaupten: «Es ist beinahe noch eine Beleidigung für die Börsenjobber und Reptile, wenn man sagt, daß sie den Sozialismus aus denselben Gedankenkreisen heraus bekämpfen wie Nietzsche.» (549)

92 Vgl. Rezension zu Kurt Eisner, *Psychopathia spiritualis*.
93 669.
94 Vgl. 547.

1893 schaltete sich auch **Eduard Bernstein** (1850–1932) in die Debatte ein, der wenige Jahre später der wichtigste Vertreter des ‹revisionistischen Flügels› der SPD werden sollte, der die marxistische Dogmatik in Frage stellte und die Partei zu einer reformistischeren Haltung führte. Es handelt sich um eine Rezension des heute in fast völlige Vergessenheit geratenen Buches *Friedrich Nietzsche. Ein psychologischer Versuch* (1893) des Schriftstellers Wilhelm Weigand (1862–1949). Bernstein lobt hier Weigands Darstellung, hält sie jedoch für sehr auf den ‹reinen› Bereich der Kultur beschränkt. Weigand gehe zu wenig auf Nietzsches persönliche Psychologie und seine politische Stellung ein. In letzterer Hinsicht vertrete Nietzsche einen «*Herren*-Anarchismus» (347). Bernstein nennt ihn freilich dennoch mit Weigand einen «großen Anreger» (ebd.), der wichtige Fragen aufwerfe, aber keine befriedigenden Antworten gebe. Allerdings bestreitet er, dass die Sozialdemokratie durch Nietzsche wichtige Mitglieder verloren hätte: «Wer sich durch Nietzsche etwa bekehren ließ, der war schon verloren[.]» (Ebd.)

Es lässt sich zusammenfassen, dass diese frühe sozialdemokratische Nietzsche-Kritik zum größten Teil auf Fehldarstellungen und peinlichen Fehleinschätzungen der Wirkmächtigkeit Nietzsches basiert. Wie wir sehen werden, wird es bei ihren Nacheiferern nicht besser: Es ist bisher noch keine schlagende marxistische Nietzsche-Kritik vorgelegt worden.

Die Verfälschung betrifft nicht nur Nietzsche, sondern viel mehr noch die Links–Nietzscheaner: Wieso sollte sich jemand wie Wille und andere ihm Gleichgesinnte emphatisch auf jemanden beziehen, der ein verkappter Ideologe des Großkapitals ist? Entweder müssten sie völlig verblendet sein oder Nietzsche ein besonders geschickter Verschleierer seiner wahren Absichten. Aber woher diese Verblendung und diese Verschleierung? Welche Motive sollen hier zu Grunde liegen? Ein Schriftsteller, der seine Motive derart kunstvoll verschleiert, dass sie von seinen Lesern gar nicht mehr wiedererkannt oder sogar ins Gegenteil verkehrt werden, ist entweder ein sehr schlechter – oder er hegt womöglich die unterstellten Motive einfach nicht.

Hier ist sichtlich ein paranoider Blick am Werk, der den Umgang vieler Linker mit Nietzsche bis heute prägt. Einmal zum Reaktionär und Großkapitalisten abgestempelt, sucht man krampfhaft nach Belegen für diese These – die eigentliche Kernbotschaft Nietzsches, die Lehre vom «freien Geist», lässt man dann gar nicht mehr an sich heran. Der Verdacht liegt nahe, dass es tatsächlich sie ist, die in Wahrheit gefürchtet wird und die sie als ‹Träumereien› oder gar ‹großkapitalistische Ideologie› denunzieren zu müssen glauben.

Natürlich ist Willes Doktrin in gewisser Hinsicht ‹kleinbürgerlich› und ‹weltfremd›. Er schlägt sich im Grundwiderspruch linker Politik – in der Praxis partikular, im Anspruch universell sein zu müssen – zwar nicht vollkommen einseitig auf den letzteren Pol, insofern er etwa Gewalt als Mittel gegen Gewalt anerkennt, vertritt aber letztendlich doch eine lebensferne Auffassung von Politik, die gerade auch der Komplexität von Nietzsches Denken zu diesem Thema nicht gerecht wird. Die Sozialdemokraten dieser Zeit reflektierten dieses Problem jedoch ebenso wenig, da sie sich felsenfest im Besitz der Wahrheit glaubten. Wille verspottet sie treffend, Hermann Bahr zitierend, als «Marxististen»[95] und kritisiert ihren ökonomistischen Dogmatismus. Die Wirklichkeit sollte ihm in dieser Hinsicht Recht geben: Der orthodoxe Marxismus scheiterte seinem eigenen Wahrheitsbegriff nach an der Wirklichkeit der Geschichte.

Zu den Realitäten des Lebens gehört es, dass die von Wille kritisierten autoritären Strukturen wahrscheinlich unerlässlich sind, um wirkungsfähige politische Gebilde zu formen. Das Problem ist in der Tat, wie man sie wieder loswird, sobald man an die Macht gekommen ist – und da sah Wille, wie sogar schon Stirner, zu Recht voraus, dass die autoritäre Methode notwendig zu einem autoritären Staat führen müsse. Marx und Engels glaubten, dass der Staat, sobald ihn das Proletariat erobert hätte, automatisch absterben werde[96] – auch darin haben sie sich getäuscht.

Man darf allerdings nicht vergessen, unter welchen Umständen diese Diskussionen geführt wurden. Erst 1890 waren die Bismarckschen Sozialistengesetze, die seit 1878 alle politischen Aktivitäten der linken Organisationen illegalisiert hatten, aufgehoben worden, die Partei musste sich nun völlig neu konstituieren. ‹Sozialdemokrat› sein hieß damals noch nicht, einem etablierten Teil des Staatsapparats anzugehören, sondern war mit empfindlichen Repressionen aller Art verbunden, die Sozialde-

95 *Philosophie der Befreiung*, 42.
96 Vgl. Engels, *Herrn Eugen Dühring's Umwälzung der Wissenschaft*, 262.

mokraten galten als «vaterlandslose Gesellen», sie wurden bei der Aufteilung der Wahlkreise diskriminiert etc. pp. Angesichts dieser Lage ist es verständlich, dass man nach Geschlossenheit suchte und sich nicht vorwerfen lassen wollte, man wäre nicht ‹radikal› genug.

Es ist nichtsdestotrotz angesichts der offensichtlichen argumentativen Schwäche der marxistischen Nietzsche-Kritik und ihres autoritär-dogmatischen Charakters kein Wunder, dass trotz dieser starken Ablehnung Nietzsches – die mit Argumenten geführt wurde, die später etwa von Lukács aufgegriffen werden sollten (wobei Mehring & Co. noch nicht so weit gehen, Nietzsche der Reaktion zuzuschlagen) – und der Abwendung der meisten «Jungen» von der SPD die Nietzsche-Rezeption in der Arbeiterbewegung keineswegs abbrach. Miething etwa hält diesbezüglich fest:

> So belegt z.B. das Leihregister des Jahres 1897/98 aus der Leipziger Bibliothek des Vereins der Buchdrucker und Schriftsetzer-Gehilfen, dass Nietzsches Werke weit häufiger ausgeliehen wurden als die eigentlichen Klassiker sozialistischer Literatur[.][97]

Eine große Bedeutung spielte Nietzsche etwa auch in den von Joseph Bloch (1871–1936; mit Ernst Bloch soweit bekannt nicht verwandt) herausgegebenen *Sozialistischen Monatsheften*, ab 1897 das zentrale Organ des reformistischen Flügels der SPD.[98] Anlässlich Nietzsches Todes veröffentlichte hier etwa **Willy Hellpach** (1877–1955), der später in der Deutschen Demokratischen Partei (DDP) aktiv war, unter dem Pseudonym Ernst Gystrow einen Artikel mit dem Titel *Etwas über Nietzsche und uns Socialisten*, in dem er die schematische Nietzsche-Ablehnung der Mainstream-SPD kritisiert und festhält:

> Er war *unser*. Er war nicht der Philosoph der zünftlerischen Romantik […] [.] Er war nicht der Philosoph des Capitalismus, der im freien Spiel der Kräfte schon die Menschheitshöhe erklommen zu haben meinte. Er glaubte an die *grossen Menschen* der Vergangenheit und – das ist das Wunderbare und Göttliche an diesem Genius – an die *grosse Menschheit* der Zukunft. Er glaubte an ein Kinderland, an ein Aufwärts, an ein Voruns. Den Socialismus hasste er als eines von den Zeichen der Verhässlichung Europas. Er verstand ihn nicht. Mit Recht: vom Propheten ver-

97 *Anarchistische Deutungen*, 155 f.
98 Vgl. Aschheim, *Nietzsche*, 175 f.

langt keiner, dass er historisch denke. Wo die Diktatur der Masse gepredigt ward, konnte er nicht die Differenzierung der Persönlichkeit wittern. [...] Er hat geweissagt, was wir uns erarbeiten mussten: dass der Wert der Menschheit im Menschen liegt und dass jedes echte Aufwärts einen aristokratischen Sinn hat.[99]

Betont wird von Gystrow ferner Nietzsches Lob des «Willens zur Macht» und des Kampfes: «*Nein, nur im Kampfe wächst die Persönlichkeit*. Ein einziger Strike weckt mehr Individualitäten, als ein Band voll Schwulst über ‹Sichausleben› und dergleichen.» (Ebd.)

Regina Barkan, die 1923 über den Machtbegriff in Nietzsches Philosophie promoviert hatte,[100] sollte diesen Aufsatz 25 Jahre später in derselben Zeitschrift zustimmend zitieren.[101] In dem Artikel *Was kann Nietzsche der Schulreform sagen?* plädiert sie interessanterweise mit dem Nietzsche der *Geburt der Tragödie* gegen ein Überhandnehmen der antiautoritären Tendenzen in der Erziehung, da das durch die Erziehung erfolgende Zerreißen der ursprünglichen dionysischen Ureinheit notwendig sei, um zu einer höheren Einheit zu finden. Vom großen Spektrum linker Nietzsche-Aneignungen zeugt auch ihr Artikel *Nietzsche der Imperialist*, in dem sie zugibt, dass Nietzsche ein Imperialist sei, diesen Begriff jedoch positiv umdeutet: Der Imperialismus sei nichts Schlechtes, sondern bedeute die notwendige Vereinigung der Völker unter einem großen Ziel. Sie stimmt vor diesem Hintergrund in Nietzsches Lob Napoleons und des Gesetzbuchs des Manu ein. *Gerade* in Nietzsches Imperialismus zeige sich der sozialistische Charakter seines Denkens:

So sieht der Imperialismus Nietzsches aus. Er will dem Geist sein Haus auf Erden bauen und die Welt zu gemeinsamem Schaffen vereinen, jeden Nationalismus durch die Erhöhung der Nationen aufheben. Er hat also nichts mit jener Mißgestalt zu tun, die man heute mit dem Schlagwort des Imperialismus zu meinen pflegt, er ist ein echter Imperialismus, der das Bild der an Schöpferkraft mächtigsten Imperien hervorzaubert, die es jemals gegeben hat. Mit einem solchem Imperialismus vor Augen darf man den Willen zur Macht im Gesellschaftsleben als einen Willen zur Gemeinschaft definieren, zu einer Gemein-

99 640.

100 Vgl. *Der Machtbegriff in Nietzsches Philosophie*. Sonst war über Barkan nichts herauszufinden.

101 Vgl. *Die soziale Tat Nietzsches*.

> schaft, sobald durch diese die größere Macht verbürgt wird. Ein solcher Imperialismus ist ein ins Außenpolitische gewendeter Sozialismus.[102]

Einer der wichtigsten Protagonisten eines mit der Arbeiterbewegung sympathisierenden Nietzscheanismus vor dem Ersten Weltkrieg und während der Weimarer Republik ist der expressionistische Schriftsteller **Kurt Hiller** (1885–1972). Hiller ist jemand, der versuchte, zahlreiche Gegensätze in sich zu vereinen: Er war Nietzscheaner, Pazifist und Sozialist, aber zugleich auch Rationalist und Elitist. ‹Sozialismus› hieß für ihn die Herrschaft einer vernünftigen Elite von «freien Geistern». Er beteiligte sich vor diesem Hintergrund an der Revolution von 1918, bekämpfte leidenschaftlich Hitler und rief kurz vor dem Ende der Republik zur Wahl der KPD auf, sympathisierte aber auch mit Mussolini, den er als Verkörperung seines vitalistischen Persönlichkeitsideals betrachtete, und kritisierte den Versailler Vertrag. Er war homosexuell und setzte sich energisch für die Rechte der Homosexuellen ein. 1938 veröffentlichte Hiller u. a. gemeinsam mit Otto Strasser (1897–1974) – dem Führer des ‹linken› Flügels der NSDAP, der tatsächlich so weit links stand, dass er 1933 aus Deutschland emigrieren musste und sich dem antifaschistischen Widerstand anschloss – eine Erklärung gegen Hitler. Hiller gehört zu jenen, die als Hauptgrund für den Erfolg des Faschismus die Vernachlässigung des ‹emotionalen Faktors› durch die Linke benannten: Mussolini etwa kritisiert er zwar inhaltlich, schreibt ihm jedoch eine Vitalität und authentische Führernatur zu, die den linken Politikern abginge. Wir werden auf diese Sichtweise noch zurückkommen. Einige, wie prominent Lukács, haben Hiller vorgeworfen, eigentlich ein Faschist zu sein und man kann eine Nähe zwischen seinen Vorstellungen und den Visionen der rechten Vordenker des Nationalsozialismus, wie sich zeigen wird, nicht abstreiten. Hiller strebt letztendlich eine von charismatischen Führern geleitete Volksdemokratie an, die aber pazifistisch ist und linke Werte realisiert. Er will die Leidenschaften in den Dienst der Ratio stellen.[103]

Eine eher kuriose Figur ist der jüdische Industrielle **Moritz Lederer** (1888–1971) aus Mannheim, der dort Anfang 1919 die Zeitschrift *Der Revolutionär* herausgab, die bis 1923 be-

---

102 506 f.

103 Vgl. zu Hiller Aschheim, *Nietzsche,* 70 f. & 185 f. sowie Taylor, *Left-Wing Nietzscheans*, 60–88.

stand und in der er sich, bewaffnet mit Nietzsche-Zitaten (etwa aus der Vorrede des *Zarathustra* gleich zu Beginn der ersten Ausgabe), auf die Seite der Spartakisten schlägt. Anfang der 20er-Jahre zog er nach Berlin, um dort ein Theater zu leiten.[104]

Den Mainstream der Arbeiterbewegung konnte Nietzsche so eher nicht begeistern. Aber es gab immer wieder einige Ausreißer, die meinten, in ihm eine besondere Radikalität zu finden, die den offiziellen Klassikern der Bewegung fehle und eine inoffizielle Nietzsche-Rezeption ‹von unten›. Es ist eben durchaus berechtigt, wenn Thomas Mann schreibt, dass «der sozialistische Einschlag in [Nietzsches] Vision ebenso stark ist wie derjenige, den man den faschistischen nennen kann»[105]. Wenn Nietzsche seinen Zarathustra die «Treue zur Erde» verkünden lässt, bedeute das «den Willen, das Materielle mit Menschlichem zu durchdringen, den Materialismus des Geistes, es ist Sozialismus» (258).

d) Nietzsche als Wegbereiter des Anarchismus

Die linke[106] politische Strömung, die Nietzsche wahrscheinlich am meisten beeinflusste und prägte, ist der Anarchismus. Im Grunde stehen so gut wie alle hier behandelten linken Figuren dem Anarchismus in irgendeiner Form nahe, die allgemeinen Charakteristika des Links–Nietzscheanismus ließen sich alle auch auf den Anarchismus beziehen.

Diese Affinität ist keinesfalls hausgemacht. Nietzsche verwendet die Ausdrücke ‹Anarchie› und ‹Anarchismus› ist einem ausschließlich negativen Sinne. So bezeichnet er «Anarchisten und Antisemiten»[107] als die Hauptvertreter des gegenwärtigen Ressentiments. In einem Brief an seinen Verleger Ernst Schmeitzner schreibt er: «Mag man mich zu den ‹Anarchisten›

104 Vgl. Manfred Bosch, *Vom Bürgerschreck zum Theatervisionär.*

105 *Nietzsche*, 257 f.

106 Es ist nicht selbstverständlich, den Anarchismus der ‹Linken› zuzuordnen, einige Anarchisten würden sich dagegen sogar dezidiert verwehren. Im Sinne des oben definierten weiten Begriffs des Links-Seins spricht aber nichts dagegen, selbst wenn es manche geben mag, die den Begriff des Anarchismus mit einer anti- oder nicht-universalistischen Haltung verbinden.

107 GM II 11.

rechnen, wenn man mir übel will: aber gewiß ist, daß ich europäische Anarchien und Erdbeben in ungeheurem Umfange *voraussehe.*»[108] Einzig Anfang der 80er gibt es ein paar Nachlassfragmente, in denen Nietzsche den Begriff der Anarchie in einem positiven Sinne gebraucht. «In Europa hat der *Kampf* gegen das Christenthum, die *Anarchie* der Meinungen und die *Concurrenz* der *Fürsten Völker und Kaufleute* bis jetzt den Verstand verfeinert»[109], heißt es dort beispielsweise, «Entwickle alle deine Kräfte – aber d.h. entwickle die Anarchie! Gehe zu Grunde!»[110] und «der höchste Grad von Individualität wird erreicht, wenn jemand in der höchsten Anarchie sein Reich gründet als Einsiedler»[111]. Wir haben jedoch gesehen, dass seine Staatskritik gepaart mit seinem auch in diesen Fragmenten anklingenden Individualismus durchaus Affinitäten zum Anarchismus aufweist.

Mit Helene Stöcker und den «Jungen» haben wir bereits Figuren behandelt, die sich dem Anarchismus zuordnen lassen und es gibt unzählige weitere. Angesichts der großen Fülle von Anarchisten, die sich auf Nietzsche bezogen, müssen wir uns an dieser Stelle jedoch auf die beiden wichtigsten Anarcho-Nietzscheaner beschränken: Emma Goldman und Gustav Landauer. Weitere zu nennende Namen wären etwa Erich Mühsam, Fritz Brupbacher, Dora Marsden, Herbert Read und Benjamin R. Tucker.[112]

Zuvor gilt es freilich, sich eine nicht unwichtige Tatsache der frühen anarchistischen Nietzsche-Rezeption zu vergegenwärtigen, die Dominique F. Miething auf den treffenden Begriff des «Stirner-Nietzsche-Komplexes» bringt. Wir haben diese Thematik bereits angedeutet. In seinem einzigen Werk *Der Einzige und sein Eigentum* entwickelt Stirner die vielleicht radikalste jemals vorgebrachte Philosophie des Egoismus. Seine Grundposition fasst Stirner selbst in der Einleitung des Buches wie folgt zusammen:

---

108 Bf. v. 2. 4. 1883; Nr. 399.
109 NF 1881 11[26].
110 NF 1880 6[159].
111 NF 1880 6[60].
112 Vgl. die umfassende Studie Dominique F. Miething, *Anarchistische Deutungen* sowie, auch als Beleg für das Fortleben eines lebendigen Nietzscheanismus in anarchistischen Zirkeln, den Artikel *Nietzsche und die Anarchisten* von Spencer Sunshine, der Emma Goldman als wichtigsten Anarcho-Nietzscheaner bezeichnet (114).

> Fort denn mit jeder Sache, die nicht ganz und gar Meine Sache ist! Ihr meint, Meine Sache müsse wenigstens die «gute Sache» sein? Was gut, was böse! Ich bin ja selber Meine Sache, und Ich bin weder gut noch böse. Beides hat für Mich keinen Sinn. Das Göttliche ist Gottes Sache, das Menschliche Sache «des Menschen». Meine Sache ist weder das Göttliche noch das Menschliche, ist nicht das Wahre, Gute, Rechte, Freie usw., sondern allein das *Meinige*, und sie ist keine allgemeine, sondern ist – einzig, wie Ich einzig bin. Mir geht nichts über Mich![113]

Das gesamte Buch ist eine langatmige und redundante Entfaltung dieses einen Gedankens. Interessant ist vor allem Stirners Kommunismus-Kritik, in der er sehr scharfsinnig die Gefahr erkennt, dass ein kommunistischer Staat zu einer totalitären Diktatur ausarten kann.[114]

In der Zeit um die 48er-Revolution erlangte Stirner im deutschen Diskurs eine gewisse Prominenz. Marx und Engels unterziehen seinen Egoismus in der *Deutschen Ideologie* einer umfassenden, allerdings erst posthum veröffentlichten, Kritik. Allerdings ist unstrittig, dass sie Stirner auch viel verdanken, da er es war, der ihnen die Schwächen des Feuerbachschen Humanismus aufzeigte: Wie Stirner wollen Marx und Engels die abstrakten Allgemeinheiten der idealistischen Gesellschaftskritik durch konkrete empirische Realitäten ersetzen – doch sie erkennen auch in Stirners gottgleichem «Einzigem» noch eine solche Abstraktion.

Man erkennt aus dem bisher Gesagten leicht, dass Stirners Moral- und Philosophiekritik, seine Staatskritik und sein Antihumanismus gewisse Affinitäten sowohl zum Anarchismus als auch zu Nietzsche aufweisen. Doch auch entscheidende Unterschiede: Vom Mainstream-Anarchismus unterscheidet Stirner, dass er jede Sozialität als grundsätzlich entfremdend auffasst. Einzig einen «Verein», den die Einzigen aus rein egoistischen Motiven gründen und jederzeit wieder verlassen können, will er als Form eines nicht-entfremdeten Zusammenlebens gelten lassen.[115] Auch Marx spricht vom «Verein freier Menschen»[116], doch der ähnelt bei Stirner eher einem schrankenlosen Kampf aller gegen alle als einem wirklich versöhnten Zustand. Von

113 5.
114 Vgl. 127–136.
115 Vgl. 231–358.
116 *Das Kapital* Bd. 1, 92.

Nietzsche unterscheidet Stirner insbesondere, dass Nietzsche ja keinen ‹plumpen Egoismus› vertritt, sondern eine Ethik der individuellen und auch kollektiven Selbstvervollkommnung.

Stirner war nach der 1848-Revolution im Zuge des allgemeinen Rechtsrucks in Vergessenheit geraten, selbst Marx und Engels würdigen ihn in ihren veröffentlichten Schriften kaum eines Wortes mehr. Erst in den 1890er-Jahren erlebte er eine Renaissance – etwa zeitgleich mit der Entdeckung Nietzsches. Das verwundert nicht angesichts des großen Interesses für die Topoi, die beide Philosophen gleichermaßen behandeln.

Nietzsche und Stirner wurden, insbesondere, aber nicht nur, in anarchistischen Kreisen in dieser Zeit oft gegenübergestellt und miteinander verglichen. Manche neigten eher Nietzsche zu, andere Stirner. Die Selbstverständlichkeit dieser Gegenüberstellung sagt viel über das Nietzsche-Bild jener Zeit: Denn was Stirner charakterisiert und ihn auch aus heutiger Sicht zu einem Theoretiker von eher sekundärem Interesse macht, ist die fast völlige Abwesenheit psychologischer, physiologischer und soziologischer Reflexionen in seinem Werk. Gerade in dieser Hinsicht hat Nietzsche weitaus mehr zu bieten, selbst wenn man Stirners anarchischem Egoismus gegenüber Nietzsches Elitismus sogar etwas abgewinnen mag.

Auch auf der formalen und methodischen Ebene verbindet Nietzsche und Stirner wenig. Stirners Buch folgt, wie etwa auch Marx und Engels monieren, einem strikten Hegelschen Schematismus von These, Antithese und Synthese. Es ist eine langatmige *Abhandlung*, auch wenn sich Stirner eines glänzenden polemischen und oft witzigen Stils bedient.

Trotz dieser augenfälligen Unterschiede und der völligen Abwesenheit des Namens ‹Stirner› und zentraler Begriffe Stirners in seinen Texten hält sich bis heute das Gerücht, dass Nietzsche Stirner gelesen und seinen Schriften einiges entnommen, das aber verschwiegen hätte. Manche bezichtigen Nietzsche sogar des Ideenklaus. Auch wenn es wahrscheinlich ist, dass Nietzsche zumindest den Namen Stirner kannte, kann eine intensive Stirner-Aneignung durch Nietzsche freilich nahezu ausgeschlossen werden.[117] Gewisse Ähnlichkeiten in den Ansichten zweier Denker lassen zumal noch lange keinen Schluss darüber zu, ob der eine den anderen gelesen hat. Sie liegen vor allem daran, dass beide von einer ähnlichen psychosozialen Situation ausgehen.

117 Vgl. hierzu Thomas H. Brobjer: *Philologica.*

Der wichtigste deutsche anarchistische Theoretiker überhaupt ist **Gustav Landauer** (1870–1919). Wie erwähnt war er zeitweilig Herausgeber der wichtigen Zeitschrift *Der Sozialist.* In seinen zahlreichen Schriften warb er – ausgehend, neben Nietzsche, vor allem von den Klassikern des Anarchismus wie Pierre-Joseph Proudhon (1809–1865), Michail Bakunin (1814–1876) und Pjotr Alexejewitsch Kropotkin (1842–1921), aber auch Étienne de La Boétie (1530–1563), eine Art ‹Präanarchist› der Renaissance-Zeit – für ein Links-Sein abseits der vom Marxismus dominierten Apparate der Arbeiterbewegung. Ab 1914 setzte er sich für pazifistische Positionen ein. 1918 beteiligte er sich an der Räterevolution in München. 1919 wurde er von reaktionären Freikorps-Soldaten verhaftet, gefoltert und erschossen.

Neben den erwähnten Klassikern bezog sich Landauer auch immer wieder aneignend auf Nietzsche. Der anarchistische Historiker Max Nettlau (1865–1944) bemerkte über Landauer rückblickend, dass er «Nietzsche sehr viel besser kannte als wir alle»[118]. Aschheim spricht sogar von einem «nietzscheanischen Anarchismus»[119] Landauers. Landauers erster Roman *Der Todesprediger* (1893) wird von Miething als «weltweit erste literarische Aneignung der Philosophie Nietzsches»[120] bezeichnet. Sein Titel spielt sichtlich auf die Rede *Von den Predigern des Todes* aus dem *Zarathustra* an, in der Nietzsche einerseits den Nihilismus, andererseits aber auch den übertriebenen Aktivismus der Moderne ebenso als verborgene Kompensation des Nihilismus kritisiert:

> Und auch ihr, denen das Leben wilde Arbeit und Unruhe ist: seid ihr nicht sehr müde des Lebens? Seid ihr nicht sehr reif für die Predigt des Todes? Ihr Alle, denen die wilde Arbeit lieb ist und das Schnelle, Neue, Fremde, – ihr ertragt euch schlecht, euer Fleiss ist Flucht und Wille, sich selber zu vergessen. Wenn ihr mehr an das Leben glaubtet, würdet ihr weniger euch dem Augenblicke hinwerfen. Aber ihr habt zum Warten nicht Inhalt genug in euch – und selbst zur Faulheit nicht!

Diesem Gedanken entsprechend erzählt der Roman die Lebensgeschichte Karl Starkbloms, der zunächst ein konventionelles bürgerliches Leben führt und an diesem verzweifelt. Er flieht vor

118 Zit. n. Miething, *Anarchistische Deutungen,* 173.
119 *Nietzsche*, 174.
120 *Anarchistische Deutungen*, 176.

diesem Nihilismus, indem er in die SPD eintritt und für die Lehren von Marx agitiert. Doch auch hier hält es ihn nicht lange:

> Er verdammt den Sozialismus als eine «Sache mittelmäßiger und gewöhnlicher Naturen». Er negiert die menschliche Solidarität und dass das Individuum «ein Interesse an der Zukunft der Menschheit und der Welt» habe. Wer dies glaubt, stünde «gänzlich unter dem Banne einer alten Moral, des jüdisch-christlichen Sittengesetzes und seiner Variationen». Der Sozialismus, wie er ihn unter der Sozialdemokratie kennenlernte, sei «schamlos», «kindisch», «erbärmlich»: er sei eine «Lüge, denn er redet von der Zukunft» und «Aberglaube, denn er redet von der Wissenschaft». [...] Landauer [lässt] Starkblom für den «höchsten Menschen» plädieren, seine Bewunderung für die Menschen ausdrücken, die wahre Individuen sein wollen, indem sie «das Istentum» abstreifen.[121]

Der nietzscheanische Einfluss dieser Sozialismuskritik ist unüberhörbar, insbesondere Nietzsches Wissenschafts- und Moralkritik und sein Individualismus klingen hier deutlich nach. Enttäuscht vom Sozialismus wird Starkblom nun zum «aktiven Nihilisten» und gründet eine Selbstmordsekte.[122] Eine Frau kann ihn jedoch vom Selbstmord abbringen und ihre Liebe bringt ihn dazu, das Leben wieder zu bejahen. Er findet nun zum Sozialismus zurück, nun aber nietzscheanisch gewendet. Im Schlusskapitel des Romans gibt Starkblom ein ethisch-politisches Bekenntnis im Stil des *Zarathustra* ab, in dem er die nihilistische Selbstgenügsamkeit und Halbheit der Spießer attackiert und dagegen einen sichtlich mit der Jugendbewegung korrespondierenden Vitalismus der authentischen Sexualität, der Liebe und des proletarischen Klassenkampfes in Anschlag bringt, der in der Formel «ihr Träumer und Denker: *Ihr sollt warm sein*!» (140) kulminiert.

1892 erschien von Landauer ein dem naturalistischen Schriftsteller Gerhart Hauptmann gewidmeter Artikel, in dem Landauer einen Abriss der allgemeinen literarischen Entwicklung der letzten Jahre gibt. Das jüngere Publikum habe mittlerweile den strengen Realismus Hauptmanns satt, es begehre nach einer leidenschaftlichen, ausdrucksstarken Kunst. Als Kronzeugen die-

121 Ebd., 177.

122 In den 1890ern war das ein eigenwilliges literarisches Gedankenspiel – in der Zeit nach dem Zweiten Weltkrieg sollten solche Bewegungen wirklich ein häufiges Phänomen werden. Was könnte den Wandel der Zeit besser symbolisieren?

ser antirealistischen Tendenz (die auch in der Tat die folgenden Jahrzehnte bestimmen sollte) benennt Landauer Nietzsche, der auch wirklich den Realismus in der Kunst immer wieder kritisiert hatte. Bemerkenswert ist hier ein kleines Gedicht (insbesondere, weil es ja in gewisser Weise selbst ein Beispiel eines realistischen Kunstwerks ist – freilich in einem ganz anderen Sinn als dem des Abbildrealismus' Hauptmanns):

> Der realistische Maler.
> «Treu die Natur und ganz!» – Wie fängt er's an:
> Wann wäre je Natur im Bilde *abgethan*?
> Unendlich ist das kleinste Stück der Welt! –
> Er malt zuletzt davon, was ihm *gefällt.*
> Und was gefällt ihm? Was er malen *kann!*[123]

Landauer schreibt nun über Nietzsche:

> Der Name *Friedrich Nietzsche* wurde bekannter und immer bekannter, und in den Hymnen seines Zarathustra fanden die Gourmands, die den Realismus statt hatten, eine neue überaus pikante Speise, während eine frische empordrängende Jugend sich berauschte an dieser wunderbaren, in deutscher Zunge nie gehörten Sprache und die verwegenste Negation alles Bestehenden, die kühne Revolution auf dem Gebiete der Moral sehr wohl herausfühlte und mit Entzücken von diesem erlesenen Geiste sich tragen ließ in das Zukunftsland einer üppigen Phantasie. Manche benutzten ja die Gelegenheit, Nietzsche gegen den Sozialismus auszuspielen, aber die Erkenntnis brach sich doch mehr und mehr Bahn, dass Nietzsche zwar von der Welt der materiellen Lebenserscheinungen nichts verstanden und den Sozialismus recht häufig hitzig bekämpft hat, dass aber doch Sozialismus und die Bewunderung für Nietzsche sich sehr wohl vereinen ließ, dass der Poet und Prophet Nietzsche das in den üppigsten, brennendsten Farben erträumt hat, was der Sozialismus zur Wirklichkeit machen will. Dazu kam noch die große wissenschaftliche Tat Nietzsches, seine Untersuchung der Geschichte jeder Moral und seine systematische Untergrabung und Verhöhnung der heute herrschenden Moral.[124]

Interessanterweise unterscheidet Landauer hier einen ästhetizistischen, dekadenten Nietzscheanismus vom *lebendigen* Nietzscheanismus der entstehenden Jugendbewegung.

123 FW 55.
124 97.

1893 veröffentlichte Landauer einen Artikel mit dem Titel *Ein kleiner Beitrag zur Entwicklungsgeschichte Friedrich Nietzsches*. Er bezieht sich darin eingangs zustimmend auf Bernsteins Rezension von Weigands Nietzsche-Buch, allerdings nur auf dessen Lob von Weigands Ablehnung einer strikten Trennung von Kultur einerseits, Politik und Psychologie andererseits. Er verteidigt jedoch Nietzsche gegen den Vorwurf des «Herren-Anarchismus». Der frühe Nietzsche habe, anders als der späte des «Willens zur Macht», mit dem Konzept des Dionysischen eine Kritik an jedem Machtdenken geübt und seine Utopie vom «Übermenschen» vorausgeahnt.[125] Landauer nimmt hier zudem einen Vergleich zwischen Stirner und Nietzsche vor, in dem allerdings Stirner aufgrund seiner Modernität und der Strenge seines Denkens besser als der «Ästhetizist» Nietzsche wegkommt, dem Landauer eine romantische Rückwärtsgewandtheit, dafür aber einen glänzenden Stil attestiert.[126]

Schon 1895 sollte Landauer in einem – allerdings sehr kritischen – Nachruf für den in diesem Jahr verstorbenen Friedrich Engels die naive Wissenschafts- und Fortschrittsgläubigkeit des von Marx und ihm propagierten «historischem Materialismus» bzw. «wissenschaftlichem Sozialismus» kritisieren. Mit diesem Hegelianismus sei ein «mechanisches Entwicklungsdogma»[127] verbunden, das falsch und bekämpfenswert sei. Landauer beruft sich dagegen auf Nietzsches Kritik am Hegelianismus aus der zweiten *Unzeitgemäßen*. Mit Nietzsche kritisiert er insbesondere den Anspruch, die Geschichte objektiv betrachten zu können sowie die Geschichte als unbestechlichen Richter anzusehen, was auf eine bloße Vergötzung der jeweils bestehenden Macht hinauslaufe.[128]

Offensiv bekennt sich Landauer zu Nietzsche ebenfalls kurz nach dessen Tod in dem Text *Friedrich Nietzsche und das neue Volk*. Er bezieht sich dabei nicht so sehr auf die Inhalte und noch nicht einmal den Stil Nietzsches, sondern seine Persönlichkeit:

> [Nietzsche] ist die grandiose Gestalt, die als Ausdruck für unsere ganze Generation, für all unsere Größe, all unseren Schmerz,

125 Vgl. 116 f.
126 Vgl. 117 f.
127 Vgl. *Friedrich Engels und die materialistische Geschichtsauffassung*, 179.
128 Vgl. ebd. Landauer zitiert aus dem 8. Abschnitt des Buches.

> all unser Glück, alle unsere Einsamkeit und alle unsere Hoffnungen, hoch über der Armut und Dürftigkeit des Alltags leuchtet. Eine marmorschöne Gestalt ist Friedrich Nietzsches Persönlichkeit für uns, das glühende Sinnbild der untergehenden und hinübergehenden Welt, der wir angehören. [...] Nietzsche ist einer der Führer, die diesem jungen Volke vorangehen, das sich von der Dekadenz zur Renaissance erheben will. [...] Niemals ist ein philisterhaftes Wort aus seiner Feder gekommen; immer war er ein Feind der Dutzendmenschen und Herdentiere. [...] Niemals hat er über den Wolken und nach dem Tode ein gelobtes Land gesucht oder gar eine Erklärung des Unbekannten, ein «Ding an sich», immer blieb er dem Irdischen treu. [...] Er war und blieb ein unversöhnlicher Feind des Christentums.[129]

Landauer betont Nietzsches Kritik am traditionellen Wahrheitsbegriff und zieht ihn deshalb nun auch gegenüber Stirner vor: «Der Philosoph der Zukunft ist kein Bücherwurm, sondern ein handelnder und umgestaltender Führer seines Volkes.» (170) Insofern ist es nur konsequent, wenn Landauer vor allem Nietzsches Persönlichkeit und nicht die Inhalte seiner Schriften lobt. Landauer verteidigt Nietzsche erneut gegen den Vorwurf, ein «Herren-Anarchist» und reaktionär zu sein: Sein Lob der Aggressivität und seine Kritik am Sozialismus stelle eine berechtigte geistige Kritik am Spießertum dar. Er vergleicht Nietzsche mit Napoleon und erklärt am Schluss emphatisch:

> Nietzsche war kein Gelehrter, auch wir neue Jugend wollen alles andere aber sein. Diese große *Stimmung* gilt es zu retten und treu und feierlich in festlichen Seelen zu bewahren. [...] [N]icht sich abwenden von der Welt, nicht die Welt verfluchen, nicht die Welt bloß willenlos erkennen, sondern die Welt verdauen, die Welt ertragen, die Welt bezwingen! Bezwingen nicht durch Passivität und Zurückgezogenheit der Weisen; aktiv werden und strahlender, sieghafter Herrscher sein muss der Weise, der die Welt akzeptiert und das Leben liebt, so wie es ist und in alle Ewigkeit wiederkehrt! So steht Nietzsche vor uns jungem Volke da: als der große Segensspender, der durch alles Leid der Welt hindurch zur tapfersten Wonne kam, als der Wegweiser zur Ganzheit, zur Größe, zur Tapferkeit![130]

---

129 167–169.
130 182.

In dem Aufsatz zur Entwicklungsgeschichte Nietzsches hatte er diesen noch als rückwärtsgewandten Bücherwurm charakterisiert. Dieses eher skeptische Urteil ist nun wieder einer geradezu hymnischen Zustimmung gewichen, aus der deutlich der Geist der Zeit spricht.

Auf Nietzsches radikale Sprach- und Erkenntniskritik bezieht sich Landauer zustimmend in seinem Text *Skepsis und Mystik* (1903). Er beschäftigt sich darin vor allem mit der Sprachkritik seines Freundes Fritz Mauthner (1849–1923), der seinerseits stark von Nietzsche (und auch Stirner) beeinflusst war. Er will darin zeigen, dass eine grundsätzliche Skepsis gegenüber der Fähigkeit der Sprache, das objektive Wesen der Welt zu erfassen, nicht notwendig in einen haltlosen Skeptizismus bzw. «Nihilismus» (4) führen muss. Vielmehr sei Mauthner «Wegbereiter für eine neue Mystik und für eine neue starke Aktion» (6): Seine Skepsis bedeute eine radikale Befreiung des Geistes, auf deren Grundlage er eine ungeahnte Schöpferkraft entfalten könne – eine Befreiung, die nicht zuletzt, wie Landauer am Ende des Buches betont,[131] auch eine *politisch*e ist.

1911 veröffentlichte Landauer schließlich den vielleicht lesenswertesten umfassenden Versuch der Begründung eines antimarxistischen Sozialismus in deutscher Sprache, den *Aufruf zum Sozialismus*. Nietzsche wird hier zwar nicht erwähnt, doch sein Geist ist in der Schrift omnipräsent. In einer leidenschaftlichen Sprache plädiert Landauer hier für eine allmähliche Entwicklung hin zum Sozialismus als *geistiger* Bewegung, die nicht zuletzt an eine kulturelle Erneuerung jedes Einzelnen geknüpft sein muss. Einer seiner zentralen Punkte ist, dass der Sozialismus vor allem eine kleinbürgerliche und auch bäuerliche Bewegung sein müsse, keine rein proletarische. Insbesondere aber eine kollektive, keine, die ein Einzelner völlig isoliert für sich betreiben könne. Landauer träumt von einer neuen Gemeinschaftlichkeit, in der zwischen Individuum und Kollektiv kein Antagonismus mehr bestünde. Nietzscheanisch-stirnerianischer Individualismus und aus der klassischen Tradition anarchistischen Denkens stammender Kollektivismus[132] sind bei ihm so in sich vermittelt. Einer der Kernpunkte seiner Kritik an der vom Kapitalismus erzwungenen Vereinzelung ist dabei die Degene-

131 Vgl. 156.

132 In diesem Text bezieht sich Landauer vor allem auf den Russen Pjotr Alexejewitsch Kropotkin und den Franzosen Pierre-Joseph Proudhon.

ration der Sexualität: Die jungen Frauen würden zur Prostitution gezwungen, die jungen Männer verwahrlosten, da sie keine Befriedigung ihrer sexuellen Wünsche fänden.[133]

Er kritisiert, hier wiederum direkt Gedanken aus der zweiten *Unzeitgemäßen* aufgreifend, die Wissenschaftsgläubigkeit und den Fortschrittsglauben Marx' und seiner Adepten und spricht davon, dass «der Sozialismus nur in Todfeindschaft gegen den Marxismus erstehen kann» (42). Der Marxismus sei aufgrund seines Glaubens an einen notwendigen Übergang zwischen Kapitalismus und Sozialismus eine letztendlich kapitalistische Doktrin. Landauer beansprucht dagegen gar keine Wissenschaftlichkeit seines Buches – er will vor allem eine zum Handeln aufrüttelnde Schrift verfassen. Zugleich zeigt er aber mit durchaus wissenschaftlichen Argumenten auf, wie unwissenschaftlich der Marxismus in vielen entscheidenden Punkten argumentiere. Insbesondere betont er, dass «[d]er Sozialismus [...] zu allen Zeiten und bei jeder Technik möglich» (61) sei.

Er spricht des Weiteren von einem schrittweisen hinüberwachsen vom Kapitalismus zum Sozialismus durch die Gründung von sozialistischen Landkommunen, in denen bereits innerhalb des Kapitalismus, soweit möglich, mit sozialistischen Lebensformen experimentiert werden soll. Er knüpft mit alldem an Nietzsches Ethik des Experimentierens an und seine Wissenschaftskritik. Und sogar an Nietzsches Kritik der Französischen Revolution:

> *Ein Wahn in der Lehre vom Umsturz.* – Es giebt politische und sociale Phantasten, welche feurig und beredt zu einem Umsturz aller Ordnungen auffordern, in dem Glauben, dass dann sofort das stolzeste Tempelhaus schönen Menschenthums gleichsam von selbst sich erheben werde. In diesen gefährlichen Träumen klingt noch der Aberglaube Rousseau's nach, welcher an eine wundergleiche, ursprüngliche, aber gleichsam *verschüttete* Güte der menschlichen Natur glaubt und den Institutionen der Cultur, in Gesellschaft, Staat, Erziehung, alle Schuld jener Verschüttung beimisst. Leider weiss man aus historischen Erfahrungen, dass jeder solche Umsturz die wildesten Energien als die längst begrabenen Furchtbarkeiten und Maasslosigkeiten fernster Zeitalter von Neuem zur Auferstehung bringt: dass also ein Umsturz wohl eine Kraftquelle in einer mattgewordenen Menschheit sein kann, nimmermehr aber ein Ordner, Baumeister, Künstler, Vollender der menschlichen Natur. – Nicht

133 Vgl. 18.

Voltaire's maassvolle, dem Ordnen, Reinigen und Umbauen zugeneigte Natur, sondern *Rousseau's* leidenschaftliche Thorheiten und Halblügen haben den optimistischen Geist der Revolution wachgerufen, gegen den ich rufe: «Ecrasez l'infame!»[134] Durch ihn ist *der Geist der Aufklärung und der fortschreitenden Entwickelung* auf lange verscheucht worden: sehen wir zu – ein Jeder bei sich selber – ob es möglich ist, ihn wieder zurückzurufen![135]

Landauers Skepsis sowohl gegenüber einem quasiautomatischen Übergang vom Kapitalismus zum Sozialismus als auch gegenüber der Sinnhaftigkeit einer rein politischen bleibenden Revolution hinderte ihn nicht daran, in der Revolution von 1918/19 eine einmalige Chance der Erneuerung zu erblicken. Das wenige Monate vor seiner Ermordung verfasstes Vorwort zur Neuauflage des Buches von 1919 schließt mit den Worten:

[M]öge uns aus der Revolution Religion kommen, Religion des Tuns, des Lebens, der Liebe, die beseligt, die erlöst, die überwindet. Was liegt am Leben? Wir sterben bald, wir sterben alle, wir leben gar nicht. Nichts lebt, als was wir aus uns machen, was wir mit uns beginnen; die Schöpfung lebt; das Geschöpf nicht, nur der Schöpfer. Nichts lebt als die Tat ehrlicher Hände und das Walten reinen wahrhaften Geistes.[136]

Emma Goldman (1869–1940) ist neben Landauer der wichtigste anarchistische Nietzsche-Interpret. Die gebürtige Russin lebte seit 1886 in den USA und engagierte sich dort früh in der anarchistischen Bewegung. Ab 1906 war sie an der Herausgabe der einflussreichen Zeitschrift *Mother Earth* beteiligt. In dieser Zeitschrift und auf zahlreichen Vortragsreisen warb sie für eine anarchistische Deutung der Philosophie Nietzsches. Ab 1914 engagierte sie sich gegen den Krieg. Nach dem Kriegseintritt der USA 1917 wurde ihre Agitationstätigkeit dem Staat endgültig zu bunt – Goldman war schon wiederholt mit den Autoritäten in Konflikt geraten – und sie wurden nach Russland ausgewiesen. Sie wurde dort Zeugin der Oktoberrevolution, deren Autoritarismus sie früh durchschaute und problematisierte. Ab 1919 lebte sie als Schriftstellerin und Aktivistin in England und Frankreich.

134 Frz., ‹Zermalmt das Schmutzige!› Von Voltaire geprägte Losung, mit der er seine Briefe an Gleichgesinnte unterschrieb. Er meint damit vor allem die religiösen Vorurteile.

135 AM I 463.

136 XVII.

Nietzsche war in den USA schon ab den 1890er-Jahren stark rezipiert worden, auch in linken Kreisen. Eine bedeutende Rolle spielte dabei die quantitativ sehr bedeutsame deutsch-amerikanische Community, der viele aus der Enge des Reiches emigrierten Sozialdemokraten und andere kritische Geister angehörten, darunter auch einige Angehörige der «Jungen». Nietzsche und Stirner wurden in diesen Kreisen in der bekannten individualistischen Manier rezipiert.[137]

Mother Earth, schon der Name lässt an Nietzsches Motiv der «Erde» denken, avancierte schnell zum «Epizentrum anarchistischer Nietzsche-Deutungen»[138]. In dem Blatt wurde nicht nur wiederholt über Nietzsche geschrieben, sondern es warb auch in Anzeigen für Nietzsches gesammelte Werke und vertrieb diese über seinen Versandhandel.[139] Das programmatische Manifest der ersten Ausgabe der Zeitschrift – verfasst von Goldman und Max Baginski (1864–1943), einem jener deutschen Emigranten, der dem Kreis der «Jungen» nahegestanden hatten – schlägt entsprechend deutliche nietzscheanische Töne an:

> *Mother Earth* wird sich darum bemühen, alle jene anzuziehen und anzusprechen, die der Beeinträchtigung des öffentlichen und individuellen Lebens widersprechen. Sie wird diejenigen ansprechen, die nach etwas Höherem streben, des Gemeinplatzes müde; jene, die fühlen, dass der Stillstand wie eine tödliche Last auf dem kräftigen und elastischen Lauf des Fortschritts liegt; jene, die nur in grenzenlosen Räumen frei atmen; jene, die sich nach einer sanften neuen Morgenröte für die Menschheit sehnen, frei von der Furcht des Begehrens, von der Furcht des Hungers angesichts von Bergen von Reichtümern. Die Erde sei frei für den freien Einzelnen![140]

Ab 1914 widersprachen die Autoren von *Mother Earth* energisch den in den USA, England und Frankreich verbreiteten Behauptungen, Nietzsche sei ein Vordenker des deutschen Militarismus.

Allerdings traten Goldman und ihre Mitstreiter durchaus für einen *militanten* Anarchismus ein. Am bürgerlichen Pazifismus kritisierte Goldman, dass er Krieg und Gewalt abstrakt negiere – es ginge jedoch darum, den falschen, nationalistischen Krieg durch einen echten Krieg, den Krieg der Klassen, «den Krieg

137 Vgl. Miething, *Anarchistische Deutungen*, 340–365.
138 Ebd., 365.
139 Vgl. ebd., 366.
140 Zit. n. ebd., 367.

gegen falsche Werte, gegen böse Institutionen, gegen soziale Grausamkeiten»[141] zu ersetzen. Baginski und Goldman sympathisierten etwa mit dem Anarchisten Leon Czolgosz, der, seinerseits inspiriert von Goldman & Co., 1901 den amerikanischen Präsidenten William McKinley erschoss. Goldman und Baginski verherrlichten Czolgosz als ‹großen Einzelnen›, den Goldman als einen der «Wegbereiter eines besseren, vornehmeren, größeren Lebens»[142] bezeichnete. Nietzsche hatte seinerseits die Ansicht vertreten, dass anarchistische Attentäter dasjenige, was sie zu bekämpfen meinen, in Wahrheit stärken – eine Auffassung, auf die wir noch im Abschnitt zu Laruelle zurückkommen werden; Goldman gilt die radikale Militanz solcher Akte des Widerstands gerade als Ausweis eines heroischen Nietzscheanismus. Ebenso verteidigt sie Sabotageaktionen am Arbeitsplatz als klassenkämpferische Subversion.[143] Die reformorientierte Politik der Gewerkschaften, linken Parteien und auch der feministischen Bewegung gilt ihr demgegenüber als Ausdruck einer sklavenmoralischen, konformistischen Haltung. Explizit bezog sich der Goldman-Kreis dabei auf Nietzsches Apologie des Verbrechers als «Herrenmenschen», zitiert wurde dabei etwa sein Gedicht *Yorick als Zigeuner*[144] und der Aphorismus *Die Cyklopen der Kultur*:

> Wer jene zerfurchten Kessel sieht, in denen Gletscher gelagert haben, hält es kaum für möglich, dass eine Zeit kommt, wo an der selben Stelle ein Wiesen- und Waldthal mit Bächen darin sich hinzieht. So ist es auch in der Geschichte der Menschheit; die wildesten Kräfte brechen Bahn, zunächst zerstörend, aber trotzdem war ihre Thätigkeit nöthig, damit später eine mildere Gesittung hier ihr Haus aufschlage. Die schrecklichen Energien – Das, was man das Böse nennt – sind die cyklopischen Architekten und Wegebauer der Humanität.[145]

Goldman sieht den Anarchismus als «den Wiederhersteller des gesellschaftlichen Lebens, den Umwerter aller Werte»[146] an. Nietzsche bezeichnet sie in einem ähnlichen Zusammenhang als den «vielleicht größten Philosophen der modernen Zeit»[147].

141 Zit. n. ebd., 421.
142 Zit. n. ebd., 369.
143 Vgl. ebd., 398.
144 Vgl. ebd., 373. Auch Landauer zitiert dieses Gedicht in *Friedrich Nietzsche und das neue Volk*, 173 f. Vgl. NF 1884 28[62].
145 AM I 246.
146 Zit. n. Miething, *Anarchistische Deutung*, 367.
147 Zit. n. ebd., 379.

Der zentrale Zug von Goldmans Anarcho-Nietzscheanismus ist die Betonung der Notwendigkeit der Befreiung des Individuums von moralischen Zwängen – und zwar nicht erst in einer künftigen, sondern bereits in der bestehenden Gesellschaft. Es gehe zuallererst darum, sich von seinem «inneren Tyrannen» freizumachen, um dann erst den äußeren wirklich effektiv bekämpfen zu können.[148] Die Frauen sollten sich dabei zu einer authentischen Weiblichkeit emanzipieren, als deren Inbegriff Goldman mit Nietzsche die Geburt eines Kindes gilt.[149] Die Frauen betrachtet sie dabei nicht nur als Opfer, sondern als aktive Mittäter des Patriarchats und seiner asketischen Moral und beruft sich dabei sogar auf Nietzsches ‹Peitschen-Satz›.[150] Ebenso wie Nietzsche sieht Goldman aber auch Stirner als wichtigen Kämpfer gegen die christliche Sklavenmoral an.[151] Die Menschen müssten sich aus aller Passivität und Hörigkeit, ihrer Zugehörigkeit zur Masse, befreien und schöpferische, lebensbejahende Herrenmenschen im Sinne Nietzsches werden.[152] In diesem Sinne kritisierte sie auch jeden Versuch einer staatsförmigen Verwirklichung der linken Utopie unter Rekurs auf Nietzsches Rede vom Staat als «kältestem Ungeheuer».[153] Auch Goldmans für die anarchistische und feministische Debatte äußerst bedeutsamer Anarcho–Nietzscheanismus zeigt deutlich, wie Nietzsches Individualismus in konsistenter Weise zu einer anarchistischen Herrschaftskritik zugespitzt werden kann.

2. Die Lebensreform

Mit keiner breiten kulturellen Strömung jener Periode ist Nietzsche so stark assoziiert wie mit dem, was man gemeinhin als ‹Lebensreform›- oder ‹Jugendbewegung› bezeichnet. Auf die Grundideen dieser Strömung sind wir bereits zu sprechen gekommen und zu ihren ideologischen Sprechern gehörte etwa der bereits erwähnte Ludwig Klages: Es ging darum, v. a. durch eine körperbewusste, naturnahe Lebensweise, sowohl einzeln als auch kollektiv den Zwängen der modernen Lebenswelt zu ent-

148 Vgl. ebd., 392.
149 Vgl. ebd.
150 Vgl. ebd., 394.
151 Vgl. ebd., 400.
152 Vgl. ebd., 401.
153 Vgl. ebd., 429–432.

kommen und daran mitzuwirken, einer neuen Kultur den Weg zu bereiten. Diese Bewegung ist in politischer Hinsicht ähnlich uneindeutig wie Klages' Denken: Weder führt ein gerader Weg von jenen wilden Wanderfreunden zur Hitlerjugend[154] noch lässt sich eine mitunter sehr direkte Kontinuität gänzlich leugnen.

So gut wie alle hier besprochenen Figuren der ersten Welle standen in irgendeiner Form der Jugendbewegung nahe. Die erste Welle der Nietzsche-Rezeption steht fast ganz entweder unter dem Zeichen eines ‹aristokratischen› Individualismus oder der eher ‹plebejischen› Lebensreform – wobei die Übergänge oft nicht klar sind und sich das Verständnis dessen, worin ein ‹natürliches Leben› genau zu bestehen habe, sich oft erheblich unterscheiden.

Schon um 1888 konstituierte sich etwa der Berliner Friedrichshagener Dichterkreis als wichtige Keimzeller der Jugendbewegung. Am Müggelsee versuchte man in diesem Kreis konkret ein anderes Leben im Sinne nietzscheanischer Ideale zu praktizieren. Diesem Kreis gehörten u. a. Bruno Wille, Andreas-Salomé, Baginski, Fidus, Landauer, Mühsam, Wedekind und Rudolf Steiner an. In diesem Milieu entwickelten sich zahlreiche Ideen, die bis heute gerade für die deutsche Linke prägend sind, wie die Wichtigkeit einer gesunden, biologischen, körpernahen Ernährung und Kleidung – das betraf vor allem die bis ins späte 19. Jahrhundert hinein sehr restriktive und auf nach außen gerichtete Zurschaustellung statt Bequemlichkeit orientierte Frauenbekleidung – und des Vegetarismus[155]. Auch die Freikörperkultur entwickelte sich in diesem Umfeld.

Das Grundproblem all dieser Bestrebungen besteht – wie schon bei Nietzsche – darin, dass ein Körper- und Naturkult nur allzu leicht in sehr fragwürdige Konzeptionen des ‹Gesunden› und ‹Starken› umschlagen kann; insbesondere, wenn er mit rassistischen und sexistischen Ideologien vermengt wird. So heißt es etwa in einer um 1910 verfassten Schrift aus dem Umkreis der Freikörperkultur:

154 Vgl. hierzu Christian Niemeyer, *Die dunklen Seiten der Jugendbewegung. Vom Wandervogel zur Hitlerjugend.*

155 Wille führt beispielsweise das «Naturheil-Verfahren», den Vegetarismus und die Tierrechtsbewegung als Beispiele einer Anwendung seiner Philosophie an, da es dabei jeweils, anders als in der etablierten Wissenschaft, darum gehe, von individuellen Erfahrungen ausgehend auf seine körperliche und moralische Gesundheit zu achten (vgl. *Philosophie der Befreiung*, 70–74).

> Würde jedes deutsche Weib öfter einen nackten germanischen Mann sehen, so würden nicht so Viele exotischen fremden Rassen nachlaufen. Aus Gründen der gesunden Zuchtwahl fordere ich deshalb die Nacktkultur, damit Starke und Gesunde sich paaren, Schwächlinge aber nicht zur Vermehrung kommen.[156]

Der Körperkult der Nazis wird hier wörtlich vorweggenommen.

Dies ist eine Problematik, die den Nietzscheanismus generell kennzeichnet: Ist die ‹Befreiung des Leibes› eine Befreiung des starken, herrschaftlichen Leibes? Oder des schwachen, wilden, non-konformen Leibes? Die Frage ist, ob man darum das Projekt einer ‹Befreiung des Leibes› lieber aufgeben will, oder ob man versucht, ihm einen subversiven, linken Dreh zu geben. Es ist ein Problem, das im Charakter der Leiblichkeit selbst gegeben ist: Der Leib ist einerseits absolut universell, insofern alle Menschen gleichermaßen einen Leib haben bzw. sogar ein Leib *sind*, und dieser Leib auf dieselben Grundbedürfnisse verweist; andererseits ist er absolut partikular, insofern jeder Leib radikal von allen anderen verschieden ist. Die entscheidende Frage ist, welche Relevanz die ‹Zwischenebene‹ hat: Ist der Leib einfach nur universell und partikular, oder ist er nicht auch z. B. immer schon ein weiblicher, ein deutscher, ein schwarzer, ein heterosexueller, ein behinderter, ein alter, ein proletarischer Leib etc. Oder sind das alles nur kulturelle Einschreibungen, die mit dem ‹eigentlichen› Wesen des Leibes nichts zu tun haben? Und ist die kulturelle Formung des Leibes etwas *per se* Schlechtes oder nicht auch Gutes, insofern sie erst den Leib dazu befähigt, seine vollen Potentiale zu entfalten (darin zugleich aber immer auch von anderen Potentialen abschneidet)? Heikle Fragen, um die sich die nietzscheanischen Debatten immer wieder drehen und an denen sich die Nietzscheanismus-Kritik oft entzündet.

Einer der am deutlichsten nietzscheanischen und zugleich linken Protagonisten der Jugendbewegung war der Verleger und Schriftsteller Walter Hösterey (1888–1966), der sich in Anspielung auf Nietzsches Hammer-Motiv **Walter Hammer** nannte. Er war Mitglied im Wandervogel, der wichtigsten, 1896 gegründeten, Organisation der Jugendbewegung. Während der Weimarer Republik engagierte er sich für Pazifismus und Sozialismus und war Mitglied in der antifaschistischen Kampfor-

156 Zit. n. Arna Vogel: *Wenn die Hüllen fallen.*

ganisation Reichsbanner Schwarz-Rot-Gold, auf die wir später noch eingehen werden. Während der Nazizeit war er jahrelang in verschiedenen Konzentrationslagern interniert. Er veröffentlichte zahlreiche Artikel und Schriften zu Nietzsche, u. a. *Friedrich Nietzsche. Der Lebensreformer und seine Zukunftskultur* (1909) und *Nietzsche als Erzieher* (1914), in denen er Nietzsche als Person wie auch als Theoretiker als Vorbildfigur im Sinne eines gesunden, naturnahen und vegetarischen Lebenswandels in Anschlag brachte.[157]

Was letzteren Aspekt betrifft, war bereits kurz nach der Jahrhundertwende eine Postkarte vertrieben worden, die das berühmte Nietzsche-Portrait Hans Oldes (1855–1917) (vgl. Abb. 9) mit dem, leicht veränderten, Nietzsche-Zitat versah: «Ich glaube, daß die Vegetarier mit ihrer Vorschrift, weniger und einfach zu essen, nützlicher gewesen sind als alle neueren Moralsysteme zusammengenommen.»[158] Das Nachlassfragment, dem dieser Satz entnommen ist, ist als Ganzes bemerkenswert:

> Wer die antike Moral kennt, wird sich wundern, wie viel damals moralisch genommen wurde, was jetzt medicinisch behandelt wird, wie viele Störungen der Seele, des Kopfes damals dem Philosophen, jetzt dem Arzt zur Heilung übergeben werden, wie besonders die Nerven und ihre Beruhigung jetzt durch Alkalien oder Narkotika bedacht werden. Die Alten waren viel mässiger und absichtlich mässiger im täglichen Leben: sie wussten sich zu enthalten und sich viel zu versagen, um die Herrschaft über sich nicht zu verlieren. Ihre Worte über Moral gehen überall von dem lebendigen Beispiele solcher aus, die wie diese Worte lauten gelebt haben. Ich weiss nicht, von welchen fernen und seltenen Dingen die modernen Ethiker reden: sie nehmen den Menschen als ein wunderlich-spiritualistisches Wesen, sie scheinen es für unanständig zu halten, den Menschen so nackt-antik zu behandlen und von seinen vielen nöthigen obzwar niedrigen Bedürfnissen zu reden. Die Schamhaftigkeit geht so weit, dass man glauben möchte, der moderne Mensch habe nur noch einen Scheinleib. Ich glaube dass die Vegetarianer, mit ihrer Vorschrift, weniger und einfacher zu essen, mehr genützt haben als alle neueren Moralsysteme zusammengenommen: auf etwas Übertreibung kommt nichts dabei an. Es ist kein Zweifel, dass die einstmaligen Erzieher

157 Vgl. Aschheim, *Nietzsche*, 114 f. &117 f.
158 Vgl. ebd., 114.

den Menschen auch wieder eine strengere Diät vorschreiben werden. Man glaubt durch Luft Sonne Wohnung Reisen usw. die modernen Menschen gesund zu machen, eingeschlossen die medicinischen Reize und Gifte. Aber alles, was dem Menschen schwer wird, scheint nicht mehr angeordnet zu werden: auf angenehme und bequeme Art gesund und krank zu sein scheint die Maxime. Doch ist es gerade die fortgesetzte *kleine* Masslosigkeit, d.h. der Mangel an Selbstzucht, der zuletzt als allgemeine Hast und impotentia sich zeigt.[159]

Das lässt sich im Sinne der Lebensreformbewegung, aber auch als Kritik an ihr verstehen. Generell ist es ja so, dass zumindest der späte Nietzsche die Vorstellung, man könne eine allgemeinverbindliche Diät für alle Menschen bestimmen, deutlich als Irrtum kritisiert. Gerade das Vegetariertum kritisierte Nietzsche in seiner späten Zeit sehr entschieden. «Den Erschöpften *lockt* das Schädliche: den Vegetarier das Gemüse», schreibt er in *Der Fall Wagner*[160] und in *Ecce homo* bezeichnet er sich als «Gegner des Vegetarierthums aus Erfahrung»[161]. Von seiner Mutter ließ sich Nietzsche mit Vorliebe Würste und Schinken aus seiner Heimat zusenden.

1913 trug **Ludwig Klages** ein Grußwort an den Ersten Freideutschen Jugendtag vor, der in Hessisch Lichtenau die wichtigsten Fraktionen der sehr disparaten Jugendbewegung zu versammeln trachtete, mit dem Titel *Mensch und Erde*. Er artikuliert hier zahlreiche Vorstellungen, die bis heute für die Ökologiebewegung zentral sind. Er kritisiert, ganz Nietzscheaner, die moderne Fortschritts- und Wissenschaftsgläubigkeit, aber auch die darwinistische Vorstellung von der Natur als Kampfplatz der Arten. Er beklagt – bereits damals – die Ausrottung zahlreicher Tierarten, die miserablen, naturfernen Lebensbedingungen der Großstadt und das allgegenwärtige Diktat der Ökonomie. Gegen die moderne Naturausbeutung hält Klages die traditionelle Lebenswelt, in der der Mensch mit der Natur ein harmonisches Ganzes gebildet habe. In diesem Kontext kritisiert er insbesondere die Ausrottung der indigenen Völker und kommt zu dem Schluss:

Wir täuschten uns nicht, als wir den «Fortschritt» leere Machtgelüste verdächtig fanden, und wir sehen, daß Methode im

159 NF 1873 31[4].
160 *Turiner Brief* 5.
161 *klug* 1.

> Wahnwitz der Zerstörung steckt. Unter den Vorwänden von «Nutzen», «wirtschaftlicher Entwicklung», «Kultur» geht er in Wahrheit auf Vernichtung des Lebens aus.[162]

Alles laufe auf eine «*Selbstzersetzung des Menschentums*» (ebd.) hinaus, worunter er den Verlust traditioneller Sitten und Bräuche fasst, der in einen «*Untergang[] der Seele*» (14) münde. «[G]roße Persönlichkeiten» (ebd.) gebe es in der modernen Welt nicht mehr. Nietzsches Tod vergleicht er dabei mit einem «letzten Auflodern alter Gluten» (15) und vertritt eine klar nietzscheanische Kulturkritik: «Die meisten leben nicht, sie *existieren* nur mehr, sei es als Sklaven des ‹Berufs›, die sich maschinenhaft im Dienste großer Betriebe verbrauchen, sei es als Sklaven des Geldes» (15). Der Darwinsche «Kampf ums Dasein» (16) habe so auch die menschliche Gesellschaft erfasst und Nietzsches «letzter Mensch» triumphiere.[163] Die Menschheit vernichte «die eigene Mutter, die Erde» (22), woran nicht zuletzt die naturfeindliche Moral des Christentums die Schuld trage. «[D]ie Wüste wächst»[164], zitiert Klages Nietzsche erneut. Klages ist allerdings pessimistisch, was eine mögliche Änderung betrifft: «Keine Lehre bringt uns zurück, was einmal verloren wurde. Zur Umkehr hülfe allein die *innere Lebenswende*, die zu bewirken nicht im Vermögen von Menschen liegt.» (Ebd.)

Dieser Text ist bemerkenswert, weil er so etwas wie einen ‹gemeinsamen Nenner› vieler nietzscheanischer Kulturkritiker ausspricht, der sowohl rechts als auch links gedeutet werden kann. Klages' vertritt eine universalistische Position, insofern er von einer Gefahr spricht, die alle Menschen gleichermaßen betrifft, beklagt jedoch zugleich den Verlust kultureller Partikularismen. Klar rechts ist seine Schwärmerei von vermeintlich harmonischen vormodernen Kulturen, die doch, von den allerfrühesten steinzeitlichen Kulturen womöglich abgesehen, stets Klassengesellschaften waren – wie gezeigt träumten freilich auch Bebel und Engels von einer Rückkehr zur naturnahen Lebensweise des Matriarchats, allerdings hofften sie darauf, dass diese Rückkehr *durch die Moderne hindurch* realisiert werden könne. Jedenfalls entwickelte Klages im Anschluss an Nietzsche eine fundamentale Kulturkritik an der Moderne, die bis heute nichts an Relevanz verloren hat.

162 12.
163 Vgl. ebd.
164 23. Vgl. Za *Töchtern der Wüste* 2.

Eine bemerkenswerte Klages-Kritik entwickelt Ernst Bloch (auf dessen Affinität zur Jugendbewegung wir noch zu sprechen kommen werden) in *Erbschaft dieser Zeit*. Er wirft dort Klages vor allem vor, dass es in Wahrheit überhaupt keinen ‹ursprünglichen› Menschen gebe: Selbst der primitivste Mensch sei bereits vergesellschaftet und nicht einfach «unschuldig».[165] Die Herstellung des wahren Menschen sei vielmehr ein Problem der Zukunft, der Konstruktion, nicht eines der Bewahrung oder Rückkehr. In seinem aporetischen Pessimismus sei Klages ein zukunftsloser Denker, ein Vordenker Hitlers, den Bloch mit Nietzsche konfrontiert:

> [D]er magische Rausch kulminiert [...] in purer Hingabe: also nicht etwa in Willenskraft und Zauberei, sondern in Totenkult und Gestirndienst. So verweiblicht Klages noch Heldentum und Magie; er halbiert Nietzsches Heroismen, indem er ihnen den Willen zur Macht entzieht; er «halbiert» Nietzsches Teleologie: der Mensch ist nicht etwas, das überwunden, sondern bloß etwas, das archaisch umgangen, entzielt werden muß.[166]

Einer der wichtigsten Autoren der Lebensreformbewegung war **Julius Langbehn** (1851–1907), der bereits 1890 die, schon dem Titel nach, stark an Nietzsche anknüpfende Schrift *Rembrandt als Erzieher* publizierte, die wie eine Bombe in den Buchmarkt einschlug[167] und jahrzehntelang ein Bestseller blieb, der insbesondere in der Jugendbewegung stark rezipiert wurde, und den einen als wichtiger Beitrag zur Reformpädagogik, den anderen als Vorläufer der nationalsozialistischen Erziehungspolitik gilt. Langbehn erwähnt Nietzsche in dieser Schrift nur einmal,[168] doch die große Ähnlichkeit der seinen zu den Gedanken Nietzsches fiel schon früh auf.[169] So schreibt Eisner:

> Der Rembrandt-Mann hat vielerlei gemein mit Nietzsche; er verdenkt sich nicht nur, sondern er verdankt auch. Dennoch

165 Vgl. 334 f.

166 337.

167 Schon nach einem Jahr erreichte es 25 Auflagen! (Vgl. Niemeyer, *Über Julius Langbehn*, 42; vgl. diesen Aufsatz generell zu Langbehns Leben und Rezeptionsgeschichte.)

168 Vgl. 295. Es gibt eine weitere Stelle (vgl. 70 f.), wo Langbehn wahrscheinlich auf Nietzsche als «bedeutende[n] Philologen» anspielt, der die «Verzettelung» seiner Zunft kritisiert habe.

169 Es kursierte sogar das Gerücht, das Buch sei ein Werk Nietzsches, da es Langbehn zunächst anonym mit dem Zusatz «Von einem Deutschen» veröffentlicht hatte (vgl. Niemeyer, *Über Julius Langbehn*, 45).

> wird im «Rembrandt als Erzieher» der Name Nietzsche nur einmal flüchtig erwähnt. Das scheint mir undankbar gegen den gleichstrebenden und, wenn ich recht unterrichtet bin, auch persönlich befreundeten Umwertungskollegen. Diese Schweigsamkeit ist allerdings sehr auffällig, so daß man den Zufall zur *Absicht* potenzieren möchte. Scheute sich Jung-Rembrandt vor der Größe des Genossen? Ist doch alles, was Langbehn wertvolles sagt, schon von Nietzsche viel schärfer, geistreicher und weniger geschwollen gepredigt worden.[170]

Langbehns Buch gilt manchen sogar als «Eisbrecher»[171], der die Wirkung von Nietzsches Schriften befeuerte.

Ehe wir uns seiner Schrift zuwenden, sei erwähnt, dass Langbehn mit Nietzsche tatsächlich in persönlichem Kontakt stand – «persönlich befreundet» waren sie allerdings nicht gerade: Langbehn hatte Nietzsche 1886 zwei, allerdings unbeantwortete, Briefe zugeschickt und versuchte 1889/90, Nietzsche zu heilen, indem er ihn zum Christentum bekehrte. Er bot Franziska Nietzsche sogar an, ihn mit nach Dresden zu nehmen und dort zu pflegen.[172]

Langbehns Buch handelt nicht so sehr von dem Maler Rembrandt (1606–1669) (wie es im Übrigen auch in Nietzsches entsprechendem Werk nur am Rande um Schopenhauer geht), sondern es ist eine umfassende Kritik an der deutschen Gegenwartskultur, die allerdings, ganz anders etwa als bei Klages knapp 25 Jahre später, nichts Pessimistisches hat, sondern vollkommen optimistisch ist: Langbehn beklagt zwar die Verwissenschaftlichung, Abstraktion und Lebensferne der Gegenwartskultur, doch er sieht «eine Erlösung aus dem papiernen Zeitalter; […] eine Rückkehr zu Farbe und Lebensfreudigkeit, zur Einheit und Feinheit, zur Innigkeit und Innerlichkeit» (3) unmittelbar bevorstehen. Ähnlich wie Nietzsche die Polen konzipiert Langbehn die Deutschen (von denen Nietzsche eine völlig entgegengesetzte Meinung hatte) als Volk von regellos-unruhigen Exzentrikern und Individualisten, das aus diesem Grund «das künstlerisch bedeutendste aller Völker» (3 f.) sei. Rembrandt sei der individuellste und daher «der deutscheste unter allen deutschen Künstler» (9) gewesen. (Die Niederlande rechnet

170 *Psychopathia spiritualis,* 23.

171 Johannes Heinßen, zit. n. Niemeyer, *Über Julius Langbehn,* 45.

172 Ironischerweise fiel Langbehn gegen Ende seines Lebens, worauf Niemeyer mehrfach insistiert, selbst dem Wahnsinn anheim.

Langbehn Deutschland zu.) Die Deutschen sollen sich also auf ihre Tradition, ihr innerstes Wesen, zurückbesinnen, doch das sei gerade revolutionär: «[K]ein Künstler hat weniger Tradition in sich wie [Rembrandt]; und kein Volk seufzt so sehr unter der Last der Tradition wie die Deutschen; dadurch ist er im Vorhinein zu ihrem Befreier bestimmt.» (11)

Als Gegenbild zu den Deutschen konzipiert Langbehn, der, wie Niemeyer detailliert nachweist,[173] zahlreiche antisemitische Freunde hatte, die Juden der Gegenwart, die er von den alten, ‹authentischen› Juden unterscheidet. Die modernen Juden seien geldgierig und, was die schlimmste Sünde überhaupt sei, charakterlos und unindividuell, indem sie ihr eigenes Wesen verleugneten.[174] Das steht in deutlichem Kontrast zu Nietzsches Ansicht, der zufolge die Juden zwar tatsächlich ein Volk der Schauspieler seien – dies jedoch gerade eine Tugend sei, von der man lernen könne.[175]

Langbehn knüpft trotz dieses deutlich patriotischen Einschlags seines Denkens freilich durchaus an Nietzsches Nationalismus- und Militarismuskritik an: Der preußische Militärgeist sei zwar zur Herstellung der politischen Einheit Deutschlands notwendig gewesen, nun gelte es jedoch, ihn künstlerisch zu veredeln und dies sei wesentlich die Mission der *Niederdeutschen*. Langbehn vertritt ferner keinen Patriotismus der Stadt, sondern des Landes: Das norddeutsche Bauerntum sei das eigentliche Kraftzentrum Deutschlands, von dem seine kulturelle Erneuerung ausgehen werde. Da sie dem ‹geerdeten› Charakter des Bauerntums entsprächen, verteidigt Langbehn auch die bestehende Monarchie und den Adel – auch der Bauer sei nämlich ein Adliger.[176] Gegen die ungeistige Rastlosigkeit von «Börsentreiberei und Fabrikarbeit» (136) fordert Langbehn die «‹Verbauerung› Preußens» (ebd.). Was aber nicht heißt, dass er gänzlich gegen die moderne politische Ordnung ist: Er betont vielmehr den liberalen Freiheitssinn der Holländer und bezeichnet sie als wahre Urheber der Ideen der Französischen Revolution, an denen sich die Deutschen zu orientieren hätten.[177] Er will eine Vermittlung zwischen Liberalismus und Konservativis-

173 Vgl. *Über Julius Langbehn*, 37–39.
174 Vgl. 41 f.
175 Vgl. FW 361.
176 Vgl. 125–127.
177 Vgl. 144 f.

mus erreichen. Dies aber unter klar antiegalitären und hierarchischen Vorzeichen, in Abgrenzung vor allem von der Sozialdemokratie: «Gleichheit ist Tod, Gliederung ist Leben. Eine noch so große Anzahl unter sich ganz gleichberechtigter Individuen ist niemals ein Volk; sie ist nicht einmal Heer; sondern eine Heerde.» (153) In diesem Kontext spricht er nun wieder davon, dass «die politischen Scheinwahrheiten des Jahres 1789» (154) veraltet seien; Ziel müsse die Rückkehr zu einer klar aristokratischen, künstlerisch geschaffenen Ordnung sein. Aufklärerisch ist wiederum, dass Langbehn auch in höchsten Tönen von Gotthold Ephraim Lessing (1729–1781) schwärmt. Nicht zuletzt das Bildungssystem soll bei Langbehn, daher seine Bedeutung für die Pädagogik, grundlegend reformiert werden und nicht primär abstraktes Wissen vermitteln, sondern zu persönlicher Authentizität erziehen: «Individualismus ist das Zauberwort, das alle Riegel sprengt. Hier ist der Generalbaß aller Bildung gegeben.» (224 f.) An die Stelle des lebensfernen Begriffs solle das «Denkbild» (185) treten. Des Weiteren betont Langbehn den ‹arischen› Charakter des Deutschtums und die Notwendigkeit seiner Bewahrung,[178] sonst drohe die «Entartung» (225). Die Außenpolitik betreffend, träumt Langbehn von einer deutschen «Weltherrschaft» (230): «Die Deutschen sind bestimmt, den Adel der Welt darzustellen.» (231) Zu diesem Zweck müsse, Langbehns Vorliebe für Norddeutschland entsprechend, Deutschland wieder verstärkt zu einer seefahrenden Nation werden, und sich auf einen neuen Krieg vorbereiten: «Krieg und Kunst gehören zusammen» (329).

Wie diese kurze Zusammenfassung des Buches zeigen sollte, handelt es sich um ein eigentümliches Machwerk, das noch dazu beständig zwischen Widersprüchen schwankt. Langbehn schreibt entsprechend auch gleich eingangs: «Ein Charakter, der sich nicht widerspricht, ist keiner.» (5) Das Buch ist ein assoziativer, hingeklatschter Wirrwarr, der unter dem Deckmantel einer vermeintlichen Freiheitsliebe tatsächlich eine relativ klare nicht nur protofaschistische, sondern protonationalsozialistische Agenda verfolgt, die sich nicht zuletzt in Langbehns offenem Rassismus, Antisemitismus und Chauvinismus ausdrückt. Eine eigentümliche Melange von freiheitlichen, geradezu anarchistisch wirkenden Gedanken mit einer klar autoritären Agenda, die uns freilich noch bei so gut wie allen rechten Intellektuellen

178 Vgl. 211 f.

nach dem Ersten Weltkrieg wiederbegegnen wird. Langbehn ist so derjenige, der als legitimer Begründer des Rechts–Nietzscheanismus gelten kann und für den völkischen Flügel der Jugendbewegung steht. Wir sehen in ihm freilich auch Aspekte, wie etwa das Konzept des «Denkbilds», die später auch von linken Autoren aufgegriffen werden sollten.

Auf Langbehn trifft in der Tat zu, was die linken Nietzsche-Kritiker Nietzsche vorhalten: Einen «Herren-Anarchismus» zu vertreten und ein Ideologe des deutschen Imperialismus zu sein. Das Buch liest sich passagenweise wie eine direkte Vorwegnahme der Politik Wilhelms II. und entsprechend derjenigen Hitlers. Es zeigt zumal die Gefahren auf, die in einem assoziativen, keiner Logik mehr verpflichteten, Denkstil begründet sind: Langbehn reiht eine wahnwitzige Behauptung an die andere und schert sich kaum um die innere Konsistenz seines Denkens. Ähnlich krude Konstruktionen, wenn auch mit mehr Konsequenz, insofern sie den liberal-antiautoritären Aspekt von Langbehns Ansatz endgültig liquidieren, werden wir auch später bei den rechten Ideologen wiederfinden. Nietzsche hat zweifellos dazu beigetragen, ein solches Geschreibsel irgendwie haltbar zu machen, doch fehlt Langbehn völlig das sprachliche und philosophische Niveau, das selbst Eisner an Nietzsche anerkennt. Bei Nietzsche war sein Stil noch Ausdruck einer aufklärerischen Skepsis gepaart mit einem unbestechlichen Wirklichkeitssinn; er entspringt einer wesentlich kritischen Haltung. Bei Langbehn schlägt die Kritik in Ideologieproduktion um.

Ein weiterer bedeutender Exponent der Jugendbewegung ist **Hans Blüher** (1888–1955), der Mitglied des Wandervogels war, und, wie etwa auch der junge Walter Benjamin, dem linken Flügel der Bewegung angehörte. Er stieß kurz vor dem Ersten Weltkrieg auf die Schriften Freuds und entnahm ihnen die Vorstellung von der *homoerotischen* Natur des Wandervogel, die er in mehreren Schriften darlegte. Der Wandervogel sei wesentlich ein Männerbund gewesen. Blüher entwickelte daraus in der Folge die Utopie eines männlichen Gemeinwesens mit einer klaren Führerfigur an der Spitze, das vor allem auf homoerotischen Bindungen basiert und aus dem Frauen strikt ausgeschlossen sind. Er bezeichnete sich selbst als Antifeministen und wandte sich nach dem Ersten Weltkrieg immer stärker antisemitischen und faschistischen Ideen zu, sympathisierte mit dem ‹linken› Flügel der NSDAP um Otto Strasser. Nietzsche zitiert Blüher in seinen Texten unentwegt.[179]

Als wichtigster *literarischer* Exponent der Jugendbewegung, der zugleich Nietzsche intensiv rezipierte, kann **Hermann Hesse** (1877–1962) angesehen werden. Der Schriftsteller las Nietzsche nicht nur und verarbeitete nietzscheanische Motive in fast allen seiner Werke, sondern lebte Nietzsches Leben in gewisser Weise nach, insofern er sich als Erwachsener die meiste Zeit in der Schweiz aufhielt und später auch Schweizer Staatsbürger wurde. Wie Nietzsche fühlte er sich in der deutschen Gesellschaft nicht zu Hause. Er wurde während des Ersten Weltkriegs zum Pazifisten, vor allem aber war er ein eher unpolitischer Aussteiger. Schon 1914 veröffentlichte er einen Essay mit dem Titel *O Freunde, nicht diese Töne!*, in dem er sich klar gegen die nationalistische Stimmung unter Intellektuellen positionierte und dafür massiv angegriffen wurde. Unter Bezugnahme auf den Geist der Weimarer Klassik (schon der Titel ist ja Schillers *Ode an die Freude* entnommen) benennt er klar, auch wenn er den Patriotismus nicht an sich ablehnt, dass «die Überwindung des Krieges nach wie vor das edelste Ziel und die letzte Konsequenz abendländisch-christlicher Gesittung» (196 f.) sei. Und zur Aufgabe der Intellektuellen heißt es dort:

> Ehre jedem, der mitkämpft, mit Blut und Leben, auf dem Schlachtfeld unter den Granaten! Uns andern, die es mit der Heimat gut meinen und an der Zukunft nicht verzweifeln wollen, uns ist die Aufgabe geworden, ein Stück Frieden zu erhalten, Brücken zu schlagen, Wege zu suchen, aber nicht mit dreinzuhauen (mit der Feder!) und die Fundamente für die Zukunft Europas nicht noch mehr zu erschüttern.[180]

Hesse spricht dabei klar im Geiste Nietzsches, der in *Menschliches, Allzumenschliches* schreibt:

> Der Handel und die Industrie, der Bücher- und Briefverkehr, die Gemeinsamkeit aller höheren Cultur, das schnelle Wechseln von Ort und Landschaft, das jetzige Nomadenleben aller Nicht-Landbesitzer, – diese Umstände bringen nothwendig eine Schwächung und zuletzt eine Vernichtung der Nationen, mindestens der europäischen, mit sich: so dass aus ihnen allen,

179 Vgl. zu Blüher den ihm gewidmeten Wikipedia-Eintrag und Dieter Thomä, *Puer robustus*, 371–374.

180 196

in Folge fortwährender Kreuzungen, eine Mischrasse, die des europäischen Menschen, entstehen muss. Diesem Ziele wirkt jetzt bewusst oder unbewusst die Abschliessung der Nationen durch Erzeugung *nationaler* Feindseligkeiten entgegen, aber langsam geht der Gang jener Mischung dennoch vorwärts, trotz jener zeitweiligen Gegenströmungen: dieser künstliche Nationalismus ist übrigens so gefährlich wie der künstliche Katholicismus es gewesen ist, denn er ist in seinem Wesen ein gewaltsamer Noth- und Belagerungszustand, welcher von Wenigen über Viele verhängt ist, und braucht List, Lüge und Gewalt, um sich in Ansehen zu halten. Nicht das Interesse der Vielen (der Völker), wie man wohl sagt, sondern vor Allem das Interesse bestimmter Fürstendynastien, sodann das bestimmter Classen des Handels und der Gesellschaft, treibt zu diesem Nationalismus; hat man diess einmal erkannt, so soll man sich nur ungescheut als *guten Europäer* ausgeben und durch die That an der Verschmelzung der Nationen arbeiten: wobei die Deutschen durch ihre alte bewährte Eigenschaft, *Dolmetscher und Vermittler der Völker* zu sein, mitzuhelfen vermögen.[181]

Einige Passagen aus den Hassbriefen, die der ‹unmännliche Vaterlandsverräter› Hesse für diese im Grunde gemäßigten und wenig radikalen Zeilen (wie man meinen sollte) erhielt, zitierte er später in einem Aufsatz, in dem er interessanterweise schreibt:

Es gibt also für diese Art deutscher Studenten einen deutschen Geist, der eindeutig und strahlend vertreten wird durch Schiller, Fichte und Kant! Kein Goethe, kein Hölderlin, kein Jean Paul, kein Nietzsche![182]

Die drei zuerst genannten Autoren, und Richard Wagner, stünden für ein «einseitige[s], verbohrte[s] Deutschtum»[183], das es durch ein «unendlich viel weitere[s], elastischere[s] Deutschtum» (ebd.) zu ersetzen gelte, für das u. a. der Name Nietzsche steht. Nietzsche wird von Hesse also gerade *nicht* zu den Vertretern eines bornierten Nationalismus gezählt.

Als paradigmatisch können dabei Hesses erste Romane, *Peter Camenzind* (1904) und *Unterm Rad* (1906) gelten, die beide Kultbücher der Jugendbewegung waren. *Peter Camenzind* erzählt die Geschichte von einem Bauernsohn aus den Alpen, der

181 I 475.
182 *Haßbriefe*, 108.
183 Ebd., 110.

Titelfigur, der in die große Stadt zieht, um dort sein Glück zu machen, letztendlich jedoch erkennt, dass die Welt der Gelehrsamkeit und der Bildung nicht die seine ist und in seine Heimat zurückkehrt. Diese Kritik an einer Kultur der abstrakten Bildung ist unverkennbar nietzscheanisch, doch zugleich ist der Roman auch Nietzsche-kritisch, insofern Nietzsche selbst als paradigmatischer Repräsentant der dekadenten, unauthentischen, naturfernen Stadtkultur vorgestellt wird. Gerade in der Stadt angekommen, gibt Camenzind in einem Gespräch mit einem Studenten zu, dass er seine bislang geschriebenen Gedichte verbrannt habe. Es kommt zu folgendem bezeichnenden Dialog:

> «Es waren gewiß sehr moderne Sachen, mit viel Nietzsche drin?» «Was ist das?» «Nietzsche? Ja großer Gott, kennen Sie den nicht?» «Nein, woher soll ich den kennen?» Nun war er entzückt, daß ich Nietzsche nicht kannte. Ich aber wurde sehr ärgerlich und fragte, über wieviel Gletscher er schon gegangen sei. Als er sagte, über keinen, tat ich darüber ebenso spöttisch erstaunt wie er vorher über mich. Da legte er mir die Hand auf den Arm und sagte ganz ernst: «Sie sind empfindlich. Aber Sie wissen ja selbst gar nicht, was für ein beneidenswert unverdorbener Mensch Sie sind und wie wenig solche es gibt. Sehen Sie, in einem Jahr oder zwei werden Sie Nietzsche und all den Kram ja auch kennen, viel besser als ich, da sie gründlicher und gescheiter sind. Aber gerade so, wie Sie jetzt sind, habe ich Sie gern. Sie kennen Nietzsche nicht und Wagner nicht, aber Sie sind viel auf Schneebergen gewesen und haben so ein tüchtiges Oberländergesicht.»[184]

Nietzsche und Wagner werden so als Exponenten einer in sich widersprüchlichen Kultur angeführt, die sich einerseits nach einer ‹natürlichen Unverdorbenheit› sehnt, sie andererseits jedoch nicht erreichen kann, weil sie, so könnte man diese Stelle verstehen, nicht bereit ist, mit ihren falschen Grundlagen wirklich radikal zu brechen. Es sind Menschen, die zwar von hohen Gipfeln und vom ursprünglichen Leben der Bauern träumen, jedoch nie bereit wären, sie wirklich zu erklimmen und ihre städtische Existenz wirklich aufzugeben. Auch Nietzsche selbst betätigte sich etwa in Sils-Maria keineswegs als Bergsteiger, sondern beließ es bei Spaziergängen im Tal.
Dementsprechend heißt es an anderer Stelle:

---

184 46 f.

> Zuweilen fiel mir auf, eine wie große Sehnsucht in allen diesen Seelen von heute nach Erlösung schrie und was für wunderliche Wege sie sie führte. An Gott glauben galt für dumm und fast für unanständig, sonst aber wurde an vielerlei Lehren und Namen geglaubt, an Schopenhauer, an Buddha, an Zarathustra und viele andere. [...] Sie sprachen geläufig und mit erkünstelter Selbstverständlichkeit von musikalischen Linien, Farbakkorden und ähnlichem und waren überall auf der Lauer nach der «persönlichen Note», welche meist in irgendeiner kleinen, harmlosen Selbsttäuschung oder Verrücktheit bestand. Im Grunde war mir die ganze krampfhafte Komödie amüsant und lächerlich, doch fühlte ich oft mit sonderbarem Schauder, wieviel ernste Sehnsucht und ernsthafte Seelenkraft darin flammte und verloderte.[185]

Auch Nietzsche warf der modernen Kultur ihre Dekadenz und ihren Hang zur Maskerade vor, doch beurteilte er sie zugleich ambivalent. Hesse kritisiert nun seine modernistischen Schüler, er bringt den Modernekritiker Nietzsche gegen den Nietzsche-Kult in Anschlag. Was daraus folgen muss, ist, sich nicht mehr in einer ästhetizistisch-ironischen Position innerhalb der bürgerlichen Kultur zu gefallen, sondern wirklich ernst mit Nietzsches Forderung nach einer «Umwertung aller Werte» zu machen und aus dieser Kultur auszubrechen – was sich Hesse freilich nicht primär als kollektiven, sondern vor allem individuellen Prozess vorstellt, als einsames Aussteigertum.

Unterm Rad ist, wenn man so will, eine Art literarische Umsetzung der zweiten *Unzeitgemäßen.* Ein junger begabter Schüler, Hans Giebenrath, wird von seinen Lehrern vom Leben – der Natur und der Lebenslust (er scheitert insbesondere in der Liebe) – so lange ferngehalten und mit «Griechisch und Latein, Grammatik und Stilistik, Rechnen und Memorieren» (186) malträtiert und von seinem autoritären Vater gepeinigt, bis er keinen anderen Ausweg mehr sieht, als sich umzubringen. Hesse verarbeitet hier, wie in all seinen Romanen, Elemente seiner eigenen Biographie, doch zugleich gibt es auffällige Parallelen zwischen Giebenrath und Nietzsche, der wie der Schüler des Romans früh in ein primär der Ausbildung von theologischem Nachwuchs dienendes Eliteinternat, Schulpforta, aufgenommen wurde und dort in eine ähnlich strenge Müh-

185 68 f.

le geriet. Auffällig ist etwa, dass Giebenrath wiederholt über Kopfschmerzen klagt. Und auch Nietzsche galt die Philologie und vor allem auch die rationalistische Theologie der historischen ‹Leben Jesu›-Forschung geradezu als Inbegriff der von ihm kritisierten lebensfernen, zerstörerischen Wissenschaft.[186] Im Roman heißt es in einem kommentierenden Intermezzo des Erzählers zu letzterer mit Worten, die fast von Nietzsche stammen könnten:

> Es ist [...] in der Theologie nicht anders als anderwärts. Es gibt eine Theologie, die Kunst ist, und eine andere, die ist Wissenschaft oder bestrebt sich wenigstens, es zu sein. Das war vor alters her so wie heute, und immer haben die Wissenschaftlichen über den neuen Schläuchen den alten Wein versäumt, indes die Künstler, sorglos bei manchem äußerlichen Irrtum verharrend, Tröster und Freudebringer für viele gewesen sind. Es ist der alte, ungleiche Kampf zwischen Kritik und Schöpfung, Wissenschaft und Kunst, wobei jene immer recht hat, ohne daß jemand damit gedient wäre, diese aber immer wieder den Samen des Glaubens, der Liebe, des Trostes und der Schönheit und Ewigkeitsahnung hinauswirft und immer wieder guten Boden findet. Denn das Leben ist stärker als der Tod, und der Glaube ist mächtiger als der Zweifel.[187]

Auch schon der frühe Nietzsche und erst recht der spätere sollte stärker die Ambivalenz der Wissenschaft betonen. Seine Wissenschaftskritik wird in dem Roman sichtlich in einer Weise zugespitzt, die aufrütteln soll: Das jetzige Bildungssystem und die zugehörige autoritäre Erziehung sind derart lebensfeindlich, dass sie die jungen Menschen im wörtlichen Sinne in den Tod treiben. Hier erkennt man ein durchaus politisches Programm, insofern man aus dem Roman deutlich die Forderung nach einer Reform von Erziehung und Bildung im Sinne der Werte der Jugendbewegung herauslesen kann. Hesse ist sich also sichtlich bewusst, dass eine freie Individualität wenigstens in dieser Hinsicht von politischen Faktoren abhängt, nicht einfach ein Produkt der Entschlossenheit des Einzelnen ist. Ein Thema, das ihn sein ganzes Leben lang nicht loslassen sollte und dem er sich in, allerdings, vielleicht unter dem Eindruck einer vertieften Nietz-

186 In der ersten *Unzeitgemäßen* charakterisiert Nietzsche den wichtigsten Vertreter der Leben-Jesu-Forschung, den Linkshegelianer David Friedrich Strauss (1808–1874), als Prototyp des deutschen «Bildungsphilisters».
187 191.

sche-Lektüre, reflektierterer Form in seinem letzten Roman, *Das Glasperlenspiel* (1943), zuwenden sollte.

Auch in *Unterm Rad* wird dabei Nietzsche als Kritiker wie auch als Repräsentant der Moderne aufgegriffen. Zu Beginn des Romans wird Giebenraths Heimatort als idyllische Kleinstadt beschrieben, in der die Menschen glücklich und zufrieden leben und in dem die Moderne noch nicht angekommen ist. Es heißt: «Man kann dort noch leben und gebildet sein, ohne die Lehren Zarathustras zu kennen[.]»[188] Eine Idylle, die hier nun allerdings keinen ‹sicheren Hafen› jenseits der modernen Welt mehr markiert, sondern in die die Moderne bereits selbst eingedrungen ist.

In beiden frühen Romanen Hesses ist der Kontrast zwischen bürgerlicher Bildungs- und Stadtwelt einerseits, ländlicher Welt des Handwerks und des Bauerntums andererseits entscheidend. Sein Individualismus ist entsprechend nicht städtisch, sondern dörflich, der materiellen Selbständigkeit der Handwerker und Kleinbauern entnommen, doch auch mit der subversiven Haltung der Handwerksgesellen sympathisierend. Das ländliche Leben, das – wir werden auf diese Thematik später noch näher eingehen – damals noch in weiten Teilen Deutschlands bestimmend war, kann er noch als lebendige Lebensform darstellen, die gegenüber der bürgerlichen Kultur dominant sein sollte. Seine Position ist darum nicht reaktionär: Der frühe Hesse sieht sowohl die Möglichkeit einer zunehmenden Verstädterung als auch diejenige einer Abbremsung und Umlenkung dieses Prozesses. Diese Haltung kann ins ressentimenthafte, aggressiv reaktionäre umschlagen, muss es jedoch nicht, Hesses Biographie ist dafür der beste Beweis. Insbesondere die in *Unterm Rad* geübte Kulturkritik bleibt bis heute aktuell.

Später sollte sich Hesse auch stark mit der Psychoanalyse, insbesondere in ihrer Jungschen Variante, beschäftigen. Auf einen weiteren Text von ihm, den er unmittelbar nach dem Ersten Weltkrieg verfasste und in dem sein nietzscheanischer Pazifismus und Individualismus am deutlichsten zum Ausdruck kommt, werden wir später noch zu sprechen kommen. Seiner individualistischen Grundhaltung gemäß engagierte er sich nicht offensiv gegen die Nazis, so dass seine Bücher während der NS-Zeit zwar unerwünscht, aber nicht verboten waren. Er unterstützte jedoch viele antifaschistische Emigranten wie Tho-

188 Ebd., S. 158.

mas Mann und Bertolt Brecht. Auch mit Theodor W. Adorno war er befreundet.

Am Beispiel Hesses lässt sich recht gut der Abstand wie auch zugleich die Nähe von unserem heutigen zum Geist jener Zeit veranschaulichen: Noch 1946 wurde er für so bedeutend gehalten, dass man ihm den Literaturnobelpreis verlieh und seine Werke wurden von der Studentenbewegung intensiv rezipiert. Auch heute noch wird Hesse gerne gelesen. Doch vielfach gilt er zugleich als Beispiel für einen veralteten Schriftsteller, der im Schatten etwa Thomas Manns steht und auch in der Literaturwissenschaft kaum mehr gewürdigt wird, als kitschiger Trivialautor.

Das ‹Naive› ist ein Grundzug vieler der hier vorgestellten Figuren jener ersten Welle, bis zu einem gewissen Grad vielleicht sogar Nietzsches. Sie alle waren fest davon überzeugt, dass man die Aporien der Moderne irgendwie werde lösen können. Diese ‹Naivität› haftet den Marxisten ebenso an wie den Lebensreformern, von ihr zehrten auch noch die rebellischen Studenten der 60er und 70er. Die spöttische Ironie eines Thomas Mann wirkt uns heute verständlicher als die ‹Romantik› eines Hesse und wir neigen dazu, vor allem die jener entsprechende skeptische Seite Nietzsches zu betonen. Konkrete historische Traumata haben den Visionen der klassischen Moderne ihre Unschuld geraubt, zumal klar wurde, dass sie selbst das Unheil, das sie zu bekämpfen bestrebt waren, sogar noch verschärften. Doch vielleicht *fehlt* uns diese Naivität gerade, in der Nietzsche die Bedingung jeder Schöpfung erkannte?

3. Ein Neubeginn der Kunst: Nietzsche als Philosoph der ästhetischen Moderne

Es ist ein Allgemeinplatz zu sagen, dass Nietzsche *der* Philosoph der Künstler ist. Es gibt wohl keinen ernstzunehmenden Künstler nach 1890, der nicht irgendwann einmal von Nietzsches Gedanken in irgendeiner Art und Weise inspiriert worden ist. Dabei ist es nicht so, dass Nietzsche eine einheitliche Ästhetik hinterlassen hätte wie Kant, Hegel oder Schopenhauer. Es ist nicht einmal so, dass sich seine Grundideen nicht rekonstruieren ließen – wie geschehen –, ohne auf die Kunst als besonderes Thema näher einzugehen. Es dürfte in den meisten Fällen nicht einmal so sehr der Inhalt seiner Schriften sein als vielmehr, sofern sich beides trennen lässt, sein Stil, der auf die Künstler so anziehend wirkt: Nietzsche schreibt selbst künstlerisch, er denkt nicht so sehr in Begriffen, sondern in Bildern, Assoziationen und Metaphern. Seine Gedanken müssen von den Künstlern nicht erst mühsam in eine künstlerische Form gebracht werden – sie sind es bereits.

Auf der inhaltlichen Ebene ist es sogar so, dass Nietzsche zwar in seinem Frühwerk, vor allem der *Geburt der Tragödie*, noch große Hoffnungen in die Kunst setzt: Er erhofft sich von Wagners Opern hier noch, Wagners eigener Ideologie gemäß, eine radikale transformatorische Wirkung für die gesamte Kultur. Dies ist allerdings mit einem recht offenen konservativen Programm gepaart: Die tragische Kunst soll dabei helfen, die Entfremdung in der Realität erträglich zu machen, sie soll als Trostmittel dienen. ‹Kunst statt Revolution›, so lässt sich dieses Konzept auf den Punkt bringen. Nach dem Bruch mit Wagner beginnt Nietzsche jedoch, die Rolle der Kunst weitaus ambivalenter und skeptischer zu beurteilen. Seine geläufige Charakterisierung als ‹Ästhetizist› ist darum verkürzt, wenn nicht sogar falsch – genauso gut ließe sich Nietzsche als radikaler Antiästhetizist lesen. Man betrachte nur den vielzitierten Satz aus der *Götzen-Dämmerung*: «Wie wenig gehört zum Glücke! Der Ton eines Dudelsacks. – Ohne Musik wäre das Leben ein Irrthum. Der Deutsche denkt sich selbst Gott liedersingend.»[189] Man übersieht hier oft, dass «Glück» für Nietzsche nicht unbedingt ein positiver Wert ist, der «Ton eines Dudelsacks» keine besonders anspruchsvolle, Nietzsches eigenen ästhetischen Maßstäben (auf die wir unten noch näher eingehen werden) entsprechende Kunst und die Deutschen in seinem Spätwerk nicht gerade gut wegkommen. Vor diesem Hintergrund muss man diesen Satz wohl nicht so sehr als sentimentales Lob der ‹Macht der Musik› verstehen, sondern als Kritik einer tröstenden Kunst: Wirkliche Lebensbejahung bestünde darin, das Leben ohne derartige Trostmittel bejahen zu lernen. (Einen Gedanken, den man natürlich auch dahingehend radikalisieren könnte, dass es vielleicht das Leben so umzugestalten gälte, dass es ihrer nicht mehr bedürfte.)[190]

---

189 *Sprüche* 33.

190 Zu Nietzsches Anti- bzw., in Anknüpfung an Laruelle, *Non*-Ästhetik vgl. meinen Artikel *Nietzsche's Non-Aesthetics*.

Genau dieser antiästhetische Zug macht Nietzsche nun aber umso interessanter für die Avantgarde seiner Zeit: Bei den jungen Künstlern verbreitete sich mehr und mehr das Gefühl, dass sich die klassische Ästhetik in einer tiefen Krise befinde. Die Entdeckung der Photographie entwertete den Wert abbildrealistischer Maltechniken, die Kunstwerke selbst wurden mit neuen Drucktechniken nahezu beliebig reproduzierbar und verloren dadurch ihre Einzigartigkeit,[191] die Demokratisierung der Gesellschaft ließ jedwede Art von auf Repräsentation und ideologische Verklärung ausgerichtete Kunst als veraltet und problematisch erscheinen. Die Künstler rangen um eine Lösung all dieser Probleme: Es ging darum, eine Ästhetik für die moderne Zeit zu entwickeln, die sich von allen vorhergehenden Ansätzen grundlegend unterschied. Es ist angesichts des bisher Gesagten keine Überraschung festzustellen, dass sich Künstler aller Strömungen der Zeit, die ganz unterschiedliche, mitunter diametral entgegengesetzte Antworten auf das sich stellende Problem erprobten, gleichermaßen auf Nietzsche bezogen. Da in dieser Studie die politische Rezeption Nietzsches im Vordergrund stehen soll, kann hier nur ein sehr beschränkter Ausschnitt dieser ungeheuren Bandbreite diskutiert werden. Im wörtlichen Sinne versinnbildlichen lässt sich Nietzsches Wirkung auf die damalige Avantgarde wohl, wenn man sich einige ausgewählte Werke der bildenden Kunst vor Augen führt, in denen Nietzsche selbst dargestellt wird – denn auch im Fall der Künstler war es nicht zuletzt die *Person* Nietzsches, die faszinierte.

Eines der beeindruckendsten der zahlreichen Nietzsche-Kunstwerke aus jener Zeit ist das Gemälde *Friedrich Nietzsche* des norwegischen Malers **Edvard Munch** (1863–1944) von 1906 (Abb. 1). Wie auf dem Gemälde selbst vermerkt, entstand es in Weimar, wo Munch in dieser Zeit oft verkehrte, da er eng mit Kessler befreundet war, der seine Bilder in Weimar ausstellte und von dem er mehrere Portraits anfertigte, von denen das bekannteste ebenfalls von 1906 stammt, das Kessler in aristokratischer, dandyhafter Pose mit einem eleganten Hut zeigt. Auch Förster-Nietzsche wurde von ihm in diesem Jahr auf eindrucksvolle Art portraitiert.

191 Eine Entwicklung, die kaum jemand besser beschrieb als Walter Benjamin in seiner Schrift *Das Kunstwerk im Zeitalter seiner technischen Reproduzierbarkeit.*

Munch begann als Angehöriger des Impressionismus, einer Kunstströmung, der es darum gegangen war, möglichst genau und nuanciert den subjektiven *Eindruck* eines Künstlers beim Betrachten eines äußeren Gegenstands festzuhalten, wandte sich aber ab etwa 1890 einer neuen Malweise zu, die man heute Expressionismus nennt. Eine Kunstströmung, die wie kaum eine andere mit dem Namen Nietzsches verbunden ist und in der es vor allem darum ging, die innere Emotion des Künstlers *nach außen* zu kehren. Man bediente sich dabei, wie dieses Nietzsche-Portrait im Original deutlich zeigt, irrealer Farben und Formen, die in kräftige Kontraste zueinander gesetzt wurden, um eine möglichst starke Wirkung zu erzielen. Auf dem Nietzsche-Portrait ist es vor allem der starke Kontrast zwischen den Gelb- und Orange-Tönen des Himmels und dem Blau der Berge, der wiederum mit dem dunklen Nietzsche kontrastiert. Munch ging es hier sichtlich darum, die Entfremdung zwischen Nietzsche und seiner Welt darzustellen: Einsam ist er in sich gekehrt, während unten idyllisch wirkende Dörfer an das gewöhnliche Leben erinnern. Interessanterweise trägt Nietzsche auf diesem Bild einen ähnlichen Anzug wie Kessler auf dem erwähnten Portrait und die Kontraste zwischen gelb/orangem, blauem und grünem Hintergrund einerseits, dunkler Kleidung andererseits bestimmen auch das Gemälde, das Nietzsches Schwester zeigt;[192] weniger scharf ist hingegen der Kontrast zwischen Kessler und seiner Umgebung. Wie sehr der Expressionismus Nietzsches eigenen Vorstellungen eines «großen Stils» entspricht, werden wir noch sehen, und auf einige andere ihm zugerechnete Figuren zu sprechen kommen. Wie viele andere Expressionisten wurden Munchs Werke im ‹Dritten Reich› der ‹entarteten Kunst› zugerechnet.

Abb. 1

192 Ähnliche Kontraste verwendete Munch auch auf anderen Gemälden, wie nicht zuletzt seinem bekanntesten, *Der Schrei* (1893).

Die weitere wichtigste Kunstrichtung vor dem Ersten Weltkrieg, mit der der Name Nietzsche verknüpft ist, ist der **Jugendstil**, der um die Jahrhundertwende, in sehr heterogener Weise, versuchte, nicht nur die Kunst, sondern auch die Gestaltung umfassend zu erneuern. Es ist gewissermaßen die Kunst der Lebensreform. Es ging im Jugendstil darum, ‹natürliche›, ‹lebensbejahende› Formen zu finden, die nicht mehr klassizistisch waren, aber dennoch an klassische Vorstellungen von Harmonie und Proportionalität anknüpften. Zugleich ist er eine deutliche Oppositionsbewegung zum aufkommenden modernen Geist des Funktionalismus: Was den Jugendstil, insbesondere in der Architektur, auszeichnet, ist die Bewahrung des Ornaments, des nutzlosen Zierelements. Man bediente sich dabei begierig moderner Verfahren der Massenproduktion – nutzte sie jedoch, um eine *andere Moderne* zu gestalten, in der Individualität und Schönheit bewahrt und zugleich völlig neu definiert werden sollten. Dieser Grundimpuls korrespondiert aufs Engste mit Nietzsches Kulturkritik.

Walter Benjamin schreibt in *Paris, die Hauptstadt des XIX. Jahrhunderts*, dass der Aufstieg des Jugendstils zum herrschenden Stil seiner Zeit nicht davon zu trennen sei, dass mit dem Sieg der bürgerlichen Revolutionen «der Privatmann den geschichtlichen Schauplatz» (177) betrete. Sein Lebenswandel sei – und das sei völlig neu in der Geschichte – davon gekennzeichnet, Arbeits- und Lebensraum zu trennen. Der Lebensraum, seine Wohnung, diene dem Bürger als Ort, wo er ganz ‹er selbst› sein, seine persönlichen Illusionenen voll ausleben könne: «Sein Salon ist eine Loge im Welttheater.» (Ebd.) Der Jugendstil folge ganz dieser Ideologie der Individualität: «Bei Vandervelde [sic] erscheint das Haus als Ausdruck der Persönlichkeit.» (Ebd.)[193] Er sei mithin das letzte Aufbäumen der klassischen bürgerlichen Kultur gegen die aufkommende Massengesellschaft: «Er mobilisiert alle Reserven der Innerlichkeit.» (178) Während der wirkliche Lebensschwerpunkt der Menschen schon längst der Arbeitsplatz geworden sei, lasse der Jugendstil die private Wohnung in umso größerem Glanz erstrahlen. Er setze sich intensiv mit den neuen Materialien des technischen Zeitalters, insbesondere dem Stahl auseinander –

193 Auf das eng mit der Geschichte des Weimarer Nietzsches-Archivs verknüpfte Schaffen Henry van de Veldes werden wir noch zu sprechen kommen.

doch nur, um ihnen durch den exzessiven Einsatz des Ornaments eine neue künstlerische Bedeutung zu verleihen. Diese objektive Unwirklichkeit führe letztendlich zu seinem unweigerlichen Untergang.

Die Affinität des Jugendstils und Nietzsche – und ihre gemeinsame Problematik, betonte nach dem Zweiten Weltkrieg Adorno:

> Bei Nietzsche […] handelt es sich wirklich um den Versuch, aus Verzweiflung über das einmal als schlecht Erkannte eine neue Ordnung, neue Werte […] aus dem Nichts gleichsam zu beschwören und entgegenzuhalten. Man kann sagen, daß es ein Denken ist, das unabläßlich Luftwurzeln treibt. Und wenn an der Bemerkung, daß Nietzsche seinem Gehalt nach mit dem zeitgenössischen Jugendstil zusammenhängt, etwas daran ist, dann zeigt es sich gerade an dieser Stelle. Er war wirklich der Baumeister Solness[194] der Philosophie, der einen Turm aus dem eigenen Bauwillen heraus ins Leere baute, ohne daß dieser Turm auf einem Fundament in der Gesellschaft selbst beruht hätte. Denn das heißt ja, daß es keine bestimmte Negation gibt, daß dieses Denken in seiner Kritik der bürgerlichen Welt nicht selber die Gewalt einer realen historischen Tendenz in sich verkörpert. Nun ist das sowohl seine Stärke wie seine Schwäche. Seine Stärke darum, weil es ihn davor bewahrt hat, dem Bestehenden – bewußt jedenfalls – die leisesten Konzessionen zu machen, obwohl hinter seinem Rücken die Tendenzen des Bestehenden dann nur um so stärker auch in seiner Philosophie sich durchgesetzt haben. Seine Schwäche ist es deshalb, weil es seinem Denken jenes selbe Moment der Hilflosigkeit einbeschreibt, das wir am Jugendstil bemerken, wenn er aus Verzweiflung über den Verlust der Schönheit in der hochindustriellen Gesellschaft sich ein ornamentales Prinzip der Schönheit ersinnt, das nicht aus einer sinnhaltigen Formsprache selber hervorgewachsen ist. Und etwas von dieser Schwäche, von dieser Hilfslosigkeit eignet dem Nietzsche, der da kommt, um neue Tafeln aufzurichten, und doch von sich sagen muß: «Nur Narr! nur Dichter!»[195]

---

194 *Bygmester Solness, Baumeister Solness,* ist ein Drama des norwegischen Schriftstellers Henrik Ibsen aus dem Jahr 1892, das von der inneren Zerrissenheit des erfolgreichen Unternehmers handelt.

195 Adorno e. a., *Über Nietzsche und uns,* 116 f.

Abb. 2

Diese eher kritischen Einschätzungen sollten freilich nicht darüber hinwegtäuschen, dass der Jugendstil eine bis heute beeindruckende Ästhetik hinterließ. Man muss nur durch die entsprechenden Viertel von in jener Zeit boomenden Städten wie Leipzig oder Riga schlendern, um das Gefühl zu erhalten, dass hier, zum vielleicht letzten Mal in der Geschichte, eine wirklich *schöne* Architektur am Werk war, die weder funktionalistisch noch bombastisch ist. Der Traum von einer *anderen Moderne* war hier wirklich lebendig, keine reine Intellektuellenphantasie, selbst einfachen Arbeiterwohnungen wurde so eine gewisse Würde verliehen. Vielleicht werden in 500 Jahren all die heutigen glatten Glaspaläste und Plattenbauten vergessen sein: Der Jugendstil wird noch weiterhin als Ausfluss eines goldenen, hoffnungsvollen, experimentierfreudigen Zeitalters gelten. (Sofern es in 500 Jahren noch eine menschliche Zivilisation in einem substantiellen Sinn geben wird – was zu bezweifeln wäre.)

Wie erwähnt hatte der Jugendstil viele Gesichter. Es sollen hier drei Künstler vorgestellt werden, die einerseits die eher elitäre, andererseits die eher volksnahe Tendenz des Jugendstils und zugleich die Affinität zwischen Jugendstil und Nietzsche besonders deutlich zum Ausdruck bringen.

In enger Verbindung zur eher ‹plebejischen› Lebensreformbewegung stand der heute vergleichsweise unbekannte Künstler **Fidus**[196] (1868–1948), auf dessen Namen wir in diesem Zusammenhang ja bereits gestoßen sind. Er war um 1900 einer der bekanntesten Maler Deutschlands und pflegte u. a. Kontakte zum Friedrichshagener Kreis, zu Gustav Landauer, dem Monte Verità und Hermann Hesse. 1905 illustrierte er den Titel der Sonderausgabe zum 1. Mai des *Vorwärts*, der Parteizeitung

196 Ein lateinischer Künstlername, der ‹der Treue› bedeutet. Mit bürgerlichem Namen hieß Fidus Hugo Höppener.

der SPD mit einer bemerkenswerten Zeichnung, die einige Grundthemen seines Schaffens vereint (Abb. 2). Es wirkt so, als hätte Fidus hier Nietzsches Vereinigungsvision aus der *Geburt der Tragödie* darzustellen beabsichtigt. Geführt von einer männlichen und einer weiblichen Gottheit, kommt es zu einem Versöhnungsfest unterschiedlichster Menschen, das durch Befreiung (die Vögel im Hintergrund, die spielenden Kinder), Leibesbejahung (die Nacktheit), den Tanz, aber auch Liebe (die Umarmung der Göttin) gekennzeichnet ist. Mann und Frau, Alt und Jung finden zusammen, um ein neues Leben zu zelebrieren, die Heraufkunft der «neuen Zeit», von der das aus der Jugendbewegung heraus entstandene Arbeiterlied *Wann wir schreiten Seit' an Seit'* spricht.[197]

Abb. 3

1906 veröffentlichte Fidus eine ähnliche Illustration in der Zeitschrift *Jugend* (Abb. 3), die 1896 begründet worden war und dem Jugendstil ihren Namen gegeben hatte. Sie war klar progressiv ausgerichtet, unterstützte etwa Stöckers Bund für Mutterschutz. Sie trägt den Titel *Am Traualtar* und unter ihr ist ein Zitat aus dem Zarathustra abgedruckt: «Ehe: so heisse ich den Willen zu Zweien, das Eine zu schaffen, das mehr ist, als die es schufen. Ehrfurcht vor einander nenne ich Ehe als vor den Wollenden eines solchen Willens.»[198] Nietzsche kritisiert in diesem Abschnitt, wie so oft, die bürgerliche Ehe als verlogene Institution, an deren Stelle ein authentischer, nicht bloß konventioneller Lebensbund treten soll, der von dem gemeinsamen Streben nach einem höheren Ideal, dem Übermensch, geprägt ist. Eine Passage, in der Nietzsche bemerkenswert emanzipatorisch argumentiert, haben unter den rigiden Zwängen der

197 Ein Lied, das bis heute eines der wichtigsten deutschsprachigen linken Lieder ist, aber leider auch von den Nationalsozialisten vereinnahmt wurde.

198 *Von Kind und Ehe.*

Ehe doch vor allem die Frauen zu leiden. Nietzsche scheint hier eine Ehe auf Augenhöhe vorzuschweben, die von wechselseitigem Respekt gekennzeichnet ist – eine Gleichheit, die sehr gut auf Fidus' Zeichnung zum Ausdruck kommt, in der der Mann kaum größer oder kräftiger ist als die Frau und einzig noch das Schwert (ähnlich der «Peitsche» im Zarathustra) seine männliche Überlegenheit symbolisiert. Beide blicken gemeinsam nach vorne auf eine bessere Zukunft hin. Einen Unterschied gibt es jedoch. Nietzsche schreibt: «Eure Liebe zum Weibe und des Weibes Liebe zum Manne: ach, möchte sie doch Mitleiden sein mit leidenden und verhüllten Göttern!» Verhüllt sind die Liebenden hier nicht gerade, im Gegenteil begegnen sie sich in völliger Nacktheit. Nietzsche hielt es für unmöglich, sich masken- und schutzlos zu begegnen und sich trotzdem noch zu lieben: Fidus erblickt darin gerade das Ideal einer wirklich authentischen Bindung.

Passenderweise ist die Zeichnung von einem Artikel des prominenten Architekten und Kunsthistoriker Cornelius Gurlitt (1850–1938) gerahmt, der den Titel *Das Nackte in Leben und Kunst* trägt und in dem er für die Sinnlichkeit und eine Befreiung der Kunst von sittlichen Zwängen plädiert. Es folgt ein Artikel von Helene Stöcker mit dem Titel *Alte und neue Moral*, in dem sie, unter expliziter Bezugnahme auf Nietzsche, für eine neue Moral der individuellen Freiheit und Eigenverantwortung plädiert, mehrere Aktdarstellungen sowie eine weitere sehr typische Zeichnung von Alois Kolb (1875–1942) mit dem Titel *Neuer Frühling*, die eine nackte Frau zeigt, mit zwei volkstümlich gekleideten Wandersleuten im Arm, einer links und einer rechts, in dionysischer Ausgelassenheit.[199] Auch diese Zeichnung ist mit einem, leicht veränderten, Nietzsche-Zitat unterschrieben:

Nein! Nein! Dreimal nein!
Was Himmel – Bimmel – bam bam!
Wir wollen nicht in's Himmelreich –
Das Erdenreich soll unser sein![200]

---

199 Eine solch lebensfrohe Darstellung würde man heute neben einem Artikel einer bedeutenden Feministin wohl kaum finden. Sie würde wahrscheinlich, wie damals der sittlichen Empörung, so heute der politischen Korrektheit zum Opfer fallen.

200 Vgl. NF 1884 32[11].

Wie problematisch diese Strömung freilich auch ist, zeigt etwa der Artikel von Stöcker, in dem davon die Rede ist, dass man den Einzelnen lehren solle «daß er nicht nur sein persönliches Wohl, sondern auch das der Rasse auf dem Herzen trage» (374). Sowohl die Zeitschrift *Jugend* als auch Fidus als auch Gurlitt schossen sich ab 1914 auf einen klar rechten Kurs ein und kooperierten (mehr oder weniger ausgeprägt) mit dem Nationalsozialismus – Sympathien für das ‹Germanische› zeigen ja bereits die beiden erwähnten Zeichnungen Fidus', in denen jeweils blonde Menschen verherrlicht werden und das ideale Ehepaar von Eichenblättern umrankt ist. Vom Volkstümlichen war es oft nur ein kleiner Schritt zum Völkischen im Sinne der Nazis.

Die vielleicht ikonischste Nietzsche-Darstellung jener Tendenz (auch wenn er eher der Spätromantik als dem Jugendstil zuzurechnen ist) schuf jedoch der Schweizer Maler **Alfred Soder** (1880–1957) mit Friedrich Nietzsche im Hochgebirge (Abb. 4), die u. a. auch den Umschlag von Aschheims Nietzsche-Monographie ziert. Nietzsche wird auch hier als einsamer Seher in den Bergen dargestellt, der allerdings zur Natur gerade in keinem entfremdeten Verhältnis steht, sondern ein nackter, kräftiger Naturbursche ist. Das entspricht teilweise Nietzsches Selbststilisierung, der Realität Nietzsches dürfte freilich Munchs Gemälde näher kommen.

Abb. 4

Für einen eher elitären, ästhetizistischen Stil steht der Künstler **Max Klinger** (1857–1920), dessen Werk nur bedingt einer bestimmten Schule zugeordnet werden kann, aber einige Affinitäten zum Jugendstil aufweist (etwa die Vorliebe für die Darstellung schöner nackter Körper). Klinger lebte in Leipzig und besaß ab 1903 ein Anwesen in Großjena, einem Dorf bei Naumburg, war also nicht weit von Weimar entfernt. Er war mit Kessler befreundet, der seine Zeit als Leiter des Weima-

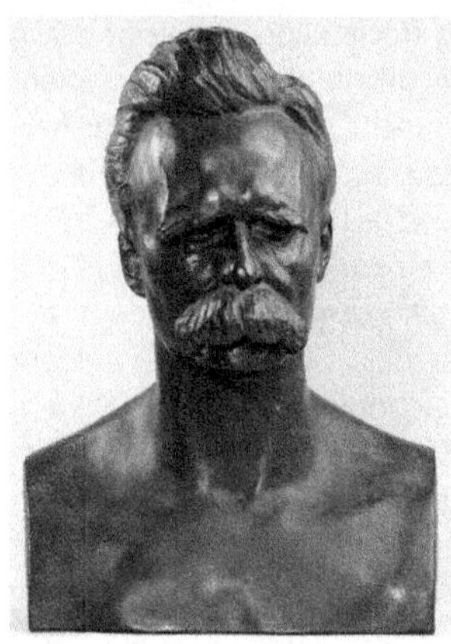

Abb. 5

rer Kunstmuseums mit einer Ausstellung seiner Werke eröffnete. U.a. auf Grundlage der Totenmaske Nietzsches fertigte Klinger ab 1902 insgesamt sieben Nietzsche-Plastiken an, die heute als ikonisch gelten; vor allem diejenige Version, die er 1903/04 im Auftrag Kesslers angefertigte, eine Marmorherme, die seit 1905 im Nietzsche-Archiv steht (Abb. 5, ein Bronzeguss der Herme). Auch hier sehen wir Nietzsche als erlauchten Seher mit markanter Stirn, tief unter den Brauen versunkenen Augen und natürlich gewaltigem, den Mund völlig verdeckendem Bart, der als Märtyrer der Weisheit erscheint, Heroe der Moderne.

Zu diesem Nietzsche-Bild passt recht gut ein Gedicht, das Klingers langjährige Lebensgefährtin **Elsa Asenijeff** (1867–1941), eine feministische expressionistische Schriftstellerin und Dichterin, die in ihren Werken oft auf Nietzsche Bezug nimmt, 1910 anlässlich von Nietzsches 10. Todestag im *Leipziger Tageblatt* veröffentlichte:

An Friedrich Nietzsche.
Zum 25. August 1910.
I. Freier Rhythmus
Hoher Geist ins Rätselhafte umgeboren,
Gib uns des Angedenkens treue Kraft,
Nach weiten Zielen sollen erzne Schritte wandern
Hinaus aus enger Dumpfheit schwerer Haft.
Dein Leben und zehn lange Jahre haben wir verloren –
Und noch ist nichts geschehen!
Nur spruchgefällig, aber tatenschlaff sind unsre Seelen!
Von Menschengröße träumt die Zeit, von Heldinnen.
Doch wir vertändeln weiter unsrer Erben Schicksal.
Die Welt ist voll von breitgetretenem Geschwätz –
Ein Sumpf der Worte.
....

Doch hoch in Lüften, vogelklein dem Blick,
Ein zitternd Gebälk, den unsichtbaren Strömen preisgegeben
–
Steigt uns das Hoffen einer neuen Zeit empor.
II. Mit einem Kranz
Und all sein Hoffen hebt den dunklen Stein
Und taucht in Morgenleuchten junge Welt hinein.
Erfüllung keimt empor aus teurer Gruft,
Erwärmt die Zeit wie helle Sommerluft.
Wir sind ihm nah, er ist uns weit, so weit –
Geboren in der Rosenzeit,
Gestorben in der Einsamkeit.

4. Nietzsche als Prophet eines neuen Judentums

Nietzsches Denken war für Juden aus ähnlichen Gründen interessant wie für Frauen. Trotz ihrer weitgehenden rechtlichen Gleichstellung waren sie in der Zeit vor dem Ersten Weltkrieg noch immer oft soziale Außenseiter – und zugleich formierte sich eine wachsende antisemitische Bewegung, um ihre Emanzipation zu verlangsamen und umzukehren. Sein erster bedeutender Rezipient, Brandes, war ja etwa jüdischer Herkunft gewesen. Wenn man sich die Geschichte des Links-Nietzscheanismus vor Augen hält, kommt man kaum umhin, ihn als wesentlich von Juden gestaltete Bewegung anzusehen. In diesem Abschnitt soll es um diejenigen von ihnen gehen, deren Denken und Wirken wesentlich um ihre jüdische Identität kreiste.

Den Einfluss Nietzsches auf den jüdischen Diskurs jener Tage kann man kaum unterschätzen. Ab den frühen 1890er-Jahren veröffentlichten führende jüdische Zeitungen wie die *Allgemeine Zeitung des Judentums* positive Darstellungen von Nietzsches Philosophie, die in ihrem Lob weit über das hinausgingen, was man in nichtjüdischen liberalen Kreisen vorfinden konnte.[201] Man bezog sich nur allzu gern auf Nietzsches deutliche Antisemitismus-Kritik, aber auch seine Ethik der Selbstwer-

201 Vgl. Aschheim, *Nietzsche*, S. 97. Der ausführliche Abschnitt, den Aschheim (ein Israeli) diesem Thema widmet (94–114) ist die Hauptquelle dieses Kapitels.

dung, die man nun als *jüdische* Selbstwerdung auffasste. In Anknüpfung an Nietzsches «Willen zur Macht» prägte etwa einer der führenden deutschen liberalen Rabbiner, Caesar Seligmann (1860–1950), das Schlagwort vom «Willen zum Judentum»[202]. Und auch der prominente orthodoxe Rabbiner Nehemias Anton Nobel (1871–1922) kritisierte zwar Nietzsches Ästhetizismus und Amoralismus, betonte jedoch, dass auch die jüdische Religion den Willen ins Zentrum ihrer Weltbetrachtung stelle und erblickte im «Übermenschen» eine Parallele zum jüdischen Messias. Das Judentum entspreche auch Nietzsches Forderung nach diesseitigen Werten:

> Indem die jüdische Moral die Weltflucht, die Entsagung für unmoralisch erklärt, schafft sie sehr immanente, sehr irdische moralische Werthe. […] Die Gebote des Judentums beziehen sich auf das Leben selbst in all seinen Einzelheiten. Sie erheben die gewöhnlichen Handlungen des Daseins in die Sphäre des Religiösen; Arbeit und Ruhe, Speise und Trank werden von ihnen geadelt. Jeder Jude, der eines von den sogenannten Ceremonialgesetzen mit Bewusstsein ausführt, erfüllt damit die Umwerthung aller Werte, von der Nietzsche spricht.[203]

Heinrich Berl (1896–1953) ging 1932 sogar so weit, Nietzsche als «Prophet des jüdischen Geistes»[204] zu bezeichnen. Und auch der wahrscheinlich wichtigste Denker einer Erneuerung der jüdischen Identität, Franz Rosenzweig (1886–1929), war tief von Nietzsche beeinflusst, von dem er insbesondere seine Kritik am abstrakten Denken Hegels entnahm und den er in seinem Hauptwerk *Stern der Erlösung* (1921) als «Heilige[n]»[205] preist, dessen persönlicher Genialität gegenüber die exakten Inhalte seiner Lehre fast gleichgültig seien.

Bedeutend war Nietzsche ebenso für den Zionismus. Der erste Präsident des Staates Israel, Chaim Weizmann (1874–1952), schickte etwa seiner Verlobten «Schriften von Nietzsche mit der Bitte, sie zu lesen, weil dies das beste sei, was er ihr zu schicken vermochte».[206] Die wichtigen Zionisten Theodor Herzl (1860–1904) und Max Nordau (1849–1923), der mit seinem Buch *Entartung* eine wütende Polemik gegen den gesamten äs-

202 Zit. n. ebd., S. 99.
203 Zit. n. ebd., 100.
204 Zit. n. ebd., 101.
205 Zit. n. ebd., 103.
206 Ebd., 104.

thetischen Modernismus inklusive Nietzsche verfasste,[207] standen Nietzsche ablehnend gegenüber. Herzl verkündete freilich in einer Nietzsche nicht unähnlichen Sprache die Notwendigkeit eines «Neuen Juden»[208] und auch Nordau übernahm manches aus Nietzsches Geschichtsphilosophie und verfocht die Vision eines körperlich gestählten «Muskeljuden»[209].

Jüngere Zionisten taten sich weniger schwer, an Nietzsche anzuknüpfen. Die radikale linkszionistische Jugendbewegung Hashomer Hazair (hebr., ‹Der junge Wächter›), 1916 gegründet, vertrat ähnliche Vorstellungen von persönlicher und sexueller Befreiung wie ihre nichtjüdischen Pendants und exportierte sie nach Palästina. Während des Zweiten Weltkriegs beteiligte sich die pfadfinderähnliche Organisation an vorderster Front am militanten Widerstand gegen die Nazis, u.a. auch am Aufstand im Warschauer Ghetto 1943.

Auch Martin Buber (1878–1965), der vielleicht wichtigste Philosoph eines linken Zionismus, war ein bekennender Nietzscheaner. Er entnahm aus Nietzsches Lehren die Vorstellung, dass sich das jüdische Volk nicht durch eine Rückkehr zu unglaubwürdig gewordenen Traditionen erneuern könne, sondern nur durch eine schöpferische, lebensbejahende nietzscheanische Haltung, die es aus der Unfreiheit des Ghettos hinausführen werde. Eine ähnliche linkszionistische Lebensphilosophie artikulierte parallel zu ihm Theodor Lessing, auf den wir später noch eingehen werden. Und auch im osteuropäischen Judentum war der Einfluss Nietzsches immens: «Kein europäischer Denker […] hatte einen so grundlegenden Einfluß auf die [osteuropäische] hebräische Literatur jener Zeit.»[210] Micha Josef Berdyczweski (1865–1921) veröffentlichte etwa ein lebensphi-

---

207 Nordau gehört zu jenen Sozialdemokraten, die in dieser Zeit höchst problematische sozialdarwinistische Vorstellungen vertraten. Er war Rassist und Verfechter des europäischen Imperialismus. Der Schein des Titels des Buches trügt somit nicht: Nordau hat hier, freilich aus einer linken Grundhaltung heraus, eine ähnliche Modernekritik im Sinn wie später die Nazis und auch Lukács (der seinen Begriff der «Dekadenz» allerdings strikt nicht-biologistisch fasst). Freilich sympathisierte auch Nietzsche selbst mit derartigen Vorstellungen einer rassisch-kulturellen «Entartung». Nordau ging in seinem Rassismus sogar so weit, Mischehen zwischen Juden und Christen abzulehnen – was ihn freilich selbst in Erklärungsnöte brachte, da er mit einer protestantischen Dänin verheiratet war.

208 Vgl. Jacob Golomb, *Thus Spoke Herzl*, 23–45.

209 Vgl. ebd. 46–64 & 159–188.

210 Menachem Brinker, zit. n. Aschheim, *Nietzsche*, 110.

losophisches Buch, das schon mit *Shinui Arachim* (hebr., «Eine Umwertung der Werte») betitelt war. Eine seiner Grundthesen war, dass die Macht des «Schwertes» der Abstraktheit des «Buches» gegenüber privilegiert werden müsse, damit sich die Juden befreien könnten.

Die Ambiguität von Nietzsches Wirken lässt sich kaum deutlicher als durch den Umstand versinnbildlichen, dass es sowohl deutsche Nazis als auch ihre Opfer waren, die Nietzsche eine Philosophie der Selbstermächtigung entnahmen, ihn als einen der ihren betrachteten.

5. Nietzsche in Weimar 1: Die hellen Jahre des Nietzsche-Archivs

Die begeisterte Nietzsche-Rezeption ab 1890 erlebte Nietzsche, wie bereits erwähnt, nicht selbst. Er war kaum mehr ansprechbar, ein Pflegefall. Ab 1893 übernahm seine aus Paraguay zurückgekehrte Schwester **Elisabeth Förster-Nietzsche** (1846–1935) (auf ihr dortiges Abenteuer mit ihrem Ehemann Bernhard Förster werden wir noch zu sprechen kommen) die Pflege Nietzsches und gründete 1894 in Naumburg das Nietzsche-Archiv. Als Vormund und spätere Erbin Nietzsches war sie federführend an der Herausgabe seiner Schriften beteiligt und versuchte auch durch eigene, in ihrer Zeit durchaus anerkannte, Beiträge wie ihre dreibändige Biographie *Das Leben Friedrich Nietzsches* (1895–1904) die Nietzsche-Rezeption in ihrem Sinne zu prägen. Ihre Tätigkeit als Editorin, Kulturmanagerin und Interpretin war dabei von Anfang an umstritten. Zu nennen ist hier etwa, dass sie Äußerungen ihres Bruders, die sie selbst in ein schlechtes Licht rückten, zensierte, beispielsweise die oben angeführten Stellen aus *Ecce homo*. Besonders problematisch erscheint aus heutiger Sicht ihre Kompilation einiger Nachlassfragmente Nietzsches zu einem angeblichen ‹Hauptwerk› *Der Wille zur Macht*, auf die wir noch eingehen werden.

Es wäre jedoch einseitig, Förster-Nietzsches Wirken als ausschließlich schädlich oder gar böswillig darzustellen. Insbesondere die ersten Jahre des Archivs, das sich ab 1896 in Weimar befand, lassen sich durchaus als seine ‹hellen Jahre› bezeichnen, die vom allgemein freiheitlichen Geist der ersten Welle der Nietzsche-Rezeption geprägt waren. Der Umzug des Ar-

Abb. 6

chivs nach Weimar muss dabei im Kontext des Versuchs des wesentlich von Harry Graf Kessler, auf den wir im nächsten Kapitel noch zu sprechen kommen werden, mitgestalteten Versuchs betrachtet werden, ein ‹Neues Weimar› zu begründen, womit gemeint war, Weimar wieder diejenige kulturelle Relevanz zurückzugeben, die es zur Zeit der ‹Weimarer Klassik› besessen hatte. Es ging dabei wesentlich darum, im Sinne einer «Umwertung aller Werte», an einer kulturellen Neuerung mitzuwirken, einer Wiedergeburt einer leibesnahen, individualistischen und vor allem auch wieder an der – nun freilich durch die Brille Nietzsches gedeuteten – Antike anknüpfenden Kultur. Förster-Nietzsche selbst ging es dabei vor allem darum, Nietzsche nicht als ‹verrückten Spinner› erscheinen zu lassen und auch, die allzu kritischen seiner Äußerungen herunterzuspielen: Sie wollte ihm zu einem respektablen, anerkannten und vor allem auch publikumstauglichen Philosophen machen.[211] Kessler stand dabei für eine kosmopolitische, freiheitliche Vision einer *Welt*kultur. Sein wichtigster Mitstreiter in Weimar war der belgische Architekt **Henry van de Velde** (1863–1956), ein zentraler Protagonist des Jugendstils.

211 Vgl. Aschheim, *Nietzsche*, 47 f.

Eine besondere Rolle kommt in van de Veldes Kunstverständnis der Linie zu, die von ihm in seinem programmatischen Aufsatz *Die Linie* von 1908 unter klarem Bezug auf Nietzsche als unmittelbare, dionysische Kraftäußerung verstanden wird, die dem «sentimentale[n] Hang zur Darstellung und [dem] Bedürfnis der Symbole»[212] entgegengestellt wird. Es soll in seiner Auffassung des Jugendstils bei den ornamentalen Verzierungen also nicht so sehr um den symbolischen Ausdruck von etwas gehen, sondern die unvermittelte Darstellung spontaner Lebensenergien, ihre Erweckung aus den Verschüttungen der modernen Zivilisation. Van de Velde ist mithin ein wichtiger Vordenker der nichtfigurativen Kunst. Interessanterweise ist es der Tanz, mit dem er die Linie als kraftvoller Gebärde vergleicht; wir hatten ja gesehen, dass ganz ähnliche von Nietzsches Philosophie der Leiblichkeit her inspirierte Gedanken auch bei der Erfindung des Ausdruckstanzes Pate standen.

Was van de Velde genau vorschwebt, lässt sich am besten seinen Kunstwerken selbst entnehmen. Wie erwähnt gestaltete er Teile der Villa Silberblick, in der das Nietzsche-Archiv ab 1897 befand. Förster-Nietzsche, Kessler und er waren von dem Gedanken beseelt, dem Nachlass Nietzsches ein seinem Geist gemäßes Heim zu geben – es sollte ein Nietzsche-Haus im vollen Sinne werden, ein Sinnbild seiner Philosophie.

Insbesondere gestaltete van de Velde den zur Straße gerichteten Teil der Fassade und Teile des Interieurs inklusive zahlreicher Möbel, so dass das Gebäude ein beeindruckendes Ensemble des Jugendstils ist. Schon die Vorderfront der Villa (Abb. 6) illustriert van de Veldes Philosophie der «dionysischen Linie». Die verschiedenen Linien bilden ein wohlproportioniertes Zusammenspiel, das schlicht, aber zugleich auch harmonisch wirkt. Die beiden großen Fenster über der Eingangstür scheinen, Augen gleich, den Besucher anzublicken, demonstrieren aber auch Offenheit. Es ist eine ornamentale Gestaltung, doch es geht hier nicht darum, zu prunken: Das Ornament wird vielmehr behutsam in die ansonsten funktionale Gestaltung integriert, um ihr eine Aura des Persönlichen zu verleihen. Selbst der Schriftzug «Nietzsche-Archiv» zeugt von diesem Grundprinzip, insofern er einerseits sehr simpel ist, zugleich aber auch winzige

212 Zit. n. Sabine Mainberger, *Die «dionysische Linie»*, 219. Dieser Aufsatz ist die Quelle für diesen gesamten Abschnitt zu van de Veldes Ästhetik der Linie.

Verzierungen beinhaltet, die ihm doch wieder einen individuellen Touch verleihen. Das Ganze bleibt freilich auf Repräsentation ausgerichtet: Wenn man um das Gebäude herumgeht, ist man geradezu erstaunt, wie roh die von der Straße aus nicht sichtbare hintere Fassade belassen ist.

Einem ähnlichen Prinzip folgt das ‹goldene N›, das über dem Kamin der repräsentativen Bibliothek im Erdgeschoss angebracht ist (Abb. 7). Auch hier vermitteln sich Schlichtheit und Ornament durch die ‹sinnlose› dezente Verlängerung des Buchstabens links oben, die durch seine Verkürzung rechts unten kompensiert wird. Die Serifen an den anderen beiden Ecken folgen dem äußeren Kreis, aber jeweils in entgegengesetzten Richtungen, so dass insgesamt der Eindruck eines sehr harmonischen, aber eben trotzdem dynamischen Gebildes entsteht.

Abb. 7

Van de Velde gestaltete auch zahlreiche, für ein erlesenes Publikum bestimmte, prunkvolle Ausgaben von Nietzsches Werken, die oft mit kraftvollen mosaikartigen Ornamenten verziert waren und sich ähnlich raffinierter Schrifttypen bedienten. Vergoldete Schriften und Formen kamen auch hier häufig zum Einsatz.

Van de Veldes mitunter sehr extravagante Entwürfe waren vor allem für ein wohlhabendes Publikum konzipiert, doch man erblickt in ihnen bereits deutlich den, später vom Bauhaus stärker demokratisierten, Impuls, eine neue Art der Schönheit, Eleganz und Lebendigkeit zu schaffen, die in der modernen Welt ‹funktioniert›, die also glaubwürdig wirkt. In seinem Alltag sollte sich auch der Mensch in der modernen Welt mit ästhetischen Objekten umgeben können, die ihm ein würdevolles Leben ermöglichen, mit denen er sich *als Person* fühlen kann. Die Realisation dieses Ansinnens ist van de Velde in seinen Arbeiten zweifellos gelungen. Er steht so, wie auch Kessler, für einen gewissermaßen ‹elitären› Flügel der Lebensreformbewegung.

Der politisch progressive Charakter dieser Art der Gestaltung lässt sich am besten verdeutlichen anhand der Frauenmode, die van de Velde ebenfalls gestaltete. Die in dieser Zeit populär werdende ‹Reformkleidung› beendete die beengende, vor allem auf äußere Erscheinung ausgerichtete restriktive Frauenmode der vorherigen Jahrzehnte, für deren Leibesfeindlichkeit insbesondere das Korsett stand. Man wollte nun eine Kleidung kreieren, die einerseits durchaus elegant und individuell ist, andererseits den Körper der Trägerin nicht beengt, sondern bequem ist. (Natürlich betraf dieses Problem vor allem, wenn auch nicht ausschließlich, Frauen der höheren Schichten: Die Kleidung von proletarischen und bäuerlichen Frauen war schon immer, außer an Festtagen, notgedrungen funktional gewesen.) Auch Frauen gingen nun mehr und mehr dazu über, Hosen zu tragen oder sportliche Kleidung. Van de Velde schrieb zu diesem Thema auch mehrere theoretische Texte, u. a. *Das neue Kunst-Prinzip in der modernen Frauen-Kleidung* (1902). Van de Velde kritisiert hier die Willkür *der* Mode (für die hier vor allem die französischen Mode-Häuser stehen), die die Frauen dazu zwinge, Kleidung zu tragen, die nicht zu ihrer Individualität passe, unnatürlich sei (wobei sich van de Velde nicht klar gegen das Korsett ausspricht) und sie nicht zuletzt dazu zwinge, in jeder Saison neue Kleidung zu kaufen, um auch ja *up to date* zu sein. Er wolle mit seinem Stil den Frauen dazu verhelfen, zeitlose Kleidungsstücke in aktiver Absprache mit den sie ausführenden Künstlern zu gestalten, in denen sie sich wohlfühlen und die zugleich elegant sind. Als zentralen ästhetischen Gesichtspunkt benennt van de Velde dabei, «Kleider mit tiefen, weichen und bewegten Falten zu schaffen, wo Licht und Schatten den berechtigten Kampf des Lebens, das der Materie gehört, auskämpfen» (370). Van de Velde greift hier eindeutig einen Kerngedanken der Ästhetik Nietzsches auf, der etwa im *Zarathustra* schreibt:

> Hier […] heben sich eines alten Tempels Trümmer aufwärts, – seht mir doch mit erleuchteten Augen hin! Dass Kampf und Ungleiches auch noch in der Schönheit sei und Krieg um Macht und Übermacht: das lehrt er uns hier im deutlichsten Gleichniss. Wie sich göttlich hier Gewölbe und Bogen brechen, im Ringkampfe: wie mit Licht und Schatten sie wider einander streben, die göttlich-Strebenden – Also sicher und schön lasst uns auch Feinde sein, meine Freunde! Göttlich wollen wir *wider* einander streben![213]

213 *Taranteln.*

Die, nicht versöhnte, sondern dynamisch, d. i. lebendig, bleibende, Einheit scharfer Kontraste (in der Fassade des Nietzsche-Archivs derjenige zwischen geraden und bogenförmigen Linien) wird hier zum Grundprinzip nicht nur der Gestaltung, sondern auch des gesamten Lebens gemacht. Van de Velde hofft dabei durchaus auf eine Massenwirkung seines Ansatzes und geht davon aus, dass er bald zu allgemeinen Norm werden wird.[214]

Die Kleider sollten so also, in diesem Punkt grenzt sich van de Velde von der allein gesundheitliche Aspekte hervorhebenden Reformkleidung dezidiert ab,[215] zugleich auch Kunstwerke sein, deren Gestaltung nicht einfach nur gefällig ist, sondern einen tieferen Sinn aufweist, denn «die Stoffe sind nur schön, wenn sie leben» (ebd.). Besonders schwärmt van de Velde von einem Entwurf der Künstlerin Elly B. (Abb. 8), von der sonst nichts herauszufinden war:

Abb. 8

> Die Toilette […] zeigt uns, welches Resultat eine Frau erzielen kann, die sich von ihrem künstlerischen Sinn und nicht von ihrem Schneider leiten lässt. Man könnte wirklich kein Kleid ersinnen, das sich besser der Person, der Figur und der ganzen Haltung anpasste. Es ist wahrhaft von großem Stil und einer Konstruktion, die immer schön bleiben wird.[216]

Diese Prinzipien möchte van de Velde dezidiert nicht nur auf die Kleidung, sondern auf *alle* Objekte des täglichen Lebens beziehen.[217]

214 Vgl. 368.
215 Vgl. 366 f.
216 368 f.
217 Vgl. 369.

Betrachtet man dieses Kleid mit heutigen Augen, wirkt es natürlich noch immer extrem ‹umständlich› und unkomfortabel. Doch nach den Maßstäben der damaligen Zeit ist es ein relativ schlichter Entwurf mit nur wenigen unnötigen Verzierungen. Bemerkenswert ist zudem, wie sich das Modell hier präsentiert: Als lesende Frau, die in ihrer Lektüre versunken ist. Das verdeutlicht, dass sie ihr Kleid eben nicht für andere, sondern *für sich* tragen möchte. Es ist sehr elegant, aber gerade nicht körperbetont, so dass sich seine Trägerin eine gewisse distanzierte Vornehmheit bewahrt, ihren Körper aber auch dem männlichen Blick entzieht. Auch wenn die wenigsten Frauen noch solche Kleider tragen würden, muss man van de Velde wohl Recht darin geben, dass es sich um einen Entwurf von zeitloser Schönheit handelt: Er ist weder überladen noch puritanisch, man möchte fast von einem idealen Kleid sprechen.

Mit dem Begriff des «großen Stils» spielt hier van de Velde ein weiteres Mal klar auf Nietzsche an, der diesen Begriff häufig verwendet, um seine Vorstellung gelungener Kunst zu bezeichnen. In *Ecce homo* heißt es dazu etwa:

> Ich sage zugleich noch ein allgemeines Wort über meine *Kunst des Stils*. Einen Zustand, eine innere Spannung von Pathos durch Zeichen, eingerechnet das tempo dieser Zeichen, *mitzutheilen* – das ist der Sinn jedes Stils; und in Anbetracht, dass die Vielheit innerer Zustände bei mir ausserordentlich ist, giebt es bei mir viele Möglichkeiten des Stils – die vielfachste Kunst des Stils überhaupt, über die je ein Mensch verfügt hat. *Gut* ist jeder Stil, der einen inneren Zustand wirklich mittheilt, der sich über die Zeichen, über das tempo der Zeichen, über die *Gebärden* – alle Gesetze der Periode sind Kunst der Gebärde – nicht vergreift. Mein Instinkt ist hier unfehlbar. – Guter Stil *an sich* – eine reine *Thorheit*, blosser «Idealismus», etwa, wie das «Schöne *an sich*», wie das «Gute *an sich*», wie das «Ding *an sich*»... Immer noch vorausgesetzt, dass es Ohren giebt – dass es Solche giebt, die eines gleichen Pathos fähig und würdig sind, dass die nicht fehlen, denen man sich mittheilen *darf*. [...] Die Kunst des *grossen* Rhythmus, der *grosse Stil* der Periodik zum Ausdruck eines ungeheuren Auf und Nieder von sublimer, von übermenschlicher, Leidenschaft ist erst von mir entdeckt[.][218]

218 *Bücher* 4.

Man sieht hier, wie direkt van de Velde an Nietzsches Gedanken anknüpft, dass ein «großer Stil» stets individuell sei und authentischer Ausdruck innerer Regungen, die von Leidenschaft und inneren Widersprüchlichkeit zeugen. Bemerkenswert ist hier vor allem die Betonung der «Gebärde». Ein Programm, das sich, schon dem Namen nach, vor allem der Expressionismus zu eigen machen sollte.

Zugleich kann man diese Bekleidung aber auch als Versuch verstehen, der von Nietzsche durch die Angleichung der Geschlechter befürchtete «Verhässlichung Europas» entgegenzuwirken. Es geht bei van de Velde vor allem darum, eine *weibliche* Mode zu schaffen, die deutlich von der Männermode unterschieden ist.

Ab 1908 war van de Velde, der ab 1902 Berater des Weimarer Großherzogs war, Direktor der Großherzoglich-Sächsische Kunstgewerbeschule Weimar, aus dem nach dem Ersten Weltkrieg das Bauhaus hervorgehen sollte.

Zu Förster-Nietzsches Freundeskreis zählte aber etwa auch die erwähnte Feministin Helene Stöcker, aber auch die feministische Schriftstellerin **Gabriele Reuter** (1859–1941), die in den 1890er-Jahren in Weimar lebte und einen ‹typisch nietzscheanischen› Feminismus der individuellen und der sexuellen Befreiung propagierte.[219] Reuter war auch mit **Rudolf Steiner** (1861–1925) befreundet, der in den 1890ern ebenfalls in Weimar lebte; er war hier als Herausgeber von Goethes naturwissenschaftlichen Schriften tätig und eng mit Förster-Nietzsche befreundet, mit der er allerdings um 1900 brach und sie als einer der ersten öffentlich als Nietzsche-Verfälscherin attackierte.[220]

Steiner war in jenen Jahren noch nicht der umstrittene Begründer der Anthroposophie, als der er heute bekannt ist. Bis etwa 1900 verstand er sich vielmehr unter dem Einfluss Stirners und Nietzsches als «individualistischer Anarchist»[221] und pflegte einen entsprechenden bohèmehaften Lebensstil. 1895 veröffentlichte er eine Monographie zu Nietzsche mit dem bezeichnenden Titel *Friedrich Nietzsche. Ein Kämpfer gegen seine Zeit.* In der Vorrede dieser Schrift bedankt er sich explizit bei Elisa-

219 Vgl. Diethe, *Vergiss die Peitsche*, 154–157.
220 Vgl. Aschheim, *Nietzsche*, 233, Fn. 47.
221 John Henry Mackay & Rudolf Steiner, *Der individualistische Anarchismus*, 284.

beth Förster-Nietzsche und dem Archiv.[222] Er stellt dort auch heraus, dass er ganz unabhängig von Nietzsche zu sehr ähnlichen Ideen gekommen und daher besonders dazu berufen sei, eine solche Monographie zu verfassen.[223] Er sieht zudem sein Buch als Gegenentwurf zu den «geradezu widerwärtige[n] Ansichten über Nietzsche» (10), die Lou Andreas-Salomé verbreite. Auf ihr Nietzsche-Buch werden wir noch eingehen. Der augenfälligste Unterschied zwischen Steiners Buch und dem ihren ist, dass sie im Grunde nicht Nietzsches Philosophie, sondern sein Leben darstellt und sein Denken als Ergebnis seines kranken Seelenlebens behandelt. Sie psychologisiert Nietzsche, während Steiner versucht, Nietzsche als Philosophen ernstzunehmen.

Ihm gelingt so in der Tat die wohl erste gewichtige philosophische Einführung in Nietzsches Denken. Das Buch ist als Einführung in Nietzsches Denken nach wie vor von Interesse. Steiner betont darin Nietzsches Wahrheitskritik, Nietzsches, schon im Titel vermerkte, Ablehnung aller herrschenden Moral (er betont etwa seinen Antinationalismus), seinen Individualismus und seine Ethik der Befreiung des Leibes und der Selbstwerdung. Auch der Begriff des «Willen zur Macht» spielt in Steiners Deutung bereits eine zentrale Rolle. (Woraus ersichtlich wird, dass man auf diesen Begriff auch stößt, wenn man mit Nietzsches Nachlassfragmenten wenig bis kaum vertraut ist, sondern weitgehend allein von seinen Werken ausgeht.) Der Übermensch sei derjenige Mensch, «der naturgemäß zu leben versteht» (96). Interessanterweise kann Steiner mit der Idee der «ewigen Wiederkunft», die bei Andreas-Salomé eine bedeutende Rolle spielt, relativ wenig anfangen.[224] Generell geht er nur wenig auf die geschichts-, sozialphilosophischen und psychologischen Aspekte von Nietzsches Lehre ein, um stattdessen seine Ethik und seine Wahrheits- und Moralkritik hervorzukehren.

222 Vgl. 10 f.

223 Vgl. 9.

224 Er betont zwar, dass der Begriff in Nietzsches Werken eine wichtige Rolle spiele, interpretiert die Lehre jedoch nicht weiter, sondern gesteht offen ein: «Eine bestimmte Meinung darüber zu haben, welche Vorstellung Nietzsche mit dem Worte ‹ewige Wiederkunft› verknüpfte, scheint mir gegenwärtig nicht möglich zu sein. Man wird darüber erst Genaueres sagen können, wenn die Aufzeichnungen Nietzsches zu den unvollendeten Teilen seines ‹Willens zur Macht› in der zweiten Abteilung der Gesamtausgabe seiner Werke vorliegen werden.» (123)

Steiner assoziiert Nietzsche mit Stirner, dem «freiesten Denker [...], den die neuzeitliche Menschheit hervorgebracht hat» (96). Nietzsches Übermensch sei dasselbe wie Stirners «Einziger» – allerdings behauptet Steiner keine Kenntnis Stirners durch Nietzsche. Gegenüber Nietzsche schätzt Steiner Stirners «kristallklare[] Gedanken, neben denen sich Nietzsches Aphorismen allerdings oft wie ein bloßes Stammeln ausnehmen.» (Ebd.)

In Nietzsches Todesjahr veröffentlichte Steiner zwei eigene Beiträge zur Psychopathologie Nietzsches mit den Titeln *Die Philosophie Nietzsches als psycho-pathologisches Problem* und *Friedrich Nietzsches Persönlichkeit und die Psycho-Pathologie*, die er in spätere Ausgaben seiner Monographie aufnahm. Auch wenn Steiner behauptet, dass diese Aufsätze nicht zu seinem Buch in Widerspruch stehen würden, lesen sie sich doch wie eine polemische Abrechnung mit Nietzsche. Die Lehre von der «ewigen Wiederkunft» stellt Steiner nun etwa als Beispiel für Nietzsches inkohärente, willkürlicher Denkungsart dar:

> Wie ein Komet tritt diese Idee in seinen Werken aus der Zeit von 1882–1888 immer wieder auf. Nirgends erscheint sie in einem inneren Zusammenhange mit dem, was er sonst vorbringt. Zu ihrer Begründung wird so gut wie nichts vorgebracht. Überall aber wird sie wie eine Lehre vorgetragen, die geeignet ist, die allertiefsten Erschütterungen in der ganzen menschlichen Kultur hervorzurufen.[225]

Dass diese Einschätzung falsch ist, haben wir bereits gezeigt: Es gibt zahlreiche Stellen in Nietzsches Werk, wo er der Sache nach den Gedanken der «ewigen Wiederkunft» artikuliert, ohne das Wort zu gebrauchen. Steiner scheint hier sichtlich ein Verständnisproblem zu haben. Auch sonst nähert sich seine Zugangsweise zu Nietzsche nun stark derjenigen Andreas-Salomés an: Nietzsche wird für verrückt erklärt, wobei Steiner damit nicht eine Verklärung zum ‹kranken Genie› wie Andreas-Salomé verbindet, sondern eine Abwertung Nietzsches zum Spinner, der über keinerlei Wahrheitssinn verfüge und nichts als willkürliche Einfälle in die Welt hinaustrompete. Er habe nicht mehr so sehr gegen seine Zeit gefochten, sondern «Nietzsche kämpft fast immer, wo er kämpft, gegen sich selbst» (165). Und selbst Steiners ebenfalls in die Monographie aufgenommene Ansprache

225 149.

anlässlich von Nietzsches Tod endet mit den wenig anerkennenden Worten:

> Alles, was das neunzehnte Jahrhundert an Ideen hervorgebracht hat, wäre auch ohne Nietzsche da. Er wird der Zukunft nicht ein origineller Philosoph, nicht ein Religionsstifter oder Prophet sein; er wird ihr ein Märtyrer der Erkenntnis sein, der in der Dichtung Worte fand, um zu sagen, was er litt.[226]

In seiner unvollendeten Autobiographie *Mein Lebensgang* berichtet Steiner schwärmerisch von seiner persönlichen Begegnung mit dem kranken Nietzsche, die ihm durch Förster-Nietzsche ermöglicht wurde. Der entsprechende Abschnitt wurde ebenso in die posthume Neuauflage seines Nietzsches-Buches aufgenommen. In diesem Zuge äußert er sich nun auch zu jenem Nietzsche-Buch sehr kritisch:

> Ich konnte in meinen Gedanken nur stammeln von dem, was ich damals geschaut; und das Stammeln ist der Inhalt meines Buches «Nietzsche, ein Kämpfer gegen seine Zeit». Daß das Buch nur ein solches Stammeln geblieben ist, verbirgt die aber doch wahre Tatsache, daß das Bild Nietzsches es mir inspiriert hat.[227]

Er stellt es, seiner frühen Darstellung diametral widersprechend, nun so dar, als sei er schon damals kein Nietzscheaner gewesen, sondern habe einfach das bewundert, was seiner eigenen Geistesrichtung entgegengesetzt gewesen sei:[228]

> Mich konnte das Erleben an ihm nur festigen in der Anschauung, daß alles Suchen in den Ergebnissen der Naturwissenschaft das Wesentliche nicht *in* ihnen, sondern *durch sie* im Geiste finden müsse.[229]

Nietzsches Lehre der «ewigen Wiederkunft» beschäftigt ihn auch jetzt noch, doch er sieht sie nun weiterhin als Zeichen von Nietzsche Verirrung an, die sich nicht zuletzt darin zeige, dass er gemeint habe, diese geistige Idee naturwissenschaftlich beweisen zu können. Gegen Nietzsche hält Steiner nun Goethe hoch.

Es kann hier nicht dargelegt werden, auf welch eigenartige Pfade Steiner nach seinem Abschied von Nietzsche geriet.

---

226 182.
227 186 f.
228 Vgl. 189 f.
229 190.

Man mag sich jedenfalls fragen, ob ihm diese Entwicklung so gut tat oder ob er nicht lieber bei seinem nietzscheanisch-stirnerianischen Individualanarchismus hätte bleiben sollen. In der Anthroposophie leben freilich zahlreiche Impulse jener Zeit der ‹Lebensreform› fort wie die Betonung einer ‹ganzheitlichen› antiautoritären und leibesnahen Erziehung und Lebensweise. Auch sie kann so in gewisser Weise als Aneignung Nietzsches beschrieben werden.

Steiners Faszination für und gleichzeitiges Zurückschrecken vor der «ewigen Wiederkunft» sind bezeichnend. Vielleicht lässt sich daraus, gewissermaßen *ex negativo*, der Schluss ziehen, dass es in der Tat diese Lehre ist, die die eigentliche Radikalität und Innovativität Nietzsches ausmacht. Betrachtet man Nietzsches sonstige Lehren in Absehung von seinem Stil, muss man sich wahrscheinlich Steiners Urteil anschließen, dass Nietzsche kein sonderlich origineller Denker ist. Fast alles, was er sonst sagte, ist von anderen in der Tat schon zuvor gesagt worden. Auch die «ewige Wiederkunft» findet sich dem Grundsatz nach bereits im zyklischen Weltbild der Antike, doch Nietzsche war es, der in ihr einen philosophischen Schlüssel für eine der *Moderne* angemessene Denk- und Lebensweise erblickte. Auch Schopenhauer vertritt die Vorstellung eines ewigen Kreislaufs des Seins, doch er erblickte darin einen Beweis für die unabänderliche Schlechtigkeit der Welt. Erst Nietzsche ging so weit, eine Bejahung des Kreislaufs als Ethik zu verkünden.

Der Anthroposoph Steiner wendet sich einem relativ naiven geradlinigen Fortschritts- und Erlösungsdenken zu, das Nietzsche mit dieser Lehre grundlegend attackiert. Für die Interpreten des 20. Jahrhunderts sollte gerade sie es ein, die sie (oder jedenfalls viele von ihnen) am meisten beschäftigte. Erst der Erste Weltkrieg erschütterte wahrscheinlich das Weltbild des 19. Jahrhundert, das von einem grundlegenden Glauben an eine mehr oder weniger geradlinige Verbesserung der Menschheit ausging, derart fundamental, dass die Lehre von der «ewigen Wiederkunft» in ihrer ganzen Abgründigkeit verstanden werden *konnte*.

6. Ein roter Graf: Harry Graf Kessler als prototypischer Links–Nietzscheaner[230]

Harry Graf Kessler ist in vielerlei Hinsicht die Verkörperung eines ‹idealen Links–Nietzscheaners›. In seiner wechselhaften Biographie ist etwas Typisches enthalten, das sich in nahezu allen hier besprochenen manifestiert – Größe wie Tragik des Links–Nietzscheanismus finden hier ihren paradigmatischen Ausdruck. Kessler ist ein Aristokrat des ausgehenden 19. Jahrhunderts, der sich plötzlich in die Massengesellschaft versetzt sieht, die nach dem Ersten Weltkrieg ihren endgültigen Triumph über alles Aristokratische feiert – und trotzdem gab Harry Graf Kessler nie der Versuchung des Reaktionären nach wie so viele, die sich in eine ähnliche Lage versetzt sahen. Er blieb Zeit seines Lebens ein Linker – freilich auf seine Art. Seine Biographie wird hier im Fokus der Darstellung stehen, weil er kaum ein Werk hinterließ. Genauer: Sein Hauptwerk ist sein Tagebuch, das er von 1880 bis 1937 führte und das ein einmaliges Porträt jener Zeit vermittelt.

Harry Clemens Ulrich Graf von Kessler wurde 1868 in Paris geboren. Schon seine Herkunft prädestinierte ihn dazu, Nietzsches Ideal vom «guten Europäer» zu leben, welche «durch die That an der Verschmelzung der Nationen arbeiten» als «Dolmetscher und Vermittler der Völker»[231]: Seine Mutter Alice Harriet Gräfin Kessler entstammte einem Geschlecht britischer Offiziere, ihr Vater war Befehlshaber der britischen Flotte in Indien, sein Vater Adolf Wilhelm Kessler war ein extrem vermögender, u a. in London und eben Paris lebender Bankier, der 1879 von Bismarck in den erblichen Grafenstand erhoben wurde. Kessler entspricht so auch nahezu perfekt der von Nietzsche erträumten Paarung von preußischen Offizieren und jüdischen Bankierstöchtern – mit dem Abstrich, dass die Familie Kessler streng protestantisch war.

Seine Schulausbildung erhielt er in einem elitären Internat in Südengland, dort lernte er Wilhelm I. kennen und durfte ihn mit «Onkel» ansprechen. Er studierte später – wieder eine Parallele zu Nietzsche – in Bonn und in Leipzig, wo er Vorlesungen in den verschiedensten Fächern besuchte. Im Anschluss brach

230 Hauptquelle für dieses Kapitel ist der außerordentlich gut recherchierte Artikel zu Kessler in der deutschsprachigen Wikipedia.

231 AM I 475.

er zu einer einjährigen Weltreise auf, die ihn u.a. in die USA, Japan, Malaysia und Indien führte. Danach promovierte er sich bis 1894 in Jura. Seine Ambitionen, in den auswärtigen Dienst des Deutschen Reiches aufgenommen zu werden, verfolgte er allerdings nicht weiter: Nach dem Tod seines Vaters im Jahr 1895 konnte er sich ohnehin frei von allen finanziellen Sorgen und von seiner Mutter bestärkt um Kunst und Kultur kümmern, denen schon als Jugendlicher seine ganze Leidenschaft gegolten hatte.

Kessler pflegte jedoch auch eine andere Leidenschaft, die es ihm auch in anderer Hinsicht verwehrte, sich voll und ganz mit dem Establishment zu identifizieren, wie es eigentlich nahegelegen hätte: Er war nämlich homosexuell. Die Homosexualität war zwar in jener Zeit gerade in aristokratischen Kreisen verbreiteter und tolerierter, als man denken mag – solange sie freilich im Geheimen stattfand und einer standesgemäßen Ehe nicht im Wege stand. Sogar dem Kaiser Wilhelm II. persönlich werden diesbezügliche Neigungen nachgesagt. Doch natürlich machte man sich in einem insgesamt extrem homophoben gesellschaftlichen Klima durch sie angreifbar und vor allem auch erpressbar – möglicherweise verfolgte Kessler seine Diplomatenkarriere auch aus diesem Grund nicht weiter. Gerade ein nahezu ausschließlich homosexueller Mann wie Kessler musste zudem natürlich darunter leiden, seine romantischen Beziehungen nur im Geheimen pflegen zu können und sich als ‹minderwertig› oder irgendwie ‹abnormal› fühlen zu müssen.

Wir erblicken in Kessler also genau das, was wir schon mehrfach als ‹typische links–nietzscheanische Konstellation› gekennzeichnet haben: Er gehörte voll und ganz dem Establishment an, war nicht nur reich, sondern sogar auch noch adelig, polyglott und kulturell gebildet. Doch seine sexuellen Neigungen stellten ihn vor die Wahl, entweder einen Teil seiner Identität preiszugeben und den Bückling zu spielen – oder aufrecht seinen eigenen Weg zu gehen. Bei dieser Entscheidung unterstützte ihn wiederum, wie auch Nietzsche selbst und viele andere Nietzscheaner, sein Privileg, einem weniger gut betuchten Menschen wäre es sicher nicht möglich gewesen, seinen Leidenschaften so konsequent zu folgen. Doch seine ‹mangelhafte› subjektive Identifikation mit dem Establishment führte ihn dazu – hierin nicht zuletzt von Nietzsches Philosophie unterstützt – Ansichten zu entwickeln, die dem Geist seines Herkunftsmilieus widersprachen – und für diese, wie wir sehen werden, auch öffentlich Partei zu ergreifen und sich für sie auf mannigfache Art und Weise zu engagieren.

Es soll hier freilich auch nicht so getan werden, als sei diese Wahl Kesslers völlig selbstverständlich gewesen und eine quasiautomatische Folge seiner soziopsychologischen Situation. Dies verdeutlicht der Vergleich mit seiner wichtigsten Liebschaft, Freiherr Otto von Dungern-Oberau (1873–1969), einem preußischen Offizier. Ihre leidenschaftliche romantische Beziehung endete nach etwa zweieinhalb Jahren im Winter 1894/95, da sich Dungern-Oberau dazu entschied, seiner ‹männlichen Pflicht› zu folgen und sich zu verheiraten. Kessler und Dungern-Oberau blieben Freunde – jedenfalls bis sie sich politisch voneinander entfremdeten: Dungern-Oberau befehligte 1918 ein antirepublikanisches Freikorps, sympathisierte mit dem Hitlerputsch 1923 und wurde Kreisleiter der NSDAP Potsdam. Aus einem ähnlichen Triebschicksal und einer vergleichbaren sozialen Situation heraus trafen die Geliebten so völlig entgegengesetzte Lebensentscheidungen, der eine für die Zivilisation, der andere für die Barbarei. Ob Dungern-Oberau über Kessler mit Nietzsche in Berührung kam, ist mir nicht bekannt – Kessler jedenfalls dürfte von Nietzsche vom ‹geraden Weg› abgebracht worden sein.

Kessler engagierte sich für die Sache der avantgardistischen Kunst und des kulturellen Fortschritts auf eine vielfältige Weise, die hier nur sehr knapp zusammengefasst werden kann. Er war führendes Redaktionsmitglied der von 1895 bis 1900 erscheinenden Zeitschrift *Pan*, die als das wichtigste Organ des deutschen Jugendstils gilt und u. a. Arbeiten von Henry van de Velde und Max Klinger und Texte von Theodor Fontane, Novalis und Paul Verlaine abdruckte – und natürlich von Nietzsche. Im April 1900 wurde hier die bereits erwähnte berühmte Radierung von Hans Olde, die den kranken Nietzsche mit gewaltigem Schnurrbart, vom Wahnsinn zeugenden Blick und ausgemergeltem Gesicht zum Seher verklärt, veröffentlicht (vgl. Abb. 9).

Insbesondere machte sich Kessler aber um den Aufbau des Neuen Weimar verdient. Ab 1896 stand er in Kontakt mit Elisabeth Förster-Nietzsche, 1903 wurde er zum Leiter des Großherzoglichen Museums für Kunst und Kunstgewerbe, das heute als Neues Museum bekannt ist, ernannt. Seine Mission: die Avantgarde nach Thüringen zu bringen. Er organisierte zu diesem Zweck u. a. Ausstellungen mit Werken von Impressionisten wie Édouard Manet, Claude Monet, Paul Cézanne und Pierre-Auguste Renoir und Vorträge mit guten Bekannten wie André Gide, Hugo von Hoffmannsthal (mit dem er eng befreundet war), Gerhart Hauptmann und Rainer Maria Rilke. Darüber hinaus förderte er u.a. die Berliner Secession, eine äußerst wichtige Vereinigung modernistischer Künstler, und initiierte den Deutschen Künstlerbund, dessen Kernanliegen es war, die Freiheit der Kunst gegenüber staatlichen Gängelungen zu sichern. Am 15.11.1905 notiert er unbescheiden:

Abb. 9

> Die Bilanz ist ziemlich überraschend, und wohl einzig. Niemand anders in Deutschland hat eine so starke, nach so vielen Seiten reichende Stellung. Diese auszunutzen im Dienste einer Erneuerung Deutscher Kultur: mirage [frz., Täuschung] oder Möglichkeit? Sicherlich könnte Einer mit solchen Möglichkeiten Princeps Juventutis [lat. ‹Erster der Jugend›, Titel des designierten Nachfolgers des Kaisers im Römischen Reich] sein. Lohnt es die Mühe?[232]

Seine oppositionelle Haltung zum Establishment ließen ihn allerdings schnell beim Großherzog in Ungnade fallen: 1906 musste er sein Amt bereits aufgeben.

Ab 1911 beteiligte er sich federführend an der Planung eines gewaltigen Nietzsche-Denkmals, das 1914 eingeweiht werden sollte. Es sollte eine Art Nietzsche-Tempel im Stil des Neo-Klassizismus werden, ein Stadion, das ein Wiedererwachen der Antike in seinem Sinne manifestieren sollte, geöffnet für die Volksmassen. Nicht auszudenken, wenn eine solche Verkörperung des Geistes jener Zeit heute in Weimar zu bestaunen wäre – Kesslers kühne Phantasien eines Denkmals für Nietzsches «Übermenschen» scheiterten jedoch an Differenzen zwischen Förster-Nietzsche, van de Velde und ihm und wurden mit dem

232 Bd. 3, 817.

Ausbruch des Ersten Weltkriegs endgültig begraben. Kesslers Vorbild waren dabei insbesondere die Olympischen Spiele: Es sollte vor allem darum gehen, schönen Körpern eine angemessene Bühne zu geben und die Kultur wieder zu ‹verleiblichen›.

Sein Engagement war in diesen Jahren so klar darauf ausgelegt, die Kultur nicht nur als Angelegenheit einer kleinen Elite zu betreiben, sondern sie auch dem Volk gegenüber zu öffnen. Freilich sollte die erstrebte Kulturreform von oben nach unten verlaufen: Eine kleine Avantgarde war dazu auserlesen, die Richtung vorzugeben; die Masse sollte folgen. Ideen, die mit denen Nietzsches äußerst kompatibel waren. Politisch im engeren Sinne waren sie noch nicht, auch wenn Kessler sich deutlich zu den fortschrittlichen Strömungen der damaligen Kultur (Impressionismus, Jugendstil, Naturalismus ...) hingezogen fühlte. Eine reformierte Kultur sollte die Hässlichkeiten der modernen Lebenswelt durch ihre erneuerte Schönheit kompensieren helfen – die soziale Basis wie auch die Monarchie sollten unangetastet und durch diese Kulturreform sogar noch gegenüber den progressiven politischen Bewegungen gestärkt werden.

Aus dieser Haltung heraus stimmte er 1914 zunächst in den Chor derer ein, die den Krieg als Chance zu einer kollektiven Rückbesinnung auf ‹tiefe› Werte ansahen, sozusagen als Weckruf aus einem allzulangen Schlummer der Oberflächlichkeit und Borniertheit. In einem Brief an Hugo von Hoffmannsthal bemerkt Kessler:

> Überhaupt haben diese ersten Kriegswochen in unserem deutschen Volk irgendetwas aus unbewussten Tiefen emporsteigen lassen, das ich nur mit einer Art von ernster und heiterer Heiligkeit vergleichen kann. Das ganze Volk ist wie umgewandelt und in eine neue Form gegossen. Schon das ist ein unschätzbarer Gewinn dieses Krieges; und es miterlebt zu haben, wird wohl die größte Erfahrung unseres Lebens sein.[233]

Und auch in seinem Tagebuch berichtet er begeistert von der geradezu dionysischen Stimmung der ersten Kriegszeit:

> Aus einer Depesche des Gr. Hauptquartiers vom 11ten aus Flandern: «Westlich Langemarck brachen junge Regimenter unter dem Gesange ‹Deutschland, Deutschland über Alles› gegen die erste Linie der feindlichen Stellung vor und nahmen sie. [...]» Aus dem amtlichen Depeschenstil glüht das heraus wie Flam-

233 Zit. n. Laird McLeod Easton, *Der rote Graf*, 275.

me. Mit allem Tiefsten der deutschen Seele bricht auch die Musik in diesem TodesRingen [sic] unseres Volkes neugeborgen wieder elementar hervor wie zu Zeiten der Reformation. Überall klingt es und singt es bei uns in diesem Kriege. [...] Musik ist der natürliche Ausdruck unserer tiefsten Stimmungen. Welch andres Volk singt in der Schlacht, geht singend in den Tod?[234]

Kessler meldete sich freiwillig zum Militärdienst und diente bis 1916 in verschiedenen Funktionen im standesgemäßen Offiziersrang. Entscheidendes Bekehrungserlebnis war seine Teilnahme an der Schlacht von Verdun, in der die Deutschen fast ein Jahr lang, vom 21. Februar bis zum 19. Dezember 1916, versuchten die französische Stadt zu stürmen, um so endlich die erhoffte Wende im festgefahrenen Stellungskrieg herbeiführen zu können. Kommandiert u.a. von dem späteren Kollaborateur Philippe Pétain (1856–1951) gelang es den Franzosen erfolgreich, die deutsche Offensive abzuwehren und zum Gegenangriff überzugehen, der schließlich in einem Patt mündete. Insgesamt kamen in Verdun während des Krieges etwa 2,5 Millionen Soldaten zum Einsatz, während der Schlacht von Verdun fielen vermutlich gut 800.000, man geht während der Kriegshandlungen von etwa 6.000 Toten pro Tag aus. Ein unvorstellbares Gemetzel, eine Materialschlacht, bei der alles aufgeboten wurde, was die moderne Kriegstechnik zu bieten hatte: Artillerie, Maschinengewehre, Flugzeuge, Giftgas. Das hatte nicht viel mit dem Ideal des ‹Heroismus› zu tun, von dem Kessler träumte: Es war ein Krieg der Massen und der Maschinen, nicht mehr der heldenhaften Einzelnen. Die Schlacht von Verdun – sie steht symbolisch für den Untergang einer Epoche, den endgültigen Sieg der Materie über den Geist, der kapitalistischen Moderne über die Überreste der feudalen Kultur, des Ganzen über das Individuum. Kessler konnte hier nichts mehr von den Idealen erkennen, für die er in den Krieg gezogen war – die wurden hier vielmehr auf die Schlachtbank geführt. Die preußische Aristokratie hatte ihre eigenen Werte ihrem Imperialismus zum Fraß vorgeworfen. Kessler sprach in seinem Tagebuch vom «Wahnsinn *dieses* Massenmordes»[235], den inzwischen jeder einsehe, und kehrte nie mehr an die Front zurück.

Kessler hatte von jeher den Kontakt auch zu linken Vertretern der Avantgarde nicht gescheut, förderte etwa den jungen

234 14. 11. 1914. Bd. 5, 164.
235 21. 4. 1916. Ebd., 531.

George Grosz, Mitbegründer der Berliner Dada-Szene, und den jungen Johannes R. Becher (1891–1958), den späteren Dichter der Nationalhymne der DDR. Die deutsche Niederlage, die Kessler völlig überraschte, sorgte endgültig dafür, dass er politisch die Seiten wechselte und im Konservativismus keine Option mehr sah. Mit demselben Elan, mit dem er die kulturelle Avantgarde unterstützt hatte, engagierte sich Kessler nun für die Räterepublik, in der er die einzige Möglichkeit erblickte, eine deutsche Nachkriegsordnung zu fundieren. Er sympathisierte mit der USPD und versuchte 1919, den Außenminister Ulrich von Brockdorff-Rantzau, gleich ihm ein demokratisch gesonnener Aristokrat, davon zu überzeugen, einen Staatsstreich in ihrem Sinne anzuleiten. Allerdings trat er selbst der linksliberalen DDP bei. 1920 notierte er zu seinen politischen Vorstellungen in seinem Tagebuch – dem Geiste Nietzsches treu bleibend:

> Eine wirkliche Revolution kann nur gelingen, wenn die Welt auf ganz neue Grundlagen gestellt und *gleichzeitig* ein neuer Mensch geschaffen wird. Daß das eine ohne den Andren ergebnislos oder fast ergebnislos ist, beweisen Franz von Assisi und Robespierre, die beiden großen entgegengesetzten Halbrevolutionäre. Vielleicht wäre die Synthese in Lenin und Tolstoi gegeben.[236]

Er trat fortan öffentlich für sozialistische und pazifistische Vorstellungen ein und erhielt dafür den Beinamen «der rote Graf».[237] Er plante 1921 sogar die, allerdings aufgegebene, Publikation eines Aufsatzes mit dem Titel *Nietzsche und «Ewige Friede»*, dessen Manuskript wahrscheinlich verloren ist.[238] Er verstand sein Engagement also durchaus als Blüte seines Nietzscheanismus. Beziehen wollte sich er in diesem Text v. a. auf folgenden in der Tat bemerkenswerten Aphorismus aus *Menschliches, Allzumenschliches*:

> *Das Mittel zum wirklichen Frieden.* – Keine Regierung giebt jetzt zu, dass sie das Heer unterhalte, um gelegentliche Eroberungsgelüste zu befriedigen; sondern der Vertheidigung soll es dienen. Jene Moral, welche die Nothwehr billigt, wird als ihre Fürsprecherin angerufen. Das heisst aber: sich die Moralität und dem Nachbar die Immoralität vorbehalten, weil er angriffs- und eroberungslustig gedacht werden muss, wenn unser Staat nothwendig an

236 30.4.1920. Bd. 7, 298 f.
237 Zum Kontext dieser ‹Taufe› vgl. Angela Reinthal, *Einleitung*, 9.
238 Vgl. ebd., 36 f.

die Mittel der Nothwehr denken soll; überdiess erklärt man ihn, der genau ebenso wie unser Staat die Angriffslust leugnet und auch seinerseits das Heer vorgeblich nur aus Nothwehrgründen unterhält, durch unsere Erklärung, wesshalb wir ein Heer brauchen, für einen Heuchler und listigen Verbrecher, welcher gar zu gern ein harmloses und ungeschicktes Opfer ohne allen Kampf *überfallen* möchte. So stehen nun alle Staaten jetzt gegen einander: sie setzen die schlechte Gesinnung des Nachbars und die gute Gesinnung bei sich voraus. Diese Voraussetzung ist aber eine *Inhumanität*, so schlimm und schlimmer als der Krieg: ja, im Grunde ist sie schon die Aufforderung und Ursache zu Kriegen, weil sie, wie gesagt, dem Nachbar die Immoralität unterschiebt und dadurch die feindselige Gesinnung und That zu provociren scheint. Der Lehre von dem Heer als einem Mittel der Nothwehr muss man ebenso gründlich abschwören, als den Eroberungsgelüsten. Und es kommt vielleicht ein grosser Tag, an welchem ein Volk, durch Kriege und Siege, durch die höchste Ausbildung der militärischen Ordnung und Intelligenz ausgezeichnet, und gewöhnt, diesen Dingen die schwersten Opfer zu bringen, freiwillig ausruft: «*wir zerbrechen das Schwert*» – und sein gesammtes Heerwesen bis in seine letzten Fundamente zertrümmert. *Sich wehrlos machen, während man der Wehrhafteste war*, aus einer *Höhe* der Empfindung heraus, – das ist das Mittel zum *wirklichen* Frieden, welcher immer auf einem Frieden der Gesinnung ruhen muss: während der sogenannte bewaffnete Friede, wie er jetzt in allen Ländern einhergeht, der Unfriede der Gesinnung ist, der sich und dem Nachbar nicht traut und halb aus Hass, halb aus Furcht die Waffen nicht ablegt. Lieber zu Grunde gehen, als hassen und fürchten, und *zweimal lieber zu Grunde gehen, als sich hassen und fürchten machen*, – diess muss einmal auch die oberste Maxime jeder einzelnen staatlichen Gesellschaft werden! – Unsern liberalen Volksvertretern fehlt es, wie bekannt, an Zeit zum Nachdenken über die Natur des Menschen: sonst würden sie wissen, dass sie umsonst arbeiten, wenn sie für eine «allmähliche Herabminderung der Militärlast» arbeiten. Vielmehr: erst wenn diese Art Noth am grössten ist, wird auch die Art Gott am nächsten sein, die hier allein helfen kann. Der Kriegsglorien-Baum kann nur mit Einem Male, durch einen Blitzschlag zerstört werden: der Blitz aber kommt, ihr wisst es ja, aus der Wolke – und von der Höhe.[239]

239 AM II WS 284.

Eines seiner Kernanliegen, für die er sowohl öffentlich als auch mittels der für ihn typischen ‹Hinterzimmerpolitik› warb, war eine Alternative zum Völkerbund, wie ihn Anfang 1918 der US-amerikanische Präsident Woodrow Wilson (1856–1924) in seinem 14-Punkte-Programm vorgeschlagen hatte – ein Vorschlag, der die Grundprinzipien artikulierte, auf denen heute die UNO basiert. Nach Kesslers Vorstellung sollte der Völkerbund kein bloßer Staatenbund sein – also sich gewissermaßen auf den politischen Überbau beschränken – sondern vielmehr in die Richtung eines Weltstaats gehen, einer echten «Erdregierung», die auch über ökonomische und soziale Belange entscheiden sollte. Auch eine echte kulturelle Eigenständigkeit der Völker sei nur unter dieser Voraussetzung möglich – ein Gedanke, der alles übertrifft, was von den heutigen Freunden des ‹Ethnopluralismus› so zu vernehmen ist (und auch von denjenigen, für die sich linke Politik in der Forderung nach ‹offenen Grenzen› bei gleichzeitiger Beibehaltung von Kleinstaaterei und transnationaler Konzernherrschaft erschöpft).[240] Wieder einmal bewies er sich als ‹orthodoxer› Nietzscheaner – und entwickelte Ideen, die bis heute aktuell sind, krankt doch auch die heutige UNO daran, die Souveränität ihrer Mitgliedsstaaten unangetastet zu lassen und so auf zentrale Menschheitsfragen keine effektive Antwort entwickeln zu können.

Im August 1924 hielt er anlässlich des 5. Jahrestags der Weimarer Verfassung vor mehreren tausenden begeisterten Zuhörern, größtenteils Arbeiter, eine kämpferische Rede, in der er für das Reichsbanner Schwarz-Rot-Gold warb, das es sich zum Ziel gesetzt hatte, unter den Losungen «Frei heil!» und «Freiheit!» die hart erkämpfte republikanische Ordnung Deutschlands gegen ihre reaktionären Feinde zur Not mit Gewalt zu verteidigen und Liberale, Konservative und Sozialisten verband. Dort hieß es:

> Ich frage Euch: Wollt Ihr wieder die Untertanen irgendeines durch Gottes Gnaden Euch geschenkten Wilhelms werden? (stürmische Rufe: Nein, Nein) Wollt Ihr wieder Kanonenfutter für einen neuen Krieg werden? (Nein, Nein) Wollt Ihr wieder als rechtlose Arbeitnehmer mit der Mütze in der Hand auf dem Fabrikhofe vor den »Herren im Hause« stehen? (Nein, Nein) Dann tretet vor die Republik hin, schützt sie, verteidigt sie. Tretet ein in die Organisationen, schließt Euch an das «Reichs-

240 Vgl. die Zusammenfassung dieses Programm in *Walther Rathenau*, 268 f.

> banner Schwarz Rot Gold». Die beste Verteidigung aber ist die Verwirklichung. Seht zu dass, was in der Verfassung versprochen ist, auch verwirklicht wird. Vor Allem die Wirtschaftsdemokratie, die Euch der Artikel 165 gewährleistet, und den wahren Völkerfrieden, den Euch Eure Außenpolitik bringen muss. Zwingt Eure Führer, Eure Abgeordneten, Eure Minister unablässig die Erreichung dieser beiden Ziele zu erstreben. Denn ohne wirtschaftliche Demokratie giebt es keine wahre politische Demokratie, und ohne Frieden kann es keine wahre Selbstbestimmung der Völker, keine wahre Menschenwürde geben.[241]

«Wirtschaftsdemokratie» und «Völkerfrieden» – das sind zwei Forderungen, mit denen man noch heute als ‹kommunistischer Spinner› gelten könnte, damals konnte man sie aus dem Munde eines DDP-Politikers vernehmen. Im selben Jahr kandierte Kessler für seine Partei sogar, allerdings erfolglos, für den Reichstag.

In dieser Zeit entstand auch sein wichtigster eigenständiger publizistischer Beitrag: Seine einflussreiche Biographie über seinen 1922 von Faschisten ermordeten Parteifreund Walther Rathenau (geb. 1867), die 1928 erschien. Ganz im Sinne von Nietzsches «monumentalischer Historie» stilisierte Kessler den ebenfalls planwirtschaftlichen Vorstellungen zugeneigten Außenminister zum heldenhaften Märtyrer der Republik, in dessen Schicksal sich zugleich die allgemeine Zerrissenheit der Epoche spiegele:

> Es war der gleiche Konflikt zwischen dem Zwang zu rastlosem technischen Fortschreiten, das die ganze Kraft des Menschen beansprucht, und dem unabweisbaren Drang nach Entfaltung aller Seelenkräfte, ohne Rücksicht auf ihre Nutzbarkeit, der Haß und Verachtung von Millionen gegen unsere Zivilisation unterhält, und auch ihr, wie dem ähnlich zerrissenen und verhaßten Walther Rathenau, ein gewaltsames Ende wie ein fast unabwendbares Schicksal in Aussicht stellt.[242]

Auch hier sehen wir wieder direkt Kesslers Bemühen, Motive Nietzsches weiterzuentwickeln und zu konkretisieren – und dies in einer eindeutig revolutionären, antikapitalistischen Weise, die sich von Nietzsches Philosophie der Entfaltung des Individu-

---

241 Vgl. zu dieser Episode und zit. n. Friedrich Rothe, *Harry Graf Kessler*, 298 f.

242 27.

ums herleitet. Den demokratischen Sozialismus sah Kesslers als Möglichkeit, diesen Individualismus mit den Anforderungen einer modernen Industriegesellschaft zu verbinden – sollte diese Lösung misslingen, prophezeite er ihren Untergang.

Nietzsche wird in der Rathenau-Biographie wiederholt zitiert und Rathenau als Nietzscheaner dargestellt. Rathenau wird zugleich als Sozialist portraitiert – freilich als Vertreter eines ‹höheren› Sozialismus als es derjenige von Marx sei, den Kessler als zynischen Materialisten charakterisiert:

> [H]ier muß gesagt werden, daß die Form, in der Rathenau die soziale Frage stellt, [...] einen Fortschritt bedeutet, einen Fortschritt über Marx hinaus; nicht nur, weil dadurch die Forderungen des Proletariats eine breitere und weniger angreifbare Stütze erhalten, – sondern weil die Lösung auch der größeren Aufgabe, die Erweckung des Menschen als solchem aus dem Todesschlaf der Mechanisierung nötig ist, wenn aus dem Proletarier nicht bloß ein kleiner Bourgeois, sondern ein Menschen werden soll.[243]

Hier wird das Programm vieler Links–Nietzscheaner, ohne den Namen Nietzsche zu nennen, auf den Punkt gebracht: Anders als in reaktionären Nietzsche-Lesarten wird hier die soziale gegenüber der kulturellen Befreiung und Höherentwicklung nicht ausgespielt, zugleich wird die kulturelle Höherbildung aber auch nicht als Werk ‹großer Einzelner› verstanden oder eines, das jeder Einzelne für sich vollführen müsste; es geht vielmehr darum, die soziale Befreiung um eine kulturelle zu ergänzen, um den modernen Nihilismus und mechanischen Rationalismus zu überwinden.

Kessler verkennt hier, wie oben angedeutet, dass sich solche Gedankenspiele durchaus auch bei Marx und Engels finden. Doch im Kern hat er Recht damit, dass sie bei ihnen ein Nebenschauplatz sind. Ihr Schüler Lenin (1870–1924), den Kessler natürlich ebenfalls attackiert, sollte ihren vom modernen Rationalismus geprägten ‹Geist› in einer Rede im Jahr 1920 auf die schlichte Formel bringen «Kommunismus ist Sowjetmacht plus Elektrifizierung des ganzen Landes»[244] – wobei «Sowjetmacht» *de facto* den völligen Triumph des «kältesten aller kalten Ungeheuer» bedeutete, von dem Nietzsche spricht, des modernen

243 107.
244 *Unsere außen- und innenpolitische Lage*, 414.

Staats und seines nivellierenden Bürokratieapparats. Kessler – und viele Links–Nietzscheaner mit ihm – halten dagegen ‹Kommunismus ist Sowjetmacht – im ursprünglichen Sinne echter Demokratie – plus Elektrifizierung des ganzen Landes plus die Möglichkeit zur kulturellen Entfaltung aller›.[245] Heute lehrt die neoliberale Fortschrittsideologie, dass sich alle Menschheitsprobleme dadurch lösen lassen, dass nur ja der technologische Fortschritt nicht gebremst wird und die ‹internationalen Institutionen› (allen voran natürlich WTO und Weltbank) mehr Macht bekommen. Dass da ‹etwas fehlt› (und nicht nur ‹etwas›!) – daran gemahnt Kessler ganz zu Recht.

Kessler sollte freilich auch in anderer Hinsicht Recht behalten: Mit der Niederlage des ‹besseren Deutschland›, das Kessler wie kein zweiter verkörpert, sollte das endgültig besiegelt werden, was in Verdun seinen Anfang genommen hatte: Die Selbstvernichtung nicht nur der deutschen Zivilisation, sondern der Zivilisation schlechthin, in den Konzentrationslagern. Können wir heute überhaupt noch in glaubwürdiger Weise an die Ideale eines Kessler anknüpfen? Wie den Zivilisationsbruch verarbeiten, der von deutschem Boden ausging? Um diese Frage beantworten zu können, müssen wir uns nun der Frage zuwenden, warum sich die große Mehrheit des Milieus, dem Kessler angehörte, ab 1914 sukzessive von den eigenen Idealen abwandte, die Republik verachtete und 1933 nahezu geschlossen die Nazis an die Macht brachte. Gerade heutige linke Nietzsche-Fans blenden seine rechte Rezeption oft aus und behandeln sie als bloße Verirrung, die mit Nietzsches eigentlichem Denken nichts zu tun habe. Unsere Grundthese ist, dass sie es sich zu einfach machen – selbst wenn Figuren wie Kessler jedenfalls untermauern, dass es keinen notwendigen Weg vom Nietzsche-Kult der 1890er zum Hitler-Kult der 1930er gibt: Selbst einem konservativ gesonnenen Aristokraten wie Kessler war es möglich, aus Nietzsches Philosophie eine sozialistische Ideologie abzuleiten. Es wäre auch allen anderen möglich gewesen, wenn sie gewollt hätten.

Kessler jedenfalls sollte wie viele andere antifaschistisch eingestellte Intellektuelle Deutschland 1933 ein letztes Mal in Rich-

245 Entsprechend kritisiert Kessler etwa auch Marx' und Engels' Forderung nach einem allgemeinen Arbeitszwang aus dem *Kommunistischen Manifest* und bringt gegen sie den Anarchisten Kropotkin ins Spiel, den er in diesem Punkt als Rathenau näher betrachtet (vgl. *Rathenau*, 178 f.).

tung Paris verlassen. Sein Erbe war mittlerweile aufgebraucht, er starb verarmt 1937 in Lyon, seine geplante Autobiographie *Gesichter und Zeiten* konnte er nicht mehr vollenden. Wenigstens blieb er davon verschont, das – womöglich – endgültige Scheitern seiner Hoffnungen erleben zu müssen.

1933 baute man in Saaleck in Sachsen-Anhalt, wo zwei von ihnen auf der Flucht vor der Polizei starben, ein Denkmal für die Mörder Rathenaus – ein Wallfahrtsort für Neonazis bis auf den heutigen Tag. Leider ist auch das Andenken an Gestalten wie Rathenau und Kessler – an das ‹bessere Deutschland› – heute weitgehend aus dem kulturellen Gedächtnis unserer neoliberalisierten Republik getilgt. ‹Schwarz – Rot – Gold› waren einst die Farben der Republik und ihres antifaschistischen Abwehrkampfes, die neben den roten wehten,[246] heute dienen sie den einen als Partyaccessoire, den anderen als Hassobjekt als wären sie nicht auch dasjenige der Nazis gewesen. Es ist fraglich, ob sich ein deutscher republikanischer Patriotismus heute nach allem, was sich an den Namen ‹Deutschland› knüpft, noch in authentischer Form reaktivieren ließe – vor 1933 war er jedenfalls noch möglich und das sollten wir nicht vergessen. Wenn wir es tun, überlassen wir dieses starke Symbol kampflos jenen, die heute in Dresden und anderswo wieder gegen die Republik hetzen.

---

246 Vgl. die beeindruckende Schilderung des Begleitzuges von Rathenaus Beerdigung in Kessler, *Rathenau*, 325.

II. Konservativ – revolutionär – faschistisch: Der Rechts–Nietzscheanismus

Der «Seismograph» (Ernst Jünger[247]) Nietzsche hatte – gerade in seinem Spätwerk – die Schrecken des 20. Jahrhunderts in geradezu unheimlicher prophetischer Ahnung vorausgesehen, am deutlichsten kurz vor seinem geistigen Zusammenbruch – vielleicht standen zu diesem Zeitpunkt die Pforten seines Sensoriums für die Tendenzen seiner Zeit besonders weit offen. Führen wir uns noch einmal den ersten Abschnitt des Kapitels *Warum ich ein Schicksal bin* von *Ecce homo* vor Augen:

> Ich bin ein *froher Botschafter*, wie es keinen gab[,] ich kenne Aufgaben von einer Höhe, dass der Begriff dafür bisher gefehlt hat; erst von mir an giebt es wieder Hoffnungen. Mit Alledem bin ich nothwendig auch der Mensch des Verhängnisses. Denn wenn die Wahrheit mit der Lüge von Jahrtausenden in Kampf tritt, werden wir Erschütterungen haben, einen Krampf von Erdbeben, eine Versetzung von Berg und Thal, wie dergleichen nie geträumt worden ist. Der Begriff Politik ist dann gänzlich in einen Geisterkrieg aufgegangen, alle Machtgebilde der alten Gesellschaft sind in die Luft gesprengt – sie ruhen allesamt auf der Lüge: es wird Kriege geben, wie es noch keine auf Erden gegeben hat. Erst von mir an giebt es auf Erden *grosse Politik*.

Tiefgreifende, gewalttätig ablaufende kulturelle Transformationsprozesse in unmittelbarer Zukunft sind es, die er erahnt. Er erblickt in ihnen an dieser Stelle einen Hoffnungsschimmer, die Chance eines Neuanfangs, doch er macht sich keine Illusionen darüber, dass sie furchtbar sein werden. Man sieht hier, wie wenig konservativ Nietzsche ist: Ihm ist die Apokalypse lieber als der Fortbestand der Gesellschaft des ausgehenden 19. Jahrhunderts, für die er immer mehr nichts als Verachtung und Hass übrig hat.

247 Zu dieser fast schon zur stehenden Wendung erstarrten Metapher, deren Urheber meist ungenannt bleibt, später mehr.

Freilich spricht er hier von einem «Geisterkrieg». Doch er registriert bereits die zunehmende Militarisierung Europas in einem ganz wörtlichen Sinne durchaus – und macht sich wegen ihr ernsthafte Sorgen. Man darf hier nicht vergessen, dass Nietzsche den Krieg nicht nur aus Büchern kannte: 1867 leistete er seinen Wehrdienst im preußischen Heer ab und erlitt dabei einen schweren Reitunfall, dessen Folgen ihn sein Leben lang beeinträchtigten, und er meldete sich freiwillig als Sanitäter im Deutsch-französischen Krieg von 1870/71. Der junge Nietzsche war klarer preußischer Patriot, der, obzwar damals schon staatenlos, seiner «deutsche[n] Pflicht»[248] nachzukommen gedachte. Eine Woche lang diente er an der Front – er erkrankte allerdings schwer und musste seinen Dienst nicht wieder antreten. Er wurde, vielleicht durch diese Erfahrungen geprägt, mehr und mehr zu einem Kritiker der deutschen Aufrüstungspolitik im Speziellen und auch des Militarismus im Allgemeinen. Er kritisiert dabei vor allem den hohen Aufwand an materiellen und kulturellen Ressourcen, die das Militär verschlingt und die an anderer Stelle besser aufgehoben seien.[249] Auch wenn er also an vielen Stellen, wie der eben zitierten, den geistigen Krieg gutheißt und gerade herbeisehnt, um die herrschende Trägheit zu überwinden, ist damit der physische Krieg offenbar nicht mitgemeint.

Bemerkenswert sind in diesem Zusammenhang seine letzten in der *Kritischen Gesamtausgabe* abgedruckten Notizen. Diese Reihe von Notizen beginnt mit dem Satz «Ich bringe den Krieg»[250] und mündet in wüste Attacken auf das Haus Hohenzollern. Er spricht von einem «Todkrieg»[251], der gegen sie zu führen sei, und hält fest:

> Damit das Haus von Narren und Verbrechern sich obenauf fühlt, zahlt Europa jetzt jährlich 12 Milliarden, reißt es Klüfte zwischen den werdenden Nationen auf, hat es die hirnverbranntesten Kriege geführt, die je geführt wurden: Fürst Bismarck hat zu Gunsten seiner Hauspolitik alle Voraussetzungen für große Aufgaben, für welthistorische Zwecke, für eine edlere und feinere Geistigkeit mit einer fluchwürdigen Sicherheit des Instinktes vernichtet. Und seht euch doch die Deutschen selber an, die [–] niedrigste, stupideste, gemeinste Rasse wohl, die jetzt auf Er-

248 Br. an Carl Gersdorff v. 20.10.1870; Nr. 103.
249 Vgl. etwa AM I 481 und GD *Deutschen* 4.
250 NF 1888 25[1].
251 NF 1888 25[13].

zu lesen aus dem Munde von einem, der sonst gerade auch für die bürgerlichen und erst recht die proletarischen Emanzipationsbemühungen nicht eben Wertschätzendes zu sagen hat, doch man muss anerkennen, dass Nietzsche hier nicht nur klar die Sache der Französischen Revolution vertritt (deren zentraler blinder Fleck neben dem Ausschluss der Frauen ja gleichfalls die mangelnde Anwendung der eigenen Ideale auf Nicht-Weiße war), sondern die kommenden Ereignisse klar antizipiert: den Zusammenbruch der Monarchien und der Macht der Kirche in ganz Europa in einem großen Krieg und den Triumph der säkularen Republik. Es spricht zumal für Nietzsches Beobachtungsgabe, dass er Wilhelm II. so kurz nach dessen Regierungsantritt so realistisch einzuschätzen wusste.

Seine linken Schüler, allen voran der tragische ‹rote Graf›, folgten Nietzsche darin, gegen den Krieg Partei zu ergreifen, gegen den Nationalismus und gegen die unheilige Allianz von «Kaiser und Priester» (ebd.). Es gilt nun, sich der ‹anderen Seite› der Nietzsche-Rezeption zuzuwenden, dem Rechts–Nietzscheanismus, der in der Indienstnahme Nietzsches für den deutschen Angriffskrieg 1914 seinen Anfang nahm und darin kulminierte, Nietzsche affirmativ zum Vordenker des Nationalsozialismus, mithin der Schoah, zu stilisieren. Auch diese Nietzscheaner waren, wie sich schnell zeigen wird, antiklerikal und antimonarchistisch eingestellt und erhofften sich von dem Zusammenbruch der alten Welt im «großen Krieg» die Chance eines Neuanfangs. Doch ihr Konzept dafür war wesentlich anders geartet als dasjenige der Linken: Sie bezogen sich nicht auf denjenigen Nietzsche, der sich klar gegen Ausbeutung positioniert, sondern auf denjenigen, der die Sklaverei guthieß. Sie wollten die Ideale der Französischen Revolution nicht verwirklichen, aber auch nicht zur Monarchie der vorrevolutionären Zeit zurück – sie wollten, oftmals unter dem Vorwand einer Rückkehr zu ‹archaischen Ursprüngen›, eine straff hierarchisch organisierte, die Vorherrschaft der weißen Männer sichernde partikularistische Ordnung unter modernen Bedingungen realisieren. Gerade angesichts des augenblicklichen Wiedererstarkens dieses Experiments, dessen Grausamkeit und Barbarei nicht einmal Nietzsche vorauszusehen vermochte, müssen wir uns nun vor allem auch sehr ernsthaft mit der Frage auseinandersetzen, inwiefern sich diese Strömung zu Recht oder zu Unrecht auf Nietzsche bezog. Und vor allem: auf *welchen* Nietzsche.

1. Nietzsche in Weimar 2: Dunkle Jahre – Das Weimarer Archiv als Epizentrum der Nietzsche-Verfälschung

Bisher haben wir das Wirken Förster-Nietzsches eher positiv dargestellt, es gilt nun, auch seine ‹dunkle Seite› offenzulegen. Denn abgesehen davon, dass sie Nietzsche popularisierte und damit zur Verflachung seiner kritischen Gehalte beitrug – wobei man den Einfluss des Archivs auf die Nietzsche-Rezeption nicht überschätzen sollte, sie war von Beginn an viel zu heterogen, als dass sie irgendjemand hätte monopolisieren können –, war sie es auch, die ab 1914 einen eindeutigen Rechtsruck des Archivs einleitete.

a) Nietzsches posthume Zwangsrekrutierung

Freilich war es nicht so, dass Förster-Nietzsche 1914 eine plötzliche Wandlung vollzog. Förster-Nietzsche hatte vielmehr schon seit vielen Jahren nationalistische und antisemitische Positionen vertreten – was immer wieder zu Konflikten mit ihrem Bruder führte. Insbesondere heiratete sie 1885 den radikalen antisemitischen Agitator Bernhard Förster (1843–1889), mit dem zusammen sie 1886 in Paraguay eine Siedlerkolonie namens Neu-Germania gründete, die es sich um Ziel gesetzt hatte, dort weitab vom ‹verjudeten› Deutschland eine reinrassige germanische Population am Leben zu erhalten. Nietzsche schrieb 1885 in einem Brief an Mutter und Schwester zu diesen Plänen etwa:

> Über die Zukunft meiner Schwester mache ich mir meine Gedanken: das will sagen, ich glaube nicht recht an ein Zurückkehren des Hr. Dr. Förster nach Paraguay.[258] Europa ist gar nicht so klein, und wenn man nicht in Deutschland leben *will* (worin ich ihm gleichgeartet bin) so braucht man noch lange nicht so weit zu gehn. Zum Enthousiasmus für «deutsches Wesen» habe ich's freilich noch wenig gebracht, noch weniger aber zum Wunsche, diese «herrliche» Rasse gar *rein* zu erhalten. Im Gegentheil, im Gegentheil –[259]

Und 1886 schreibt er an seine Schwester, um sie von ihren Emigrationsplänen abzuhalten:

---

258 Förster war schon von 1881–1883 nach Südamerika gereist, um dort einen geeigneten Platz für seine Kolonialpläne ausfindig zu machen.

259 Bf. v. 14. 3.; Nr. 581.

> Zuletzt will es mir immer scheinen, daß Deine Natur sich selbst für eine eigentlich deutschthümliche Bestrebung hier in Europa nützlicher erweisen könne als dort: gerade als Gattin des Dr. Förster, der, wie ich beim Lesen seines Erziehungs-Aufsatzes wieder einmal empfand, eigentlich zum Erziehungsdirektor einer Art Schnepfenthal eine natürliche Mission hat – und *nicht*, verzeihe es Deinem Bruder, zum Agitator in einer zu drei Viertel schlimmen und schmutzigen Bewegung. Was in Deutschland jetzt dringend noththut, sind eben unabhängige Erziehungsanstalten, welche der Staats-Sklaven-Drillung sich durch die That entgegensetzen. Das Vertrauen, welches Dr. Förster bei dem norddeutschen Adel genießt, schiene mir ausreichend Bürgschaft dafür zu geben, daß eine solche Art Schnepfenthal oder Hofwyl[260] [...] unter seiner Leitung Glück machte. Aber dort *drüben*, unter Bauern, in der Nähe von unmöglich gewordenen vielleicht verbitterten und vergifteten Deutschen – genug, hier ist ein weites Feld zu Besorgnissen.[261]

Nachdem sich Förster-Nietzsche bis dahin in ihren nationalistischen Ambitionen zurückgehalten hatte – die Pläne ihres Mannes waren schließlich auch kläglich gescheitert, er hatte sich 1889 umgebracht –, brachen sie anlässlich des Kriegseintritts wieder in aller Deutlichkeit hervor. 1914 beginnt sie damit, in verschiedenen großen deutschen Zeitungen einen Artikel nach dem anderen zu publizieren, in denen sie die ‹Kriegstauglichkeit› ihres Bruders unter Beweis zu stellen sucht. Einer von ihnen mit dem Titel *Nietzsche und der Krieg* erschien am 15.9.1914 im bedeutenden *Hamburgischer Correspondent* – und zwar auf Seite 2. «Wenn es jemals einen Freund des Krieges gab, der Krieger und Kämpfer liebte, und auf sie seine höchsten Hoffnungen setzte, dann war es Friedrich Nietzsche», beginnt der Artikel und Förster-Nietzsche fährt fort: «Deshalb ziehen jetzt so viele junge Helden mit dem ‹Zarathustra› in der Tasche hinaus ins Feindesland.» In der Tat gab es mit Kriegsbeginn

> einen dramatischen Anstieg der Verkaufszahlen von Werken Nietzsches. Zusammen mit Goethes *Faust* und dem *Neuen Testament* war der *Zarathustra* das populärste Werk, das gebildete Soldaten zu Trost und Anregung mit ins Feindesland nahmen.[262]

260 In Schnepfenthal in Thüringen und in Hofwil in der Schweiz waren im späten 18. Jhdt. bedeutende Reformschulen gegründet worden.

261 Bf. v. 7. 2.; Nr. 669.

262 Aschheim, *Nietzsche*, 138.

Bis 1914 waren die meisten Nietzscheaner eher links und progressiv, jedenfalls nicht nationalistisch oder gar militaristisch eingestellt. Nun erfolgte – auch wenn zahllose Nietzscheaner der ‹alten Schule› in die Kriegsbegeisterung nicht mit einstimmten oder sich ihr sogar aktiv widersetzten – eine Wende, zu der Förster-Nietzsches Aktivitäten nicht unwesentlich beitrugen. Der Kriegsbeginn ist die eigentliche Initialzündung des Rechts–Nietzscheanismus, den es zuvor (mit Ausnahmen wie Langbehn) eine Randerscheinung gewesen war. Im Kröner-Verlag erschien 1914 eine preiswerte und stabile «Kriegsausgabe» des *Zarathustra*, die sich bis 1918 fast 100.000 Mal verkaufte.[263] Förster-Nietzsche als Rechteinhaberin profitierte von diesem Hype natürlich nicht zuletzt auch ökonomisch.

Wie das obige Aschheim-Zitat deutlich genug demonstriert, ging es den meisten Soldaten wohl eher um Sinnstiftung und Erbauung, nicht unbedingt um eine dezidiert militaristische Lektüre. Es ist auch nicht so, dass das Motiv des ‹Krieges› im *Zarathustra* eine sehr zentrale Rolle spielen würde, auch wenn es an einigen Stellen auftaucht. «Der Mann soll zum Kriege erzogen werden und das Weib zur Erholung des Kriegers: alles Andre ist Thorheit», spricht Zarathustra etwa in *Von alten und jungen Weiblein*. Am einschlägigsten ist in dieser Hinsicht jedoch die Rede *Vom Krieg und Kriegsvolke*, auf die sich auch Förster-Nietzsche in ihrem Aufsatz vor allem bezieht. «Ihr sagt, die gute Sache sei es, die sogar den Krieg heilige? Ich sage euch: der gute Krieg ist es, der jede Sache heiligt», heißt es hier beispielsweise und: «Meine Brüder im Kriege! Ich liebe euch von Grund aus, ich bin und war Euresgleichen.» Wer diese Passage ernsthaft wörtlich nimmt, der müsste eigentlich der Ansicht sein, dass hier ein Verrückter spricht, der nie einen wirklichen Krieg aus eigener Erfahrung erlebt hat. Doch dafür spricht nichts: Wie gezeigt war Nietzsche der wirkliche Militarismus, gerade *weil* er die Schrecken des Krieges ja am eigenen Leib erfahren hatte, ja ein Graus. Eher muss man diese (und ähnliche) Passagen in einem allgemeinen, metaphorischen Sinne lesen: Nietzsche meint, dass das Leben wesentlich in Widersprüchen besteht und er ruft dazu auf, diese Widersprüche nicht vorschnell zu versöhnen, sondern sie auszutragen und aktiv auf sich zu nehmen. Das hat mit dem wirklichen Krieg erst einmal wenig zu tun – auch wenn der *Zarathustra* tatsächlich ein Buch sein mag,

263 Vgl. Ralf Eichberg, *Freunde, Jünger und Herausgeber*, 145.

das einem hilft, eine Extremsituation wie einen Kriegseinsatz besser zu bewältigen.

Wie die Soldaten Nietzsche tatsächlich lasen und was sie dem *Zarathustra* genau entnahmen, ist eine bislang kaum untersuchte, und auch nur schwer zu untersuchende, Frage. Evident ist, dass der Rechts–Nietzscheanismus auch nach dem Krieg die bestimmende Tendenz der Nietzsche-Deutung blieb und das nicht zuletzt dank zahlreicher Kriegsheimkehrer, die sie vertraten. Ein mit handschriftlichen Notizen versehenes Handexemplar eines Soldaten namens Thomas Hans Achelis lagert etwa im Nietzsche-Dokumentationszentrum in Naumburg. Es ist in ihm vermerkt, dass er es im August 1914 erwarb, doch anscheinend konnte er mit seinem Inhalt nur bedingt etwas anfangen. Hinter die Formel «Also sprach Zarathustra» am Ende der staatskritischen *Rede Vom neuen Götzen* setzt er schon am 6.11.1914 «, der Verblendete» und in dem Satz «Viel zu Viele werden geboren: für die Überflüssigen ward der Staat erfunden!» (ebd.) unterstreicht er das Wort «Überflüssigen» und notiert an den Rand: «[D]er Krieg des Staates vernichtet sie.» Mit anderen Worten: Jedenfalls mit Nietzsches Staatskritik kann er nicht viel anfangen, er sieht im Staat vielmehr ein Mittel zum Kampf gegen die «Überflüssigen» an. Man sieht hier die klare Differenz zu Nietzsche – aber auch wie Nietzsches Motive dazu verwendet werden, eine präfaschistische Ideologie zu konstruieren. Der *Zarathustra* ist ein extrem vieldeutiges Buch, das tatsächlich «für Alle und Keinen» Anschlusspunkte bietet. Dass es ein Frontsoldat auf seine Lage bezieht, ist vollkommen klar – die daraus gezogenen Schlüsse sind eher nicht dem Buch, sondern dem Frontsoldaten und seiner Situation anzulasten.

Auch in Joseph Goebbels Roman *Michael*, auf den wir noch zurückkommen werden, wird berichtet, dass die Mutter des Protagonisten, ein Kriegsveteran, ihrem Sohn ein «altes zerschlissenes Exemplar»[264] des *Zarathustra* als Andenken schickt: «Er hat es den ganzen Krieg durch im Tornister getragen.» (Ebd.)

Förster-Nietzsche stellt es jedenfalls – was, wie gezeigt, eine vollkommen abwegige Einschätzung ist – so dar, dass Nietzsches Zeit als Sanitäter ein entscheidendes ‹Erweckungserlebnis› gewesen wäre, das ihn zu der Erkenntnis geführt habe, dass Kampf und Machtwille höher als Mitleid und Nächstenliebe ein-

264 Zit. n. Klaus Goch, *Goebbels liest Nietzsche*, 498.

zuschätzen seien. Er sei Zeit seines Lebens glühender Patriot und Bewunderer des deutschen Heeres gewesen, «Bismarck ist Nietzsche in Kürassierstiefeln, und Nietzsche mit seiner Lehre vom Willen zur Macht als Grundprinzip des Lebens ist Bismarck im Professorenrock.» Sie preist die Kriegsbegeisterung der Bevölkerung als Beginn einer kulturellen Erneuerung des Landes, die «aufgestauten Kräfte» könnten sich nun endlich entladen:

> Ja, wie zu einem flogen sie mit von Kampfesmut und Siegeslust leuchtenden Augen, ein langer, langer Eisenbahnzug mit Sachsen – alles Sozialdemokraten, wie mir glaubwürdig versichert wurde, aber so voll strahlender Begeisterung und Vaterlandsliebe, daß ich fast vermuten möchte, daß nach dem Krieg die Sozialdemokraten ihre Organisation in lauter Kriegsvereine umwandeln müssen.

Das Eigentümliche an dem Text ist, dass Förster-Nietzsche als Belege ihrer Behauptungen fast ausschließlich persönliche Erinnerungen an Gespräche mit ihrem Bruder anführt. Überprüft werden kann davon keine einzige und alle wirken angesichts von Nietzsches klarer Nationalismus- und Militarismuskritik extrem unglaubwürdig. Nietzsche sei etwa ein Bewunderer des Stahlkonzerns Krupp gewesen (der in seinen Texten kein einziges Mal erwähnt wird), in Nizza habe er sich gelegentlich mit einem deutschen Generalstabsoffizier getroffen (wieder keine Spur im bekannten Korpus) und er habe von dem Buch *Das Volk in Waffen* des preußischen Offiziers Colmar von der Goltz (1843–1916) (der später am Völkermord gegen die Armenier aktiv beteiligt war!) geschwärmt, das Nietzsche zwar wohl gelesen hat, im Korpus aber ebenso wenig erwähnt wird. Mit derlei Fabelei kann man sich wirklich jeden Nietzsche zusammenzimmern, der einem gerade passt. Aus dem Philosophen, der geschrieben hatte «‹Deutschland, Deutschland über Alles›, ich fürchte, das war das Ende der deutschen Philosophie»[265], die Reichen und Mächtigen seiner Zeit verachtete und vor allem die moderne Industrie verabscheute, war nun ein Bewunderer der Stahltycoons, ein Duzfreund der Generäle, ein Hurrapatriot geworden.

Immerhin schaffte es schon einen Monat später zu Nietzsche Todestag ein Artikel von Kurt Singer (1886–1962), einem Ökonomen mit geisteswissenschaftlichen Ambitionen, auf die

265 GD *Deutschen* 1.

Titelseite des Blattes, *Nietzsches Vermächtnis*, in dem Förster-Nietzsches Deutung klar widersprochen und die freigeistig-unzeitgemäße Seite Nietzsches, die aus seinen Werken spricht, betont wird.

Doch Nietzsche wurde nicht nur von intellektuell eher mediokren Figuren (und Lügnern) wie Förster-Nietzsche für den Krieg in den Dienst genommen. Der prominenteste und einer der ersten von ihnen war ausgerechnet Thomas Mann, später Antifaschist und Republikaner (und Zeit seines Lebens großer Nietzsche-Verehrer), der im November 1914 einen Essay mit dem Titel *Gedanken im Kriege* veröffentlichte. Ausgehend wohl von Motiven aus dem Nachlass Nietzsches,[266] die er an dieser Stelle allerdings nicht zitiert, geht Mann hier von einem grundsätzlichen Gegensatz zwischen Zivilisation und Kultur aus: Während die Zivilisation für den Geist stehe und die Bändigung der Triebe und Emotionen, stehe die Kultur für die Natur im Menschen, seine animalische, künstlerische und leidenschaftliche Seite. Ausgehend von diesem Gegensatz verleiht Mann dem Krieg einen tieferen Sinn. Er sei ein Konflikt zwischen den Werten der Zivilisation, für den die westlichen Alliierten stünden, und denjenigen der Kultur, die in Deutschland stets die Oberhand besessen hätten und nun wieder zum Durchbruch kämen. Deutschland komme so durch den Krieg wieder zu sich selbst und werde unvermeidlich siegen. Nietzsche wird nur an einer Stelle erwähnt:

> Die deutsche Seele ist zu tief, als daß Zivilisation ihr ein Hochbegriff oder etwa der höchste gar sein könnte. Die Korruption und Unordnung der Verbürgerlichung ist ihr ein lächerlicher Greuel. […] [D]ieselbe tiefe und instinktive Abneigung ist es, die sie dem pazifistischen Ideal der Zivilisation entgegenbringt; ist nicht der Friede das Element der zivilen Korruption, die ihr amüsant und verächtlich scheint? Sie ist kriegerisch aus Moralität, – nicht aus Eitelkeit und Gloiresucht oder Imperialismus. Noch der letzte der großen deutschen Moralisten (der sich sehr irrtümlich den Immoralisten nannte), machte aus seinen kriegerischen, ja militärischen Neigungen keinen Hehl. Zur moralischen Apologie des Krieges haben deutsche Geister das meiste und wichtigste beigetragen[.][267]

---

266 Vgl. NF 1888 15[67] & NF 1888 16[3].
267 1478 f.

Unter den deutschen Philosophen war es vor allem Hegel, der den Krieg als ‹Frischekur› gegen die Verhärtung des bürgerlichen Lebens empfahl,[268] wie gezeigt ist Nietzsche in dieser Hinsicht sehr uneindeutig. Abgesehen von erwähnten Nachlassfragmenten spielt bei ihm auch der Gegensatz von Kultur und Zivilisation keine Rolle, er verwendet beide Begriffe ohne eine klare Differenzierung. Eine platte Entfesselung der emotionalen, barbarischen und triebhaften Seite des Menschen hätte Nietzsche kaum unterschrieben, auch wenn er die Lebensfeindlichkeit der Zivilisation in der Tat kritisiert. In weiteren Artikeln und vor allem den umfangreicheren *Betrachtungen eines Unpolitischen*, deren Titel klar an Nietzsche anspielt, die allerdings erst 1918 veröffentlicht wurden, setzte Mann diese Kriegspropaganda unbeirrt fort. Einer seiner wichtigsten Gegenspieler war sein Bruder Heinrich Mann (1871–1950), der zu Nietzsche ein eher ambivalentes Verhältnis pflegte.[269]

Zu denen, die, wie erwähnt, den Nationalismus der deutschen Intellektuellen schon früh kritisierten, gehörte wie erwähnt auch Hermann Hesse. Unmittelbar nach dem Krieg veröffentlichte er den Text *Zarathustras Wiederkehr,* in dem er diese auf Nietzsche gestützte Kriegsbegeisterung scharf kritisiert und für einen pazifistischen Individualismus wirbt. Im Vorwort von 1920 heißt es:

> Es gab einmal einen deutschen Geist, einen deutschen Mut, eine deutsche Mannhaftigkeit, welche sich nicht nur in Herdenlärm und Massenbegeisterung äußerte. Der letzte große Geist dieser Art ist Nietzsche gewesen, und er ist, inmitten des damaligen Gründertums und der damaligen Herdengesinnung in Deutschland, zum Anti-Patrioten und Anti-Deutschen geworden.[270]

Hesse will in diesem bemerkenswerten Text, der im Stil des *Zarathustra* gehalten ist, die kriegsbegeisterten Adepten Zarathustras an den aus seiner Sicht eigentlichen Kern seiner Lehre erinnern: Nietzsches Individualismus und seine Ethik der Authentizität. Es komme nun nach dem Krieg nicht darauf an, sich erneut in die «große Politik» zu stürzen, sei es, in dem man nun schon wieder für das nächste Gemetzel trommelt, sei es, dass man für einen kommunistischen Weltstaat kämpft. Vielmehr solle jeder bei sich selbst anfangen: Hesse erklärt jedem Wunsch nach

268 Vgl. *Grundlinien*, 435 f.; Zusatz zu § 324.
269 Vgl. Aschheim, *Nietzsche*, 71 & 305.
270 214.

«Weltverbesserung» eine klare Absage und ruft dazu auf, zunächst einmal von sich selbst ausgehen und zu fragen, wer man selbst eigentlich sei. – Ein Apell, der ohne Frage von Nietzsches Geist zeugt, aber nicht zuletzt darum wirkungslos bleiben muss, weil sowohl die Faschisten als auch die Kommunisten entgegen der im Grunde bürgerlichen Position Hesses ja jeweils behaupten würden, dass das Wesen des Einzelnen sich gerade im Staat verwirkliche: Er finde gerade dann erst wirklich zu sich selbst, indem er ein stolzer Deutscher oder ein klassenkämpferischer Prolet werde. Unabhängig davon, wer Recht hat, zeigt Hesses Text an, wie sehr auch Nietzsche ein letztendlich bürgerlicher Denker geblieben ist, dessen Individualismus und dessen Ethik der Selbstwerdung nicht recht in die ‹neue Zeit› nach dem Untergang der bürgerlichen Kultur passt. Hesse ist einer der letzten, der diese Eckpunkte der Nietzsche-Rezeption vor Verdun so eindeutig ins Zentrum rückt: Nach Verdun rückten sowohl Rechte wie Linke in diesem Punkt von Nietzsche mehr oder weniger stark ab und betonten die kollektiven, die politischen Aspekte seiner Philosophie. Auch heute noch fällt es schwer, an den individualistischen Strang der Nietzsche-Rezeption unbefangen anzuknüpfen. Man kommt kaum umhin anzuerkennen, dass auch der Individualismus von objektiven Faktoren abhängt: Er ist nur möglich in einem Gemeinwesen, dass die Freiheit des Einzelnen schützt und muss so aus sich selbst heraus, will er authentisch bleiben, politisch werden. Dass Hesse diesen Schritt nur sehr zögerlich ging, macht vielleicht die ‹Naivität› seines Denkens aus, auch gegenüber Nietzsche selbst. Und doch wäre ohne jene ‹Naivität› die Sache des Individualismus vielleicht erst recht verloren. Wenn man die individuelle Lebenskunst gegen die Politik einfach nur ausspielt, dann unterschreibt man erst recht die Verwandlung der Menschheit in einen Ameisenstaat. Eine heilsame politische Bewegung kann nicht von einem Heer von Bücklingen, sie kann auch heute noch nur von starken Einzelnen ausgehen, die an sich selbst glauben:

> Möchtet ihr lernen, den Gott in euch selbst zu suchen! Möchtet ihr vor dem geheimen Etwas, vor dieser Zukunft in euch einst so viel Ehrfurcht empfinden, wie ihr sie vor Fürsten und Fahnen empfandet! Möchte eure Frömmigkeit einmal nicht mehr auf Knien liegen, sondern aufrecht auf starken, auf männlichen und gestählten Füßen stehen![271]

271 239.

Wie umfassend die deutsche Kriegsbegeisterung gewesen ist, zeigt sich schon daran, dass sich, wie ja auch Förster-Nietzsche überrascht beobachtete,[272] sogar die SPD – die noch zuvor der gröbste Sand im Getriebe des deutschen Imperialismus und anfänglich gegen den Krieg gewesen war und entsprechende Demonstrationen organisiert hatte – letztendlich doch in den patriotischen Chor einstimmte. Nun war «die stärkste der Partei'n»[273] – wie es in der deutschen Version der *Internationale* heißt und die die SPD seit 1912 auch tatsächlich war – zu Staub zermahlen und machte in übergroßer Mehrheit den Bückling. Man ließ sich von der nationalistischen Propaganda überzeugen, der zufolge es sich um einen Verteidigungskrieg handele. Ein Argument war zudem, dass man helfen müsse, das Zarenreich als Hort der Reaktion zu zertrümmern. Doch Hauptgrund für die Zustimmung der SPD zum Krieg dürfte gewesen sein, dass man sich mehr davon versprach, an den Fleischtöpfen des deutschen Imperialismus zu partizipieren als offensiv die Machtfrage zu stellen. Die SPD – und die deutsche Arbeiterbewegung – gab damit einer Versuchung nach, der sie in der Folge immer wieder verfallen sollte – eine lange Chronik der Schande verläuft von ihrem zögerlichen Vorgehen 1933 bis hin zu den Peinlichkeiten der Schröder-/Fischer-Ära. Es gab immer wieder kurze Augenblick des aufrechten Ganges und einzelne Helden, die sich dem Opportunismus der Mainstream-SPD widersetzten – doch unterm Strich ist ihre Bilanz trotz aller Fortschritte in der Umverteilung des Reichtums trübe. Die Eigentumsfrage konsequent zu stellen und mit der Gebundenheit an den deutschen Imperialismus zu brechen – das gelang der SPD seit 1914 nicht mehr. Das ist umso schändlicher, wenn man sich vor Augen hält, dass selbst ein ‹orthodoxer Nietzscheaner› wie Kessler für die Räterepublik votierte. Dabei ist klar: Wenn sich die deutsche Arbeiterbewegung, die die bestorganisierte der Welt war, sich auch nur halbwegs geschlossen dem deutschen Imperialismus in den Weg gestellt hätte, hätte die Katastrophe von Verdun und alles folgende mit hoher Wahrscheinlichkeit verhindert werden können.[274] Es geht

272 Wobei man sich fragen muss, warum man ausgerechnet dieser Passage ihres Artikels Glauben schenken sollte.

273 Im französischen Original heißt es bescheidener: «[N]ous sommes / Le grand parti des travailleurs.» (‹Wir sind / die große Partei der Arbeiter.›)

274 Freilich bekleckerten sich auch die anderen nationalen Arbeiterbewegungen in jenem kritischen Moment der Geschichte nicht mit Ruhm!

hier nicht darum, einem «Geist der Rache» gegen das nun einmal Gewesene das Wort zu reden, der nur das Denken und Handeln lähmt. Doch die Voraussetzung dafür, das Gewesene nicht einfach zu wiederholen, ist es nun einmal, die Fehler der Vergangenheit nicht schönzureden oder zu verdrängen.

Zahlreiche anfängliche Kriegsbegeisterte bereuten ihre Entscheidung allerdings schnell, nachdem klar wurde, dass der neue ‹Maschinenkrieg› wenig mit Werten wie Patriotismus und Heroismus zu tun hatte. Zu ihnen zählten viele SPD-Politiker. Einige, wie Thomas Mann, revidierten ihre Ansichten erst später – aber sie taten es immerhin. Die, die sich ihren Irrtum nicht eingestehen wollten, klammerten sich nach dem vermeintlichen ‹Verrat› von 1918 – man meinte, die Deutschen hätten den Krieg gewinnen können, wäre die Revolution nicht ausgebrochen – umso verbissener an ihren Illusionen fest. Aus diesem Geist heraus konstituierte sich von Anfang an die Konservative Revolution und der Faschismus – und auch das Nietzsche-Archiv ging diesen Weg. Ab 1918 wurde es mehr und mehr zu einem Epizentrum des rechten Denkens. Schon 1932 war das Weimarer Archiv vollkommen auf Linie. «Im Archiv ist alles vom Diener bis zum Major hinauf Nazi»[275], notierte Harry Graf Kessler am 7. August dieses Jahres und setzt hinzu: «Man möchte weinen, wohin Nietzsche und das Nietzsche Archiv gekommen sind.»[276] Und selbst einem Mussolini-Verehrer wie Oswald Spengler, mit dem wir uns gleich näher befassen werden, ging die Anbiederung des Archivs an die Nazis zu weit, so dass er seine Verbindungen, zum Archiv, in dessen Vorstand er Jahrelang Mitglied gewesen war, 1935 kappte. Förster-Nietzsche schrieb ihm daraufhin einen langen Brief, in dem es u. a. hieß:

> Es ist mir mitgeteilt worden, daß Sie sich gegenüber dem Dritten Reich und seinem Führer ablehnend verhalten und Ihr Abschied vom Archiv, das in herzlicher Verbindung zum Führer steht, soll damit zusammenhängen. Nun habe ich ja selbst erlebt, daß Sie sich mit großer Energie gegen unser höchstverehr-

---

275 *Das Tagebuch*, Bd. 9, 485. Mit dem «Major» ist Max Oehler (1875–1946) gemeint, ein Veteran im Ersten Weltkrieg, der ab 1919 zu Förster-Nietzsches engsten Mitarbeitern zählte und seit 1931 Mitglied der NSDAP war. Nach Förster-Nietzsches Tod wurde er Leiter des Archivs. 1946 wurde er wegen Kriegsverbrechen zum Tode verurteilt.

276 Ebd. Dort heißt es auch klar: «Kurz diese ganze Schicht, des intellektuellen Deutschlands, das in der mehr goethischen, romantischen Periode seine Wurzeln hat, ist ganz Nazi-verseucht.»

tes neues Ideal ausgesprochen haben. Aber gerade das ist mir nicht recht begreiflich. Bringt nicht unser innig verehrter Führer für das Dritte Reich die gleichen Ideale und Wertschätzungen, die Sie in «Preußentum und Sozialismus» angesprochen haben?[277]

Auf die Frage nach Spenglers Verhältnis zum NS werden wir noch eingehen. Bezeichnend ist freilich das klare Bekenntnis zu Hitler, das Förster-Nietzsche hier kundtut. Auf das enge Verhältnis, das sie sowohl zum «Führer» als auch zu Mussolini pflegte, werden wir noch am Ende dieses Teils zu sprechen kommen.

b) Das Fake-Werk

Von allen politischen Interpretationen abgesehen, ist aber das größte ‹Verbrechen› Förster-Nietzsches und ihrer Mitarbeiter ihre verfälschende Editionspraxis. Ich ging bereits auf die Manipulation von *Ecce homo* und Nietzsches Briefen ein. Die schwerwiegendste Verfälschung stellte allerdings die Kompilation von Nachlassfragmenten Nietzsches zu dem Buch *Der Wille zur Macht* dar, das erstmals 1901 in verschiedenen Versionen erschien. Neben dem *Zarathustra* ist es wohl dieses Buch, das bis weit in die Nachkriegszeit hinein das Bild Nietzsches am meisten bestimmte. Gerade die rechten Nietzsche-Interpreten (aber nicht nur sie) bezogen sich exzessiv auf es. Das Problem: Nietzsche plante dieses Werk mit dem vollen Titel *Der Wille zur Macht. Versuch einer Umwerthung aller Werthe* in den späten 80ern zwar tatsächlich und spricht von diesem Plan sogar in *Zur Genealogie der Moral*,[278] brach diese Pläne jedoch ab und verwandte das für den *Willen zur Macht* bestimmte Material anderweitig. In *Der Fall Wagner* spricht Nietzsche etwa von einem geplanten «Hauptwerk» mit dem völlig unterschiedlichen Titel *Zur Physiologie der Kunst*[279].

Eine gewisse Freiheit beim Editieren des Nachlasses eines Autors gegenüber dessen erklärten Willen ist nicht verwerflich – ohne sie besäßen wir etwa Kafkas Romane nicht[280] und auch

277 Zit. n. Sebastian Maaß, *Spengler*, 96.

278 Vgl. III 27. Er verspricht dort, in diesem Buch das Problem des Nihilismus vertieft zu behandeln.

279 *Turiner Brief* 7.

280 Kafka wies seinen Nachlassverwalter Max Brod eindeutig an, seine unveröffentlichten Manuskripte zu vernichten.

zahlreiche wichtige Texte Nietzsches wie *Ecce homo*, das vierte Buch des *Zarathustra* oder *Ueber Wahrheit und Lüge im außermoralischen Sinne* sind nur bedingt autorisiert,[281] von den zahllosen Nachlassfragmente, auf die man sich zu Recht immer wieder gerne bezieht, wie etwa das wunderbare Gedicht *Abschied*[282] und das Fragment *Oedipus*[283], um nur zwei Beispiele von vielen zu geben, einmal ganz abgesehen –, doch in diesem Fall gingen die Eingriffe der Herausgeber so weit, dass man durchaus von einer intendierten Verfälschung sprechen kann, um eine bestimmte Nietzsche-Lesart zu fördern. Dieter Fuchs zählt u. a. folgende ‹Maßnahmen› bei der Erstellung der Ausgabe von 1906 auf: Nietzsches eigenem Plan für den *Willen zur Macht* wurde nur bedingt entsprochen, 104 von ihm vorgesehene Fragmente wurden etwa nicht aufgenommen, stattdessen zahlreiche hinzugefügt, die Nietzsche niemals für das Buch vorgesehen hatte; die Aphorismen wurden oft selbst manipuliert; es wurden Notizfragmente als ‹Aphorismen› ausgegeben, die von Nietzsche niemals als solche gedacht waren; Überschriften wurden nach Belieben eingefügt und bearbeitet.[284]

Das Ziel war dabei klar, dem heterogenen und vieldeutigen autorisiertem Werk Nietzsches eine gewisse Eindeutigkeit zu verleihen. Eher ‹negative›, skeptische Aphorismen wurden weggelassen, dahingegen solche betont, die, vermeintlich, klare, eindeutige Antworten beinhalteten. Bereits der Titel gibt dabei die Linie vor: Das im autorisierten Werk zwar durchaus an zentraler Stelle auftauchende, aber nicht derart zentrale und vor allem nie systematisch entwickelte, sondern vage und vieldeutig bleibende Motiv des «Willens zur Macht» wird nun als *der* Kerngedanke Nietzsches dargestellt. Im Nachwort zur letzten Ausgabe des Buches, derjenigen von 1930, schreibt Alfred

281 Nietzsche hat zwar das Manuskript von *Ecce homo* an den Verlag geschickt, doch er hätte die Schrift vielleicht zurückgezogen oder die Druckfahne noch einmal stark überarbeitet. Das vierte Buch des *Zarathustra* veröffentlichte er nur als Privatdruck für Freunde und Bekannte und schrieb am 8.12.1888 an Heinrich Köselitz, dass er alle Exemplare zurückhaben wolle, um das Buch erst «nach ein Paar Jahrzehnten welthistorischer Krisen – *Kriege*!» (Nr. 1181) herauszugeben. Auf den Status von *Ueber Wahrheit und Lüge …* gingen wir ja bereits eingangs ein.

282 NF 1884 28[64].

283 NF 1872 19[131].

284 Vgl. *Der Wille zur Macht. Die Geburt des «Hauptwerks» aus dem Geiste des Nietzsche-Archivs.*

Baeumler, zugleich einer der wichtigsten nationalsozialistischen Nietzsche-Interpreten, auf den wir später noch detailliert zu sprechen kommen werden, gleich zu Beginn:

> Der «Wille zur Macht» ist das philosophische Hauptwerk Nietzsches. Alle grundsätzlichen Resultate seines Denkens sind in diesem Buch vereinigt. Man darf sich durch die Abneigung seines Verfassers gegen die Systematiker nicht davon abhalten lassen, dieses Werk ein System zu nennen.[285]

Das Kernthema des Buches ist der Nihilismus (1. Buch), seine Ursache in der tradierten asketischen Moral (2. Buch) sowie die Prinzipien einer neuen Weltanschauung auf Basis des «Willens zur Macht» (3. Und 4. Buch). Es endet mit dem brachialen Satz: «*Diese Welt ist der Wille zur Macht – und nichts außerdem!* Und auch ihr selber seid dieser Wille zur Macht – und nichts außerdem!» (697) Nietzsche hat diesen Satz zwar irgendwann einmal genau so niedergeschrieben,[286] doch eben verworfen.

Natürlich finden sich einige Gedanken des *Willens zur Macht* auch im eigentlichen Werk Nietzsches – nicht zuletzt deshalb, weil zahlreiche der in es aufgenommenen Aphorismen von Nietzsche tatsächlich in seine Schriften aufgenommen wurden, nachdem er dieses Projekt eingestellt hatte –, doch aus diesem Buch spricht klar ein völlig anderer Nietzsche als aus seinen wirklichen Schriften: Kein zweifelnder Freigeist und Individualist, sondern jemand, der ein eindeutiges Weltbild proklamiert, eine neue Metaphysik.

Die vom Nietzsche-Archiv forcierte Durchsetzung dieses Nietzsche-Bildes erklärt, abgesehen vom veränderten Zeitgeist, nicht unwesentlich den schroffen Unterschied zwischen den Nietzsche-Interpretationen vor und nach der Jahrhundertwende: Die Nietzscheaner der ersten Stunde kannten ja nur die veröffentlichten Werke; selbst *Ecce homo* etwa, das Nietzsches Werk eine gewisse ‹Grundtendenz› verleiht, wurde erst 1908 publiziert (und das, wie gesagt, in verfälschter Form). Nach dem Erscheinen des *Willen zur Macht* wurde Nietzsche sichtlich für links und freigeistig eingestellte Leser unattraktiver, für rechte und autoritäre Leser attraktiver – für jene war das Konzept des «Willen zur Macht» ja von jeher ein Stein des Anstoßes, für diese, wie wir in diesem Teil noch stärker als bisher sehen werden, geradezu

285 699. Das Nachwort dieser Auflage von 1952 wurde, was den politischen Teil angeht, sichtlich der neuen Situation angepasst.

286 NF 1885 38[12].

der Schlüssel, um Nietzsche zu einem der ihren zu machen. Und selbst das Motiv des Nihilismus spielt im realen Werk eine deutlich geringere und subtilere Rolle als im *Willen zur Macht*.

Die Verfälschung Nietzsches durch das Weimarer Archiv ist freilich keine Entdeckung der Zeit nach dem Zweiten Weltkrieg, sondern blieb auch zuvor schon nicht unverborgen. Wir zitierten etwa bereits Tucholskys Aufsatz *Fräulein Nietzsche*, aus dem die – durchaus auch kritisch gegen Nietzsche gerichtete – Bemerkung «Sage mir, was du brauchst, und ich will dir dafür ein Nietzsche-Zitat besorgen» stammt. Er kommt darin zu dem vernichtenden, wiederum auch Nietzsche gegenüber kritischen, Urteil:

> Was hat das Nietzsche-Archiv mit Nietzsche getrieben! Das Archiv und seine Leute sind schuld daran, daß die Weltmeinung Nietzsche für einen der deutschen Kriegsanstifter gehalten hat, zu welcher Auslegung allerdings die Verschwommenheit seiner Diktion beigetragen hat. Dieses Archiv ist ein Unglück.[287]

Schon 1907 beklagte der österreichische Kulturkritiker Karl Kraus (1874–1936) – der freilich stärker an die thesenhafte Aphoristik des «eminent männlichen Mann[es]»[288] Schopenhauer als an die gebrochenere des ‹verweiblichten› Nietzsche anknüpft – angesichts der unterdrückten Publikation von *Ecce homo*: «Welcher Schaden der objektiven Nietzscheforschung durch die Existenz des Weimarer Archivs angetan worden ist, läßt sich noch gar nicht abschätzen; aber er ist jedenfalls bedenkenerregend groß.» (Ebd.) Benjamin äußerte 1932: «Nirgends ist während der wilhelminischen Ära die Mobilmachung provinziellen Spießertums, das heute seine politischen Fürchte zeigt, sorgfältiger als im Archiv vorbereitet worden.»[289] Selbst Heidegger äußert sich in seinen Nietzsche-Vorlesungen während des Zweiten Weltkriegs höchst kritisch zur Editionspraxis des Archivs und speziell dem *Willen zur Macht*. Und einer der engsten Mitarbeiter Förster-Nietzsches, der Philosoph Karl Schlechta (1904–1985), ein NSDAP-Mitglied, trat 1939 aufgrund des Ausmaßes der Verfälschungen aus dem Archiv aus und veröffentlichte 1959 eine dreibändige Gesamtausgabe der Werke Nietzsches, die die erste philologisch halbwegs tragbare Edition von Nietzsches Nachlass beinhaltete.

287 54.
288 *Zur Frauenfrage*, 23.
289 *Nietzsche und das Archiv der Schwester*, 324.

Gründlich destruiert wurde der Mythos vom ‹Hauptwerk› allerdings erst durch die Neuedition der Schriften Nietzsches durch Giorgio Colli (1917–1979) und Mazzino Montinari (1928–1896), einem Kommunisten, die ab Anfang der 60er-Jahre erstmals eine philologisch exakte Gesamtausgabe von Nietzsches Schriften erstellten, in der der Nachlass chronologisch geordnet ist. Dieser Neuedition ist es zu verdanken, dass der *Wille zur Macht* zwar weiterhin vertrieben wird, in der Nietzsche-Rezeption jedoch keine entscheidende Rolle mehr spielt. Das mag ein Grund sein, warum uns der Nietzsche vor 1900 teilweise näher ist als derjenige von 1900 bis in die Nachkriegszeit: Wir gehen weitgehend von derselben Textgrundlage wie jene Pioniere aus. Für das Verständnis der Wirkungsgeschichte Nietzsches ist die Kenntnis dieses Buches trotzdem weiterhin unerlässlich – es wäre wünschenswert, wenn von ihm einmal eine kritische Neuausgabe erschiene, die einen Überblick über die verschiedenen Versionen des Buches und das exakte Ausmaß der Verfälschungen gibt.

Was folgt aus all dem nun konkret für unsere Nietzsche-Lektüre? Sollen wir dem Nachlass aus dem Weg gehen? Wie gesagt würden wir uns damit einiger von Nietzsches interessantesten Texten berauben. Zumal es nicht so ist, dass der ‹Nachlass-Nietzsche› eher ‹faschistisch› wäre als derjenige des Werkes: Die Vieldeutigkeit des Denkens Nietzsches vergrößert sich eher noch, wenn man den Nachlass hinzuzieht.

Letztendlich ist das eine Frage der Methode und des Erkenntnisinteresses, die sich gar nicht eindeutig beantworten lässt: Hat man etwa allein ein systematisches philosophisches und keinerlei historisches Interesse, wäre es vollkommen legitim, den *Willen zur Macht* als Quelle zu verwenden, solange man sich bewusst ist, damit kein Buch Nietzsches in den Händen zu halten. Auf der sicheren Seite ist man wohl, wenn man sich in seiner Nietzsche-Aneignung vor allem auf das eigentliche Werke und Texte mit einem wenigstens ‹halbautorisierten› Status wie das vierte Buch des *Zarathustra* und *Ecce homo* bezieht und andere Texte nur hinzuzieht, wenn sie einen bedeutungsvollen Aspekt beinhalten, der in diesem Korpus nicht enthalten ist. Denn das sind nicht zuletzt noch immer die *besten* Texte Nietzsches. Eine exzessive Heranziehung des Nachlasses, wie sie leider nicht zuletzt in den Kreisen der Nietzsche-Forschung weiter verbreitet ist, als man meinen möchte, hat nicht zuletzt das Problem, dass sie wirklich nahezu jede beliebige Deutung Nietzsches ermöglicht. Derrida hat einen solchen Umgang mit Nietzsches Texten, wie sich noch zeigen wird, in gewisser Weise *ad absurdum* geführt. Ein nicht zu unterschätzendes Problem ist zumal, dass aus den Nachlassfragmenten oft nicht ersichtlich ist, ob Nietzsche hier überhaupt einen eigenen Gedanken aufschreibt, oder einfach nur einen Text eines anderen exzerpiert oder paraphrasiert.[290]

Wie ist das Wirken von Förster-Nietzsche nun insgesamt zu bewerten? In der Nietzsche-Forschung wird sie bisweilen geradezu dämonisiert und als böswillige Saboteurin inszeniert. Aus dem bisher ausgeführten sollte freilich hervorgehen, dass dieses Bild vereinfacht ist und eine typische Sündenbockideologie, wie sie Nietzsche selbst immer wieder kritisiert. In vergleichbarer Weise wird in der Marx-Forschung gerne alles, was einem an Marx nicht passt, Engels zugeschoben. Es gibt auch unabhängig vom *Willen zur Macht* genug bedenkliches Material in Nietzsches Werken. Man begeht zumal einen Fehlschluss, wenn man davon ausgeht, dass Editionen wie der *Wille zur Macht* von sich aus wirken würden: Hätte es nicht das völlig unabhängig von allen philosophischen Diskursen entstandene Bedürfnis gegeben, eine solche Philosophie der Affirmation der Macht zu entwickeln, wäre Förster-Nietzsche nicht auf die Idee gekommen, Nietzsche eine solche in den Mund zu legen oder hätte sich damit zumindest nicht durchsetzen können. Man nahm sich begierig den Nietzsche, den man brauchte – wäre er einem nicht angeboten worden, hätte man sich anders zu behelfen gewusst. Geistige Gebilde können allenfalls als Katalysatoren (oder ggf. Inhibitoren) bestimmter sozialer Entwicklungen dienen, sie bringen sie niemals hervor.

Man darf sich Förster-Nietzsche zumal nicht als böswillige Gestalt vorstellen. Eine neue Biographie zu ihr, geschrieben von Kerstin Decker, versucht, sie als Person wenigstens teilweise zu rehabilitieren[291] – und auch wir haben zeigen können, dass die Aktivitäten des Archivs vor dem Ersten Weltkrieg durchaus nicht einfach nur negativ waren. Zu guter Letzt musste es einfach jemanden geben, der die Verwaltung von Nietzsches Erbe übernimmt und es ist kaum vorstellbar, dass es nicht in

290 In den nächsten Jahren wird eine Studie von Mike Rottmann erscheinen, die sich diesem in der Nietzsche-Forschung bislang kaum berücksichtigten Problem intensiv widmet.

291 *Die Schwester.*

irgendeiner Form ‹verfälscht› worden wäre. Wir nehmen heute zu schnell einen positivistischen Standpunkt der ‹reinen Philologie› ein, den niemand so scharf kritisiert hat wie Nietzsche. In diesem Geiste gibt man beispielsweise seit 2001 eine exakte Transkription von Nietzsches Notizbüchern ab 1885 heraus. Diese neunte Abteilung der *Kritischen Gesamtausgabe* ist noch immer nicht abgeschlossen. Für die Nietzsche-Philologie ist sie ein äußerst nützliches Werkzeug, doch man fragt sich, ob eine solche Zerfledderung von Nietzsches Werk nicht eine noch viel größere Verfälschung *in Nietzsches eigenem Sinne* darstellt als selbst noch die oberflächlichste Aneignung durch eine 14-Jährige. Die 14-Jährige wird aus Nietzsches wenigstens etwas Produktives entnehmen, das womöglich für ihr späteres Leben eine wichtige Bedeutung haben könnte – welche vitale Bedeutung die neunte Abteilung der *Kritischen Gesamtausgabe* für *irgendjemanden* haben soll, der nicht gerade ein sehr spezielles Hobby hat, ist unklar. Allenfalls als ästhetisches Gebilde mag sie mit ihren Überlagerungen bunter Schriftfetzen einen gewissen Reiz ausüben.

Natürlich ist die Nietzsche-Philologie nur ein Beispiel von vielen für das Problem vom Sinn der Wissenschaft – und wahrscheinlich verfügt sie noch über ein relativ hohes Problembewusstsein in dieser Hinsicht, da sie sich ja aufgrund der Inhalte des von ihr untersuchten Autoren ja im Grunde unter permanentem Rechtfertigungsdruck befindet. Generell ist die Szientifizierung der Philosophie ein Problem, über das es offener zu diskutieren gälte. Es gewinnt dadurch allerdings an Komplexität, dass nahezu alle rechten seiner Interpreten (Langbehn zuerst) gerade Nietzsches Wissenschaftskritik aufgriffen und aus ihr die Konsequenz zogen, nach wissenschaftlichen Gesichtspunkten beurteilt vollkommen irrwitzige, auf persönlichen Intuitionen gründende Wahngebilden einen Anschein von Objektivität zu verleihen. Und zeitgleich erledigte man das Massenmorden mit äußerstem technischem Sachverstand, Sauberkeit, Disziplin, Ordnung, Gründlichkeit …

2. Nietzsche-Deutungen im Dunstkreis der ‹Konservativen Revolution›

Häufig wird die rechts–nietzscheanische Bewegung der Weimarer Republik unter dem Stichwort der «Konservativen Revolution» gefasst, das – als Charakteristikum jener Strömung – wesentlich von **Armin Mohler** (1920–2003) geprägt wurde, der 1950 *Die Konservative Revolution in Deutschland 1918–1932. Ein Handbuch* publizierte. Der Begriff wie auch das Buch sind nicht unschuldig: Mohler, ein Schweizer, der 1942, inspiriert v. a. von Spengler und Jünger, nach Deutschland ging, um der Waffen-SS beizutreten, war nach dem Krieg mehrere Jahre lang Jüngers Privatsekretär und bis zu seinem Lebensende bekennender Faschist. Das Ziel dieses Begriffs ist es dezidiert, die von Mohler geschätzten Autoren dieser Strömung zum einen überhaupt unter einen gemeinsamen Nenner zu bringen (was keinesfalls unproblematisch ist angesichts ihrer Heterogenität), zum anderen vom Nationalsozialismus abzulösen und so ihre Anschlussfähigkeit zu erhalten. Er wurde vor diesem Hintergrund vor allem von dem Soziologen Stefan Breuer (geb. 1948) stark kritisiert.[292]

Mohler beschreibt in dieser Studie jedenfalls Nietzsche als die «geistesgeschichtliche Gründerfigur» (XXV) der Konservativen Revolution, auch wenn er ihn selbst der «Deutschen Bewegung» nicht zurechnet, da er sich jedem eindeutigen Kategorisierungsversuch entziehe.[293] Neben dem «Ereignis Nietzsche» sei der auschlaggebende Gründungsfaktor der Konservativen Revolution die Erfahrung des Ersten Weltkriegs gewesen.[294] Als zentrale nietzscheanische Elemente im Denken der Konservativen Revolution benennt Mohler insbesondere die Ablehnung des modernen Fortschrittsdenkens und stattdessen ein zyklisches Weltbild der «ewigen Wiederkunft» und die Übernahme von Nietzsches Nihilismus-Begriff, aber zugleich auch seines Schaffenspathos auf der Grundlage einer vorherigen grundlegenden Zerstörung der bestehenden Werte.

Mohler gibt dabei selbst zu,[295] dass der Begriff der «Konservativen Revolution» in sich widersprüchlich ist: Er soll zum Ausdruck bringen, dass die jener Bewegung zugehörigen Figuren

292 Vgl. dessen Studie *Anatomie der Konservativen Revolution.*
293 Vgl. 28 f.
294 Vgl. 32 f.
295 Vgl. 113–117.

keinesfalls das Bestehende einfach nur bewahren wollen, wie die klassischen Konservativen, sondern durchaus einen grundlegenden Umsturz anstreben; zugleich aber auch nicht im Sinn haben, damit einen finalen Endzustand der Geschichte zu erreichen: Im Gegenteil verändere sich für die Protagonisten der Konservativen Revolution selbst durch den radikalsten Umsturz nichts grundlegend, da alles im Wesentlichen gleich bleibe. Aus dieser Spannung ergäbe sich eine Grundhaltung des «heroischen Realismus», die genau darin bestehe diesen Grundwiderspruch auszuhalten, als Schicksal zu bejahen und aus ihm eine aktive Grundhaltung zu gewinnen.

Wir werden den Begriff Mohlers trotz seiner offensichtlichen Problematik[296] übernehmen, da er in der Tat recht gut beschreibt, was das Kernproblem rechten Denkens nach 1918 ist: Das Paradox, nun nicht mehr einfach nur Monarchist sein, aber trotzdem die moderne republikanische Ordnung nicht akzeptieren zu können. Auch der starke Bezug sowohl auf Nietzsche als auch auf das Kriegserlebnis ist in der Tat ein einigendes Band der Vertreter rechten Denkens ab 1918. Was wir nicht akzeptieren werden, ist allerdings Mohlers strategische Loslösung der Konservativen Revolution vom Faschismus und vom Nationalsozialismus. Im Gegenteil wären auch *diese* Bewegungen (die wiederum zu differenzieren sind: einerseits weist der italienische Faschismus zahlreiche Parallelen zum Nationalsozialismus auf, andererseits eben doch auch zahlreiche Unterschiede[297]) als ‹konservativ-revolutionär› anzusehen. Im *Horst-Wessel-Lied*, ab etwa 1930 Parteihymne der NSDAP und später zweite Nationalhymne des Reiches, heißt es nicht umsonst in ‹eindeutiger Zweideutigkeit›: «Kam'raden, die Rotfront und Reaktion

296 Zur Problematik des Begriffs und der Debatte um ihn vgl. *en detail* Sebastian Kaufmann & Andreas Urs Sommer, *Nietzsche und die Konservative Revolution* und Matthias Schloßberger, *Rekonstruktion der «Konservativen Revolution»: Nietzsche – Jünger – Mohler.* Der Sammelband *Nietzsche und Konservative* Revolution (zu dem der zuerst genannten Text die Einleitung der Herausgeber darstellt) gibt einen ausgezeichneten Überblick über die rechte Seite der Wirkungsgeschichte Nietzsches.

297 Je nach Kontext gebrauchen wir den Begriff des ‹Faschismus› sowohl als Überbegriff für den italienischen Faschismus, den deutschen Nationalsozialismus und verwandte Bewegungen als auch als spezifischen Begriff für den italienischen. Die Differenzen zwischen dem italienischen Faschismus und dem NS werden wir im entsprechenden Kapitel noch näher diskutieren.

erschossen, / Marschier'n im Geist / In unser'n Reihen mit», und die Machtübername von 1933 wurde als ‹Deutsche Revolution› bezeichnet. Die Betonung des revolutionären Charakters des Faschismus erscheint uns insbesondere deshalb relevant, weil er ein oft unterschlagenes Moment in der (nicht nur) linken Faschismustheorie markiert: Man geht oft davon aus, dass es eine Art lineare Kontinuität gäbe, eine quasi graduelle Abstufung von ‹ganz links bis ganz rechts›. Dabei blendet man jedoch den qualitativen Unterschied zwischen Faschismus (als Überbegriff für alle ‹revolutionären Rechten›) und Konservativismus vollkommen aus und geht an der historischen Wirklichkeit vorbei: Man kann weder hinreichend in den Blick bekommen, dass es zahlreiche aufrichtige konservative Widerstandskämpfer gab noch den antikonservativen Charakter des Faschismus hinreichend würdigen. Zu guter Letzt macht man es sich damit aber auch sehr einfach, indem man unterschlägt, dass wesentliche Protagonisten des Faschismus gerade keine Konservativen waren, die sich radikalisiert hatten, sondern häufig Linke, die unmittelbar zum Faschismus konvertiert sind und die als Linke wie auch als Faschisten ähnliche antikonservative Ansichten vertraten. Insbesondere macht es erst eine Betonung des antikonservativen Charakters des Faschismus möglich zu verstehen, warum Nietzsche, der ebenfalls vollkommen antikonservativ eingestellt war, für ihn interessant sein konnte. Hier eine klare Sicht zu bekommen, ist nicht zuletzt von nicht nur historischer, sondern auch politischer Relevanz: Es gilt zu verstehen, dass man nicht schon allein deshalb politisch auf der richtigen Seite steht, weil man antikonservativ ist – und umgekehrt anzuerkennen, dass es einen authentischen konservativen Antifaschismus gibt, der ein legitimer Bündnispartner eines linken ist.

Aufgrund der Heterogenität der Konservativen Revolution – die sich nicht zuletzt in den sehr unterschiedlichen Verhaltensweisen ihrer Vertreter zu Faschismus und Nationalsozialismus äußert – ist es freilich unerlässlich, sich nun einige ihrer wichtigsten Vertreter jeweils für sich anzuschauen.

Wir haben bereits behauptet, dass **Julius Langbehn** einige Aspekte des rechten Denkens nach 1918 vorwegnimmt. In ihm findet sich bereits eine eigenwillige Synthese von revolutionären und konservativen Impulsen – freilich noch in äußerst unausgegorener Form und in einer Weise, in der der konservative Aspekt noch sehr dominiert.

Der erste genuin der Konservativen Revolution zuzurechnende Nietzsche-Interpret ist **Ernst Bertram** (1884–1957), der dem George-Kreis nahestand (auf den wir noch eingehen werden), eng mit Thomas Mann befreundet war und 1918 die extrem einflussreiche Studie *Nietzsche. Versuch einer Mythologie* publizierte, die das Nietzsche-Bild der Rechten fortan bestimmen sollte. Schon Bertram zeigt, wie eng die Affinität zwischen Konservativer Revolution und Nationalsozialismus ist, denn er begrüßte die Machtergreifung 1933 eindeutig. Bertram stellt Nietzsche als «letzten großen Deutsche[n]» (S.7. im Buch) dar. In Anknüpfung an den ‹Geist› Langbehns, und in ähnlich schwülstig-schwärmerischer Manier, portraitiert er Nietzsche als tragischen Einzelkämpfer, als genialischen Seher, der in sich die Widersprüche seiner Epoche ausgetragen habe – und sieht gerade darin sein Deutschtum (wodurch auch sein Antideutschtum wieder deutsch wird). Aschheim kommentiert diese Lesart:

> Der Mythos Nietzsche verschmolz mit dem des deutschen Ritters. Und seine Eigenschaften des Willens, der Ausdauer und des Mutes waren genau das, was man 1918 in Deutschland brauchte. […] Dieses Bild beherrschte die Darstellungen Nietzsches in Deutschland vom Beginn der Weimarer Republik bis zum Ende des Nationalsozialismus.[298]

Diese Einschätzung unterschlägt die stets auch immer vorhandene Opposition zu jenem ‹deutschnationalen Heiligtum› Nietzsche, doch sie betont zu Recht, dass von 1918 bis 1945 die rechte Nietzsche-Rezeption in Deutschland mehr und mehr dominant wurde.

a) *Mit Entschlossenheit in den Untergang: Oswald Spengler*

Für die Fragestellung unserer Studie interessanter, weil politisch eindeutiger, ist jedoch derjenige, der dem Weltbild der Konservativen Revolution als erster einen umfassenden Ausdruck gab: Oswald Spengler (1880–1936), dessen Hauptwerk den Titel *Der Untergang des Abendlandes* trägt. Sein erster Band erschien kurz vor dem Ende des Krieges 1918, der zweite 1922. Das Werk war eines der meistgelesenen Bücher der Weimarer Republik. Nietzsche, den Spengler wie so viele bereits während

298 *Nietzsche*, 155 f.

seiner Schulzeit entdeckt und insbesondere den *Zarathustra* begeistert gelesen hatte,[299] ist dabei einer seiner wichtigsten Referenzpunkte.

Wie der Titel schon erahnen lässt, prophezeit Spengler in diesem vergleichsweise nüchtern geschriebenen Werk den baldigen Untergang der abendländischen Kultur, der sich aus der Zirkularität der Geschichte – also dem Kreislauf von Entstehung, Höhepunkt und Verfall aller Kulturen – mit Notwendigkeit ergebe. Eine Notwendigkeit, gegen die es nicht anzukämpfen, sondern die es zu bejahen gelte im Sinne eines unabänderlichen Schicksals, das Spengler am Ende des Buches so beschreibt:

> Es handelt sich in der Geschichte um das Leben und immer nur um das Leben, die Rasse, den Triumph des Willens zur Macht, und nicht um den Sieg von Wahrheiten, Erfindungen oder Geld. […] Für uns aber, die ein Schicksal in diese Kultur und diesen Augenblick ihres Werdens gestellt hat, in welchem das Geld seine letzten Siege feiert und sein Erbe, der Cäsarismus, unaufhaltsam naht, ist damit in einem eng umschriebenen Kreise die Richtung des Wollens und Müssens gegeben, ohne das es sich nicht zu leben lohnt. Wir haben nicht die Freiheit, dies oder jenes zu erreichen, aber die, das Notwendige zu tun oder nichts. Und eine Aufgabe, welche die Notwendigkeit der Geschichte gestellt hat, wird gelöst, mit dem einzelnen oder gegen ihn.[300]

Im Grunde vollzieht Spengler eine irrationalistische Umstülpung der Hegelschen Vorstellung, dass die Geschichte ein «Weltgericht»[301] sei und die wahre Freiheit darin bestünde, ihrer Notwendigkeit zu folgen: Für Hegel war damit noch ein linearer Fortschrittsprozess verbunden, für Spengler ist der Geschichtsverlauf von jedweder Normativität abgelöst.[302] Spengler ist Akzelerationist (zu diesem Begriff später mehr): Den «Cäsarismus» zu befürworten und sein Kommen zu beschleunigen ist keine Sache einer moralischen oder auch nur politischen Entscheidung, sondern einer faktischen Notwendigkeit.

Unter «Cäsarismus» versteht Spengler dabei «die Regierungsart, welche trotz aller staatsrechtlichen Formulierung in

---

299 Interessanterweise beschäftigte sich Spengler zur selben Zeit auch mit anarchistischen und sozialistischen Autoren. Vgl. Sebastian Maaß, *Oswald Spengler*, 17.

300 II, 629 f.

301 II, 629. Vgl. Hegel, *Grundlinien*, 446; § 340.

302 Vgl. hierzu auch Adorno, *Spengler*, 62.

ihrem Wesen wieder gänzlich formlos ist».[303] *Allen* Kulturen wohne die Tendenz inne, irgendwann unter die Herrschaft des Geistes und dann des Geldes zu geraten – doch auf dem höchsten Punkt dieser Herrschaft brächen die erwähnten ursprünglichen Gewalten des Lebens, «die formvollen Mächte des Blutes»[304], wieder hervor.[305] Brutale Machtkämpfe brächen aus, in denen sich diejenigen behaupten würden, in denen die Macht «des Blutes und der Tradition»[306] noch am lebendigsten sei. Die Geschichte werde dann gewissermaßen auf Null gestellt und könne wieder neu beginnen.

Die Anknüpfung an Leitbegriffe von Nietzsches Denken, die Spenglers gesamtes Werk charakterisiert, sollte bereits kenntlich geworden sein – und sein Geschichtsbild entspricht deutlich demjenigen Nietzsches. Freilich gibt es einen entscheidenden Unterschied: Nietzsche kritisiert an Hegel gerade dessen Geschichtsvergötzung, in der er, jedenfalls in der zweiten *Unzeitgemäßen*, eine plumpe Verklärung des bloßen Erfolgs erblickt.[307] Er ist, bei allem *amor fati*, ein Denker des Widerstands gegen den Weltlauf, was untrennbar mit seinem Individualismus verknüpft ist. Mit derlei ‹romantischen Flausen› räumt Spengler dezidiert auf: Er denkt nicht mehr vom Standpunkt des Individuums aus, sondern von dem der als «Schicksal» gefassten Geschichte.

Sein Verhältnis zu Nietzsche legt Spengler in konzentrierter Form in einem Vortrag mit dem Titel *Nietzsche und sein Jahrhundert* dar, den er am 15.10.1924 anlässlich von Nietzsches 80. Geburtstag im Weimarer Archiv hielt, mit dem er, wie erwähnt, in enger Verbindung stand. Spengler stellt Nietzsche Goethe gegenüber, doch während jener «auf der Sonnenhöhe abendländischer Kultur geboren wurde» (111), «der letzte Klassizist» (113) gewesen sei, sei Nietzsche, «neben Wagner der letzte Romantiker» (ebd.), in einer Zeit allgemeiner Auflösung geboren worden. Der Nietzsche der *Geburt der Tragödie* habe gerade darum jedoch die wirklichen Triebkräfte der Geschichte viel klarer erkannt als die Denker des Klassizismus: «Aus der

303 II, 537.
304 II, 578.
305 Ein Gedanke, der sich übrigens wortwörtlich auch bei Nietzsche findet: «Ist der Verfall [der Kultur] auf seine Höhe gekommen und der Kampf aller Art Tyrannen ebenfalls, so kommt dann immer der Cäsar, der Schluss-Tyrann» (FW 23).
306 II, 579.
307 Vgl. 8.

Geschichtsschreibung war Geschichts*psychologie* geworden.» (118) Nach der Verirrung der Zeit der ersten Aphorismenbände habe Nietzsche im *Zarathustra* und im Spätwerk dann endlich wieder zu sich selbst gefunden und den «Willen zur Macht» als grundlegendes Prinzip aller Geschichte erkannt: «Hier sind wir alle seine Schüler, ob wir wollen oder nicht, ob wir ihn kennen oder nicht.» (122)

Mit dieser Erkenntnis verbunden sei die Haltung der rückhaltlosen Bejahung der Tatsachen:

> [I]n der geschichtlichen Wirklichkeit regiert *nicht* das Ideal, die Güte und die Moral [...] sondern der Entschluß, die Energie, die Geistesgegenwart, die praktische Begabung. Mit Klagen und sittlichen Gerichten schafft man die Tatsache nicht ab. So ist der Mensch, so ist das Leben, so ist die Geschichte. Gerade weil alles Handeln ihm so fern lag und er nur zu denken wußte, hat er die Untergründe des Handelns besser verstanden als irgendein großer Täter der Welt.[308]

Dass das eine recht platte Nietzsche-Deutung ist, die Nietzsche zum Apologeten eines ‹gesunden Tatsachensinns› erklärt, ist seinen Zeitgenossen nicht entgangen. Harry Graf Kessler etwa war von Spenglers Thesen erwartungsgemäß wenig begeistert und notierte in sein Tagebuch:

> Ein dicker Pfaffe mit einem fetten Kinn und einem brutalen Mund (ich sah Spengler zum ersten Mal) trug eine Stunde lang das abgedroschenste, trivialste Zeug vor. Ein junger Arbeiter in einem Arbeiterbildungsverein, der sich bemüht hätte, seine Kollegen mit Nietzsches Weltanschauung bekannt zu machen, hätte es besser gemacht. Nicht *ein* eigener Gedanke. Nicht einmal *falsche* Diamanten. Alles einförmig seicht, glanzlos, platt, langweilig. [...] Vielleicht ist er der erste Nietzsche Pfaffe.[309]

Von Nietzsche habe er die Fragestellungen, von Goethe aber die Methode übernommen, schreibt Spengler im Vorwort zu seinem Hauptwerk von 1922.[310] Anders als Nietzsche begnügt er sich nicht mit Bruchstücken, sondern schafft ein System, einen umfassenden Versuch der Erklärung der gesamten Weltgeschichte aus einem simplen Prinzip. Er vertritt dabei, wie er

---

308 Ebd.

309 15.10.1927; S. 155 f. Kessler bezieht sich hier auf einen Vortrag mit dem Titel *Nietzsche und das 20. Jahrhundert*, den Spengler an diesem Tag in Weimar gehalten hatte.

310 Vgl. I, IX.

selbst schreibt, einen Standpunkt der Skepsis, des historischen Relativismus, der sichtlich von Nietzsche inspiriert ist:

> Damit fällt auch der Anspruch des höheren Denkens, allgemeine und ewige Wahrheiten zu besitzen. Wahrheiten gibt es nur in bezug auf ein bestimmtes Menschentum. Meine Philosophie selbst würde demnach Ausdruck und Spiegelung nur der abendländischen Seele, im Unterschied etwa von der antiken und indischen, und zwar nur in deren heutigem, zivilisierten Stadium sein[.][311]

Auf der inhaltlichen Ebene knüpft er etwa ausdrücklich an Nietzsches Begriffe des Dionysischen, des Nihilismus, des Übermenschen, des Willen zur Macht und eben der ewigen Wiederkunft an, also an den Nietzsche abseits von ‹Materialismus› und ‹Psychologie›, doch wirft er ihm klar mangelnde Konsequenz vor:

> Aber Nietzsche war auch Sozialist, ohne es zu wissen. Nicht seine Schlagworte, seine Instinkte waren sozialistisch, praktisch, auf das physiologische »Heil der Menschheit« gerichtet, woran Goethe und Kant nie gedacht hatten. Materialismus, Sozialismus, Darwinismus sind nur künstlich und an der Oberfläche trennbar. So war es möglich, daß Shaw den Tendenzen der Herrenmoral und der Züchtung des Übermenschen nur eine kleine und sogar folgerichtige Wendung zu geben brauchte, um im dritten Akt von «Mensch und Übermensch», einem der wichtigsten und bezeichnendsten Werke am Ausgang der Epoche, die eigentliche Maxime *seines* Sozialismus zu erhalten. [312] Shaw hat da nur ausgesprochen, aber rücksichtlos, klar, mit dem vollen Bewußtsein einer Trivialität, was ursprünglich, mit aller Theatralik Wagners und aller Verschwommenheit der Romantik, in den nicht ausgeführten Teilen des Zarathustra gesagt werden sollte. Man muß nur die notwendigen praktischen, aus der Struktur des gegenwärtigen öffentlichen Lebens folgenden Voraussetzungen und Konsequenzen der Gedankengänge Nietzsches zu finden wissen. Er bewegt sich in unbestimmten Wendungen wie «neue Werte», «Übermensch», «Sinn der Erde» und hütet oder fürchtet sich, das genauer zu fassen. Shaw tut es.

---

311 I, 62.

312 Bernard Shaw (1856–1950) war einer der bedeutendsten britischen sozialistischen Schriftsteller seiner Zeit, auf Nietzsche bezog er sich in seinen Werken immer wieder. Spengler bezieht sich hier auf Shaws Stück *Man and Superman* von 1902.

Nietzsche bemerkt, daß die darwinistische Idee des Übermenschen den Begriff der Züchtung heraufruft, aber er bleibt bei dem klangvollen Ausdruck stehen. Shaw fragt weiter – denn es hat keinen Zweck, darüber zu reden, wenn man nichts *tun* will –, wie das zu geschehen hat, und er kommt dazu, die Verwandlung der Menschheit in ein Gestüt zu verlangen. Aber das ist lediglich die Konsequenz Zarathustras, zu der er selbst nur nicht den Mut, sei es auch den Mut der Geschmacklosigkeit, hatte. Wenn man von planmäßiger Züchtung redet, einem vollkommen materialistischen und utilitarischen Begriff, so ist man eine Antwort darauf schuldig, wer zu züchten hat, wen, wo und wie. Allein Nietzsches romantische Abneigung, die sehr prosaischen sozialen Folgerungen zu ziehen, seine Furcht, poetische Gedanken durch Gegenüberstellung mit nüchternen Tatsachen einer Kraftprobe auszusetzen, ließen ihn darüber schweigen, daß seine ganze Lehre, wie sie aus dem Darwinismus stammt, auch den Sozialismus, und zwar den sozialistischen *Zwang* als *Mittel* voraussetzt; daß jeder systematischen Züchtung einer Klasse höherer Menschen eine streng sozialistische Gesellschaftsordnung voraufgehen muß und daß diese «dionysische» Idee, da es sich um eine *gemeinsame* Aktion und nicht um eine Privatsache abseits lebender Denker handelt, demokratisch ist, mag man sie wenden, wie man will. […] Der Milliardär Undershaft in dieser besten Komödie Shaws ist Übermensch. Nur hätte Nietzsche, der Romantiker, sein Ideal nicht wiedererkannt. Er sprach stets von einer Umwertung aller Werte, von einer Philosophie der Zukunft, also doch zunächst der westeuropäischen und nicht chinesischen oder afrikanischen Zukunft, aber wenn seine immer in dionysischer Ferne verschwimmenden Gedanken sich wirklich einmal zu greifbaren Gebilden verdichteten, so erschien ihm der Wille zur Macht unter dem Bilde von Dolch und Gift und nicht von Streiks und der Energie des Geldes.[313]

In der heutigen Welt gebe es keinen echten «Sozialismus» in diesem Sinne mehr, sondern es gehe nur noch um «wirtschaftliche[] Tagesfragen»[314], die Philosophie müsse nun zu einem völligen Skeptizismus werden.

Hinter Spenglers scheinbar rein deskriptiver Lehre verbirgt sich freilich ein politisches Programm, das er vor allem in dem Text *Preußentum und Sozialismus* (1920) ausformuliert. Er will

313 I, 472–474

314 I, 477.

hier einen deutschen Sozialismus ohne Marx konzipieren, einen cäsarischen Sozialismus des Blutes, der Rasse und der Tradition, zu dem Spengler am Ende des Textes, in einem klar von Nietzsche übernommenen Vokabular, aufruft:

> Der Sinn des Sozialismus ist, daß nicht der Gegensatz von reich und arm, sondern der Rang, den Leistung und Fähigkeit geben, das Leben beherrscht. Das ist unsre Freiheit, Freiheit von der wirtschaftlichen Willkür des einzelnen. Was ich erhoffe, ist, daß niemand in der Tiefe bleibt, der durch seine Fähigkeiten zum Befehlen geboren ist, daß niemand befiehlt, der durch seine Begabung nicht dazu berufen war. Sozialismus bedeutet Können, nicht Wollen. Nicht der Rang der Absichten, sondern der Rang der Leistungen ist entscheidend. Ich wende mich an die Jugend. Ich rufe alle die auf, die Mark in den Knochen und Blut in den Adern haben. Erzieht euch selbst! Werdet Männer! Wir brauchen keine Ideologen mehr, kein Gerede von Bildung und Weltbürgertum und geistiger Mission der Deutschen. Wir brauchen Härte, wir brauchen eine tapfre Skepsis, Wir brauchen eine Klasse von sozialistischen Herrennaturen. Noch einmal: der Sozialismus bedeutet Macht, Macht und immer wieder Macht. Pläne und Gedanken sind nichts ohne Macht. Der Weg zur Macht ist vorgezeichnet: der wertvolle Teil der deutschen Arbeiterschaft in Verbindung mit den besten Trägern des altpreußischen Staatsgefühls, beide entschlossen zur Gründung eines streng sozialistischen Staates, zu einer Demokratisierung im preußischen Sinne, beide zusammengeschmiedet durch eine Einheit des Pflichtgefühls, durch das Bewußtsein einer großen Aufgabe, durch den Willen, zu gehorchen, um zu herrschen, zu sterben, um zu siegen, durch die Kraft, ungeheure Opfer zu bringen, um das durchzusetzen, wozu wir geboren sind, *was wir sind*, was ohne uns nicht da sein würde.[315]

Man habe im Grunde nur die Wahl zwischen einem als Demokratie getarnten Cäsarismus der Banker oder eben einem solchen ‹National-Sozialismus›. Den Marxismus betrachtet Spengler als bloße Idee ohne Realität, den Bolschewismus als wesentlich russisches Phänomen, das keine Option für das Abendland darstelle. Man fühlt sich hier unwillkürlich an Nietzsches Vision von einer Paarung jüdischer Bankierstöchter mit preußischen Offizieren erinnert.

315 98 f.

Hier liegt ein wesentlicher Kern des rechten Denkens nach 1918: Man sieht, dass es hoffnungslos ist, die partikularen Privilegien, die man erhalten möchte, gegen die Arbeiterschaft zu verteidigen – man muss es irgendwie schaffen, sie auf seine Seite zu bringen. Bismarck hatte mit seinen Sozialreformen schon ein wenig, wenn auch erfolglos, in diese Richtung experimentiert, für Langbehn war klar, dass nur die Bauern für die rechte Sache in Frage kommen – Spengler entdeckt nun den «wertvollen Teil der Arbeiterschaft», also vor allem: den ‹biodeutsch›-männlichen, als neuen Bündnispartner.

Die marxistischen Parteien hielten eine solche Inkorporation von Teilen der Arbeiterschaft in ein rechtes Hegemonieprojekt für vollkommen undenkbar und es quasi für ausgemacht, die Arbeiterschaft automatisch hinter sich zu haben. Eine auf einem vereinfachten ökonomistischen Weltbild fußende Arroganz, die sie teuer zu stehen kam – und die bis heute die entscheidende Achillesferse linker Politik ist, man denke nur an die klassenkämpferische Rhetorik Trumps oder der britischen Brexit-Partei. Spengler bringt sogar schon das Weltgefühl jener «Rassemäßigen», ihren «politischen[n] und deshalb nationale[n] Tatsachensinn», auf eine treffende Formel: «*right or wrong, my country!*»[316]

Wie erwähnt stand Spengler dem Nationalsozialismus – wie einige Anhänger der Konservativen Revolution – klar ablehnend gegenüber. Das darf freilich nicht darüber hinwegtäuschen, dass man aus seinen Theorien genauso gut – wie der Brief Förster-Nietzsches ja zeigt – andere Konsequenzen ziehen konnte. Auf Mussolini bezog sich Spengler klar positiv – und stieß beim ‹Duce› auf Gegenliebe.[317] Er lehnte den Nationalsozialismus eher aus geschmäcklerischen Gründen ab, nicht aus prinzipiellen; dem Prinzip nach ist er einer seiner wichtigsten Vordenker.

Bemerkenswert ist die hohe Anerkennung, die Spengler ausgerechnet seitens Adornos zu Teil wurde. In dem 1938 als Vortrag gehaltenen, 1950 erstmals auf Deutsch veröffentlichten Text *Spengler nach dem Untergang* verteidigt Adorno ihn gegen eine simplifizierende Kritik, die ihm ‹Unwissenschaftlichkeit› oder ‹Pessimismus› vorwirft. Spenglers pseudowissenschaftlicher Obskurantismus dürfe nicht darüber hinwegtäuschen, dass seine Prognosen sich teilweise bis ins Detail erfüllt

316 *Untergang* II, 223.
317 Vgl. Maaß, *Spengler*, 88–80.

hätten: Gerade weil sich Spengler vom kleinlichen Spezialistentum emanzipiert habe, sei es ihm gelungen, einen präzisen Überblick über die historische Situation der Zeit zu gewinnen: «Spengler zählt zu jenen Theoretikern der extremen Reaktion, deren Kritik des Liberalismus der progressiven sich in vielen Stücken überlegen zeigte». (63) Was Adorno an Spengler kritisiert ist, dass er im Gegensatz zu «Nietzsche, dessen herrischen Ton Spengler unablässig nachahmt, ohne auch nur einmal wie Nietzsche vom Einverständnis mit der Welt sich loszusagen»[318] keinerlei Spalt für einen Ausbruch aus dem Verhängnis mehr kenne. Im Gegenteil sehe Spengler den Zusammenbruch der bürgerlichen Welt gar nicht als Verhängnis an, sondern bejubele den Niedergang ihrer ‹weltfremden› Kultur, den es sogar noch zu beschleunigen gelte. Er sehe nicht, dass der Widerspruch gegen die Geschichte als verhängnisvoller Kreislauf, als zweite *Natur*, der Inbegriff der Kultur sei. Verhängnisvoll sei die Geschichte jedoch nur darum, weil sie eine Geschichte ökonomischer Ausbeutung sei. Würden sich die Menschen die ökonomische Basis ihrer Gesellschaft bewusst aneignen – hier entpuppt sich Adorno als orthodoxer Marxist –, dann wäre die Geschichte kein Verhängnis mehr, kein naturähnlicher Zyklus, sondern dann beginne sie im Grunde erst richtig. Über diese Möglichkeit auch nur nachzudenken, habe der Antiintellektualist Spengler jedoch geradezu verboten. Adorno schließt:

> In der Welt des gewalttätigen und unterdrückten Lebens ist Dekadenz, die diesem Leben, seiner Kultur, seiner Roheit und Erhabenheit die Gefolgschaft aufsagt, das Refugium des Besseren. Die ohnmächtig, nach Spenglers Gebot, von Geschichte beiseite geworfen und vernichtet werden, verkörpern negativ in der Negativität dieser Kultur, was deren Diktat zu brechen und dem Grauen der Vorgeschichte sein Ende zu bereiten wie schwach auch immer verheißt. In ihrem Einspruch liegt die einzige Hoffnung, es möchten Schicksal und Macht nicht das letzte Wort behalten. Gegen den Untergang des Abendlandes steht nicht die auferstandene Kultur sondern die Utopie, die im Bilde der untergehenden wortlos fragend beschlossen liegt.[319]

Dies gelte nicht zuletzt, da Kultur stets *beides* sei, Barbarei *und* Vorblick auf die Utopie.[320] Adorno und Spengler sehnen sich

318 62.
319 71.
320 Vgl. 70 f.

so in gewisser Weise beide nach der Aufhebung der Kultur im traditionellen Sinne, nur aus entgegengesetzten Perspektiven: Spengler will das barbarische Potential der Kultur retten und das Utopische als sentimentalen Ballast abwerfen, Adorno will das Utopische bewahren unter Abstoßung aller barbarischen Züge. (Einen Mittelweg weist vielleicht Nietzsche, der eben jene Ambivalenz der Kultur immer wieder betont und dessen Utopie ein Ausgleich der barbarischen und der utopischen Momente der Kultur ist.) Während Spengler Adornos Worten zufolge vor den faktischen Mächten kapituliert habe,[321] komme es hingegen darauf an, die Hoffnung auf die Verwirklichung des historisch Möglichen trotz der eigenen Ohnmacht hochzuhalten. Im Grunde ist das auch eine Variante des «heroischen Realismus».

Was man sich fragen könnte, ist, ob nicht Spenglers ‹Pessimismus› in Wahrheit sehr optimistisch ist, insofern er ohne größere Begründung davon ausgeht, dass das «Blut» letztendlich unvermeidlich über das Geld siegen werde. In diesem Glauben an die letztendliche Überlegenheit des Menschen über die Maschine ist er womöglich noch Idealist – vielleicht steht uns der wahre Sieg des «Blutes» aber auch noch bevor.

b) Der «heroische Realist»: Ernst Jünger

Mit keinem Autor ist das Schlagwort vom «heroischen Realismus» wohl so eng verknüpft wie mit Ernst Jünger (1895–1998). Er war vor 1914 Mitglied des Wandervogels und kämpfte in beiden Weltkriegen. Sein Hauptwerk, der Roman *In Stahlgewittern* (1920), verarbeitet seine Erlebnisse als Stoßtruppenführer, der die gesamte Absurdität des Stellungskriegs an vorderster Front miterlebt und dabei mehrfach nur knapp dem Tod entgeht. Das Besondere an diesem Buch ist, dass es trotz der militaristischen und nationalistischen Haltung Jüngers im Grunde nicht kriegsverherrlichend ist. Es stellt die Schrecken des Krieges genauso schonungslos dar, wie es ein pazifistischer Roman tun würde. Eine naive Kriegsbegeisterung wird in dem Roman gerade kritisiert. Doch genau in der illusionslosen Konfrontation mit dem Geschehen liegt das wahre Heldentum, für das Jünger in diesem Buch werben will. Es wurde aufgrund seines Realismus während der Weimarer Republik allgemein als authenti-

321 Vgl. 60.

sche Schilderung des Krieges anerkannt,[322] zugleich aber auch für seine ästhetisierende Grundtendenz kritisiert. Jünger zitiert in dem Roman, der vor allem ein nüchterner Bericht zu sein beansprucht, so gut wie nie ‹Geistesgrößen›. Umso bemerkenswerter ist ein Nietzsche-Zitat – ‹natürlich› aus dem *Zarathustra* –, das in der Erstausgabe enthalten war und von Jünger 1934 entfernt wurde[323]:

> Was sagt Nietzsche vom Kriegsvolke? «Ihr dürft nur Feinde haben, die zu hassen sind, aber nicht Feinde zum Verachten. Ihr müßt stolz auf Euren Feind sein, dann sind die Erfolge des Feindes auch Eure Erfolge».[324]

Man sieht hier, dass Jüngers Soldatentum durchaus von einer gewissen Ethik geprägt ist, die in dem Buch immer wieder durchscheint: Er verfügt über einen starken Begriff soldatischer Ehre, vor dessen Hintergrund es ihm undenkbar erscheint, den militärischen Feind als ‹lebensunwerten Untermenschen› oder dergleichen abzuqualifizieren. Das Ziel des Buches ist es, die Tapferkeit *aller* Soldaten des Krieges, auch der Gegenseite, zu würdigen. Zugleich ist Jünger freilich strammer Militarist und beruft sich dabei wiederum auf Nietzsches Apologie von Krieg und Gewalt. Einer englischen Zeitung sagte Jünger 1929 etwa: «Ich bin ein Jünger Nietzsches und entnehme dem Kampf um Macht, wo immer er stattfindet und wer auch immer gewinnt, das höchste Verzücken [*delight*].»[325]

Seiner Haltung des «heroischen Realismus» verleiht Jünger auch im Vorwort zu *Strahlungen*, seinen 1949 veröffentlichten Tagebüchern, in denen er von seinem Einsatz während des Zweiten Weltkriegs berichtet, Ausdruck und bezieht sie dezidiert auch auf Nietzsche:

> Die geistige Erfassung der Katastrophe ist fürchterlicher als die realen Schrecken der Feuerwelt. Sie ist das Wagnis nur der

322 Ausschnitte aus einer anderen den Weltkrieg darstellenden Erzählung Jüngers wurden etwa in eine vom kommunistischen Schriftsteller Kurt Kläber herausgebene Anthologie aufgenommen. Im Vorwort zu dieser Anthologie würdigt Johannes R. Becher die *Stahlgewitter*, der sie auch allgemein sehr schätzte. (Vgl. Ernst Jünger, *In Stahlgewittern. Variantenzeichnis und Materialien*, 476 f.)

323 Über die Gründe dafür kann man wohl nur spekulieren. Jünger unterzog das Buch während seiner gesamten Publikationsgeschichte mitunter erheblichen Umarbeitungen und passte es jeweils seinen aktuellen politischen Überzeugungen an.

324 344. Vgl. Za, *Vom Krieg und Kriegsvolke.*

325 Zit. n. *In Stahlgewittern. Variantenverzeichnis*, 535.

kühnsten, lastbarsten Geister, die den Dimensionen, wenngleich nicht den Gewichten, des Vorgangs gewachsen sind. So zu zerbrechen war das Schicksal Nietzsches, den zu steinigen heute zum guten Ton gehört. Nach dem Erdbeben schlägt man auf den Seismographen ein. Man kann jedoch die Barometer nicht für Taifune büßen lassen, falls man nicht zu den Primitiven zählen will. Poe, Melville, Hölderlin, Tocqueville, Dostojewski, Burckhardt, Nietzsche, Rimbaud, Conrad wird man auf diesen Seiten häufig beschworen finden als Auguren der Malstromtiefen, in die wir hinabgesunken sind.[326]

Man sieht hier deutlich die Fähigkeit Jüngers, sehr nüchtern ein unbeschönigtes Bild der Lage zu geben, aber es zugleich mit einer eigenartigen Aura von ‹Größe› zu umgeben, die den Schrecken eben doch ästhetisiert. Aus den Tagebüchern geht so klar die große kritische Distanz Jüngers zu den Nazis hervor: Er weiß genau um die Kriegsverbrechen und die Vergasungen und ist nicht ohne Mitgefühl für die Opfer. Dem Widerstand schließt er sich allerdings nicht an.

Während der Weimarer Republik trat Jünger zwar nie der NSDAP bei und behielt stets eine ‹vornehme Distanz› zu ihr, doch er war ein ganz klarer publizistischer Wegbereiter des deutschen Faschismus, ein Hitler-Verehrer der ersten Stunde. Nietzsche spielte für ihn dabei stets eine entscheidende Rolle.

Der Arbeiter von 1932 ist Jüngers wichtigster theoretischer Text der Vorkriegszeit. Heidegger rezipierte ihn begeistert und Armin Mohler bezeichnete ihn als «Bibel des ‹heroischen Realismus›»[327]. Ganz im Sinne Spenglers liefert Jünger hier eine theoretische Begründung eines «National-Sozialismus» als Synthese von Nationalismus und Sozialismus. Das bürgerliche Zeit-

---

326 13. Man sieht hier deutlich, dass Jünger Nietzsche in einer ganz anderen Linie verortet als die meisten seiner ‹Kameraden›: Weder in der derjenigen ‹großer deutscher Klassiker› von Armin bis Goethe noch in dem Sumpf antisemitischer Literatur des späten 19. Jahrhunderts (Lagarde, Langbehn, Richard Wagner …), sondern in einer internationalen Linie der ‹dunklen Aufklärung› und einer ihr entsprechenden ‹schwarzen Romantik›. Diese Verortung wird Nietzsche, der die Werke Edgar Allen Poes (1809–1949), Friedrich Hölderlins (1770–1843), Alexis de Tocquevilles (1805–1859) und Fjodor Michailowitsch Dostojewskis (1821–1881) tatsächlich kannte und zustimmend rezipierte und den Vorlesungen und Schriften seines Baseler Kollegen und Freundes Jacob Burckhardt (1818–1897) zentrale Anregungen entnahm, zweifellos gerechter als die beiden anderen.

327 *Konservative Revolution*, 125 f.

alter der Menschenrechte und des Individualismus sei beendet, an seine Stelle müsse ein totalitärer «Arbeitsstaat» (250) treten. Jünger verwendet zwar nicht den Begriff «totalitär», aber der Begriff der Totalität und vor allem derjenige der «Totalen Mobilmachung», den die «Gestalt» des Arbeiters verlange, ist ein Kernbegriff seiner Konzeption.[328]

Das Entscheidende an dem Buch ist, dass hier Jünger eine schonungslose Beschreibung der Gegenwart gibt: Die alten Werte sind zerbrochen, es gibt keine Individualität mehr, die bürgerliche Vernunft ist zerstört. Selbst der Begriff der «Volksgemeinschaft» sei noch zu sehr dem Denken des 19. Jahrhunderts entlehnt, um heute noch von irgendeiner Relevanz zu sein.[329] Es stellt in gewisser Weise eine Synthese von Marx und Nietzsche auf ganz eigene Art dar. In einem Brief Jüngers von 1980 heißt es etwa:

> Unterdessen wird wieder Geschichte gemacht. Hierbei gilt auch zu beachten, daß der Marxismus russischer Prägung heute die einzige metaphysikgeschichtlich bedeutsame Kraft darstellt … […] Hat die östliche Welt den Materialismus als Ideologie und den heroischen Idealismus als Lebensweise, so herrschen im Westen vollendete Sündhaftigkeit und Materialismus als Lebensart.[330]

Der einzige Weg, um einen Funken von Romantik, Heroismus und Sinnhaftigkeit in der modernen Welt zu retten, also Nihilismus und Dekadenz zu entkommen, sei die völlige Aufgabe jedes Widerstandes gegen die Technik.

Das ist ein vollkommen antikonservatives Programm: Es gibt in Jüngers Vorstellung an der ‹Kultur› im alten Sinne nichts zu retten. Sie ist zum Untergang verdammt und «was fällt, das soll man auch noch stossen»[331]. Nietzsche dient für dieses Unterfangen als zentraler Bezugspunkt, auch wenn er nicht zitiert wird (Jünger zitiert in dem Buch ohnehin so gut wie nicht). An zwei Stellen beruft sich Jünger allerdings auf den Begriff des «Übermenschen». Die erste:

---

328 «Diese Gestalt [eben diejenige des Arbeiters] fördert ebensosehr die Totale Mobilmachung, wie sie alles zerstört, was sich dieser Mobilmachung widersetzt.» (S. 161) 1930 hatte Jünger bereits einen Essay mit dem Titel *Die Totale Mobilmachung* veröffentlicht.

329 Vgl. 62.

330 392.

331 Za *Tafeln* 20.

> Vertreter des Arbeiters in diesem Sinne sind ebensowohl die höchsten Steigerungen des Einzelnen wie sie bereits früh im Übermenschen geahnt worden sind, als auch jene ameisenartig im Banne des Werkes lebenden Gemeinschaften, von denen aus gesehen der Anspruch auf Eigenart als eine unbefugte Äußerung der privaten Sphäre betrachtet wird. Diese beiden Lebenshaltungen haben sich in der Schule der Demokratie entwickelt, von beiden läßt sich sagen, daß sie durch sie hindurchgegangen sind und nunmehr von zwei scheinbar entgegengesetzten Richtungen her an der Vernichtung der alten Wertungen beteiligt sind. Beide aber sind […] Gleichnisse des Arbeiters, und ihre innere Einheit weist sich aus, indem der Wille zur totalen Diktatur sich im Spiegel einer neuen Ordnung als der Wille zur Totalen Mobilmachung erkennt.[332]

In einer Fußnote ergänzt Jünger, dass der Begriff des «Übermenschen» «[d]urch das Medium des bürgerlichen Individuums hindurch» (49) geprägt worden sei. Mit einem nietzscheanischen Individualismus im gewöhnlichen Sinne will Jünger also nichts zu tun haben – was er will ist eine, Nietzsche in der Tat nicht fremde, strikte Zweiteilung in ‹Herdenmenschen› und eine kleine Elite ‹freier Geister›, die sie führt. Den Gedanken, dass eine solche Zweiteilung der Menschen in ein Heer von Sklaven einerseits und ‹starke Führer› andererseits gerade von der Demokratie gezüchtet wird, entnimmt Jünger fast wörtlich aus einem Aphorismus in *Jenseits von Gut und Böse*[333].

Obwohl er sich affirmativ auf den Nationalismus bezieht, sieht Jünger auch den alten, konservativen Nationalismus als überholte Form an. Es sei vielmehr eine «barbarische[] Völkerwanderung» (232) im Gange, die mit der völligen Umgestaltung des Planeten verbunden sei. Es laufe alles auf die Herausbildung eines, freilich durch ungeheure Eroberungskriege, geschaffenen «Imperiums»[334] hinaus, in dem sich letztendlich, nach langen blutigen Kämpfen, der Wunsch nach einer ‹guten Ordnung› realisieren werde:

> Seit langem kennt man die Einheit einer Herrschaft nicht mehr, die dem Höchsten verpflichtet ist […]. Und doch ist diese Sehnsucht überall irgendwie lebendig, in den Träumen der Kosmopoliten wie in der Lehre vom Übermenschen, im Glau-

332 48 f.
333 242.
334 Ebd.

ben an die Zauberkraft der Ökonomie wie im Tode, dem sich der Soldat im Schlachtfeld entgegenwirft.[335]

Es geht Jünger also, in Nietzsches Sinn, durchaus darum, die Menschheit unter *einem* Ziel zu vereinigen und das hat eine durchaus ethische, sogar religiöse, Dimension – wenn auch in einem ganz anderen Sinne als in der traditionellen Moral. In diesem Sinne folgt Jünger auch Nietzsches Programm der ‹Treue zur Erde›. Die Technik soll, paradoxerweise, gerade dazu dienen, die verlorene Beziehung zu den «Urkräften» (50) des Seins wieder zu ermöglichen, eine «unmittelbare Verbindung mit der Wirklichkeit wiederherzustellen» (ebd.). Das zu vollziehen ist die historische Mission des Arbeiters als «Träger der heroischen Grundsubstanz, die ein neues Leben bestimmt» (51). Diesen Prozess werden die einen «als Rückfall in eine moderne Barbarei erkennen [...], die anderen [...] als Stahlbad begrüßen» (62): Es handele sich jedenfalls um eine anarchische Rückkehr «elementarer Kräfte» (ebd.), die nun wie Lava aus einem Vulkan hervorbrechen würden.

Die Gesetze der bürgerlichen Welt seien demgegenüber keine «Urgesetze» (271), sondern solche des «abstrakten Geistes» (ebd.), die bald hinweggefegt werden würden. Der Staat löse sich auf, es komme zu einer Wiederkunft von «Dingen[n], die man im alten, aufgeklärten Europa für nicht mehr möglich hielt – Verbrennungen von Kirchen und Klöstern, Pogrome und Rassenkämpfe» (270) usw. Die brutale Seite dieser Anarchie erfahre «niemand besser als jene Schichten, die auf Schutz angewiesen sind. So gehörte die Beteiligung an der Zersetzung der alten Ordnungen zu den verhängnisvollen Fehlern des liberalen Judentums.» (271) Die Deutschen seien jedoch ein abgehärteter Menschenschlag, der in diesem Prozess eine aktive, gestaltende Rolle auf der Täterseite einnehmen könne.[336] Nietzsche schrieb: «Problem: wo sind die *Barbaren* des 20. Jahrhunderts? Offenbar werden sie erst nach ungeheuren socialistischen Krisen sichtbar werden und sich consolidiren, – es werden die Elemente sein, die *der größten Härte gegen sich selber* fähig sind und den *längsten Willen* garantiren können...»[337] Jüngers Buch ist nicht zuletzt eine Antwort auf diese Frage.

335 Ebd.
336 Vgl. ebd., S. 269.
337 NF 1887 11[31].

Man sieht, dass Jünger ‹sentimentale› Regungen wie Nationalismus und Antisemitismus fernliegen: Letztendlich läuft seine Lehre dennoch darauf hinaus, geradezu prophetisch den deutschen Angriffskrieg und die Schoah zu rechtfertigen vor dem Hintergrund der ‹höheren Mission› der Schaffung eines totalitären ‹Friedensreiches›. Die Juden, die das Ihre zum Zerfall des bürgerlichen Staates beigetragen hätten, seien an ihrem Los letztendlich selbst schuld.

Der *Arbeiter* ist nach wie vor ein zentraler Bezugspunkt der ‹avancierten› Rechten, der eine ‹realistische› Rechtfertigung für ein faschistisches Programm liefert, das ohne konservative oder sonst wie ‹reaktionäre› Flausen auskommt. Man kommt kaum umhin, dieses Buch auch als Linker interessant zu finden und in gewisser Weise verfolgt das Buch ein ‹universalistisches› Projekt – und wir werden sehen, dass es beachtliche Parallelen zwischen Jüngers Vision eines heroischen Maschinenmenschen und dem Antihumanismus der Poststrukturalisten gibt. Doch *in realiter* dient das Buch der Rechtfertigung eines radikalen Partikularismus, des rücksichtslosen Kampfes für das eigene Volk. Während das Ziel des linken Projekts die *Verwirklichung* der bürgerlichen Werte ist, ist Jüngers Ziel, sie endgültig auf den Schrottplatz der Geschichte zu schleudern. Jünger will die Welt in eine riesige Fabrik, eine globale Kaserne verwandeln, wie sie gegenwärtig vielleicht tatsächlich in China entsteht und auch bald hierzulande Realität werden könnte. Uns sollte es darum gehen, sie in einen friedlichen Garten zu verwandeln, in dem das Ideal auf individuelle Selbstverwirklichung endlich Realität wird. Das Festhalten an diesem Ideal trennt auch, Jüngers eigenem Verständnis nach, Nietzsche von seinen faschistischen Verehrern. Es geht letztendlich um die Frage, ob die Menschheit sich wieder auf ihren eigentlichen Ursprung, die Welt der ‹großen Mutter› zubewegt, das verlorene Paradies, wie es der Traum der Unterdrückten seit Jahrtausenden ist, oder zur ewigen Hölle erstarrt, ihren Ursprung endgültig vergisst.

Man muss allerdings anerkennen, dass Jünger nach der Erfahrung des Zweiten Weltkriegs – sein eigener Sohn fiel in Italien, wahrscheinlich wurde er wegen politisch unkorrekter Aussagen heimlich exekutiert – eine aufrichtige Wendung in seinem Denken vollzog. Bereits 1945 veröffentlichte er einen bemerkenswerten Text mit dem Titel *Der Friede*, den er nach eigenem Bekunden bereits 1941 konzipierte. Er betont nun den universalistischen Zug seiner Vorkriegsvision. Wiederum Nietzsches Motiv von der unter einem Ziel geeinten Menschheit aufgreifend spricht er davon, dass der Krieg die Menschen aller Länder «an *ein* Ziel geheftet» (197) habe. Alle Menschen hätten an und hinter allen Fronten gleichermaßen gelitten, das hätte sie objektiv zusammengeschweißt. Jünger spricht die Schoah nicht offen an, doch er erwähnt sie deutlich genug und wird dabei sogar selbstkritisch (ähnliche Äußerungen finden sich bereits in den genannten Tagebüchern[338]):

> So brachen für weite und wachsende Gebiete des Erdballs Verfolgung und Rechtlosigkeit im stumpfen Widerspiel von Gewalt und Schrecken an. [...] Nur dunkle Gerüchte kündeten die grauenhaften Feste, bei denen die Schergen und Folterknechte sich an der Angst, an der Erniedrigung, am Blute ihrer Opfer weideten. Das wird für ferne Zeiten ein Schandfleck unseres Jahrhunderts bleiben, und keinen wird man achten können, dem Herz und Auge fehlten für das, was dort geschah. Dies gilt vor allem für die kriegerische Jugend, denn immer bleibt der Schutz der Wehrlosen und Schwachen die höchste Blüte der Ritterschaft und keiner kann Held vorm Feind sein, den sie nicht ziert.[339]

Vergleicht man diese Sätze etwa mit dem, was Heidegger nach dem Krieg schrieb und in den *Schwarzen Heften* steht, kann man Jünger einen gewissen Respekt nicht verweigern. Heidegger gehört jedenfalls zu jenen, die man diesen Sätzen zufolge nicht achten kann. Und man sollte diese Sätze auch all jenen entgegenhalten, die sich nach wie vor begeistert auf den frühen Jünger beziehen.

Das Zeitalter der Nationalstaaten sei nun endgültig vorbei, das Zeitalter der großen Imperien habe begonnen. Jünger bezieht sich dabei sogar positiv auf die Revolution von 1789 und die Bemühungen des Revolutionsexports durch ein Bürgerheer.[340] Jünger träumt von einem vereinigten Europa als Frie-

338 Vgl. etwa die Einträge vom 7.6.1942 (336) und 18.7.1942 (347). Weitere entsprechende werden wir noch unten zitieren. Bemerkenswert ist auch die intensive Beschäftigung mit Texten der jüdischen Tradition, die Jünger immer wieder vermerkt. Man darf freilich nicht den Fehler machen und die ja zu Lebzeiten des Autors veröffentlichen Tagebücher für ein authentisches Zeitdokument zu nehmen – das sind sie, wie auch schon *In Stahlgewittern*, nur sehr bedingt. Jüngers Wende zum Antifaschisten wirkt jedoch trotzdem glaubwürdig.

339 200.

340 Vgl. 214.

densreich, in dem «die Kräfte, die der Totalen Mobilmachung gewidmet waren, zur Schöpfung freiwerden. Damit wird das heroische Zeitalter des Arbeiters sich vollenden […]. Zugleich wird die Gestalt des Arbeiters […] neue Aspekte offenbaren: es wird sich zeigen, welches Verhältnis sie zur Überlieferung, zur Schöpfung, zum Glück, zur Religion besitzt.» (222) Den Nationalsozialismus sieht er dabei, ebenso wie den Stalinismus, als Realisierung von Nietzsches und Dostojewskis Begriff des Nihilismus an.[341] Die Menschen müssten wieder zurück zu Gott, zum Glauben finden – ansonsten drohe die Zuspitzung des Nihilismus, den Jünger nun insbesondere mit einer nicht mehr an Werte gebundenen Technik assoziiert, zur aktiven Lebensvernichtung[342]:

> Der eigentliche Kampf, in dem wir stehen, spielt sich ja immer deutlicher zwischen den Mächten der Vernichtung und den Mächten des Lebens ab. In diesem Kampfe stehen die gerechten Krieger Schulter an Schulter, wie je alte Ritterschaft. Der Friede wird währen, wenn das zum Ausdruck kommt.[343]

Wie vor dem Krieg greift hier Jünger wieder das nietzscheanische Motiv des Kampfes der lebensbejahenden gegen die nihilistischen Kräfte auf, doch er gibt ihm einen neuen Sinn. Jünger nivelliert dabei die Grenze zwischen Opfern und Tätern nicht, er unterscheidet zwischen Verbrechern, tapferen Kriegern und unschuldigen Opfern, wobei die Opfer der NS-Ausrottungspolitik gesondert hervorgehoben werden. Jünger wird in dieser Wende sicherlich kein Linker, aber er findet zumindest zu einem echten Konservativismus zurück. Eine Rückkehr zu christlichen Werten, für die Heidegger in derselben Zeit nur Spott übrig haben und sich einer mystischen Archaik verschreiben sollte.

Der Text *Über die Linie* wurde 1950 veröffentlicht und ist Heidegger gewidmet. Jünger setzt sich hier dezidiert mit Nietzsche und dem Problem des Nihilismus, um das seine gesamte Nietzsche-Deutung kreist, auseinander. Kapitalismus, Marxismus und Faschismus gelten ihm gleichermaßen – wie in derselben Zeit auch Heidegger – als Mächte des Nihilismus, ihnen gegenüber spricht er sogar mit Sympathie, und unter Berufung auf Nietzsches Staatskritik im *Zarathustra*, von den Anarchisten als «Ersten Menschen», die gleichermaßen von allen nihilisti-

341 Vgl. 225 f.
342 Vgl. 234.
343 236.

schen Mächten verfolgt werden.[344] Den nietzscheanischen Typus eines harten, gegen Mitleid und Schmerz unempfindlichen Kriegers, der ganz dem Körper und dem Diesseits verpflichtet ist, betrachtet Jünger nun als «aktiven Nihilisten», der den Terror und den Völkermord vollzieht.[345] Der Nihilismus habe nun eine Linie überschritten, die jeden gewöhnlichen Konservativismus unmöglich mache, so weit sei die Entwertung aller Werte schon fortgeschritten.[346]

Angesichts dieser düsteren Situation lässt Jünger seine Vision eines Imperiums nun endgültig fallen ebenso wie seine Hoffnungen in die Wiederanknüpfung an das Christentum. Es gebe nur noch totalitäre «Monstrestaaten» (269), meint Jünger unter Berufung auf Nietzsche, gegen deren totalitäre Gewalt nurmehr, wie auch schon im *Zarathustra*, der individuelle Rückzug helfe, die Ein- und Zweisamkeit jenseits der Öffentlichkeit (Jünger beschwört dabei als «Grundmacht» sogar den Eros, womit er aber nicht den «Sexus», sondern Liebe und Freundschaft meint[347]), die Kunst, vor allem die Musik, und ein experimentelles Denken. Man dürfe sich aber auch nicht in der Illusion wiegen, jemals absolut jenseits des Nihilismus zu stehen – keiner sei von ihm gänzlich unbefleckt.[348]

Im Grunde sagt Jünger in diesem Text nicht viel Anderes, als was man leicht als Grundzug im Denken Nietzsches ausmachen kann. Weitergeführt wird dieser anarchistische Individualismus in dem wohl wichtigsten Text von Jüngers späterer Schaffensphase, dem Essay *Der Waldgang* von 1951. Seine 180°-Wende vervollständigt sich nun: Er konzipiert hier eine Idee des individualistischen *Widerstands* gegen den vollendeten Arbeitsstaat. Freilich darf die Rede von einer vollständigen Umdrehung nicht darüber hinwegtäuschen, dass Jünger seinem eigentlichen Grundproblem auch weiterhin treu bleibt: Der Frage, wie ein «ritterlicher» Lebensstil, ein authentischer Heroismus, in der Moderne möglich ist. Ging er vor dem Zweiten Weltkrieg davon aus, im Soldatentum und im Arbeitsstaat einen solchen Heroismus zu finden, sieht er ihn nun nur noch in der radikalen Abkehr von der modernen Gesellschaft. Der

344 Vgl. 250.
345 Vgl. 251.
346 Vgl. 264.
347 Vgl. 274.
348 Vgl. 278 f.

«Waldgänger» tritt als subversiver Typus nun an die Stelle des Soldaten und des Arbeiters, ein nomadischer Einzelkämpfer, der unerbittlich im Partisanenkampf das Getriebe der Macht sabotiert.

Jünger sieht den Waldgang als Option für das besetzte Deutschland – doch er wirft dem deutschen Volk auch vor, 1933 nicht bereits diese Möglichkeit ergriffen und entschiedeneren Widerstand geübt zu haben:

> Als rühmliche Ausnahme verdient ein junger Sozialdemokrat Erwähnung, der im Hausflur seiner Mietwohnung ein halbes Dutzend sogenannter Hilfspolizisten erschoß. Der war noch der substantiellen, der altgermanischen Freiheit teilhaftig, die seine Gegner theoretisch feierten.[349]

Jünger konzipiert die Haltung des Waldgängers freilich nicht im Sinne eines rein amoralischen Individualismus, sondern gibt ihr eine bemerkenswerte ethische Fundierung:

> Der Waldgänger ist der konkrete Einzelne, er handelt im konkreten Fall. Er braucht nicht Theorien, nicht von Parteijuristen ausgeheckte Gesetze, um zu wissen, was rechtens ist. Hier werden die Dinge einfach, falls noch Unverfälschtes in ihm lebt. Wir sahen die große Erfahrung des Waldes in der Begegnung mit dem eigenen Ich, dem unverletzbaren Kerne, dem Wesen, aus dem sich die zeitliche und individuelle Erfahrung speist. Diese Begegnung, die sowohl auf die Gesundung als auch auf die Verbannung der Furcht so großen Einfluß übt, ist auch moralisch von höchstem Range. Sie führt auf jene Schicht, die allem Sozialen zugrunde liegt und urgemeinsam ist. Sie führt auf den Menschen zu, der unter dem Individuellen den Grundstock bildet und von dem die Individuationen ausstrahlen. In dieser Zone ist nicht nur Gemeinsamkeit, hier ist Identität. Das ist es, was das Symbol der Umarmung andeutet. Das Ich erkennt sich im Anderen – es folgt der uralten Weisheit des «Das bist du». Der andere kann der Geliebte, er kann auch der Bruder, der Leidende, der Schutzlose sein. Indem das Ich ihm Hilfe spendet, fördert es sich zugleich im Unvergänglichen. Darin bestätigt sich die Grundordnung der Welt.[350]

Jünger spielt hier auf Schopenhauers Mitleidsethik, den Buddhismus, aber auch die christliche Nächstenliebe an. Er baut

349 351.
350 259 f.

hier auf Gedanken auf, die er bereits in sein erwähntes Tagebuch notierte:

> Am Abend Sylvesterfeier im Stabsquartier. Ich sah hier wieder, daß reine Festfreude in diesen Tagen nicht möglich ist. So erzählte General Müller von den ungeheuerlichen Schandtaten des Sicherheitsdienstes nach der Eroberung von Kiew. Auch wurden wieder die Giftgastunnel erwähnt, in die mit Juden besetzte Züge einfahren. [...] Ich dachte dabei an die Frau des guten Potard, um die er sich damals so sehr ängstigte. Wenn man in solche Einzelschicksale hineingeblickt hat und dann die Ziffern ahnt, in denen die Meintat in den Schinderhütten sich vollzieht, eröffnet sich die Aussicht auf eine Potenzierung des Leidens, vor der man die Arme sinken läßt. Ein Ekel ergreift mich dann vor den Uniformen, den Schulterstücken, den Orden, deren Glanz ich so geliebt habe. Das alte Rittertum ist tot; die Kriege werden von Technikern geführt. Der Mensch hat also jenen Stand erreicht, den Dostojewski im «Raskolnikow» beschrieben hat. Da sieht er seinesgleichen als Ungeziefer an. Gerade davor muß er sich hüten, wenn er nicht in die Insektensphäre hineingeraten will. Es gilt ja von ihm und seinen Opfern das alte, ungeheure: «Das bist Du.»[351]

Als Vorsatz für das neue Jahr gibt er sich am nächsten Tag: «Immer ein Auge für die Unglücklichen.» (471) Schon 1941 hatte er den beeindruckenden Satz notiert: «Heiliger noch als das Leben muß uns die Würde des Menschen sein.»[352] Eine Abkehr von Nietzsche, aber eine klare Hinwendung zu einer humanistischen Position, wie sie auch im ersten Artikel des Grundgesetzes festgehalten ist. Und er sprach «von geistiger Ritterschaft, die im Bauche des Leviathans tagt und noch den Blick, das Herz zu wahren sucht für die Schwachen und Schutzlosen.»[353]

Auch dem Dionysmus des frühen Nietzsche wird in der eben zitierten Passage aus dem *Waldgang* eine Referenz erwiesen, wie auch an anderer Stelle:

> Dionysos ist der Festherr, der Führer der Festzüge. Wenn Hölderlin ihn als Gemeingeist anspricht, ist das so zu verstehen, daß auch die Toten zur Gemeinde zählen, ja gerade sie. Das ist der Schimmer, der das dionysische Fest umhüllt, die tiefste Quelle der Heiterkeit. Die Pforten des Totenreichs werden weit

351 31.12.1942. 470.
352 23.11.1941; 276.
353 13. 11. 1941; 272.

aufgestoßen, und goldener Überfluß quillt hervor. Das ist der Sinn der Rebe, in der Erd- und Sonnenkräfte sich vereinen, der Masken, der großen Verwandlung und Wiederkehr.[354]

Für Jünger ist der Kern des Waldgängertums also eine letztendlich auf das Kollektive, auf den Anderen ausgerichtete Welthaltung. Gerade der Sinn, in dem er hier das Wort «Identität» gebraucht, sollte jenen zu denken geben, denen *Der Waldgang* heute als ‹Bibel› gilt. Diejenigen, die heute den Geflüchteten Hilfe leisten, stehen dem Jüngerschen Waldgänger wahrscheinlich näher als diejenigen, die sich für die Rettung eines ‹Abendlandes› einsetzen, das schon Jünger als bloße Chimäre entpuppte.

Jüngers *Waldgang* lässt sich also durchaus im Sinne eines nietzscheanischen Antifaschismus interpretieren trotz des Patriotismus, dem Jünger auch in diesem Buch treu bleibt – denn es ist kein partikularistischer Patriotismus, sondern einer, der in einer tieferen Solidarität wurzelt, die letztendlich allen Menschen zu Teil wird und gerade auch dem ‹Paria› gilt. Wahrscheinlich ist das Buch einer der wichtigsten Beiträge zur Theorie einer widerständigen Praxis der Nachkriegszeit. Es ist vor allem ein zutiefst *nietzscheanisches* Buch – und zwar im Sinne des linken, anarchistischen Nietzsche, des Nietzsche jenseits des «Willen zur Macht». Erst hier erreicht Jünger einen *wirklich* «heroischen Realismus».

c) *Kantorowicz' Salonfaschismus*

Ernst Kantorowicz (1895–1963) ist eher eine Randfigur der Konservativen Revolution. Er war Mitglied des George-Kreises, einer geheimbündlerischen Gruppe um den Dichter Stefan George (1868–1933), die schon im München der 1890er-Jahre ihren Anfang nahm. Anfangs standen sich George und Klages sehr nahe – George und Klages entfremdeten sich jedoch, weil George von Klages' Antisemitismus nichts wissen wollte. Wie Klages stimmte George nicht in die deutsche Kriegsbegeisterung von 1914 ein – freilich nicht, weil er Pazifist gewesen wäre, sondern weil er die Zeit für einen ‹authentischen› Krieg, der die erhoffte Erneuerung der Kultur bringen werde, noch nicht gekommen sah. Ähnlich wie Klages gehört er zu den geistigen Ahnen des Nationalsozialismus. In seinem Geheimbund etablierte er

354 332.

eine hierarchische Struktur mit ihm als quasi priesterlicher Führungsfigur und auch im Politischen erhoffte er sich die Rettung Deutschlands durch einen neuen Aristokratismus, der an den Geist vergangenen Heldentums anknüpft. 1933 verwehrte er sich selbst gegen seine Vereinnahmung durch den in seinen Augen ‹plebejischen› Nationalsozialismus – doch viele seiner Schüler schlossen sich ihm begeistert an. Einer von ihnen war Claus Schenk Graf von Stauffenberg (1907–1944), der später einen missglückten Putsch gegen Hitler anführen sollte. Man muss anerkennen, dass sich im Kreis um Stauffenberg auch Linke (wie etwa Julius Leber, auf den wir noch zu sprechen kommen werden) und Liberale befanden; letztendlich war Stauffenberg freilich kein Anti-, sondern eher ein ‹Reformfaschist›, der retten wollte, was noch zu retten war vom ‹heiligen Deutschland›.

George übernahm die meisten seiner Ideen dem Anspruch nach von Nietzsche und propagierte wie Klages eine Art ‹Rechts–Dionysmus› des Heroentums und des Elitismus. Er selbst verstand sich dabei geradezu als Verwirklichung von Nietzsches Philosophie *in persona* und wurde von seinen zahlreichen Jüngern auch so wahrgenommen. So schrieb einer von ihnen, Kurt Hildebrandt, ein Philosoph, der sich 1933 der NSDAP anschloss: «Erst George *ist*, was zu sein Nietzsche krampfhaft begehrt.»[355]

Ein besonderes Kennzeichen des George-Kreises, dem nur Männer angehörten, war seine Akzeptanz mehr oder weniger offener Homosexualität. George scharte gerne attraktive junge Männer um sich – ob er zu ihnen sexuelle Verhältnisse unterhielt, ist umstritten, doch es gab sie jedenfalls unter ihnen. Dies widerspricht nur auf den ersten Blick der avantgardefaschistischen Ausrichtung der Gruppe: Eine gewisse männerbündische Homoerotik, wie sie ja etwa auch Hans Blüher sehr dezidiert propagierte, ist vielmehr geradezu Wesensmerkmal der faschistischen Ästhetik und der faschistischen Organisationspraxis, wie ‹stramm heterosexuell› und homophob sie sich sonst auch gebärden mag. Im ‹plebejischen› Mainstreamfaschismus wird die Homoerotik in der Regel nur subtiler ausgelebt als bei George und Co.; Bedingung des Funktionierens des durch sexuelle Bindungen zusammengehaltenen Männerbundes ist in der Regel geradezu, dass die Sexualität *nicht* ausgelebt wird, sondern sublimiert wird – umso heftiger trifft der Hass denjenigen, der dieses Tabu bricht. Das ‹plebejische› Gegenstück zu George ist

355 *Nietzsche als Richter*, 102.

in dieser Hinsicht Ernst Röhm (1887–1934), der ab 1930 die SA leitete und ihre Mitgliederzahl bis 1933 mehr als verfünffachte.[356] Er stand ideologisch für einen sozialrevolutionären Nationalsozialismus, der Hitler nach der Machtergreifung mehr und mehr ein Dorn im Auge war. Röhms recht offen ausgelebte Homosexualität sowie ein getürkter Putschplan Röhms wurden zum Vorwand, sich seiner und seiner Mitstreiter gewaltsam zu entledigen.[357]

Dieser Gedanke nun lässt sich bemerkenswerterweise auch bei Nietzsche finden, dem manche Interpreten, wie etwa Joachim Köhler, homosexuelle Neigungen nachsagen. Er betonte nicht zuletzt den homoerotischen Charakter der griechischen Kultur, die eine «Cultur der Männer»[358] gewesen sei, in deren Ausschluss der Frauen aus nahezu allen Bereichen des öffentlichen Lebens ein wesentlicher Grund ihrer Größe gelegen habe. «Die erotische Beziehung der Männer zu den Jünglingen war in einem, unserem Verständniss unzugänglichen Grade die nothwendige, einzige Voraussetzung aller männlichen Erziehung» (ebd.), schreibt er etwa und: «Alle grossen Tüchtigkeiten der antiken Menschen hatten darin ihren Halt, dass *Mann neben Mann* stand, und dass nicht ein Weib den Anspruch erheben durfte, das Nächste, Höchste, ja Einzige seiner Liebe zu sein»[359]. In der *Götzen-Dämmerung* heißt es bewundernd: «In Athen waren zur Zeit Cicero's […] die Männer und Jünglinge bei weitem den Frauen an Schönheit überlegen»[360].

Einer jener jungen Männer, von denen George schwärmte – und er auch für ihn – war der bisexuelle Kantorowicz. Sie lernten sich 1920 in Heidelberg kennen. Kantorowicz war schon damals kein Republikaner: Der Kriegsveteran schloss sich 1918 den rechten Freikorps an und beteiligte sich an der Niederschlagung des Posener Aufstands, des Spartakusaufstands und der Münchner Räterepublik. Der Begriff des ‹Salonfaschismus› be-

356 Vgl. *Sven Reichardt, Faschistische Kampfbünde*, 260.

357 Vor diesem Hintergrund muss auch die im Institut für Sozialforschung diskutierte Theorie von einer Verbindung zwischen Homosexualität und Faschismus betrachtet werden (vgl. etwa den 24. Aphorismus von Adornos *Minima Moralia* [71–73]). Falsch ist an solchen Spekulationen natürlich, dass sich mitnichten ein notwendiger Zusammenhang zwischen einer faschistischen Gesinnung und Homosexualität konstatieren lässt.

358 MA I 259.

359 M 503.

360 *Streifzüge* 47.

zieht sich *nicht* darauf, dass Kantorowicz ein bloßer Schreibtischtäter gewesen wäre: Jedenfalls in seiner Jugend war er auch bereit, für seine antidemokratischen Ideale das Gewehr in die Hand zu nehmen.

Kantorowicz war jüdischer Herkunft und musste daher 1933 Deutschland verlassen. Im amerikanischen Exil entwickelte er eine zunehmend ‹antideutsche› Haltung und veröffentliche dort 1957 sein Hauptwerk *The King's Two Bodies (Die zwei Körper des Königs)*, das heute als Klassiker der Mediävistik gilt und eine wertungsfreie Analyse der mittelalterlichen Vorstellung von einem «doppelten Leib» des Königs – einem physischen und einem sakralen – beinhaltet. Unter Georges Einfluss veröffentlichte er jedoch 1927 mit *Kaiser Friedrich der Zweite* einen damals viel rezipierten wichtigen Beitrag zur Ideologie eines nietzscheanischen Avantgardefaschismus.

Das Buch ist, so jedenfalls die allgemeine Einschätzung unter Historikern, keine gute Quelle, um die Regierungszeit des Stauferkaisers Friedrich II. (1194–1250) besser zu verstehen – doch eine exzellente Quelle für das Verständnis des Faschismus, die mehr Beachtung verdiente, gerade weil sich Kantorowicz' Avantgardefaschismus deutlich von dem realexistierenden unterscheidet. Er arbeitet darin vielmehr eine Art inneren Kern faschistischen Denkens heraus – und zeigt auf, dass der Faschismus seinem Wesen nach gerade keine konservative, sondern eine revolutionäre und avantgardistische Ideologie ist.

Im Stile von Nietzsches «monumentalischer Historie» verklärt Kantorowicz Friedrich II. zu einem idealen Herrscher. Bezüge zu Nietzsche sind dabei omnipräsent. Schon Nietzsche selbst hatte über den Staufer-Kaiser geschrieben:

> Ich lag ein Paar Wochen hinterdrein in Genua krank. Dann folgte ein schwermüthiger Frühling in Rom, wo ich das Leben hinnahm – es war nicht leicht. Im Grunde verdross mich dieser für den Dichter des Zarathustra unanständigste Ort der Erde, den ich nicht freiwillig gewählt hatte, über die Maassen; ich versuchte loszukommen, – ich wollte nach *Aquila*, dem Gegenbegriff von Rom, aus Feindschaft gegen Rom gegründet, wie ich einen Ort dereinst gründen werde, die Erinnerung an einen Atheisten und Kirchenfeind comme il faut [frz., wie er sein muss], an einen meiner Nächstverwandten, den grossen Hohenstaufen-Kaiser Friedrich den Zweiten.[361]

361 EH Za 4.

Aquila ist eine 1230 von Friedrich II. in Mittelitalien gegründete Stadt, die als nördliche Speerspitze des von ihm beherrschten Königreichs Neapel dienen sollte.

Kantorowicz knüpft an dieses Lob Friedrichs II. nahtlos an. Er ist für ihn eine apollinische Lichtgestalt, ein Freigeist und Kosmopolit, dessen einziges Ziel es war, die Ordnung des Reiches gegen die es bedrohenden Feinde zu verteidigen: Nach außen hin gegen die Muslime, nach innen gegen die Kirche und gegen die ‹dionysischen› Mächte der Zersetzung, für die bei Kantorowicz insbesondere die von Franz von Assisi (1182–1226) initiierte und von Joachim von Fiore (ca. 1130–1202) – einem Vorläufer Hegels – auf ein philosophisches Fundament gestellte schwärmerische Reformbewegung steht, die gegen die Dekadenz der Mächtigen aufbegehrte und in der Tat kommunistische und anarchistische Züge aufwies.

Kantorowicz übernimmt von Nietzsche dabei den Kerngedanken, dass sich die soziale Ordnung nur verteidigen lässt, indem sie das Dionysische nicht einfach nur abwehrt, sondern es in sich integriert und von einer chaotischen in eine ordnende Macht ummünzt. Friedrich II. wird so als «guter Europäer» dargestellt, der sich eine sarazenische Leibgarde zulegte, die Frauen verachtet habe und homosexuell gewesen sei. Vor allem aber ist er Sadist: Mit aller Härte geht er gegen seine Feinde vor und schreckt vor keiner Grausamkeit zurück, um seine machtpolitischen Ziele zu erreichen. Er ist ein nihilistischer Technokrat, den keine ‹ritterlichen Werte› oder andere Sentimentalitäten mehr binden, sondern dem es einfach nur um die Sicherstellung einer stabilen Ordnung geht. Kantorowicz beschreibt ihn dabei zugleich als wesentlich *tragische* Figur: Die von ihm zum Schutz der Ordnung entfesselten Destruktivkräfte müssen sich notwendig früher oder später gegen ihn selbst wenden. Der Ästhet Kantorowicz sieht darin jedoch kein Argument gegen dieses Herrschaftsmodell: Vielmehr ist es für ihn genau jene Tragik, die seine wahre Größe ausmacht. Betrachtet man den realexistierenden Faschismus wird man kaum umhinkönnen, erstaunliche Parallelen zwischen Kantorowicz' Darstellung und seiner wirklichen Politik zu finden. Selbst den Antisemitismus Friedrichs II. verteidigt Kantorowicz mit dem Argument, dass er unvermeidlich gewesen sei, um die Ordnung des Reiches zu wahren. Kein Antisemitismus der Leidenschaft, sondern der Vernunft.

‹Ordnung› wird bei Kantorowicz freilich zum rein abstrakten Begriff, ihr Erhalt – ähnlich wie in den zur selben Zeit artikulierten Theorien Carl Schmitts – zum Selbstzweck, der jedes Mittel rechtfertigt, sogar krasse Verstöße gegen das normative Fundament der Ordnung. An die Stelle der moralischen Rechtfertigung von Herrschaft tritt bei ihm eine ästhetische, die gerade in der Faszination für die innere Widersprüchlichkeit und die Tragik des Projekts eines ‹Anarchofaschismus› besteht. Nietzsches Ästhetik gibt dabei den Ton an.

Kantorowicz' Studie lässt so verstehen, dass es kein rationales Kalkül ist, was die Menschen zum Faschismus führte und führt, sondern ein letztendlich destruktives Begehren nach bloßer Zerstörung. Es ist, als hätte Walter Benjamin Kantorowicz' Buch vorausgeahnt, als er 1925 den «destruktiven Charakter» beschrieb – wobei seltsam offen bleibt, ob Benjamin seine Schilderung dieses nihilistischen Typus' affirmativ oder kritisch meint:

> Der destruktive Charakter ist jung und heiter. Denn Zerstören verjüngt, weil es die Spuren unseres eigenen Alters aus dem Weg räumt; es heitert auf, weil jedes Wegschaffen dem Zerstörenden eine vollkommene Reduktion, ja Radifizierung seines eigenen Zustands bedeutet. Zu solchem apollinischen Zerstörerbilde führt erst recht die Einsicht, wie ungeheuer sich die Welt vereinfacht, wenn sie auf ihre Zerstörungwürdigkeit geprüft wird.[362]

d) Zurück zum Sein: Martin Heidegger

Martin Heidegger (1889–1976) ist eine nach wie vor umstrittene Figur und ähnelt darin ein wenig Nietzsche: Die einen sehen ihn als ‹Naziphilosophen›, die anderen als letztendlich unpolitischen Denker von bedeutender Tiefe, manche Linke versuchen, eine Art ‹Links–Heideggerianismus› zu begründen.

Weitgehend unstrittig ist freilich die Verbindung zwischen Nietzsche und Heidegger. Schon Heideggers 1927 veröffentlichtes Hauptwerk *Sein und Zeit* enthält sichtlich nietzscheanische Spuren. Heidegger will darin die Philosophie auf ein vollkommen neues Fundament stellen. Zu diesem Zweck entwickelt er eine ganz neue Sprache, die sein Werk faszinierend und gewöhnungsbedürftig zugleich macht – es liegt nahe, dass der Gedanke der Notwendigkeit einer grundsätzlichen Erneue-

362 *Der destruktive Charakter,* 289.

rung der philosophischen Terminologie von Nietzsches Sprachkritik inspiriert sein dürfte.[363] Heidegger will in dem Buch eine neue Ontologie begründen, die von der wirklichen Erfahrung des «Daseins» – sein Ausdruck für das, was die Tradition ‹Subjekt› nennt – ausgeht und seines Bezugs zur Welt. Er kommt dabei zu zentralen Einsichten, die teilweise sogar denen von Marx ähneln: So betont auch er den praktischen Bezug des Daseins zu seiner Welt – er wählt dafür den Ausdruck «Sorge» –, der jedem theoretischen Bezug vorausgehe.

Auch wenn Heidegger sein Buch als strengste Philosophie ausgibt, wäre seine Philosophie kaum derart populär geworden, wenn sie nicht eine deutliche Kulturkritik beinhaltete: Er wirft, hier Marx wiederum ein wenig ähnlich, der modernen Kultur vor, genau jenen ursprünglich praktischen Charakter des Daseins vergessen zu haben. Sie zeichne sich vielmehr durch eine tiefgreifende Flucht vor der harten Lebensrealität aus, für die bei Heidegger die Metapher des «Man» steht. Diese «uneigentliche» Welt der Flucht vor dem «eigentlichen» Sein beschreibt Heidegger mit Ausdrücken wie «Gerede», «Neugier», «Zweideutigkeit», «Verfallen» und «Geworfenheit», die alle einen deutlich abwertenden Beiklang haben und u. a. Motive aus Nietzsches Kulturkritik aufgreifen. In der Stimmung der «Angst» erfahre das «Dasein» die Leerheit der Welt des «Man» in der Konfrontation mit der Möglichkeit des eigenen Todes – der Sinn des «Man» sei es gerade, diese Erfahrung nicht zuzulassen. Werde sie aber gemacht, gewinne das «Dasein» die Möglichkeit zu einem «eigentlichen Selbstsein», das Heidegger im zweiten Teil des Buches charakterisiert. Das eigentliche Selbst erfährt sich bei Heidegger – hier wiederum in auffälliger Parallelität zu Marx – als wesentlich zeitliches und mithin *geschichtliches*. Es erkennt, dass es das, was es ist, nur ist als Teil des «Geschicks» eines «Volkes», dass es kein für sich stehendes Individuum ist, das sein Los frei wählen müsste, sondern Teil eines größeren Ganzen, in dem es seine Rolle zu spielen hat. Zentral sind dabei Begriffe wie «Kampf», «Treue» und «Entschlossenheit» sowie derjenige des «Helden». In seiner Geschichtsphilosophie bezieht sich Heidegger nun ausdrücklich auf Nietzsche und zwar auf die zweite *Unzeitgemäße*. Ein

363 Adorno kritisierte freilich den das Banale verklärenden, letztendlich kitschigen und ideologischen Charakter dieser Sprache in *Jargon der Eigentlichkeit*.

«eigentliches» Verhältnis zur Geschichte müsse notwendig eine Synthese von Nietzsches drei wesentlichen Perspektiven auf die Geschichte sein, einen positivistischen Zugang zur Geschichte lehnt Heidegger ebenso ab wie Nietzsche.[364]

Man kann Heideggers Buch in einem gewissen Sinne als eigenwillige Synthese von Marx' Praxisphilosophie und Nietzsches Modernekritik auffassen. Beide werden jedoch in den Dienst einer antimodernistischen Grundhaltung gestellt, die keinem der beiden entspricht: Die gesamte moderne Kultur samt ihres Individualismus, ihrer «Geschwätzigkeit» (Schmitt spricht in der selben Zeit etwa auch abschätzig von der bürgerlichen Periode als «Zeitalter der Diskussion»[365]), ihre von der Lebenswelt entfremdeten Wissenschaft wird als «uneigentlich» zurückgewiesen, stattdessen auf Kategorien wie «Kampf», «Schicksal», «Volk» und «Geschichte» rekurriert, die einen neuen, eindeutigen Sinnzusammenhang stiften sollen. Heidegger eint mit den anderen der Konservativen Revolution zugerechneten Autoren, dass dieser Sinnzusammenhang nun nicht mehr als etwas Selbstverständliches betrachtet wird, sondern als etwas, das es aktiv zu erreichen und wiederherzustellen gilt.

1933 trat Heidegger, der schon zuvor mit Hitler sympathisiert hatte, der NSDAP bei, wurde daraufhin Rektor der Universität Freiburg. Er stellte sich dabei mit voller «Entschlossenheit» in den Dienst des neuen Regimes und betrachtete es als Pflicht jedes Deutschen, sich in dieses «Geschick» zu fügen, um Deutschland zu neuer Größe zu führen. Er nahm so aktiven Anteil an der Gleichschaltung der Freiburger Universität und hielt beispielweise eine Rede anlässlich der Bücherverbrennungen.

Zu Heideggers ‹Verteidigung› ist zu sagen, dass er 1934 seinen Posten aufgab und fortan im NS-Regime eher die Rolle eines misstrauisch beäugten Sonderlings einnahm als diejenige eines hofierten Starphilosophen, die er sich wohl erträumt hatte. Den Nazi-Ideologen war Heideggers Denken zu kompliziert – und Heidegger umgekehrt war der realexistierende Nationalsozialismus zu modernistisch. Er übte aus dieser Haltung heraus in seinen Vorlesungen sogar eine gewisse Faschismuskritik, die freilich normativ weiterhin seinem Antimodernismus verpflichtet bleibt. Wirklichen Widerstand leistete er daher nicht und zeigte nach 1945 kein Zeichen der Reue.

364 Vgl. *Sein und Zeit*, 396 f.

365 *Die geistesgeschichtliche Lage des heutigen Parlamentarismus*, 90.

Heidegger bleibt so ein ‹schwieriger Fall›: Sein sprachschöpferisches Talent ist ebenso anzuerkennen wie die Tatsache, dass er eine tiefgründige Philosophie entwickelte, die nicht einfach in faschistischer Ideologie aufgeht, sondern sogar Bezüge zu Marx ermöglicht.[366] Doch gleichzeitig klingt bereits vor 1933 in *Sein und Zeit* eine Verklärung eines völkischen Soldatentums an, die wirklich nur jemand, der keine Ahnung von Philosophie hat, als ‹wertfreie Seinsanalyse› verstehen kann.

Man kann freilich Heidegger auch immanent kritisieren: Er wird selbst seiner Forderung, das «Dasein» als radikal geschichtliches zu betrachten, nicht gerecht, insofern in der Moderne das, was Heidegger als «Uneigentlichkeit» bezeichnet, also die Entfremdung von Individuum und Gesellschaft und die damit einhergehende Entwicklung eines individualistischen Selbstverständnisses mit der dazugehörigen Kultur, längst zum «Schicksal» geworden ist. Es gibt hinter den modernen Nihilismus kein einfaches ‹Zurück›, wie es Heidegger in *Sein und Zeit* propagiert – ein «eigentliches» Dasein bestünde vielmehr darin, vor diesem Fakt nicht in ein illusionäres Spektakel des «Volkes» zu fliehen, sondern sich nüchtern der Realität moderner Gesellschaften zu stellen, in der das «Volk» schon längst zerfallen ist.

Heidegger hält freilich auch nach 1933 weitgehend unbeirrt an seinem Traum fest, zu einem ‹ursprünglichen Sein› zurückkehren zu können, auch wenn er den realexistierenden Faschismus nun immer weniger als politische Kraft versteht, die diese Rückkehr wirklich bewerkstelligen könnte. Paradoxerweise bringt gerade dieses ultrareaktionäre Programm Heidegger in eine eigentümliche Nähe zu der Avantgarde und er übte eine starke Faszination gerade auf die französischen Intellektuellen jener Zeit aus. Er trifft sich 1967 sogar mit Paul Celan (1920–1970), dem Opfer des Nationalsozialismus und Dichter der berühmten *Todesfuge*.

---

366 Der frühe Marcuse versuchte sich in einer Art ‹Heidegger-Marxismus› und auch noch Alfred Schmidt, der mehrere Texte Marcuses ins Deutsche übersetze, verteidigt Heidegger gegen seine simple Einordnung als ‹Naziphilosoph› mit dem Hinweis auf die Parallelen zu Marx' Technikkritik. (Vgl. zu beiden Alfred Schmidt, *Nationalsozialismus und Philosophie.*) Der profilierteste, allerdings eher an die französische linke Heidegger-Rezeption anknüpfende, deutschsprachige Links–Heideggerianer dürfte Thomas Seibert sein. (Vgl. insb. den umfangreichen Heidegger-Teil seiner Studie *Hyperrevolution* [21–168].)

In Heideggers Ringen um eine philosophische Begründung seines Ursprungsdenkens kommt dem Bezug auf Nietzsche ab 1933 eine noch viel größere Bedeutung zu als in den Jahren zuvor. Er entwickelte nun eine systematische Nietzsche-Interpretation, die zu dem Tiefsten gehört, was je über Nietzsche geschrieben worden ist; freilich auch mit größter Vorsicht zu genießen ist, da Heidegger Nietzsche stets benutzt, um sein eigenes nun verfolgtes Projekt einer umfassenden «Seinsgeschichte» zu entwickeln.

Seine von 1936 bis 1940 gehaltenen Vorlesungen zu Nietzsche sowie seine von 1940 bis 1946 entstandenen Abhandlungen zu Nietzsche sind in einem zweibändigen Buch mit dem simplen Titel *Nietzsche* dokumentiert. Er fasst die Ergebnisse dieser Forschungen in dem 1950 in der Sammlung *Holzwege* veröffentlichtem Aufsatz *Nietzsches Wort «Gott ist tot»* zusammen. Das Kernthema dieser Schrift ist Nietzsches Nihilismus-Begriff und sein Verhältnis zur Metaphysik. Er betont darin, dass Nietzsche mit diesem Satz nicht primär eine eigene Meinung ausdrücken, sondern eine allgemeine Diagnose aussprechen möchte. Und zwar keine, die nur den Rückgang des Einflusses des Christentums meint oder die Moderne betrifft, sondern die das Schicksal der abendländischen Zivilisation seit Sokrates beschreibt. Der Begriff des «Nihilismus» bezeichne das Wesen der abendländischen Metaphysik – und damit meint Heidegger, mit Nietzsche, kein bloß ‹geistiges› Phänomen, sondern eines, das die gesamte abendländische Kultur betrifft, die eine der Entwertung aller Werte sei. Nietzsche erkennt Heidegger zufolge, dass diese umfassende Entwertung eine völlige Umwertung aller Werte erzwinge, die jedoch nicht nur den Inhalt der Werte betreffe, sondern die Art und Weise des Wertens selbst. Das Werten soll nun unter dem Gesichtspunkt des «Willens zur Macht» erfolgen, den Heidegger als «Willen zum Willen», als sich selbst bejahenden Willen, deutet. Heidegger versteht Nietzsches Denken so als äußersten Subjektivismus und Relativismus; damit jedoch in Wahrheit nicht als Gegenentwurf zur Metaphysik, sondern als ihre Vollendung. Denn in Nietzsches Reduktion alles «Seienden» auf den «Willen zur Macht» spreche Nietzsche in Wahrheit nur das innere Wesen der Metaphysik aus, die von Beginn an dahin tendierte, kein transzendentes «Sein» mehr anzunehmen, sondern es nurmehr als Material der Willkür des Subjekts aufzufassen.

Heidegger will nun gegen Nietzsche – wie er in diesem Text nur andeutet, in anderen aus derselben Zeit jedoch deutlich genug konzipiert – ein grundsätzlich anderes Denken in Anschlag bringen, das nicht mehr darauf ausgerichtet ist, das Seiende zu einem bloßen Objekt des Subjekts zu verdinglichen, sondern das ganz vom Vorrang eines transzendenten, unverfügbaren Seins gegenüber dem Subjekt ausgeht. Bezugspunkt sind dabei u. a. der aristotelische Naturbegriff, der der *phýsis* (altgr., Natur) noch ein Eigengewicht einräume,[367] und die mit ihm verbundene Handlungstheorie, die die Praxis noch nicht als zwecksetzende Tätigkeit, sondern als komplexes Zusammenspiel zwischen dem Handelnden und seiner Umwelt auffasst, in dem dem ‹Objekt› das Primat gegenüber dem ‹Subjekt› zukomme.[368] Die Menschheit müsse sich wieder von jenem «Sein» ansprechen lassen, sonst drohe ihr Untergang. Auch der Faschismus wird nun als Bewegung des «Willens zur Macht» gedeutet, der keinen Ausweg aus der «Verfallenheit» biete. In einer privaten Notiz bringt Heidegger seine Nietzsche-Kritik auf folgenden Punkt:

> Nietzsche ist in der Überwindung der Metaphysik die letzte und eigentliche Gefahrenstelle, weil sein Denken sich ausnimmt wie eine solche Überwindung, in Wahrheit aber nur eine Umkehrung der Metaphysik und so ihre gefährliche Verfestigung wird. Deshalb bleibt auch Nietzsches Begriff des Nihilismus eine Halbheit[.][369]

Man sieht hier wieder deutlich, wie sehr Heideggers Denken dem Marxismus ähnelt. Er spricht immer wieder ganz explizit davon, dass seit etwa 400 Jahren ein grundlegender Wandel in der «Seinsgeschichte» stattgefunden habe – also genau zu der Zeit, auf die Marx den Beginn des Aufstiegs der kapitalistischen Produktionsweise zur herrschenden datiert. In seinem Nietzsche-Aufsatz charakterisiert Heidegger diesen Übergang folgendermaßen und vermischt dabei sichtlich marxistische und nietzscheanische Motive:

> An die Stelle der geschwundenen Autorität Gottes und des Lehramtes der Kirche tritt die Autorität des Gewissens, drängt

367 Vgl. *Vom Wesen und Begriff der Φύσις*. Heidegger geht davon aus, dass Aristoteles' Werk zweideutig sei und in ihm sowohl die Metaphysik begründet werde als auch ein nichtmetaphysisches Denken, das es entgegen der herrschenden Interpretation zu rekonstruieren gelte.

368 Vgl. *Die Frage nach der Technik*, 9–13.

369 *Überlegungen XII–XV*, 134.

> sich die Autorität der Vernunft. Gegen diese erhebt sich der soziale Instinkt. Die Weltflucht ins Übersinnliche wird ersetzt durch den historischen Fortschritt. Das jenseitige Ziel einer ewigen Seligkeit wandelt sich um in das irdische Glück der Meisten. Die Pflege des Kultus der Religion wird abgelöst durch die Begeisterung für das Schaffen einer Kultur oder für die Ausbreitung der Zivilisation. Das Schöpferische, vormals das Eigene des biblischen Gottes, wird zur Auszeichnung des menschlichen Tuns. Dessen Schaffen geht zuletzt in das Geschäft über.[370]

Parallelen gibt es auch zwischen dem Programm des späten Heidegger und dem Denken der Frankfurter Schule. 1968 soll Heidegger protestierenden Studenten sogar gesagt haben, sie wollen dasselbe, was er 1933 gewollt habe.[371]

Heidegger denkt freilich ‹radikaler› als alle genannten, insofern er ganz dezidiert davon spricht, dass es letztendlich darum gehen müsse, über 2.000 Jahre europäische Geschichte ungeschehen zu machen. Heidegger weiß selbst, dass diese Umkehr nicht durch menschliche Handlungen erreicht werden kann – dies würde ja seiner Kritik des auf Machbarkeit ausgerichteten Denkens zutiefst widersprechen. «Nur noch ein Gott kann uns retten», war in seinen späten Jahren seine Devise.[372]

Vor dem Hintergrund des sich abzeichnenden Versagens unserer Zivilisation angesichts des drohenden Klimakollaps mag man dem Pessimismus des späten Heidegger durchaus etwas abgewinnen. Freilich ist es nicht so – wie oft behauptet –, dass sich Heidegger im Zuge seiner von ihm selbst so genannten geschichtsphilosophischen «Kehre» ab Mitte der 30er völlig vom Nationalsozialismus abgewandt hätte. Sein Ursprungsdenken bleibt weiterhin erhalten, auch wenn es sich nun derart ‹radikalisiert›, dass es zu keiner realpolitischen Vereinnahmung mehr taugt. Mit diesem Ursprungsdenken notwendig einher geht nämlich eine Feindbestimmung: Denn wenn es einen ‹guten Ursprung› gibt, von dem die Menschheit irgendwann abgefallen sei, dann muss es entweder im Ursprung selbst etwas ‹Unreines› geben – wodurch er nicht mehr nur gut wäre – oder es gibt eine böse Kraft von außen, die die Menschheit von jenem

370 *Nietzsches Wort*,20.
371 Vgl. Slavoj Žižek, *Die bösen Geister des himmlischen* Bereichs, 76 f.
372 So auch der Titel seines berühmten 1966 mit dem *Spiegel* geführten und nach seinem Tod 1976 veröffentlichten Interviews.

Urzustand weggeführt hätte. Letztendlich haben wir es mit der alten theologischen Frage zu tun, ob das Böse aus Gott selbst kommt oder ob der Teufel sozusagen ein ‹zweiter Gott› ist, der unabhängig vom ersten agiert.

Heideggers Denken schwankt in dieser Hinsicht. In *Sein und Zeit* stellt er wiederholt klar, dass auch die «Uneigentlichkeit» ein konstitutiver Bestandteil des Wesens des Daseins sei. Doch oft genug scheint er einer manichäischen Konzeption eines ‹Kampfes zwischen Gut und Böse› zugeneigt zu sein. Sein ganzer kulturkritischer Radikalismus ist nur vor dem Hintergrund dieser Lesart überhaupt sinnvoll. Das Problem an ihr ist nun, dass sie aufs Innerste mit Heideggers persönlichem Antisemitismus verbunden ist, den er Zeit seines Lebens aufrecht erhielt – obwohl, wie man betonen muss, sein wichtigster Mentor, Edmund Husserl (1859–1938), der Begründer der Phänomenologie, jüdischer Abstammung war, er mit der Jüdin Hannah Arendt eine intensive Liebesbeziehung hatte[373] und sich wie erwähnt mit jüdischen Dichtern wie Paul Celan austauschte. Gerade in seinen Nietzsche-Vorlesungen kritisiert er auch immer wieder plumpe rassistische und biologistische Interpretationen Nietzsches, wie sie unter den Nazis *en vogue* waren. Doch das Problem ist, dass Heideggers kulturkritisches Denken, insofern es einen reinen Ursprung voraussetzt und einen äußeren Feind, der diesen verderbe, sich einer Denklogik bedient, die haargenau dem antisemitischen Bild vom Juden als vom außen kommenden Feind entspricht, von dem das ‹Eigene› gereinigt werden müsse, um wieder unschuldig werden zu können.

Dementsprechend hat Heidegger in seinen als *Schwarze Hefte* bezeichneten Aufzeichnungen eine Art ‹geistigen Antisemitismus› entwickelt. Sie wurden erst in den letzten Jahren der breiten Öffentlichkeit zugänglich, was zu einem neuen Aufflammen der ‹Heidegger-Debatte› führte. Interessant sind diese in mehreren Bänden publizierten Nachlassfragmente – die Heidegger freilich dezidiert publiziert sehen wollte –, weil sie einen Einblick in das politische Denken Heideggers gestatten, das er in seinen zu Lebzeiten publizierten Werken oft bis zur Unkenntlichkeit codiert. Er selbst bezeichnet seine Aufzeichnungen als «Versuch des einfachen Nennens»[374].

---

373 Arendt entwickelte eine eigenständige Spielart des Nietzscheanismus, auf die wir später noch zurückkommen werden.

374 Motto (ohne Seitenzahl) von *Überlegungen II–VI.*

Diese Fragmente sind dem Inhalt nach sehr heterogen, doch sie laufen auf eine recht klare Grundtendenz hinaus: Anfangs vom Nationalsozialismus begeistert, erkennt Heidegger mehr und mehr seine Schwächen, spricht sogar wiederholt vom «Irrtum von 1933» und verspottet ihn als «*Rational-sozialismus*»[375]. *Allerdings spricht er eben nur von einem «Irrtum», keiner moralichen Verfehlung.* Heidegger bleibt durchweg ein treuer Nazi, der den Nationalsozialismus nur falsch umgesetzt findet. Er unterscheidet selbst zwischen einem «*Vulgärnationalsozialismus*»[376], für den er beispielhaft Hitlers *Mein Kampf* anführt, von einem «geistige[n] Nationalsozialismus»[377], dessen Aufgabe es insbesondere sei, die «Verbürgerlichung der Bewegung»[378] durch eine Zerstörung des «Geist des Bürgertums» (ebd.) zu verunmöglichen.

Zu jenem «geistigen Nationalsozialismus» gehört ein entsprechender ‹geistiger Antisemitismus›, als dessen direkte Quelle, wie oben gezeigt, Nietzsche zu benennen ist. Was Nietzsche noch gebrochen und vorsichtig formuliert, spitzt Heidegger zu: «Die modernen Systeme der totalen Diktatur entstammen dem jüdisch-christlichen Monotheismus.»[379] Das ist zum einen gegen das Wiedererstarken des Christentums nach dem Krieg, das Heidegger sehr kritisch beurteilt, gemünzt – zum anderen aber natürlich auch gegen das Judentum. Die «Judenschaft» sei «im Zeitraum des christlichen Abendlandes, d. h. der Metaphysik, das Prinzip der Zerstörung».[380] Wo Nietzsche differenziert, verschwinden bei Heidegger alle Unterschiede in einem großen Einheitsbrei, bei dem letztendlich eine große Gleichung ‹Judentum = Christentum = Metaphysik = Technik = Totalitarismus = Schoah› herauskommt. Nietzsche bemüht sich stets um Nuancierung, für Heidegger ist das rationalistischer Firlefanz:

> Wenn das wesenhaft «Jüdische» im metaphysischen Sinne gegen das Jüdische kämpft, ist der Höhepunkt der Selbstvernichtung in der Geschichte erreicht; gesetzt, daß das «Jüdische» überall die Herrschaft vollständig an sich gerissen hat, so daß auch die

375 *Überlegungen XII–XV*, 195.
376 Ebd., 142.
377 Ebd., 135.
378 Ebd., 136.
379 *Anmerkungen I–V*, 438.
380 Ebd., 20.

> Bekämpfung «des Jüdischen» und sie zuvörderst in die Botmäßigkeit zu ihm gelangt.[381]

Letztendlich seien es also – ‹metaphysisch betrachtet› – die Juden selbst, die ihre eigene Vernichtung zu verantworten hätten. Dass sich hier Heidegger offensichtlich selbst von seiner eigenen Mitverantwortung freisprechen will, und das deutsche Volk mit ihm, liegt auf der Hand. Generell ist die Lektüre der *Schwarzen Hefte* ein anstrengendes Unterfangen: Man sieht sich in ihnen mit einem Menschen konfrontiert, der zwar über ein geniales Feingefühl verfügt und viele Tendenzen seiner Umgebung sehr klar erkennt, der aber zugleich offensichtlich größenwahnsinnig ist und jede moralische Sensibilität vermissen lässt. Es ist schwer, der Versuchung zu widerstehen, sich ihm entweder zu unterwerfen oder ihn rundheraus abzulehnen. Zwar bezeichnet Heidegger den Antisemitismus als «töricht und [...] verwerflich»[382], doch im selben Atemzug lastet er ihn wieder den Juden an, indem er ihn mit der christlichen Heidenverfolgung vergleicht. Und wenn man dann Sätze wie diesen ließt, fragt man sich schon, wo eigentlich genau die Trennlinie zwischen Heideggers ‹tiefen› und dem ‹vulgären› Antisemitismus der Schlächter der Konzentrationslager verläuft:

> Das Weltjudentum, aufgestachelt durch die aus Deutschland hinausgelassenen Emigranten, ist überall unfaßbar und braucht sich bei aller Machtentfaltung nirgends an kriegerischen Handlungen beteiligen, wogegen uns nur bleibt, das beste Blut der Besten des eigenen Volkes zu opfern.[383]

Für solche Sätze kann es wirklich kein Verständnis und keine Entschuldigung geben, sie lassen sich nur mit einem tiefsitzenden antisemitischen Wahn erklären, der so sehr zum Teil der eigenen Identität geworden ist, dass jede Empirie unterdrückt werden muss. Ein trauriges Beispiel, wie die Philosophie dafür missbraucht werden kann, den eigenen Irrsinn zum geschlossenen Wahnsystem abzudichten. Nietzsche mag allerlei unsinniges Zeug geschrieben haben – solche Sätze finden sich bei ihm nicht. Vielleicht brach seine Psyche zusammen, weil ihm genau eine solche Ideologie fehlte. – Zumal hier ja angedeutet wird, dass es Heidegger als Fehler ansieht, die Emigranten

381 Ebd.
382 Ebd., 159.
383 *Überlegungen XII–XV*, 262.

aus Deutschland «hinausgelassen» zu haben. Hätte man sie vielleicht umbringen sollen, solange man noch die Möglichkeit dazu hatte?

Freilich spricht Heidegger hier nicht einfach nur als Individuum, sondern als Sprachrohr eines Kollektivs, dessen ‹Geist› (oder besser: Ungeist) er hier auf den ‹Begriff› (oder besser: in pseudobegriffliches Geraune) bringt. Viele Deutsche bedurften in jener Zeit der Konstruktion eines ‹teuflischen Prinzips›, das Schuld an allem Übel war, insbesondere an der traumatischen Erfahrung der Niederlage im Krieg und der Konfrontation mit den eigenen Verbrechen. Sie diente dazu, die Kränkung des eigenen Narzissmus abzuwehren. Eine Denkweise, die mitnichten ein Ding der Vergangenheit ist: Heute sind krude Verschwörungsmythologien zur einfachen Welterklärung so *en vogue* wie lange nicht mehr und auch in linken Kreisen gibt es die Tendenz, alles Schlechte undifferenziert ‹dem Neoliberalismus› auf eine Art und Weise zuzuschieben, die jenem Ungeist nur allzu ähnlich ist. Man geht vielleicht nicht den Schritt, für ihn eine bestimmte Gruppe von Menschen verantwortlich zu machen, die es auszurotten gelte, doch man strukturiert die Welt trotzdem nach einem realitätsfremden dualistischen Prinzip, man lebt, mit Nietzsche gesprochen, im Geist des Ressentiments. Interessant ist, dass gerade *Zur Genealogie der Moral* in Heideggers Nietzsche-Interpretation keine signifikante Rolle spielt – da war Heidegger Nietzsche wohl zu ‹verjudet›.[384]

Was lässt sich nun für ein Fazit ziehen zu Heidegger? Ich bin der Auffassung – und ich muss hier wirklich «ich» sagen, weil ich keinen einzigen maßgeblichen Heidegger-Forscher kenne, der diese Auffassung vertreten würde –, dass man Heideggers Denken nur gerecht wird, wenn man es als konsequenten, authentischen Ausdruck einer bäuerlichen Ideologie versteht.[385] Heidegger wuchs in der schwäbischen Provinz auf und der Be-

384 Man muss freilich zugestehen, dass Heidegger in seinen helleren Momenten diese Problematik auch selbst sieht und z.B. kritisiert, den Gegner als Feind zu betrachten und zu verteufeln (vgl. *Überlegungen VII–XI*, 56 f.). Am «Vulgärnationalsozialismus» kritisiert er entsprechend die Vorstellung, dass die «bloße[] Beseitigung von Hemmungen» (*Überlegungen II–VI*, 144) in Gestalt von unliebsamen Menschengruppen etwas bewirken könne. Man beachte hier das «bloß»!

385 Ich bin freilich auf einen Artikel aus der neurechten Zeitschrift *Sezession* gestoßen, in dem Heidegger genau als Fürsprecher des Bauerntums ins (oder sollte man vielleicht sagen: aufs) Feld geführt wird: Sebastian Hennig, *Der Bauer ist kein Spielzeug*.

zug zu seiner Heimat und ihrem Dialekt spielen einen erheblichen Einfluss für seine Identität als Philosoph.[386] Seinen eigenen Namen interpretiert Heidegger in seinem Nachlass wie folgt: «*Heid-egger* / einer, der auf unangebautes Land, Heide, trifft und diese eggt.»[387] In dem Aufsatz *Schöpferische Landschaft. Warum bleiben wir in der Provinz?* begründet Heidegger 1933, warum er seine Berufung nach Berlin im selben Jahr ausschlug, dort charakterisiert er am eindrücklichsten die Bedeutung, die die Nähe zum bäuerlichen Leben für ihn spielt.[388] Eine Liebe, die nicht unerwidert blieb: In seinem schwäbischen Heimatdorf Meßkirch war er eine angesehene Figur des öffentlichen Lebens, 1959 wurde er zum Ehrenbürger ernannt.[389]

In seinem gesamten Werk wimmelt es nur so von aus der ländlichen Lebenswelt entnommenen Bildern und Metaphern. Im *Brief über den Humanismus* von 1947, in dem er entschieden die Abkehr vom Humanismus propagiert, spricht Heidegger etwa vom Menschen als «Hirt des Seins» (331) und endet:

> Das Denken legt mit seinem Sagen unscheinbare Furchen in die Sprache. Sie sind noch unscheinbarer als die Furchen, die der Landmann langsamen Schrittes durch das Feld zieht.[390]

In seinen Nachlassfragmenten spricht er davon, dass «die Mutter von Allem […] die unversehrte Erde»[391] sei und dass «unsere Heimat, der Kern des südwestdeutschen Landes, der geschichtliche Geburtsort des abendländischen Wesens seyn wird»[392]. Über dieselbe schreibt er auch:

> Meine Heimat, das Dorf und der Hof meiner Mutter, ist ganz durchweht von Lüften und durchströmt von den Quellen *Hölderlins*, hat durchaus die Härte und Prägsamkeit und Abgründigkeit des Hegelschen Begriffes und ist durchwaltet von jenem weit sich vorwagenden «spekulativen» Drang Schellings[.][393]

386 Vgl. das erste Kapitel von Rüdiger Safranskis Biographie *Ein Meister aus Deutschland. Heidegger und seine Zeit* (15–30), das eine sehr schöne Darstellung von Heideggers idyllischer Kindheit beinhaltet.

387 *Anmerkungen I–V*, 62.

388 Der Texte wurde 1933/34 mehrmals im Rundfunk gesendet. *Der Alemanne*, «das Kampfblatt der Nationalsozialisten Oberbadens» (Kommentar zum Artikel in *Gesamtausgabe*, Bd. I/13, 256) veröffentliche den Text 1934 erstmals vollständig.

389 Vgl. Safranski, *Meister aus Deutschland*, 491.

390 364.

391 *Anmerkungen I–V*, 52.

392 Ebd., 54.

393 Ebd., 350.

Sogar im badischen Freiburg fühle er sich fremd, da ihm die «Stammeszugehörigkeit» (ebd.) fehle. Gegen die Bodenlosigkeit der modernen Zivilisation betont er dezidiert die Überlegenheit des *bauenden* Bauerns:

> Man will wohnen (In-der-Welt-sein) oder was dem ähnlich zu sein scheint, ohne zu bauen im urbaren Land. Man sieht nicht, dass das Bauen ist das ursprünglich-anfängliche Wohnen[.][394]

Man ist geneigt, solche Passagen, wie etwa Adorno, als bloßen Kitsch abzutun oder als persönliche Marotte Heideggers. Doch vielleicht führt es weiter, sie im Gegenteil sehr ernst zu nehmen und als Schlüssel zu Heideggers Werk zu begreifen. Man muss wissen, dass Deutschland bis weit ins 20. Jahrhundert hinein so agrarisch geprägt war, wie kein anderes fortgeschrittenes Industrieland. Gleichzeitig führte aber die Industrialisierung dazu, dass die Lebensbedingungen der Bauern immer schlechter wurden. Wie man ihre Not lindern kann, war eine zentrale politische Frage der Zeit und insbesondere die NSDAP schaffte es, sich als Interessenvertretung des Bauerntums zu inszenieren.[395] Wie schon für den Aufstieg Napoleons III., des Prototyps aller späteren Faschisten, waren die Bauern ein entscheidender Faktor für denjenigen der Nazis. Marx analysiert das sehr treffend in *Der achtzehnte Brumaire des Louis Bonaparte* (1852): Die Bauern stehen einerseits in fundamentaler Opposition zur modernen Gesellschaft, weil sie spüren, dass es nur noch eine Frage der Zeit ist, bis sie von ihr auf den Misthaufen der Geschichte geschleu-

---

394 Ebd., 55. Vgl. auch ebd., 312, wo Heidegger eine etymologische Verbindung zwischen ‹Bauen› und ‹Wohnen› konstruiert.

395 Vgl. hierzu etwa Rosenberg, *Mythus*, 533 und Adam Tooze, *Ökonomie der Zerstörung*, 201–239. Der versierte Ökonomiehistoriker zeigt hier detailliert auf, dass die NS-Agrarpolitik durchaus nicht vollkommen wahnwitzig war, sondern auf akute soziale Probleme reagierte: 1933 lebten mehr als die Hälfte aller Deutschen in Dörfern und Kleinstädten, fast ein Drittel der arbeitenden Bevölkerung war in der Landwirtschaft tätig (vgl. ebd., 202). Ein zentrales Problem der deutschen Bauern war insbesondere, dass sie über vergleichsweise nur sehr wenig Ackerland pro Kopf verfügten und dieses knappe Land sehr ungleich zugunsten weniger Großgrundbesitzer verteilt war (vgl. ebd., 212 f.). Tooze rechnet allerdings vor, dass selbst eine radikale Bodenreform das Problem der Landbevölkerung nur bedingt gelöst hätte (vgl. 216). Man stand vor der Wahl, die Industrialisierung zu befördern und das Landleben mehr und mehr aufzulösen – oder neuen Raum zu erobern, auf dem man die Bauern ansiedeln konnte. – Heute leben etwa 80 % der Deutschen in Städten (Tendenz steigend) und 2 % der Erwerbstätigen sind in der Landwirtschaft tätig.

dert werden; zugleich sind sie jedoch aufgrund ihrer traditionellen, vereinzelten Lebensweise nicht fähig, ein wirkliches Klassenbewusstsein zu entwickeln. Sie sind daher besonders anfällig für autoritäre Politiker, die ihnen versprechen, ihren eigentlich zum Untergang bestimmten Stand durch künstliche Subventionen am Leben zu erhalten, wie es auch die Politik des NS war.

Die moderne Lebenswelt blieb Heidegger so fremd wie sonst keinem Denker der Moderne. Er bezieht sich auffällig wenig auf moderne Künstler, seine Notizen in den *Schwarzen Heften* verraten, wie sehr er selbst ähnlich gesinnte, auf ihn jedoch städtisch wirkende, «Literaten» wie Spengler und Jünger verachtet. Die bäuerliche, traditions- und naturverbundene Lebensweise bleibt für ihn das Ideal, die Moderne und die Stadt werden in Bausch und Bogen verdammt und als Bedrohung empfunden. Zugleich spürt er, dass die moderne Welt das Dorf immer mehr auflöst, und dass nur ihr völliger Zusammenbruch daran noch etwas ändern könnte, den er in seinem Spätwerk mehr und mehr als einzige Chance für einen neuen Anfang herbeisehnt.

Dieser eigenartige, heute kaum noch authentisch einnehmbare Standpunkt ist es vielleicht, der uns Heidegger so seltsam fremd macht, der aber vielleicht auch seine eigentliche philosophische Größe markiert: eine Philosophie des modernen Bauerntums geschaffen zu haben. Hierin könnte auch seine eigentliche Aktualität liegen, denn der Konflikt zwischen Stadt und Land ist noch lange keine Sache der Vergangenheit; im Gegenteil: Die Proteste der Gelbwesten in Frankreich etwa entstanden in der Provinz und drangen erst dann in die Metropolen vor; man vergleiche die Wahlergebnisse der AfD in ländlichen Regionen mit denen in den Städten. Auf der ganzen Welt ist gegenwärtig eine ungeheure Landflucht im Gange, die dazu führt, dass in den Städten die Immobilienpreise ungeahnte Höhen erreichen und gleichzeitig ganze Regionen zunehmend vergreisen, sich entvölkern und sich abgehängt fühlen. Immer wieder wird thematisiert, dass es ein nicht zu unterschätzendes Problem ist, dass es gerade die Frauen sind, die diese Gegenden verlassen und junge frustrierte Männer zurücklassen, die keine Partnerin finden.

Die kosmopolitane Linke hat diese Leute ebenso abgeschrieben wie sie auch Heidegger längst zum Nazi abgestempelt hat, den man noch nicht einmal zu lesen braucht. Doch vielleicht sollten wir beginnen, Heideggers Warnung wieder ernst zu nehmen: Ist das Absterben der Provinz nicht tatsächlich ein ernstes

Problem, das letztendlich uns, die wir in den Städten leben, betrifft? Wir reden viel davon, dass man sich mit ‹dem Anderen› konfrontieren müsste: Doch das müsste ebenso der abgehängte brandenburgische Bauernsohn ohne Zukunftsperspektive sein wie die Migrantin aus einem Dorf in Nigeria, die hier ihr Glück sucht – und in den meisten Fällen nicht findet. Sogar Marx hat im vormodernen Lebensstil der russischen Landbevölkerung eine Vorform des Kommunismus gesehen, an die man anknüpfen könnte[396] – und selbst der Kosmopolit Nietzsche, der sich an vielen Stellen sehr abfällig über das Bauerntum äußert,[397] sieht das Bauerntum als letzte Bastion wirklicher Vornehmheit gegen die moderne Dekadenz an.[398] Und sogar Adorno schreibt: «Den gesunden Widerspruchsgeist hat Hegel mit der Dickköpfigkeit des Bauern hervorgehoben, der jahrhundertelang lernte, Jagd und Zins der mächtigen Feudalherren zu überstehen.»[399] In ländlichen Regionen gibt es zwar genug Rückständigkeit und Borniertheit, doch auch einen authentischen Gemeinschaftssinn und Naturverbundenheit, die uns Städtern längst verlorengegangen sind. Wie ließe sich davon etwas retten ohne den reaktionären «Holzweg» Heideggers zu betreten? Eine Frage, mit der man sich ernsthaft befassen sollte, wenn man nicht will, dass das Land mehr und mehr ressimentgeladenen Nazibanden und der verwilderten Natur überlassen wird (wobei letztere Entwicklung vielleicht sogar zu begrüßen wäre).

3. Nietzsche in Faschismus & Nationalsozialismus

Wir haben gesehen, dass Nietzsche auf die Autoren der Konservativen Revolution einen entscheidenden Einfluss ausübte und es daher mehr als berechtigt ist, sie als rechts–nietzscheanische Bewegung zu charakterisieren. Zwar hatten alle diese Autoren ein mehr oder weniger gespaltenes, teilweise sogar ablehnendes, Verhältnis zum realexistierenden Faschismus, doch sie alle trugen durch ihre entschiedene Kritik an universalistischen Wer-

396 Vgl. seine «Entwürfe einer Antwort auf den Brief von V. I Sassulitsch».

397 Er bezeichnet etwa Luther als dümmlichen «Bauern-Apostel» (AC 53).

398 Vgl. etwa JGB 263 und Za *Könige* 1.

399 *Minima Moralia*, 126; Aph. 45.

ten, ihren Irrationalismus, ihren Führerkult, ihre Verteidigung diktatorischer Staatsgewalt, ihre offen zur Schau gestellte Ablehnung der Republik das Ihre dazu bei, die Schoah möglich zu machen. Trotz des hohen Niveaus, das die Schriften dieser Leute bisweilen aufweisen und mancher Aspekte ihres Denkens, die sich für ein linkes Projekt verwenden lassen, ist das doch der Kontext, in dem ihr Wirken letztendlich zu betrachten ist. Generell ist das Versagen Weimars nicht zuletzt ein Versagen der Intellektuellen dieser Zeit: Der Republik gelang es nie, eine wirkliche kulturelle Hegemonie herzustellen. Viele Intellektuelle tendierten nach rechts, andere nach links außen, wieder andere frönten einem individualistisch-ästhetizistischen Nihilismus. Es gibt eigentlich keinen bedeutenden Philosophen, der offensiv für die Werte der Republik eingetreten wäre. Gerade die Geisteswissenschaften mussten vom Nationalsozialismus oftmals gar nicht erst mühsam auf Linie gebracht werden – sie waren es schon zuvor. Und auch die Studentenschaft war an vielen Universtäten schon längst mehrheitlich braun.

Aus dieser Beobachtung folgt natürlich auch, dass die linksradikalen Intellektuellen eine gewisse Mitschuld an der Destabilisierung der Republik trifft. Doch es ist ein anderes, ob man die Republik ablehnt, weil sie den eigenen Werten nicht genug entspricht, oder ob man sie im Namen von Werten kritisiert, die zutiefst antirepublikanisch sind. Letztendlich hätte die Republik nur gerettet werden können, wenn es – wie in Frankreich und (wenn auch erfolglos – u. a. aufgrund mangelnder Unterstützung durch die bürgerlichen Staaten) in Spanien – zu einem breiten Bündnis der linken und bürgerlichen Kräfte gekommen wäre. Es gab Versuche, ein solches Bündnis zu schmieden – etwa in dem Kampfbund Eiserne Front –, doch diese scheiterten vor allem an der Zerstrittenheit des linken Lagers. Vielen war die bürgerliche Republik so verhasst, dass sie sie lieber untergehen ließen als sie zu verteidigen – und anders herum hatten viele Bürgerliche eine so große Angst vor der ‹roten Gefahr›, dass sie lieber noch Hitler unterstützten. – Man sieht, dass wirklich ein Versagen *aller* zum Aufstieg Hitlers geführt hat.

In diesem Kapitel soll es nun darum gehen, inwieweit Nietzsche nun nicht von jenen nützlichen Idioten rezipiert wurde, sondern von ideologischen Hardlinern und Politikern des Nationalsozialismus. Wie gesagt ist die Trennlinie zwischen beiden Gruppen nicht sehr scharf und es soll damit nicht suggeriert werden, dass die anderen in diesem Kapitel vorgestellten Intellektuellen darum unschuldig wären. Der Fairness halber gilt es doch zu betonen, dass es eben doch einen Unterschied macht, ob man, wie etwa Heidegger, nur eine sehr allgemeine philosophische Rechtfertigung des Nationalsozialismus gibt und sich dann enttäuscht zurückzieht, oder ob man sein Denken mehr oder weniger ganz in den Dienst des Nationalsozialismus stellte.

a) Nietzsche im italienischen Faschismus

Werfen wir zunächst einen kurzen Seitenblick nach Italien, wo Benito Mussolini (1883–1945) schon ab 1922 an der Macht war. Man muss sich zunächst vor Augen halten, dass der italienische Faschismus und der deutsche Nationalsozialismus zwar einig darin sind, dass das Chaos der modernen Gesellschaft nur durch eine straff organisierte Diktatur zu überwinden sei, die sich nach außen wie nach innen brutalster Gewalt gegen ihre Feinde bedienen dürfe. Doch der italienische Faschismus besitzt gegenüber dem Nationalsozialismus doch ein gewisses ‹Niveau›. Mussolini war beispielsweise kein Antisemit und es gab viele Juden (wie etwa den Philosophen Karl Löwith), die 1933 nach Italien flohen. Der ‹Duce› äußerte sich zum Antisemitismus der Nazis sogar kritisch. Während der Nationalsozialismus keinerlei bedeutende Kunst und Kultur hervorbrachte und es nicht verstand, selbst die ihm grundsätzlich wohlgesonnenen Kulturschaffenden in sein Projekt erfolgreich zu integrieren, brachte sein italienisches Pendant doch eine nennenswerte faschistische Ästhetik und sogar Philosophie hervor. Wer etwa in Rom ist, sollte es nicht versäumen, die Esposizione Universale di Roma, ein unter Mussolini gebautes Viertel im Süden der Stadt zu besichtigen. Die Architektur dieses Viertels verbindet avantgardistische und neoklassizistische Züge in einer Weise, die durchaus beeindruckend ist – und von der man sich vorstellen kann, dass sie Nietzsche gefallen hätte. Am gewaltigen Palazzo della Civiltà Italiana (‹Palast der italienischen Zivilisation›) ist beispielsweise in riesigen Lettern zu lesen: «Ein Volk der Dichter, der Künstler, der Helden, der Heiligen, der Denker, der Wissenschaftler, der Seeleute, der Wandernden.» Könnte dies nicht ein Zitat von Nietzsche sein? Es ist jedoch eines von Mussolini und zwar aus einer Rede von 1935 anlässlich des Beginns des brutalen Angriffskriegs, den Italien bis 1936 gegen

Äthiopien führte. Es wurde massiv Giftgas eingesetzt, hunderttausende Zivilisten (wie viele genau ist umstritten) fanden den Tod. Mussolini etablierte in dem Land eine Terrorherrschaft, um seinem Traum von einem neuerwachten Römischen Reich näherzukommen. Man sieht also schnell, dass sich hinter der imposanten Fassade des italienischen Faschismus eben doch ein ganz triviales Terrorregime verbirgt.

Während Hitler und seine Helfer eher mediokre Figuren sind, kann auch dem ‹Duce› Mussolini ein gewisses ‹Niveau› nicht abgesprochen werden. Vor dem Ersten Weltkrieg war Mussolini Sozialist. Er verbrachte mehrere Jahre in der Schweiz und las dort Nietzsche im Original. Davon begeistert veröffentlichte er mehrere Aufsätze, in denen er Nietzsche als einen linken Denker darstellte. Er bezieht sich beispielsweise auf Nietzsches Kritik des Systemdenkens und der wirklichkeitsfernen Illusionen der Philosophen.[400] Entscheidend beeinflusst wurde er in dieser Zeit auch vom französischen Anarchisten Georges Sorel, auf den wir noch zu sprechen kommen werden. Er war ein äußerst fähiger Journalist und war sehr belesen. Freilich war schon der frühe Mussolini von einem irrationalistischen Geist der Vitalität und des Heroismus beseelt, den er damals freilich noch mit einem revolutionären Sozialismus verknüpfte. Auf Nietzsche brachte ihn der Dichter Gabriele D'Annunzio (1863–1938), der Nietzsche schon früh entdeckt hatte und als Wegbereiter des Faschismus gilt, auch wenn er zum realexistierenden Faschismus ähnlich wie seine deutschen Pendants stets eine gewisse ‹vornehme› Distanz wahrte. Trotzdem bezeichnete Mussolini in dieser Zeit Marx als «unser aller unsterblicher Meister»[401].

Mit Ausbruch des Ersten Weltkriegs schwenkte Mussolini wie viele andere Nietzscheaner in das rechte Lager um. Er trommelte nun für einen antideutschen Krieg und wetterte gegen den preußischen Sozialismus Marx', dem er einen nationalen Sozialismus entgegenstellte. Nach dem Krieg erfand er dann den Faschismus als politische Bewegung, die sich als über allen politischen Lagern stehend inszenierte. Nietzsche blieb er jedoch treu und unterhielt u.a. Verbindungen zum Weimarer Archiv, als dessen eifriger Mäzen er sich betätigte, dafür umge-

---

400 Vgl. *Der Geist des Faschismus,* 101 (Anm. d. Hg.).

401 Zit. n. Ernst Nolte, *Marx und Nietzsche im Sozialismus des jungen Mussolini,* 249.

kehrt von diesem propagandistisch unterstützt wurde.[402] 1920 spricht Mussolini die folgenden Worte, die wiederum fast ein Nietzsche-Zitat sein könnten:

> Der Kampf ist der Ursprung aller Dinge, denn das Leben ist ganz erfüllt von Gegensätzen: Liebe und Haß, weiß und schwarz, Tag und Nacht, gut und böse, und solange sich diese Gegensätze nicht das Gleichgewicht halten, wird der Kampf die menschliche Geschichte als letzte Schicksalsmacht bestimmen. Und es ist übrigens gut, daß es so ist. Heute kann der Kampf Krieg, wirtschaftlicher Kampf oder Kampf der Ideen sein, doch der Tag, an dem der Kampf zu wirken aufgehört hätte, wäre der Tag der Schwermut, des Endes und des Verfalls. Aber dieser Tag wird nicht kommen; eben weil die Geschichte sich immer als Wechselbild erweist. Wollte man zur Ruhe, zum Frieden, zur Beschaulichkeit zurückkehren, so würde man gegen die heutigen Bestrebungen unseres gegenwärtigen dynamischen Zeitalters ankämpfen. Es wird erst dann eine Zeit des Friedens geben, wenn die Völker sich dem christlichen Traum einer allgemeinen Brüderschaft hingeben und sich die Hände über Berge und Meere hinweg reichen werden. Ich für meinen Teil glaube nicht an diese Ideale, aber ich schließe sie nicht aus, denn ich schließe nichts aus.[403]

Und das erste Gebot für faschistische Milizsoldaten lautet entsprechend: «Der Faschist, besonders der Milizsoldat, darf nicht an einen ewigen Frieden glauben.»[404]

Hier sieht man freilich den Widerspruch der faschistischen Doktrin: Einerseits will sie, wie sich gleich zeigen wird, eine stabile Ordnung auf der Basis eines starken Staats schaffen, andererseits geht sie vom Leben als ‹ewigem Kampf› aus und erkennt die Moderne als «dynamisches Zeitalter». Mussolini beschäftigt derselbe Widerspruch wie die Denker der Konservativen Revolution – und letztendlich zeigt das traurige, geradezu lächerliche Schicksal seines Staates, dass er diesen Widerspruch nicht nur theoretisch, sondern auch in der Praxis nicht lösen konnte. Er hätte von Nietzsche lernen können, dass es eine einigermaßen stabile Ordnung nur geben kann, wenn sie das Dionysische, das Chaos, zu ihrer Basis macht und in sich aufhebt

402 Vgl. zu Mussolinis Biographie Mario Sznajders Eintrag zu Benito Mussolini in Christian Niemeyers *Nietzsche-Lexikon.*

403 *Der Geist des Faschismus*, 29 f.

404 Ebd., 45.

– starre, lebensferne Ordnungen werden stets zum Untergang bestimmt sein. Der einzige Weg freilich, das reale Problem der übertriebenen Dynamisierung der Welt in der Moderne zu lösen, ist die Überwindung der kapitalistischen Produktionsweise, das hätte Mussolini wissen können.

Der wichtigste Philosoph des italienischen Faschismus, Giovanni Gentile (1875–1944), verstand sich freilich interessanterweise nicht als Nietzscheaner, sondern als Hegelianer, der sich auch stark auf Marx und Fichte bezog. Seine Grunddoktrin ist die absolute Unterordnung des Einzelnen unter den Staat – eine Haltung, die mit Nietzsche nur schwer zu vereinbaren ist. Er soll der Ghostwriter von Mussolinis Schrift *La dottrina del fascismo* (*Der Geist des Faschismus*; 1932) sein. Nietzsche wird dort nirgends erwähnt,[405] stattdessen ein radikaler Antiindividualismus verfochten: «Wer Liberalismus sagt, sagt Individuum, wer Faschismus sagt, sagt Staat.» (23) Weiter heißt es: «[D]er Faschismus hat Ehrfurcht vor dem Gott der Büßer, der Heiligen und Helden und auch vor dem Gott, der von dem unschuldigen und schlichten Herzen des Volkes geschaut und angebetet wird.» (24) Es heißt zwar auch: «Der faschistische Staat ist Wille zur Macht und Herrschaft» (ebd.) und einer der Schlüsselbegriffe Mussolinis ist derjenige der *forza* (ital., Kraft), auch ist die Rede davon, dass «[d]er Faschist […] das ‹bequeme Leben›» (3) verachte, doch die Idee «eine[r] Partei, die eine Nation totalitär beherrscht» (19) und dass «der Staat ein Absolutum [sei], demgegenüber die Individuen und Gruppen Relative sind» (21) – das ist dann doch eher was für die Totalitätsfans Hegel und Fichte als den Systemkritiker Nietzsche. Der deutsche Herausgeber von *Der Geist des Faschismus* bringt Mussolinis Doktrin treffend auf den Punkt: «*Disziplin*, *Hierarchie*, *Autorität* treten an die Stelle von Freiheit, Gleichheit und Brüderlichkeit.» (101) Kein Wunder, dass sich wirkliche Nietzscheaner wie Julius Evola, auf den wir noch zu sprechen kommen werden, schnell von diesem Ordnungsstaat für fromme Kleinbürger abwandten. Mussolini mag Nietzsche als Person treu geblieben sein, als opportunistischer Machtpolitiker, der er vor allem war – sein Motto: «Wie immer bei den Faschisten war die Tat vor der Lehre da»[406] (wie die «Er-

405 Die deutsche Ausgabe dieser Schrift von 1943 versucht im Anmerkungsapparat gewisse Bezüge zwischen Mussolini und Nietzsche herzustellen, was eher gewollt als sachlich wirkt.

406 Ebd., 83.

folge» der italienischen Armee im Zweiten Weltkrieg beweisen, ist es anders herum doch manchmal besser …) –, nicht.

b) Nietzsche und der (Ver-)‹Führer›

Hitler (1889–1945) hingegen studierte weder Nietzsche noch irgendeinen anderen Philosophen.[407] Er war eine letztendlich mediokre, psychisch kranke Figur. Wer sich einmal die Mühe macht, *Mein Kampf* zu lesen, der wird dort einen enttäuschten Kleinbürger vorfinden, der über den allgemeinen Werteverfall wettert, aber niemanden, der sich jemals ernsthaft mit Nietzsche beschäftigt hat. Er war letztendlich nichts weiter als ein Schauspieler, ein «Schauspieler seines eignen Ideals»[408], vor dessen «*goldene[m] Zeitalter*»[409] Nietzsche, der von sich selbst sagt, dass er «wesentlich antitheatralisch geartet»[410] sei, warnte; nur eine nützliche Marionette der Machtcliquen, die ihn an die Macht hievten, um ihrem chaotischen «Unstaat»[411] der Stahltycoons, Junker, Verrückten und Glücksritter irgendwie einen Schein von Zusammenhalt zu geben. Hitler interessierte sich für Nietzsche höchstens aus taktischen Gründen: Weil er ihn als Symbolfigur brauchte, um bestimmte Milieus in die ‹Bewegung› einzugliedern.

1932 besuchte Hitler etwa das Weimarer Archiv und wurde von Förster-Nietzsche und ihren Mitarbeiten begeistert empfangen. 1933 schenkte das Archiv Hitler Nietzsches Stockdegen, Hitler wohnte 1935 Förster-Nietzsches Beerdigung bei. 1934 legte er zusammen mit Albert Speer (1905–1981), seinem Chefarchitekten, den Grundstein für eine gewaltige Nietzsche-Gedenkhalle neben dem Archiv, für das er selbst eine beträchtliche Summe spendete. Mussolini ließ sich ebenfalls nicht lumpen und ließ trotz des Krieges 1944 eine für diese Halle bestimmte Dionysos-

407 In seiner Studie *Hitlers Bücher. Seine Bibliothek – sein Denken* kommt der Historiker Timothy W. Ryback zu dem Fazit: «Hier erhaschen wir einen Blick auf Hitlers Denken. Es war bei Weitem nicht die Essenz der Philosophie Schopenhauers und Nietzsches, sondern eine Theorie, die aus Groschenheften und esoterischen Büchern zusammengeschustert war, welche die Grundlage für sein dürftiges, berechnendes und unmenschliches Weltbild lieferte.» (224)

408 JGB 97.

409 FaW *Turiner Brief* 11.

410 FW 368.

411 Vgl. Franz Neumanns aus dem IfS heraus entstandenes Standardwerk *Behemoth* von 1944.

Statue nach Weimar senden. Die Halle wurde nie fertiggestellt und steht bis heute wie ein gespenstisches Relikt neben dem Archiv-Gebäude. Gerüchten zufolge gehört sie mittlerweile einem russischen Oligarchen.

Während all jenen Besuchen entstanden Photographien, in denen sich Hitler wirksam als Nietzsche-Anhänger in Szene setzte. Doch es blieb nicht dabei. Man kann durchaus von einem Nietzsche-Kult im ‹Dritten Reich› sprechen, der einen traurigen Höhepunkt 1935 erreichte. Das Tannenberg-Denkmal, ein schon in den 20ern errichtetes, 1945 auf Befehl Hitlers von der Wehrmacht selbst gesprengtes gewaltiges burgähnliches Monument, das an den Sieg der deutschen Truppen in der Schlacht von Tannenberg 1914 unter dem Kommando Hindenburgs erinnern sollte, war von besonderer Bedeutung für den deutschen Nationalismus, da dieser Sieg als ‹Revanche› für die entscheidende Niederlage des Deutschen Ritterordens am selben Ort 1410 gegen das polnisch-litauische Heer verstanden wurde. Die Nazis gestalteten es um und weihten es 1935 feierlich neu ein: In dem Grabgewölbe des Denkmals sollten nun Hitlers *Mein Kampf*, Rosenbergs *Der Mythus des 20. Jahrhunderts* (mehr dazu später) und Nietzsches *Zarathustra* die höchste Blüte der deutschen Kultur verkörpern. Man hätte genauso gut Kants *Kritik der reinen Vernunft* neben ein Kochbuch *Köstliche Wurst-, Kraut- und Kartoffelgerichte* und einen Band mit Aktphotos fescher blond-blauäuiger Buben und Mädel in Dirndl und Lederhosen legen können – wahrscheinlich hätte man den tausenden in dieser Schlacht gefallenen Soldaten damit sogar mehr Ehre erwiesen. Eine deutliche Sprache bemühte auch der Filmtitel des Propagandafilms *Triumph des Willens* aus demselben Jahr von Leni Riefenstahl (1902–2003). Hitler selbst soll den Titel gewählt haben.[412]

c) Joseph und Michael

Freilich wäre ein so unbegabter Psychopath wie Hitler niemals an die Macht gekommen ohne Helfer, die wirklich talentiert waren. Sein Propagandaminister Joseph Goebbels (1897–1945) etwa war promovierter Germanist, er verfasste einige literarische Arbeiten, von denen die wichtigste, der Roman *Michael. Ein deutsches Schicksal in Tagebuchblättern*, 1929 erschien.

412 Vgl. Hans-Dieter König *Hitlers charismatische Masseninszenierungen*, 278.

Alle diese Texte triefen von Nietzsche-Bezügen und Goebbels blieb bis zu seinem Freitod (den er mit einem bis heute Grauen erweckenden Mord an seinen eigenen Kindern verband) ein begeisterter Nietzsche-Leser. Seinem *alter ego*, der Romanfigur Michael, wird nachgesagt, «mit Nietzschezitaten» um sich zu werfen, «als seien es Handgranaten»[413]. Ende 1924, im Jahr seines Beitritts in die NSDAP, notiert er in sein Tagebuch:

> Politik ist die in die Realität umgesetzte Weltanschauung. Die heutige Politik Europas ist die Gestaltung der Weltanschauung Nietzsches. Und so kann nur eins uns helfen: Den Übermenschen suchen in uns und um uns[.][414]

Und 1931, als er schon Reichspropagandaleiter der Partei war, heißt es dort: «Ich lese Nietzsche. Und berausche mich an seiner harten Lehre. Und diese Sprache! Eine Erquickung!»[415]

Zumindest Goebbels' eigenem Selbstverständnis nach war seine Politik also ein in die Praxis umgesetzter Nietzscheanismus. Er entnahm Nietzsche vor allem eine Bestätigung seines tiefsitzenden Ressentiments gegen die Moderne, aber zugleich eine Inspiration dazu, sich mit ihr nicht abzufinden, sondern sich mit aller Kraft für ein politisches Gegenmodell zu ihr zu engagieren, für das bei ihm der «Übermensch» zur Chiffre wird. Wer die bisweilen genialen Reden Goebbels' hört, kann sich des Eindrucks nicht erwehren, dass da jemand spricht, der seine Rhetorik intensiv an derjenigen Nietzsches geschult und perfektioniert hat. Und auch seine Kulturpolitik zeugt von einem klaren strategischen Sinn, den Goebbels ohne seine philosophische Schulung wahrscheinlich nicht erreicht hätte. Nietzsches ‹harte Lehre› mag ihm dabei geholfen haben, die Skrupellosigkeit und Empathielosigkeit zu entwickeln, die seine gesamte politische Karriere bis zum Kindsmord charakterisiert.[416] Nicht

413 Heinz Pol, *Goebbels als Dichter*, 133. Dieses Zitat bringt allerdings auch eine im Rückblick naive Unterschätzung der Nazis zum Ausdruck, denn es lautet im Kontext: «[D]ie Säulen des Dritten Reiches […] werden keine Köpfe rollen lassen – aber sie werden, wie Herr Michael, mit Nietzschezitaten um sich werfen, als seien es Handgranaten.»

414 Zit. n. Klaus Goch: *Goebbels liest* Nietzsche, 498. Dieser Aufsatz ist die Hauptquelle des gesamten Abschnitts zu Goebbels.

415 Zit. n. ebd.

416 Den Mord an seinen eigenen Kindern trotz Angeboten, sie aus Berlin zu entfernen, kehre ich hier hervor, um die Kaltblütigkeit der *Person* Goebbels' zu verdeutlichen. Nicht vergessen werden darf natürlich, dass er wesentlich daran beteiligt war, Millionen von unschuldigen Kindern und Erwachsenen in den Tod zu schicken.

zuletzt ist es aber möglich, dass Nietzsches Wahrheitskritik und seine Apologie des Zynikers Cesare Borgia Goebbels davon überzeugt haben, dass wissenschaftlicher Wahrheit kein absoluter Wert zukommt und dass lügen nicht unbedingt schlecht sein muss, sondern sogar gut sein kann.

d) Nietzsche in der nationalsozialistischen Ideologie

α) Nietzsches Deutschenhass umgewertet

Als die drei wichtigsten Ideologen des Nationalsozialismus können Alfred Rosenberg, Ernst Krieck und Alfred Baeumler gelten. Doch betrachten wir zuvor einen Zeitungsartikel von einer weniger bedeutenden Figur, einem gewissen Dr. Arthur Rathje, über den sonst nur herauszufinden war, dass er auch einen zweiteiligen Artikel über *Die Frau im Luftschutz* verfasste.[417] Der Artikel *Was bedeutet Nietzsches Deutschen-Haß?* erschien am 24.5.1934 im *Völkischen Beobachter*, dem wichtigsten, täglich erscheinenden Organ der NSDAP. Der Artikel ist deshalb interessant, weil hier direkt die aus nationalsozialistischer Sicht wohl brennendste Frage bezüglich Nietzsche adressiert wird: Wieso soll man sich ausgerechnet positiv auf Nietzsche beziehen, der sich immer wieder extrem ablehnend zu Deutschland äußerte? Die Antwort Rathjes: Nietzsches

> Deutschenhaß galt dem Geist des jungen Kaiserreichs, der nach den Siegen von 70/71 nur in der festgefügten machtpolitischen Gestalt schon die Erfüllung des deutschen Schicksals zu erkennen glaubte.

Das Bismarcksche Reich sei «nur äußerlich politisch, doch nicht innerlich völkisch geeint» gewesen, es habe materiellem Wohlstand und politischer Macht gefrönt und dabei die wahre Aufgabe seiner kulturellen Selbstwerdung vergessen:

> Kultur entartete in Bildungswahn; dieser diente nur noch dem Geltungsbedürfnis, und dieses wiederum führte zum Standesdünkel. Der deutsche Werde-Prozeß war gehemmt, unterbrochen. Dadurch verlor das deutsche Gewissen seine ethische Nährkraft.

---

417 Er verfasste für den *Völkischen Beobachter* vom 22.1.1934 einen weiteren Artikel zu Nietzsche mit dem Titel *Nietzsche und das neue Werden.*

Selbst Nietzsches Rede von einer nötigen «Entdeutschung»[418] wird so interpretiert, dass sie sich nur gegen jenes ‹falsche Deutschland› gerichtet habe – das wahre werde nun Wirklichkeit unter Adolf Hitler, mit dem der Werdeprozess des deutschen Volkes endlich zur «Vollendung eines völkisch geschlossenen Seins reifen kann, das einzig die schicksalhafte Bestimmung des Deutschtums immer war und sein wird.» Als Referenz für diese Deutung zieht Rathje Bertrams Nietzsche-Buch heran.

β) *Der Mythus des halbgebildeten Spießers*

Chefredakteur bzw., wie es damals hieß, ‹Hauptschriftleiter› des *Völkischen Beobachter* war zu dieser Zeit Alfred Rosenberg (1893–1946), dessen Bedeutung schon daraus ersichtlich wird, dass sein Hauptwerk im Tannenberg-Denkmal niedergelegt wurde. Rosenberg war ein Deutschbalte aus Tallinn, der, als russischer Staatsbürger, die Oktoberrevolution in Moskau live miterlebte. Die Erfahrung der Revolution überzeugte ihn davon, dass hinter ihr Juden stecken würden – der Kampf gegen den ‹jüdischen Internationalismus› wurde fortan sein Hauptanliegen und er gehörte, ab 1918 in Deutschland, zu den Gründungsmitgliedern der nationalsozialistischen Bewegung. Ab 1934 leitete er das einflussreiche «Amt Rosenberg», ab 1941 war er zudem Reichsminister für die besetzten Ostgebiete. In beiden Funktionen beteiligte er sich maßgeblich an der Planung und Ausführung des brutalen Angriffskriegs gegen die Sowjetunion und der Schoah. 1946 wurde Rosenberg für seine Verbrechen in den Nürnberger Prozessen zum Tode verurteilt.

Sein Hauptwerk *Der Mythus des 20. Jahrhunderts. Eine Wertung der seelisch-geistigen Gestaltungskräfte unserer Zeit* erschien 1930 und verkaufte sich bis zum Ende des Krieges mehr als eine Million Mal. Rosenberg versucht sich in diesem Buch in einer Art ‹geschichtsphilosophischen› Begründung der NS-Ideologie; sein Ziel ist der Entwurf einer umfassenden geschlossenen Weltanschauung. Das Buch müsste treffender betitelt sein mit ‹Der Mythus des halbgebildeten Spießers›, es ist ein wahnwitziges

418 «Man möchte fast glauben, daß, wenn es endlich doch so etwas geben sollte, wie *‹deutschen Geist›, er erst durch Entdeutschung, ich meine durch Mis*chung mit ausländischem Blut ermöglicht worden ist. Wer rechnet nach, was den Slaven oder den Kelten oder den Juden für die Vergeistigung Deutschlands alles verdankt wird!!» (NF-1885 43[3])

Gebräu von esoterischen Spinnereien (u.a. glaubt Rosenberg an die Existenz von Atlantis), pseudowissenschaftlem Firlefanz (wie der Rassenlehre), eliminatorischem Antisemitismus, Christentum, kleinbürgerlichem Moralismus und Wichtigtuerei durch Zitate unverstandener ‹Geistesgrößen›. Zu letzteren zählt leider auch Nietzsche. So heißt es etwa: «Das erwachende Deutschtum aber hat nach Luther noch zu Goethe, Kant, Schopenhauer, Nietzsche, Lagarde geführt, heute geht es in gewaltigen Schritten seinem vollen Erblühen entgegen.» (13) Paul de Lagarde (1827–1891) war einer der geistigen Begründer des modernen Antisemitismus, dessen Schriften Nietzsche kannte. In einem Brief an Theodor Fritsch schreibt er zu ihnen: «[O]h wenn Sie wüßten, was ich im vorigen Frühling über die Bücher jenes ebenso gespreizten als sentimentalen Querkopfs, der Paul de Lagarde heißt, gelacht habe!»[419] Und in einem weiteren Brief an Fritsch heißt es:

> Glauben Sie mir: dieses abscheuliche Mitredenwollen noioser[420] Dilettanten über den *Werth* von Menschen und Rassen, diese Unterwerfung unter «Autoritäten», welche von jedem besonneneren Geiste mit kalter Verachtung abgelehnt werden (z.B. E. Dühring, R. Wagner, Ebrard, Wahrmund,[421] P. de Lagarde – wer von ihnen ist in Fragen der Moral und Historie der unberechtigtste, ungerechteste?), diese beständigen absurden Fälschungen und Zurechtmachungen der vagen Begriffe «germanisch», «semitisch», «arisch», «christlich», «deutsch» – das Alles könnte mich auf die Dauer ernsthaft erzürnen und aus dem ironischen Wohlwollen herausbringen, mit dem ich bisher den tugendhaften Velleitäten [wirkungslose Willensregungen] und Pharisäismen der jetzigen Deutschen zugesehen habe.[422]

In diese Tradition darf man auch Rosenberg stellen – dass er Nietzsche in sie einreiht offenbart seine völlige Niveaulosigkeit.

Ein weiteres Mal erwähnt Rosenberg Nietzsche im Zuge seiner Diskussion um das Bachofensche ‹Urmatriarchat›. Ähnlich wie Evola (dazu später mehr) lehnt es Rosenberg ab, das Urmatriarchat als ursprüngliche Gesellschaftsform der alten Griechen anzunehmen: Die Arier seien vielmehr von Anfang an patriarchal

---

419 Bf. v. 23.3.1887; Nr. 819.

420 Wahrscheinlich ein Neologismus nach frz. *noise*, Zank, Streit, i. S. v. ‹streitlustig› oder ‹zänkisch›.

421 Nietzsche meint hier wohl den reformierten Theologen August Ebrard (1818–1888) und den Orientalisten Adolf Wahrmund (1827–1913).

422 Bf. v. 29.3.1887; Nr. 823.

organisiert gewesen. Mit dem Patriarchat verbindet Rosenberg dabei insbesondere den Kult der Sonne – der nun in der Verehrung des Hakenkreuzes wiederauferstehe. Der Nationalsozialismus wird bei ihm dahingehend dezidiert als nicht nur politische, sondern auch spirituelle und religiöse Bewegung verstanden. Der «Mythus des 20. Jahrhunderts» – das ist eben die Wiedergeburt des arischen Sonnenmythos. Nietzsche wird dabei zu den Denkern gezählt, die von der Vorstellung einer dunkeln Urmutter, einer «gestaltlose[n] Gebärerin» (37), am Grunde aller Dinge fasziniert gewesen seien und sie mit dem Dionysoskult assoziiert hätten. Das ist richtig: Wie erwähnt spielt die Thematik des Mutterrechts bei Nietzsche keine Rolle, doch die Vorstellung einer ‹großen Mutter› als Urgottheit, die in den dionysischen Mysterien verehrt werde, ist ihm nicht fremd. In der *Geburt der Tragödie* heißt etwa:

> In der dionysischen Kunst und in deren tragischer Symbolik redet uns dieselbe Natur mit ihrer wahren, unverstellten Stimme an: «Seid wie ich bin! Unter dem unaufhörlichen Wechsel der Erscheinungen die ewig schöpferische, ewig zum Dasein zwingende, an diesem Erscheinungswechsel sich ewig befriedigende Urmutter!»[423]

Im *Zarathustra* wird das Leben wiederholt als wildes, ungreifbares «Weib» konzipiert – auch das macht es plausibel, dass es eine Art unterschwelligen ‹Mutterkult› bei Nietzsche gibt; der freilich dadurch gebrochen wird, dass er, wie Irigaray (wie wir noch sehen werden) richtig feststellt, diese Herkunft aus dem ‹Mutterschoß› letztendlich nicht bejaht, sondern immer wieder verleugnet und verdrängt. Die Freunde des ‹lichten› Patriarchats können sich so ebenso zu Recht auf Nietzsche beziehen wie die Anhänger der ‹dunklen› Mutter Erde.

In einer weiteren Stelle wird Nietzsche zusammen mit Wagner, Achill, Faust und Leonardo da Vinci zu den germanischen Helden gezählt, die für eine ‹wahre Menschlichkeit› stünden im Gegensatz zu den kranken und missratenen Gestalten, die Dostojewski in seinen Werken verherrlichen würde.[424] Auch wenn sich die Dekadenzkritik, die hier geübt wird ‹irgendwie› auch bei Nietzsche finden lässt, offenbar auch diese Erwähnung erneut die geradezu peinliche Unkenntnis Rosenbergs in Sachen

---

423 16.
424 Vgl. *Mythus*, 212

Nietzsche: Nicht nur, dass es sich Nietzsche verbeten hätten in einem Atemzug mit Wagner genannt zu werden – er äußert sich über den russischen Schriftsteller ausschließlich positiv und lobt seine psychologische Beobachtungsgabe in den höchsten Tönen. In der *Götzen-Dämmerung* heißt es etwa:

> Dostoiewsky[], de[r] einzige[] Psychologe[], anbei gesagt, von dem ich Etwas zu lernen hatte: er gehört zu den schönsten Glücksfällen meines Lebens [...]. Dieser *tiefe* Mensch, der zehn Mal Recht hatte, die oberflächlichen Deutschen gering zu schätzen, hat die sibirischen Zuchthäusler, in deren Mitte er lange lebte, lauter schwere Verbrecher, für die es keinen Rückweg zur Gesellschaft mehr gab, sehr anders empfunden als er selbst erwartete – ungefähr als aus dem besten, härtesten und werthvollsten Holze geschnitzt, das auf russischer Erde überhaupt wächst.[425]

Ganz anders als der «oberflächliche Deutsche» Rosenberg erblickt Nietzsche in Dostojewski nicht nur einen ausgezeichneten Beobachter der *décadence*, sondern sieht die von ihm beschrieben Verbrechertypen als heldenhaft an und teilt seine Deutschenverachtung.

Einmal mehr noch reiht Rosenberg Nietzsche in eine ‹große Reihe› ein: «Don Quichote, Hamlet, Parzival, Faust, Rembrandt, Beethoven, Goethe, Wagner, Nietzsche» (271) hätten die für die abendländische Kultur typische Einsamkeit so deutlich erlebt wie wenige andere. Denn der abendländische Mensch sei ein Tatmensch, für den das Tun ein Selbstzweck ist – im Gegensatz zu der «jüdischen emsigen Tätigkeit, die stets einen rein irdischleiblichen Zweck als Triebfeder aufweist.» (Ebd.) Ganz davon abgesehen, dass die Reihe schon allein deshalb komisch wirkt, weil hier literarische und reale Personen beliebig zusammengestellt werden, zeigt die Einreihung Nietzsches nicht nur neben Wagner, sondern erst recht neben Parzival ein weiteres Mal, wie willkürlich und kenntnislos Rosenberg mit dem von ihm verehrten ‹Kulturgut› verfährt: Keine Oper Wagners hasste Nietzsche so sehr wie dessen *Parsifal*, «ein Werk der Tücke, der Rachsucht, der heimlichen Giftmischerei gegen die Voraussetzungen des Lebens, ein schlechtes Werk»[426], das von Wagner bewusst als christliches «Bühnenweihfestspiel» konzipiert worden ist.

425 *Streifzüge* 45.
426 NW *Keuschheit* 3.

Den eigentlichen Kern der Rosenbergschen Ideologie verrät indes folgende Passage:

> Das Zeitalter der Maschine zerstörte auf lange sowohl Persönlichkeitsideale wie typenbildende Kräfte. Das Schema, die Fabrikware, wurde Herr; der kahle Kausalitätsbegriff besiegte echte Wissenschaft und Philosophie, marxistische Soziologie erdrosselte durch ihren Massenwahn (Quantitätslehre) alles Wesen (Qualität), die Börse wurde der Götze der stoffanbetenden (materialistischen) Zeitseuche. Friedrich Nietzsche stellte den verzweifelten Schrei unterdrückter Millionen dagegen dar. Seine wilde Predigt vom Übermenschen war eine gewaltsame Vergrößerung des unterjochten, vom stofflichen Druck der Zeit gedrosselten Eigenlebens. Nun wenigstens Einer plötzlich in fanatischer Empörung alle Werte zerstörte, ja wild zu toben begann, ging eine Erleichterung durch die Seelen aller suchenden Europäer. Daß ein Nietzsche verrückt wurde, ist Gleichnis. Ein ungeheuer gestauter Wille zur Schöpfung brach sich zwar die Bahn wie eine Sturzflut, aber der gleiche innerlich schon lange vorher gebrochene Wille konnte die Gestaltung nicht mehr erzwingen. Er trat aus den Ufern. Eine seit Geschlechtern geknebelte Zeit begriff in ihrer Ohnmacht nur die subjektive Seite des großen Wollens und Erlebens Friedrich Nietzsches und verfälschte das tiefste Ringen nach Persönlichkeit zum Ruf nach dem Ausleben aller Triebe. An das Banner Nietzsches reihten sich dann die roten Standarten und die marxistischen nomadischen Wanderprediger, eine Sorte von Menschen, deren Lehre kaum je einer mit gleichem Spott als Wahnsinn entlarvt hatte, wie gerade Nietzsche. In seinem Namen ging die Rassenverseuchung durch alle Syrier und Nigros[427] vor sich, in seinem Zeichen, während doch gerade Nietzsche die rassische Hochzucht erstrebte. Nietzsche war in die Träume brünstiger politischer Buhler gefallen, was schlimmer war als in die Hände einer Räuberbande. Das deutsche Volk hörte nur von Lösung aller Bindungen, Subjektivismus, «Persönlichkeit» und nichts von Zucht und innerem Hochbau. Nietzsches schönes Wort: «Von der Zukunft her kommen Winde mit heimlichen

427 Mit «Syriern» meint Rosenberg vor allem die Juden, so spricht er etwa auch vom «Syrier Marx» (543). Dass es im Deutschen Reich zu jener Zeit besonders viele Schwarze gegeben hätte, ist eine Behauptung, die wohl nur vor dem Hintergrund von Rosenbergs Ablehnung quantitativer sozialwissenschaftlicher Untersuchungen verständlich ist.

> Flügelschlagen; und an feine Ohren ergeht gute Botschaft»[428], war nur ein sehnsüchtiges Ahnen inmitten einer wahnsinnigen Welt, in der er, neben Lagarde und Wagner, als fast der einzige Weitschauende lebte. Diese Wahnsinnsepoche stirbt jetzt endlich. Die stärkste Persönlichkeit ruft heute nicht mehr nach Persönlichkeit, sondern nach Typus; der völkische, erdverwurzelte Lebensstil, ein neuer deutscher Menschentypus, «geradwinklig an Leib und Seele»[429], entsteht, ihn zu bilden ist die Aufgabe des 20. Jahrhunderts.[430]

Diese Passage ist bedeutsam, da sie verständlich macht, wie selbst eine so krude Ideologie wie diejenige Rosenbergs eine gewisse Plausibilität erreichen konnte. Am Anfang wird so eine Problemdiagnose formuliert, wie sie auch die «marxistischen Soziologen» in ganz ähnlicher Weise in jener Zeit artikulierten – und in der Tat, wie wir sehen werden, unter Berufung auf Nietzsche. Ähnlich wie, so wird es sich zeigen, Heidegger und Adorno ätzt Rosenberg hier gegen die individualistische Nietzsche-Lektüre und versucht Nietzsche nun als Kronzeugen für sein eigenes Lösungsprojekt der Probleme der Moderne zu vereinnahmen: Seine Ideologie einer Rückkehr zu den verlorengegangenen Wurzeln des deutschen Volkes, die nur durch die Wiederherstellung der ursprünglichen Rassereinheit zu erreichen sei. Der Nietzsche-Bezug bleibt dabei diffus: Wie bereits oben wird der Gegensatz zwischen Nietzsche einerseits, Lagarde und Wagner andererseits einfach unter den Tisch gekehrt und auch, dass Nietzsche in der «Rassemischung» gerade ein Mittel zur Höherentwicklung der «deutschen Rasse» erblickte. Man sieht hier zugleich auch, wie wenig konservativ Rosenberg denkt: Es gibt bei ihm keine Tradition, an die sich irgendwie noch anknüpfen ließe, das ursprüngliche Deutschtum ist völlig verschüttet und kann nur auf revolutionärem Weg wiederhergestellt werden, durch einen grundsätzlichen gesellschaftlichen Wandel. Diese Perspektive stellt eine klare Parallele zum Denken der Konservativen Revolution dar.

Zu Recht bezieht sich hier Rosenberg auf Nietzsches Kritik des Sozialismus als Sklavenmoral. Doch wie er wiederum Nietzsche mit seinen kruden antisemitischen und rassistischen Konzepten

428 Za *Von der schenken Tugend* 2.

429 «[R]echtwinklig an Leib und Seele» heißt es im *Zarathustra (Von Kind und Ehe)*.

430 *Mythus*, 529–531.

verbinden möchte, bleibt sein Geheimnis. An einer anderen Stelle stellt er Nietzsche etwa, wiederum zu Recht, als jemanden dar, dem es im Kern um die «Einzelpersönlichkeit» (691) gegangen sei. Das passt zwar zu Rosenbergs an dieser Stelle geübten Universalismuskritik – doch ist es eben doch eine individualistische Position, wie sie Rosenberg als schlechten Zwilling des Universalismus eigentlich kritisiert. Rosenberg versucht diesen Missklang zu harmonisieren, indem er hier wiederum eine Unterscheidung zwischen schlechtem und völkischem Individualismus vornimmt: «[N]icht Monade und ‹Menschheit› stehen sich in Wechselwirkung gegenüber, sondern Persönlichkeit und Rasse.» (694) Auch Nietzsche unterscheidet zwischen einem ‹niedrigen› und einem ‹hohen› Individualismus, doch von rassistischen Elementen ist diese Unterscheidung bei ihm gänzlich frei.

Klar nimmt Rosenberg hier auch Bezug auf Nietzsches Metaphysikkritik:

> Die Systematiker der Philosophie sind über diese Zeugnisse des nordischen Daseins instinktlos hinweggegangen, weil das Wesen dieses willenhaften Dranges kein logisches System darstellt, sondern ein Fluten der Seele bedeutet.[431]

In der Tat versucht Nietzsche etwas Unmittelbares, Instinktives zu finden, das er dem kalten, schematischen Denken der Tradition entgegenhalten kann. Doch es sind nicht das Blut und die Rasse, auf die er stößt, sondern ein diffuses «Fluten der Seele», das sich jeder klaren begrifflichen Artikulation entzieht und nur eine fragmentarische, aporetische Aussprache zulässt. Dieses Niveau Nietzsches verfehlt Rosenberg auf formaler wie inhaltlicher Ebene, insofern es bei ihm das ‹nordische Blut› ist, das eine solche unmittelbare Evidenz verbürgt. Diese Evidenz begründet Rosenberg mit der Erfahrung des Krieges:

> Die zwei Millionen Deutschen, die in aller Welt für die Idee «Deutschland» starben, offenbarten plötzlich, daß sie das ganze 19. Jahrhundert abwerfen konnten, daß in den Herzen des einfachsten Bauern und schlichtesten Arbeiters die alte mythenschaffende Kraft der nordischen Rassenseele ebenso lebendig war, wie in den Germanen, als sie einst über die Alpen zogen. [...] Das feldgraue deutsche Volksheer war der Beweis für die mythenbildende Opferbereitschaft.[432]

431 Ebd., 694 f.
432 Ebd., 700 f.

Der Mythus des Blutes «fordert für das deutsche Volk, daß die zwei Millionen deutscher Helden nicht umsonst gefallen sind, er fordert eine Weltrevolution und duldet keine anderen Höchstwerte mehr neben sich». (699) Wir sehen hier wieder einmal, dass es die Erfahrung des Krieges ist, die von den Vertretern der Rechten als Konstitution einer neuen und zugleich Neukonstitution einer uralten Gemeinschaft erfahren wird. Während die Linken aus der Erfahrung des Krieges die Konsequenz zogen, eine deutlich pazifistische Position einzunehmen, ist für die Rechten die soldatische Erfahrung einer auf Gleichheit, Tapferkeit, Ehrgefühl und Opferbereitschaft gründenden Gemeinschaft Sinnbild einer neuen hierarchischen Gesellschaft, die nicht mehr auf Profitstreben, kalter Logik und ‹Lug und Betrug› basiert. Diese Sichtweise dient offenkundig der Kaschierung einer tief traumatischen Erfahrung und das erklärt ihre Wahnhaftigkeit: Komplett ausgeblendet wird etwa, dass es nicht zuletzt auch viele «Syrier» waren, die für die «Idee ‹Deutschland›» ihr Leben ließen. Doch wir erkennen hier einen ‹braunen› Faden, der alle rechten Denker verbindet: Dass eine Erneuerung der modernen Gesellschaft damit einhergehen muss, sie gemäß den Werten des Militärs umzugestalten.

Diese Perspektive dürfte in der heutigen Zeit nur noch wenig Evidenz besitzen, doch in jener Generation war sie nicht derart wahnhaft, wie es den Anschein hat. Wer mit Leuten spricht, die einmal in einer Armee gedient haben, wird bei vielen auf eine ähnliche Perspektive stoßen: dass sie dort eine besondere Gleichheit, Solidarität und vor allem auch eine Anerkennung ihrer persönlichen Leistungen erfuhren. Das sind Impulse, die einem linken Projekt nicht unbedingt widersprechen müssen; sie drücken vielmehr eine authentische Sehnsucht nach einer besseren Gesellschaft aus. Auch in Nietzsches Schriften finden sie sich.[433] Ein Grund für das Überlaufen auch vieler Arbeiter zur NSDAP – die von Rosenberg hier ja auch dezidiert angesprochen werden – mag sein, dass es den bürgerlichen und linken Kräften nicht gelang, diese Impulse in befriedigender Form in ihr eigenes Projekt zu integrieren. Und es handelte sich hier um keine minoritäre Sicht: Im Verlauf des Krieges dienten 13,25 Millionen Mann in der deutschen Armee, was etwa einem Fünftel der Gesamtbevölkerung entsprach. Männer, die sich nach

433 So nennt er die «Freundschaft» als Grundtugend der Herren (vgl. GM I 11).

dem Krieg vielfach von der deutschen Gesellschaft im Stich gelassen fühlten und auf dieser Grundlage ein tiefes Ressentiment gegen die ‹pazifistische› Republik entwickelten. – Eine Sichtweise, wie sie kurz nach 1933 auch der Sozialdemokrat Julius Leber entwickelte, auf den wir noch zu sprechen kommen werden.

γ) Bauemlers Germanen-Nietzsche

Bei Rosenberg haben wir nur eine vage und oberflächliche Bezugnahme auf Nietzsche als Stichwortgeber erblickt, die wenig Textkenntnis und noch weniger -verständnis verrät. Eine anspruchsvollere dezidiert nationalsozialistische Nietzsche-Interpretation entwickelte hingegen Alfred Baeumler (1887–1968), ein Erziehungswissenschaftler und Philosoph, der u. a. im «Amt Rosenberg» beschäftigt war und einigen Einfluss auf die Bildungspolitik der NSDAP nahm. Er betätigte sich insbesondere als Nietzsche-Forscher und veröffentlichte in dieser Funktion u. a. die Monographien *Nietzsche der Philosoph und Politiker* (1931) sowie eine Werkausgabe, die auch nach dem Krieg noch erschien. In seiner Monographie behauptet Baeumler eine Einheit von Nietzsches Philosophie, die sich allerdings – hiermit ist natürlich *Der Wille zur Macht* als vermeintliches ‹Hauptwerk›[434] gemeint – nur anhand seiner «nicht veröffentlichten Schriften» (7) erschließe. Als «Formel» für diese verborgene Philosophie Nietzsches schlägt Baeumler den Ausdruck «heroischer Realismus»[435] vor: Eine Weltsicht, die, mit Heraklit, den Krieg als den Ursprung aller Dinge betrachtet und insofern eine grundsätzlich *soldatische* Weltsicht sei. Nietzsche sei «weder Aufklärer noch Romantiker» (12), sondern stehe für eine ganz neue Perspektive, die diese beiden Extreme des traditionellen Denkens gleichermaßen transzendiere. Baeumler betont dabei neben dem Heroismus und dem Realismus Nietzsches seine Aufwertung des Leibes zum «eigentliche[n] Organon des Erkennens» (23), seine Leugnung alles bleibenden Seins zugunsten des *Werdens* – eine richtige Feststellung, die zugleich im deutlichen Gegensatz zu Rosenbergs Mythos des «Blutes» und Rathjes Gerede von Nietzsche als Propheten eines «deutschen Seins» steht –, seine Kritik des Bewusstseins und des Subjektivismus der modernen Philosophie, seinen Perspektivismus, seine Lehre vom ‹Willen zur Macht›, in dem Baeumler Nietzsches

434 Vgl. 46.
435 Vgl. 15.

eigentlichen positiven Gegenentwurf zum modernen Nihilismus erblickt,[436] den Gedanken der ‹ewigen Wiederkunft› und das Dionysische, das Baeumler jedoch wegen seiner «Zweideutigkeit» als ungeeignet betrachtet, um Nietzsches positiven Gegenentwurf zum Nihilismus und seine eigentliche ‹Kernlehre› hinreichend zu beschreiben[437]. Auch wenn man sich gemeinhin eher abfällig über Baeumlers Nietzsche-Interpretation äußert,[438] ist an diesem philosophischen Teil seiner Interpretation an sich wenig auszusetzen. Natürlich ist es fragwürdig, einen Philosophen anhand seines Nachlasses und nicht seiner veröffentlichten Schriften interpretieren zu wollen, doch Baeumler gelingt es in der Tat, einige Kerngedanken Nietzsches in einen konsistenten Zusammenhang zu bringen, der nicht völlig an dem vorbeigeht, was man auch in Nietzsches veröffentlichtem Werk tatsächlich finden kann. Angreifbar ist allerdings, dass Baeumler so tut, als ließe sich in Nietzsche ein völlig widerspruchsfreies und eindeutiges ‹System› erblicken.

Das Problematische an Baeumlers Nietzsche-Interpretation steckt eher in dem zweiten Teil des Buches, der sich dem «Politiker» Nietzsche widmet. Eigenartig ist schon die Rede vom «Politiker» Nietzsche, die suggeriert, Nietzsche hätte jemals ein eindeutiges politisches Programm entworfen. Baeumler behauptet, dass es in Nietzsches gesamtem Werk eine einheitliche Auffassung vom Staat gebe: «Auch auf diesem Gebiet ist von Schwankungen und Widersprüchen nicht die Rede: von Anfang bis zu Ende bleibt diese Anschauung gleich.» (88) Nietzsches Verständnis vom Staat sei ein *germanisches* und kein deutsches – was auch seine Abneigung gegen Deutschland erkläre. Sie zeuge von einem germanischen Freiheitswillen, aus dessen Perspektive der Staat als eine fremde, eine «*römische* Institution» (90) erscheine. Der germanische Begriff von Freiheit sei dabei der einer kriegerischen Freiheit, die sich daran bemesse, wie groß der Widerstand ist, dem sie abgerungen wird. Der Staat sei vielmehr, Baeumler zitiert hier Zarathustras Rede *Vom neuen Götzen*, ein *volksfeindliches* Gebilde:

436 Vgl. 86.
437 Vgl. 87. Interessanterweise sollte auch Bloch, aus einer entgegengesetzten Perspektive, die Zweideutigkeit des Dionysischen hervorheben. Dazu später mehr.
438 Vgl. etwa schon 1950: Theodor W. Adorno e. a., *Über Nietzsche und uns*, 117.

> Warum hat es denn nie einen festgegründeten deutschen Staat gegeben? Weil nach germanischer Auffassung der König nicht Imperator ist, sondern lediglich Heerführer und Schützer des Rechts. Nur einen Führer in der Gefahr erkannte der Germane an, nicht einen Herrn.[439]

Baeumler weiß wohl, dass sich von diesem Germanenkult bei Nietzsche nichts findet. Im Gegenteil steht er dem Germanenkult seiner Zeit nicht weniger kritisch gegenüber als dem deutschen Nationalismus. Im *Antichrist* heißt es etwa:

> Die deutsche Geschichtsschreibung [...] ist überzeugt, dass Rom der Despotismus war, dass die Germanen den Geist der Freiheit in die Welt gebracht haben: welcher Unterschied ist zwischen dieser Überzeugung und einer Lüge?[440]

Er hält fest, dass «zwischen alten Germanen und uns Deutschen kaum eine Begriffs-, geschweige eine Blutverwandtschaft besteht»[441] und spottet: «Definition des Germanen: Gehorsam und lange Beine»[442].

Doch das bekümmert Baeumler nicht: «Nietzsche ist sich nicht bewußt, daß er [...] das Geheimnis der deutschen Geschichte ausspricht; er redet auch gar nicht aus historischer Kenntnis, sondern aus der Unmittelbarkeit des Instinkts.» (92) Mit diesem Standpunkt verlässt Baeumler offensichtlich den Boden einer wissenschaftlich ernstzunehmenden, redlichen Interpretation. Mit ähnlich kreativen Kunststücken erklärt Baeumler auch die offensichtliche Begeisterung des späten Nietzsche für die Römer weg: «Der Gehalt seiner Lehre ist unrömisch, ja antirömisch» (114). Ebenso sei Nietzsches Kritik am Christentum nicht freigeistig-rational:

> [N]icht lateinische Freigeisterei, sondern Siegfried steht hinter dem Angriff Nietzsches auf das Christentum. *Das nordische Heidentum ist der unermeßliche, dunkle Hintergrund, aus dem der kühne Kämpfer gegen das christliche Europa hervortaucht.*[443]

---

439 Ebd., S. 91 f. Diese Stelle weist eine bemerkenswerte Parallele zu Carl Schmitts Rechtfertigung des Führerstaats als ‹völkischer Demokratie› auf, auch wenn Schmitt darin mit keinem Wort auf die Germanen zu sprechen kommt (vgl. *Der Führer schützt das Recht. Zur Reichstagsrede Adolf Hitlers vom 13. Juli 1934.* In: *Deutsche Juristen-Zeitung* Jg. 39./H. 15 [1934], S. 946–950).

440 55.

441 GM I 11.

442 FaW *Turiner Brief* 11.

443 103.

Und so geht es immer weiter ... Alle Passagen, die nicht zu Baeumlers Bild vom ‹germanischen› Nietzsche passen – etwa seine Kritik an Luther und seine Lob Frankreichs – werden von ihm mit verwundenen Argumenten wegerklärt und als nebensächliche ‹Ausrutscher› dargestellt gegenüber dem ‹eigentlichen Hauptantrieb› Nietzsches.

Als Nietzsches «intimste[n] Feind»[444] bezeichnet Baeumler Rousseau, den er als wichtigsten Vordenker der Französischen Revolution und damit verbunden der modernen Demokratie und des Sozialismus ansieht. Diese Wertungsweise ist interessant, da man oft Rousseau, der als der erste auf die «Dialektik der Aufklärung» hinwies und eine Kritik des modernen Fortschrittsdenkens entwickelte, als ‹reaktionären› Vordenker des Faschismus darstellt. Es ist wahr, dass sich die Kritik Rousseaus wie ein roter Faden durch Nietzsches Werk zieht – und dabei meint er immer auch die Französische Revolution: «Ich hasse Rousseau noch in der Revolution: sie ist der welthistorische Ausdruck für diese Doppelheit von Idealist und canaille.»[445] Man darf dabei freilich nicht vergessen, dass Nietzsche, und er weiß auch darum, Rousseau gerade deswegen so oft und so heftig kritisiert, weil er im Grunde ein sehr ähnliches Projekt wie Rousseau verfolgt: Auch Nietzsche will den ‹ursprünglichen Grundzustand› des Menschen beschreiben – doch anders als für Rousseau ist dieser für Nietzsche nicht der Frieden, sondern der Krieg. Nietzsche schwankt daher dazwischen, die gewaltsame Bändigung des Menschen zu affirmieren oder für die Entfesselung jener brutalen Urgewalt einzutreten.[446] Wie Rousseau schätzt Nietzsche die Einsamkeit und kritisiert das abstrakte, nutzlose Wissen der modernen Wissenschaft – unterm Strich ist Rousseau, der keinesfalls eine so ‹idyllische›, einseitige Vorstellung vom «Urzustand» hat wie Nietzsche unterstellt,[447] Nietzsche wesentlich näher als ihm bewusst ist.

---

444 114.

445 GD *Streifzüge* 48.

446 Vgl. etwa AM I 463, wo Nietzsche gegen Rousseau der Bändigung das Wort redet. Für die Entfesselung plädiert er gegen Rousseau in NF 1887 10[2].

447 In *Discours sur l'origine et les fondements de l'inégalité parmi les hommes (Abhandlung über den Ursprung und die Grundlagen der Ungleichheit unter den Menschen*; 1755) spricht sich Rousseau etwa klar dagegen aus, zum Naturzustand zurückzukehren (vgl. 140 f.) und in *Du contrat social ou Principes du droit politique (Vom Gesellschaftsvertrag oder Prinzipien des Staatsrechtes*; 1762) lobt er den «Über-

Baeumler spielt die dargelegten Passagen, in denen sich Nietzsche gegen die Juden als «priesterliche[s] Volk par excellence»[448] ausspricht, gegen seine Antisemitismuskritik aus, die nur ein rhetorisches Stilmittel sei, um im Namen des ‹Germanentums› gegen das realexistierende Deutschland zu polemisieren. Baeumler ‹weiß›, dass Nietzsche den Juden «im Innersten abgeneigt» (158) gewesen sei. Gegen das Bismarcksche Reich habe Nietzsche gekämpft, «nicht weil es deutsch, sondern weil es deutsch und christlich ist» (165), also von liberalen Illusionen verdorben gewesen sei. Er habe seinen Militarismus etwa nicht kritisiert, weil er ein Pazifist, sondern weil das Reich letztendlich zu friedlich gewesen sei.[449] In dem Epilog des Buches resümiert Baeumler, dass Nietzsche kein Individualist gewesen sei:

> Wer am Leitfaden des Leibes denkt, kann nicht Individualist sein; ebensowenig kann Individualist sein, wer geschichtlich denkt. [...] Wie wenig [Nietzsche] innerhalb des geschichtlichen Bereichs individualistisch gedacht hat, ist durch die «Genealogie der Moral» bewiesen[.][450]

Ebenso wenig sei Nietzsche freilich ein Humanist:

> Es sieht wohl manchmal so aus, als ob [Nietzsche] sich nur für die «Zukunft der Menschheit» interessiere. Aber der Realist weiß zu gut, daß es eine «Gattung Mensch» als geschichtliche Einheit nicht gibt. Das Kollektivum, dem der einzelne Mensch entstammt, ist nie die Menschheit, sondern stets eine konkrete Einheit, eine Rasse, ein Volk, ein Stand.[451]

Baeumlers Folgerung daraus ähnelt dem Schluss von Heideggers *Sein und Zeit*:

> Dadurch, daß der Einzelne die Forderungen eines Volkes auf sich nimmt, wächst seine Kraft; indem er an den Spannungen teilhat, die zwischen den weltgeschichtlichen Einheiten bestehen, geht er den Weg zur Größe.[452]

Baeumlers Fazit:

> Deutschland kann weltgeschichtlich nur unter der Form der Größe existieren. Es hat nur die Wahl, die antirömische Macht

---

gang vom Naturzustand in den staatsbürgerlichen Zustand» (284) ebenso (vgl. ebd.)

448 GM III 16.

449 Vgl. 169.

450 179.

451 Ebd.

452 180.

> Europas zu sein oder nicht zu sein. [...] Der Schöpfer eines Europa, das mehr ist als eine römische Kolonie, kann nur das nordische Deutschland sein, das Deutschland Hölderlins und Nietzsches. Nicht neben Bismarck gehört Nietzsche, er gehört in das Zeitalter des Großen Krieges. Der deutsche Staat der Zukunft wird keine Fortsetzung der Schöpfung Bismarcks sein, sondern er wird geschaffen werden aus dem Geiste Nietzsches und dem Geist des Großen Krieges.[453]

Wie nun Baeumlers Deutung des Philosophen Nietzsche mit der des «Politikers» zusammenhängen soll, außer dass beide irgendwie das ‹Soldatentum› verherrlicht hätten, ist unklar. Beide Teile von Baeumlers Buch stehen so merkwürdig nebeneinander: Während der erste weitgehend sachlich ist, ist der zweite deutlich von Baeumlers Ideologie bestimmt und als Nietzsche-Deutung leicht zu widerlegen.

Bemerkenswert ist, dass sich Baeumlers Kritik an Rom leicht als Kritik am italienischen Faschismus lesen lässt, der seiner Ideologie nach ja tatsächlich das absolute Primat des Staates über den Einzelnen verfocht. Seine Vision eines ‹authentischen germanischen Gemeinwesens› hat freilich auch mit dem realexistierenden Nationalsozialismus (wie ja auch schon Jünger ironisch bemerkte) wenig zu tun und auch der Rassismus und Antisemitismus Rosenbergs spielen bei Baeumler nur eine Nebenrolle. Man ist fast geneigt zu sagen, dass, wenn der Nationalsozialismus wirklich ein Gemeinwesen gewesen wäre, wie es Baeumler beschreibt und wie es, auch wenn Nietzsche sich dabei nicht auf die alten Germanen, sondern ironischerweise ausgerechnet auf die Polen bezieht, auch Nietzsches Vorstellungen womöglich entsprochen hätte, also ein Gemeinwesen autarker Einzelner, in der der ‹Führer› nur die Rolle des Feldherrn und des Richters übernimmt und sich sonst aus den Angelegenheiten der Einzelnen heraushält, er eigentlich gar nicht so schlecht und fast als ‹anarchistisch› zu bezeichnen wäre, wenn Baeumler diese Vision nicht mit seinen völkischen Faseleien anreichern würde. Der Haken ist eben nur, dass sie dem realexistierenden Nationalsozialismus nicht nur nicht entspricht, sondern ihr sogar geradezu entgegengesetzt ist. Baeumler hätte eigentlich Antifaschist werden müssen, wenn er seine eigenen Ideen ernstgenommen hätte.

453 183.

Interessanterweise kommt die Verfassung der alten Germanen auch bei Engels sehr gut weg. In *Der Ursprung der Familie, des Privateigentums und des Staats* stellt er die Gemeinschaften der alten Germanen als mutterrechtlich verfasste Kommunen dar, in denen es Gemeineigentum gegeben hätte. Er betont, dass es sich um sehr demokratische Gemeinwesen gehandelt habe, in denen die Frauen hoch angesehen gewesen seien. Wie Baeumler stellt Engels heraus, dass die Könige nur Richter, im Sinne von: Versammlungsleiter, und Heerführer gewesen seien.[454] So kommt Engels in der unveröffentlichten Handschrift *Zur Urgeschichte der Deutschen* sogar zu dem Ergebnis, dass der Sieg der Germanen über die Römer in der Varus-Schlacht ein Glücksfall der deutschen Geschichte gewesen sei.[455] Diese matriarchalen und kommunistischen Aspekte verschweigt Baeumler freilich.

Wir sehen so das Dilemma einer genuin faschistischen Nietzsche-Aneignung: Entweder muss man sich dabei, wie Mussolini, von Nietzsche weitgehend lossagen, ihn, wie Rosenberg, grob verfälschen, oder man entwickelt, wie Baeumler, eine Doktrin, die sich nur allzu leicht in einem antifaschistischen Sinne umdeuten lässt.

δ) *Kriecks Nietzsche-Kritik*

Diese Schwierigkeit blieb den Faschisten nicht unverborgen und es gab durchaus einen veritablen Streit darüber, ob man Nietzsche nicht eher als Gegner denn als Vordenker begreifen sollte. Der prominenteste nationalsozialistische Nietzsche-Kritiker ist dabei Ernst Krieck (1882–1947), der wie Baeumler Philosoph und Pädagoge war. Er wurde von den Nazis 1933, obwohl er kein Abitur hatte, zum Direktor der Goethe-Universität Frankfurt am Main berufen und blieb, obgleich er der offiziellen Leitlinie der NS-Ideologie immer wieder widersprach, bis 1945 wichtiger NS-Kulturfunktionär in verschiedensten Positionen.

Diese Debatte wurde durchaus offen ausgetragen. Besonders bezeichnend ist dabei der Sammelband *Deutsche Wissenschaft. Arbeit und Aufgabe*, der 1939 anlässlich des 50. Geburtstags Adolf Hitlers vom Wissenschaftsminister Bernhard

454 Vgl. 131–140.

455 Vgl. 447. Sogar Marx schließt sich dieser Wertschätzung an und beurteilt in den «Entwürfe einer Antwort auf den Brief von V. I Sassulitsch» die germanische Ackerbaugemeinde als «während des ganzen Mittelalters zum einzigen Hort der Volksfreiheit und des Volkslebens». (387)

Rust (1883–1945) herausgegeben wurde und eine Übersicht über den Stand der deutschen Wissenschaften vermitteln soll. Jede Disziplin wird durch einen kurzen Bericht repräsentiert. Die Philosophie ist mit zwei aufeinander folgenden Beiträgen vertreten. Der erste stammt von Ernst Krieck. Er spricht hier davon, dass, da die bisherige Philosophie grundlegend universalistisch sei, sie ihr Existenzrecht verwirkt habe und «durch eine rassisch-völkische Kosmologie und Anthropologie abgelöst werden» (29) müsse. Er beklagt, dass diese Erkenntnis noch nicht zum Allgemeingut geworden sei und weiterhin «das Epigonentum gegenüber Kant, Hegel, Nietzsche usw.» (ebd.) vorherrsche. Einer jener Epigonen sei der, von Krieck womöglich bewusst falsch geschriebene, «Bäumler», der «Nietzsche als geistigen Führer des Nationalsozialismus [verkündet], was zum mindesten problematisch ist» (31). Es folgt ein Beitrag des kritisierten, in dem genau Nietzsche in diesem Sinne verherrlicht wird:

> Ein einziger Denker wagte es, sich dem nach Platon benannten Idealismus entgegenzustellen und eine von der Überlieferung unabhängige, deutsche (und zugleich vorsokratisch-hellenische) Philosophie zu entwerfen: Friedrich Nietzsche. [...] Die geistige und politische Umwälzung, von der Nietzsche ein Vorgefühl besaß, ist, freilich in anderer Weise als er ahnte, durch den Nationalsozialismus herbeigeführt worden.[456]

Baeumler kritisiert alle Versuche, den Deutschen Idealismus für den Nationalsozialismus zu vereinnahmen. Ebenso breche der Nationalsozialismus mit dem überlieferten Individualismus, insofern er erkenne, dass «wir [...] als Person zugleich Nicht-Person [sind], insofern wir nur als mit unseren Ahnen und Enkeln in einem schicksalhaften Zusammenhang befindlich zu uns kommen» (33). Baeumler und Krieck sind sich also in ihrer Ablehnung des Universalismus einig – uneinig sind sie sich freilich darin, ob Nietzsche nun auf der Seite eines wahrhaft völkischen Partikularismus stehe oder nicht.

Auch sonst erkennt man in diesem Querschnitt durch die verschiedenen Wissenschaften wenig Einheitlichkeit, gerade auch im Hinblick auf Nietzsche. Der Vertreter der Geschichtswissenschaft, Walter Frank, bezieht sich positiv auf Nietzsches zweite *Unzeitgemäße Betrachtung*,[457] der Altphilologe Karl Deichgrä-

---

456 32.
457 Vgl. ebd., 21–23.

ber hingegen bezieht sich auf den größten Gegenspieler des jungen Nietzsche, Ulrich von Wilamowitz-Moellendorff (1848–1931), der seine *Geburt der Tragödie* 1872 einer vernichtenden Kritik unterzog. Er brandmarkte sie als unwissenschaftlich und journalistisch.[458] In diesem Sinne erblickt Deichgräber die Aufgabe der nationalsozialistischen Klassischen Philologie in einer methodisch strengen Erforschung der Antike und in Platon einen Vordenker der Idee der «Einheit von Idee und Staat» (40). Der Vertreter der Anglistik beruft sich auf Kants Pflichtethik,[459] beim Vertreter der Verfassungs- und Verwaltungswissenschaft lässt sich ein vager ‹Nietzscheanismus› ausmachen, wenn er schreibt: «Nicht Normen, nicht Institutionen, sondern schöpferische Männer allein sind imstande, Gemeinschaften zusammenzuschweißen und zu erhalten.» (57) Alles in allem bietet die nationalsozialistische Wissenschaft so ein äußerst heterogenes Bild, dessen vereinigendes Band in kaum mehr als einigen wenigen Worthülsen besteht. Der Nationalsozialismus vermochte es sichtlich nicht, eine einheitliche Ideologie hervorzubringen, auf die sich alle Einzelwissenschaften gleichermaßen in konsistenter Weise hätten beziehen können. Nicht zuletzt bestätigt der Band die oben beschriebene Paradoxie des Verhältnisses zwischen Nationalsozialismus und Wissenschaft: Während die Geisteswissenschaft einem mehr oder weniger starkem Irrationalismus frönten, arbeiteten die angewandten Wissenschaften so positivistisch wie unter jedem Regime.

In dem Artikel *Die Ahnen des Nationalsozialismus*, der in der von Krieck herausgegebenen Zeitschrift *Volk im Werden* in Heft 3 des Jahrgangs 1935 erschien, konkretisiert Krieck seine Nietzsche-Kritik. Zwar zählt auch Krieck Nietzsche zu den Ahnen der «deutschen Revolution», doch er betont klar, dass das nur sehr eingeschränkt gelte und warnt davor, Nietzsche «in einen Nationalsozialisten umfälschen» (183) zu wollen. Zwar gelte:

> Wir können von Nietzsche viel herüberholen: seinen heroischen Gedanken – wenn dieser auch in anderem Boden wurzelte als der heroische Gedanke der nationalsozialistischen Weltanschauung –, seine Wissenschafts- und Ideologiekritik, seine Entlarvung des Bürgers und anderes mehr.[460]

458 Vgl. *Zukunftsphilologie!*
459 Vgl. 44.
460 Ebd.

Nietzsche sei jedoch kein Sozialist gewesen, ein Deutschenhasser, habe Pole und Franzose sein wollen und habe einen «auf die Spitze getriebenen Individualismus» (ebd.) vertreten. Er zitiert zum Beleg eine englische und eine französische Zeitung, die sich über die Vereinnahmung Nietzsches durch die Nationalsozialisten lustig machen und neben den erwähnten Punkten seine Nationalismus- und Antisemitismuskritik hervorkehren. Zu Recht weist Krieck darauf hin, dass all diese Aspekte keine Neben-, sondern Kernaspekte in Nietzsches Schaffen sind. Er kommt zu dem Fazit:

> Nietzsche war ein großer Zerstörer überlieferter Ideologien – dort, wo er keine offenen Türen eingerannt hat. An ihrer Stelle hat er eine neue Ideologie errichtet. Es ist aber keine nationalsozialistische Ideologie – und sie weist dem deutschen Volk nicht den Weg in die Zukunft.[461]

Indirekt zeigt Kriecks Artikel sogar auf, warum Nietzsche für Linke und Liberale interessant sein könnte.

ε) *Fazit: Der Nazi-Nietzsche als Popanz*

Es lässt sich resümieren, dass sich die bis heute weit verbreitete Ansicht, Nietzsche sei ein Vordenker des Faschismus gewesen, nicht halten lässt vor dem Hintergrund der konkreten Untersuchung der faschistischen Nietzsche-Rezeption: Sie war entweder oberflächlich oder verfälschend, mitunter auch ablehnend. Zwischen dem realexistierenden Sozialismus und dem Denken von Marx und Engels etwa ließen sich zweifellos mehr Parallelen aufzeigen als zwischen dem realexistierenden Faschismus und Nietzsche. Zwar gibt es eine gewisse Affinität zwischen einzelnen Versatzstücken von Nietzsches Philosophie und dem Faschismus, die größer sein mag als diejenigen zwischen ihm und anderen Philosophen, doch was jedenfalls für den deutschen Nationalsozialismus entscheidender sein dürfte als ideologisches Reservoir ist jenes heute glücklicherweise weitgehend in Vergessenheit geratene antisemitisch-rassistische Gebräu der zweiten Hälfte des 19. Jahrhunderts, für das Namen wie Wagner, Lagarde und Dühring stehen und das bereits Nietzsche verabscheute. Nietzsche in jenes Lager einzusortieren, stellt in jedem Fall eine Verfälschung dar, die sich trotz der nicht zu leugnenden problematischen Elemente in Nietzsches Werk klar als solche benennen lässt.

---

461 184.

Auch die Beziehung zwischen der Konservativen Revolution und dem Nationalsozialismus ist in der Tat so klar nicht. Am ehesten gibt es noch Parallelen zwischen Ansätzen der Konservativen Revolution und Baeumler (der vor 1930 diesem Milieu auch angehörte), doch den für die eigentliche NS-Ideologie prägenden Rassismus und Antisemitismus teilten die wesentlichen Vertreter der Konservativen Revolution in dieser Primitivität nicht. Dennoch lassen sich hier klare Kontinuitätslinien schon eher belegen als zwischen Nietzsche und dem Faschismus.

4. Ein Spezialfall: Ernst Niekisch

Ernst Niekisch (1889–1967) war ein enger Freund Baeumlers, der für unsere Untersuchung von großem Interesse ist, da er *sowohl* als faschistischer Nietzsche-Fan *als auch* als linker Nietzsche-Kritiker in Erscheinung trat. Er ist als Vertreter eines ‹links–nationalsozialistischen› Widerstands gegen den Nationalsozialismus zudem eine wichtige Kultfigur der Neuen Rechten – aber auch von Neuen Linken wurde er bisweilen positiv rezipiert.[462] Wir haben es bei ihm mit der vielleicht interessantesten Figur des rechten Lagers zu tun. Niekisch kämpfte im Ersten Weltkrieg und trat 1917 der SPD bei. 1918/19 beteiligte er sich an der bayrischen Räterepublik und war sogar Vorsitzender des Zentralrats, mithin nach Eisners Ermordung einige Wochen der mächtigste Mann Bayerns. Er lief 1919 enttäuscht zur USPD über, schloss sich nach der Wiedervereinigung beider Parteien jedoch mehr und mehr dem rechten Flügel der SPD an. Um einem Parteiausschluss zuvorzukommen trat er 1926 aus der SPD aus und entwickelte in der Folge seine Ideologie des ‹Nationalbolschewismus›, u. a. gab er eine Zeitschrift mit dem Titel *Widerstand* heraus, in der auch Ernst Jünger oft publizierte, mit dem Niekisch gut befreundet war. 1937 wurde er wegen seiner Kritik am Nationalsozialismus verhaftet und blieb bis 1945 inhaftiert. Nach dem Krieg legte er einen bemerkenswerten Gesinnungswechsel um geradezu 180° hin, der es ihm erlaubte, in die KDP einzutreten und eine Professur an der Humboldt-Universität in Ost-Berlin wahrzunehmen.[463]

462 Vgl. Ammon Herbert, *Vor und nach «1968»*.
463 Zu Niekischs Biographie vgl. Sebastian Haffner, *Ernst Niekisch*.

Kernpunkte von Niekischs Nationalbolschewismus waren die Vorstellung von einem autoritären, den Klassengegensatz vermittelndem Staat, der als Selbstzweck betrachtet werden solle – ein «*totaler Staat*»[464] nach dem Vorbild Preußens, der alle Lebenssphären kontrolliert und strikt militärischen Erfordernissen entspricht –, ein starker Nationalismus sowie ein Bündnis Deutschlands mit der Sowjetunion, um gegenüber den Westalliierten besser dazustehen. Der Kampf gegen den liberalen Westen ist Niekischs allgemeines Hauptziel:

> Es ist Zeit zu begreifen, dass eine Wurzel unseres Verderbens die westliche Geistigkeit ist, jene Geistigkeit, die sogar mit ihren «liberalen» Verlockungen und «fortschrittlichen» Rattenfängermelodien unsere Arbeiterschaft zu gewinnen vermochte. Gläubig übernahm unsere Arbeiterschaft das Weltbild englischer Industrielords und französischer Finanzkönige, als könnte es jemals Ausdruck und Zielsetzung proletarischer Lebenssphäre, proletarischen Seins und Wollens sein. Westlerisch sein heißt: mit der Phrase der Freiheit auf Betrug ausgehen, mit dem Bekenntnis zur Menschlichkeit Verbrechen in die Wege leiten, mit dem Aufruf zur Völkerversöhnung Völker zugrunde richten.[465]

Nach dem Ersten Weltkrieg sei Deutschland eine Art westliche Kolonie geworden – aus diesem Status gelte es sich nun zu befreien.

Bei seiner Kritik westlicher Dekadenz und Verweichlichung zugunsten von Männlichkeit, Gehorsam und Härte dient Niekisch Nietzsche als wichtiger Gewährsmann. So eröffnet er sein Buch *Entscheidung* (1930) mit einem, etwas abgewandelten, Nietzsche-Zitat als Motto:

> Ginge es nach meinem Willen, so wäre es an der Zeit, der europäischen Moral den Krieg zu erklären, und ebenso allem, was auf ihr gewachsen ist: man müßte diese zeitweilige Völker und Staatenordnung Europas zertrümmern; die christlich-demokratische Denkweise begünstigt das Herdentier, die Verkleinerung des Menschen, sie schwächt die großen Triebfedern (das Böse), sie haßt den Zwang, die harte Zucht, die großen Verantwortlichkeiten, die großen Wagnisse. Die Mittelmäßigkeiten tragen den Preis davon und setzen ihre Wertmaße durch.[466]

---

464 Zit. n. Penshorn, *Zarathustra*, 516. Vgl. diesen Aufsatz zur programmatischen Entwicklung Niekischs.

465 Zit. n. Penshorn, *Zarathustra*, 513.

466 Zit. n. ebd., 516. Vgl. NF 1885 36[16].

Wir haben es hier letztendlich mit einer Abwandlung eines «preußischen Sozialismus», wie ihn Spengler propagiert hatte, zu tun.[467]

Niekischs Gesinnungswechsel nach dem Zweiten Weltkrieg manifestierte sich erstmals in der Broschüre *Deutsche Daseinsverfehlung* von 1946, in der Niekisch zahlreiche Überlegungen der marxistischen Nietzsche- und Deutschland-Kritik aufgreift und zuspitzt. Seit der Niederschlagung des Bauernaufstandes sei Deutschland ein Land der Reaktion gewesen, als deren Inbegriff nun ausgerechnet Preußen dient, während der französische und britische Imperialismus dem Fortschritt gedient habe. Deutschland habe den Ersten Weltkrieg begonnen und alle Deutsche seien kollektiv schuld am Nationalsozialismus und seinen Taten. Die Bilanz: «Der Ertrag der ganzen deutschen Geschichte erweist sich als ein schreckliches Nichts, wo aber das Nichts das letzte Wort ist, da ist das ganze Dasein, das dahin führte, verfehlt»[468]. Sascha Penshorn spricht von der «radikalste[n] Absage an die deutsche Nation [...], die in der Nachkriegszeit erschienen ist. [...] Eine Existenz als Kolonie der Siegermächte sei das Beste, auf das man hoffen dürfe.»[469]

Auf Nietzsche geht Niekisch in dem im selben Jahr erschienen Aufsatz *Im Vorraum des Faschismus* ein. In diesem Text argumentiert Niekisch nun dafür, dass wenigstens der späte Nietzsche ab *Jenseits von Gut und Böse* ein reaktionärer Denker gewesen sei, dessen «Übermensch» im faschistischen Führerkult Wirklichkeit geworden sei; ein Verfechter der Enthemmung der niedersten Triebe im Menschen; «ein Chaotiker und Totalnihilist»[470]. Nietzsches aphoristischer Stil stehe sinnbildlich für die deutsche Geschichte, die ebenso nur eine Ansammlung kurzatmiger Episoden ohne echte Konsistenz sei.

Was ist mit Niekisch anzufangen? Der renommierte Historiker Sebastian Haffner bezeichnet ihn als «Hitlers wirkliche[n] Gegenspieler»[471], dessen Werk noch heute eine «unberechenbare politische Sprengkraft»[472] besitze. Seine bis zu seiner Haft veröffentlichten Schriften gegen Hitler enthielten «das Schneidendste an Verdammung [...] was je über Hitler und sein Reich

467 Vgl. ebd., 530.
468 Zit. n. ebd., 523.
469 Ebd.
470 Ebd., 530.
471 *Ernst Niekisch*, 287.
472 Ebd., 288.

geschrieben worden ist.»[473] Angesichts des weltweiten Aufflammens nationalrevolutionärer Befreiungsbewegungen, zu denen Haffner etwa die kommunistischen Revolutionen in China und Kuba zählt, urteilt Haffner gar: «[D]er wahre Theoretiker der Weltrevolution, die heute im Gange ist, ist nicht Marx und nicht einmal Lenin. Es ist Niekisch.»[474] Und Haffner prophezeit, er schrieb das 1986, eine Wiederkehr von Niekischs Ideen in Deutschland.[475]

Angesichts der Abkehr Niekischs von seinen eigenen Ideen sind das gewagte Thesen. Niekisch selbst schrieb jedenfalls im Vorwort zu *Daseinsverfehlung*:

> Man durfte wohl, wenn man ein guter Deutscher ist, ein paar Jahrhunderte lang den preußisch-deutschen Protest, der seit Luther nie verstummt ist, als Vorbereitung zu einem großen, weltbereichernden Ja gelten lassen, welches das deutsche Volk in sich zur Reife bringen wolle. Nach 1945 fernerhin noch auf diesem preußisch-deutschen Protest beharren zu wollen, ist bestenfalls verbohrter Eigensinn, wenigstens noch als weltpolitischer Querulant der Umgebung auf die Nerven fallen, schlimmstenfalls aber der bösartige Ehrgeiz, als Verbrecher gegen die Menschlichkeit sein Unwesen fortzutreiben.[476]

5. Intermezzo: Der nicht gerissene Faden

Trotz all der Versuche, aus dem Freigeist Nietzsche einen Vordenker des Faschismus in seinen unterschiedlichsten Variationen zu machen, riss der Faden der linken Nietzsche-Rezeption nie ab. Wir haben gesehen, wie umstritten die vom Weimarer Archiv betriebene Umdeutung Nietzsches zu einem Apologeten des Krieges von Beginn an war, in den folgenden Teilen wird uns in Gestalt der sozialpsychologischen Nietzsche-Interpretation eine Kontinuitätslinie begegnen, die die Zeit vor den beiden Weltkriegen mit der Revolte der 68er verbindet.

Als bedeutende Gestalten einer davon etwas abweichenden, anarchistischen Nietzsche-Rezeption seien hier noch zwei Figuren wenigstens kurz erwähnt: Der Philosoph **Theodor Lessing**, 1872 geboren, 1933 von drei Nazis hinterhältig erschos-

473 Ebd., 294.
474 Ebd., 297.
475 Vgl. ebd., 298.
476 Zit. n. Penshorn, *Zarathustra*, 531.

sen, war in seiner Jugend mit Ludwig Klages befreundet gewesen. Er war Sozialist und Verfechter der Frauenemanzipation. 1925 veröffentlichte er eine Monographie zu Nietzsche.[477] Er kritisiert hier Nietzsche, doch er würdigt ihn als wichtigen freiheitlichen Denker und Kritiker der Moderne. Den *Zarathustra* stellt er als «ein Standardwerk des deutschen Schrifttums» (57) Goethes *Faust* gegenüber. Den Schluss des Buches bildet ein leidenschaftlicher Appell für einen freiheitlichen, volkstümlichen, bescheidenen deutschen Patriotismus, für den Lessing die in der Gegend um Nietzsches Grab wachsenden Birken, «Deutschlands seelenvollster Baum» (118), zum Sinnbild nimmt, das er der aristokratischen Eiche, aber auch der proletarischen Kiefer, gegenüberstellt. Vor dem Ersten Weltkrieg gründete er den Antilärmverein, der sicherlich in Nietzsches Sinne gewesen sein dürfte.[478]

Rudolf Rocker (1873–1958) gilt als wichtigster deutschsprachiger Vertreter des Anarchosyndikalismus. In seinem Hauptwerk *Nationalismus und Kultur* von 1937 dient ihm Nietzsche wiederholt als Referenz, um seine Ablehnung von Zentralismus und Militarismus zu begründen. Der alternative Titel des Buches, *Die Entscheidung des Abendlandes*, offenbart schon, dass das Buch als Gegenentwurf zu Spenglers Hauptwerk konzipiert ist. Eigentlich sollte es 1933 erscheinen. Nur in überschaubaren Kommunen könne Rocker zufolge die Kultur blühen, eine kulturelle Renaissance könnte daher nur jenseits zentralistischer Gebilde wie dem Nationalstaat entstehen. Er wirbt für einen humanistischen Sozialismus. Bereits 1910 hatte Rocker Nietzsches *Zarathustra* unter dem Titel *Azoy hot geredt Tsarathustra* ins Jiddische übersetzt.[479]

Aber auch innerhalb der Sozialdemokratie blieb Nietzsche am Leben. Von besonderem Interesse ist hier **Julius Leber** (geb. 1891), ein Veteran des Ersten Weltkriegs im Offiziersrang und SPD-Politiker[480], der 1933 verhaftet wurde und bis 1937 in Konzentrationslagern interniert blieb. Nach 1937 schloss er

---

477 *Nietzsche.*

478 Zu Lessings Relevanz unter spezieller Berücksichtigung seines Nietzscheanismus vgl. ausführlich Helmut Heit, *Unzeitgemäßheit und Aktualität.*

479 Vgl. Miething, *Anarchistische Deutungen*, 221–243.

480 Leber war von 1924 bis 1933 Reichstagsabgeordneter, ab 1921 war er Mitglied der Lübecker Bürgerschaft und Chefredakteur der lokalen sozialdemokratischen Zeitung.

sich dem antifaschistischen Widerstand innerhalb Deutschlands an, u.a. beteiligte er sich an den Plänen des Stauffenberg-Kreises.[481] Nach dem gescheiterten Attentat des 20. Juli 1944 wurde er erneut verhaftet und 1945 ermordet. Auf dem Ehrenfriedhof Lübecks, wo er viele Jahre lang lebte, steht ein an ihn erinnernder Gedenkstein, auf dem – allerdings ohne seinen Urheber zu nennen und leicht abgekürzt – das Motto dieses Buches zu lesen ist.[482]

Das ist kein Zufall. Seine Zeit im Gefängnis nutzt Leber zur theoretischen Reflexion. Von besonderer Bedeutung sind dabei die Schriften Nietzsches. Er notiert dazu: «Ich stehe vor merkwürdigen wissenschaftlichen Problemen gegenwärtig, die ich in meinem Tagebuchkalender in die drei Worte zusammendränge: Hegel oder Nietzsche?»[483] Die Antwort wird zu Gunsten Nietzsches ausfallen, dessen Philosophie ihm nicht nur die nötige Kraft gibt, um die schwierige Zeit der Haft seelisch zu bewältigen,[484] sondern auch sichtlich seine 1933 verfasste Analyse *Die Todesursachen der deutschen Sozialdemokratie*[485] prägt. Diese schonungslose Abrechnung mit der deutschen Sozialdemokratie, verfasst von einem wichtigen Protagonisten derselben, verdiente heute einer vermehrten Lektüre, denn unsere Situation ist derjenigen der Weimarer Republik nicht unähnlich: Überall sind rechte Parteien auf dem Vormarsch oder sogar schon an der Macht, die bürgerlichen und linken Kräfte sind im Rückzug, zersplittert und untereinander zerstritten.

Die Schrift wird mit einem Zitat aus der zweiten *Unzeitgemäßen* eingeleitet und beginnt mit einer vernichtenden Diagnose: «Die deutsche Sozialdemokratie als Tatsache, als Organisation ist tot. […] Als Idee lebt sie schon lange nicht mehr. Die Sozialdemokratische Partei war zur Zeit der Machtübernahme im Jahre 1918 innerlich schon alt.» (181) «Man schwamm nicht mit dem Strom», meint Leber, «man schwamm auch nicht da-

481 Er war mit Stauffenberg sogar befreundet, der es seinerseits für zentral für den Erfolg seines Planes erachtete, nicht den Fehler von 1918 zu wiederholen, als sich das Militär gegen die Arbeiterschaft stellte (vgl. Hans Mommsen, *Julius Leber*, 583 f.).

482 Vgl. Za *Tafeln* 28 & Sommer, *Nietzsche und die Folgen*, 125 f.

483 *Schriften, Reden, Briefe*, 249. Der Band enthält ein beachtliches anerkennendes Vorwort von Willy Brandt (5–9), der in Lebers Zeitung als junger Mann Artikel veröffentlicht hatte, und eine Gedenkrede von Golo Mann (303–305).

484 Vgl. etwa eine Bemerkung in ebd., 264.

485 Ebd., 179–246.

gegen. Man stand erstaunt und hilflos am Ufer.» (182) Die «Urkraft» (ebd.) der SPD sei ihre Nähe zum Volk, zu den Massen, gewesen, doch

> [s]ie wußte zuletzt nichts mehr von den Träumen und triebhaften Leidenschaften in der unendlichen Tiefe der Millionen, viel mächtiger als alle Worte und Lehren, als alle Symbole und Programmpunkte. Sie wußte nichts mehr von den grenzenlosen Wunschträumen der eigenen trostlosen Jugend. Sie redete von der Geschichte und ihren Lehren, sie redete von den gesellschaftlichen Entwicklungstendenzen, sie redete und debattierte über die verschlungenen Pfade des wissenschaftlichen Sozialismus und des historischen Materialismus, sie verkündete den Marxismus als Wissenschaft für alle und jeden und riß ihn dadurch aus den Höhen und den Grenzen seiner Gültigkeit. Alles das geschah unter der bestechenden Parole: Wissen ist Macht![486] Und man vergaß und man ließ vor allem die Jugend völlig vergessen, daß Macht niemals von Wissen kommt und lebt, sondern vom Willen. Nur der harte Wille schafft, herrscht und will herrschen, Wissen allein aber macht müde und eitel. In dieser stickigen Luft einer banalen und selbstgefälligen Wissenschaftlichkeit, die für alle Schwierigkeiten des sozialen Geschehens irgendwelche marxistischen Theorien zum bequemen und hirnberuhigenden Hausgebrauch je nach Bedarf bereitstellte, wuchs eine Führergeneration heran, die der wirklichen Problematik der gewaltig sich ankündigenden Entwicklung fern stand und nicht im geringsten geladen war von jener Gier nach politischer Verantwortung und Gestaltung, die nur aus dem Willen und der Kraft der Persönlichkeit entstehen.[487]

Die deutschen Arbeiter seien so treu und selbstlos gewesen wie keine politische Gruppierung der Geschichte und hätten, u. a. in der Eisernen Front, mutigen Widerstand gegen den Nationalsozialismus geleistet. Eine bessere Führung hätte mit dieser geschlossenen Anhängerschaft im Rücken alles bewirken können,[488] doch

---

486 Leber nimmt hier auf eine der wichtigsten Reden Wilhelm Liebknechts Bezug, *Wissen ist Macht – Macht ist Wissen*, von 1872, in der er, der Mitbegründer der SPD, die Bildung der Arbeiterschaft als Schlüssel zu ihrem Sieg bezeichnet.

487 Ebd.

488 Vgl. 184. Über den bewaffneten Flügen der republikanischen Parteien, den Reichsbanner Schwarz-Rot-Gold, schreibt Leber, der ihm auch selbst angehörte, später: «Die Soldaten des Reichsbanner stellten sich

> [d]er 20. Juli[489] hatte die sozialdemokratische Führung geschlagen mit der politischen Strategie rücksichtslosen Willens und Machteinsatzes, einer Strategie, die der geschichtlich gewordenen Sozialdemokratie so fremd und so unverständlich war wie nur möglich.[490]

Minutiös beschreibt Leber die Geschichte der Sozialdemokratie als Geschichte des Niedergangs einer großen Idee. Sein Kerndiagnose ist dabei deutlich von Nietzsche inspiriert: Das Fehlen von einem klaren Realitätssinn, Leidenschaft, v. a. einem bejahten Willen zur Macht,[491] Entscheidungslosigkeit und der Mangel an starken, authentischen Führungspersönlichkeiten seien die Ursünden der SPD gewesen.

Die Zustimmung zum Krieg 1914 verteidigt er, da die Internationale nur eine ideale Abstraktion gewesen sei, die Nation jedoch die Wirklichkeit.[492] Allerdings kritisiert er die mangelnde Entschiedenheit, mit der die SPD-Führung ihre damalige Entscheidung verteidigt habe – in der Folge sei die SPD grundlegend gespalten gewesen zwischen einem pazifistischen und einem patriotischen Flügel.[493] Leber hält am Internationalismus fest, doch nicht als unterschiedslose Vermischung, sondern als freundschaftliches Neben- und Miteinander der Völker.[494]

---

unverdrossen immer wieder in Reih und Glied. Obwohl alle ohne Arbeit und ohne Erwerb waren, opferten sie Sonntag für Sonntag der Sache, an der sie so fest glaubten.» (237)

489 Preußen wurde als sicheres Bollwerk der republikanischen Kräfte betrachtet, die jedoch bei den Landtagswahlen vom 24. April 1932 eine krachende Niederlage erlitten hatten. Es war keine Regierungsbildung möglich, die sozialdemokratische Regierung blieb geschäftsführend im Amt. Am 20. Juli entschloss sich Reichspräsident Paul von Hindenburg, die preußische Regierung zu entmachten und an ihre Stelle einen Reichskommissar einzusetzen. Die preußische Regierung nahm diesen Putsch ohne Widerstand hin, obwohl sie u. a. die sehr starke preußische Polizei hinter sich hatte, die zahlenmäßig in etwa so stark wie die Reichswehr war. Leber erblickt darin einen schwerwiegenden Fehler – man hätte lieber einen gewaltsamen Widerstand gegen dieses offensichtlich nur formal legale Vorgehen (das im Nachhinein auch für ‹halblegal› erklärt wurde) in die Wege leiten sollen. Leber ist gerade in diesem Punkt Recht zu geben: Die republikanischen Kräfte hätten einen Bürgerkrieg riskieren und somit die ‹Machtergreifung› 1933 verhindern können.

490 185.

491 Als Gewährsmann dient Leber dabei interessanterweise Max Weber (vgl. 187), auf den wir noch zu sprechen kommen werden.

492 Vgl. 192.

493 Vgl. 164 f.

494 Vgl. 210.

Was 1918 betrifft, hält Leber beide damals vorgeschlagenen Optionen, parlamentarische Republik und Räterepublik, für grundsätzlich legitim; die Schwäche der SPD-Führung sei es hier gewesen, sich nicht klar auf eine Seite zu schlagen: «Ebert und seine Freunde entschieden sich weder für den einen oder den anderen Weg. Sie entschieden sich überhaupt nicht.» (196) Sie sei generell zu leidenschaftslos vorgegangen – und in dieser Apathie von Beginn an erblickt Leber den grundlegenden Webfehler der Weimarer Republik, der schließlich zu ihrem Untergang geführt habe:

> [A]us Umstürzen geborene und vorerst noch illegitime Regierungen müssen trotz aller ihrer Ideale doch von Leidenschaften getragen sein, von Ehrgeiz, Machtgier, aber auch von Haß und Rache. Sonst können sie ihrer gewaltigen Aufgabe nicht gerecht werden. Die Geschichte streicht sie samt ihrem halben Werk aus.[495]

Ein grundlegender Unterschied zu Nietzsche ist hier, dass Leber auch denjenigen Affekten, die Nietzsche als «Ressentiment» kritisiert, eine wichtige Rolle bei der Gestaltung einer neuen Gesellschaft zuspricht.

Als entscheidendes Defizit der SPD bezeichnet Leber in dem Abschnitt zu Marx und dem Marxismus[496] ferner, dass sie aus der für seine Zeit richtigen Lehre von Marx ein quasireligiöses Dogma gemacht habe. Das habe insbesondere dazu geführt, dass man sich zu sehr auf die städtische Industriearbeiterschaft fokussiert habe, andere Schichten wie Bauernschaft und Kleinbürgertum sträflich vernachlässigt habe.[497]

Eine große Nähe zu Nietzsche, aber auch etwa, wie wir sehen werden, zum Projekt der Frankfurter Schule, weist Lebers theoretisches Kernargument gegen Marx auf – in dem nicht zuletzt Bezüge zu Nietzsches Modernekritik anklingen:

> Das System von Karl Marx rechnete mit den Menschen als gegebenen festen Größen, die durch die sozialen Bedingungen geschaffen und geformt sind. Er irrte auch darin. Selbst die erbarmungslose kapitalistische Umformierung konnte die Menschen nicht ganz seelenlos machen, nicht zu bloßen Rädchen eines historisch-materialistischen Uhrwerks degradieren.

495 197.
496 204–211.
497 Vgl. 188.

Sie blieben auch innerhalb ihrer sozialen Schichtung Menschen mit verschiedener Seele, verschiedener Religion, verschiedener Meinung über Familie, Staat und Nation, mit unberechenbaren Stimmungen und Eitelkeiten aller Art. In der reinen Vernunft des marxistischen Dogmas war für diese irrationalen Dinge kein Raum, sie wurden ignoriert. Wie verhängnisvoll sich dieser Mangel besonders in den letzten Jahren auswirkte, ist bekannt.[498]

Die SPD-Führung habe während der Weimarer Republik einen Fehler nach dem anderen begannen aufgrund ihrer Dogmatik:

Über Akkumulation des Kapitals und Expropriation der Expropiateure konnten diese geistigen Exponenten der Sozialdemokratie ganze Bücher schreiben, aber vor den wirkenden Tatsachen der Tagespolitik standen sie oft ahnungslos wie Kinder[.][499]

Der durchaus talentierte junge Nachwuchs sei von der Parteibürokratie zerrieben worden, die zuletzt vergreist sei. Leber bekennt sich klar zur Demokratie, doch er erblickt in der Vormachtstellung der Parteiapparate ein zentrales Problem der parlamentarischen. Dem Konkurrenzkampf authentischer Führungsfiguren um die Gunst des Volkes solle hingegen das Übergewicht zukommen, das sei der eigentliche Kern der Demokratie, die ohne autoritäre Elemente in Chaos ausarte.[500] Diese grundlegende Führungsschwäche der SPD habe sich insbesondere im schwachen rhetorischen Talent ihrer Spitzenpolitiker ausgedrückt, die alle keine echten «Volksredner» gewesen seien.[501] (Man kann sich hier kaum den Kommentar verkneifen, dass sie wohl gut daran getan hätten, den überaus mitreißend schreibenden Leber selbst als Redenschreiber zu engagieren.)

Ende 1932 habe die SPD keinerlei Resonanz mehr in der Arbeiterklasse gefunden, insbesondere die jungen Arbeiter seien scharenweise zu KPD und NSDAP übergelaufen.[502] Leber wiederholt seine düstere Anfangsthese, gibt ihr freilich auch einen hoffnungsvollen Ausblick:

Die deutsche Sozialdemokratie ist tot. Der Tod ist endgültig für jene doktrinär-marxistische Form, die viel mehr zeitlich bedingt

498 210.
499 224.
500 Vgl. 214–216.
501 Vgl. 238.
502 Vgl. 239 f.

> war als ihre fundamentale Grundidee. Ob auch diese sozialistische Grundidee des Kampfes der unteren Volksschichten um andere Gestaltung der gesellschaftlichen und wirtschaftlichen Verhältnisse endgültig tot ist oder ob sie in naher oder ferner Zukunft wieder aufleben und wirken wird, das weiß heute niemand.[503]

Mit Nietzsche kritisiert Leber den überbordenden Intellektualismus der SPD-Kader und die mit ihm verbundene Leidenschaftslosigkeit als Verfallssymptome:

> Die geistige Haltung von Epochen, die ihren Höhepunkt überschritten haben, neigt zur Überschätzung der Geschichte und ihrer Lehre. Der analysierende Gedanke, die Suche nach der geschichtlichen Analogie treten zu oft an die Stelle der instinktiven Tat. Geistiges Einordnen und Vergleichen sind in gewisser Weise schon Dekadenz. [...] Es ist dem marxistischen Sozialismus zum Verhängnis geworden, daß er geistig nur das Erbe des niedergehenden Liberalismus antrat (mancher Teile dieser Erbschaft brauchte er sich gewiß nicht zu schämen) und über dem fortwährenden Suchen nach den geschichtlichen Bedingtheiten den drängenden Absprung zum Neuen, zur mutigen Tat nicht fand. Er erzog den Menschen zu doktrinärer Rechthaberei, zum Disput, zur geistigen Gebundenheit, und er schloß vor der ungebundenen, schöpferischen Persönlichkeit mit ihrem Trieb nach Macht und Gestaltung das Tor ab. Deshalb konnte er keine Heimat sein für jene im Krieg heimatlos gewordene bürgerliche Jugend, die ein neues Vaterland suchte.[504]

Hitler selbst und, wie wir gesehen haben, Goebbels, der dieser Erfahrung in seinem *Michael* auch literarischen Ausdruck verleiht, gehören jener ‹verlorenen Generation› an, die Leber hier als entscheidende Machtbasis des Nationalsozialismus ausmacht. Man mag sich allerdings fragen, ob sich diese Tendenz nicht bereits in der Ausschlusspolitik gegenüber den ‹nietzscheanischen Abweichlern› in der SPD des ausgehenden 19. Jahrhunderts zeigte.

In der folgenden geschichtsphilosophischen Betrachtung bezieht sich Leber nun auf zwei Grundlehren Nietzsches. Zum einen seine Betonung der tragenden Rolle ‹großer Persönlichkeiten› in der Geschichte: «Alle großen Geschichtsepochen tra-

---

503 241.
504 244.

gen Form und Namen, die große Männer ihnen gaben.» (245) Aber auch die Lehre von der ewigen Wiederkunft erhält hier eine plausible geschichtsphilosophische Wendung:

> Über den geschichtlichen Rhythmus aber, von dem wir sprechen, hat Nietzsche das Entscheidende gesagt, in seiner Verdammung des Gesetzes, der Tradition, der Geschichtsanbetung; mit seinem sehnsuchtsschweren Ruf nach erlösendem Wagnis, nach der großen Persönlichkeit, die nach dem Höchsten greift, selbst noch auf die Gefahr hin, mit Sicherheit am Unmöglichen zu Grunde zu gehen. Und doch ist auch das die alte Weise: Der Willensmensch sehnt sich schließlich nach der ausgleichenden Ruhe im Geistigen, der geistige Mensch aber kommt auch einmal an die Stelle, wo er, seines irrenden Suchens müde, nach der bedenkenlosen Tat Ausschau hält. Es ist der Rhythmus des Lebens selbst, der hier zu Wort kommt und Grenzen absteckt. [...] Der alte Kampf zwischen den großen Willenskräften und den hemmenden Gewichten der Geschichte, zwischen den blinkenden Ideen und Beharrungstendenzen des materiellen Daseins ist immer aufs neue auszutragen in der endlosen Reihe sozialer und geistiger Konflikte. Er wird nie zu Ende gehen, dieser Menschheitskampf, solange Sterbliche leben.[505]

Nietzsche verhilft Leber zu der Einsicht, dass die von ihm analysierten kritischen Tendenzen durchaus ihre Notwendigkeit haben und dass es nie eine perfekte politische Organisationsform geben wird.

Leber bleibt allerdings der Marxschen Lehre treu, dass es in letzter Instanz ökonomische Faktoren seien, die die Geschichte bestimmten. Im Nationalsozialismus erblickt er hingegen eine Bewegung, deren tragende Idee es sei, eine kulturelle ohne eine ökonomische Umgestaltung zu erreichen.[506] Der Nationalsozialismus sei darum, davon geht Leber sichtlich aus, zum Scheitern verurteilt und Leber rechnet mit einer neuen Umdrehung des Weltrads, in der sich die Arbeiterbewegung vielleicht besser bewähren werde:

> Wir leben in einer großen Zeitenwende, aber nicht heute oder gestern begann diese Wende. Ihr Anfang liegt im August 1914. Alle die gewaltigen sozialen und geistigen Umwertungen, die seit Beginn des großen Kriegs die Völker [...] erlebten, sind nur

505 Ebd.
506 Vgl. 242 f.

> Etappen und Ausbrüche des einen großen Vorgangs. Niemand weiß heute, wohin alles treibt, wo und wie der Strom endlich seine Mündung finden wird. Nur das Ziel steht unverrückbar fest: die Überwindung der kapitalistischen Epoche mit ihrem egoistisch-ökonomischen Liberalismus und ihrer Proklamierung der menschlichen Arbeit als Fundament sozialer Geltung. Erreicht der Nationalsozialismus dieses Ziel nicht, so ist auch er nicht das letzte Wort im brausenden Sturm unserer Zeit. Dann gehen die Geburtswehen sozialer Umgestaltung weiter und die Idee des Klassensozialismus steht wieder auf, und keine Macht der Erde kann sie an neuer Wirkung hindern.[507]

Leber glaubt also nicht an einen notwendigen, geradlinigen Verlauf der Geschichte, von dem noch Marx und Engels ausgingen: Vielmehr komme es stets auf die Tugend der Massen und ihrer Führer an, dem Geschichtsverlauf eine Wendung in ihrem Sinne zu geben.

Man mag von Lebers Thesen im Einzelnen halten, was man will: Die Grundprobleme, die er benennt – uncharismatische und unglaubwürdige Führungsfiguren, theoretischer Dogmatismus (sofern es überhaupt noch eine ernsthafte theoretische Reflexion gibt), die Entfremdung von den unteren Schichten, Leidenschaftslosigkeit, mangelnde Entschlusskraft – haben die Linke auch in der Nachkriegszeit nicht losgelassen. Seine Analyse zeigt zentrale Punkte auf, die eine offensive, sich nicht mit Pöstchen im Staatsapparat begnügende, sondern die entscheidenden Machtfragen nicht scheuende Linke auch heute noch von Nietzsche lernen könnte.

Eine weitere zentrale Figur des deutschen Widerstands, die von Nietzsches Ethik des Heroismus entscheidend inspiriert wurde und eine Art ‹nietzscheanisches Christentum› mit antifaschistischer Grundausrichtung propagierte, war **Dietrich Bonhoeffer** (1906–1945).[508]

---

507 245.

508 Vgl. Nicoletta Capozzas Eintrag zu Bonhoeffer in Niemeyers *Nietzsche-Lexikon*.

6. Nach der Führerdämmerung: Nietzsche und die Neu(st)e Rechte

Nach dem Zweiten Weltkrieg war das rechte Projekt der Wiederherstellung einer von klaren, nicht auf Kapitalbesitz fußenden, Hierarchien geprägten Gesellschaft unter modernen Bedingungen zunächst gründlich diskreditiert. Wie wir sahen, waren sogar führende Vertreter des rechten Denkens der Zwischenkriegszeit mit dessen realer Verwirklichung nicht gerade zufrieden gewesen. Man hätte das im Grunde paradoxe und intellektuell auf wackligen Beinen stehende Projekt einer modernen Rechten also begraben können. Doch es ist – als Negation des Universalismus der Moderne – genauso konstitutiver Bestandteil der Moderne wie das linke und das liberale Denken und wird daher wahrscheinlich nie auszurotten sein, solange es moderne Gesellschaften gibt: immer wird es Menschen geben, die gegen sie im Namen elitärer, partikularistischer Werte rebellieren. Gerade die Abwendung so vieler rechter Intellektueller vom Faschismus machte eine Wiederaufnahme des rechten Denkens im Grunde einfach, denn man konnte es in einigermaßen plausibler Form von ihm ablösen.

Die Formation, die sich als Erneuerung der Rechten nach dem Zweiten Weltkrieg konstituierte wird gemein als ‹Neue Rechte› bezeichnet und wählte diesen Begriff teilweise auch als Eigenbezeichnung. So ‹neu› ist ihr Denken freilich nicht: Das rechte Denken erreichte in der Zwischenkriegszeit eine Passhöhe, die es danach nie wieder erreichen sollte. Es kreist weiterhin um das zentrale Problem, wie eine partikularistische Ordnung praktisch wie theoretisch nach dem ‹Tod Gottes› noch begründet werden kann. Ein wichtiger Gewährsmann bleibt dabei Nietzsche.

Als typischer Repräsentant dieser Denkrichtung soll im Folgenden Julius Evola (1898–1974) vorgestellt werden, doch Nietzsche-Bezüge, mal mehr, mal weniger tiefschürfend, lassen sich bei zahlreichen, wenn auch nicht allen, Vertretern der Neuen Rechten ausmachen. Der «Marcuse der Rechten»[509], wie er oft bezeichnet wird, war nach dem Ersten Weltkrieg zunächst individualistischer Künstler im Umkreis des Dadaismus und Futurismus, wandte sich dann der Philosophie zu. Für die Neue

509 Dietmar Gottfried: *Der Zauberer der schwarzen Scharen.*

Rechte eignet er sich vor allem deshalb als Symbolfigur, weil er, ähnlich wie die Autoren der Konservativen Revolutionen (mit einigen von ihnen korrespondierte er), mit dem realexistierenden Faschismus zwar sympathisierte, sich ihm jedoch nie dauerhaft anschloss, weil er ihm zu modernistisch war. Er wird bis heute von der Neuen Rechten intensiv rezipiert, etwa im Umfeld der *Jungen Freiheit* und in der Black-Metal-Szene[510], aber sogar Trumps Wahlkampfleiter Steven Bannon führte ihn in einer Rede als positive Referenz an – in der er peinlicherweise auch auf das ‹jüdisch-christliche Abendland› Bezug nahm, obwohl Evola vor allem eins war: Antichrist, Antisemit (natürlich ‹rein geistig›) und mit Esoterik und Magie experimentierender Verfechter einer Rückkehr zum Heidentum (was auch einer der Hauptgründe war, warum er im Italien Mussolinis eine bloß geduldete Randfigur blieb).[511] Stark auf ihn Bezug nimmt auch Aleksandr Dugin (geb. 1962), führender neurechter Ideologe in Russland, der aufgrund seines großen Einflusses auf Putin der wahrscheinlich gefährlichste rechte Theoretiker der Gegenwart ist.[512]

Wir finden bei Evola alle wichtigen Elemente der Neuen Rechten vereinigt: Einen radikalen Antimodernismus und Elitarismus, einen Hang zu Esoterik und Mystizismus, eine schroffe Ablehnung des tradierten Monotheismus, eine tiefe Faszination für die Antike – und es fehlt natürlich nicht ein wiederholter Bezug auf Nietzsche. Besonders attraktiv macht ihn, dass er, im Gegensatz etwa zu Heidegger, durchaus nicht prüde war und etwa ‹pünktlich› 1958 einen dicken Schinken mit dem Titel *Metafisica del sesso (Metaphysik des Sexus)* veröffentlicht und über den richtigen Gebrauch psychedelischer Drogen sinnierte.

Betrachten wir hier nur seine beiden wichtigsten Werke *Rivolta contro il mondo moderno* (*Revolte gegen die moderne Welt*; 1934) und *Cavalcare la Tigre* (*Den Tiger reiten*; 1961). In dem ersten Buch erwähnt Evola Nietzsche nur vereinzelt.[513] Wie

510 Vgl. ebd.

511 Vgl. Anna Momigliano, *The Alt-Right's Intellectual Darling Hated Christianity*. In einer Zeitschrift schrieb Evola 1930: «Anti-Europa [!], Anti-Semitismus, Anti-Christianismus, das ist unsere Losung; Rückkehr zur solaren Geistigkeit, zum lebendigen Weltbild, zum männlichen und heidnischen Ethos und zum imperialen Ideal» (zit. n. Mussolini, *Geist des Faschismus*, 106).

512 Vgl. Marlene Laruelle, *Aleksandr Dugin*.

513 Das mag daran liegen, dass, wie gezeigt, Nietzsche auch für den italienischen Faschismus keine bedeutende Rolle spielte.

der späte Nietzsche schwärmt Evola hier von der geordneten Welt des hinduistischen Kastenwesens[514] und zitiert Nietzsche in eben jenem Kapitel in einer Fußnote als «einzige[n] moderne[n] Denker, der sich dieser Sicht genähert hat, ohne daß es ihm aber deutlich zum Bewußtsein gekommen wäre […] mit seiner absoluten Moral auf ‹natürlicher› Grundlage»[515]. Er meint mit «dieser Sicht» eine Ethik der Selbstwerdung, in der es darum geht, «die vollständige eigene Einheit mit sich selbst» (ebd.) zu erreichen durch Zerstörung von «allem, was als Instinkt, hedonistische Motive, materialistische Bewertungen an die Erde fesselt» (ebd.). «Abgeschlossenheit und Beständigkeit» (ebd.) ist der Kernwert auf individueller wie kollektiver Ebene. Ein Nietzsche-Bezug, der angesichts von Nietzsches Ethik der Treue zu Erde und Leib und seinem Lob des Chaos als kreativer Kraft irritiert, selbst wenn Nietzsche sich an manchen Stellen,[516] tatsächlich in diesem Sinne äußert.

Dies ist freilich nicht im Sinne einer Ethik der individuellen Selbstverwirklichung zu verstehen, sondern einer Apologie der Übernahme der einem von der Gemeinschaft vorgegebenen Identität. Ohne Nietzsche zu erwähnen heißt es entsprechend an einer anderen Stelle des Buches: «Der moderne heroische Mythos auf individualistischer, auf Willen und ‹Übermenschentum› beruhender Grundlage stellt eine gefährliche Verirrung dar.» (176) Wenn nun aber der bindungslose Mensch in der Moderne zum Normalmenschen geworden ist, welchen Ausweg gibt es? In der Tat vertritt Evola einen ähnlichen Pessimismus wie Spengler, dessen Stichwort vom «Untergang des Abendlandes» er bereits auf der ersten Seite seines Buches zitiert[517] und dessen wesentliche Anschauungen er teilt: Er vertritt eine derjenigen Nietzsches nicht unähnliche «zyklische Geschichtsauffassung», wonach sich die alten Hierarchien notwendig auflösen müssten und die Dekadenz somit unaufhaltsam anschwelle

514 Vgl. 123–134.

515 128; Fn. 10.

516 So zählt Nietzsche zu den Tugenden der antiken Herren etwa «Sitte, Verehrung, Brauch» und «Selbstbeherrschung» (GM I 11). Die strikte Trennung zwischen den Kasten im Gesetzbuch des Manu bezeichnet er als «*arische* Humanität, ganz rein, ganz ursprünglich» (GD *Verbesserer* 4) und spricht bewundernd vom «reine[n] Blut» (ebd.), das durch diese Bestimmungen, den Tod der «Tschandala» in Kauf nehmend, hergestellt werde.

517 Vgl. 17.

bis der Wendepunkt erreicht sei und die Neubegründung einer hohen Kultur stattfinden könne. Einzig die Heilige Allianz, das Bündnis der Monarchien gegen Napoleon Bonaparte, hätte den Niedergang aufhalten können, den Evola im völligen Gegensatz zu Nietzsche für eine der unheilvollsten Figuren der europäischen Geschichte hält.[518]

Dass die Heilige Allianz den Niedergang hätte stoppen können ist eigenartig, denn er spricht eigentlich von dem Verfall des «Kastenwesens» (womit er auch die antike Welt bezeichnet) als «ein objektives, allgemeines Gesetz» (379) – der Tiefpunkt: der Kommunismus. Im Schlusskapitel des Buches[519] ist nun plötzlich aber davon die Rede, dass Evola dieses «Gesetz» nicht deterministisch verstanden wissen will: Letztendlich könnten die Menschen ihre Geschichte selbst machen und es gebe an sich die Möglichkeit, das Abendland vor dem Untergang zu retten, wenn Europa wieder zu einem einheitlichen Bewusstsein fände und sich auf die traditionelle Ordnung zurückbesinne. Evola sieht dafür aber weder im Konservativismus noch im Faschismus irgendein Potential. Am Ende bleibt ihm nur noch ein heroischer Individualismus, der darin besteht, das Unvermeidliche würdevoll zu ertragen – in der Aussicht allerdings, nach dem notwendigen Zusammenbruch der modernen Welt am Aufbau einer neuen Ordnung mitwirken zu können. Im Grunde ist Evolas Philosophie eine fast genaue Umkehrung des Hegel-Marxismus: Beschreibt dieser die Geschichte der europäischen Zivilisation als kontinuierlichen Fortschritt, der in einer perfekten Gesellschaft münden werde, ist sie für Evola ein einziger Rückschritt, den es allenfalls zu beschleunigen gelte, um eine Rückkehr zur ursprünglichen Hierarchie erreichen zu können.

In seinem wichtigsten Nachkriegsbuch bezieht sich Evola wesentlich häufiger (geradezu ununterbrochen) und wohlwollender auf Nietzsche. Das bereits im Titel: Nietzsche zitiert einerseits das antike Motiv vom auf einem Tiger reitenden Dionysos,[520] andererseits spricht er davon, dass der Mensch auf dem Rücken eines Tigers in Träumen liegt – der Tiger steht dabei für die Brutalität der Natur, die er verdrängt.[521] Nietzsche betont dabei explizit, dass es keine Möglichkeit gebe, dass der

518 Vgl. 394 f.
519 Vgl. 411–420.
520 Vgl. NF 1883,13[1].
521 Vgl. WL 1.

Mensch aufwacht: Die Verdrängungsleistung sei für ihn lebensnotwendig, das von der Philosophie geforderte Erwachen führe nur zu immer neuen Illusionen, die das Leben letztendlich zerstörten.[522] Evola erwähnt freilich in dem Kapitel, in dem er das Bild des Titels erklärt,[523] weder Nietzsche noch Dionysos, sondern ein fernöstliches Sprichwort, wonach es möglich und wünschenswert sei, den Tiger zu reiten und man ihn dadurch letztendlich sogar besiegen könne. Mit dem «Tiger» meint Evola wie Nietzsche die objektive Wirklichkeit. Ein Gegensatz wird hier klar: Bei Nietzsche bleibt der Ritt auf dem Tiger einem Gott vorbehalten, für den Menschen ist er gefährlich; er bedarf schützender Illusionen.

Das Wesen der modernen Wirklichkeit ist auch für den späten Evola die Auflösung, mithin der anhand von Nietzsches «Gott ist tot» erklärte universelle Nihilismus. Evola richtet sein Buch an alle jene, die diesem Nihilismus noch nicht anheim gefallen seien, «denjenigen [...], der sich als freies Wesen inmitten einer Auflösungsepoche seine Identität bewahren will» (46). Er verwendet zur Charakterisierung dieses Menschentyps auch das Bild vom «aufrechten Gang».[524] Evola geht also nicht mehr davon aus, dass sich die Geschichte noch aufhalten oder gar umkehren lässt: Sein Buch ist eher als, immer wieder an Nietzsches Ethik der Selbst-Werdung anknüpfender, Ratgeber zu lesen, wie man als ‹besserer Mensch› in der modernen Welt überleben kann ohne sich aufzugeben. Zwar sieht auch Evola noch die Möglichkeit, dass geheimbundartig organisierte Gruppen von gleichgesinnten eine ‹bessere Welt› nach dem Zusammenbruch vorbereiten könnten – doch sie müssten eine völlig gleichgültige Haltung gegenüber der bestehenden Politik einnehmen, in der es ohnehin keine wirklichen Alternativen mehr gebe.

Es ist hier nicht der Raum, die weitläufigen Nietzsche-Diskussionen Evolas zu referieren und zu diskutieren, die oftmals sehr scharfsinnig sind und eine tiefgehende Beschäftigung mit Nietzsches Denken verraten. Was es hervorzuheben gilt, ist, dass Evola sich aus seiner Warte heraus mit ganz ähnlichen Problemen konfrontiert sieht wie, um hier vorzugreifen, auch die zahlreichen Links–Nietzscheaner, für die sich die Welt spätestens nach dem Zweiten Weltkrieg ebenso trostlos darstellt wie für Evola.

522 Vgl. FV 1.
523 Vgl. *Calvacare la tigre*, 14–20.
524 Vgl. 10.

Es gibt allerdings einen wichtigen Unterschied: Für Evola ist der Zusammenbruch die einzige verbliebene Hoffnung vor dem Hintergrund seiner zyklischen Geschichtsauffassung; für die Links-Nietzscheaner besteht diese Perspektive nicht, da sie letztendlich im, wie auch immer gebrochenen, Fortschrittsdenken verhaftet bleiben. So, wie sich die Dinge gegenwärtig entwickeln, könnte man fast versucht sein, auch aus linker Sicht an Evolas Pessimismus anzuknüpfen und nur noch im Bewahren einer gewissen ‹inneren Würde› bei gleichzeitiger Erwartung des Weltuntergangs, um nach ihm eventuell eine bessere Welt vorzubereiten, eine Option zu sehen. Wie sich im Schlussteil dieses Buches zeigen wird, ist das eine nicht unplausible Sicht der Dinge.

Ob der Zusammenbruch *dieser* Welt unvermeidlich ist oder nicht: Gegenwärtig scheint alles, nachdem der Neoliberalismus lange Zeit das «Ende der Geschichte»[525] einzuläuten schien, darauf hinauszulaufen, dass es zu einem Kampf zwischen den Werten Evolas und den Werten Marx' kommt, einem «Geisterkrieg» im Sinne Nietzsches. Eine Alternative, die zu verstehen die Schriften Evolas wie kaum andere geeignet sind, da er sie selbst in aller Klarheit aufzeigt: Auch Marx und Engels konzipieren ja den Kommunismus als eine Art Rückkehr zum Ursprung der Geschichte, nur dass diese Rückkehr endgültig sein soll. In *Der Ursprung der Familie, des Privateigentums und des Staats* stellt Engels, unter Berufung u. a. auf Bachofen, diesen Urkommunismus als matriarchale Welt dar, in der der Mensch von der Natur noch nicht entfremdet war, sondern in Einheit mit ihr existierte, und in der es noch keine fixen Hierarchien gab. In seiner ersten Schrift diskutiert auch Evola diese Version des Ursprungsmythos im Kapitel über die «Mutterkultur»[526] und beschreibt sie ganz ähnlich wie Engels (auch ihm dient Bachofen als Quelle). Doch für ihn ist gerade sie ein Alptraum und ein Zeichen der kulturellen Degeneration, sie steht nicht am Anfang, sondern ist die erste Stufe des Abfalls vom Urpatriarchat, das durch strenge Hierarchien und die Herrschaft eines männlichen Führers bestimmt gewesen sei. Ob nun Engels oder Evola empirisch Recht hat, ist eine normativ-politische Frage, die hier von sekundärem Belang ist. Wichtiger ist es, die Opposition zu verstehen: Dort eine auf Ungleichheit, Entfremdung von

525 Zu diesem Konzept später mehr.
526 Vgl. 247–254.

Natur, Hierarchie und Transzendenz gründende Gesellschaft, dort eine, die auf Gleichheit, Einheit mit der Natur, Demokratie und Immanenz basiert. Es mag sein, dass beide dieser Visionen gleichursprünglich sind und beide wesentliche Bestandteile gelungenen menschlichen Lebens – vielleicht wäre dies ein nietzscheanischer Standpunkt[527] –, doch letztendlich muss einer der beiden Visionen die Oberhand zukommen. Für Evola steht für die erste Vision der Norden, die Sonne, Feuer und Luft, für die zweite der Süden, der Mond, die Erde und das Wasser.[528] Die erste wird mit Härte, Selbstbehauptung, Aktivität und Ordnung assoziiert, die zweite mit Weichheit, Sichverlieren, Passivität und Auflösung. Man kann die Alternative auch so formulieren: Gehören die Erde und ihre Früchte allen oder denjenigen, die daherkommen und ein Stück Land gewaltsam ihr eigen nennen? Der Kampf zwischen Universalismus und Partikularismus in dieser Konkretion gefasst, ist es, der heute letztendlich auf dem Spiel steht und erst derart gefasst erreicht er das Niveau von Nietzsches «großer Politik».[529]

Die Neue Rechte gibt es nun schon seit vielen Jahrzehnten. Aus meiner Sicht wäre es daher angemessener, im Hinblick auf die Formation, mit der wir im Augenblick konfrontiert sind, von einer ‹Neusten Rechten› zu sprechen. Damit meine ich nicht so sehr eine neue intellektuelle Strömung, sondern den globalen Versuch, die Konzepte der Neuen Rechten nun endlich in Realpolitik umzusetzen und das mit erstaunlichem Erfolg. War in den westlichen Kernstaaten die radikale Rechte lange Jahre nur ein Randphänomen, erlebt sie seit der Finanzkrise von 2007 ff. ein beachtliches Comeback. Das Erfolgsgeheimnis ist dabei im Grunde dasselbe wie bei der NSDAP: Es ist der Neusten Rechten gelungen, eine Allianz zwischen plebejischem ‹National-Sozialismus› im eigentliche Sinne, avantgardistischem Salonfaschismus (oder zumindest der Schwundstufe davon) und Teilen des

527 Und auch ein freudianischer (vgl. Anm. 52).

528 Eine etwas eigenartige Gegenüberstellung, wird gemeinhin doch eher der Süden mit Sonne und Feuer assoziiert.

529 Wie oben erwähnt gibt es einen ‹Dionysmus des Blutes›, wie ihn Klages vertrat, und der zeigt, dass sich eine sozusagen ‹lunare› und eine partikularistische Haltung nicht unbedingt ausschließen müssen. Evola scheint uns hier aber Recht zu behalten: Im ‹lunaren› Sinne ursprünglich ist die Gleichheit der Menschen, nicht ihre Unterscheidung in Rassen; Klages schmuggelte in seinen ‹Lunarismus› fälschlicherweise eine ‹solare› Differenzierungen ein.

konservativen Bürgertums zu schmieden, während die bürgerlichen und linken Kräfte heillos zersplittert sind. Trump zeigt freilich, dass es all diesen Bündnispartnern so ergehen wird wie denjenigen, die Hitler an die Macht brachten: Sie waren nützliche Idioten, die nach dem Sieg einer nach dem anderen ausgeschaltet wurden. Im Kern geht es diesen Leuten, wie ein Skandal nach dem anderen aufs Neue beweist, nicht um die Prinzipien, die sie großmäulig vor sich hertragen, sondern um nichts weiter als die Aufrechterhaltung ihrer Macht. Kantorowicz kann vielleicht am besten helfen, den realexistierenden Neofaschismus zu verstehen, wenn man ihn liest, ohne seinen ästhetischen Illusionen auf dem Leim zu gehen (die er leider selbst glaubte). Es wiederholt sich hier schon lange nicht mehr die Tragödie als Farce, sondern wir sind schon längst bei etwas noch Lächerlicherem angekommen – das freilich genau so wie damals seine Toten fordert und fordern wird.

Aufgrund ihrer Popularität dienen den Neusten Rechten vor allem Heidegger und Nietzsche als Säulenheilige, um Intellektuelle (oder solche, die sich dafür halten) und Kulturbürger zu ködern. Einigen unter ihnen gilt Nietzsche auch als bösartiger Vordenker der Postmoderne. Hier ist nicht der Ort, um sich mit dieser eher dürftigen Rezeption auseinanderzusetzen.[530] Was wir freilich festhalten können, ist, dass es durchaus Potentiale in Nietzsches Denken gibt, die von der Rechten nicht einfach nur ‹gekapert› werden, sondern die in seinen Texten angelegt sind: Abgesehen von Schlagworten, die sich leicht als oberflächliche Bezugnahmen enttarnen lassen, bieten insbesondere seine Kulturphilosophie, sein Elitismus und sein Individualismus zahlreiche Anknüpfungspunkte für ein rechtes Denken ebenso wie seine Metaphysik- und Universalismuskritik. Das macht Nietzsche nicht selbst zu einem rechten Denker (das zeigt sich nicht zuletzt daran, dass auch die Rechten ihn nur bedingt als einen der ihren betrachten), doch sollte uns für die problematischen Aspekte seiner Philosophie sensibilisieren, die es weder zu ignorieren noch überzubetonen gilt.

Mit dem Rechts-Nietzscheanismus ist glücklicherweise freilich das letzte Wort zu Nietzsche noch nicht gesprochen. Zahl-

530 Vgl. zu dieser und ihren Verkürzungen stichprobenhaft Sebastian Kaufmann, *Nietzsche und die Neue Rechte*. Auf die Nietzsche-Rezeption des Sloterdijk-Schülers Marc Jongen werden wir weiter unten zu sprechen kommen.

reiche Nietzsche-Anhänger ließen sich auch durch die infame Benutzung Nietzsches für den Nationalsozialismus nicht von ihren Überzeugungen abbringen und nahmen sie als Herausforderung an, ihre linken Nietzsche-Lesarten zu schärfen. Zugleich gab und gibt es freilich auch viele, die den rechten als den ‹authentischen› Nietzsche betrachten und ihn tatsächlich als Vorläufer der Nazis sehen. Der Streit um Nietzsche innerhalb der Linken hat seit 1933 zu Recht an Brisanz gewonnen – wir werden sehen, mit welchen Argumenten er geführt wurde.

Einig sind sich die hier vorgestellten Figuren freilich darin, dass sie es nicht bei dem oberflächlichen Verweis darauf beließen, dass Nietzsche ja extrem vieldeutig sei, und den Rechten philologische Unsauberkeiten vorwarfen – was man natürlich bei Nietzsche immer machen *kann* und was auch seine Berechtigung hat –, sondern offensive Gegeninterpretationen entwickelten, die an den Links–Nietzscheanismus der ‹ersten Wellen› anknüpften, zugleich jedoch notwendig über ihn hinaus gehen mussten: Denn es waren stets aktualisierende Aneignungen Nietzsches vor dem Hintergrund einer neuen Zeit und ihr entsprechenden neuen Problemen. Es ist klar, welche Umgangsweise dem Anti-Philologen Nietzsche besser behagt hätte.

Zu guter Letzt gilt es zu betonen, dass es ohnehin nur von geringem Nutzen ist, Nietzsche um des Verteidigens willen zu verteidigen: Natürlich mag es von Vorteil sein, eine allgemein anerkannte Geistesgröße auf seiner Seite zu haben, doch es gibt symbolische Gefechte, die bedeutsamer sind. Die Verteidigung Nietzsches hat nur wirkliche Bedeutung, wenn sie zugleich mit einem Kampf darum verbunden ist, was die richtigen Antworten auf die von Nietzsche aufgeworfenen Fragen sind. Denn letztendlich laufen darauf ja alle ernstzunehmenden Nietzsche-Deutungen hinaus: Antworten auf die von Nietzsche gestellten Fragen zu geben und so letztendlich über Nietzsche hinauszugehen. Ist beispielsweise die richtige Antwort auf den ‹Tod Gottes› eine Rückkehr zum «Sein», hinter dem sich letztendlich der faschistische Mythos vom «Volk» verbirgt? Oder die klassenlose Gesellschaft, an der alle Menschen partizipieren können? Ist es die richtige Antwort auf Nietzsches Wissenschaftskritik, sich dem Irrationalismus hinzugeben und dadurch jedwedem partikularistischen Terrorregime den Heiligenschein aufzusetzen zu können? Oder die Konzeption eines neuen Wissenschaftsverständnisses, das die Wissenschaft weder vergötzt noch verteufelt, sondern als befreiende Kraft im Kampf gegen Hunger und Dummheit erblickt? Sollte man Nietzsche beim Wort nehmen und über «neue Sklavereien» nachdenken – oder seine Herausforderung annehmen und daran mitwirken, eine Kultur zu konzipieren, die keiner Sklaverei mehr bedarf? Heißt ‹Lebensbejahung›, für eine ‹ethnopluralistische› Welt einzutreten – oder für die Vereinigung der Völker zu einer Weltrepublik? Das sind einige der Fragen, die Nietzsche ins Spiel bringt – und jeder Nietzsche-Leser sollte sich fragen, welche Antwort er mit seinem Gewissen vereinbaren kann, für das kein Gott und kein klarer sittlicher Lebenszusammenhang mehr bürgen kann. Es gibt da freilich kein einfaches Entweder/Oder und von Nietzsche kann man ja gerade lernen, einfache und eindeutige Antworten zu vermeiden und sich für die Vielfalt möglicher Antworten zu öffnen. Doch wenn es um die Praxis, um die Politik geht, gilt es doch eine klare Wahl zu treffen und mit aller Konsequenz *durchzuleiden* – auch für diese Notwendigkeit sensibilisiert Nietzsche. Letztendlich geht es um die eingangs gestellte Frage: Von welchem Ort aus denkt man? Von der Welt her? Von sich her? Von seinem Volk her? Von Gott her? Vom Übermenschen her? Von der Ewigkeit her? Von überall? Von nirgendwo? Vom Dorf? Von der Stadt? Nomadisiert man? Schlägt man Wurzeln?[531]

Kann die Philosophie etwas dazu beitragen, für bestimmte Antworten zu werben? Gibt es irgendwen, der sich wirklich von philosophischen Begriffen, Bildern und Rhetoriken *überzeugen* lässt? Nietzsche war skeptisch, warb aber trotzdem.

531 Vgl. Deleuzes Definition des Linksseins in dem Interview *L'Abécédaire de Gilles Deleuze* (Frankreich 1996 ; Regie: Pierre-André Boutang), wo Deleuze die rechte Haltung so beschreibt, dass sie stets zuerst vom Individuum ausgehe, die Linke jedoch zuerst vom Ganzen, der Erde.

III. Von Psycho- zu Sozioanalyse: Von Freud nach Frankfurt

Wir haben gesehen, dass es durchaus eine Dialektik zwischen der ersten Welle der linken Nietzsche-Rezeption und der rechten Nietzsche-Rezeption gibt: Auch wenn der Schwerpunkt ein jeweils anderer war und es keinen notwendigen Übergang von der einen zur anderen gibt, spielen Konzepte wie ‹Persönlichkeit›, ‹Schicksalsbejahung› oder ‹Lebensnähe› in beiden Wellen eine bedeutende Rolle, wurden jeweils nur mit einem anderen Inhalt gefüllt und mit anderen politischen Programmen assoziiert. Ein geteiltes Narrativ war zudem die Diagnose einer tiefgreifenden Krise der Kultur, die oft mit dem Begriff des «Nihilismus» gefasst wurde, gegen den es nun Gegenstrategien zu entwickeln gebe.

Einen deutlich anderen Weg schlägt dagegen die nun zu betrachtende zweite Welle der linken Nietzsche-Rezeption ein. Für die bisher betrachteten Protagonisten stand der normative Teil von Nietzsches Philosophie im Zentrum ihrer Nietzsche-Aneignung, sie bezogen sich vor allem auf *Also sprach Zarathustra*, das man durchaus als das ‹wirkliche Hauptwerk› Nietzsches bezeichnen kann, lässt er ihm doch selbst immer wieder diese Rolle zukommen,[532] und den *Willen zur Macht* als vermeintliches Hauptwerk. Die Aphorismenbände und vor allem *Zur Genealogie der Moral* gerieten demgegenüber in den Hintergrund oder wurden sogar fast völlig ausgeblendet.

Genau jener Nietzsche, insbesondere derjenige der *Genealogie*, wird demgegenüber von den hier als ‹dritte Welle› zusammengefassten Figuren ins Zentrum ihres Interesses gerückt: Nietzsche der Aufklärer, der Psychologe, der Sozialtheoretiker,

532 Nietzsche spricht von einem «Hauptwerk» (vgl. die Diskussion zum *Willen zur Macht*-Projekt oben) nur als geplantes Projekt, schreibt aber über den *Zarathustra*: «Innerhalb meiner Schriften steht für sich mein *Zarathustra*. Ich habe mit ihm der Menschheit das grösste Geschenk gemacht, das ihr bisher gemacht worden ist. Dies Buch, mit einer Stimme über Jahrtausende hinweg, ist nicht nur das höchste Buch, das es giebt, das eigentliche Höhenluft-Buch» (Za *Vorwort* 4). In seinen späten Schriften suggeriert er immer wieder, dass im *Zarathustra* sämtliche Antworten auf die in ihnen aufgeworfenen Fragen zu finden seien.

derjenige Philosoph, der sich wie wenige vor ihm darum bemühte, eine Philosophie auf der Höhe der wissenschaftlichen Forschungen seiner Zeit zu betreiben. In normativer Hinsicht knüpften diese Autoren eher verhalten an Nietzsche an oder widersprachen ihm sogar – in deskriptiver Hinsicht entnahmen sie seinen Texten jedoch zentrale Anregungen. Viele übernahmen zudem Nietzsches Methode und den mit ihr verbundenen aphoristischen Stil: Sie wollten eine realistische Philosophie betreiben, die mit dem Systemideal der Tradition bricht. Gerade dieser letzte Zug unterscheidet sie deutlich von den meist um seine Systematisierung bemühten rechten Zugängen zu Nietzsche und lässt sie mitunter als diejenigen erscheinen, die in inhaltlicher Hinsicht Nietzsche vielleicht ferner waren, in methodologischer Hinsicht jedoch wesentlich näher. Sie standen Nietzsche damit insgesamt näher, denn letztendlich ist es die Methode, die zählt.

Die dritte Welle entwickelte sich nicht nach den beiden bisher besprochenen, sondern als Alternative, mit leichter zeitlicher Verzögerung (ihr erstes Aufwallen lässt sich recht genau auf die Zeit um 1900 datieren) nahezu zeitgleich mit ihnen. Als ihre erste bedeutende Unterströmung haben wir die Psychoanalyse zu betrachten, deren bedeutendsten Vertreter alle mehr oder weniger stark von Nietzsche beeinflusst waren – Nietzsche kann geradezu als direkter Vordenker der Psychoanalyse betrachtet werden. Und er spielte, zweitens, auch eine wichtige Rolle für die entstehende deutsche Soziologie. Weder die Psychoanalyse noch erst recht die klassische deutsche Soziologie der Zeit zwischen 1900 und 1914 lassen sich natürlich als in einem engen Sinne ‹linke› Strömungen bezeichnen, selbst wenn die meisten ihrer Vertreter eher der Linken als der Rechten zuzuordnen sind – beide Strömungen bilden jedoch das Fundament, auf dem die eigentliche Hauptströmung dieser Welle nach dem Ersten Weltkrieg gedeihen konnte: die klassische Frankfurter Schule. Sie als eine wesentlich linksnietzscheanische Strömung auszuweisen ist ein Kernanliegen unserer Studie. Ihre Blütezeit fällt in die Jahre von 1933 bis 1945 und die beiden folgenden Jahrzehnte, was unsere Bezeichnung als ‹dritte Welle› rechtfertigt.

Zu guter Letzt müssen wir uns allerdings auch mit der in dieser Zeit vehementer als zuvor vorgetragenen linken Nietzsche-Kritik befassen, deren einflussreichste Protagonisten Georg

Lukács und Jürgen Habermas sind und werden auf den heutigen Stand der Nietzsche-Rezeption im Rahmen des von der klassischen Frankfurter Schule begründeten Traditionszusammenhangs zu sprechen kommen.

1. Nietzsche als Philosoph der Psychoanalyse

a) Nietzsches große Liebe

Die wichtigste Wirkung Nietzsches außerhalb der Philosophie und der Kunst fällt sicherlich in den Bereich der Psychologie. Nietzsche wirkte hier insbesondere als zentraler Stichwortgeber der Psychoanalyse. Als personelles Scharnier wirkte hier Lou Andreas-Salomé (1861–1937). Die aus Russland stammende Adlige kam wie viele andere bildungshungrige Frauen jener Zeit in die Schweiz, um dort Vorlesungen besuchen zu können. Nietzsche und sie lernten sich Anfang 1882 auf Betreiben von Malwida von Meysenbug in Rom kennen, es folgte eine Periode des intensiven intellektuellen Austauschs, in der Andreas-Salomé zeitweise zur wichtigsten Gesprächspartnerin Nietzsches avancierte. Leider zerfiel diese Freundschaft schon nach wenigen Monaten, vermutlich, weil sich Nietzsche in Andreas-Salomé verliebte und eifersüchtig auf die Beziehung zwischen ihrem gemeinsamen Freund Paul Rée (1849–1901) und ihr war. Nietzsche fühlte sich von Andreas-Salomé abgewiesen: Eine Erfahrung, die ihn zutiefst kränkte und zu seiner zunehmenden Vereinsamung beitrug – ihn aber auch dazu inspirierte, in einem Akt geistiger Kompensation den *Zarathustra* zu verfassen. Es ist viel darüber spekuliert worden, ob sich sein ab diesem Zeitpunkt deutlich verschärfender Ton gegen Frauen – vor allem intellektuelle – auch auf diese Verletzung zurückführen lässt.

Der Roman *When Nietzsche Wept* (*Und Nietzsche weinte*; 1994) von Irvin D. Yalom erzählt, wie Andreas-Salomé in Wien den Mentor Freuds, Josef Breuer (1842–1925) dazu bringt, Nietzsche zu behandeln, wodurch er zur Weiterentwicklung der Psychoanalyse inspiriert wird. Auch der junge Freud kommt darin vor. Eine vollkommen fiktive Geschichte, die jedoch eine gute Einführung in zentrale Motive von Nietzsches Denken und auch die Grundlagen der Psychoanalyse ermöglicht. Die sehr kitschige gleichnamige Verfilmung des Romans[533] bleibt leider hinter dessen Tiefenschärfe deutlich zurück. Eine sehr gelungene filmische Darstellung der Begegnung zwischen Nietzsche und Andreas-Salomé bietet hingegen der Film *Lou Andreas-Salomé*[534]. Ihm gelingt es nicht zuletzt ein glaubwürdiges Bild Nietzsches, gespielt von Alexander Scheer, jenseits verbreiteter Klischees zu geben.

Andreas-Salomé wirkte in vielfacher Weise, sie war etwa eine Zeit lang auch mit Rainer Maria Rilke (1875–1926) liiert. Insbesondere aber verfasste sie mit *Friedrich Nietzsche in seinen Werken* (1894) eine der ersten, bis heute lesenswerten Einführungen in Nietzsches Leben und Werk, die Freuds Tochter Anna Freud (1895–1982), mit der Andreas-Salomé eng befreundet war, als Vorwegnahme der Psychoanalyse bezeichnete.[535] 1911 lernte sie Sigmund Freud kennen, mit dem sie ebenfalls eine innige Freundschaft verband. Sie beteiligte sich fortan intensiv an den psychoanalytischen Diskussionen der Zeit. Schon vor 1911 hatte sie begonnen, sich in ihren Schriften mit dem Thema der Sexualität zu beschäftigen. 1916 veröffentlichte sie *«Anal» und «Sexual»*, einen Aufsatz, den Freud wiederholt als einen der wichtigsten Beiträge zur Psychologie des Analen lobte,[536] 1921 ihre wichtige Arbeit *Narzißmus als Doppelrichtung*. In seinem ihr gewidmeten Nachruf betont Freud ihr «tiefes Verständnis für die kühnen Ideen des Philosophen»[537] Nietzsche und betont ihre persönliche Authentizität wie auch ihre wesentlichen wissenschaftlichen Beiträge zur psychoanalytischen Forschung.

Andreas-Salomé war allerdings auch eine gute Schülerin Nietzsches, insofern sie die Frauenbewegung und die Gleichberechtigung von Frau und Mann scharf kritisierte. Hedwig Dohm bezeichnete sie als «Antifrauenrechtlerin»[538]. Sie schwieg etwa in dem Freudschen Diskussionszirkel bewusst, da sie dies als für eine Frau angemessen empfand,[539] und ging wie Nietzsche davon aus, dass die wahre Erfüllung der Weiblichkeit in der Mutter-

533 USA 2007; Regie: Pinchas Perry.

534 Deutschland/Österreich 2016. Regie: Cordula Kablitz-Post.

535 Vgl. Schwab, *Der Freigeist, die Frauen, das Leben*, 328.

536 Vgl. *Über Triebumsetzungen, insbesondere der Analerotik, 409, Neue Folge der Vorlesungen zur Einführung in die Psychoanalyse*, 108 und *Drei Abhandlungen über Sexualtheorie*, 88

537 *Nachruf für Lou Andreas-Salomé*.

538 Zit. n. Diethe, *Vergiss die Peitsche*, 77.

539 Vgl. ebd., 66.

schaft liege – obzwar sie selbst zeitlebens kinderlos blieb.[540] Auch forderte sie, dass schreibende Frauen ihre Werke anonym publizieren sollten – obwohl sie das selbst nicht tat.[541] Für sie war das eigentliche Ziel weiblicher Sexualität das Kinderkriegen, nicht die Lust – auch dies ein deutlicher Unterschied zu nietzscheanischen Feministinnen wie Dohm.[542] Andreas-Salomé liegt nicht zuletzt voll auf der Freudschen Linie, insofern sie zwar immer wieder die Bedeutung der Sexualität als ‹Urgrund› des Lebens bezeichnet und für ein aufgeklärtes, reflektiertes Verhältnis zu ihr plädiert, jedoch gleichfalls hervorhebt, wie wichtig ihre Zügelung für das Kulturleben ist. In gewisser Weise kann man sie als Vordenkerin von Irigarays Differenzfeminismus lesen, insofern sie stets den wesentlichen Unterschied zwischen Frau und Mann betont und diesen auch nicht nivelliert sehen möchte.

Andreas-Salomés Nietzsche-Buch ist vor allem deshalb ‹präpsychoanalytisch›, weil sie darin, Nietzsches eigenem Prinzip jede Philosophie als «Selbstbekenntnis ihres Urhebers» zu deuten folgend, Nietzsches Philosophie ganz als Ausdruck seines inneren Seelenlebens analysiert.[543] Seine Grundzüge seien «Leiden und Einsamkeit» (16) gewesen, wobei Andreas-Salomé auch Nietzsches körperliches Leiden als Symptom jenes tieferen seelischen auffasst. Er sei ein Individualist gewesen – zugleich aber auch ein Gottessuchender, ein dem Leben Entfremdeter von Kindheit an. (Allerdings führt Andreas-Salomé dieses Leiden nicht auf eine konkrete Erfahrung o. ä. zurück, sondern betrachtet es schlicht als Gegebenheit.) Im Grunde liest sich das Buch wie eine Vorstudie zu Andreas-Salomés Abhandlung über den Narzissmus: Sie arbeitet Nietzsches Selbstbezüglichkeit und sein «fast weibliche[s] Bedürfnis[] seines Inneren nach persönlicher Anbetung, nach Aufblick» (76) heraus, das ihn etwa zur Verehrung Wagners geführt habe. Insbesondere sein Spätwerk sei nichts weiter als die philosophische Darstellung seiner inneren Zerrissenheit.[544] Das meint Andreas-Salomé, die ohne Zweifel selbst Narzisstin war und das auch wusste, alles nicht kritisch: Sie erkennt in Nietzsche vielmehr ihr eigenes Triebschicksal wieder oder wenigstens ein dazu komplementäres, insofern sie ihn

540 Vgl. ebd., 76 f.
541 Vgl. ebd., 78.
542 Vgl. ebd., 79.
543 Vgl. 6.
544 Vgl. 144.

eher als instabilen, ‹weiblichen› Narzissten darstellt (in heutiger Sprache geredet: einen ‹Borderliner›[545]), der sich, so darf man jedenfalls folgern, auch wenn sie zu dieser Episode in dem Buch schweigt, zu ihr, wie etwa auch der sie als Mutterfigur verehrende Rilke, gerade hingezogen fühlte, weil er in ihrem stabilen Narzissmus intuitiv ein ausgleichendes Gegengewicht aus seinen inneren Dissonanzen erblickte, eine Art psychische Plombe.[546] Andreas-Salomés Nietzsche-Buch, wie auch ihr Narzissmus-Aufsatz, stellen vor allem eins dar: Eine Apologie der narzisstischen Weltentrücktheit als Grundbedingung geistigen Schaffens.

Freilich weist Andreas-Salomés Nietzsche-Buch das typische Problem jeder biographistischen Deutung auf: Auch wenn von Andreas-Salomé nicht intendiert, erscheint Nietzsches Denken so doch als eine bloße Selbstdarstellung ohne wirkliche allgemeine Bedeutung. Weder nimmt sie seine Philosophie in ihrem überindividuellen Wahrheitsanspruch ernst noch erblickt sie in ihr ein allgemeines Symptom von Nietzsches Epoche. Zudem täuscht der sachliche Tonfall des Buches eben darüber hinweg, dass Nietzsche und Andreas-Salomé ein wenn auch kurzes, so doch intensives Verhältnis – egal, ob erotischer Natur oder nicht – zueinander hatten und sie ihn offensichtlich als Spiegel ihrer *eigenen* psychischen Komplexe benutzt. Gerade diese – unredliche – Sachlichkeit erweckt den Eindruck einer überlegenen Perspektive auf den ‹armen› Nietzsche, die Andreas-Salomés (durchaus mit einem gewissen Sadismus einhergehenden[547]) Narzissmus deutlich zum Ausdruck bringt. Es musste sicherlich ihren Narzissmus kränken, im ‹kranken› Nietzsche einen ihr haushoch überlegenen Geist zu erblicken, den sie krampfhaft zu sich herunterziehen musste. Welche nicht-narzisstische Person würde schon eine Biographie über jemanden verfassen, mit

545 Wenn man Nietzsche schon in derartig fragwürdige Kategorien einordnen will, erscheint mir das die plausibelste. In einem Nietzsche-Lesekreis outete sich einmal ein Teilnehmer als ‹Borderliner› und meinte, dass er in Nietzsches Paradoxien einen perfekten Spiegel seiner eigenen inneren Zerrissenheit erblicke – und dass er sie daher sogar für gefährlich für seine psychische Gesundheit halte. Auch im besagten Film von Kablitz-Post wirkt Nietzsche wie eine Borderline-Persönlichkeit.

546 Zum Begriff der psychischen Plombe vgl. Fritz Morgenthaler, *Die Stellung der Perversionen in Metapsychologie und Technik*, wo er allerdings auf die Perversion bezogen wird. Ich denke jedoch er ist – unabhängig von der Frage, inwiefern Nietzsches Zuneigung zu Andreas-Salomé ‹pervers› gewesen ist – auch in diesem Kontext anwendbar.

547 Vgl. Diethe, *Vergiss die Peitsche*, 73–76.

dem man ein Liebesverhältnis hatte und den man obendrein noch zurückwies?

b) Nietzsche und Freud selbst

Sigmund Freud (1856–1939) zitiert Nietzsche so gut wie nie, gibt aber in einer *Selbstdarstellung* zu, dass Nietzsches «Ahnungen und Einsichten sich oft in der erstaunlichsten Weise mit den mühsamen Ergebnissen der Psychoanalyse decken»[548] Er habe sich jedoch die Lektüre Nietzsches bewusst versagt, um «in der Verarbeitung der psychoanalytischen Eindrücke durch keinerlei Erwartungsvorstellung behindert»[549] zu werden. Eine Ähnlichkeit zwischen den Theorien Freuds und Nietzsches mag daher rühren, dass sich Nietzsche und er in der Erarbeitung ihrer psychologischen Thesen auf dieselben Autoren bezogen.[550] Es ist jedoch zu vermuten, dass Freud seine Nietzsche-Kenntnisse bewusst herunterspielt. Es ist beispielsweise belegt, dass Nietzsches Texte in Freuds Gesprächskreis, der ‹Mittwochsgesellschaft›, – trotz seines Widerstands – ab 1908 wiederholt diskutiert wurden.[551] Zudem waren einige seiner engsten Schüler offene Nietzscheaner. Ein gewisser Narzissmus Freuds mag hier durchscheinen – aber auch die Absicht, die Psychoanalyse als dem Anspruch nach methodisch streng verfahrende Wissenschaft nicht dadurch in ein schlechtes Licht zu rücken, dass sie in allzu große Nähe zu einem oftmals als ‹verrückten Aphoristiker› dargestellten ‹Künstler-Philosophen› gerät. Die methodischen Gegensätze speisen sich daraus, dass sich Freud vor allem als *Arzt* versteht: Er will eine Theorie des Unbewussten vor allem entwickeln, um einzelnen Individuen helfen zu können, ihre psychologischen Erkrankungen zu überwinden. Von Beginn an hat Freuds Theorie jedoch zugleich einen größeren Anspruch: Freud sieht die Analyse des Unbewussten als wesentlichen Schlüssel, um auch das ‹Normale›, um die gesamte menschliche Kultur besser verstehen zu können. Insbesondere in dieser zweiten Dimension der Psychoanalyse steht Freud Nietzsche vom Grundansatz her offensichtlich nahe.

---

548 *Selbstdarstellung*, 86.

549 *Zur Geschichte der psychoanalytischen Bewegung*, 53.

550 Vgl. Günter Gödde, *Nietzsches und Freuds Psychologien im Vergleich*, 343.

551 Vgl. Bruder-Bezzel, *Lebenskunst und schöpferische* Kraft, 347.

Hier ist nicht der Ort, um einen umfassenden inhaltlichen Vergleich zwischen den Theorien Freuds und Nietzsches vorzunehmen. Doch das Entscheidende wird schon deutlich, wenn man einige Grundbegriffe Freuds betrachtet. Der Begriff des ‹*Unbewussten*› beispielsweise wurde von Eduard von Hartmann (1842–1906) erstmals prominent in die philosophisch-psychologische Diskussion eingeführt in seinem Werk *Philosophie des Unbewussten* (1869), der seinerseits stark auf Schopenhauer aufbaut. Nietzsche übernimmt den Begriff von Hartmann[552] und spricht schon 1869 in einer Notiz von einer «Mißachtung des Unbewußten im Menschen»[553]. Dass es dem Bewusstsein nur bedingt transparente Motive sind, die das menschliche Denken, Fühlen und Handeln entscheidend lenken, ist eine Grundansicht, die Nietzsches gesamtes Werk durchzieht. Nietzsche bezeichnet dabei diese unbewusst wirkenden Ursachen des bewussten Seins des Menschen ebenso konstant in seinem gesamten Werk, wie Freud, als «*Triebe*», spricht etwa von der «Seele als Gesellschaftsbau der Triebe und Affekte»[554]. In diesem Zusammenhang kritisiert er die «Seelen-Atomistik»:

> Mit diesem Wort sei es erlaubt, jenen Glauben zu bezeichnen, der die Seele als etwas Unvertilgbares, Ewiges, Untheilbares, als eine Monade, als ein Atomon nimmt: *diesen* Glauben soll man aus der Wissenschaft hinausschaffen![555]

In diesem Sinne verwendet Nietzsche auch immer wieder den Begriff der «*Analyse*» (alt gr. Auflösung, Zergliederung) als Bezeichnung für die Tätigkeit der Psychologen.[556]

Einen der wichtigsten Grundgedanken Freuds, denjenigen der *Verdrängung* traumatischer Erfahrungen, artikuliert Nietzsche in *Jenseits von Gut und Böse*: «‹Das habe ich gethan› sagt mein Gedächtniss. Das kann ich nicht gethan haben – sagt mein Stolz und bleibt unerbittlich. Endlich – giebt das Gedächtniss nach.» (68) Freud zitiert diesen Aphorismus zwei Mal in seinen Schriften, einmal meint er dabei sogar: «Keiner von uns allen hat aber das Phänomen [der Verdrängung] und seine psychologische Begründung so erschöpfend und zugleich so

552 Vgl. die erste bekannte Erwähnung in seinen Texten in einem Brief an Carl von Gersdorff vom 4. 8. 1869 (Nr. 19).
553 NF 1[7].
554 JGB 12.
555 Ebd.
556 Er wirft etwa Schopenhauer vor, keine «Analyse des Willens versucht zu haben» (FW 127).

eindrucksvoll darstellen können wie Nietzsche, in einem seiner Aphorismen»[557].

Der Begriff des «*Über-Ichs*» lässt sich nur allzu leicht mit Nietzsches Begriff des «Übermenschen» assoziieren.[558] Den Begriff des «*Es*» übernimmt Freud eingestandenermaßen vom Psychologen Georg Groddeck (1866–1934) und schreibt dazu: «Groddeck selbst ist wohl dem Beispiel Nietzsches gefolgt, bei dem dieser grammatikalische Ausdruck für das Unpersönliche und sozusagen Naturnotwendige in unserem Wesen durchaus gebräuchlich ist»[559]. Nietzsche spricht etwa davon, dass man nur sagen könne «Es denkt», nicht aber «ich denke».[560] Das ist bei ihm allerdings eher sprachphilosophisch als psychologisch gemeint und am Ende dieses Aphorismus sagt Nietzsche, dass sogar dieses «es» nur eine sprachliche Konvention sei, hinter der keine Realität stecke: Doch auch bei Freud ist das «Es» ja im Grunde nur eine Bezeichnung für eine diffuse Vielheit, kein festes Substrat. Wörtlich davon, dass das Ich nur Schein ist und hinter ihm ein tieferes, leibliches Geschehen, das «Selbst», stehe, spricht Nietzsche in der Rede *Von den Verächtern des Leibes* im *Zarathustra*.

Wie Freud geht auch Nietzsche davon aus, dass die Unterdrückung von Triebregungen und ihre mit ihr einhergehende Verdrängung[561] eine Quelle von psychischen Pathologien ist. Ein Beispiel für eine solche Beobachtung werden wir gleich zitieren, doch dieser Gedanke liegt Nietzsches gesamter Psychologie zu Grunde. Er spricht, als Folge der Triebunterdrückung, sogar von einer tiefen «Depression», in der die europäische asketische Kultur befangen sei.[562]

Wir haben bereits gesehen, dass Nietzsche dabei sogar die Unterdrückung der weiblichen Sexualität kritisiert und sie als

---

557 *Zur Psychopathologie des Alltagslebens*, 162, Fn. 2. Vgl. zur zweiten Stelle *Bemerkungen über einen Fall von Zwangsneurose*, 56.

558 Freud setzt den «Übermenschen» Nietzsches selbst mit dem Urvater der primitiven Urhorde gleich – der später in Gestalt von verehrten Führerfiguren wiederkehre (vgl. *Massenpsychologie und Ich-Analyse*, 115). Derartige Figuren formten als Vorbilder das «Ich-Ideal» jedes Einzelnen als wesentlichen Bestandteil des «Über-Ichs» (vgl. ebd., 120).

559 *Das Ich und das Es*, 292; Fn. 2

560 Vgl. JGB 17. Vgl. zu diesen Aphorismus und, u. a., seiner Deutung als ‹prä-psychoanalytisch› die Studie «*Es denkt*» von Nikolaos Loukidelis.

561 «Verdrängung» im Freudschen Sinne ist kein zentraler Begriff Nietzsches, doch wir finden ihn etwa in NF 1888 14[216].

562 GM III 17 & 18.

Quelle des ‹neurotischen› weiblichen Sozialcharakters ausmacht. Auch sonst beschäftigt ihn das Problem der *Sexualität* und ihrer Unterdrückung als Quelle individueller wie kultureller Pathologien wiederholt. «Die Predigt der Keuschheit ist eine öffentliche Aufreizung zur Widernatur. Jede Verachtung des geschlechtlichen Lebens, jede Verunreinigung desselben durch den Begriff ‹unrein› ist die eigentliche Sünde wider den heiligen Geist des Lebens»[563], heißt es etwa im *Antichrist*. Auch das Ziel der Linken sei es, «die Natur in der Geschlechtsliebe zu *vergiften*»[564]. Ebenfalls nah an Freud ist Nietzsches Einsicht: «Der Geschlechtstrieb hat zur Zeugung kein nothwendiges Verhältniß: gelegentlich wird durch ihn jener Erfolg mit erreicht, wie die Ernährung durch die Lust des Essens.»[565] Die Ehe sei nicht zuletzt aus diesem Grund «wie alle Institutionen etwas *Grundverlogenes*»[566]. Gegen die christlich-moderne Abwertung des Geschlechtstriebs stellt Nietzsche eine klare Umwertung. Er schreibt etwa: «[E]in Hang, der sich nicht zu begründen weiß, ähnlich wie der Geschlechtstrieb, soll *nicht* unter die Verurtheilung der Triebe fallen; umgekehrt, er soll ihr Werthmesser und Richter sein!»[567] Die Prostitution etwa solle man nicht als etwas Verächtliches, sondern etwas Nobles ansehen.[568] Freilich geht Nietzsche nicht so weit wie Freud, als wesentliche Quelle der Pathologien allein oder auch nur hauptsächlich die Sexualität zu betrachten. Die Sexualität ist bei ihm nur ein Grundtrieb des Menschen unter vielen, den er als *einen* Ausdruck des «Willens zur Macht» ansieht.[569] Als weiterer Grundtrieb des Menschen gilt Nietzsche insbesondere etwa die «Lust an der Grausamkeit»[570], der Freud erst in seinem späteren Werk, vielleicht durch Nietzsche belehrt, als «Todestrieb» eine zentrale autonome Stellung in seiner Theorie einräumen sollte.[571]

Diese Stellen ließen sich leicht so verstehen, dass Nietzsche einer *Befreiung der Sexualität* das Wort reden wolle. Das ist aber nur bedingt der Fall. Die dionysische Enthemmung muss

563 30.
564 EH *Bücher* 5.
565 NF 1880 6[141].
566 NF 1887 10[71].
567 NF 1886 7[6].
568 Vgl. NF 1888 15[4].
569 Vgl. NF 1887 9[145].
570 GM II 7.
571 Vgl. *Jenseits des Lustprinzips.*

bei Nietzsche stets in eine apollinische Mäßigung integriert sein, sonst droht die Gefahr einer barbarischen Anarchie. Ein weiterer Schlüsselbegriff, den dabei Nietzsche mit Freud teilt, ist derjenige der «*Sublimierung*», die indirekte Realisierung eines Triebes in einer anderen Form. «Mitleid erregen» bezeichnet Nietzsche etwa als «*Sublimirung der Grausamkeit*»[572] und die christliche Liebe als Ausdruck einer «sublimirten Geschlechtlichkeit»[573].

Insbesondere die Kunst bestehe in diesem Sinne in einer Sublimierung der Triebe. Hier sei der Sexualtrieb von großer Bedeutung:

> Damit es Kunst giebt, damit es irgend ein ästhetisches Thun und Schauen giebt, dazu ist eine physiologische Vorbedingung unumgänglich: der *Rausch*. Der Rausch muss erst die Erregbarkeit der ganzen Maschine gesteigert haben: eher kommt es zu keiner Kunst. Alle noch so verschieden bedingten Arten des Rausches haben dazu die Kraft: vor Allem der Rausch der Geschlechtserregung, diese älteste und ursprünglichste Form des Rausches.[574]

Nietzsche sieht allerdings nicht nur in der Kunst, sondern auch in der Philosophie und, wie wir gleich sehen werden, in der Wissenschaft eine solche unbewusste Sublimierung am Werk:

> Jetzt erst dämmert es den Menschen auf, daß die Musik eine Zeichensprache der Affekte ist: und später wird man lernen, das Trieb-system eines Musikers aus seiner Musik deutlich zu erkennen. Er meinte wahrlich nicht, *daß er sich damit verrathen habe.* Das ist die *Unschuld* dieser Selbstbekenntnisse, im Gegensatz zu allen geschriebenen Werken. Aber es giebt auch bei den großen Philosophen diese Unschuld: sie sind sich nicht bewußt, daß sie von sich reden – sie meinen, es handle sich «um die Wahrheit» – aber es handelt sich im Grunde um sie. Oder vielmehr: der in ihnen gewaltigste Trieb bringt sich an's Licht, mit der größten Schamlosigkeit und Unschuld eines Grundtriebes – *er* will Herr sein und womöglich der Zweck aller Dinge, alles Geschehens! Der Philosoph ist nur eine Art Gelegenheit und Ermöglichung dafür, daß der *Trieb einmal zum Reden kommt.*[575]

---

572 NF1880 8[99].
573 AM II VM 95.
574 GM *Streifzüge* 8.
575 NF 1883 7[62].

Auch Freud geht nun *nicht* davon aus, dass das «sich ausleben» der unterdrückten Triebe irgendetwas Gutes bewirken könnte: Vielmehr gehe es darum, sie zunächst einmal erkennen und anzuerkennen, um dem Ich so eine bessere Kontrolle über sie zu ermöglichen.[576] «Wo Es war, soll Ich werden»[577], fasst Freud das Programm der Psychoanalyse zusammen. Die Triebunterdrückung und -sublimierung sei vielmehr Grundbedingung aller menschlichen Kultur, sie wesentlich aufzulockern würde in Barbarei münden. In diesem ‹Konservativismus› ähneln sich Nietzsche und Freud sehr.

Was bei Nietzsche keine Rolle spielt, ist das für den späten Freud entscheidende Theorem des ‹Vatermordes› bzw. des ‹*Ödipus-Komplexes*›, den er als die eigentliche Grundlage aller Kultur begreift. Natürlich taucht die Thematik des Ödipus bei Nietzsche immer wieder auf, doch es handelt sich um einen Nebenstrang. Man mag es Nietzsche zu Gute halten, dass er gerade die beiden gewagtesten und umstrittensten Ansichten Freuds – die starke Betonung der Sexualität und den Ödipuskomplex – nicht teilt.

Aus Nietzsches Sicht problematisch an der Psychoanalyse ist genau ihre *Wissenschaftlichkeit*. Natürlich muss Freud davon ausgehen, dass auch die Wissenschaft, und mithin die Psychoanalyse selbst, sublimierte Formen der Triebbefriedigung sind, doch er geht diesem Gedanken nicht vertieft nach und wäre weit davon entfernt, daraus eine Problematisierung der Wissenschaft abzuleiten.[578] Auch dass die Wissenschaft – unabhängig

---

576 Vgl. *Vorlesungen zur Einführung in die Psychoanalyse*, 416–418.

577 Ebd., 516.

578 Freud fasst etwa neben der «psychische[n]» auch die «intellektuelle[] Arbeit» als sublimierte Triebbefriedigung auf – sogar als die beste, da sie von der «Versagung der Außenwelt» unabhängig sei (vgl. *Das Unbehagen in der Kultur*, 211). – Wichtig ist in diesem Zusammenhang auch der sowohl bei Freud als auch bei Nietzsche zentrale, letztendlich vor allem auf Feuerbach zurückgehende, Begriff der «Projektion»: Während Freud die Wissenschaft als (wenigstens *idealiter*) projektionsfrei beschreibt, betont Nietzsche, dass es letztendlich keinen Modus des Weltzugangs gibt, der frei von Projektionen ist (vgl. etwa NF 1888 15[90]). Nietzsche und Freud (und auch Feuerbach) treffen sich natürlich insbesondere in der Auffassung, dass die Religion ein geradezu wahnhaftes Produkt menschlicher Projektionen sei. Vgl. Freud, *Die Zukunft einer Illusion*. In: SA Bd. 9, S. 137–189, wo Freud zahllose Argumente Nietzsches und Feuerbachs ohne beide zu erwähnen aufgreift. Freud spricht sich hier anfangs recht klar gegen die Hoffnungen auf eine religionsfreie, befreite Gesellschaft aus (139–143), am Ende be-

von ihrer triebhaften Herkunft – zu objektiven Aussagen über die Realität fähig ist und in ihr ein Wert an sich liegt, wird von Freud nie grundlegend angezweifelt. Genau diesen Schritt geht freilich Nietzsche, wenn er etwa in *Zur Genealogie der Moral* über den modernen Menschen schreibt:

> Hybris ist unsre Stellung zu *uns*, – denn wir experimentiren mit uns, wie wir es uns mit keinem Thiere erlauben würden, und schlitzen uns vergnügt und neugierig die Seele bei lebendigem Leibe auf: was liegt uns noch am «Heil» der Seele! Hinterdrein heilen wir uns selber: Kranksein ist lehrreich, wir zweifeln nicht daran, lehrreicher noch als Gesundsein, – die *Krankmacher* scheinen uns heute nöthiger selbst als irgend welche Medizinmänner und «Heilande». Wir vergewaltigen uns jetzt selbst, es ist kein Zweifel, wir Nussknacker der Seele, wir Fragenden und Fragwürdigen, wie als ob Leben nichts Anderes sei, als Nüsseknacken; ebendamit müssen wir nothwendig täglich immer noch fragwürdiger, *würdiger* zu fragen werden, ebendamit vielleicht auch würdiger – zu leben?...[579]

Das liest sich wie eine Vorwegnahme der Psychoanalyse und ihrer Massenwirkung. Nietzsche spricht sich hier nicht eindeutig gegen die moderne Lust an der Seelenzergliederung aus, doch er wirft dennoch die Frage auf, die ihn schon in seinem Frühwerk beschäftigte: Wieviel Selbstreflexion verträgt der Mensch? Ist die Lust an ihr vielleicht selbst ein Krankheitssymptom – und macht sogar krank? In *Zur Genealogie der Moral* scheint es so, als ob Nietzsche wiederholt gerade das unbewusste, unreflektierte Handeln gegenüber dem Denken aufwerte. Von den staatsbildenden Herren spricht Nietzsche etwa bewundernd als

---

tont er mit deutlichen Worten: «Nein, unsere Wissenschaft ist keine Illusion. Eine Illusion aber wäre es zu glauben, daß wir anderswoher bekommen könnten, was sie uns nicht geben kann.» (189) Der Nietzsche-Bezug der Schrift wird schon dadurch ersichtlich, dass Freud hier die Fragen stellt: «Worin liegt der besondere Wert der religiösen Vorstellungen?» (149) und: «Welches ist [...] [ihre] psychologische Bedeutung» (159)? Das ist eine genuin nietzscheanische Art des Fragens (vgl. etwa den Titel der 3. Abh. der *Genealogie der Moral,* «was bedeuten asketische Ideale?», womit die Frage nach dem Wert der moralischen Werte [vgl. GM I *Vorrede* 6] gemeint ist). Nietzscheanisch ist ebenso, dass Freud die Notwendigkeit der religiösen Illusion angesichts der Unauflösbarkeit der grundlegenden Menschheitsprobleme anerkennt und als Gegenentwurf zu ihr für eine Art ‹heroischen Realismus› plädiert, eine «Erziehung zur Realität» (vgl. 181–183).

579 GM III 9.

«die unfreiwilligsten, unbewusstesten Künstler, die es giebt»[580] und über die von den unbewussten Trieben entfremdete Zivilisation schreibt er:

> Nicht anders als es den Wasserthieren ergangen sein muss, als sie gezwungen wurden, entweder Landthiere zu werden oder zu Grunde zu gehn, so gieng es diesen der Wildniss, dem Kriege, dem Herumschweifen, dem Abenteuer glücklich angepassten Halbthieren, – mit Einem Male waren alle ihre Instinkte entwerthet und «ausgehängt». Sie sollten nunmehr auf den Füssen gehn und «sich selber tragen», wo sie bisher vom Wasser getragen wurden: eine entsetzliche Schwere lag auf ihnen. Zu den einfachsten Verrichtungen fühlten sie sich ungelenk, sie hatten für diese neue unbekannte Welt ihre alten Führer nicht mehr, die regulirenden unbewusst-sicherführenden Triebe, – sie waren auf Denken, Schliessen, Berechnen, Combiniren von Ursachen und Wirkungen reduzirt, diese Unglücklichen, auf ihr «Bewusstsein», auf ihr ärmlichstes und fehlgreifendstes Organ! Ich glaube, dass niemals auf Erden ein solches Elends-Gefühl, ein solches bleiernes Missbehagen dagewesen ist, – und dabei hatten jene alten Instinkte nicht mit Einem Male aufgehört, ihre Forderungen zu stellen! Nur war es schwer und selten möglich, ihnen zu Willen zu sein: in der Hauptsache mussten sie sich neue und gleichsam unterirdische Befriedigungen suchen. Alle Instinkte, welche sich nicht nach Aussen entladen, *wenden sich nach Innen* – dies ist das, was ich die *Verinnerlichung* des Menschen nenne: damit wächst erst das an den Menschen heran, was man später seine «Seele» nennt. Die ganze innere Welt, ursprünglich dünn wie zwischen zwei Häute eingespannt, ist in dem Maasse aus einander- und aufgegangen, hat Tiefe, Breite, Höhe bekommen, als die Entladung des Menschen nach Aussen *gehemmt worden ist.*[581]

Nietzsche spricht ferner von der

> vollkommne[n] Funktions-Sicherheit der regulirenden unbewussten Instinkte oder selbst eine gewisse Unklugheit, etwa das tapfre Drauflosgehn, sei es auf die Gefahr, sei es auf den Feind, oder jene schwärmerische Plötzlichkeit von Zorn, Liebe, Ehrfurcht, Dankbarkeit und Rache, an der sich zu allen Zeiten die vornehmen Seelen wiedererkannt haben.[582]

580 GM II 17.
581 GM II 16.
582 GM I 10.

Die «vornehmen Seelen» reagieren ihre Triebe unmittelbar aus, sie verinnerlichen sie nicht und leiden deswegen auch nicht unter ihnen.

Die Wissenschaft als «die *beste* Bundesgenossin des asketischen Ideals»[583] wird in ihrem Wert also relativiert – wobei Nietzsche gerade argumentiert, dass die Wissenschaft *unbewusst* von dem asketischen Ideal gesteuert werde.[584] Das wissenschaftliche sei eine *Sublimierung* des christlichen Gewissens.[585] In gewisser Weise will Nietzsche wie auch Freud, dass «das Es zum Ich wird»: Doch er wendet diese aufklärerische Methode auf sich selbst an und geht somit weiter als Freud es sich traute. Auch wenn er, wie gesagt, nicht unbedingt einem blinden ‹sich ausleben› das Wort redete, steht seine Philosophie einer solchen Haltung doch näher als Freuds rationalistischer Ansatz.

Sehr nahe kommt Nietzsche Freud in einer seiner Formeln für die Haltung des *amor fati*: «[A]lles ‹Es war› umzuschaffen in ein ‹So wollte ich es!›– das hiesse mir erst Erlösung!»[586] Auch die psychoanalytische Therapie versucht, das «Es» des Patienten als historisches Produkt seiner Vergangenheit begreifbar zu machen, insbesondere seiner traumatischen Erfahrungen, die sich in ihm wie Wunden (daher der Ausdruck «Trauma» [altgr., Wunde]) eingekerbt haben. Es geht darum, sich mit diesen Verletzungen bewusst zu konfrontieren – und sich insbesondere einzugestehen, was die eigenen Triebwünsche in dieser Konstellation waren (etwa die Mutter zu lieben und den Vater zu töten).[587] Die Heilung besteht auch in der Psychoanalyse darin, die eigene Vergangenheit als Produkt der eigenen Triebe zu erfahren – und damit auch zu ermöglichen, dass diese Triebe die Zukunft nicht determinieren. Das ist bei Nietzsche wie auch letztendlich bei Freud kein bloß individualpsychologisches, sondern politisches Programm.

583 GM III 25.

584 Vgl. GM III 24 & 25.

585 Vgl. FW 357.

586 Za *Von der Erlösung*.

587 Das widerspricht in radikaler Weise dem *common sense* darüber, was ‹Traumatisierung› bedeutet, doch das ist genau der eigentlich entscheidende, politisch unkorrekte Punkt der Freudschen Theorie (vgl. zum Trauma-Begriff Freuds *Der Mann Moses*, 521–524).

c) Der erste nietzscheanische Freudo-Marxist

In einer Art Synthese von Freud und Nietzsche aus einer dezidiert linken Sicht versuchte sich als einer der ersten der österreichische Psychologe Otto Gross (1877–1920). Er rekurrierte dabei dezidiert auf Nietzsches Konzept des ‹Willens zur Macht›, den er als fortgesetzte Anpassung an immer neue Situationen interpretiert. Aus Freuds Psychoanalyse, für die er sich schon früh begeisterte, versuchte er eine Ethik und vor allem auch Politik der sexuellen Befreiung abzuleiten, um die endgültigen Ursachen der von Freud analysierten psychologischen Defekte zu beheben. Er wurde zu einem der ersten Theoretiker der freien Liebe. Die Psychoanalyse müsse eine *soziale* Rolle übernehmen. Es kam dabei zum Konflikt vor allem mit Carl Gustav Jung, der die zentrale Rolle der sexuellen Unterdrückung für die Zivilisation betonte, aber auch mit Freud selbst, der anlässlich eines Vortrags von Gross 1908 lakonisch bemerkte: «Wir sind Ärzte und wollen Ärzte bleiben.» Auch bei Max Weber hatte Gross wenig Erfolg, der ihm vorwarf, sich nicht auf die ‹hohen›, sondern die ‹niedrigen› Aspekte in Nietzsches Werk zu beziehen. Auf Anerkennung stieß Gross jedoch in den anarchistischen Zirkeln Münchens, die wir bereits beschrieben haben. Vermittelt über Fanny zu Reventlow lernte er dort Mühsam kennen (übrigens auch Klages und Co.), wird aber auch aus diesen Zirkeln wieder ausgeschlossen, da selbst Landauer, der in der Zweisamkeit der Ehe und der Familie auch die Basis einer anarchistischen Gesellschaft erblickte, Gross' Libertinage zu weit ging. Landauer befürchtete insbesondere, die Psychoanalyse könne zu Homosexualität führen[588] – tatsächlich zieht Gross entsprechende Konsequenzen aus Freuds Lehre von der ursprünglichen Bisexualität aller Menschen. 1913 zieht er nach München und verkehrt insbesondere in expressionistischen Zirkeln rund um die Zeitschrift *Die Aktion*, für die u.a. auch der bedeutende expressionistische Maler Egon Schiele (1890–1918), Kurt Hiller, Georg Brandes und viele der in diesem Buch behandelte Figuren schrieben. Während des Krieges – zwischendrin war versucht worden, ihn aus dem Deutschen Reich wegen seiner ‹staatsgefährdenden Umtriebe› auszuweisen, für psychisch krank zu erklären und in ein Sanatorium einzuweisen – diente er als Arzt in der österreichischen Armee, danach setzte er sich für die Revolution ein.

588 Zu Landauers Gross-Kritik vgl. insb. seinen Aufsatz *Von der Ehe.*

Nach dem Krieg setzte er seine Publizistik fort und kritisierte u. a. die binäre Teilung der Menschen in Frauen und Männer als der ursprünglichen Bisexualität nicht entsprechend – es komme vielmehr auf ein harmonisches Verhältnis beider Anteile im Einzelnen an. Er warb weiter für eine Verbindung von sexueller Befreiung und Kommunismus, sein recht früher Tod verhinderte jedoch eine Weitentwicklung seiner Theorien. Der Ideenhistoriker Seth Taylor beschreibt den seinen als typisches Beispiel für den Weg vieler Intellektueller dieser Zeit von einem nietzscheanischen Individualismus zu kommunistischen Ideen.[589]

Gross veröffentlichte eine ungeheure Vielzahl von Texten. Als besonders exemplarisch für seine Verbindung von kommunistischem Revolutionsgedanken, Freud und Nietzsche kann der programmatische Artikel *Zur Ueberwindung der kulturellen Krise* gelten, der 1913 in der *Aktion* erschien. Gross reagiert darin insbesondere auf Landauers Kritik – allerdings nicht in einer verteidigenden, sondern äußerst offensiven Art, die eines ‹orthodoxen Nietzscheaners› würdig ist. Der Text beginnt bereits so radikal wie irgend möglich:

> Die Psychologie des Unbewussten ist die Philosophie der Revolution, d.h. sie ist berufen, das zu werden als das Ferment der Revoltierung innerhalb der Psyche, als die Befreiung der vom eigenen Unbewussten gebundenen Individualität. Sie ist berufen, zur Freiheit innerlich fähig zu machen, berufen als die *Vorarbeit* der Revolution. Die unvergleichliche Umwertung aller Werte, von der die kommende Zeit erfüllt sein wird, beginnt in dieser Gegenwart mit dem Gedanken Nietzsches über die Hintergründe der Seele und mit der Entwicklung der sogenannten psychoanalytischen Technik durch S. Freud. Es ist dies die praktische Methode, die es uns zum ersten Mal möglich macht, das Unbewusste für die empirische Kenntnis freizumachen, d.h. für uns, es ist jetzt möglich geworden, sich selbst zu erkennen. Damit ist eine neue Ethik geboren, die auf dem sittlichen Imperativ zum wirklich Wissen um sich und um den Nächsten beruhen wird.[590]

Und Gross endet:

> Es ist keiner der Revolutionen, die der Geschichte angehören, gelungen, die Freiheit der Individualität aufzurichten. […] Sie

589 Vgl. Taylor, *Left-Wing Nietzscheans*, 116. Das Kapitel über Gross (ebd., 87–116) ist die Hauptquelle dieses Abschnitts.

590 384.

> sind zusammengebrochen, weil der Revolutionär von gestern die Individualität in sich selbst trug. Man kann jetzt erst erkennen, dass in der *Familie der Herd aller Autorität* liegt, dass die Verbindung von Sexualität und Autorität, wie sie sich in der Familie mit dem noch geltenden Vaterrecht zeigt, jede Individualität in Ketten schlägt. [...] [D]as Problem der Befreiung von der Erbsünde, der Versklavung der Frauen um der Kinder willen, blieb ungelöst. Der Revolutionär von heute, der mit Hilfe der Psychologie des Unbewussten die Beziehungen der Geschlechter in einer freien und glückverheissenden Zukunft sieht, kämpft gegen Vergewaltigung in ursprünglichster Form, gegen den Vater und gegen das Vaterrecht. Die kommende Revolution ist eine Revolution fürs Mutterrecht.[591]

Man sieht hier in der Tat sehr gut, wie Gross ausgehend von einer Haltung der individuellen Befreiung als Befreiung der Leiblichkeit vermittelt über die Einsichten Nietzsches und Freuds zu einer revolutionären Perspektive findet. Er thematisiert zudem in aller Deutlichkeit ein Problem, das Marx und Engels nicht sahen: dass es möglicherweise in der psychologischen Struktur der Individuen verankerte Machtstrukturen gibt, die erhalten bleiben, wenn sich die Revolution nur aufs Ökonomische beschränkt. Eine wirkliche Revolution hat dagegen mit Gross vom Individuum und seiner Befreiung von unbewussten libidinösen Bindungen an Herrschaftsstrukturen auszugehen. Gross gibt damit ein Programm vor, das für die meisten der folgenden Links–Nietzscheaner zur Selbstverständlichkeit werden sollte. Seine Theorien waren insbesondere auch für die Berliner Dadaisten von Bedeutung.

Die Bezugnahme auf Nietzsche als Gewährsmann für eine Radikalisierung der Freudschen Psychoanalyse hin zu einer Politik der sexuellen Befreiung ist kein Zufall, da Nietzsche einer solchen Umwertung der Konventionen viel näher als der konservative Freud steht. An diesen links–nietzscheanischen gewendeten Freud sollte später die Frankfurter Schule anknüpfen. Zwei andere Namen, die in diesem Zusammenhang zu nennen sind, sind Alfred Adler und Wilhelm Reich.

591 387.

d) Adlers gemäßigter Links-Freudianismus

Alfred Adler (1870–1937) ist vor allem dafür bekannt, eine Theorie des «Minderwertigkeitskomplexes» entwickelt zu haben. Er tritt damit unmittelbar die Nachfolge Gross' an, der schon 1909 eine Studie zu dieser Thematik veröffentlicht hatte.[592] Kurz gesagt geht es bei dieser Theorie darum, dass eine wesentliche Quelle psychologischer Entwicklung eine gefühlte «Minderwertigkeit» sei, die in irgendeiner Form kompensiert werden müsse.

Dieser Gedanke erinnert an Nietzsches Ressentiment-Kritik und in der Tat rezipierte Adler Nietzsches Werke intensiv. In einer Sitzung der erwähnten Mittwochsgesellschaft meinte er, dass Nietzsche derjenige Philosophie sei, der «unserer Denkweise am allernächsten stehe»[593]. 1911 bricht er mit Freud, weil er dessen Libidotheorie zunehmend ablehnt, und verwendet explizit den Begriff des «Willens zur Macht». Er schreibt: «Wenn ich den Namen Nietzsche nenne, so ist eine der [t]ragenden Säulen unserer Kunst enthüllt»[594]. Von Nietzsche übernimmt er den Gedanken einer schöpferischen Selbstgestaltung zur Persönlichkeit entgegen repressiven Konventionen – wobei er ab dem Ersten Weltkrieg den damit verbundenen Elitismus Nietzsches immer skeptischer sieht und ihn in seinem Spätwerk dezidiert kritisiert. Er versteht den Menschen nun als vor allem soziales Wesen, das sich selbst nur durch eine gelungene Integration in die Gemeinschaft realisieren könne.

In seiner Jugend verkehrte Adler in sozialdemokratischen Kreisen und lernte in diesen auch Nietzsche kennen und schätzen. Er versuchte eifrig, seine Version der Psychoanalyse breiten Kreisen der Bevölkerung bekannt zu machen und damit für eine psychologische Aufklärung zu werben. Ein Schwerpunkt lag dabei auf der Entwicklung einer psychologisch fundierten Pädagogik. Er leistete damit einen wesentlichen Beitrag zur Kultur des sozialdemokratisch regierten ‹Roten Wien›. Adler knüpft somit nicht so sehr an Gross' Konzept der sexuellen Befreiung an, geht aber auch über Freuds Beschränkung der Psychoanalyse auf Therapie und Kulturtheorie hinaus. Er steht für eine eher gemäßigte Variante eines links-nietzscheanischen Freudianismus – eine Mäßigung, die sich nicht zuletzt in seiner Abkehr

---

592 *Über psychopathische Minderwertigkeiten*.

593 Zit. n. Bruder-Bezzel, *Lebenskunst und schöpferische Kraft*, 347. Dieser Aufsatz ist die Hauptquelle dieses Abschnitts zu Adler.

594 Zit. n. ebd.

von der Libidotheorie ausdrückt. Seine alternative Theorie des Menschen als kulturellen Wesens bleibt jedoch dem universalistisch-aufklärerischen Grundansatz Freuds treu.

e) *Reichs Theorie der sexuelle Befreiung*

Wilhelm Reich (1897–1957) ist derjenige, der mit dem Etikett ‹Freudomarxismus› am stärksten verbunden ist. Kurz gesagt besteht seine Theorie darin, dass der wesentliche Grund für den Faschismus und alle anderen Formen von Autorität die Unterdrückung der Sexualität ist. Wird sie beseitigt und findet der Mensch zu einem gesunden Verhältnis zu ihr, dann würden alle autoritären Apparate verschwinden. Gemeint ist damit allerdings kein bloß quantitatives ‹Mehr› an Sexualität, sondern ihre qualitative Veränderung: Die gewöhnliche, tabubeladen Sexualität bleibt Reich zufolge oberflächlich, es komme auf die Entwicklung einer vertieften Sexualität an, die erst zu einem vollständigen Orgasmus führe. Reich spricht dabei insbesondere von «Verhärtungen» die es aufzulösen und dem gesellschaftlich aufgezwungenen «Charakterpanzer», den es aufzubrechen gelte.

Mit diesen Ansichten machte sich Reich wenige Freunde: Den Psychoanalytikern war er zu politisch, den Kommunisten, mit denen er zeitweilig kollaborierte, zu sehr auf die Sexualität fixiert, was sie als anstößig empfanden. In seinem Spätwerk weitete er seine Theorie zu einer Art ‹spekulativen Metaphysik› der «Orgon-Energie» aus, die das gesamte Universum durchflute und für die es sich zu öffnen gelte. Er entwickelte sogar «Orgon-Akkumulatoren» in Gestalt von Kästen aus Stahlblech, in die man sich setzen müsse, um einen ordentlichen ‹Orgon-Schub› abzubekommen. Da er durch den Verkauf dieser Kästen versuchte, Geld zu verdienen, bekam er es mit den amerikanischen Behörden zu tun (er war 1939 in die USA emigriert) und verstarb im Gefängnis.

Den Theorien des frühen Reich wird oft vorgeworfen, zu sehr auf die Sexualität fixiert zu sein und in ihrer ‹Gesundung› ein Allheilmittel für alle Menschheitsprobleme zu erblicken; der späte Reich wird aus offensichtlichen Gründen als Spinner vom Schlage eines Rudolf Steiner betrachtet. Der Film *The Strange Case of Wilhelm Reich* (*Der Fall Wilhelm Reich*)[595] vermag es, ein etwas wohlwollenderes Bild auch vom späten Reich zu vermit-

595 Österreich 2013; Regie: Antonin Svoboda.

teln, der – schenkt man ihm Glauben – bis zuletzt ein aufrichtiger Wissenschaftler und ein Kämpfer gegen die rigiden Normen der bürgerlichen Gesellschaft und die brutalen Methoden der Psychiatrie geblieben war. Der frühe Reich wurde jedenfalls zu einem breit rezipierten Autor der 68er-Bewegung. Eines seiner Bücher, *Die Sexualität im Kulturkampf* (1936), wurde 1966 mit dem Titel *Die sexuelle Revolution* neu aufgelegt.

Reich zitiert Nietzsche in seinen Schriften nicht oft, doch die nietzscheanischen Einflüsse in ihnen sind deutlich genug erkennbar. Er bezeichnet etwa Strindberg, Ibsen und Nietzsche als in Fragen der Psychologie der Sexualität fortgeschrittener als Freud.[596] In der Einführung zum 1937 geschrieben *Menschen im Staat*, erstmals veröffentlicht 1953 auf Englisch als *People in Trouble* (‹Menschen in Schwierigkeiten›, eine vielsagende Verschiebung) schrieb Reich: «Was wir echten ‹kulturellen Fortschritt› nennen, ist nichts anderes als das Ergebnis solcher Einsichten. *Pestalozzi, Rousseau, Voltaire, Nietzsche* und viele andere waren ihre Repräsentanten.» (17) Er meint damit radikale Einsichten, die oftmals für verrückt erklärt werden, nach wenigen Jahrzehnten aber Allgemeingut werden. (Natürlich hat er damit auch seine eigenen Forschungsergebnisse im Blick.) Er schreibt in diesem Kontext sogar den Schizophrenen eine besonders klare Einsicht in die Irrationalität der herrschenden politischen und sozialen Strukturen zu.

Reichs wichtigste theoretische Arbeit ist *Massenpsychologie des Faschismus* von 1933. Das Buch wurde als derart radikal wahrgenommen, dass Reich noch im selben Jahr aus der KPD ausgeschlossen wurde (aus der KPÖ war er wegen ‹Spaltung› schon 1930 rausgeworfen worden), 1934 folgte der Ausschluss aus der Internationalen Psychoanalytischen Vereinigung, der Organisation der freudianischen Orthodoxie. Als Jude musste Reich in derselben Zeit Deutschland verlassen. Dass sich Reich selbst als verfolgten Pionier betrachtete, den der dogmatische Mainstream um jeden Preis auszuschalten und zu isolieren versuche, verwundert angesichts dieses Schicksals nicht. Er vergleicht sich in diesem Zusammenhang mit Nietzsche, mit dem man Ähnliches versucht habe.[597]

Im Grunde ähnelt Reichs Analyse derjenigen Lebers: Die NSDAP sei deswegen an die Macht gelangt, weil es ihr zuletzt

596 Vgl. Mary Higgins & Chester M. Raphael, *Reich Speaks of Freud,* 137.
597 Vgl. Higgins & Raphael, *Reich Speaks of Freud*, 104.

gelungen war, auch Teile der Arbeiterklasse für sich zu gewinnen – was der vulgärmarxistischen Doktrin der SPD und der KPD offensichtlich widerspricht. Dem Faschismus sei dieser Sieg gelungen, weil er die Schlacht um den ‹subjektiven Faktor› gewonnen habe, den die linken Parteien vernachlässigt hätten. Und wie Leber sieht auch Reich das Problem darin, dass es der NSDAP gelungen sei, Emotionen wie Patriotismus und Heroismus, Ehre und Pflicht zu mobilisieren. Der Gegensatz besteht nun freilich darin, dass es Reich ablehnt, diese Emotionen wieder in das linke Projekt zu integrieren. Im Gegenteil: Diese Emotionen seien das Resultat der innerhalb der Kleinfamilie gepflegten Triebunterdrückung. Die Vorherrschaft dieser Struktur nicht nur im Kleinbürgertum und im Bauerntum, sondern auch im Proletariat erkläre die Anfälligkeit aller Klassen für faschistische Ideologien: «Der Zwang zur sexuellen Selbstbeherrschung, d. h. zur Aufrechterhaltung der sexuellen Verdrängung führt zur Entwicklung krampfhafter, besonders gefühlsmässig betonter Vorstellungen von Ehre und Pflicht, Tapferkeit und Selbstbeherrschung.»[598] «Der Kern der faschistischen Rassetheorie» sei «Angst und Scheu vor der sinnlichen, körperlichen Sexualität» (127). Reich führt hier Rosenbergs *Mythus* als Beispiel an und seine Verdrängung des matriarchalen Ursprungs der Kultur, von dem auch Reich ausgeht und den er mit einer befreiten Sexualität assoziiert. Auch schon Engels hatte betont, dass die Monogamie und der mit ihr einhergehende Zwang zur (vor allem: weiblichen) Keuschheit erst mit dem Patriarchat in die Welt gekommen sei. Während es ein zentrales Kennzeichen der patriarchalen Religionen sei, sexualfeindlich zu sein, sei die matriarchale «eine Religion der Sexualität» (195). Sie sei gerade kein «Mutterkult» oder dergleichen, den Reich als einen der zentralen Merkmale der patriarchalen Religionen ansieht.[599]

Unsere eigene Darstellung hat gezeigt, dass die Ablehnung des ‹Dionysischen›, des ‹Matriarchalen› und mithin des Sexuellen in der Tat ein geteiltes Grundcharakteristikum fast aller rechten Ideologen ist. So, wie man heute vorm ‹Kulturmarxismus›

598 Vgl. *Massenpsychologie des Faschismus,* 85 f.

599 In einem ähnlichen Sinne schreibt Nietzsche im *Antichrist*: «Man hat für die Inbrunst der Weiber einen schönen Heiligen, für die der Männer eine Maria in den Vordergrund zu rücken. […] Die Forderung der Keuschheit verstärkt die Vehemenz und Innerlichkeit des religiösen Instinkts – sie macht den Cultus wärmer, schwärmerischer, seelenvoller.» (23)

warnt, warnte man damals vorm «Kulturbolschewismus», der vor allem darin bestünde, Ehe, romantische Liebe und sexuelle ‹Zucht› auszuhebeln und an ihre Stelle eine Kultur der völligen ‹Ungezügeltheit› zu setzen. Reich wirft den linken Parteien vor, in dieser Frage zu defensiv gewesen zu sein: Man hätte sich aktiv zum «Kulturbolschewismus» bekennen und die Bigotterie des rechten ‹Anstands› aufzeigen müssen, anstatt so zu tun, als stünde diese Forderung im Hintergrund. Man hätte insbesondere eine «positive Sexualideologie» (200) entwickeln müssen, um die «bürgerliche sexuelle Rebellion» (ebd.), die, so Reich, in der Tat oft ablehnenswert sei, in eine «proletarische[] Sexualrevolution» (ebd.) zu verwandeln.

Nietzsche wird in der Schrift nur einmal in einem christlichen Flugblatt, das Reich zitiert, erwähnt.[600] Doch es ist ersichtlich, dass Reich voll und ganz in der Tradition der links–nietzscheanischen Debatten steht, die die Frage der sexuellen Befreiung schon in den 1890ern in den Mittelpunkt gerückt haben. Wenn man sich, wie bereits angedeutet, vor Augen hält, wie stark auch heute noch rechte Parteien sexualpolitische Fragen in den Mittelpunkt ihrer Agenda rücken, dann kann man Reichs Analyse eine hohe Aktualität nicht absprechen, auch wenn viele seiner Ansichten längst zum Gemeinplatz geworden sind. Oft wird beispielsweise thematisiert, dass junge Männer, die aus ganz praktischen Gründen geringe Möglichkeiten haben, ihre Sexualität auszuleben (weil sie etwa in ländlichen Gebieten mit geringem Frauenanteil leben oder Flüchtlinge sind), besonders anfällig für reaktionäre Ideologien wie das Gebräu der Neusten Rechten und den Islamismus sind. Die Radikalität von Reichs Analyse besteht darin, dass man, ihm folgend, auch solche Probleme politisch behandeln müsste. Reich selbst thematisiert etwa die Verschränkung von sexueller Not und Wohnungsnot. Er schärft so jenes Bewusstsein für die «kleinen Dinge», von denen Nietzsche spricht und über die man bis heute lieber ‹vornehm› schweigt. Eine linke ‹Sexualpolitik› beschränkt sich heute etwa weitgehend darauf, Abtreibungen zu legalisieren und für die Rechte von Homosexuellen, Transsexuellen und Menschen mit uneindeutiger Geschlechtsidentität einzutreten. In die von Reich thematisierten Regionen wagt man sich nur ungern vor.

«[D]er Wille der Jugend zur Lebensfreude wird die gewaltigste Kraft der Revolution sein» (8), schreibt Reich. Allerdings

600 Vgl. 208 f.

unterschätzt er – ein Hauptunterschied zwischen der Freud-Rezeption der ‹Frankfurter› und der seinen – die ‹dunkle› Seite der Psychoanalyse: Freud lehrt ja wie angedeutet, dass es neben dem Eros den ebenso mächtigen Todestrieb gibt, der ebenso nach Entfesselung verlangt. Reich kontert, dass alle sadistischen Impulse auf eine mangelnde sexuelle Befriedigung zurückzuführen seien. Es ist eine bis heute für eine linke Theorie und Praxis entscheidende Frage, wer Recht hat, denn der Todestrieb ist schon bei Freud das größte Hindernis aller fortschrittlichen Bemühungen des Menschen (freilich auch zugleich, ein Gedanke, an den Marcuse in *Triebstruktur und Gesellschaft* anknüpfen sollte,[601] ein wichtiger Motor aller Revolutionen).

Ob man nun mit Leber eher ‹soldatisch› oder mit Reich eher ‹matriarchal› denkt (eines der Kernthemen von Reich ist übrigens die sexuelle Gleichstellung der Frau): Beide zeigen, mit mehr oder weniger starkem Bezug auf Nietzsche auf, dass ein linkes Projekt den Faschismus nur dann besiegen kann, wenn es nicht nur den Kampf um die Köpfe, sondern vor allem auch den Herzen und letztendlich den gesamten Leib des Menschen gewinnt. Das linke Projekt wird der faschistischen Mobilisierung der Triebenergien sonst immer unterliegen, das ist eine Notwendigkeit. Denn diese Mobilisierung bringt die Menschen dazu, entgegen ihren rationalen Interessen zu wählen, sogar entgegen ihren intellektuellen Ansichten. Reich führt etwa an, dass die Mehrzahl der Wählerinnen Hitlers eigentlich für die Legalisierung der Abtreibung waren – die affektive Bindung an das Patriarchat war jedoch in ihnen so stark, dass sie trotzdem eine Partei wählten, die das Verbot der Abtreibung als eine ihrer zentralen Forderungen vertrat.[602] Wir haben heute dasselbe Problem mit Trump: Es ist offensichtlich, dass er von einem rationalen Standpunkt aus betrachtet eine unsinnige Politik betreibt, die den Interessen auch seiner eigenen Wähler schadet. Sein Sexismus und seine moralische Verkommenheit wurden oft thematisiert. Doch die bittere Wahrheit ist wohl, dass ihn seine Fans – auch die Frauen unter ihnen – gerade *wegen*, nicht trotz seines offen zur Schau gestellten Macho-Gehabes und

601 Es gelingt allerdings auch Marcuse nur bedingt, dem Todestrieb eine wirklich emanzipatorische Wendung zu geben. Existiert er wirklich (was Nietzsches Anthropologie näher steht), dann sind alle linken Emanzipationsbemühungen zwar nicht völlig zum Scheitern verurteilt aber doch in ihrer Reichweite begrenzt.

602 Vgl. *Massenpsychologie des Faschismus*, 161.

Lumpentums anhimmeln, weil es ihre verborgenen Sehnsüchte zum Ausdruck bringt. Natürlich kann eine linke Antwort auf den Faschismus nicht einfach ein ‹Linksfaschismus› sein, also etwa ein ‹linker Trump›. Aber die Empirie zeigt klar, dass linke Parteien dann erfolgreich sind, wenn sie authentisch wirkende Führungspersonen besitzen, die in ihrer Rhetorik nicht nur überzeugen, sondern auch begeistern können – und denen es zugleich gelingt, den Wunsch nach ‹Lebensfreude› anzusprechen.

Reichs *Massenpsychologie des Faschismus* ist eher trocken geschrieben und das Problem seines sexualpolitischen Projekts ist letztendlich, dass es eine typische Kopfgeburt Intellektueller ist: Selbst wenn Reich theoretisch Recht hätte, bleibt das Problem, dass die Menschen im Grunde alle mehr oder weniger stark im ödipalen Begehren verstrickt sind, eben doch bestehen und Reich lässt vollkommen offen, wie man diese Verstrickung auflösen kann außer durch eine offene frühkindliche Sexualerziehung (und auch dieser Vorschlag fällt, wie angedeutet, hinter das von Freud vorgegebene Problemniveau zurück). Ein Grund für die Anfälligkeit gerade der Kriegsheimkehrer für die faschistische Propaganda mag sein, dass sie sich in der Kriegszeit eine starke Askese antrainieren mussten und diese Haltung nun nicht einfach wieder abzulegen vermochten. Und zugleich entwickelten viele von ihnen, Freud thematisiert sie oft, als Folge ihrer traumatischen Kriegserlebnisse nur schwer heilbare Neurosen, die in faschistischen Ideologien ein passendes Ventil gefunden haben mögen. Entweder man betrachtet diese Menschen als Feinde und ‹hoffnungslos verloren› oder man versucht eben doch, ihrer Triebkonstellation irgendwie gerecht zu werden. Direkter gesagt: Man besiegt den Faschismus konkret eben nicht mit theoretischen Abhandlungen, sondern mit besserer Rhetorik, einer besseren Programmatik, besseren Führern und zur Not überlegener Gewalt – um die auszuüben man notwendig zu einigem Triebverzicht fähig sein muss. Dieses Problem sieht Reich anscheinend nicht. Vielleicht wäre es möglich, den Faschismus sozusagen mit Leber und Reich gleichermaßen in die Zange zu nehmen: Einerseits sein libidinöses Fundament, verdrängte, unbefriedigte Sexualenergien, ‹von unten› auszutrocknen durch die Propagierung und Praktizierung einer befreiten und erfüllten Sexualität; andererseits den verbliebenen – und wahrscheinlich nie vollends abzuschaffenden – libidinösen

Bindungen an Autoritäten eine linke Wendung im Sinne Lebers zu geben. Das verinnerlichte Tabu würde sich dann allerdings – ein Problem, das auch Reich sieht –, umso hartnäckiger gegen die Befreiung der Sexualität wehren und insofern wären beide Wege durchaus antagonistisch – doch ohne einen solchen Mittelweg dürfte der Faschismus auf der triebhaften Ebene kaum zu attackieren sein.

Nach dem Zweiten Weltkrieg verfasste Reich zwei bemerkenswerte Schriften, die eine weniger technische Sprache als seine theoretischen Abhandlungen sprechen. Die erste wurde 1945 auf Deutsch veröffentlicht und trägt den Titel *Rede an den kleinen Mann*. Das Buch ist eine direkte Ansprache des «kleinen Mannes» (worunter auch die «kleine Frau» fällt) durch einen «großen Mann», Reich selbst. Reich reflektiert darin, ähnlich wie die ‹Frankfurter› zur selben Zeit, das Scheitern des Programms der Aufklärung: Seit Jahrhunderten bemühten sich Intellektuelle darum, die Menschen aufzuklären und ihr Leben zu bessern – mit dem Ergebnis, dass die Adressierten Hitler an die Macht brachten und die Intellektuellen des Landes verwiesen oder umbrachten. Das Buch ist eine schonungslose Abrechnung mit der Dummheit der Massen:

> Je weniger du verstehst, desto eher bist du mit Ehrfurcht zur Stelle. Hitler kennst du besser als Nietzsche. Napoleon besser als Pestalozzi. Ein König bedeutet dir mehr als Sigmund Freud.[603]

Und an anderer Stelle heißt es:

> Ich weiß, wie du dich gegen die Aufrichtigkeit wehrst, ich kenne das Entsetzen, das dich befällt, wenn du deinem wahren, ungeheuchelten Wesen folgen sollst. Du bist *nicht nur* klein, kleiner Mann. Ich weiß, du hast «deine großen Momente» im Leben, Augenblicke der «Verzückung» und der «freudigen Erregung», des plötzlichen «Aufschwungs». Doch du hast nicht die Ausdauer, dich immer weiter emporzuschwingen, dich von deiner Verzückung nach aufwärts tragen zu lassen. Du hast Angst vor dem Aufstieg, du fürchtest dich vor Höhe und Tiefe. Nietzsche hat dir das vor langer Zeit viel besser gesagt. Aber er hat dir nicht erklärt, *warum* du gerade so und nicht anders bist. Er versuchte, aus dir einen Superman, einen «Übermenschen» zu ma-

603 *Hör zu kleiner Mann,* 6. (Das Buch wurde in dieser Ausgabe mit einem anderen Titel versehen.)

> chen, um das Menschliche in dir zu besiegen. Sein Übermensch wurde dein «Führer Hitler». Und du bliebst der «Untermensch». Ich möchte, daß du aufhörst, ein Untermensch zu sein, daß du endlich *du selbst* wirst. […] In deinem Innersten bist du wie ein Reh oder dein Gott, dein Dichter oder dein weiser Mann.[604]

Reich knüpft hier an Nietzsche und seine Ethik der Selbstwerdung an. Doch, wie er hier andeutet, betont er, dass es keine ‹geborenen Genies› gibt: Ein «großer Mann» wird man Reich zufolge vor allem durch harte Arbeit an sich selbst, durch Bildung, durch Mut, Verantwortungsbewusstsein und vor allem durch die Fähigkeit, zu lieben. Man muss vor allem aufhören, andere für «große Männer» zu halten – Reich meint hier insbesondere auch linke Parteiführer wie Stalin –, sondern selbst die Verantwortung für die Gesellschaft zu ergreifen. Reich kritisiert Führerschaft nicht an sich – doch die Tragik bestünde darin, dass die Menschen nicht denjenigen folgen, die sie ehrlich bilden und zu besseren Menschen machen wollen, sondern denen, die sie in ihrem ‹So-Sein› bestätigen und letztendlich alles so lassen, wie es ist. Und selbst den ‹guten Führern› (zu denen sich Reich auch selbst zählt) folgen die Menschen nur auf unverantwortliche Weise, indem sie sie zu Götzen machen.

Man kann Reich vorwerfen, dass auch dieses Buch zu unterkomplex ist und hinter das Reflexionsniveau Nietzsches und Freuds zurückfällt. In seinem eigenen wichtigsten Beitrag zur Massenpsychologie, *Massenpsychologie und Ich-Analyse,* von 1921 etwa, nimmt Freud durchaus einige Erkenntnisse von Reichs Faschismuskritik vorweg. Doch er betont, dass letztendlich *alle* zwischenmenschlichen Beziehungen Massenbildungen sind, dass man um das Phänomen der Führerschaft schlicht nicht herumkommt. Daran liegt die Provokation dieses Buches gegenüber allen linken und liberalen Versicherungen. Auch Freud geht davon aus, dass es durch Bildung – die freilich immer qua emotionalen Bindungen an Führerfiguren erfolge – möglich ist, zu einer selbständigen Person zu werden. Doch selbst noch romantischen Zweierbeziehungen liegen ihm zufolge dieselben psychischen Mechanismen wie dem faschistischen Führerkult zu Grunde und selbst in der Einsamkeit ist man noch in die emotionalen Bindungen an die Gesellschaft über das «Über-Ich» verstrickt. Gerade, um sich aus Dummheit,

604 16 f.

Faulheit und Mittelmäßigkeit herauszuarbeiten, braucht es ein starkes «Über-Ich».

Auch in seinem Buch *The Murder of Christ* (*Christusmord*; 1951) versucht Reich seinen Theorien einen eher populären Ausdruck zu geben und bezieht sich dabei wiederum auf Nietzsche. Interessant sind dabei nicht so sehr die beiden Stellen, an denen er Nietzsches Namen nennt,[605] sondern der Gesamtrahmen des Buches. Reich gibt hier seiner Kulturkritik eine geschichtsphilosophische Fundierung: Die Menschheit sei in eine Falle geraten, die in ihrer autoritären Charakterstruktur liege. Nur, wenn diese Charakterstruktur grundsätzlich aufgebrochen werde, könne sie dieser Falle entkommen. Es sei also eine grundsätzliche Umwertung aller Werte erforderlich und zwar im Namen des *Lebens*. Im Gegensatz zu Nietzsche erblickt Reich in Jesus von Nazareth einen Propheten des Lebens, der allerdings unverstanden blieb, verfolgt und dessen Lehre dann von Paulus – das wiederum meint auch Nietzsche[606] – verfälscht und in ihr Gegenteil verkehrt wurde. Dieses Scheitern sei unvermeidlich gewesen, da damals noch nicht das wahre Geheimnis des Lebens bekannt gewesen sei: die Orgon-Energie (die Reich mit Gott gleichsetzt), die auch die Quelle der Libido ist, als Grundlage allen gesunden Lebens. Es gehe darum, alle Verhärtungen abzulegen und so flexibel wie das Leben selbst zu werden. Ein neuer Führer werde kommen und dem Leben endlich zum Sieg verhelfen.

Doch ist das Leben nicht vielleicht beides, Verhärtung *und* Verflüssigung, trägt es nicht in sich notwendig auch den Tod? Reichs Doktrin ist dualistisch, insofern sie darauf besteht, dass das ursprüngliche Leben absolut rein ist. Doch woher kommt das ‹Böse›, wenn nicht aus dem Leben selbst?

Reichs Doktrin bleibt so hinter dem Niveau Nietzsches zurück, doch man kann – abgesehen von den eigenartigen ‹naturwissenschaftlichen› Experimenten Reichs – nicht leugnen, dass er den kritischen Aspekt von Nietzsches Lebensphilosophie auf eine originelle Art weiterdenkt und damit wichtige Impulse für die kulturelle Revolution der 60er-Jahre gab. In seiner naturphilosophischen Wende überschreitet er zudem die Grenzen seiner frühen Fixierung auf den Orgasmus: Um was es geht, ist nicht nur ein besserer, anderer Sex, sondern eben ein grundsätzlich anderes Verhältnis zu den Dingen um uns und der Natur, das

605 Vgl. *The Murder of Christ*, 15 & 205.
606 Vgl. etwa AC 42.

von Offenheit statt Verschlossenheit geprägt ist. Dass Reich aus dieser plausiblen Grundansicht ein pseudowissenschaftliches System bastelte, aus dem letztendlich folgt, dass es ausreicht, sich ein paar Minuten am Tag in einen Metallkasten zu setzen, anstatt sein Leben zu ändern, ist die fragwürdige Seite seiner Bemühungen.

Der Mainstream der Psychoanalyse beging freilich einen solchen «Vatermord» nicht und blieb Freuds Haltung treu, die Psychoanalyse vor allem als reine Theorie und als Therapie ohne radikale soziale Folgerungen zu verstehen. Adorno spricht davon, dass die derart verharmloste Psychoanalyse «selber zu einem Stück Hygiene sich machte»[607] und von der Psychologie allgemein als manipulierender «Psychotechnik»[608].

Freuds Psychoanalyse war den Nazis ein Dorn im Auge und in fast allen Schriften der im IV. Abschnitt dieses Bandes behandelten Autoren finden sich abfällige Bemerkungen über diese vermeintlich ‹zersetzende› Wissenschaft, deren Betonung der Sexualität als verborgenem Grundmotiv aller menschlichen Kultur ‹typisch jüdisch› sei. Während die linken Freud-Rezipienten gerade in dieser Betonung der Sexualität die Radikalität Freuds erblickten, zeichnet sich die gemäßigte und rechte Freud-Rezeption gerade dadurch aus, dass sie dieses Moment in der Psychoanalyse herunterspielt oder sogar nivelliert. Dieses Bedürfnis kommt natürlich daher, dass die Auffassung des Menschen als vor allem sexuellen Wesens besonders geeignet ist, die ‹heiligen Grale› der Rechten grundlegend zu unterminieren: Mit ihr geht ein Menschenbild einher, in dem alle Menschen prinzipiell gleich sind und der Unterschied zwischen Mensch und Tier wenn nicht nivelliert, so doch relativiert wird. Familie, Vaterland und Kultur sind keine aus dem Nichts kommenden letzten Unmittelbarkeiten mehr, sondern Sublimierungen der Sexualität. Und Freud ging sogar so weit, dem Menschen eine grundsätzliche Bisexualität zu unterstellen. Die Betonung der Sexualität ist zumal sehr gut dafür geeignet, ein linkes Menschenbild zu untermauern, das den Menschen als grundsätzlich soziales, liebevolles Wesen konzipiert, das erst durch die sozialen Konventionen verdorben wird. Mir ihrer aggressiven Seite, für die bei Freud der Todestrieb steht, haben die Linken freilich ein Problem.

---

607 *Minima Moralia*, 98; Aph. 36.
608 Ebd., 108; Aph. 39.

f) *Jungs Rechts–Freudianismus*

Der wichtigste Vertreter eines ‹Rechts–Freudianismus›, Carl Gustav Jung (1875–1961), ist so nicht zufälligerweise derjenige, der sich von allen Schülern Freuds am weitesten von ihm entfernte. Jung war bis 1913 ein enger Vertrauter Freuds, brach jedoch mit ihm und entwickelte eine ganz eigene psychoanalytische Schule, in der die Freudsche Libidotheorie keinerlei Rolle mehr spielt. An ihre Stelle tritt eine Theorie ewiger «Archetypen» wie der «Großen Mutter», dem «Helden», «Animus» (dem ‹inneren Mann› der Frau), «Anima» (der ‹inneren Frau› des Mannes), der «Baum», das «Mandala» oder der «Trickster».[609] Mythen und religiöse Dogmen werden vor diesem Hintergrund nicht mehr, wie noch bei Freud in Anschluss an Nietzsche und Feuerbach, als letztendlich pathologische Projektionen angesehen, sondern als paradigmatischer Ausdruck jener Archetypen.[610] Jung äußerte sich dementsprechend anfangsweise recht positiv zum Nationalsozialismus, in dem er eine Manifestation des Archetyps «Wotan» erblickte – wie schon zuvor in Nietzsches Werk und der Lebensreformbewegung.[611] Man kann hier von einer kompletten Verdrehung der ursprünglichen Intention der Psychoanalyse sprechen, einer Remythologisierung des Unbewussten, die für eine ideologische Rechtfertigung beliebiger Partikularismen, die als Ausdruck ‹ewiger Grundwahrheiten der menschlichen Natur› verklärt werden, nur allzu gut geeignet ist. 1940 schrieb er dementsprechend: «[J]eder krankt in letzter Linie daran, dass er verloren hat, was lebendige Religionen ihren Gläubigen zu allen Zeiten gegeben haben, und keiner ist wirklich geheilt, der seine religiöse Einstellung nicht wieder erreicht»[612].

Das hat nicht nur mit Freud, sondern auch mit dem Psychologen und Genealogen Nietzsche nicht mehr viel zu tun.

609 Vgl. den Wikipedia-Eintrag zu «Archetyp». Übrigens spielt auch, worauf insbesondere Deleuze in seiner Nietzsche-Monographie hingewiesen hat, in den Schriften Nietzsches der Begriff des «Typus» eine entscheidende Rolle.

610 Es ist zu betonen, dass Jung nicht von einer abschließbaren Liste konkret definierbarer Archetypen ausgeht, sondern einer fluiden Vielheit unbewusster Urbilder (vgl. hierzu und zu Jungs Psychologie allgemein Christof Goddemeier, *Carl Gustav Jung*).

611 Vgl. seinen Aufsatz *Wotan* von 1936. Nietzsche selbst spottet freilich über die «deutschen Jünglinge», die von Richard Wagners Musik schwärmen: «Wotan ist ihr Gott: aber Wotan ist der Gott des schlechten Wetters…» (FaW *Turiner Brief* 10).

612 Zit. n. Goddemeier, *Carl Gustav Jung*.

Allerdings ist Jung wie kaum ein zweiter Freud-Schüler von Nietzsche stark angeregt worden. Insbesondere der *Zarathustra* begeisterte ihn und er widmete ihm ausführliche Vorlesungen. Vor allem Nietzsches Ethik der Selbstwerdung ist für Jung dabei zentral – die von ihm so gedeutet wird, dass es darum gehe, das Wirken der Archetypen in einem selbst zu entdecken und es zu einer geschlossenen Gesamtheit zu integrieren.[613]

2. Nietzsche in der klassischen deutschen Soziologie

Die Soziologie etablierte sich als eigenständige Wissenschaft erst im späten 19. Jahrhundert. Es kam etwa zwischen 1900 und 1914 zu einer ersten Blütezeit dieser Disziplin in Deutschland, die man als ‹klassisch› bezeichnen kann, da sich in ihr das Selbstverständnis des Fachs in bis heute gültiger Weise artikulierte und zahlreiche als Klassiker der Soziologie geltenden Grundlagentext entstanden. Auf Nietzsche wurde dabei von so gut wie allen damaligen Soziologen mehr oder weniger stark Bezug genommen: Zum einen als Wissenschaftsphilosoph, der dabei half, der jungen Wissenschaft eine adäquate Selbstreflexion zu ermöglichen, zum anderen als inhaltlicher Stichwortgeber für die für das Fach prägenden Problemstellungen. Beispielhaft soll hier kurz auf die bis heute wichtigsten klassischen deutschen Soziologen, Max Weber und Georg Simmel, eingegangen werden, doch es ließe sich zeigen, dass es nahezu keinen bedeutenden Vertreter jener Gründergeneration gibt, der nicht mehr oder weniger stark von Nietzsche geprägt ist.[614]

a) *Max Weber*

Max Weber (1864–1920) gilt gemeinhin als *der* Gründervater der deutschen Soziologie und ihr wichtigster Klassiker. Nach einem Vortrag Spenglers im Februar 1920 soll er geäußert haben (das «wir» ist hier wohl als ‹ich› zu lesen):

---

613 Vgl. Roman Lesmeister, *«Werde der, der du bist!»*.

614 Vgl. hierzu den äußerst instruktiven Aufsatz *Friedrich Nietzsches vergessener Beitrag zur Soziologie* von Franz Graf zu Solms-Laubach, in dem er Ferdinand Tönnies und Rosa Mayreder als Beispiele anführt.

> Die Redlichkeit eines heutigen Gelehrten, und vor allem eines heutigen Philosophen, kann man daran messen, wie er sich zu Nietzsche und zu Marx stellt. Wer nicht zugibt, dass er gewichtige Teile seiner eigenen Arbeit nicht leisten könnte, ohne die Arbeit, die diese beiden getan haben, beschwindelt sich selbst und andere. Die Welt, in der wir selber geistig existieren, ist weitgehend eine von Marx und Nietzsche geprägte Welt.[615]

Weber hatte alle wichtigen Werke Nietzsches gelesen, insbesondere *Zur Genealogie der Moral* bezeichnet er als «glänzendes Essay»[616]. Nietzsche prägte insbesondere sein Wissenschaftsverständnis: Wie Nietzsche leugnet er die Möglichkeit einer vollkommen objektiven Wissenschaft und betont ihre Wertgebundenheit, wobei diese Werte letztendlich willkürliche Setzungen seien.[617] Von Nietzsche übernimmt er auch die Annahme, dass es eine direkte Kontinuität zwischen dem asketischen Geist des Christentums und dem objektivistischen Selbstmissverständnis der modernen Wissenschaft gebe. Anknüpfend an Nietzsche versteht er die Soziologe zudem als historische Wissenschaft, in der es eine wesentliche Aufgabe sein müsse, die sozialen Phänomen in ihrer Gewordenheit zu analysieren, um ihre jetzige Gestalt zu verstehen – letztendlich gehe es ihr jedoch wesentlich darum, eine die Zukunft gestaltende Kraft zu sein, keine bloße der Kontemplation; auch dies wieder ein eindeutig nietzscheanischer Impuls.[618]

Direkt von Nietzsche übernommen ist auch Webers Kulturkritik, wonach die Moderne von einem wesentlich asketischen Geist, der auf das Christentum und vor allem den Protestantismus zurückgehe, beherrscht sei.[619] Der Kapitalismus mit seinem erdrückenden Rationalismus und die moderne Bürokratie sperrten die Menschen in ein «stahlhartes Gehäuse der Hörigkeit» ein und neige dazu, sie als Einzelpersönlichkeiten zu nivellieren. Einen echten Individualismus gebe es heute nicht mehr.[620]

---

615 Zit. n. Solms-Laubach, *Friedrich Nietzsches vergessener Beitrag,* 526.

616 Zit. n. Christiana Senigaglia, *Nietzsches methodologischer Einfluss auf Max Weber und die Soziologie,* 555. Vgl. diesen Aufsatz für diesen gesamten Absatz.

617 Vgl. hierzu kritisch Horkheimer in Adorno e. a., *Über Nietzsche und uns*, 117.

618 Vgl. hierzu v. a. seine Schrift *Wissenschaft als Beruf.*

619 Vgl. Max Weber, *Die protestantische Ethik und der «Geist» des Kapitalismus.*

620 Vgl. zu diesem Absatz Christian Schwaabe, *Das Schicksal des Menschen im Schatten des toten Gottes.*

Weber war deutscher Patriot, doch er war vor dem Hintergrund dieses Weltbildes auch einer der führenden intellektuellen Verfechter einer kulturellen und politischen Modernisierung Deutschlands. Er interessierte sich für die Arbeiterbewegung und setzte sich für eine Verbesserung der Lage der Arbeiterschaft ein. Wie Kessler trat er nach dem Ersten Weltkrieg der DDP bei. Er befürwortete die parlamentarische Demokratie, doch er verhinderte durch seine Zeugenaussage vor Gericht, dass einer der Anführer der bayrischen Räterepublik, Ernst Toller, wegen Hochverrats zum Tode verurteilt wurde.

In Heidelberg veranstaltete er regelmäßige Gesprächszirkel, die einige Intellektuelle sehr prägen sollten, an ihnen beteiligten sich u. a. Ernst Bloch und Georg Lukács. Webers links–nietzscheanische, vom Geist der «ersten Welle» beseelte und zugleich sozialwissenschaftlich fundierte Kulturkritik sollte für die Frankfurter Schule wegbereitend sein und wurde später etwa auch von Foucault aufgegriffen.

b) Georg Simmel

Georg Simmel (1858–1918) ist für die Begründung der deutschen Soziologie kaum minder bedeutsam als Weber. Er war von Haus aus Philosoph. Wie Weber nahm er durch seine Schriften und seine akademische Lehrtätigkeit entscheidenden Einfluss auf die Entwicklung zahlreicher Intellektueller der folgenden Generation, darunter Lukács, Bloch, mit dem er befreundet war, Hiller und Kracauer. Ähnlich wie Weber lässt er sich politisch vielleicht am ehesten als ‹linksliberal› einordnen.

Der Einfluss Nietzsches auf Simmel soll hier anhand von Simmels Monographie *Schopenhauer und Nietzsche* von 1907 verdeutlicht werden. Schopenhauers und Nietzsches Philosophien drücken bei ihm beide «die Lage der momentanen Kultur aus, wie sie von der Sehnsucht nach einem Endzweck des Lebens erfüllt ist, den sie als für immer entschwunden oder illusorisch empfindet.» (4) Bei Nietzsche fände sich allerdings eine, von Darwin inspirierte, Lösung dieser Paradoxie, indem nun die Steigerung des Leben, die Entfesselung all seiner Potentiale hin zu etwas Höherem als Selbstweck verherrlicht werde.[621] Diese Lehre der Höherentwicklung wird von Simmel dezidiert positiv dargestellt:

621 Vgl. 5.

> [D]ass aber das Leben seinem eignen Sinn nach und in seinen innersten Energien die Möglichkeit, Bestrebung, Gewähr dafür besitzt, zu vollkommneren Formen, zu einem Mehr seiner selbst und über jedes Jetzt hinaus zu schreiten – dies ist doch wohl der große Trost und die Unverlierbarkeit des modernen Geistes, die durch Nietzsche zum Lichte der gesamten seelischen Landschaft geworden ist. Dieses Grundmotiv überstrahlt seine antisoziale Ausgestaltung bei Nietzsche derart, dass er trotz ihrer Schopenhauer gegenüber als der sehr viel adäquatere Ausdruck des gegenwärtigen Lebensgefühls erscheint.[622]

Und dies gelte, obwohl Schopenhauer der bessere Philosoph, Nietzsche jedoch vor allem ein ‹Moralist› (im Sinne der ‹französischen Moralisten›) und ein Psychologe gewesen sei. An Nietzsche hebt Simmel ebenso positiv gegenüber Schopenhauer hervor, dass er im Gegensatz zu jenem ein durch und durch geschichtlicher Denker gewesen sei, insofern er das Leben eben als Entwicklungsprozess, nicht als etwas Statisches auffasse.[623] Ein Prozess, der freilich eine stetige Höherentwicklung, jedoch kein Endziel beinhalte.[624] Simmel stellt zunächst Nietzsches Demokratie- und Sozialismus-Kritik unkritisch dar, verteidigt jedoch das Christentum mit dem Argument, dass es durchaus eine heroische Religion sei, die, wie Nietzsche, die Güte eines Menschen nicht nach seinen Werken, sondern nach seiner inneren Verfassung beurteile.[625] Nietzsche vertrete einen «höchsten Personalismus» (204), in dem es letztendlich um die Vereinigung des Ichs mit Gott ginge. Die großen Individuen sollen sich dabei nicht als Angehörige einer bestimmten Gruppe, sondern der gesamten Menschheit fühlen und zu ihrer Höherentwicklung beitragen.[626] Diesen Individualismus sieht Simmel als berechtigtes Antidot gegen die Reduktion des Individuums zum Teil der Gesellschaft an, in der es lebt ohne in ihr je ganz aufgehen zu können.[627] Es gehe Nietzsche freilich nicht, und das bringe ihn sowohl zum Liberalismus als auch zum Sozialismus in Opposition, um «den Einzelnen überhaupt, […] sondern nur […] *bestimmte* Einzelne, die den anderen nicht […] mindestens a priori gleich, sondern gerade a

622 15.
623 Vgl. 196 f.
624 Vgl. 198.
625 Vgl. 201–203.
626 Vgl. 208 f.
627 Vgl. 209 f.

priori ungleich sind.» (210) Simmel bringt diesen Elitismus der ‹großen Einzelnen› mit der Individualisierungstendenz moderner Gesellschaften in Verbindung, die durch ihre fortschreitende Arbeitsteilung manche Individuen derart isoliere, dass sie sich entweder nach einer verlorenen Einheit zurücksehnten – das sei die psychologische Wurzel des Sozialismus – oder, wie Nietzsche, an ihrer Individualität radikal festhielten und die mit ihrer Isolation einhergehende Abstumpfung nur dadurch zu kompensieren vermöchten, dass sie sich immer neuen, starken Reizen aussetzten. Nietzsches ästhetischer Elitismus und der Sozialismus seien also zwei entgegengesetzte Reaktionsweisen auf ein- und dasselbe Problem.[628] Simmel stellt nun eine Alternative zu beiden Extremen dar, die er in der symbolistischen Ästhetik des belgischen Schriftstellers Maurice Maeterlinck (1862–1949) am besten realisiert sieht. Während Nietzsche das Große und Wertvolle nur im Außergewöhnlichen sehe, finde es Maeterlinck gerade im Gewöhnlichen und Alltäglichen. In ähnlicher Weise verliehen die Arbeiterstatuen des realistischen belgischen Künstlers Constantin Meunier (1831–1905) gerade dem gewöhnlichen, dem durchschnittlichen Menschen eine ästhetische Größe. Simmel kommt zu dem Fazit:

> Maeterlinck und Meunier haben […] in der Form der Metaphysik und der Kunst das erreicht, was in der Form der sozialdemokratischen Praxis nur durch den Verzicht auf diejenigen Lebenswerte erreichbar ist, die für Nietzsche dem Leben seine Bedeutung geben.[629]

Aufgrund des Akzents Nietzsches auf die Höherentwicklung und die Menschheit stehe er auch in tiefem Gegensatz zu Stirner.[630] Auch stehe Nietzsches Aristokratismus in tiefem Gegensatz zu jedem banalen Ermächtigungswillen, jedem materialistischen Egoismus, zur modernen Geldwirtschaft und zu ihrer Verschwendungssucht.[631] «[A]llem Anarchischen, Zuchtlosen, Weichlichen» (244) sei Nietzsche grundlegend entgegengesetzt: «Der Egoismus will etwas haben, der Personalismus will etwas sein.»[632] Die Lehre von der «ewigen Wiederkunft» in-

628 Vgl. 219 f.
629 222.
630 Vgl. 234.
631 Vgl. 240-243.
632 245. Man kann hier unschwer Elemente der Ethik des der Frankfurter Schule nahestehenden Psychoanalytikers Erich Fromms (1900–1980) erblicken, der sich jedoch so gut wie nie auf Nietzsche bezieht und in

terpretiert Simmel dementsprechend als Aufruf zur höchsten Verantwortlichkeit, dazu, sein Leben so zu leben, dass es sich ewig so wiederholen könne.[633] Er rückt sie damit in die Nähe der Kantschen und Fichteschen Pflichtethik.[634] Es handele sich um keine faktische Wahrheit, sondern eine rein ethische Maxime und eine metaphysische Doktrin.[635] Nietzsches gesamte Lehre ruhe «auf dem dogmatischen Imperativ: das Leben soll sein!» (262)

Simmel konzentriert seine Nietzsche-Interpretation so – dem Geist der ersten Welle entsprechend – ganz auf Nietzsches aristokratischen Individualismus, den er nicht ablehnt, sondern sichtlich positiv rezipiert, auch wenn er ihm eine Art ‹linke› Wendung hin zu einem ‹demokratischen Ästhetizismus› zu geben versucht (eine in der Tat bemerkenswerte Idee). Er nimmt dabei einige Elemente der Nietzsche-Interpretation der ‹Frankfurter› vorweg, etwa durch seine Betonung der zentralen Bedeutung des Satzes «Jede Lust will Ewigkeit»[636]. Was er jedoch hauptsächlich an der ‹Frankfurter› Lesart antizipiert, ist, dass er Nietzsche nicht einfach als Philosophen liest, nicht als unzeitgemäßen Denker gegen seine, sondern vor allem als einen *Denker seiner Zeit*, dessen Ideen Ausdruck einer konkreten geschichtlichen Situation seien, eine Antwort auf die moderne Entfremdungserfahrung.

3. Nietzsche aus Frankfurt: Zur Nietzsche-Rezeption der Frankfurter Schule

Die klassische Frankfurter Schule umfasst den Diskussionszusammenhang, der sich im Umfeld des mit Hilfe der finanziellen Unterstützung des Unternehmers Hermann Weil (1868–1927) und seines Sohnes Felix (1898–1975) gegründeten Instituts für Sozialforschung (IfS) ab 1923 in Frankfurt am Main etablierte. Von 1933 bis 1951 befand es sich im Exil, die meiste Zeit in den

---

diesem Buch daher nicht behandelt wird (vgl. dazu die entsprechenden Bemerkungen in Jürgen Hardeck, «*Die Wahrheit wird Euch freimachen*»).

633 Vgl. 246–248.

634 Vgl. 249 f.

635 Vgl. 254 f.

636 Vgl. 13.

USA, danach kehrte es in seinen Ursprungsort zurück und wurde zu einem wichtigen *think tank* der nachkriegsdeutschen Linken. Neben seinem langjährigen Direktor Max Horkheimer sind die wichtigsten der mit dieser ‹ersten Generation› der Frankfurter Schule verbundenen Figuren Walter Benjamin, Herbert Marcuse und Theodor W. Adorno.

Das Besondere an dem Institut für Sozialforschung bestand in seiner ungeheuren Transdisziplinarität. In seinen Anfangsjahren stark marxistisch ausgerichtet – zentrale Bezugsgröße war dabei Georg Lukács' Essaysammlung *Geschichte und Klassenbewusstsein* von 1923 – nahm es auch zentrale Impulse seitens der klassischen deutschen Soziologie (von der ja bereits Lukács stark beeinflusst war), der Psychoanalyse und der Philosophie in sich auf. Diese Offenheit rührte daher, dass die führenden ‹Frankfurter› immer mehr den Eindruck gewannen, dass die hegelmarxistische Doktrin nicht ausreichte, um die Entwicklungen der Gegenwart adäquat zu beschreiben und ihnen eine sowohl theoretisch als auch politisch überzeugende Antwort entgegenzusetzen. Man gelangte, spätestens ab 1933, zu der Auffassung, dass es mehr denn je geboten war, den objektivistischen Hegel-Marxismus durch einen ‹subjektiven Faktor›, den man der ‹bürgerlichen› Philosophie und Wissenschaft entnehmen zu können glaubte, zu ergänzen. Wie diese Ergänzung genau auszusehen hatte, darin war man sich uneins und das führte zu mitunter kontroversen Diskussionen und Brüchen – *dass* sie stattfinden musste, darin bestand ein weitgehender Konsens. Nietzsche war dabei, wie sich zeigen wird, eine der wichtigsten Bezugsfiguren.

a) Ein kalifornischer Gipfel

Wie wir bislang gesehen haben, hatte sich ab den 1890er-Jahren eine kulturelle Avantgarde in Deutschland gebildet, die weltweit ihresgleichen suchte. Vielfach anknüpfend an Nietzsche kam es in allen Wissenschaften und Künsten zu einer einmaligen Blüte, zu einer vorher nie dagewesenen und auch bis heute unerreichten Welle von Innovationen in allen Gebieten. In der Kunst, in der Philosophie, in der Chemie, in der Physik – überall war Deutschland eine der führenden Nationen. Der Erste Weltkrieg hatte diesem Innovationsschub einen Dämpfer verpasst, doch unter dem neuen freiheitlichen Klima der Republik konnte ab 1918 an die Vorkriegsjahre nicht nur angeknüpft werden, man konnte die kulturelle Modernisierung Deutschlands sogar noch unter wesentlich günstigeren Bedingungen fortsetzen. Man denke etwa an das Bauhaus in Weimar, das Institut für Sozialforschung, die ersten Jahre des deutschen Films, die Anfänge von Brechts epischem Theater, die Phänomenologie … Ein wesentlicher ‹Erfolg› des Nationalsozialismus war es, der fortschreitenden kulturellen Modernisierung Deutschlands ein jähes Ende zu bereiten. Schlagartig mussten nahezu alle, die intellektuell Interessantes entwickelten entweder feige Kompromisse eingehen oder das Land verlassen. Und selbst die wenigen bedeutenden pronationalsozialistischen Künstler und Intellektuellen wandten sich früher oder später angeekelt von dieser Bewegung ab.

Woran war die erste deutsche Republik gescheitert? Das war die große Frage, die die Emigrierten beschäftigte und die sich wahrscheinlich bis heute nicht eindeutig beantworten lässt. Es war vor allem auch die Kernfrage, die sich das Institut für Sozialforschung stellte. Zwei Grundprobleme lassen sich allerdings schon jetzt ausmachen: 1) Es gab ein nach wie vor weit verbreitetes ‹Unbehagen in der Moderne› unter reaktionären Vorzeichen, das sich in der intellektuell avanciertesten Form in der Theoriebildung der Konservativen Revolution artikulierte; 2) gleichzeitig gab es aber auch ein Unbehagen mit den kapitalistischen Vorzeichen, unter denen dieser Modernisierungsprozess von Anfang an stattfand, von links. Die Weimarer Republik wurde von diesen beiden Tendenzen geradezu zerrieben – ihr gelang es weder, einen kulturellen Konsens in ihrem Sinne zu etablieren noch, die mit der zunehmenden Kapitalisierung der Gesellschaft einhergehenden massiven Verwerfungen in zufriedenstellender Weise zu lösen. Die Weimarer Republik war von Beginn an von wirtschaftlichen Problemen bestimmt gewesen – die Weltwirtschaftskrise von 1929 machte es endgültig plausibel, dass der Kapitalismus grundlegend reformiert oder sogar durch eine ganze andere Wirtschaftsorganisation ersetzt werden musste. Der rasante Aufstieg der NSDAP dürfte nicht zuletzt darauf zurückzuführen zu sein, dass es ihr gelang, beide Seiten der Unzufriedenheit zu bedienen; zwar ein im Kern rechtes Projekt zu verfolgen, aber es so darzustellen, als sei es auch ein linkes. Eine derartige Politik war ja bereits von den Konservativen Revolutionären konzipiert worden – nun wurde sie erfolgreich in die Tat umgesetzt. – Es ist dieselbe Grundkonstellation, die heute Trump & Co. Zulauf verschafft.

Über die Stimmung unter der so heterogenen Masse, die Deutschland ab 1933 verlassen musste, informiert in eindrucksvoller Weise Klaus Manns (1906–1949) Roman *Der Vulkan* von 1939. Er ist nicht nur erwähnenswert, weil er in der nietzscheanischen Form eines realistischen Multiperspektivismus geschrieben ist.[637] Er ist auch auf der inhaltlichen Ebene ein Nietzsche-Roman *par excellence*. Er beginnt mit einem Zitat aus der Vorrede des ersten Bandes von *Menschliches, Allzumenschliches*[638] und schließt, vor dem Epilog, mit einer Passage, die an das Motto unseres Buches gemahnt:

> Seid wachsam und tapfer –: dies fordert Meine Liebe von euch! Seid energisch, seid realistisch, seid auch gut! Plagt euch! Kämpft! Habt Ehrgeiz und Leidenschaft, Trotz, Liebe und Mut! Seid rebellisch! Seid fromm! Bewahrt euch die Hoffnung! Steht auf eigenen Füßen![639]

Ein Nietzsche-Zitat über die Heimatlosigkeit eröffnet auch den zweiten Teil des Buches.[640] Nietzsche-Bezüge ziehen sich auch sonst wie ein roter Faden durch das Werk, das den komplizierten Weg der Ausgestoßenen von Frankreich in die USA verfolgt. Etwa in der Mitte des Romans verbringt das frisch vermählte Paar Marion und Marcel, zwei seiner Hauptakteure, seine Flitterwochen in Sils-Maria. Marcel konstatiert beeindruckt:

> Der Mann in dem abscheulichen Zimmer, wo wir heute gewesen sind – der kannte sich aus. Er wußte die schönsten Landschaften zu finden, und die Probleme, die entscheidend sind. Er hatte alles schon durchgemacht, ehe wir anfingen zu denken. Der ganze Aufruhr unserer Herzen, alle Ratlosigkeit, die schrecklichsten Irrtümer, der Wahnsinn, und noch die kühnsten Hoffnungen waren ihm gegenwärtig. Er hat alles schon ausgesprochen – in deiner Sprache, Marion, in deiner schönen Sprache. Jetzt sollten wir schweigsamer sein – und wäre

637 Wie etwa auch Sartres Romanzyklus *Die Wege der Freiheit,* der zu Klaus Manns Roman einige Parallelen aufweist.

638 «Unsre Bestimmung verfügt über uns, auch wenn wir sie noch nicht kennen; es ist die Zukunft, die unserm Heute die Regel giebt.» (7)

639 550.

640 «Wer das verlor, / was du verlorst, / macht nirgends halt.» (194) Ein Vers aus dem Gedicht *Abschied* (NF 1884 28[64]).

> es nur aus Ehrfurcht. Da er in Gedanken alles durchgelitten und durchgekämpft hat, müssen wir anders leiden und anders kämpfen. Hier hat der Prophet seine Wege gemacht. Wir aber sollten handeln.[641]

Nietzsche blieb auch nach 1933 ein «Prophet» nicht nur der Verzweiflung, sondern auch der Hoffnung auf beiden Seiten des ‹deutschen Bürgerkriegs›. Gerade auch für die heimatlos gewordenen wird der Verkünder der «guten Europäer» zur Symbolfigur, die eine Art geistige Heimat verbürgt; zumal eine Einigkeit der Antifaschisten aller Länder, für die die Ehe zwischen dem Franzosen Marcel und der deutschen Marion hier symbolisch steht.

Wenige Seiten später fällt Marcel im Spanischen Bürgerkrieg, zu dem er sich freiwillig gemeldet hatte, seinen Worten treu.[642] Auch Klaus Mann beschränkte sich nicht nur auf Romane: Er war selbst als Reporter Zeuge des Freiheitskampfs Spaniens, schrieb für mehrere antifaschistische Zeitungen und meldete sich 1941 freiwillig zur US Army, für die er seine intellektuellen Fähigkeiten voll zur Verfügung stellte im Kampf gegen das Deutschland der Barbaren. 1949 wählte er, wie so viele der in diesem Buch behandelten Personen, den Freitod, den Nietzsche im *Zarathustra* als die einzig angemessene Form des Sterbens beschreibt.[643]

Schon allein aufgrund seiner marxistischen Grundorientierung, aber auch aufgrund der jüdischen Herkunft zahlreicher seiner führenden Protagonisten, war das IfS ebenfalls gezwungen, 1933 zu emigrieren. Über verschiedene Umwege war man letztendlich in den USA gelandet, wo das IfS in New York und Los Angeles Zweigstellen unterhielt. Am Pazifik, gewissermaßen in der größtmöglichen Ferne von dem, was in Europa vor sich ging, hoffte man endlich, die erforderliche Ruhe zur Selbstbesinnung zu finden und – möglicherweise – eine bessere Nachkriegsordnung intellektuell vorbereiten zu können. Hier entstanden die bis heute als zentrale Klassiker kritischer Theorie geltenden Werke *Minima Moralia* und die *Dialektik der Aufklärung*.

New York und Los Angeles waren generell die Epizentren der deutschen Emigration und es gelang durch diese Konzentration durchaus an die vor 1933 begonnene Arbeit anzuknüp-

641 269.
642 Vgl. ebd. S. 355–357.
643 Vgl. *Vom freien Tode*.

fen. Die deutschen Emigranten leisteten so einen entscheidenden Beitrag zur kulturellen Erneuerung der USA, die auf diesem Gebiet bis dahin relativ rückschrittlich gewesen waren. Selbst kriegsentscheidende technische Innovationen wie die Atombombe wäre ohne die Forschungsarbeit emigrierter deutscher Physiker nicht möglich gewesen – die irrsinnige Reinigungspolitik der Nazis erwies sich so als Bumerang. Neben den Figuren des IfS hatten sich in Los Angeles auch andere wichtige Größen wie Bertolt Brecht, Heinrich und Thomas Mann, und Lion Feuchtwanger niedergelassen. Was sie an die Westküste zog, war neben der Ferne zu Europa sicherlich auch das mediterrane Klima (in New York können demgegenüber gerade die Winter sehr streng sein), aber auch die dort angesiedelte Kulturindustrie, die dem einen oder anderen deutschen Literaten zu einer Anstellung verhalf.

Am 14. Juli 1942 – exakt 153 Jahre nach dem Sturm auf die Bastille, ein vielleicht symbolisches Datum[644] – fand in Kalifornien eine entscheidende Diskussion über den Umgang des IfS mit Nietzsche statt, die es verdient, ausführlicher referiert zu werden – ihr Protokoll ist überliefert –, weil sie einen sehr guten Überblick darüber gibt, welche grundsätzlichen Möglichkeiten des Umgangs mit Nietzsche man damals erblickte – Möglichkeiten, die auch die darauffolgenden Diskussionen bestimmen sollten.

Der Ausgangspunkt der Diskussion war ein Referat von Ludwig Marcuse (1894–1971) – mit dem ebenfalls anwesenden Herbert weder verwandt noch verschwägert –, einem Philosophen deutschjüdischer Abkunft, der stark von Nietzsches Individualismus geprägt war und eigentlich nicht zum Kreis des IfS zählte. Es ging darin «über das Verhältnis von Bedürfnis und Kultur bei Nietzsche»[645]. Ludwig Marcuse geht dabei von Nietzsches Kritik am deutschen Nationalismus nach 1871 aus. Dort habe die Kultur des «letzten Menschen» gesiegt, der Nietzsche sein Konzept des ‹Tod Gottes› gegenüberstelle sowie drei von ihm ausgehende Schöpfer einer neuen Kultur: «das künstlerische Genie», «der Freigeist» oder «die blonde Bestie[646]» und

644 Vgl. Norbert Rath, *Zur Nietzsche-Rezeption Adornos und Horkheimers*, 2. Der Aufsatz ist generell eine ausgezeichnete Quelle zur intensiven Nietzsche-Rezeption der ‹Frankfurter›.

645 Vgl. [1. Zu einem Referat Ludwig Marcuses über das Verhältnis von Bedürfnis und Kultur bei Nietzsche].

646 Von der «blonden Bestie» als Sinnbild der ursprünglichen «aller vornehmen Rassen» (GM I 11) spricht Nietzsche in GM I 11 und GD *Ver-*

«der Übermensch» (563). Ludwig Marcuse konstruiert eine Art Dialektik zwischen diesen drei Stufen: das «künstlerische Genie» schaffe einen Sinnzusammenhang, der allerdings das Chaos verschleiere, als das die Welt zu sehen nach dem ‹Tod Gottes› unabwendbar geworden sei; der «Freigeist» zerstöre daher das, was der Künstler geformt hat, im Namen der Wahrheit; die «blonde Bestie» sei demgegenüber «der vollends ernüchterte pragmatische Nachfahre des gestaltenden Künstlers» (564). Erst der «Übermensch» sei demgegenüber eine neue, originär Nietzschesche Gestalt, in der «alle Utopien der Geschichte Platz» (ebd.) fänden. Ludwig Marcuse zufolge sei von Nietzsche folglich zu lernen, dass es 1) nach dem ‹Tod Gottes› keine stabilen geistigen Bindungen mehr geben könne, dass 2) der Weg des Künstlers und der «blonden Bestie» keine Option mehr sein könne, dass es 3) trotzdem an der Sehnsucht nach der Utopie festzuhalten gelte. Man sieht hier deutlich die linke Wendung, die Ludwig Marcuse den Themen des Rechts–Nietzscheanismus gibt: Er sieht bei Nietzsche keinen wirklichen Ausweg aus dem Nihilismus – zugleich lehnt er aber auch die Option eines ‹heroischen Nihilismus› ab und gibt dem Begriff des «Übermenschen» eine geradezu messianische Bedeutung, die es ihm erlaubt, ihn mit linken Utopien zu verknüpfen, an denen man trotz des erkannten Nihilismus der Gegenwart festhalten müsse. Letztendlich ist das hintergründige Kernthema der gesamten folgenden Diskussion, wie man aus linker Sicht mit den Gedanken der Konservativen Revolution umzugehen habe.

Günther Anders (1902–1992), ebenfalls ein Philosoph deutschjüdischer Abkunft, der am IfS nur Zaungast war, wendet gegen Ludwig Marcuse ein, dass es jenes utopische Moment bei Nietzsche nicht gebe. Viel eher vertrete er in seiner Lehre des *amor fati* «eine Gleichschaltung mit der Welt, wie sie ist» (565). Auch Horkheimer äußert sich eher verhalten zu Nietzsche: Die Probleme, die Nietzsche in seiner Philosophie behandelt, seien letztendlich nicht die wirklichen Probleme der Menschen, sondern spielten nur eine äußerst geringe Rolle. Ludwig Marcuse wirft Horkheimer demgegenüber einen materialistischen Reduktionismus vor, der nur den Hunger und den Geschlechtstrieb als

---

besserer 2. Interessanterweise nennt er in der *Genealogie der Moral* als Beispiele dafür auch den alten arabischen und japanischen Adel, wodurch klar wird, dass er hier nicht nur ‹blonde Germanrecken› im Sinne hat.

wirklich anerkenne, und behauptet, Probleme wie Einsamkeit und Nihilismus seien die Probleme von Millionen.

Adorno greift nun mit einem längeren Coreferat in die Diskussion ein und versucht, Horkheimer und Ludwig Marcuses Positionen irgendwie zu vermitteln. Nietzsches Pathos sei aus jetziger Sicht rätselhaft geworden, es wirke wie ein Jugendstilornament.[647] Nietzsche sei in der Tat als Ideologe zu behandeln. Dennoch gelte es, den realen Kern seiner ideologischen Motive zu dechiffrieren; dann zeige sich nämlich, dass Nietzsche dem Inhalt nach bestimmte Züge der gesellschaftlichen Entwicklung, die nicht einfach ökonomisch erklärbar seien, besser erfasst habe als Marx und seine Nachfolger.

Dieser Synthetisierungsversuch kommt allerdings nicht bei allen Diskutanten gut an. Friedrich Pollock (1894–1970), der wichtigste Ökonom der Frankfurter Schule, bestreitet, dass sich in Nietzsches Philosophie wirklich gesamtgesellschaftlich relevante Impulse ausdrücken. Interessanterweise konfrontiert er dabei – sicherlich ohne zu wissen, dass Nietzsche diese Schrift kannte, die er in seinem Werk nie erwähnt – Nietzsche mit Bebels *Die Frau und der Sozialismus*, wo eine Programmatik skizziert werde, die wirklich für fast jeden Menschen relevant sei. Aber auch Ludwig Marcuse ist unzufrieden, da ihm Adornos Rettungsversuch Nietzsches zu marxistisch ist. Herbert Marcuse meint, dass der unauflösliche Gegensatz zwischen Marx und Nietzsche darin bestehe, dass für Marx die Menschheitsgeschichte erst wirklich beginne, wenn alle materiellen Bedürfnisse erfüllt seien – erst dann würden die Probleme Nietzsches wirklich relevant. In seiner Sicht, dass mit der materiellen Saturiertheit die Sehnsucht nach ‹Höherem› verschwinden werde, ähnele Nietzsche ironischerweise Bebel. Anders betont, dass Nietzsche ein bürgerlicher Philosoph und mithin religiös bleibe. Einzig Horkheimer äußert ein gewisses Verständnis und betont, dass die zentrale Frage laute, was denn noch eigentlich schlecht an der Sowjetunion sei, wenn es sich tatsächlich so verhalte, dass dort die Befriedigung der materiellen Bedürfnisse im Zentrum der Politik stünde.

Adorno legt nach und bekräftigt, dass er bei Nietzsche Wahrheitsmomente gegenüber Marx und auch gegenüber Bebel sieht. Ihm könne man entscheidende Impulse zur Entwick-

647 Vgl. Adornos oben zitierte Bemerkungen zu Nietzsches Verhältnis zum Jugendstil.

lung eines unideologischen Sozialismus entnehmen – Nietzsche sei «nicht nur ein Kritiker der Kultur [...], sondern er war auch gegen die Art von Kulturkritik, die einen individualistischen Begriff der Kultur beibehält» (568).

Pollock besteht gegenüber diesem sehr expliziten Versuch der Verteidigung eines ‹nietzscheanischen Sozialismus› darauf, dass keine ‹höheren Bedürfnisse› übrigbleiben, wenn die materiellen gestillt sind. Horkheimer lehnt diese platte Gegenüberstellung ab, wirft davon ausgehend jedoch Nietzsche vor, dass er die ‹höheren Bedürfnisse› gegenüber den materiellen in idealistischer Manie aufwerte und damit antimarxistisch sei und die wirklichen Probleme verschleiere. Adorno verwehrt sich demgegenüber dagegen, einfach «Begriffe wie Liebe und Sehnsucht» (569) als positive Korrektive von Nietzsche zu übernehmen. Dennoch habe er Recht damit, dass es ein Irrweg sei, alles unter das Primat der Praxis zu stellen. Nietzsches Philosophie könne dazu dienen, den Widerstreit zwischen Anarchismus und Marxismus zu überwinden. Ohne Nietzsche laufe man in Gefahr «den Sozialismus in einen ins Planetarische gesteigerten Pragmatismus zu verwandeln» (570). Anders wiederholt demgegenüber noch einmal seine Interpretation vom Antiutopisten Nietzsche.

Diese kontroverse Diskussion zeigt, wie schwer sich die Vertreter des IfS und seines Umfeldes damit taten, mit Nietzsche umzugehen, der von Faschisten offen als einer der ihren angesehen worden war. Während Ludwig Marcuse für einen Links–Nietzscheanismus der ‹alten Schule› steht, der einige Motive der rechten Nietzsche-Aneignung aufzunehmen in Kauf nimmt – eine Position, die, wir gleich sehen werden, derjenigen Blochs sehr nahe kommt –, stehen Herbert Marcuse, Pollock und Anders Nietzsche eindeutig ablehnend gegenüber und bedienen sich Argumente der klassischen marxistischen Nietzsche-Kritik. Horkheimer scheint sich ein wenig unsicher zu sein – Adorno vertritt demgegenüber eine innovative Position: Es gelte alle bisherigen Nietzsche-Interpretationen, egal ob links oder rechts, zu verwerfen und Nietzsche ganz neu zu entdecken; und zwar nicht als Individualisten oder Kulturkritiker, sondern als Sozialdiagnostiker. Es gehe daher nicht einfach darum, den Marxismus um ein wenig Kulturkritik und Subjektivität zu ergänzen: Es gehe darum, ihn einer grundlegenden Revision ausgehend von Nietzsche zu unterziehen. Wir werden sehen, mit welchen Konsequenzen.

b) *Der «deutsche Philosoph der Oktoberrevolution»*

Der linke Sozialphilosoph Oskar Negt hat Ernst Bloch (1885–1977) einmal als «deutschen Philosophen der Oktoberrevolution»[648] bezeichnet und da ist etwas dran. Der Sonderling, gleichermaßen Marxist und Nietzscheaner, der von 1949 bis 1961 in der DDR lebte und dort bis 1957 eine Professur innehatte, lässt sich nur bedingt der Frankfurter Schule zurechnen, vielmehr vertritt er einen Links–Nietzscheanismus eigener Art, der vor allem auch stark vom Expressionismus, für den sich Bloch bereits in seiner Jugend begeisterte, geprägt ist. Vor dem Ersten Weltkrieg stand er der Wandervogelbewegung nahe. In Berlin besuchte er das Kolloquium von Georg Simmel, bei dem er Lukács kennen und schätzen lernte, später verkehrte er im Heidelberger Kreis um Max Weber. Während des Ersten Weltkriegs, den er entschieden ablehnte, hielt er sich in der Kommune Monte Verità auf. Wie seine Frankfurter Genossen war er, allerdings erst 1939 (zwischenzeitlich hatte er sich ab 1933 in Prag aufgehalten), in den USA gestrandet – freilich in New York. Ein Grund für seine Entfremdung vom Kreis um das IfS waren, abseits von allen sonstigen Differenzen, insbesondere einige öffentliche Bekenntnisse Blochs zu Stalin gewesen, in denen er Lenin und Stalin u. a. als «wirkliche Führer ins Glück, Lichtgestalten der Liebe, des Vertrauens, der revolutionären Verehrung»[649] bezeichnet hatte. Ein Stalin-Kult, von dem in dieser Zeit zahlreiche linke und sogar linksliberale Intellektuelle befallen waren (etwa auch Bernard Shaw, Lion Feuchtwanger [1884-1958] und Heinrich Mann), obwohl man damals um Stalins Verbrechen bereits wusste – Stalin erschien ihnen als eine Art Anti-Hitler, als letztes Bollwerk gegen den Faschismus, gegenüber dem sich die bürgerlichen Staaten eher tolerant verhielten und die Spanische Republik gegen Franco im Stich ließen.[650] Allerdings galt Bloch trotz (oder vielleicht sogar: wegen) derartiger Äußerungen in der DDR schon bald als unliebsamer Dissident und musste 1961 ein weiteres Mal emigrieren, dieses Mal in die BRD.

Der Nietzscheanismus Blochs zeigt sich zunächst in seinem oftmals hymnischen, expressionistischen Schreibstil, für

648 Zit. n. Aschheim, *Nietzsche*, 188.
649 Zit. n. Jörg Heininger, Eintrag zu Ernst Bloch. Vgl. diesen Artikel auch zu Blochs Biographie.
650 Vgl. Stefan Reinecke, *Erbschaft dieser Zeit.*

den Äußerungen wie die eben zitierte sehr typisch sind. Zugleich schreibt er oft aphoristisch und fragmentarisch. 1930 veröffentlichte Bloch etwa die Aphorismensammlung *Spuren*, die insbesondere um das Thema der Einsamkeit kreist und die Adorno sehr schätzte[651]. Sein Hauptwerk *Das Prinzip Hoffnung* (1954–1959) ist ebenfalls in weiten Teilen in aphorismenartigen Kurzbeschreibungen verfasst, mit denen Bloch den konkreten Gestalten utopischer Sehnsüchte der Menschen nachgehen möchte. In expliziter Abgrenzung zu Freud geht es ihm dabei vor allem um eine Analyse der Tagträume der Menschen, also ihrer bewussten, wachen Hoffnungen.

Das Thema der Hoffnung ist Nietzsche nicht fremd, es spielt insbesondere im Zarathustra eine ganz entscheidende Rolle, vor allem in der Rede *Vom Baum am Berge,* in der Zarathustra einem sinnsuchenden Jüngling auf den Weg gibt: «[B]ei meiner Liebe und Hoffnung beschwöre ich dich: wirf den Helden in deiner Seele nicht weg! Halte heilig deine höchste Hoffnung!» Und in der *Vorrede* heißt es: «Es ist an der Zeit, dass der Mensch den Keim seiner höchsten Hoffnung pflanze.» (5)

Blochs Konzept der «konkreten Utopie» als wirkmächtigem Möglichkeitsbewusstsein macht ihn, als ‹hoffnungsvollen› Antipol zum eher utopieskeptischen und pessimistischen Denken Adornos und Horkheimers, für ein linkes Denken der Gegenwart besonders interessant. Er begleitete die Studentenbewegung der 68er-Zeit wohlwollend und war mit Rudi Dutschke eng befreundet.

Der Einfluss Nietzsches auf Bloch wird schon daraus ersichtlich, dass er ihn seinen ersten überhaupt veröffentlichten Text widmete, *Über das Problem Nietzsche* (1906). Er liest hier Nietzsche als Philosophen der Kultur, der eine neue, lebensbejahende Ethik verkündet habe und einen radikalen Individualismus. Bloch betont darin insbesondere die Bedeutungsoffenheit von Nietzsches Lebensbegriff, doch sieht genau darin keine Schwäche, sondern eine Stärke, weil der Begriff gerade dadurch, als Inbegriff subjektiver Erfüllung, besonders reichhaltig sei. Der Text schließt mit den emphatischen Worten: «Von hier aus geht der Weg zu einer neuen Philosophie der Kultur: zu einem durch genaue Erforschung und Vertiefung des Selbst ermöglichten und eroberten Standpunkt der vollkommenen Autonomie.» (593)

651 Vgl. *Blochs Spuren*.

Der reife Bloch sollte zu Nietzsche eine ambivalentere Position einnehmen. In dem Aufsatz *Der Impuls Nietzsche* aus dem Jahr 1913, den er überarbeitet in die 1935 erstmals veröffentlichte Textsammlung *Erbschaft dieser Zeit* aufnahm, versucht Bloch einen faschistischen von einem linken Nietzsche zu sondern. Das kritische Moment in Nietzsches Denken verortet Bloch hier in seinem Konzept des «Dionysischen», nicht in den großen Begriffen vom «Übermenschen», «Willen zur Macht» und der «ewigen Wiederkunft», die alle faschistisch seien. Aber auch das «Dionysische» sei ambivalent: Bloch erblickt in Dionysos zum einen den Gott des Karnevals, der Maske und des reinen Dunkel und Chaos. Diesen rechnet er dem Faschismus zu, der barbarischen Enthemmung der schlechtesten Triebe im Menschen. Dionysos hingegen «als Zeichen des Ungekommenen, Ungewordenen im Menschen, als Gott der Gärung, aber der weinsuchenden, lichtrufenden» (361) sei der *wirkliche* Dionysos, der echte Hoffnung verbürge. Bloch bezieht sich dabei insbesondere auf Nietzsches Metaphorik einer offenen Zukunft und des Aufbruchs aufs offene Meer. Bei diesem Nietzsche erblickt Bloch eine «(uneingelöste) Diesseits-Teleologie» (363), die im strikten Gegensatz zum Wiederkunfts-Gedanken stehe:

> Nur als dieser Nietzsche, nicht als der Statuarier, zu dessen Feier sein verfestigtes Unterwegs falschen Anlaß gibt, ist Dionysos da, ist er das Ende des geschlossenen Weltblicks und ebenso bereits, positiv, Zeichen des – Anti-Nichts. Nur in diesem Bezug ist gewiß, daß Nietzsche, ja, […] daß die «Subjektivisten» der Neuzeit in so verschiedener Gestalt: Münzer, Kant, Kierkegaard, Feuerbach, Nietzsche, daß die gründlichen Humanisten und Atheisten, in denen das ausgelöschte Jenseits fruchtbar und auf die Zukunft des Menschen zurückgebracht worden ist, – daß also auch der zum Wohin und Überhaupt ausfahrende Nietzsche noch lebt, wenn die großen Systematiker der geschlossenen Welt lange zu Ende gefahren sind. Das lumen naturale [lat., natürliches Licht] wurde hier feurig, die Erkenntnis nicht mehr kontemplativ, die Welt hörte auf, ein bloßes Rätselspiel für den wissenschaftlichen Intellekt zu sein. […] Gibt es keinen Willen zur Macht mehr, keinen bürgerlich bestimmten, nicht einmal einen bürgerlich unbestimmten: so begegnet man Dionysos oder dem glühenden Kern im «Menschen» neu.[652]

---

652 363 f.

Bloch weist zu Recht darauf hin, dass gerade das Dionysische von den faschistischen Nietzsche-Interpreten zugunsten jener ‹großen Lehren› zurückgedrängt oder sogar explizit abgelehnt wird. Zwar bedient sich Bloch wie sie einer Metaphorik des Lichtes, doch er dreht die Wertungen um: Was die Faschisten in Wahrheit im Sinn hätten, ist die ewige Perpetuierung der Dunkelheit – das Licht sei nur wahrhaft als kommendes, nicht als gegenwärtiges. In diesem Sinne ist das Dionysische eine grundlegend revolutionäre, antifaschistische Macht, sofern sie vom Apollinischen nicht getrennt wird:

> Dionysos kann aber nur *schaffen* als Krieg gegen *jede Entäußerung*, als das feuerhaft-revolutionäre Element jeder Erhebung gegen «Zeus»; und nur insofern, als gegen jedes Innen, Außen und Oben gerichtet, das nicht das des *völlig befreiten* Menschen ist, ist Dionysos zugleich der – *Antichrist.*[653]

Unter Bezugnahme auf Nietzsches späte Gleichsetzung von Dionysos mit dem «Gekreuzigten»[654] setzte Bloch nun allerdings den «Antichristen» überraschenderweise mit einem häretischen, revolutionären Jesus gleich. Der revolutionäre Nietzsche sei so ein in einem tiefen Sinne christlicher Philosoph, der mehr vom Christentum bewahrt habe als das offizielle.

In dem Text *Über die Wurzeln des Nazismus* von 1939 gibt Bloch demgemäß zwar zu, dass es eine Kontinuität zwischen der Jugendbewegung, der er ja selbst angehörte, und den Nazis gibt, hält jedoch zu Recht fest, dass weder Nietzsche noch Wagner mit dem Faschismus einfach identifiziert werden können: Eine unhistorische Analogiebildung könne immer ‹Parallelen› zwischen Hitler und Nietzsche, Wagner und Goebbels nachweisen, doch sie reiße die kulturellen Phänomene eben aus dem konkreten historischen Kontext in dem sie entstanden: «Wäre Platon ein Deutscher gewesen, dann wäre er gewiß als Erfinder der Elitentheorie zum Urgroßvater Rosenbergs gemacht worden.» (320) Die Nazis seien eben in der Weimarer Republik groß geworden und nicht im späten 19. Jahrhundert. Assoziiere man sie mit großen Namen wie Wagner und

653 365.

654 Nietzsche unterschrieb einige seiner letzten Briefe abwechselnd mit «Dionysos» und «Der Gekreuzigte». An Cosima Wagner, Richards Frau, schreibt er am 3.1.1889: «Dies Mal aber komme ich als der siegreiche Dionysos, der die Erde zu einem Festtag machen wird… […] Ich habe auch am Kreuze gehangen…» (Nr. 1241)

Nietzsche, dann werte man sie im Grunde unberechtigterweise auf.

Die Weimarer Republik sei nicht zuletzt daran gescheitert, dass die antifaschistischen Kräfte zu phantasielos und zu rationalistisch verfahren seien. Sie hätten damit das Irrationale voreilig der Reaktion überlassen, anstatt es in den Dienst des Fortschritts zu stellen. Die Nacht der Unvernunft sei nämlich zweideutig: Es gebe «jene Nacht, die keines Menschen Freund ist. Doch es gibt auch die Nacht, in der auf den Trümmern der Bastille getanzt worden ist; diese allemal geheimnisreiche Freude gehört ebenfalls zur Vernunft und macht sie erst wirklich, auf Dauer – antifaschistisch» (321).

Bloch stellt sich damit klar in die Tradition jener, die im einseitigen Rationalismus der linken Intellektuellen der Zwischenkriegszeit, ihrer Verleugnung alles Triebhaften und Emotionalen zugunsten eines primitiven Materialismus des ‹Interesses› einen der Hauptgründe für die Schwäche der linken Parteien erblickten. Allerdings ist sein Programm auch ein völlig anderes, wie wir sehen werden, als dasjenige der französischen nietzscheanischen Antifaschisten, denen, wenn man so will, der Faschismus noch ‹zu hell› war und die gegen ihn eine ‹wahre Dunkelheit› setzen wollten.

In dem Vortrag *Über den gegenwärtigen Stand der Philosophie* von 1950 sollte Bloch allerdings keine derart nuancierte Position zu Nietzsche mehr vertreten. Vielleicht aus Opportunismus übernahm er nun die offizielle Parteidoktrin und unterschied zwischen einer «Linie der Irratio: Schopenhauer – Wagner – Nietzsche» (299) und einer «Lichtlinie: Hegel – Feuerbach – Marx» (ebd.). Nietzsche erscheint nun nur noch als Denker der Verdunkelung und der Enthemmung des Barbarischen. In seinen an der Universität Leipzig gehaltenen Vorlesungen aus derselben Zeit vertrat Bloch allerdings wieder das ambivalentere Bild seiner früheren Schriften und verwies klar auf das antifaschistische Potential des wahrhaft utopischen Nietzsche.[655] Einer entsprechend nuancierten, mühevoll abwägenden Deutung unterzieht Bloch Nietzsche entsprechend auch in *Das Prinzip Hoffnung*.

Bloch kommt so unter allen marxistischen Philosophen der Verdienst zu, am klarsten zwischen einem ‹rechten› und einem ‹linken› Nietzsche unterschieden zu haben. Weder feiert

655 Vgl. *Neuzeitliche Philosophie II. Deutscher Idealismus*, 405–418.

er Nietzsche uneingeschränkt, noch rechnet er ihn einfach der Reaktion zu – doch er entwickelt, wie wir sehen werden, auch ein bestimmteres Nietzsche-Bild als die Vertreter der Frankfurter Schule, von denen er Marcuse am nächsten stehen dürfte. In den gegenwärtigen Diskussionen ist Bloch ein nahezu ‹toter Hund›: Den einen zu irrationalistisch, den anderen zu rationalistisch. Doch gerade in seiner Betonung einer notwendigen *Vermittlung* von Ratio und Irratio liegt die nach wie vor ungebrochene Relevanz seines Ansatzes – und seine Nähe zum ‹Nietzsche des Maßes›. Allerdings gibt Nietzsche doch dem Dionysischen das Übergewicht, während Bloch es auf das Apollinische legt.

Ein zentrales Leitmotiv von Blochs Denken, das Nietzsche stillschweigend entnommen ist, ist nicht zuletzt dasjenige des «aufrechten Gangs», das Bloch mit einem nietzscheanischen Humanismus verbindet. So heißt es etwa in einem Gespräch:

> Der Zielinhalt, das Zielbild im Naturrecht ist nicht das menschliche Glück, sondern aufrechter Gang, menschliche Würde, Orthopädie des aufrechten Gangs, also kein gekrümmter Rücken vor Königsthronen usw., sondern Entdeckung der menschlichen Würde, die eben gleichwohl zum großen Teil nicht aus den Verhältnissen abgeleitet wird, denen man sich anpaßt, sondern [...] von dem neuen, stolzen Begriff des Menschen als einem nicht kriecherischen, reptilhaften, vielmehr einem mit hoch erhobenem Kopf, was uns verpflichtet und uns vor den Tieren auszeichnet und unterscheidet.[656]

c) Nietzscheanische Spuren im Werk Walter Benjamins

Walter Benjamin (1892–1940) bildete im Diskussionskreis des IfS eher eine Randfigur. Er ist jedoch neben Lukács der wahrscheinlich wichtigste intellektuelle Vordenker der Theorien der klassischen Frankfurter Schule, gerade Adorno verdankte ihm viel. Er lebte noch bis 1940 in Paris, musste dann nach dem deutschen Sieg Frankreich fluchtartig verlassen und nahm sich 1940 in Spanien das Leben – über die genauen Umstände seines Todes und seine exakten Motive wird bis heute spekuliert. In Paris hatte er Verbindungen zum Bataille-Kreis – eine Verbindungslinie zwischen Poststrukturalismus und Frankfurter Schu-

656 Zit. n. Gerd Koch: *Aufrechter Gang*.

le, die oft übersehen wird und auf die wir noch zurückzukommen haben.

Benjamin stand in seinen frühen Jahren der Jugendbewegung nahe und ist in diesem Rahmen mit Sicherheit mit deren Nietzscheanismus in Berührung gekommen. Es wurde bereits erwähnt, dass er von Ludwig Klages geprägt wurde. *Inhaltlich* ist sein Denken freilich nicht so sehr von Nietzsche bestimmt, im Gegenteil ist es gekennzeichnet von dem Versuch, Impulse eines jüdischen Messianismus mit solchen des marxistischen Materialismus zu verbinden. Welcher dieser beiden Grundimpulse bei Benjamin letztendlich der überwiegende ist, darüber streiten sich die Interpreten – beide sind auf jeden Fall klar antinietzscheanisch. Gleichzeitig interessierte sich Benjamin sehr für Kunst und Literatur. Er übersetzte u. a. Baudelaire und Proust ins Deutsche und beschäftigte sich intensiv mit der Avantgarde seiner Zeit, z.B. Kafka und den Surrealisten.

Auf der inhaltlichen Ebene interessiert sich Benjamin vor allem für Nietzsches Geschichtsphilosophie. Den Gedanken von der «ewigen Wiederkehr aller Dinge»[657] sieht er nicht als metaphysische Wahrheit an, sondern als Aussage über den bestehenden Gesellschaftszustand, in dem er «Kinderweisheit geworden [sei] und das Leben ein uralter Rausch der Herrschaft» (ebd.). Der Gedanke verbinde «die beiden antinomischen Prinzipien des Glücks [...]: nämlich das der Ewigkeit und das des: noch einmal.»[658] Er sei «ein Traum von den bevorstehenden ungeheuren Erfindungen auf dem Gebiet der Reproduktionstechnik»[659], der sich sich aus der Tatsache speise, «daß die Bourgeoisie der bevorstehenden Entwicklung der von ihr ins Werk gesetzten Produktionsordnung nicht mehr ins Auge zu blicken wagte»[660]. Mit seiner Diagnose «Gott ist tot» habe Nietzsche die Erfahrung der Bourgeoisie in jener Zeit adäquat auf den Begriff gebracht, etwa auch diejenige Baudelaires.[661]

Benjamin nähert sich diesem Aspekt von Nietzsche also so ähnlich, wie es Adorno vorschwebt: Er dechiffriert seine Diagnose vom ‹Tod Gottes› und die Lehre von der «ewigen Wiederkunft» als Symptom einer bestimmten Welterfahrung, nimmt

657 *Einbahnstraße*, 63.
658 *Zentralpark*. 246.
659 Ebd., 244.
660 Ebd., 242.
661 Vgl. ebd., 241.

sie nicht als das, als was sie sich bei Nietzsche selbst darstellen, nämlich quasimetaphysische Grundwahrheiten. Er macht das aber nicht, um sie darum der Unwahrheit zu überführen: Im Gegenteil kann er ihnen so eine neue Wahrheit entnehmen und sie für sein eigenes materialistisches Denken fruchtbar machen.

Den grundsätzlichen Gegensatz zwischen Benjamin und Nietzsche erhellt eine weitere Stelle, in der er ihn explizit zitiert, nämlich zu Beginn der XII. These von *Über den Begriff der Geschichte*. Er zitiert hier einen Satz aus dem Vorwort von *Vom Nutzen und Nachteil der Historie für das Leben*: «[W]ir brauchen Historie, aber wir brauchen sie anders, als sie der verwöhnte Müssiggänger im Garten des Wissens braucht[.]» (257) Das könnte man auch als Zustimmung verstehen, doch inhaltlich geht es in dieser These darum, dass Benjamin an der sozialdemokratischen Geschichtsauffassung gerade kritisiert, dass sie ihren eigenen Kampf – im Gegensatz zu Marx – nicht mehr als einen der Rache für vergangenes Leiden, sondern für eine bessere Zukunft auffasse. Durch diesen Paradigmenwechsel habe das Proletariat «gleich sehr den Haß wie den Opferwillen» (258) verloren. Benjamin erblickt im Ressentiment, im «Geist der Rache», im ‹Festbeißen› in der Vergangenheit also eine produktive Kraft im Sinne der Revolution. Er spricht in diesem Sinne – auch in dieser Hinsicht direkt konträr zu Nietzsche – davon, dass die Methode einer wahrhaften Weltpolitik «Nihilismus zu heißen hat»[662]. Und während Nietzsche in der Rede *Von der Erlösung* im *Zarathustra* davon träumt, dass die zerstreute und zertrümmerte Menschheit zu einer Einheit finden könne – gerade, indem sie das «Es war» der Vergangenheit in ein «[S]o wollte ich es» und sogar ein «So will ich es! So werde ich's wollen!» umschafft –, erblickt Benjamin in der Geschichte einen einzigen Trümmerhaufen, eine Katastrophe in Permanenz, aus der es im Grunde nur eine *messianische* Erlösung geben kann.[663]

Wenn man den Standpunkt der Sieger einnimmt, dann kann man die Geschichte leicht als etwas betrachten, was seinem

662 *Theologisch-politisches Fragment,* 263.

663 Vgl. die berühmte IX. These von *Über den Begriff der Geschichte* (255). Nach dem 2. Weltkrieg artikulierte der Auschwitz-Überlebende Jean Améry eine ähnliche Umwertung von Nietzsches Ressentiment-Kritik sehr explizit. Er knüpfte theoretisch dabei an den französischen Existenzialismus an.

Willen entspricht und was sich auf ewig genauso wiederholen soll – betrachtet man sie hingegen, wie Benjamin, aus der Perspektive der Leidenden, sieht es ganz anders aus. Eine Erkenntnis, die auch Nietzsche in *Vom Nutzen und Nachteil* reflektiert – und *Von der Erlösung* endet mit einer recht rätselhaften Selbstinfragestellung, die andeutet, dass auch ihm sein eigener Erlösungspathos nicht behagt.

Was jedoch schwerer wiegt als diese inhaltlichen Differenzen – und ein Aspekt ist, der in dem erwähnten kalifornischen Gespräch nicht vorkommt, obwohl er gerade für Adorno entscheidend ist – ist die kaum zu übersehende methodische und entsprechend stilistische Nähe zwischen Benjamin und Nietzsche. Nietzsche war allgemein stilbildend geworden für eine ganze Generation junger Philosophen. Die einen ahmten seinen Pathos nach, die anderen seine Ironie; viele waren sich einig darin, dass die Zeit des ‹Systems› und der rationalistischen Sprache der klaren Begriffe nun zu Ende sei und man zu einem experimentelleren, der Literatur sich angleichenden Stil finden müsse. 1928 veröffentlichte Benjamin die Aphorismensammlung *Einbahnstraße*[664], auch sonst schrieb er fast nur in Essays, Thesen und Fragmenten. Einen ähnlichen Weg gingen in derselben Zeit von Nietzsche inspiriert auch andere Figuren aus dem (erweiterten) Dunstkreis der Frankfurter Schule wie Adornos Jugendfreund Siegfried Kracauer (1889–1966) und eben Bloch. Man könnte fast sagen: Wie in seiner Perspektive die Geschichte zerfällt auch sein Denken in Trümmer, die Benjamin nicht synthetisiert und es noch nicht einmal will.

664 Adorno gibt zu bedenken, dass die *Einbahnstraße* kein «Aphorismenbuch, sondern eine Sammlung von Denkbildern» (*Benjamins «Einbahnstraße»*, 680) sei, unterscheidet Benjamins Stil allerdings auch von der reaktionären Konzeption des «Denkbildes» (ein Schlagwort, das ja etwa schon Langbehn verwendet hatte): «Bilder sind die Stücke der ‹Einbahnstraße› nicht wie die platonischen Mythen von der Höhle oder vom Wagen. Es sind eher gekritztelte Vexierbilder als gleichnishafte Beschwörungen des in Worten Unsagbaren.» (680) In seinem erwähnten Text zu Blochs *Spuren* zieht Adorno mithin Benjamins «Rätselbilder» (248) Blochs Stücken vor, die trotz allem Bemühen um Konkretion zu schematisch und systematisch seien, um wirklich zu ihr vorzudringen. – Das ist eine wichtige Nuancierung, doch auch bei Nietzsche ist die Grenze zwischen «Aphorismus» und «Denkbild» fließend und auch Benjamins Stücke sind nicht nur reine Situationsbeschreibungen oder Traumszenen, sondern sind ebenso reflektierenden Charakters. Der offene Begriff des ‹Aphorismus› charakterisiert sie gerade deshalb treffend, weil er ihrer Heterogenität gerecht wird.

Eine theoretische Begründung für diese Methode gibt er in seinem umfangreichsten Werk, *Ursprung des deutschen Trauerspiels*, in dem er sich mit der Geschichte des barocken Dramas auseinandersetzt. Er reichte diese Schrift 1925 an der Goethe-Universität in Frankfurt am Main zur Habilitation ein. Ihm wurde jedoch nahegelegt, sein Gesuch zurückzuziehen. Ihm erging es wie vielen (Nietzsche eingeschlossen), die sich, aus naheliegenden Gründen, um eine akademische Karriere bemühen ohne wirklich bereit zu sein, ihr intellektuelles Gewissen den Borniertheiten des Wissenschaftsbetriebs zu opfern. Die «Erkenntniskritische Vorrede» der Schrift[665] irritiert bis heute. Benjamin versucht sich dort in einer eigenartigen Doppelargumentation: Einerseits will er an einem emphatischen, geradezu mystischem, Wahrheitsbegriff festhalten, an der Existenz ewiger Ideen, wie sie Platon postuliert hatte; andererseits kritisiert er jedoch nicht minder vehement das Systemideal und verteidigt die Formen des Traktats und des aus Fragmenten bestehenden Mosaiks, da nur diese in der Lage seien, den ewigen Ideen einen adäquaten Ausdruck zu verleihen. Das ist äußerster Anti-Nietzscheanismus und äußerster Nietzscheanismus zugleich: Einerseits wird einer strengen Metaphysik das Wort geredet, andererseits jedoch einem streng antimetaphysischen Stil. Derselben Ambivalenz folgt Benjamins Urteil über Nietzsches Tragödienschrift – auf die er natürlich schon im Titel seines Buchs anspielt: Sie habe zwar der richtigen, von Lukács und Franz Rosenzweig aufgegriffenen, Einsicht Geltung verschafft, dass in der Moderne das Zeitalter der Tragödie zu Ende sei; diese Einsicht sei aber zugleich von Nietzsches Ästhetizismus verschüttet worden, der, unter dem Bann Schopenhauers und Wagners stehend, gerade nicht geschichtsphilosophisch gedacht habe und, damit verbunden (da die Moral wesentlicher Teil der geschichtlichen Wirklichkeit sei), eine moralisierende Interpretation der Tragödie nicht widerlegt, sondern einfach ignoriert habe.[666] Die Wahrheit Nietzsches zeige sich also auch in dieser Hinsicht nur in Abstraktion von den ideologischen Bestandteilen seiner Philosophie.

Kernziel des Buches ist es freilich, der Vorrede entsprechend, aufzuzeigen, dass das eigentlich Interessante und Bleibende der barocken Literatur die Allegorie sei, nicht das Trauerspiel selbst. Das ist eine Provokation, da die Allegorie in der gesamten äs-

665 Vgl. 207–237.
666 Vgl. 279–284.

thetischen Debatte der Moderne als minderwertige Ausdrucksform angesehen wird, auch bei Nietzsche.[667] Eine Allegorie liegt dann vor, wenn ein bereits vorhandener Begriff in einem Bild dargestellt wird, um ihn eben zu ‹versinnbildlichen›; etwa das Glück durch die Göttin Fortuna mit dem Füllhorn. Diese Art der Kunst sei minderwertig, da in ihr das Bild keine Autonomie besäße – und man sich fragt, warum der Künstler nicht lieber gleich eine philosophische Abhandlung schreibt. Die Allegorien des Barock gelten dabei als besonders niedrigstehend und rückschrittlich, da in ihnen oft, etwa in Gedichten, das Bild bzw. die Beschreibung des Bildes und seine Erklärung unmittelbar aufeinander folgen

Für Benjamin ist die Allegorie jedoch gerade eine besonders moderne Ausdrucksform, die dem entspricht, was er in der erwähnten Einleitung des Buches als einzig angemessene Form des philosophischen Sagens anspricht: Schon im Barock sei die Erfahrung gemacht worden, dass sich die Wahrheit nicht mehr direkt – weder in der Kunst noch in der Philosophie – aussagen lasse, sondern nur noch indirekt; entsprechend kommt das Wort Allegorie von Altgriechisch *alle-goría*, ‹andere Sprache›. Sie sei nur noch als konstellative Zusammenstellung, als Mosaik, von viel- und uneindeutigen fragmentarischen Bildern darstellbar, aus denen sich die Wahrheit nur in ihrer Zusammenstellung mühsam entziffern ließe: «Im Geiste der Allegorie ist [das Trauerspiel] als Trümmer, als Bruchstück konzipiert von Anfang an. Wenn andere herrlich wie am ersten Tag erstrahlen, hält diese Form das Bild des Schönen am längsten fest.» (409) Die Ablehnung im akademischen Betrieb hat es Benjamin, ähnlich wiederum wie Nietzsche, wenigstens ermöglicht fortan konsequent an diesem Programm festzuhalten und die Wahrheit nicht mehr durch die schematischen formalen Vorgaben des wissenschaftlichen Arbeitens zu verraten.[668]

Mag der religiöse Impetus des ersteren Benjamin und Nietzsche strikt trennen, so nähern sich beide in ihrer Insistenz auf die Unmöglichkeit der Darstellung der Wahrheit mit den Mitteln der klassischen Philosophie, Wissenschaft und Kunst doch bis zum Verwechseln an. Auch wenn Nietzsche die Allegorie ablehnt, kommt man doch kaum umhin ihn als allegorischen Denker im Sinne Benjamins aufzufassen – und dies wäre, mit

667 Vgl. etwa PG 3 & AM I, 221.
668 Vgl. Wolfram Eilenberger, Die *Zeit der Zauberer*, 235–251.

Benjamin, nicht als Mangel zu deuten, sondern gerade als seine eigentliche Modernität. Benjamin interessiert sich nicht für den ideologischen Überbau der Nietzscheschen Schriften, die großen Begriffe vom «Übermenschen», der «ewigen Wiederkehr», dem «Willen zur Macht» etc., die zu Naziparolen mutierten: Ihn interessiert sozusagen ihre Basis, Nietzsches Denkstil und seine Sensibilität für die Wirklichkeit seiner Epoche. In gewisser Weise stellt er Nietzsche vom Kopf auf die Füße: Er ist vielleicht sogar nietzscheanischer als Nietzsche selbst.

d) Der ‹orthodoxe› Nietzscheaner Adorno

Im Gegensatz zu Benjamin bezog sich Adorno (1903–1969) sowohl auf der inhaltlichen als auch auf der formalen Ebene stark auf Nietzsche. Vielleicht ist es sogar so, dass Adorno von all den hier vorgestellten Autoren Nietzsche am nächsten ist. Es ist klar, dass Adorno nicht einfach ‹nur› Nietzscheaner ist, sondern auch einiges von Hegel und Marx übernimmt – doch es gibt in seinem Denken einen nietzscheanischen Kern, der einen berechtigt, ihn als ‹orthodoxen Nietzscheaner› zu bezeichnen.

Der Begriff ist dabei einerseits ironisch, andererseits provokant zu nehmen. Wie gezeigt, kann es einen ‹orthodoxen Nietzscheanismus› nicht geben. Er würde entweder zum bloßen Adeptentum ausarten, das oberflächlich bliebe – oder dazu, sich heillos in die Aporien von Nietzsches Denken zu verstricken, seinem eigentlichen Geist jedoch trotzdem nicht gerecht zu werden. Nietzsche wollte keine Nachbeter – er wollte freie Geister, die nicht an seinem Wort kleben, sondern an der *realistischen Grundhaltung*, die sich hinter ihm verbirgt. Man kann ‹orthodoxer Nietzscheaner› sein und Nietzsche in so gut wie allem widersprechen.

Als bewusste Provokation ist unsere Bezeichnung Adornos zu bezeichnen, insofern noch immer viele von Adornos Nietzscheanismus nichts wissen wollen – gerade solche, die Adorno verehren oder sogar zu ihm forschen. Adorno wird meist entlang der Achse ‹Deutscher Idealismus – Marx – Freud› gelesen und auf diesen Kanon beschränkt sich die Lektüre zahlreicher Adorniten. Was zwischen Marx und Freud passiert ist, interessiert wenig. Ein ähnliches Schicksal ereilt Kierkegaard, obzwar hinreichend erforscht ist, wieviel Adorno ihm verdankt.[669] Adornos Denken ist mehr als eine Synthese von Kant, Hegel, Marx und Freud. Um überhaupt erklären zu können, wie sich Adorno freihändig auf derart widersprüchliche Denker beziehen konnte, ohne den Weg einer Hegelschen Synthetisierung zu gehen, bedarf es eines ‹missing link›: Dieser heißt Nietzsche. Wir können daher in diesem Abschnitt weniger noch als in allen anderen beanspruchen, ein vollständiges Bild von Adornos Verhältnis zu Nietzsche zu zeichnen. Im Grunde hieße das, eine Gesamtdarstellung von Adornos Philosophie zu unternehmen. Doch wir hoffen, einige Kernpunkte extrahieren zu können, die hinreichen, um unsere These zu rechtfertigen und weiteren Forschungen den Weg zu weisen.

Es geht uns dabei nicht um eine bloße philologische Rechthaberei: Wir glauben, dass gerade in seinem Nietzsche-Bezug der eigentlich radikale, interessante Kern von Adornos Philosophie verborgen ist, der sie nach wie vor zu einer unvermeidlichen Bezugsgröße für alle linke Theoriebildung macht, und Adornos Denken gegen alles Adeptentum und allen linken Opportunismus absichert. Adorno wird zu lange schon von der konformistischen Mainstreamlinken als einer der ihren betrachtet. Wir wollen hingegen Adorno als einem nietzscheanischen Realismus verpflichteten Freigeist präsentieren, dessen Denken mit dieser Vereinnahmung unvereinbar ist.

Wir haben gesehen, mit welcher Verve sich Adorno 1942 dafür einsetzte, einen nietzscheanischen Sozialismus zu begründen. In seinen Schriften bekennt er sich nicht derart deutlich – vielleicht angesichts der Verwendung Nietzsches durch die Nazis auch aus taktischen Gründen. (Das dürfte bei vielen, zumal deutschen, Intellektuellen jener Zeit ein Grund gewesen sein, mit ihrem Nietzscheanismus eher hinterm Berg zu halten. – Um zum einen nicht selbst in den Verdacht des ‹Faschistoiden› zu geraten und um zum anderen nicht dem Faschismus durch einen unvorsichtigen positiven Bezug auf Nietzsche womöglich Zulauf zu verschaffen. Man hätte jeden positiven Nietzsche-Bezug zugleich mit einer umfangreichen Distanzierung vom Zerrbild, das die Rechten von ihm entworfen hatten, verknüpfen müssen. Eine mühselige Übung, der gegenüber es leichter war, Nietzsche einfach stillschweigend zu zitieren und

669 Wahrscheinlich 2020 wird zu diesem Thema eine neue umfassende Studie von Keisuke Yoshida erscheinen.

darauf zu hoffen, dass es die ‹Eingeweihten› schon richtig verstehen würden.) In seinen Vorlesungen spricht Adorno jedoch eine deutliche Sprache. In der *Vorlesung über Negative Dialektik* redet er etwa davon, dass sich sein Programm «historisch vielleicht am meisten dem [nähert], was Nietzsche in dieser Hinsicht vorgeschwebt hat» (65). Er meint «ein Denken, das zwar nicht System ist, aber in sich das System und auch den systematischen Impuls verzehrt» (ebd.). Adornos Grundansatz lässt sich so als Synthese von einem linksgewendeten Hegel mit Nietzsche beschreiben: Er will das Hegelsche Systemdenken keinesfalls vollkommen aufgeben; doch er will es um eine starke realistische, an der Erfahrung einer grundsätzlich fragmentierten, unsystematischen Wirklichkeit orientierte nietzscheanische Komponente erweitern.

Die Werke, in denen sich Adorno am eingehendsten mit Nietzsche auseinandersetzt, sind die *Dialektik der Aufklärung*, die er 1944 gemeinsam mit Horkheimer veröffentlichte, sowie sein Aphorismenband *Minima Moralia*, der größtenteils während des Krieges entstand, aber erst 1951 publiziert wurde. Beide Texte sind ihrer Form und ihrem Inhalt nach diejenigen, die am stärksten von den akademischen Normen abweichen und daher, insbesondere *Minima Moralia*, von der akademischen Philosophie bis heute nur sehr stiefmütterlich behandelt werden. Vielen Nietzscheanern ist Adorno zu links, vielen Linken zu nietzscheanisch. Im akademischen Betrieb wird er fast nur noch als Philosoph der Kunst rezipiert.

Es ist zu vermuten, dass sich Adorno Nietzsche, ähnlich wie Heidegger, erst nach 1933 wirklich intensiv aneignete. Dafür spricht, dass er in seinen Texten vorher keine bedeutende Rolle spielt.[670] Adorno hatte seine 1933 veröffentlichte Habilitationsschrift *Kierkegaard. Konstruktion des Ästhetischen* ganz dem dänischen Denker gewidmet. Zu ihm äußerte er sich in der Folge nur noch sporadisch – vielleicht, weil Nietzsche für ihn nun an seine Stelle trat als Gewährsmann für einen kritischen Einspruch gegen Hegel-Marxismus und Psychoanalyse gleichermaßen im Geiste des Individualismus des 19. Jahrhunderts. Zentraler Punkt ist dabei auch schon im Kierkegaard-Buch die

670 Dass er allerdings in seiner Jugendzeit gemeinsam mit seinem engen Freund Siegfried Kracauer Nietzsche las, geht aus einem Brief an denselben vom 12.2.1949 hervor. (vgl: Adorno & Kracauer, *Briefwechsel 1923–1966*, 444).

Verteidigung des Fragments gegen das System. Adorno steht in dieser Hinsicht Benjamin sehr nahe, ist jedoch nicht so religiös wie er, selbst wenn auch bei Adorno religiöse Motive immer wieder auftauchen.

α) *Nietzsche als Dialektiker der Aufklärung*

Die *Dialektik der Aufklärung* trägt nicht zufällig den Untertitel «Philosophische Fragmente». Es ist keine zusammenhängende Theorie, die hier präsentiert wird, sondern mehrere Einzelabhandlungen, deren Zusammenhang, ähnlich wie im Fall der *Genealogie der Moral*, zwar nicht vollkommen lose ist, aber auch nicht immer klar definierbar. Ihre Grundthese: Aufklärung ist nicht schlichtweg das Gute, das der Barbarei des Faschismus widerspricht, sondern diese Barbarei ist selbst ein Produkt einer *einseitigen* Aufklärung, die sich nicht selbst schonungslos Rechenschaft über ihre Grenzen abgibt. Auch Adorno und Horkheimer gehen also, wie später Lukács, von einer «Zerstörung der Vernunft» aus – doch es ist eine «Selbstzerstörung» (3), die da von statten geht. Sie wollen die Aufklärung darum nicht verabschieden, sondern das Projekt der Aufklärung retten, indem sie eben jene Selbstaufklärung der Aufklärung in Gang setzen.

Das ganze Buch ist von Kernthemen Nietzsches durchzogen wie der Kritik des vereinheitlichenden Systemdenkens, des Idealismus oder eines naturfernen Subjektivismus. An einigen wichtigen Stellen wird Nietzsche dabei dezidiert als Vordenker genannt. Zum Beginn des ersten «Exkurses», der mit *Odysseus oder Mythos und Aufklärung* überschrieben ist, in dem sie die Odyssee als Gründungsepos der Aufklärung analysieren, halten sie fest:

> Nietzsche hat wie wenige seit Hegel die Dialektik der Aufklärung erkannt. Er hat ihr zwiespältiges Verhältnis zur Herrschaft formuliert. [...] Während jedoch Nietzsches Verhältnis zur Aufklärung [...] selbst zwiespältig blieb; während er in der Aufklärung sowohl die universale Bewegung souveränen Geistes erblickte, als deren Vollender er sich empfand, wie die lebensfeindliche, «nihilistische» Macht, ist bei seinen vorfaschistischen Nachfahren das zweite Moment allein übriggeblieben und zur Ideologie pervertiert.[671]

671 50 f.

Nietzsche sei also selbst kein «Vorfaschist», sondern ein wesentlich zweideutiger Denker, dessen ambivalentes, dialektisches Verhältnis zur Aufklärung hier dezidiert als vorbildhaft angesehen wird.

Der zweite «Exkurs», *Juliette oder Aufklärung und Moral*, ist ganz Nietzsche und dem Werk des Marquis de Sade (1740–1814) gewidmet, einem bis heute umstrittenen Autor, der in der Zeit der Französischen Revolution pornographische Schriften veröffentlichte, in denen eine sexualisierte Gewalt von monströsem Ausmaß in einer Weise dargestellt wird, die sich leicht als Verherrlichung lesen lässt, und die auch jetzt noch schockiert. Horkheimer und Adorno interessieren sich für ihn, weil es in seinen Werken Dialoge zwischen den Folterern gibt, in denen ihre Verbrechen mit einer kalten Logik begründet werden, die deutliche Bezüge zur Rationalität Kants aufweist. Hier sehen sie eine deutliche Nähe zur ‹düsteren› Seite Nietzsches, Nietzsche, dem Apologeten von Grausamkeit, Härte und Egoismus. Zwischen dieser Seite und Nietzsche erblicken Adorno und Horkheimer auch eine tatsächliche Affinität, relativieren diese jedoch auch zugleich in deutlichen Worten:

> Indem der deutsche Faschismus den Kultus der Stärke zur welthistorischen Doktrin erhob, hat er ihn zugleich zur eigenen Absurdität geführt. Als Einspruch gegen die Zivilisation vertrat die Herrenmoral verkehrt die Unterdrückten: der Haß gegen die verkümmerten Instinkte denunziert objektiv die wahre Natur der Zuchtmeister, die an ihren Opfern nur zum Vorschein kommt. Als Großmacht aber und Staatsreligion verschreibt sich die Herrenmoral vollends den zivilisatorischen powers that be [den Mächten, die sind] der kompakten Majorität, dem Ressentiment und allem wogegen sie einmal stand. Nietzsche wird durch seine Verwirklichung widerlegt und zugleich die Wahrheit an ihm freigesetzt, die trotz allem Jasagen zum Leben dem Geist der Wirklichkeit feind war.[672]

Indem die ‹dunklen Aufklärer› Nietzsche und de Sade, so das Fazit des Exkurses, jeweils die Konsequenzen des aufklärerischen Denkens nicht verschweigen, sondern offen aussprechen, sei ihr Denken kritischer als das jener, die sie herunterspielen:

> Die Unmöglichkeit, aus der Vernunft ein grundsätzliches Argument gegen den Mord vorzubringen, nicht vertuscht, sondern

672 108.

> in alle Welt geschrieen zu haben, hat den Haß entzündet, mit dem gerade die Progressiven Sade und Nietzsche heute noch verfolgen. Anders als der logische Positivismus nehmen beide die Wissenschaft beim Wort. Daß sie entschiedener noch als jener auf der Ratio beharren, hat den geheimen Sinn, die Utopie aus ihrer Hülle zu befreien, die wie im kantischen Vernunftbegriff in jeder großen Philosophie enthalten ist: die einer Menschheit, die, selbst nicht mehr entstellt, der Entstellung nicht länger bedarf. Indem die mitleidlosen Lehren die Identität von Herrschaft und Vernunft verkünden, sind sie barmherziger als jene der moralische Lakaien des Bürgertums. «Wo liegen deine größten Gefahren?» hat Nietzsche sich einmal gefragt, «im Mitleiden»[673]. Er hat in seiner Verneinung das unbeirrbare Vertrauen auf den Menschen gerettet, das von aller tröstlichen Versicherung Tag für Tag verraten wird.[674]

Das ist, wie sich zeigen wird, nicht nur ein wenig anders als die spätere moralisierte kritische Theorie Habermas': Es ist der komplette Gegenentwurf dazu mit Nietzsche als Kronzeugen.

1950 sollte Adorno in einem Radio-Gespräch mit Hans-Georg Gadamer (1900–2002), einem Schüler Heideggers, und Horkheimer diese Verteidigung Nietzsches sogar zuspitzen und festhalten, dass es Nietzsche mitnichten um einen Kult der Gewalt gegangen sei, sondern dass auch er die Vorstellung gehabt habe, dass für den befreiten, seine Triebe nicht mehr verleugnenden und unterdrückenden, nicht mehr ressentimenterfüllten Menschen, die zerstörerischen Impulse ihre Boshaftigkeit verlieren würden: «[D]as Leitbild der Freiheit erscheint hinter dem vordergründigen Kultus der Unterdrückung.»[675]

Auch die folgenden Kapitel der *Dialektik der Aufklärung* zur Kulturindustrie und zu den *Elementen des Antisemitismus* weisen zahlreiche implizite Bezüge zu Nietzsche auf, insbesondere zur *Genealogie der Moral* und ihrer Kritik der asketischen Kultur als Prototyp der späteren Kulturindustrie sowie der Ressentimentkritik, für die bereits Nietzsche ja der Antisemitismus als Musterbeispiel diente. Adorno und Horkheimer sind hier aber auch insofern orthodoxe Nietzscheaner, als dass sie wissen, dass es mit der bloßen Selbstreflexion nicht getan ist. Letztendlich kommt man um eine Revolution nicht herum: «Die ihrer selbst

673 Vgl. FW 271.
674 127.
675 Adorno e. a., *Über Nietzsche uns uns*, 115.

mächtige, zur Gewalt werdende Aufklärung selbst vermöchte die Grenzen der Aufklärung zu durchbrechen.» (127)

β) *Nietzsche in den* Minima Moralia

I. Die Krise der Form des Aphorismus

Noch intensiver setzt sich Adorno mit Nietzsche freilich in den *Minima Moralia* auseinander. Das liegt schon in der gewählten Form des Aphorismus, dessen letzter Großmeister Adorno ist. Warum die Form des Aphorismus seitdem, mit Cioran vielleicht als Ausnahme, verkümmerte, ist eine Frage, die sich interessanterweise Adorno selbst in der mit «Zueignung» überschriebenen Vorrede stellt. Er beginnt darin mit der Feststellung, dass er in diesem Buch eine «traurige Wissenschaft» (7) betreibe. Das markiert einen deutlichen Anschluss an, aber auch eine deutliche Abkehr von Nietzsche, die Adorno wie folgt begründet:

> Was einmal den Philosophen Leben hieß, ist zur Sphäre des Privaten und dann bloß noch des Konsums geworden, die als Anhang des materiellen Produktionsprozesses, ohne Autonomie und ohne eigene Substanz, mitgeschleift wird.[676]

Die Form des Aphorismus sei an eine bestimmte Lebensform, die des autonomen Privatmanns, gebunden, die in der Gegenwart so nicht mehr existiere. Ein rein affirmativer Bezug auf diese Sphäre und damit den Individualismus des 19. Jahrhunderts – auf Kierkegaard und Nietzsche also – und auf die von ihnen gewählten Schreibformen sei mithin nicht mehr möglich:

> Angesichts der totalitären Einigkeit, welche die Ausmerzung der Differenz unmittelbar als Sinn ausschreit, mag temporär etwas von der befreienden gesellschaftlichen Kraft in die Sphäre des Individuellen sich zusammengezogen haben. In ihr verweilt kritische Theorie nicht nur mit schlechtem Gewissen. All das soll das Anfechtbare des Versuchs nicht verleugnen. Ich habe das Buch großtenteils während des Krieges geschrieben, unter Bedingungen der Kontemplation. […] Ich gestand mir noch nicht die Mitschuld zu, in deren Bannkreis gerät, wer angesichts des Unsäglichen, das kollektiv geschah, von Individuellem überhaupt redet.[677]

Für Nietzsche war die Form des Aphorismus noch derart selbstverständlich, dass er auf sie nur an wenigen Stellen überhaupt

676 Ebd.
677 13.

expliziert reflektierte. Für ihn war es unmittelbar evident, dass seine subjektiven Gedankenblitze und Erfahrungen irgendetwas Allgemeines über die Wirklichkeit aussagen können – und das sogar noch besser als die Bemühungen der rationalistischen Systeme. Auch Adorno hält an diesem Grundgedanken dezidiert fest, doch er ist ihm bereits unselbstverständlich geworden.

Wer würde heute noch meinen, seine fragmentarischen Privatnotizen könnten Allgemeines enthalten? Er würde, selbst wenn er es selbst glaubte, von den meisten wahrscheinlich als Spinner oder bloßer Nietzsche- oder Adorno-Epigon abgetan werden. Diese vermutliche Ablehnung ist nicht nur unwahr, insofern Aphorismen gerade vom *Individuellen* zeugen, das schon Hegel als die Vermittlung von Allgemeinem und Einzelnem fasst: Sie sollen weder bloße Lehrsätze sein, auf die jeder kommen könnte, aber auch nicht vom Allgemeinen derart abgelöst, dass sie unverständlich wirken. Sie halten die schwierige Mitte zwischen Tagebuchnotiz und philosophischer Reflexion. Doch wer führt heute noch ein Tagebuch? Zwar haben die digitalen Medien, allen voran die Blogs und die Twitter- und Facebookkanäle, zu einem beeindruckenden Revival der kurzen Formen geführt, doch zu einer Renaissance der Aphoristik hat das bislang noch nicht beigetragen, bestenfalls wird *Originelles* produziert, das jedoch wenig philosophische Tiefe aufweist. Indem in den digitalen Medien das Private unmittelbar mit dem Allgemeinen gleichgeschaltet wird, sind sie eher ein Beschleuniger der Zerstörung der Privatperson als ihrer Rettung.

II. Adornos Pessimismus und seine materielle Basis

Seine pessimistische Haltung bringt Adorno auf Formeln wie «Das Leben lebt nicht» (17), so das Motto des ersten Teils, und «Es gibt kein richtiges Leben im falschen»[678]. Beide Sätze sind Anspielungen an Nietzsche, insofern ja auch er davon ausging, dass das Leben in der modernen Welt in einem Maße vergiftet und verfälscht sei, dass es im Grunde kaum noch ein «Leben» ist. Aber natürlich auch Abstoßungen von ihm, insofern dem «falschen Leben» nun kein richtiges positives Bild des Lebens mehr entgegengehalten wird: Adorno begnügt sich damit, das falsche Leben zu beschreiben und darüber vermittelt, gewissermaßen *ex negativo*, auf das richtige hinzudeuten.[679]

678 59; Aph. 18. Zum Kontext dieses Satzes vgl. Anm. 1046.
679 Vgl. 9 f.

Diese Haltung, die Adorno nirgends so entschieden vertritt wie hier, ist ihm oft als ‹Kulturpessismus› ausgelegt und entsprechend beiseitegelegt worden. Adorno selbst gibt zu, dass es die Erfahrung der Emigration ist, die diesem Buch zu Grunde liegt.[680] Dass es freilich nicht nur die Emigration ist, die Adornos Lebensgefühl prägt, zeigt sich, wenn man seine Aphorismen mit den Notizen Heideggers aus derselben Zeit vergleicht: Beide weisen grundsätzliche Differenzen auf und im Unterschied zu Heideggers Hybris nimmt sich Adornos Haltung, wie die Vorrede ja hinreichend demonstriert, äußerst bescheiden aus. Doch beide *teilen* auch die Ansicht, dass es in der modernen Welt keine Rettung mehr gibt für die Werte, die ihnen wichtig sind: im Fall Heideggers diejenigen seiner bäuerlichen Heimat, im Fall Adornos die Werte der Frankfurter Stadtbürgerwelt, der er entstammt. Diese Parallelität könnte man mit Marx, an den Adorno in dieser Hinsicht klar anknüpft, damit erklären, dass das Bauerntum und das Kleinbürgertum jeweils Zwischenklassen sind, für die es im Kapitalismus keinen Platz mehr gibt: Die Welt spaltet sich tendenziell in einige wenige Monopolkapitalisten auf und eine proletarisierte Masse. Kleinbürgerlicher wie bäuerlicher Individualismus, die beide nur möglich durch die mit diesen Lebensformen jeweils verknüpfte relative ökonomische Unabhängigkeit sind, sind für Marx rückschrittliche Formen des Bewusstseins, die der Kapitalismus *zu Recht* zerstört, hierin ist er ganz orthodoxer Hegelianer.[681]

Zwar führte die Prosperität des Kapitalismus der Nachkriegszeit, im Verbund mit dem durch die Systemkonkurrenz zum Ostblock gestärkten unermüdlichen Kampf der Arbeiterbewegung, dazu, dass ein kleinbürgerlicher, individualistischer Lebensstil, für den oft das eigene Häuschen auf dem Land stand, für breite Schichten der Bevölkerung möglich wurde; anders wäre das fortgesetzte starke Interesse an Denkern wie Nietzsche, Adorno und

---

680 Vgl. 13.

681 In der *Kritik des Gothaer Programms* zitiert Marx aus dem *Kommunistischen Manifest:* «Von allen Klassen, welche heutzutage der Bourgeoisie gegenüberstehn, ist nur das Proletariat eine *wirklich revolutionäre Klasse.* Die übrigen Klassen verkommen und gehn unter mit der großen Industrie, das Proletariat ist ihr eigenstes Produkt.» (22 f.; vgl. *Manifest*, 472) Er ergänzt: «Die Bourgeoisie ist hier als revolutionäre Klasse aufgefaßt – als Trägerin der großen Industrie – gegenüber Feudalen und Mittelständen, welche alle gesellschaftlichen Positionen behaupten wollen, die das Gebilde veralteter Produktionsweisen.» (23)

auch Heidegger materialistisch kaum zu erklären. Doch dieser Lebensstil blieb stets prekär, insofern er mit keiner (einigermaßen) echten ökonomischen Selbständigkeit wie derjenigen des klassischen Kleinbürgers (wie demjenigen von Adornos Vater, der Weinhändler war) oder von Teilen der Bauernschaft verbunden war und mit einer wachsenden Integration in den Apparat des Wohlfahrtsstaat erkauft war – worauf Adorno und Horkheimer nach dem Krieg immer wieder in deutlichen Worten kritisch aufmerksam machten. Die Rebellion der 60er-Jahre war vielleicht genau ein Reflex dieses Abhängigkeitsbewusstseins und ein Ringen darum, die eigene Freiheit zu befestigen. Heute ist dieses Lebensmodell fast schon eine Sache der Vergangenheit, auch wenn der Neoliberalismus von ‹Individualität› und ‹Selbstverantwortung› spricht. Der ‹freischaffende› Texter, der rund um die Uhr aufs Handy starrt, um für Aufträge verfügbar zu sein, ist kaum freier und individueller als der mehrere Stunden am Tag durch die Stadt hetzende Kurierfahrer – der womöglich formell vielleicht ebenso ‹selbstständig› ist. Das ökonomisch längst obsolet gewordene Kleinbauerntum wird nur durch Subventionen künstlich am Leben gehalten.

Mit Marx müsste man diese Entwicklungen im Grunde als Fortschritt begrüßen, doch man ist geneigt, sie eher mit Heidegger und Adorno zu betrauern: Der sozialdemokratische Wohlfahrtsstaat war so eine schlechte Sache nicht, insofern er kleinbürgerlichen Freiheitswillen mit der linken Forderung nach sozialer Gerechtigkeit verband. Er hat seinen eigenen Untergang herbeigeführt, insofern die ihn tragenden Parteien und Organisationen einen schmählichen Kompromiss nach dem anderen mit dem Großkapital eingingen. Vielleicht ist es heute schon zu spät, um diese Entwicklung noch irgendwie rückgängig machen zu können.

Adorno jedenfalls sah sie sehr deutlich und ist wie Nietzsche ein geradezu prophetischer «Seismograph» der kommenden Entwicklung. Das mag für einen überholten ‹Kulturpessimismus› halten, wer ihr grundsätzlich zustimmt. Doch wer das tut, der verkennt, dass, worauf Adorno und Horkheimer immer wieder aufmerksam machen ohne sie darum einfach zu glorifizieren, mit der bürgerlichen Lebenswelt eine konkrete Freiheitlichkeit verbunden gewesen ist, die letztendlich ein Garant dafür war, die Reaktion aufzuhalten und einer Ausweitung dieser Freiheitlichkeit den Weg zu bahnen. Eine wirklich ernst gemeinte Aufklärung tut gut daran, «die Besinnung auf das Destruktive des Fortschritts [nicht] seinen Feinden [zu] überlassen»[682], sonst verkommt sie zur leeren Phrase oder hilft dabei, einem erneuertem Totalitarismus die Bahn zu bereiten. Diese Besinnung geht der heutigen Linken immer mehr ab, Reflexion wird nicht einmal mit Moral, sondern durch Parteilichkeit ersetzt. Das mag auch der Hauptgrund für ihr faktisches Scheitern sein. Der ‹weltfremde› Adorno könnte vielleicht eine andere Praxis lehren, die erfolgsversprechender ist.

III. Aphoristik als negative Dialektik

Ein von Nietzsche übernommener Grundzug der Aphoristik Adornos ist es, so zu schreiben, dass seine Aphorismen oft These und Antithese zugleich beinhalten und so eher Aporien als klare Ansichten zum Ausdruck bringen. Schon «Das Leben lebt nicht» ist ja ein solcher ‹negativ-dialektischer› Satz, insofern die Erfahrung von etwas Lebendigem ja nötig ist, um aussagen zu können, dass das Leben nicht lebt; ebenso verhält es sich mit «Es gibt kein richtiges Leben im falschen». Vor allem in diesem Sinne lässt sich sagen, dass Adorno direkt an den Stil Nietzsches anknüpft und ihn zu seiner Vollendung führt.[683]

IV. Adornos konservative Nietzschekritik

Ein weiterer Grundzug von Adornos Nietzsche-Bild ist seine Ablehnung nicht nur der reaktionären oder kulturkonservativen Nietzsche-Lektüren, sondern auch der Nietzsche-Aneignung der ersten Welle. Über diese spottet er etwa mit folgenden Worten, die zugleich sehr gut den Geist jener Zeit charakterisieren:

> *Beitrag zur Geistesgeschichte.* – In meinem Exemplar des Zarathustra, vom Jahre 1910, finden sich am Ende Anzeigen des Verlags. Sie sind allesamt auf den Stamm der Nietzscheleser zugeschnitten, wie Alfred Kröner in Leipzig, der sich auskennen mußte, ihn sich vorstellte. «Ideale Lebensziele von Adalbert Svoboda. Svoboda hat in seinem Werke ein weithin leuchtendes Höhenfeuer der Aufklärung entzündet, welches helles Licht über alle Probleme des forschenden Menschengeistes verbreitet und die wahren Ideale der Vernunft, Kunst und Kultur uns klar vor die Augen rückt. [...] Gezeichnet: Menschentum, und beinahe so empfehlenswert wie David Friedrich Strauß. «Zu Zarathustra von Max Zerbst. Es gibt zwei Nietzsche. Der eine ist der welt-

682 Adorno/Horkheimer, *Dialektik der Aufklärung*, 3.
683 Vgl. zu diesem Aspekt von Adornos Aphoristik v. a. Düttmann, *So ist es.*

berühmte ‹Mode-Philosoph›, der glänzende Dichter und sprach gewaltige Meister des Stils, der jetzt in aller Munde lebt, aus dessen Werken ein paar mißverstandene Schlagworte zum bedenklichen Allgemeingut der ‹Gebildeten› geworden sind. Der andere Nietzsche, das ist der unergründliche, unerschöpfbare Denker und Psycholog, der große Menschen-Späher und Lebens Werter von unerreichter Geistes-Kraft und Gedanken-Macht, dem die fernste Zukunft gehört. [...] Ich würde dann doch den einen vorziehen. Der andere nämlich heißt: «Philosoph und Edelmensch, ein Beitrag zur Charakteristik Friedrich Nietzsches von Meta von Salis-Marschlins. Das Buch fesselt durch die ehrliche Wiedergabe aller Empfindungen, die Nietzsches Persönlichkeit in einer selbstbewußten Frauenseele ausgelöst hat.» Vergiß die Peitsche nicht, lehrte Zarathustra. Statt dessen wird angeboten: «Die Philosophie der Freude von Max Zerbst. [...] Wie einen Studentenulk. Nur keine Einseitigkeiten. Lieber stracks in den Atheistenhimmel: «Die vier Evangelien, Deutsch, mit Einleitung und Anmerkungen von Dr. Heinrich Schmidt. [...] Die Wahl wird einem schwer, aber man kann getrost annehmen, daß beide Eliten ebenso verträglich sind wie die Synoptiker: «Das Evangelium vom neuen Menschen (Eine Synthese: Nietzsche und Christus) von Carl Martin. [...] Dieser ‹neue›, ganz neue Mensch schöpft sich und uns den erquickendsten Labetrunk aus einem uralten Quickborn: jener anderen Heilsbotschaft, deren reinste Klänge in der Bergpredigt ertönen… [...] Gezeichnet: Ethische Kultur. Das Wunder passierte schon vor bald vierzig Jahren, immerhin auch zwanzig, nachdem das Ingenium in Nietzsche mit Recht sich entschieden hatte, die Kommunikation mit der Welt abzubrechen. Es half alles nichts – beschwingt ungläubige Pfaffen und Exponenten jener organisierten ethischen Kultur, die später in New York Emigrantinnen, denen es einmal gut ging, als Servierfräulein abrichtete, haben an der Hinterlassenschaft dessen sich gütlich getan, der bangte, ob einer ihm zuhörte, als er «heimlich ein Gondellied» sich sang[684]. Schon damals war die Hoffnung, in der Flut der hereinbrechenden Barbarei Flaschenposten zu hinterlassen, eine freundliche Vision: die verzweifelten Lettern sind im Schlamm des Quickborns steckengeblieben und von einer Bande von Edelmenschen und anderem Gesindel zu hochkünstlerischem, aber preiswertem Wandschmuck verarbeitet

684 Vgl. NW *Intermezzo* & EH *klug* 7

worden. Seitdem kam der Fortschritt der Kommunikation erst recht in Schwung. Wer will es schließlich selbst den allerfreiesten Geistern verübeln, wenn sie nicht mehr für eine imaginäre Nachwelt schreiben, deren Zutraulichkeit die der Zeitgenossen womöglich noch überbietet, sondern einzig für den toten Gott?[685]

An anderer Stelle heißt es:

> Die asketischen Ideale schließen heute ein größeres Maß an Widerstand gegen den Wahnsinn der Profitökonomie ein als vor sechzig Jahren das sich Ausleben gegen die liberale Repression. Der Amoralist dürfte endlich sich gestatten, so gütig, zart, unegoistisch und aufgeschlossen zu sein wie Nietzsche damals schon.[686]

Im berühmten 100. Aphorismus, *Sur l'Eau* (frz., ‹Auf dem Wasser›), greift er diese Kritik am Ideal des ‹sich Auslebens› der ersten Nietzsche-Fans auf:

> Auf die Frage nach dem Ziel der emanzipierten Gesellschaft erhält man Antworten wie die Erfüllung der menschlichen Möglichkeiten oder den Reichtum des Lebens. So illegitim die unvermeidliche Frage, so unvermeidlich das Abstoßende, Auftrumpfende der Antwort, welche die Erinnerung an das sozialdemokratische Persönlichkeitsideal vollbärtiger Naturalisten der neunziger-Jahre aufruft, die sich ausleben wollten. Zart wäre einzig das Gröbste: daß keiner mehr hungern soll. Alles andere setzt für einen Zustand, der nach menschlichen Bedürfnissen zu bestimmen wäre, ein menschliches Verhalten an, das am Modell der Produktion als Selbstzweck gebildet ist. In das Wunschbild des ungehemmten, kraftstrotzenden, schöpferischen Menschen ist eben der Fetischismus der Ware eingesickert, der in der bürgerlichen Gesellschaft Hemmung, Ohnmacht, die Sterilität des Immergleichen mit sich führt.[687]

Die Wendung «sich ausleben» ist zwar von keinem «vollbärtigen Naturalisten», sondern von einer Frau geprägt worden, doch man sieht hier dennoch den tiefen Gegensatz zwischen Adorno und nicht nur jenen hoffungsvollen Lebensreformern, sondern auch Marx und (dem nicht genannten, aber klarerweise mitgemeinten) Nietzsche, die in diesem Aphorismus dafür

685 398–401; Aph. 133.
686 172; Aph 60.
687 295 f.

attackiert werden, in ihren Vorstellungen einer besseren Gesellschaft einem Produktivitätsparadigma aufzusitzen, das sie letztendlich der kapitalistischen Produktionsweise und ihrer selbstzweckhaften Dynamik entnehmen. Klar gegen Nietzsches Kritik am «letzten Menschen» gerichtet, schreibt Adorno:

> Nicht das Erschlaffen der Menschheit im Wohlleben ist zu fürchten, sondern die wüste Erweiterung des in Allnatur vermummten Gesellschaftlichen, Kollektivität als blinde Wut des Machens.[688]

Adornos Gegenbild – das man freilich nicht so sehr im Sinne eines positiven Gegenentwurfs, sondern einer bestimmten Negation auffassen sollte:

> Rien faire comme une bête, auf dem Wasser liegen und friedlich in den Himmel schauen, «sein, sonst nichts, ohne alle weitere Bestimmung und Erfüllung», könnte an Stelle von Prozeß, Tun, Erfüllen treten und so wahrhaft das Versprechen der dialektischen Logik einlösen, in ihren Ursprung zu münden. Keiner unter den abstrakten Begriffen kommt der erfüllten Utopie näher als der vom ewigen Frieden.[689]

Das französische «Rien faire comme une bête», das bedeutet einerseits «Nichts wie ein Tier machen» und «Nichts machen wie ein Tier». Das Zitat «sein, sonst nichts …» stammt aus dem ersten Kapitel von Hegels *Wissenschaft der Logik*, in der er das Sein als erste Grundkategorie des Denkens beschreibt,[690] der «ewige Friede» ist eine der zentralen geschichtsphilosophischen Ideen Kants, mit denen er das Ende der Geschichte charakterisiert.[691] Adorno spielt hier aber auch auf eine Stelle aus Jean-Jacques Rousseaus *Les reveries du promeneur solitaire* (*Die Träumereien eines einsamen Spaziergängers*; 1782) an, in der er seine Zeit auf der Insel Saint-Pierre im Bieler See beschreibt, und davon spricht, dass er hier, in völliger Ruhe und Einsamkeit und in einem kleinen Boot auf dem See treibend, die glücklichste Zeit seines Lebens verbracht habe.[692] Es ist also das Erbe der klassischen bürgerlichen Kultur, das Erbe Rous-

688 296.
689 297 f.
690 Vgl. 73.
691 Vgl. *Zum ewigen Frieden.*
692 Vgl. 701 f. In diesem Kontext benutzt Rousseau sogar ausdrücklich den Ausdruck «*far niente*» (696), die italienische Entsprechung zu *rien faire.*

seaus, Kants und Hegels, das Adorno hier ‹konservativ› gegen die ‹jungen Wilden› Marx und Nietzsche und ihre Adepten ins Feld führt.

Interessanterweise spottet in ähnlicher Weise auf der anderen Seite des Atlantiks zur selben Zeit auch Heidegger über die ‹erste Welle› der Nietzsche-Rezeption:

> Vormals (vor Jahrzehnten) haben die «Einzelnen» («Aestheten») sich auf Nietzsches Wort gegen die «Verächter des Leibes» berufen, um ein willkürliches Sichausleben metaphysisch zu rechtfertigen. Jetzt suchen die gleiche Rechtfertigung in Nietzsches Metaphysik | die «Gemeinschaften» (vermeintlich «politisch» Geschulte), um ihren kleinbürgerlichen Vorstellungen von dem genießenden und sklavenhaltenden Leben eines «Herrenvolkes» ein Ansehen zu verschaffen.[693]

Sowohl Heidegger als auch Adorno sehen das Ideal eines auf leibliche Selbstverwirklichung ausgerichteten Lebens sehr kritisch, insofern mit ihm eine Willkürlichkeit und Brutalität verbunden sei, in der sie beide Züge des Faschismus erblicken. Auch die Utopie des späten Heidegger dürfte eher einer friedlichen Dorfkommune gleichen als dem faschistischen Gewaltstaat, dem er zuvor noch selbst den seinsgeschichtlichen Segen erteilt hatte.

Eine ähnliche Utopie eines selbstlosen Seins findet sich bei Adorno in dem immer wieder gern zitierten Aphorismus 21, *Umtausch nicht gestattet*, wo er das wirkliche Schenken, das «sein Glück in der Imagination des Beschenkten» (64) hatte, von der heruntergekommen Schenkkultur seiner Gegenwart abgrenzt, in dem es zu einer lästigen Pflicht verkommen sei. Die zum wirklichen Schenken unfähigen Menschen beschreibt er wie folgt:

> Ihnen verkümmern jene unersetzlichen Fähigkeiten, die nicht in der Isolierzelle der reinen Innerlichkeit, sondern nur in Fühlung mit der Wärme der Dinge gedeihen können. Kälte ergreift alles, was sie tun, das freundliche Wort, das unausgesprochen, die Rücksicht, die ungeübt bleibt. Solche Kälte schlägt endlich zurück auf jene, von denen sie ausgeht.[694]

Adorno schließt den Aphorismus mit einer geradezu ‹metaphysischen› Spekulation:

---

693 *Überlegungen XII–XV*, 191
694 66.

> Alle nicht entstellte Beziehung, ja vielleicht das Versöhnende am organischen Leben selbst, ist ein Schenken. Wer dazu durch die Logik der Konsequenz nicht fähig wird, macht sich zum Ding und erfriert.[695]

Das weist eine große Nähe zu Nietzsches Konzeption der «schenkenden Tugend» auf, doch die wird hier weniger kraftstrotzend propagiert wie bei ihm, bei dem sie letztendlich doch an den «Willen zur Macht» und die «Selbstsucht» rückgebunden bleibt. Es bleibt bei Nietzsche ein grundsätzlich *narzisstisches* Geschenk, auch wenn Nietzsche es von aller Hoffnung auf Gegenleistung losgelöst wissen will – und er selbst ahnt etwas davon, wenn er das als Frau personifizierte Leben in einem Dialog mit Zarathustra sagen lässt: «[I]hr Männer beschenkt uns stets mit den eignen Tugenden – ach, ihr Tugendhaften!»[696] Adorno befreit die «schenkende Tugend» gewissermaßen aus dem Bann, in dem sie bei Nietzsche steht, und macht sie zum Gegenprinzip jener «Härte», als deren Prophet sich Zarathustra gebärdet. Kritisiert wird hier aber auch ein orthodoxer Marxismus, für den die bürgerliche Schenkkultur in jeder Form nur eine Fassade wäre, die der illusionären Verschönerung der gänzlich vom Tauschprinzip bestimmten kapitalistischen Gesellschaft dient. Für Adorno hingegen ist mit der bürgerlichen Schenkkultur als Residuum der «menschlichen Regung» (64) die Hoffnung auf einen besseren Neuanfang verknüpft, die endgültig illusionär würde, wenn sie ganz verschwände.

Dass Adornos Denken nicht auf eine bloße Synthese von Marx und Nietzsche zu reduzieren ist, zeigt sich zu guter Letzt auch deutlich im Aphorismus 22, dessen Titel, «Kind mit dem Bade», längst zur abgeschliffenen Floskel geworden ist. Adorno schreibt hier:

> Es ist der Gedanke von der Kultur als Ideologie, wie ihn auf den ersten Blick die bürgerliche Gewaltlehre und ihr Widerpart, Nietzsche und Marx, miteinander gemeinsamen haben. Aber gerade dieser Gedanke, gleich allem Wettern über die Lüge, hat eine verdächtige Neigung, selbst zur Ideologie zu werden.[697]

Mit der «bürgerlichen Gewaltlehre» dürfte hier der Faschismus gemeint sein. In Abgrenzung sowohl zu seinen Helden Marx

695 Ebd.
696 Za, *Tanzlied*.
697 66 f.

und Nietzsche, aber auch zu ihm, spricht hier Adorno etwas aus, was seinen wirklich *eigenen* Impuls kennzeichnet: dass die Auflösung der bürgerlichen Lebenswelt trotz ihrer Verlogenheit eben nicht nur ein Fort-, sondern auch ein Rückschritt ist. Auch wenn sich dieses Moment der Affirmation der Lüge auch schon bei Nietzsche findet, ist es doch dieser ‹konservative› Zug, bezogen auf die städtische Lebenswelt, der Adorno sowohl von Marx als auch von Nietzsche als auch von den Faschisten klar unterscheidet.

e) Horkheimer zwischen Schopenhauer und Nietzsche

1937 veröffentlichte Horkheimer (1895–1973) in der *Zeitschrift für Sozialforschung* zu Karl Jaspers' (1883–1969) im Vorjahr erschienenen Nietzsche-Einführung *Nietzsche. Einführung in das Verständnis seines Philosophierens* eine Besprechung, die *in nuce* zusammenfasst, was viele linke Intellektuelle bis heute an Nietzsche interessiert. Jaspers war ein bürgerlicher Intellektueller, der in Deutschland blieb, mit den Nazis jedoch nicht kollaborierte und vor allem durch seine Beiträge zu einer philosophischen Begründung der Psychologie und zur Frage nach der deutschen Schuld an der Schoah bekannt ist. Horkheimer sieht in ihm einen «Spiessbürger»[698], der Nietzsche überhaupt nicht richtig verstehen kann, weil er ihn auf starre metaphysische Abstrakta reduziert und nicht auf die konkrete Situation der Zeit bezieht. Er bringt das auf die berühmte Formel: «Man kann von Nietzsche nicht sprechen, ohne ihn eindeutig zur Aktualität in Beziehung zu bringen.» (414) Damit ist sowohl die Aktualität der Zeit Nietzsches als auch diejenige des Jahres 1937 gemeint.

Nietzsche sei kein Philosoph wie andere gewesen, sondern wesentlich ein Kritiker seiner Epoche, der eine Psychologie des Bürgertums entwickelt habe. Horkheimer parallelisiert Nietzsches Vision des «Übermenschen» mit Marx' klassenloser Gesellschaft und geht, wie wir gezeigt haben: fälschlicherweise, davon aus, dass Nietzsche Marx nicht kannte und die Arbeiterbewegung daher falsch beurteilen musste. Er betont Nietzsches Frankophilie und seine Ablehnung von Nationalismus und Antisemitismus. Er kommt zu dem Fazit: «Die Unabhängigkeit, die in [Nietzsches]

698 *Bemerkungen zu Jaspers' «Nietzsche»*, 408.

Philosophie zum Ausdruck kommt, die Freiheit von den versklavenden ideologischen Mächten ist die Wurzel seines Denkens» (ebd.). Interessanterweise meint Horkheimer, dass Nietzsche außerhalb Deutschlands größtenteils unbekannt sei.

Horkheimer leugnet in seiner Rezension nicht, dass es auch andere Tendenzen im Werk Nietzsches gebe, die er wesentlich auf seine Vereinsamung zurückführt; doch für ihn bleibt Nietzsche «ein aufgeklärter Bürger» (411), der von den Nazis zu Unrecht vereinnahmt werde; mit seiner enthistorisierenden, von dem gesellschaftskritischen Kern Nietzsches abstrahierenden Interpretation mache Jaspers Nietzsche jedoch anschlussfähig für den Faschismus.

Die spätere positive Bezugnahme auf Nietzsche in der *Dialektik der Aufklärung* klingt hier bereits an. Bereits wenige Jahre zuvor, 1934, hatte Horkheimer, allerdings pseudonym, eine Aphorismensammlung mit dem Titel *Dämmerung* veröffentlicht, die sowohl formal als auch inhaltlich stark an Nietzsche anknüpft – er übernimmt etwa, wie auch Adorno und Benjamin, Nietzsches Eigenart, den Titel der Aphorismen ihnen ohne einen Absatz hervorgehoben voranzustellen, gefolgt von einem Gedankenstrich. Doch auch danach noch fertigte er aphoristische Notizen an, die er selbst noch kurz vor seinem Tod für den Druck vorbereitete.

In der Vorbemerkung zur Erstausgabe von *Dämmerung*[699] bezeichnet sich Horkheimer als einen Individualisten, der die «heute schon überholte Welt» (ebd.) der Zwischenkriegszeit analysiert. Schon der Titel der Sammlung von 1934 spielt nicht nur an das Werk *Götzen-Dämmerung* an, sondern auch die Rolle dieses Motivs, die es generell bei Nietzsche spielt. Sie markiert bei ihm einen ambivalenten Schwebezustand, der zwischen Ende und Neubeginn changiert.[700] Dementsprechend heißt es im ersten, ebenfalls mit «Dämmerung» überschriebenen Aphorismus:

> Je windiger es um notwendige Ideologien bestellt ist, mit desto grausameren Mitteln muss man sie schützen. Der Grad des Eifers und des Schreckens, mit denen wankende Götzen verteidigt werden, zeigt, wie weit die Dämmerung schon fortgeschritten ist. […] Die Gegner der Inquisition haben jene Dämmerung zum Anbruch eines Tages gemacht, auch die Dämmerung des

699 Vgl. 224.
700 Vgl. etwa GD *Fabel,* Satz 3 und 4.

> Kapitalismus braucht nicht die Macht der Menschheit einzuleiten, die ihr heute freilich zu drohen scheint.[701]

Man sieht, wie Horkheimer hier nietzscheanische und marxistische Impulse synthetisiert. Er gerät dabei aber auch durchaus in Gegensatz zu Nietzsche:

> *Zur Lehre vom Ressentiment.* – Ein feiner Trick: das System zu kritisieren soll denen vorbehalten bleiben, die an ihm interessiert sind. Die anderen, die Gelegenheit haben, es von unten kennenzulernen, werden entwaffnet durch die verächtliche Bemerkung, daß sie verärgert, rachsüchtig, neidisch sind. Sie haben «Ressentiment». Demgegenüber sollte niemals vergessen werden, daß man ein Zuchthaus in keinem Fall und unter gar keinen Umständen kennenlernen kann, wenn man nicht wirklich und ohne Verkleidung als Verbrecher fünf Jahre dort eingesperrt war mit der Gewißheit, daß die goldene Freiheit, nach der man sich in diesen fünf Jahren sehnt, in einem nachträglichen Hungerleben besteht. Es wirkt wie ein stillschweigendes Abkommen der Glücklichen, daß man über diese Gesellschaft, die weitgehend ein Zuchthaus ist, nur diejenigen als Zeugen gelten lassen will, die es nicht verspüren.[702]

Trotzdem hält Horkheimer Nietzsche prinzipiell für einen Bündnispartner:

> *Nietzsche und das Proletariat.* – Nietzsche hat das Christentum verhöhnt, weil seine Ideale aus der Ohnmacht stammten. Menschenliebe, Gerechtigkeit, Milde, das alles sollen die Schwachen in Tugenden umgelogen haben, weil sie sich nicht rächen konnten, besser noch, weil sie zu feig gewesen seien, sich zu rächen. Er verachtet die Masse, aber er will sie doch als Masse erhalten. Er will Schwäche, Feigheit, Gehorsam konservieren, um für die Züchtung seiner utopischen Aristokraten Raum zu gewinnen. Denen müssen natürlich andere die Toga nähen, damit sie nicht als Landstreicher herumgehen, denn könnten sie nicht vom Schweiß der Masse leben, müßten sie ja selbst an der Maschine stehen. Die Dionysos-Dityhramben verstummten da von selbst. In der Tat ist Nietzsche höchst befriedigt, daß es die Masse gibt, nirgends erscheint er als wirklicher Gegner des Systems, das auf Ausbeutung und Elend beruht. Nach ihm ist es daher ebenso recht wie nützlich, daß die Anlagen der Men-

701 225.

702 247.

schen unter miserablen Bedingungen verkümmern, sosehr er für ihre Entfaltung beim «Übermenschen» eintritt. Nietzsches Ziele sind nicht die des Proletariats. Aber es kann sich merken, daß die Moral, welche ihm anempfiehlt, verträglich zu sein, nach diesem Philosophen der herrschenden Klasse nur Irreführung ist. Er selbst prägt den Massen ein, daß nur Furcht sie abhält, diesen Apparat zu zerbrechen. Wenn sie dies wirklich verstehen, kann sogar Nietzsche dazu beitragen, den Sklavenaufstand der Moral in proletarische Praxis zu verwandeln.[703]

Auch in den nach dem Krieg verfassten Notizen knüpft Horkheimer an diese Grundhaltung an, ist jedoch deutlich skeptischer, was die Möglichkeit einer proletarischen Revolution betrifft. Ähnlich wie Nietzsche kritisiert er etwa die Emanzipation der Frau als Anpassung an die Normen «der technisierten Massengesellschaft» (31) und beklagt den Verlust «echter Weiblichkeit» (von der er natürlich weiß, dass sie nicht einfach ‹natürlich› ist) als Verschwinden der Möglichkeit «einer anderen Erfahrung» (ebd.).[704] Grundsätzlich gelte für die Nachkriegsordnung in allen Belangen: «Was einzeln ist, muß untergehn.» (91) Mit der Studentenbewegung kann er wenig anfangen, seine Mission und die seiner Mitstreiter beschreibt er wie folgt:

Nach Auschwitz. – Wir jüdischen Intellektuellen, die dem Martertod unter Hitler entronnen sind, haben nur eine einzige Aufgabe, daran mitzuwirken, daß das Entsetzliche nicht wiederkehrt und nicht vergessen wird, die Einheit mit denen, die unter unsagbaren Qualen gestorben sind. [...] Was immer wir erfahren, hat unter dem Aspekt des Grauens zu stehen, das uns wie ihnen gegolten hat. Ihr Tod ist die Wahrheit unseres Lebens, ihre Verzweiflung und ihre Sehnsucht auszudrücken, sind wir da.[705]

Er bringt die sich aus diesem Auftrag – den Adorno zur selben Zeit als «kategorischen Imperativ» formulierte, dass die Menschen «ihr Denken und Handeln so einzurichten [hätten], daß Auschwitz sich nicht wiederhole, nichts Ähnliches geschehe»[706] – ergebende Praxis auf folgendes Programm:

Für eine Assoziation der Hellsichtigen. – Eine Assoziation über alle Länder gründen, besonders in Deutschland, die dem Entsetzen

703 248.
704 Vgl. auch 35 f., 47 & 85.
705 213.
706 *Negative Dialektik*, 358.

Ausdruck verleiht, die keinen affirmativen Glauben haben, weder die Metaphysik noch die Politik. Diese erscheint ihnen im wahnsinnigen Nachkriegseuropa als humane Praxis unmöglich, jene als Galimathias [unsinniges Gerede]. Die das Grauen des Wirtschaftswunders erfassen, die verlogene Demokratie, die Bestechungsprozesse mit Hitlerrichtern, den Luxus und das Elend, die rancune[707] und Absage an jede Anständigkeit, die Bewunderung der östlichen und westlichen Magnaten, die Auflösung des Geistes, die Verprovinzialisierung der alten Zivilisation, für die wäre die Assoziation eine Art Heimat. Keine Revolution im Schilde führend, weil sie in nacktem Terror endigt, wären sie doch freilich ohnmächtige Erben der Revolution, die sich nicht ereignet hat, die armen Hellsichtigen, die in die Katakomben gehen.[708]

Freilich sei selbst jene «Hellsichtigkeit» noch bedroht:

Europäischer Geist. – Die Philosophen im 19. Jahrhundert, Hegel und Nietzsche, haben geschrieben: Gott ist tot.[709] Wahr ist vielmehr, daß der Gedanke gestorben ist. […] Die Seele der großen Philosophie, die Kraft der Wahrheit, ihr historischer Rechtsanspruch ist der Einzelne. Nachdem es die bürgerliche Gesellschaft nicht vermocht hat, sich über sich selbst hinaus zu entwickeln, ohne das Individuum geistig zu verkümmern, geht mit dem Bürger auch der Gedanke zugrunde. Sein Tod wirft seine Schatten voraus. Er ist schon nicht mehr. Der Geist, der übrigbleibt, ist Instrument der Naturforschung, oder vielmehr ein Gespenst des Geistes. Es wird verschwinden.[710]

Es verwundert nicht, dass er sich in jener Zeit nicht nur zunehmend von Marx, sondern auch von Nietzsche ab- und sich einem Konservativismus zuwendet, für den ihm als philosophi-

707 Frz., Groll. Das Wort wird von Nietzsche oft synonym zu «Ressentiment» gebraucht.

708 107.

709 Hegel spricht zwar vom ‹Tod Gottes›, erblickt im Gedanken des sterbenden Gottes jedoch paradoxerweise gerade den wahren Inbegriff des Christentums (vgl. Edith Düsing, *Die «Tod Gottes»-Problematik bei Hegel und Nietzsche*). Dennoch enden Hegels *Vorlesungen über die Philosophie der Religion* überraschend pessimistisch: Auch wenn er glaubt, die Wahrheit der Religion philosophisch zwingend bewiesen zu haben, gibt er zu, dass dieses Wissen unnütz ist und nichts daran ändert, dass sich die Moderne in einem kulturellen Chaos begriffen ist, das er mit dem Rom des Kaiserzeit vergleicht (vgl. 342–344). Er kommt damit Nietzsches Nihilismusdiagnose in der Tat sehr nahe.

710 103.

scher Gewährsmann Schopenhauer gilt. In einem Vortrag von 1969 bezeichnet Horkheimer Marx und Schopenhauer, nicht, wie zu erwarten gewesen und auch sachlich adäquater wäre, Marx und Nietzsche als geistige Ahnherren der Kritischen Theorie.[711] Diese, für viele überraschende und bis heute irritierende, Wendung ‹zurück zu Schopenhauer› (in der ihm etwa Alfred Schmidt folgte) schlägt sich auch in den Notizen jener Jahre nieder. Dort heißt es etwa:

> *Bürger Schopenhauer.* – Schopenhauers Pessimismus steht über der europäischen Philosophie, weil er mit der Einsicht in den mechanischen Charakter allen Geschehens […] zugleich das mit ihr identische Wissen um die Verlassenheit des Ganzen ausspricht.[712]

Freilich bleibt dieses höchste Lob nicht unrelativiert. Horkheimer wirft Schopenhauer vor, diesen Makel des Ganzen zugleich nicht kritisch, sondern affirmativ zu betrachten und bringt gegen ihn sogar Nietzsche ins Spiel: Schopenhauer

> ist ein Bürger, und die Stimmung, aus der sein Gedanke fließt, ist Kälte und Geiz. Das hat nur einer gewußt: Nietzsche. Schopenhauer kennt nicht den Überschwang. Das ist der Makel, der der Wahrheit seines Werkes anhaftet[.][713]

Auch an anderer Stelle vergleicht Horkheimer Nietzsche und Schopenhauer und lobt Nietzsches überlegene «psychologische, gesellschaftliche, historische Einsicht» (65), verteidigt aber letztendlich doch Schopenhauers Pessimismus gegen Nietzsches Kritik, da sein Ja zum Leben unauthentisch bleibe. Nietzsche sei letztendlich auch Pessimist, sein Pessimismus sei nur «heilloser, wahnwitziger als beim Begründer» (ebd.).

Horkheimers konservativer Pessimismus der Spätzeit hat einiges für sich und wurde von einigen Fortsetzern der Frankfurter Schule – wie insbesondere dem erwähnten Alfred Schmidt und vielen seiner Schüler – übernommen. Freilich war dies nicht der einzige Weg, den die ‹Frankfurter› nach dem Krieg beschritten.

---

711 Vgl. *Kritische Theorie gestern und heute*, 336. In diesem Vortrag spricht er auch am Ende seinen Konservativismus sehr offen aus (352 f.). Interessanterweise hatte er 1950 noch geäußert, dass «zwischen dem Ultrakonservativismus Nietzsches und der Rebellion eine sehr enge Verwandtschaft besteht» (Adorno e. a., *Über Nietzsche und uns*, 119).

712 135.

713 136.

f) Marcuses nietzscheanischer Freudomarxismus

Im Gegensatz zu Adorno und Horkheimer grenzte sich Marcuse (1898–1979) nicht nur nicht von der Studentenbewegung der 60er ab, sondern wurde zu einem ihrer wichtigsten philosophischen Fürsprecher. Seine Bücher aus dieser Zeit sind wesentlich zugänglicher als die Schriften Adornos und hatten – wohl nicht zuletzt, da sie größtenteils auf Englisch geschrieben waren – einen international betrachtet wesentlich größeren Einfluss. Die Poststrukturalisten und die Situationisten kannten etwa Marcuse und beziehen sich häufig auf ihn, Adorno und Horkheimer entdeckten sie, wenn überhaupt, erst mit einigen Jahren Verzögerung.

Marcuse war zeitweise Student Heideggers gewesen und eine gewisse Nähe zu existenzialistischen Überlegungen charakterisiert sein gesamtes Werk, auch wenn er sich immer wieder klar zu Hegel und Marx bekennt. Von Bedeutung ist auch, dass er – anders als Horkheimer und Adorno – nicht nur (wie auch Horkheimer) als Soldat am Ersten Weltkrieg teilnehmen musste, sondern sich, er war SPD-Mitglied, sogar 1918 in einen Soldatenrat wählen ließ. Aufgrund der Niederschlagung des Spartakus-Aufstandes verließ er die SPD allerdings 1919. Vielleicht ist es nicht zuletzt diese Erfahrung, an einem revolutionären Ereignis selbst teilgenommen zu haben, die ihn zu einer anderen Haltung als Adorno und Horkheimer führte und ihn auch dahin brachte, am revolutionären Ereignis der 60er-Jahre teilzunehmen.

Seine Gesellschaftskritik und seine theoretische Grundhaltung ähneln sehr dem, was Adorno und Horkheimer schreiben, seine Werke lesen sich teilweise fast wie simplifizierende Einführungen in deren Denken. Er kritisiert in *The One-Dimensional Man (Der eindimensionale Mensch*; 1964), das als sein Hauptwerk und *das* Kultbuch der 68er gilt, dass die moderne Lebenswelt zu einer ‹Eindimensionalisierung› aller Lebensbereiche neige, der es die Kräfte der Kunst, der Spontanität und der Phantasie entgegenzusetzen gelte. Was Marcuse also vor allem von Adorno und Horkheimer unterscheidet, ist sein Glaube an die konkrete Veränderbarkeit der bestehenden Institutionen – als Hoffnungsträger gilt ihm dabei die subversive Jugendkultur.

Zentrale Referenz ist dabei, neben Marx und Freud, Nietzsche, den er immer wieder als Gewährsmann einer ‹anderen Vernunft› aufruft. Seine Ansichten zu Nietzsche fasst er in dem «Philosophischen Zwischenspiel» von *Eros and Civilization* (*Triebstruktur und Gesellschaft*; 1955), seiner wichtigsten Studie zu Freud, zusammen.[714] Er vertritt dort die Auffassung, dass die abendländische Philosophie mit Hegel wieder an ihren Anfang, zu Aristoteles zurückgekehrt sei: Wie dieser sei jener der Ansicht, dass der Geist das ‹wahre Wesen› aller Dinge sei. Die akademische Philosophie sei mit Hegel zu ihrem Ende gekommen, ein neues, innovatives Denken könne nur noch jenseits von ihr stattfinden.[715] Auch Schopenhauers Philosophie stelle keine befriedigende Alternative zu ihr dar – Marcuse übernimmt dabei Nietzsches Kernargumente, dass Schopenhauer dualistisch denke und eine asketische Moral predige, die auf den Verzicht auf ein irdisches Glück hinauslaufe.[716] Von Nietzsche heißt es nun: «Nur Nietzsches Philosophie geht über die ontologische Tradition hinaus» (ebd.). Und später:

> Nietzsches Kritik unterscheidet sich von aller schulmäßigen Sozialpsychologie durch die Position, von der sie ausgeht. Nietzsche spricht im Namen eines Realitätsprinzips, das dem der westlichen Kultur von Grund auf widerspricht.[717]

Marcuse sieht in Nietzsches Denken also das eigentliche Zentrum kritischen Philosophierens in der Gegenwart, mehr noch als in Freud und den auf ihn aufbauenden sozialpsychologischen Forschungen oder in Marx – der hier unerwähnt bleibt, aber mit einer im orthodoxen Sinne ‹marxistischen› Doktrin hat Marcuses auf Nietzsche aufbauende Forderung nach einem gänzlich anderen Realitätsprinzip nur wenig zu tun.

Was ist dieses ‹andere Realitätsprinzip› und was hat Nietzsche damit zu schaffen? Marcuse skizziert in diesem Kapitel drei Grundströmungen des Geistes: Einmal die Denker der herrschenden Rationalität, die für Naturbeherrschung, Herrschaft als Grundprinzip und Triebverzicht stehe (das sei die Linie, die von Aristoteles zu Hegel führt) – als falsche Negation entspreche ihr die Linie einer Vertröstung der Erfüllungswünsche des Individuums auf ein jenseitiges «Nirwana» (96), in die etwa

714 Vgl. 95–111.
715 Vgl. 104 f.
716 Vgl. 105.
717 107.

Schopenhauer einzureihen sei. Die wirkliche Philosophie der Befreiung sei die einer *diesseitigen* Erfüllung der leiblichen Bedürfnisse des Menschen; für sie stehe Nietzsche. Marcuse spricht dabei der herrschenden Vernunft nicht jede Berechtigung ab: Mit dem technischen Fortschritt habe sie sich jedoch in einem Maße verselbständigt, das selbst irrational sei. Ein Leben der *Erfüllung* statt des Verzichts und ein ihm entsprechendes Denken sei schon längst möglich.

Marcuse gibt offen zu, dass Nietzsches Philosophie ambivalent ist und sich nicht *eindeutig* der von ihm präferierten Linie zuordnen lässt. *Unterm Strich* sei Nietzsche jedoch kein Verfechter einer repressiven Apologetik der Macht, sondern einer der Befreiung von ihr. Er liest Nietzsche dabei zunächst als antimetaphysischen Historiker: «Nietzsche stellt den gigantischen Trugschluss bloß, auf dem die westliche Philosophie und Moral errichtet ist – nämlich der Umformung von Tatsachen in Wesenhaftes, von historischen in metaphysische Bedingungen.» (106) Die von Nietzsche in *Zur Genealogie der Moral* erzählte Geschichte interpretiert Marcuse als kritische Historie, die *ex negativo* auf die Utopie eines ‹anderen Anfangs› verweise. Eine solche Utopie sieht Marcuse in Nietzsches Lehre der «ewigen Wiederkunft» positiv ausformuliert. In ihr werde die Erfüllung nicht mehr in ein unsinnliches Jenseits verlegt, sondern als diesseitige Aufhebung der Zeit konzipiert:

> Die Ewigkeit, längst schon der letzte Trost eines entfremdeten Daseins, war durch die Verweisung auf eine transzendentale Welt zu einem Instrument der Unterdrückung geworden – ein unwirklicher Lohn für wirkliche Leiden. Hier wird die Ewigkeit für die schöne Erde zurückgefordert – als die immerwährende Wiederkehr ihrer Kinder, der Lilien und Rosen, der Sonne über den Bergen und Seen, der Liebenden und der Geliebten, der Angst um ihr Leben, des Schmerzes und des Glücks. Der Tod *ist*; besiegt wird er nur, wenn er von der wirklichen Wiedergeburt alles dessen gefolgt wird, was vor dem Tode hier auf Erden war – nicht als bloße Wiederholung, sondern als gewollte und gewünschte Wieder-Schöpfung. Die ewige Wiederkehr bedeutet also auch die Wiederkehr des Leidens als Mittel reicherer Befriedigung, zur Erhöhung der Lust. Der Schrecken des Schmerzes entstammt dem «Gefühl der Schwäche», der Tatsache, daß Schmerz überwältigen kann, endgültig und verhängnisvoll wird. Leiden kann bejaht werden, wenn die Kraft

des Menschen stark genug ist,[718] den Schmerz zum Anreiz der Bejahung zu machen – zu einem Glied in der ewigen Kette der Lust. Die Lehre von der ewigen Wiederkehr schöpft ihren ganzen Sinn aus dem zentralen Satz, daß «alle Lust Ewigkeit will» – will, daß sie selbst und alle Dinge ewig währen.[719]

Auch Adorno, mit dem zusammen Marcuse in der Nachkriegszeit einmal einen Sommer in Sils-Maria auf den Spuren Nietzsches verbrachte,[720] betont die zentrale *normative* Bedeutung dieses Satzes mehrfach.[721] Bei Nietzsche heißt es im *Zarathustra* wörtlich:

«Die Welt ist tief,
«Und tiefer als der Tag gedacht.
«Tief ist ihr Weh –,
«Lust – tiefer noch als Herzeleid:
«Weh spricht: Vergeh!
«Doch alle Lust will Ewigkeit –,
«– will tiefe, tiefe Ewigkeit!»[722]

---

718 Die Übersetzung ist an dieser Stelle leider etwas ungenau. Im englischsprachigen Original (vgl. 123) wird deutlich, dass Marcuse hier folgendes Nachlassfragment zitiert: «Diese ganze **Noth**, im Widerwillen gegen das Leiden, kam aus dem Gefühl, *daß die* Kraft noch nicht zureichte – ein Instinkt der Schwäche, der zunächst am Handeln hinderte (selbst das Aussprechen des Gedankens *hinderte*!) – Der *Wille zum Leiden* ist *sofort* da, wenn die *Macht* **groß genug** ist.» (NF 1883 16 [79])

719 108.

720 Adorno selbst pilgerte mehrmals in diese in der Tat wunderschöne Gegend. Gemeinsam mit Marcuse befragte er die Einheimischen nach ihren Erinnerungen an Nietzsche und sie stießen tatsächlich auf einen letzten Zeitzeugen. (Vgl. Adornos Bericht *Aus Sils Maria*, der auch eine interessante Interpretation dieser Landschaft beinhaltet.)

721 In der *Negativen Dialektik* spricht Adorno von Nietzsches «erleuchtetem Wort» (364). Er zitiert dort allerdings auch «Weh spricht: vergeh!» als der Erkenntnis notwendig innewohnendes «leibhafte[s] Moment», das sie zugleich «mit gesellschaftlich verändernder Praxis» (203) verbinde. An anderer Stelle heißt es: «Vorstellbar wäre ein verändertes Wesen von Statik nicht weniger als von Dynamik: gestillter Drang, der es läßt, wie es ist. In dem dynamischen Denker par excellence, Nietzsche, war die Kraft zur Versöhnung am Werk, als er, sei's auch als Lobredner, das Prinzip der Gewalt unrationalisiert ein-bekannte. Er hat denn auch etwas von jener anderen Statik gespürt: ‹Denn alle Lust will Ewigkeit.› Sie implizierte ein verändertes Verhältnis der Menschheit zur Natur, wie es für Augenblicke aufblitzt in den großen Kunstwerken[.]» (*Über Statik und Dynamik als soziologische Kategorien*, 236)

722 *Nachtwandler* 12. Im Original gesperrt.

Was Adorno und Marcuse mit Nietzsche betonen wollen, ist, dass sich eine wirkliche Revolution nicht darin erschöpfen kann, nur negativ die Abwesenheit des Leids zu fordern – sie bliebe dann im Ressentiment stecken. In der Erfahrung der Lust liege vielmehr ein ihr immanenter Wunsch nach ihrer Verewigung, die der eigentliche, bejahende Grundimpuls aller revolutionären Bemühungen sein sollte.

Marcuse schließt sich allerdings nicht an den Aspekt in Nietzsches Denken an, der auch den Schmerz als Quelle tieferer Lust bejaht:

> Nietzsches Philosophie enthält genug Elemente der schrecklichen Vergangenheit: in seiner Verherrlichung von Schmerz und Macht dauern Merkmale eben der Moral fort, die er zu überwinden strebt. Aber wie dem auch sei: das Bild eines neuen Realitätsprinzips durchbricht das System der Unterdrückung, ein Vorbote der Befreiung von der archaischen Erbschaft[.] [...] Für Nietzsche hängt die Befreiung von der Umkehrung des Schuldgefühls ab; die Menschheit muß dahin kommen, das schlechte Gewissen mit der Verneinung des Lebenstriebs zu assoziieren und nicht mehr mit seiner Bejahung; nicht mit der Auflehnung, sondern mit der Hinnahme repressiver Ideale.[723]

Es soll darum gehen, nur noch die Lust, nicht mehr den Schmerz zu bejahen. Als mythologische Paten einer solchen Welthaltung, die nach einer Ewigkeit der Lust und einer umfassenden Verschmelzung mit der Natur strebt, dienen Marcuse im selben Buch Narziss – jener selbstverliebte Jüngling, dem der ‹Narzissmus› seinen Namen verdankt – und Orpheus, den die Griechen als den größten aller Sänger verehrten. Marcuse betont die Nähe zwischen Narziss und Dionysos.[724]

Man kann sich die Relevanz dieser Überlegungen vergegenwärtigen, wenn man sie auf die konkrete Praxis bezieht. Eine politische Haltung, die primär darauf abzielt, Leiden zu minimieren, mutiert leicht zu einer reformistischen Realpolitik, die sich damit abfindet, ‹kleinere Verbesserungen› zu erreichen, die den Unterdrückten das Leben erleichtern. Es ist der «letzte Mensch», der sich mit schmerzstillenden Narkotika befriedigt, bei dem diese Revolte schlimmenstenfalls endet. Eine auf die Verewigung konkreter Lusterfahrungen des Überschwangs, der

723 109.
724 Vgl. 145.

erotischen Befriedigung und der Höhenflüge der Phantasie abzielende Revolution hingegen wird sich nicht so leicht mit Kuchen abspeisen lassen – sie wird konsequent danach streben, die gesamte Bäckerei an sich zu reißen[725] und für ein nicht nur nicht schmerzhaftes, sondern auch lustvolles Leben für alle eintreten. Es ist eine *maßlose* Revolte, insofern es da immer noch ‹Luft nach oben gibt› – doch sie ist zugleich nicht maßlos im Sinne des Kapitalismus und der ihm entsprechenden Rationalität, in der endlose Profitmaximierung zum Selbstzweck wird.

In dem *Politischen Vorwort* zur Ausgabe von *Eros and civilization* von 1966 spricht Marcuse seinen Nietzscheanismus gleich im ersten Satz aus:

> Eros und Zivilisation: Dieser Titel drückte einen optimistischen, euphemistischen, sogar positiven Gedanken aus, nämlich, dass die Errungenschaften der fortgeschrittenen Industriegesellschaft den Menschen dazu befähigen würden, die Richtung des Fortschritts umzukehren, die tödliche Verbindung von Produktivität und Destruktion, Freiheit und Repression zu brechen – in anderen Worten: die fröhliche Wissenschaft (*gaya sciencia*) zu lernen, wie man den sozialen Reichtum dazu verwenden kann, die Welt des Menschen in Überstimmung mit den Lebensinstinkten zu gestalten, in einem konzertierten Kampf gegen die Handlungsreisenden des Todes.[726]

Er bezieht sich positiv auf die Proteste gegen den Vietnamkrieg im Namen der Parole «Make Love not War» und schließt mit den Worten: «Heute ist der Kampf für das Leben, der Kampf für Eros, der *politische* Kampf.» (xxv)

Marcuse ist mit alldem ein würdiger Fortsetzer der von Gross und Reich begründeten Tradition eines nietzscheanischen Freudomarxismus. In der akademischen ‹Kritische Theorie› wird sein Werk heute kaum rezipiert, meist nur milde belächelt. Die von ihm aufgeworfenen und in großer Klarheit formulierten Probleme bleiben jedoch aktuell und es ist kaum eine Untertreibung zu sagen, dass jeder ernsthafte Versuch, ein linkes Denken mit Nietzsche, Marx und Freud aus seinem ‹dogmatischen Schlummer›, in den es, wie sich zeigen wird, nach Habermas' Wende ‹Zurück zu Kant› und der komplementären post-poststrukturalistischen Lähmung verfallen ist, zu erlösen und eine radikale Al-

725 Vgl. die alte 68er-Parole: «Wir wollen nicht ein Stück vom Kuchen, wir wollen die ganze Bäckerei.»

726 *Eros and Civilization*, xi.

ternative zum Neoliberalismus und dem nicht minder leib- und naturfeindlichen Projekt der Neusten Rechten zu entwickeln, von Marcuse ausgehen muss oder nicht denkenswert ist.

4. Wessen Vernunft? Lukács' Polemik und die Folgen

Die vor allem von Adorno und Marcuse geteilte Nietzsche-Begeisterung stieß, wie das ‹kalifornische Gespräch› vermuten lässt, auf eine nicht minder heftige Gegenreaktion seitens derer, die zwischen Nietzsche und dem linken Projekt einen strikten Gegensatz sahen. Der profilierteste Nietzsche-Kritiker war dabei ausgerechnet Lukács (1885–1971), der mit der erwähnten Essaysammlung *Geschichte und Klassenbewusstsein* den ‹Westlichen Marxismus› begründete und für alle Protagonisten der Frankfurter Schule eine wesentliche theoretische Referenz darstellte.

a) *Nietzsche als pro-imperialistischer «Parasit»*

«Die schärfsten Kritiker der Elche / waren früher selber welche», lautet ein Bonmot des Satirikers F. W. Bernstein[727] und das trifft auch auf Lukács selbst zu. Aus Ungarn stammend verbrachte er vor dem Ersten Weltkrieg die meiste Zeit in Heidelberg und Berlin und hatte dort Kontakt zu den Zirkeln um Max Weber und Georg Simmel, über die er Ernst Bloch kennenlernte und sich mit ihm anfreundete, und zum George-Kreis. In seinen Texten bis zu seinem ersten Hauptwerk, der 1916 erstmals erschienenen *Theorie des Romans*, spielt Nietzsche keine entscheidende Rolle, doch sie sind ganz vom nietzscheanischen Geschmack dieser Zeit geprägt. Man lese nur einmal seinen programmatischen Text *Über Wesen und Form des Essays* in der 1911 publizierten Sammlung *Die Seelen und die Formen*, die u. a. auch wahre Jubelhymnen auf Kierkegaard und George beinhaltet, und man wird kaum glauben, dass man es hier mit demselben Autoren wie demjenigen von *Geschichte und Klassenbewusstsein* zu tun hat. Man hat es hier mit einer geradezu ‹paulinischen› Konversion zu tun, wie sie in der Philosophiegeschich-

---

727 Vgl. WS, *Elche, Molche.*

te wohl einmalig ist.[728] In einem sichtlich an Kierkegaard, den Lukács rückblickend als seinen wichtigsten Einfluss benennt,[729] geschulten Ton spricht er dort etwa davon, dass sich der Essayist von «der Illusion der Wahrheit» (26) freizumachen habe, und: «Wir fordern, dass die Dichter und die Kritiker uns Lebenssymbole geben und den noch lebenden Mythen und Legenden die Form unserer Frage aufprägen.» (27) Er kritisiert den Systemgedanken, auch wenn er die Sehnsucht auf ein künftiges System hochhält, und feiert den fragmentarischen Charakter des Essays als Triumph über «wissenschaftliche[] Exaktheit und impressionistische Frische» (36).

Schon während des Krieges nahm Lukács, von seinem Milieu wiederum geprägt, eine pazifistische, diffus gesellschaftskritische Haltung ein. Diese führte ihn dann nach dem Krieg zu einem Beitritt in die KP Ungarns, die die dortige Räterevolution anführte. In dieser war er, ähnlich wie Kantorowicz auf der Gegenseite, kein bloßer Schreibtischtäter, sondern als Soldat der Roten Armee direkt am Bürgerkrieg beteiligt. Man sieht auch hier wieder: Wer einmal für eine Sache unmoralische Handlungen ausgeübt hat und vor allem sein Leben riskiert hat, rückt so schnell nicht von ihr ab; Blut bindet. Das nicht nur wegen den Schuldgefühlen, die sonst aufkommen könnten, und dem Opfer, das man nicht bereuen möchte, sondern auch wegen der soldatischen Treue, der man sich einmal unterworfen hat. Das ist ein entscheidender psychologischer Faktor, den man aus heutiger Sicht leicht vergisst: Eine soldatische Ethik war für viele der hier vorgestellten Personen, Nietzsche selbst eingeschlossen, nichts, was sie aus Abenteuerromanen und Actionfilmen kannten, sondern eine gelebte Erfahrung. Wir haben es mit Leuten zu tun, die schon einmal jemanden erschossen haben oder zumindest bereit gewesen wären, es zu tun – und die umgekehrt bereit gewesen wäre, für ihre Sache zu sterben.

Bei Lukács führte jenes Erlebnis von 1918 jedenfalls dazu, dass er sich fortan als Theoretiker der Partei verstand. Er be-

728 Im Vorwort zur Neuauflage der *Theorie des Romans* von 1962 (5–17) spricht Lukács passenderweise von seinem ‹alten Ich› nicht in der ersten, sondern in der dritten Person und entschuldigt sich für dieses Buch geradezu. Interessanterweise betont er dort, dass seine damaligen politischen Ansichten stark von Georges Sorel, einem französischen Links-Nietzscheaner, auf den wir noch eingehen werden, geprägt gewesen seien (vgl. 12).

729 Vgl. *Die Theorie des Romans*, 12 f.

hielt freilich seine intellektuelle Unabhängigkeit und man muss anerkennen, dass er fast den stalinistischen Säuberungen zum Opfer gefallen wäre und sich führend am Budapester Aufstand von 1956 beteiligte, wonach er für mehrere Jahre als *persona non grata* im Ostblock galt. Seinem Leben kann so eine gewisse Tragik nicht abgesprochen werden: Zerrieben zwischen Ost und West findet sein beachtliches philosophisches Werk bis heute nicht die Beachtung, die es verdiente. Einzig *Geschichte und Klassenbewusstsein* wird als wichtiger Klassiker des Westlichen Marxismus anerkannt, gerade sein Spätwerk wird heute jedoch von so gut wie niemandem mehr gelesen oder polemisch diffamiert, obwohl Lukács sich in ihm um eine anerkennenswerte Neubegründung einer marxistischen Philosophie als Ontologie bemüht.

Lukács hat sich freilich die Ablehnung, die ihm in der akademischen Philosophie bis heute zu Teil wird, selbst eingebrockt. Auch wenn er in seinem Spätwerk nach der Erfahrung von 1956 teilweise gemäßigtere Töne anschlägt, vertrat er ab 1918 einen strikt leninistischen, polemischen Kurs, der ihn in die Rolle eines völligen Außenseiters brachte. Am bedeutsamsten ist hierbei *Die Zerstörung der Vernunft. Der Weg des Irrationalismus von Schelling zu Hitler* von 1955. Als «Irrationalismus» und mithin intellektuelle Vorbereitung des Faschismus wird in diesem Buch fast die gesamte Kultur nach Hegel betrachtet. Egal ob Wittgenstein, die Frankfurter Schule oder der Existenzialismus: Überall sieht Lukács Feinde, die es mit allen Mitteln des philosophischen Krieges zu bekämpfen und zu diffamieren gelte.

Er greift dort die von Niekisch unter Rekurs auf die Klassiker des Marxismus begründete Erzählung von einer grundlegend reaktionären Verfasstheit der deutschen Kultur auf und baut sie aus.[730] Wie bei ihm ist auch für Lukács die wesentliche Station auf dem Weg von Schelling zu Hitler Nietzsche. Er wird, so lautet die Überschrift des Nietzsche-Teils[731], als «Begründer des Irrationalismus in der imperialistischen Periode» geführt. Er sei der «führende Philosoph» der «reaktionären Bourgeoisie» (248), «der eigentliche Drehpunkt, das wirkliche Zentrum» (265) seines gesamten Denkens sei es, den Klassenkampf

730 Schon 1935 hat Lukács freilich in seinem Aufsatz *Nietzsche als Vorläufer der faschistischen Ästhetik* seine spätere Polemik gegen Nietzsche in Grundzügen entwickelt.

731 244–317.

des Proletariats abzuwehren. Lukács erkennt dabei Nietzsches «nicht unbeträchtliche Begabung» (249), sein feines Sensorium für die Grundtendenzen seiner und sogar der kommenden Zeit und sein sprachliches Talent an, doch er sei unterm Strich nichts als der Exponent, wenn auch «vielleicht der geistreichste und vielseitigste» (250), einer dekadenten Schicht von Lumpenintellektuellen, die einerseits ein tiefes Unbehagen mit der herrschenden Kultur auszeichne, die andererseits jedoch «unter keinen Umständen die eigenen parasitären Privilegien und deren soziale Basis angetastet sehen möchte» (249). Dass er den Standpunkt jener «dekadenten Parasiten des Imperialismus» (314) einnehme, unterscheide ihn von anderen «reaktionären Philosophen» (ebd.). Jener Schicht wird von Lukács von Brandes über Freud bis hin zu den Surrealisten und der Frankfurter Schule nahezu jede der in diesem Buch behandelten Figuren zugerechnet. Von Nietzsche stark geprägte fortschrittliche Schriftsteller wie Thomas und Heinrich Mann seien bloße «Ausnahmefälle» (254).

Lukács hätte hier, wie gezeigt, genauso gut sich selbst anführen können und der gesamte Abschnitt zu Nietzsche weist eine große Detailfülle und einen gewissen diagnostischen Spürsinn auf, die seine Herkunft aus dem Milieu, das er hier kritisiert, deutlich verraten. Seine Grundkonstruktion, auf deren Details einzugehen hier nicht der Ort ist, bleibt jedoch tendenziös und falsch: Gänzlich ignoriert wird beispielsweise Nietzsches Deutschlandkritik, sein Antimilitarismus und seine Kritik an Wilhelm II.[732], die in völligem Gegensatz zu Lukács' Behauptungen stehen. Auch seine Antisemitismus- und Nationalismuskritik wird vollkommen unterschlagen. Dasselbe gilt für Nietzsches Rezeptionsgeschichte: Will Lukács ernsthaft behaupten, dass die zahllosen mutigen und aufopferungsbereiten Kämpfer für linke Ideale, die wir in diesem Buch behandeln und die teilweise für sie sogar ihr Leben riskierten und oft genug sogar ließen – ermuntert von Nietzsches Ethik des Heroismus – in Wahrheit Reaktionäre und *décadents* gewesen seien? Oder handelt es sich um seltene «Ausnahmefälle»?

Lukács hegel-marxistische Schablone ermöglicht es ihm nicht, die einfachsten Differenzierungen im Lager der «Imperialisten» zuzugeben. Heidegger beispielsweise stand fast der

732 Es wird dagegen anhand einer einzigen Briefstelle behauptet, dass Nietzsche Wilhelm II. begrüßt hätte (vgl. 270)!

gesamten ästhetischen Moderne feindlich gegenüber, er verachtete die gesamte moderne Kultur zutiefst. Wieso soll ausgerechnet er ein «Imperialist» sein und nicht, wie gezeigt, ein Vertreter des Bauerntums, was biographisch wesentlich mehr Sinn ergibt? Wie läuft überhaupt die genaue Vermittlung zwischen den Interessen der imperialistischen Bourgeoisie und den Äußerungen ihrer vermeintlichen Sprecher ab? Wieso kämpfen einige ihrer Teile für, andere gegen den Faschismus? Auf solche naheliegenden Fragen gibt Lukács keine befriedigende Antwort, so dass das Buch, trotz der bisweilen klugen Beobachtungen, die es enthält, doch ein eigentümliches ideologisches Gebräu bleibt, ausgehend von einer völlig bornierten, dualistischen Betrachtungsweise, gegen die Nietzsche noch immer das beste Antidot ist.

Die Problematik dieser Denkweise zeigt sich vor allem an den von Lukács verwendeten Begriffen der «Dekadenz» und des «Parasiten», die sich durch das gesamte Nietzsche-Kapitel ziehen. Beide Begriffe übernimmt Lukács von Nietzsche. Wir haben bereits einen Satz zitiert, in dem sich Nietzsche für «die schonungslose Vernichtung alles Entartenden und Parasitischen»[733] ausspricht. Auch sonst taucht der Begriff nur in pejorativer Bedeutung bei ihm auf und wird meist mit der Sklavenmoral und dem Priestertum in Verbindung gebracht.[734] Es gibt eine weitere ähnliche problematische Stelle, wo es heißt:

> Der Kranke ist ein Parasit der Gesellschaft. In einem gewissen Zustande ist es unanständig, noch länger zu leben. Das Fortvegetiren in feiger Abhängigkeit von Ärzten und Praktiken, nachdem der Sinn vom Leben, das Recht zum Leben verloren gegangen ist, sollte bei der Gesellschaft eine tiefe Verachtung nach sich ziehn. Die Ärzte wiederum hätten die Vermittler dieser Verachtung zu sein, – nicht Recepte, sondern jeden Tag eine neue Dosis *Ekel* vor ihrem Patienten... Eine neue Verantwortlichkeit schaffen, die des Arztes, für alle Fälle, wo das höchste Interesse des Lebens, des *aufsteigenden* Lebens, das rücksichtsloseste Nieder- und Beiseite-Drängen des *entartenden* Lebens verlangt – zum Beispiel für das Recht auf Zeugung, für das Recht, geboren zu werden, für das Recht, zu leben...[735]

733 EH GT 4.

734 Vgl. etwa AC 26, 38 & 49.

735 GD *Streifzüge* 36.

Diese Stelle ist angesichts ihres offenen Eintretens für eine Eugenik, das nicht zu beschönigen ist, auf jedem Fall dem ‹Nazi-Nietzsche› zuzurechnen. Sie zeigt aber zugleich die Problematik der «Parasiten»-Metapher: Es wird durch sie ein Dualismus zwischen ‹schaffenden› Menschen suggeriert und solchen, die einfach nur ‹raffen› und den ‹schaffenden› dadurch schaden. Als politisches Schlagwort mag diese Metapher legitim sein, wenn es z.B. darum geht, die exorbitanten Einkünfte von Großaktionären und Ölscheichs zu kritisieren – wenn klar ist, dass diese Kritik nicht darauf abzielt, diese Menschen als Menschen zu entwerten, sondern sie in ihrer sozialen Rolle anzugreifen. Sie kann sogar ein gutes Mittel treffender Polemik sein. Wer die Schwächsten in der Gesellschaft als «Parasiten» bezeichnet, der ist nicht deshalb zu kritisieren, weil er ein ‹böses Wort› benutzt, sondern weil er die realen Verhältnisse verkehrt: Was die Gesellschaft den Alten und Kranken zukommen lässt, dürfte ein Bruchteil dessen sein, was die Kapital- und Grundbesitzer ohne einen Finger krumm gemacht zu haben jeden Tag einheimsen. Der Unterschied: Alte und Kranke können unter Umständen wirklich nichts oder kaum etwas zum gesellschaftlichen Wohlstand beitragen, Reiche schon, wenn sie wollten (viele tun es auch – aber ihre ‹edelmütig› verteilten Almosen ändern nichts am Grundproblem leistungslosen Einkommens für wenige). Eigentümlich ist die Stelle zumal, da Nietzsche sich ja eigentlich auch selbst zu jenen ‹wertlosen› Kreaturen zählen müsste.

Für Lukács sind die «Parasiten» allerdings auch nicht die «Imperialisten» selbst, sondern die Intellektuellen, die von ihnen ausgehalten werden und dafür nach ihrem Takt singen. Dieses Bild ist zunächst schief, wenn es den ‹typischen Nietzscheaner› bezeichnen soll: *Direkt* von einem Kapitalisten finanziert wurde in der Moderne nur ein bedeutender Philosoph, Karl Marx. Die Einkommensquellen der hier vorgestellten Figuren sind extrem unterschiedlich, reichen von ererbtem Vermögen bis hin zu Prostitution, und lassen kein allgemeines Urteil darüber zu, woher ein ‹typischer Nietzscheaner› sein Geld bezieht. Ganz im Gegenteil waren viele von ihnen heroische Gestalten, die für ihre intellektuelle Unabhängigkeit materielle Nachteile in Kauf genommen haben. Auch Nietzsche selbst war von keinem «Imperialisten» der Welt abhängig.

Es ist freilich in der Tat so, dass sich Kulturschaffende *immer* in einer Situation befinden, die man als «parasitisch» bezeichnen könnte. Und sie werden es auch immer tun, solange es Klassengesellschaften gibt, die die Kulturarbeit überhaupt einer bestimmten Personengruppe zuordnen und nicht als allgemeine Arbeit begreifen. Der Nutzen ihrer Arbeit ist stets nur sehr relativ und schwer fassbar. Und immer sind sie auf das Wohlwollen bestimmter Gruppen oder Institutionen angewiesen, sofern ihnen nicht glückliche Umstände eine selbständige Existenz ermöglichen. Ist Lukács selbst nicht einfach ein «Parasit» des Imperialismus des Ostblocks? Was unterscheidet seine Lage grundsätzlich von derjenigen der von ihm Kritisierten?

Man könnte den Begriff des «Parasiten» freilich auch umdeuten. Ein «Parasit» kann zunächst einmal jemand sein, der seinen Wirt systematisch aussaugt und zerstört. Interessanterweise ist das aber gar nicht die Vorstellung von Lukács – denn verhielte es sich so, dann müsste er die «parasitäre Intelligenz» in den imperialistischen Staaten ja geradezu gutheißen. Er kritisiert ihre Angehörigen gerade dafür, dass sie für den Imperialismus ja durchaus nützlich sind – also entweder, von seinem Standpunkt aus betrachtet, überhaupt keine Parasiten sind oder eben *kluge* Parasiten, die mit ihrem Wirt in einer symbiotischen Beziehung leben und ihm entweder nur so viel wegnehmen, dass er nicht stirbt, oder ihn sogar fördern. Solche Parasiten haben in der biologischen Evolution stets eine äußerst produktive Rolle gespielt. Die Bienen etwa sind Parasiten der Blumen – doch tragen ungewollt zu ihrer Vermehrung bei. Im kulturellen Bereich ist es ähnlich und Gruppen, die als «Parasiten» erscheinen, leisten in Wahrheit einen äußerst produktiven Beitrag zum Gemeinwesen. Nietzsche etwa gibt an differenzierteren Stellen zu, dass die Priester eine wichtige Funktion für «das Leben» erfüllen, insofern sie dem Ressentiment der Sklaven eine lebenstaugliche Form geben.[736]

Entsprechend hat Nietzsche, wie Lukács auch zugibt, einen sehr differenzierten Begriff der Dekadenz. Sie ist für ihn nicht einfach nur ein abzulehnender moralischer Verfall – sondern er erhofft sich vom Verfall der alten Werte im Gegenteil ein befreiendes Potential und einen möglichen Aufstieg neuer Werte. Er bezeichnet sich, wie wir sahen, sogar selbst als «*décadent*». Für Lukács sind die Fronten hingegen klar: Es gibt eine schlechte Dekadenz dort und eine echte Moral hier. Er fällt auch in diesem Punkt weit hinter das von Nietzsche ge-

736 Vgl. GM III 13–15.

steckte Reflexionsniveau zurück und nähert sich ausgerechnet dem Jargon und dem Denken jener an, die er zu bekämpfen beabsichtigt.

Adorno hat gegen Lukács' die wohl pointierteste polemische Salve abgefeuert, die er jemals verschoss (und Adorno bedient sich oft einer sehr polemischen Rhetorik):

> Am krassesten wohl manifestiert sich in dem Buch *Die Zerstörung der Vernunft* die von Lukács' eigener. Höchst undialektisch rechnete darin der approbierte Dialektiker alle irrationalistischen Strömungen der neueren Philosophie in einem Aufwaschen der Reaktion und dem Faschismus zu, ohne sich viel darüber aufzuhalten, daß in diesen Strömungen, gegenüber dem akademischen Idealismus, der Gedanke auch gegen eben jene Verdinglichung von Dasein und Denken sich sträubte, deren Kritik Lukács' eigene Sache war. Nietzsche und Freud wurden ihm schlicht zu Faschisten, und er brachte es über sich, im herablassenden Ton eines Wilhelminischen Provinzialschulrats von Nietzsches «nicht alltäglicher Begabung» zu reden. Unter der Hülle vorgeblich radikaler Gesellschaftskritik schmuggelte er die armseligen Clichés jenes Konformismus wieder ein, dem die Gesellschaftskritik einmal galt.[737]

Man muss die Heftigkeit dieser Polemik auch vor dem bereits angedeuteten Hintergrund der Zeit verstehen: Lukács zieht in seinem Buch, das so hart zu formulieren ist sicherlich berechtigt, die Erinnerung an all jene in den Dreck, die gewissermaßen mit dem *Zarathustra* im Tornister gegen den Faschismus kämpften und dabei ihr Leben ließen oder vor ihm ‹zumindest› fliehen mussten. Er zieht sie nicht zuletzt dadurch in den Dreck, sie mit dem Nazijargon entlehnten Begriffen zu verunglimpfen, die noch dazu jeder Realität spotten. Zu diesen Personen zählen nicht zuletzt auch Adorno selbst und zahlreiche seiner engsten Freunde wie der von den Nazis buchstäblich zu Tode gehetzte Benjamin. Angesichts dessen ist Adornos Polemik sogar noch *milde* formuliert.

Der späte Lukács ist freilich differenzierter zu beurteilen, als es hier bei Adorno anklingt. In dem gesamten Text stellt er Lukács als jemanden dar, der die Ideale seiner Jugend verraten und sich an den Stalinismus verkauft habe. Er geht auf Lukács' Engagement im 1956er-Aufstand und seiner anschließenden

737 *Erpreßte Versöhnung,* 252.

Wende ein, doch redet sie klein.[738] Adorno und Horkheimer waren indes selbst nicht bereit, sich wenige Jahre später derart mutig für ihre eigenen Ideale einzusetzen. Der Volksaufstand begann in Ungarn mit Studentenunruhen – vielleicht hätten sie sich auch in Deutschland zu einer progressiven Revolution ausweiten können, wenn sich allgemein anerkannte Intellektuelle wie Adorno und Horkheimer hinter sie gestellt und sie nicht bekämpft hätten.

Lukács' Werk wirkte denn auch auf viele Intellektuelle überzeugend und trug entscheidend dazu dabei, insbesondere Nietzsche lange Jahre zu einer *persona non grata* in der radikalen Linken zu machen. In Nietzsche-affinen Kreisen trifft umgekehrt dasselbe Schicksal bis heute ihn. Vielleicht wäre hier eine Revision fällig, um auch die berechtigen Punkte an Lukács' Kritik und sein Bemühen darum, Geistes- konsequent als Sozialgeschichte zu schreiben, anzuerkennen. Denn zumindest einen Verdienst hat selbst die *Zerstörung*: dafür zu sensibilisieren, dass die Kultur niemals unabhängig von den politischen Entwicklungen betrachtet werden kann, sondern immer in Abhängigkeit von ihnen steht, selbst wenn das nicht sofort zu erkennen sein mag.

b) Nietzsche in der DDR

Lukács wurde nach seinem ‹Verrat› wie erwähnt auch im Ostblock zunächst diffamiert und verschwiegen, dann zögerlich wiederentdeckt. Sein grundsätzliches Urteil, die Philosophie nach Hegel in einen fortschrittlichen, rationalistischen und einen reaktionären, irrationalistischen, letztendlich faschistischen Flügel einzuteilen, blieb jedoch offizielle Staatsdoktrin, gegen die es nur in den Anfangsjahren vereinzelten Widerspruch gab (wie etwa seitens Blochs). Nietzsche sollte nur von wenigen Spezialisten gelesen werden – erst ab den 1970ern gab es im Zuge der allgemeinen Politik der kulturellen Öffnung eine zögerliche, allerdings auch umkämpfte Wendung zu einer differenzierten Beurteilung Nietzsches.[739] Einer der führenden Anti-Nietzscheaner war dabei der Philosoph **Wolfgang Harich** (1923–1995). Harich orientierte sich bis 1956 stark an Lukács und Bloch, mit dem er

738 Vgl. 252 f.

739 Vgl. zur Nietzsche-Rezeption in der DDR Matthias Steinbach, *«Der Donnerer hinter der Mauer»*.

auch zusammenarbeitete, und trat für einen undogmatischen Marxismus ein. Er soll sogar 1947 einen, allerdings pseudonym veröffentlichten, Artikel pro Nietzsche veröffentlicht haben.[740] (Allerdings hat er auch 1942 an eine Freundin geschrieben: «Ich betrachte Nietzsche doch als meinen persönlichen Feind.»[741]) 1956 war er führendes Mitglied eines Gesprächskreises, der, parallel zum ungarischen Aufstand, öffentlich innerparteiliche Reformen und die Wiedervereinigung Deutschlands forderte. Er wurde daraufhin festgenommen und musste sieben Jahre lang im Gefängnis verbringen. Man muss zu seiner Verteidigung immer mitbedenken, dass er durch diese lange Haftzeit psychisch schwer traumatisiert worden ist – was manche seiner folgenden Handlungen erklären könnte.[742]

Auch nach dieser Erfahrung wurde Harich freilich kein Mitläufer. Er war etwa einer der wenigen DDR-Intellektuellen, die schon in den 70ern die ökologische Frage thematisierten. In seinem Hauptwerk *Kommunismus ohne Wachstum?* von 1975 argumentiert er, dass der drohende ökologische Kollaps zu seiner Bekämpfung derart einschneidende Maßnahmen erheische, dass ihn nur ein autoritärer kommunistischer Weltstaat werde aufhalten können. Ein Gedanke, der von erschreckender Aktualität ist.[743]

Harich erblickte ab Anfang der 80er-Jahre eine vermeintliche ‹Nietzsche-Renaissance›, ja, einer «terroristische Diktatur des Nietzscheanertums»[744], die mit allen Mitteln zu bekämpfen er sich zum Ziel setzte. Sein Kampfruf: «Ins Nichts mit ihm!»[745] Da «der eigentliche Schöpfer der faschistischen Ideologie [...] in einem sozialistischen Land nicht Gegenstand geistiger Debatten sein»[746] könne, war seine Hauptstrategie, eine öffentliche Diskusion um Nietzsche gerade zu unterbinden und er versuchte vor allem, auf SED-Funktionäre Einfluss auszuüben.[747] Alle Differenzierung Lukács', dessen und Mehrings Urteil Harich als

740 Vgl. ebd., 7.

741 Zit. n. Andreas Heyer, *Die Nietzsche-Debatte in der DDR der achtziger-Jahre*, 32.

742 Vgl. *Mitschrift der Diskussion*, 38. Dort berichtet ein Zeitzeuge auch über den schwerer Stand Lukács' nach 1956.

743 Vgl. Alexander Amberger: *Anti-Utopie einer Öko-Diktatur.*

744 Zit. n. Gregor Schirmer: *Wolfgang Harich, Nietzsche und die SED*, 62.

745 Zit. n. Heyer, *Die Nietzsche-Debatte*, 32.

746 Zit. n. ebd., 28.

747 Vgl. ebd., 28 f.

«das endgültige und abschließend Zutreffende»[748] bezeichnet, verschwindet dabei: Nietzsche wird schlicht nicht nur zum Nazi erklärt,[749] er sei sogar «der schlechthin menschenfeindlichste, reaktionärste, überdies am meisten den Krieg verherrlichende Ideologe, den die Geschichte kennt»[750], «die negativste Erscheinung der Weltkultur von der Antike bis zur Gegenwart»[751], die es «total auszuschalten»[752] gelte, ansonsten drohe Schlimmstes:

> [W]enn der in der DDR und den übrigen sozialistischen Ländern auch nur einen Millimeter an Boden zurückgewönne, so wäre das eine in ihren Konsequenzen nicht vorstellbare Katastrophe – namentlich in Hinblick auf die globalen Bedrohungen, die heute die Fortexistenz des Lebens auf der Erde, das Überleben des Homo Sapiens in Frage stellen.[753]

Der Prophet der ‹Treue zur Erde› als Anti-Ökologe? Harich Stil und Sachlichkeit ähneln sich dabei in grotesker Weise den eigenwilligsten Passagen aus dem *Antichrist* und *Ecce homo* an. Man hat geradezu den Eindruck, da kehre jemand Nietzsches Größenwahn gewissermaßen um. Womöglich setzt Harich diese Rhetorik wie Eisner als Stilmittel ein, um Nietzsche gewissermaßen auf ‹demselben Terrain› zu begegnen. Doch es ist eher davon auszugehen, dass er nicht zu einer solchen ironischen Operation fähig gewesen ist.

In seiner 1994 veröffentlichen, aber in den späten 80ern verfassten, Kampfschrift *Nietzsche und seine Brüder* heißt es, man hätte das Weimarer Archiv 1945 verbrennen und im Ural vergraben sollen. Man solle seine Bestände nun in den Westen verkaufen:[754]

> Für Sozialisten darf Nietzsches Nachlass kein Kulturgut sein. Also weg damit! Und wer so verschroben ist, ihn haben zu wollen, soll dafür zahlen. […] Gleichzeit wäre das Grab in Röcken […] einzuebnen, damit es endlich aufhört, ein Wallfahrtsort zu sein.[755]

---

748 Zit. n. ebd., 23.
749 Vgl. Steinbach, *«Der Donnerer …»*, 11 f.
750 Zit. n. Schirmer, *Wolfgang Harich*, 59.
751 Wolfgang Harich: *Brief an Walter Grab*, 56 f.
752 Ebd., 60.
753 Ebd.
754 Vgl. ebd., 17.
755 Zit. n. ebd.

Mit der erwähnten Passage zu Nietzsches Grab aus dem Buch des bedeutenden Märtyrers Theodor Lessing im Ohr klingt diese Forderung nicht nach Antifaschismus, sondern so, als würde das, wofür Lessing und viele andere starben gleich mitgetilgt. Zum Glück konnte sich Harich mit seinen Forderungen nicht durchsetzen und das Röckener Grab ist auch heute noch ein Treffpunkt für freie Geister aller Länder. – Darunter auch Lukács' wichtigste Schülerin **Ágnes Heller** (geb. 1929), die zu Nietzsche publizierte und 2019 den renommierten Friedrich-Nietzsche-Preis erhielt. Sie konnte ihn leider nicht mehr persönlich entgegennehmen, da sie am 19. Juli dieses Jahres unter tragischen Umständen verstarb ausgerechnet, als sie auf dem Plattensee hinausgeschwommen war.

Der bedeutendste Vertreter einer westdeutschen marxistischen Philosophie, der Bloch-Schüler **Hans Heinz Holz** (1927–2011) spricht 1990 davon, «dass im Prinzip der kompromißlosen Ablehnung von Nietzsches Philosophie durch Wolfgang Harich beizupflichten»[756] sei, lehnt jedoch immerhin die Form von Harichs Kritik ab und plädiert dafür, entgegen Harichs Abwertung Nietzsches zum «hypo-chondrischen Simulanten, aufgeblasenen Kleinbürger, halbgebildeten Talmi[757]-Philosophen» ihn ernst zu nehmen und ernsthaft nach den Gründen für seine Faszinationskraft zu fragen. Auch Lukács gibt Holz mit der entsprechenden Einschränkung Recht. Als Quelle dieser Faszinationskraft benennt Holz, dass Nietzsche die Widersprüche der «spätbürgerlichen Gesellschaft» besonders gut darstelle. Harich ist dieses *minimale* Zugeständnis zu viel, er bezeichnet Holz als «Enkelschüler der Elisabeth Förster-Nietzsche».

c) Nietzsche in der BRD

Wie sehr Nietzsche bis in die jüngere Gegenwart hinein freilich auch auf der anderen Seite der Mauer verpönt war, zeigt das *Spiegel*-Cover der Ausgabe 24/1981, das den «Denker Nietzsche» mit dem «Täter Hitler» assoziiert (vgl. Abb. 10). Der dazugehörige Leitartikel *Ein Nietzsche für Grüne und Alternative? Rudolf Augstein zur Philosophie des Übermenschen* vom *Spiegel*-Gründer (1923–2002) persönlich verfasst, stellt Nietzsche als zweiseitigen Denker dar: Einmal sei er wirklich Vor-

756 *Aspekte einer marxistischen Nietzsche-Kritik.*
757 Falschgold.

Abb. 10

läufer der Nazis, «Schreibtischtäter» (184), einmal Vordenker irrationalistischer «Anarcho-Spinner» («Stadtindianer», «Buch-Guerillo[s]» und «Nomade[n]» [ebd.]), wozu Augstein vor allem die Poststrukturalisten zählt.

Bereits ein Jahr zuvor hatte **Habermas** (geb. 1929) in seiner Dankesrede anlässlich des an ihn verliehenen Adorno-Preises der Stadt Frankfurt a. M. dieser Sorge der bundesrepublikanischen Mitte vor einer Wiederkehr des totgeglaubten Nietzsche, Ausdruck verliehen. Das gesamte kulturelle Klima sei von einem antimodernistischen Geist geprägt, den er insbesondere mit den «Jungkonservativen»[758] assoziiert: «In Frankreich führt diese Linie von Georges Bataille über Foucault zu Derrida. Über allen schwebt natürlich der Geist des in den siebziger-Jahren wiedererweckten Nietzsche.» (25) Dagegen gelte es, das Projekt der Moderne zu verteidigen.

In seinem 1968 publizierten Nachwort zu dem Sammelband *Friedrich Nietzsche. Erkenntnistheoretische Schriften* stellte Habermas bereits deutlich abwertend fest, Nietzsche habe «den geistigen Duktus und die Fragestellung einer ganzen Generation scheinradikaler, mit westlichen Traditionen zerfallener Intellektueller bestimmt.» (237) Zugleich behauptet er: «Das alles liegt hinter uns und ist fast schon unverständlich geworden. Nietzsche hat nichts Ansteckendes mehr.» (Ebd.) Inhaltlich legt Habermas bereits in diesem frühen Aufsatz sein Kernargument gegen Nietzsche dar: Er wirft Nietzsche vor, sich in einen performativen Widerspruch zu verwickeln, insofern er sich, um Philosophie und Wissenschaft widerlegen zu können selbst philosophischer und wissenschaftlicher Argumente bediene. (Eine von ihm immer wieder wiederholte Kritik, die wir bereits oben widerlegt haben.)

Eigenartig, dass Habermas das 1968 schreibt, wo Nietzsche weltweit schon längst wieder *en vogue* war. Es ist wohl kaum

758 *Die Moderne – ein unvollendetes Projekt*, 24.

in der Philosophiegeschichte jemals eine so offensichtlich falsche Diagnose des Zeitgeists ausgesprochen worden. Doch ist sie nicht nur falsch, sie ist auch hinsichtlich ihrer Sprache höchst problematisch. Bereits bei Harich waren wir auf die Vorstellung gestoßen, dass es eine eigenartige zersetzende Wirkung gebe, die von Nietzsche ausgehe, den man daher am besten gar nicht erst lesen und diskutieren sollte. Habermas drückt sich vorsichtiger aus und bedient sich eines deutlich anderen theoretischen Hintergrundrahmens: Doch im Kern sagt er dasselbe, wenn er meint, man könne nun Nietzsche wieder lesen, weil er ja ohnehin nicht mehr ‹infektiös› sei.

Dieselbe Denkweise liegt dem 2018 erschienen *Dangerous Minds. Nietzsche, Heidegger, and the Return of the Far Right* (‹Gefährliche Geister. Nietzsche, Heidegger und die Wiederkehr der extremen Rechten›), von Ronald Beiner zu Grunde. Beiner will hier aufzeigen, dass Nietzsche und Heidegger die wichtigsten Philosophen der Neusten Rechten seien. Er schreibt dort, dass Nietzsche beabsichtigt habe, einen «Virus-artigen Einfluss auf die Zukunft» (6) zu haben, «der auf unbewusste, sublime Weise» erfolge, vom «Gift» (7), das in Heideggers und Nietzsches Werken enthalten sei, und bezeichnet sie als «radioaktive Materialien» (14), mit denen man sich zwar beschäftigen dürfe – und auch solle (um etwas über den Feind zu lernen und die Probleme der liberalen Demokratie), dabei aber besondere Vorsicht walten lassen müsse und keinesfalls naiv verfahren dürfe.

Diese Metapher ist problematisch, weil sie ja nur allzu leicht – wie bei Harich – dazu verwendet werden kann, eine repressive Zensurpolitik zu begründen. Man muss hier unwillkürlich daran denken, dass schon Sokrates dafür verurteilt worden ist, ein ‹Verderber der Jugend› zu sein. Wie auch im realen Leben gilt für die ‹Ansteckungsgefahr›, die von geistigen Werken ausgeht, dass sie nur dann effektiv sein kann, wenn der Organismus, auf den sie trifft, auch aufnahmefähig für sie ist. Mit anderen Worten: Die entscheidende ‹Gefahr› liegt nicht bei den Schriften, sondern den Lesern – und damit letztendlich in der Gesellschaft. Schiebt man sie externen ‹Unruhestiftern› zu, bewegt man sich damit in der Logik des Faschismus. Weder Habermas noch Beiner (Harich vielleicht schon) gehen so weit, Nietzsches Einfluss ganz im Sinne einer *rein* äußerlichen Störung zu interpretieren oder gar, was eigentlich konsequent wäre, das Verbot seiner Schriften und ähnliches zu fordern – doch derartige Konsequenzen sind in der Sprache und der Denkweise beider angelegt und werden von ihren Schülern gegenwärtig auch weltweit gezogen: Zensur, Kontaktschulddenken und anderes sind längst zum Kerninstrumentarium linker Kulturpolitik geworden – eine Entwicklung, die mit ebenso großer Besorgnis betrachtet werden sollte wie der parallele Aufstieg der Neusten Rechten. Um die Freiheit des Geistes ist es heute so schlecht bestellt wie schon lange nicht mehr.[759]

Habermas war enger Schüler von Adorno und Horkheimer. In den frühen 80ern folgte die Ablösung von diesem Erbe. In seiner Rede von 1980 zitierte Habermas Adorno noch als Autorität, doch in seinem 1981 publizierten Hauptwerk *Theorie des kommunikativen Handelns* verlässt er dezidiert den von Ador no und Horkheimer begründeten Traditionszusammenhang und stellt die Kritische Theorie auf völlig neue Füße. Anders gesagt: Im Grunde kann man es seitdem fast als Marketinggag der Universität Frankfurt a. M. ansehen, noch eine Kontinuität des ‹Frankfurter Denkens› von der Weimarer Republik bis heute zu suggerieren.

Adorno und Horkheimer waren keine moralischen und auch keine rationalistischen Denker. Fragen der Normativität waren für sie im Grunde kein wirkliches Problem – wenn überhaupt, dann gehen sie von einer Art historischen und vor allem einer leiblichen Normativität aus, die es nicht eigens rational zu begründen gelte, sondern die im Grunde selbstevident sei. Sie beziehen sich natürlich auf Kant und Hegel – doch immer durch die Brille der mit Schopenhauer, Kierkegaard, Feuerbach und Marx ansetzenden und von Nietzsche radikalisierten Idealismuskritik. Habermas hingegen will das Hegelsche – und vor allem das Kantsche – Projekt einer rationalen Begründung der Moral neu beleben. Sein Kerngedanke ist dabei, dass es in der Sprache im-

759 Zur Problematik dieser Metapher und einer generellen Kritik an der Entwicklung der Frankfurter Schule nach Adornos Tod vgl. Babette Babich, *Towards Nietzsche's «Critical» Theory.* In Habermas' jüngster Studie *Auch eine Geschichte der Philosophie* (2019) wird Nietzsche nicht einmal behandelt, obwohl es der Anspruch der Studie ist, eine unfassende Rekontruktion der Geschichte des Verhältnisses zwischen ‹Glauben› und ‹Wissen› vorzunehmen. In einem Interview mit der Frankfurter Rundschau (Markus Schwering, *Jürgen Habermas über Corona*) begründet Habermas diese Auslassung damit, dass Nietzsches «Genealogie des Christenmtums [...] nicht einmal als Gedankenanstoß» brauchbar sei. Aufgrund seiner Erfahrung mit dem NS sei er «gegen einen andauernden Sog seiner Prosa geimpft».

plizite normative Regeln gebe, die man als Fundament einer rationalen Moral verwenden könne. Das sind Regeln, wie sie in der Tat jeder kennt: dem anderen aufmerksam zuhören, ihn nicht unterbrechen, ihn zu Wort kommen lassen, ihm keine Unterstellung machen etc. Habermas beansprucht auch nicht, darüber hinauszugehen, was in dieser Hinsicht *common sense* ist – eine Moral, die auf dem *common sense* aufbaut zu entwickeln, ist ja gerade, wie schon bei Kant, sein Anliegen. Es müsse darum gehen, einen herrschaftskritischen Diskurs zu ermöglichen, an dem alle Mitglieder einer Gesellschaft ohne Einschränkungen partizipieren können. Davon – und nicht mehr von Klassenkämpfen oder der Kraft der Kunst – erhofft sich Habermas einen sozialen Wandel hin zum Besseren. ‹Agitatorische Störenfriede› wie Nietzsche müssen da natürlich draußen bleiben. Polemisch zugespitzt könnte man sagen: Radikale Theorie und Praxis wird bei Habermas durch ein seichtes ‹Mehr Dialog wagen› ersetzt. Der Gegensatz zu Nietzsche ist offenkundig: Für Nietzsche sind Sprache und Moral letztendlich Epiphänomene, hinter denen Triebe und Machtstrukturen stehen. Sprache kann nur dann wirken, wenn sie an diese wirklichen Kräfte des Lebens anknüpft und also *leidenschaftlich* wird. Für Habermas kommt es hingegen gerade darauf an, leidenschaftslose Argument zu entwickeln, die allein Kraft ihrer rationalen Struktur überzeugen.

1983 veröffentlicht Habermas *Der philosophische Diskurs der Moderne*, in dem er diesen Gegensatz offen ausspricht und zu einem Rundumschlag gegen seine philosophischen Kontrahenten ansetzt. Im Grunde kann man das Buch als Aktualisierung von Lukács' *Zerstörung* ansehen: Wie auch bei ihm gilt für Habermas Nietzsche als «Drehscheibe»[760] der Entwicklung des Irrationalismus. Habermas zieht darin nicht nur gegen den Poststrukturalismus vom Leder, sondern auch gegen die ‹erste Generation› der Frankfurter Schule. Kritisiert wird aber auch Marx' Ideologiekritik. Im Grunde wird die gesamte philosophische Entwicklung seit Hegel als Irrweg betrachtet, den es nun endlich zu korrigieren gelte. Leib, Arbeit, Triebnatur, Geschichte: Alle Alternativen zur idealistischen Fixierung auf den von Habermas als Sprache verstandenen Geist werden von ihm als letztendlich in den Faschismus führende Irrwege abgelehnt, am

760 Vgl. die Überschrift des Nietzsche-Kapitels (104–129): «Eintritt in die Postmoderne: Nietzsche als Drehscheibe».

Ende erscheint seine Theorie als letztes Bollwerk der Moderne gegen ihre ‹Zersetzer› von links und rechts.

Habermas gelang es letztendlich nicht, den Aufstieg der Postmoderne und die Wiederkehr Nietzsches aufzuhalten. Doch er konstruierte in seinen Büchern einen Interpretationsrahmen, der bis heute verbreitet ist: dass alles, was zwischen Hegel und Habermas kommt, mit Misstrauen zu beäugen und grundsätzlich zu problematisieren sei. Das ist eine Grundtendenz, die bis heute weite Teile der akademischen Philosophie bestimmt. Letztendlich handelt es sich dabei, auch schon bei Harich und Lukács, um eine ähnliche Sehnsucht nach einem ‹reinen Ursprung›, wie sie Habermas seinen Feinden unterstellt: Die Weimarer Klassik wird als unschuldiger, heroischer Anfang bestimmt, von dem in der Folge aufgrund wüster Missverständnisse abgerückt worden sei. Das ist nun eine Erzählung, die wirklich nur innerhalb der akademischen Echokammer überzeugend wirken kann – und dasselbe gilt letztendlich auch für Habermas' gesamte Philosophie. Sie bleibt in ihrem Moralismus und ihrer Sprach- und Vernunftfixierung genauso machtlos gegenüber den sozialen Entwicklungen wie einst das Denken Kants und Hegels. Es ist nicht möglich, auf diesem Boden aufbauend ernsthafte Antworten auf die Probleme der Gegenwart zu gewinnen, dieses Denken ist *im Ansatz* eine irrelevante Illusion, Sonntagsgeschwätz zur moralischen Erbauung der herrschenden Kaste und zur Beruhigung der Funktionäre der linken Parteien und Organisationen.

Man muss Habermas freilich gegen eine allzu triviale Kritik in Schutz nehmen. Er *bemühte* sich wie kein anderer darum, das linke Projekt intellektuell zu verteidigen. Doch sein idealistischer Ausgangspunkt macht ihm eine effektive Verteidigung dieses Projekts unmöglich: Er wird in die Geschichte als tragische Figur eingehen; seine Adepten freilich als Pausenclowns, auf die Lukács' Polemik gegen intellektuelle «Parasiten» vielleicht sogar zutreffend ist. Sie produzieren eine Kant- und Hegel-Interpretation nach der anderen und ruhen sich auf ihren bescheidenen akademischen Pöstchen aus, während um sie herum die Welt in Flammen steht. Selbst Habermas wird von diesen nützlichen Idioten des Monopolkapitals im Grunde nur müde belächelt und kaum mehr rezipiert.

Sowohl die alte Frankfurter Schule als auch der Poststrukturalismus weisen eine bemerkenswert breite Rezeption auf. Trotz ihrer schwierigen Sprache geht von den Werken dieser beiden Schulen eine bis heute ungebrochene Faszinationskraft aus. Sie treffen das Lebensgefühl von Millionen. Doch Schüler, die sich in Lesekreisen zusammentun, um Habermas zu lesen oder einen seiner Adepten? Das ist kaum vorstellbar, auch wenn ihre Werke wesentlich verständlicher geschrieben sind. Bei wirklicher ‹Verständlichkeit› geht es nicht um eine klare, gereinigte Sprache: Es geht um ein Lebensgefühl, dass man entweder teilt oder nicht teilt. Dieses Gefühl geht bereits Habermas' Schriften völlig ab: Sie sprechen zum Kopf, aber nicht zum Herzen.

Bis heute spielt Nietzsche in linken Debatten in Deutschland eher eine geringe Rolle, auch wenn natürlich nicht alle Anhänger der Frankfurter Schule bei Habermas' Wende mitzogen und sich einige von ihnen in ihrem materialistischen Verständnis Kritischer Theorie nicht beirren ließen, aber auch nicht zum Poststrukturalismus überliefen oder, wie **Alfred Schmidt** (1931–2012), zu einem Schopenhauerianismus Zuflucht nahmen, der nicht minder aus der Zeit gefallen wirkt als der Habermasianische Rationalismus.[761] Als verdienstvolle Figur sei hier etwa der in Leipzig lehrende **Christoph Türcke** (geb. 1948) genannt, der 1989 eine äußerst lesenswerte Monographie zu Nietzsches «tollem Menschen» aus dem Aphorismus über den ‹Tod Gottes› vorgelegt hat, die sich auch gut als Einführung in Nietzsches Denken eignet.[762]

Die klügeren und einigermaßen aufrecht gebliebenen Habermas-Schüler haben seitdem versucht, das Habermassche System zu retten, indem sie es gewissermaßen ‹materiell anreicherten›. Vor allem Foucaults Machttheorie kam dabei zu einer gewissen Prominenz, man näherte sich, vor allem über

761 Ich habe Alfred Schmidt in Frankfurt noch selbst erlebt und habe völlige Hochachtung für diesen letzten Frankfurter Professor, der am authentischen Erbe Adornos, Horkheimers und Marcuses festhielt. Leider verstand sich der späte Schmidt nur noch als Philosophiehistoriker, vor der Habermas-Schule hatte er schon längst kapituliert. Interessanterweise gibt es (oder gab es jedenfalls während meines Studiums) an der U-Bahn-Haltestelle Bockenheimer Warte, wo sich damals noch große Teile der Universität befanden, eine Photographie, die den jungen Schmidt zeigt. Im Hintergrund war ein Tafelbild, auf dem deutlich die drei Arten der «Historie» der *Unzeitgemäßen* zu erkennen waren, über die hier wohl gesprochen worden war. Wahrscheinlich ungewollt verschaffte man so der nietzscheanischen Wissenschaftskritik eine gewisse Prominenz.

762 *Der tolle Mensch.*

Foucault vermittelt, auch vorsichtig Nietzsche wieder an. **Christoph Menke** (geb. 1958) etwa übernahm Elemente Nietzsches für seine Ästhetik und seine Rechtskritik, mit **Martin Saar** (geb. 1970) ist inzwischen jemand der Nachfolger Habermas' auf dem Frankfurter Lehrstuhl für Sozialphilosophie, der über Nietzsche und Foucault promoviert hat und immer wieder für eine linke (oder genauer: linksliberale) Nietzsche-Lektüre wirbt. Ob damit das Grundproblem der akademistischen Erstarrung gelöst werden kann, bleibt abzuwarten. Dass man sich nun freilich all den ‹reaktionären› Denkern wieder öffnet, mit denen sich der Frankfurter Diskurs jahrelang kaum beschäftigt hat, dürfte eher ein Symptom eines noch tieferen Verfalls sein: Man rennt einfach nur noch den jeweiligen Moden hinterher, ohne ein eigenes Projekt überhaupt noch zu haben.

Einer der wenigen Habermas-Schüler, der hier auszunehmen ist, ist der in Jena lehrende Soziologe **Hartmut Rosa** (geb. 1965), der mit seinen Büchern *Beschleunigung* (2005) und *Resonanz* (2016) zwei beachtliche Studien vorlegte, die es zu einer gewissen Prominenz auch außerhalb des akademischen ‹herrschaftsfreien Diskurses› gebracht haben. Nietzsche spielt in beiden Büchern eine zentrale Rolle als Diagnostiker der modernen Entfremdung. Die Antwort auf diese Entfremdung sieht Rosa nun nicht mehr in der Habermasschen Vernunft, sondern seinem Konzept der «Resonanz», worunter er eine mit der Welt verbundene Lebensweise zu fassen sucht. Rosa betont dabei insbesondere auch die *leibliche* Dimension einer gelungenen Existenz. Das alles weist auch in seiner *positiven* Dimension (man denke an Nietzsches Tanz-Begriff) eine überraschende Nähe zu Nietzsche auf. Der Frankfurter Geist mag also Frankfurt verlassen haben – doch verschwunden ist er damit noch lange nicht. Er wird sich freilich nur am Leben erhalten lassen, wenn er immer wieder zu seinem eigentlichen Kraftzentrum zurückkehrt, das sich auf die Formel ‹Nietzsche *und* Marx› bringen lässt.

Man sieht also, dass es Lukács und Habermas geschafft haben, Nietzsche im linken Diskurs Deutschlands nachhaltig an den Rand zu drängen – mit der Folge, diesen in einem unfassbaren Maße zu verlangweiligen und in einen primär *moralischen* Diskurs zu verwandeln. Sie beraubten damit das deutsche linke Denken seiner besten Kraft und sorgten dafür, dass Deutschland schon seit Jahrzehnten kaum mehr die avantgardistische Rolle spielt, die ihm einst, als man Nietzsche noch unbefangen las, in der Philosophie zukam. Wo immer die müde gewordenen Reste der ‹Frankfurter Schule› noch einen Hauch von Vitalität aufweisen, dann dort, wo man sie mit ein wenig Nietzscheanismus aufpeppt.

Mit dem Ausschluss Nietzsches ging nicht zufällig ein entsprechender Ausschluss Marx' und Freuds einher – und auch die Impulse aus Frankreich werden nur mit größter Vorsicht aufgenommen. Es gibt in der deutschen Kultur heute generell eine große Angst vor allem, was auch nur entfernt an Kampf, Leidenschaft und Authentizität erinnert – sie kann nur zugelassen werden, wo sie sich moralisch sauber in Kantschem Gewand präsentiert. Die Traumata des Zweiten Weltkriegs sind noch längst nicht verheilt – auch die Schuld und die mit ihr verbundene Scham kann eine Traumatisierung sein.

Das Problem dieser Tabuisierung ist es, dass diese Impulse ja nicht einfach verschwinden, sondern sich nur in anderer Form ausagieren. Der akademisierte und moralisch gesäuberte, aber nicht wirklichkeitsgesättigte, Diskurs der Linken verkommt so mehr und mehr zu einer rein elitären intellektuellen Turnübung für Kinder der oberen Mittelschicht – für den ‹Pöbel› wirkt das Denken der Rechten, so wenig es einer rationalen Kritik mitunter auch standhalten mag, umso attraktiver. Es mag sein, dass Nietzsches längst ‹totgeforschtes› und von unzähligen Diskursen überlagertes Denken nichts «Ansteckendes» mehr hat: Das, was heute an deutschen Universitäten als ‹Kritische Theorie› gelehrt wird, hat es erst recht nicht. Womöglich *kann* auf deutschem Boden schlicht nichts Geistiges mehr von wirklicher Größe erwachsen – wenn, dann vielleicht eher noch in der Kunst, die dem Irrationalen noch ein paar Refugien gelassen hat, als in der Philosophie.

Eine Ausnahme bildet freilich **Peter Sloterdijk** (geb. 1947), dessen Werk von einer tiefen Nietzsche-Lektüre gesättigt ist – wir erwähnten bereits seine Monographie *Der Denker auf der Bühne* – und zugleich einer großen Bereitschaft, in seinem Geiste ein Denken am Leitfaden der Wirklichkeit zu praktizieren. Bis etwa Mitte der 90er konnte man Sloterdijk noch durchaus der Linken zuordnen – und er tat das auch selbst –, mittlerweile vertritt er einen dezidierten Neoliberalismus. *Die Kritik der zynischen Vernunft* (1983), sein erstes bedeutendes Werk, ist das wahrscheinlich interessanteste philosophische deutschsprachige Buch der Zeit nach 1968 und der Versuch, dem Geist der Neuen Linken einen begrifflichen Ausdruck zu verleihen. Den Zynismus interpretiert Sloterdijk darin als geistige Verfallserscheinung seiner Zeit – und insbesondere als Leitmentalität der kritischen Theoretiker. Er ermuntert stattdessen zu einem fröhlichen Mut zur Provokation im Geiste Heideggers, Foucaults und Nietzsches. Wer gegenwärtig an akademischen Tagungen zu ‹Kritischer Theorie› in Deutschland teilnimmt und in die Runde blickt, wird kaum umhin kommen zuzugeben: Sloterdijk hat Recht.

Freilich ist es nicht vollkommen unproblematisch, an die ‹klassische deutsche Rationalismuskritik› heute wieder anknüpfen zu wollen. Auch wenn sich Sloterdijk aus seiner heutigen neoliberalen Haltung heraus wiederholt eindeutig von der Neusten Rechte abgrenzte, ist es doch kein bloßer Zufall, dass sein langjähriger Mitarbeiter **Marc Jongen** (geb. 1968) zu einer der wichtigsten intellektuellen Stimmen der AfD avancierte. Jongen widmete eine seiner – spärlichen – akademischen Publikationen ebenso wenig zufällig Ernst Jünger[763] und promovierte zur Geschichtsphilosophie des der Konservativen Revolution nahestehenden Philosophen Leopold Ziegler (1881–1958)[764]. Und Jongen beruft sich auch keinesfalls zufällig immer wieder auf Nietzsche und die Konservative Revolution. Eine Schlüsselrolle nimmt dabei der Begriff des «Zorns» ein, den Sloterdijk in seinem Werk *Zorn und Zeit* (2006) als verloren gegangene «thymotische» Kraftquelle der abendländischen Zivilisation beschreibt, der es wieder zu ihrem Recht zu verhelfen gelte. ‹*Thymós*› ist ein aus dem Altgriechischen stammender Begriff, der bei Platon das ‹Herz› als die Mitte zwischen tierischem Instinkt und Ratio bezeichnet. Auch Jongen beklagt, im expliziten Anschluss an seinen akademischen Mentor, dass unserer gegenwärtigen Politik das «thymotische» Element fehle und sieht

763 Vgl. *Vom Arbeiter zum Roboter*. Aus diesem Aufsatz von 2008 lässt sich interessanterweise sogar eine jüngerianische Kritik (im Sinne des Jüngers des *Arbeiters*) an Jongens eigenem späteren Neonationalismus ableiten, da er hier noch die These vertritt, dass der Triumph der «Technik» unaufhaltsam sei und es darum ginge, sich gegenüber ihr nicht (gleich dem «letzten Menschen») abzuschotten, sondern, im Sinne des «Übermenschen», sich zu ihr zu öffnen und eine cyborgähnliche Existenz anzustreben.

764 *Nichtvergessenheit*. Das Kernanliegen dieser Studie ist es zu zeigen, dass der lineare Fortschrittsbegriff falsch sei und Geschichte auch durchaus rückgängig gemacht werden könne.

die AfD als diejenige Kraft, die ihm zu neuem Recht verhelfe.[765] Sloterdijk reagierte darauf damit, dass er Jongen eine mangelhafte Differenzierung zwischen berechtigtem Zorn und Ressentiment vorwarf.[766]

Sloterdijk ist gegen Jongen Recht zu geben: Was sich in der AfD sammelt ist keine authentische Leidenschaft, an der es in der Tat mangelt, sondern ein verbittertes Ressentiment empörter Kleinbürger. Doch das Problematische an einer Apologie der Leidenschaft wird hier trotzdem deutlich: Wie genau lassen sich authentische Leidenschaft und Ressentiment trennen? Das ist schon bei Nietzsche nicht so einfach und Leber gestand zu, dass man mit der Leidenschaft auch dem Ressentiment seinen Platz einräumen müsse. Soll man darum die Leidenschaft vielleicht doch aus dem Feld der Politik verbannen?

Zum Glück stehen wir freilich nicht vor der Wahl, uns entweder für Sloterdijk (und damit eventuell auch Jongen) oder für Habermas entscheiden zu müssen. Wie erwähnt bietet etwa die Rosasche Resonanztheorie einige Anhaltspunkte für eine erneuerte Kritische Theorie für das 21. Jahrhundert – und Rosa führt in *Resonanz* Sloterdijk und sogar Heidegger als durchaus zentrale theoretische Referenzpunkte an, betreibt im Grunde eine Synthese von Habermas und seinen deutschen Antipoden. Die plumpe Alternative ‹Rationalismus vs. Irrationalismus› führt auch heute nicht weit. Es müsste in der Tat darum gehen, das Beste aus der Sloterdijkschen Rationalismuskritik und dem Habermasschen Rationalismus miteinander in eine fruchtbare Vermittlung zu bringen. Und vielleicht gelänge es einem solchen erneuerten linken Denken sogar, wieder ernsthaft über Alternativkonzepte zum Kapitalismus und den Klassenantagonismus zu reflektieren in einer Weise, die auch über den ‹Elfenbeinturm› hinaus Resonanzen entfaltet, indem es auf die wirklichen sozialen Kämpfe der Zeit in engagierter Weise Bezug nimmt.

---

765 Vgl. insb. seinen Vortrag *Migration und Thymostraining*, den Jongen am 17.2.2017 beim Institut für Staatspolitik hielt, dem wichtigsten *think tank* der Neusten Rechten in Deutschland, bei dem sich rechtsradikale und ‹gemäßigte› Figuren die Klinke in die Hand geben. Dort bezieht er sich auch wiederholt auf Nietzsche und bspw. seine Kritik am «letzten Menschen» und seines nihilistischen Hedonismus.

766 Vgl. *«Merkel ging einen Teufelspakt ein»*.

d) *Die letzte Individualistin?*

Auf wen es zu guter Letzt noch einzugehen gilt, ist Hannah Arendt (1906–1975), die wie erwähnt mit ihrem akademischen Lehrer Heidegger eine Liebesaffäre hatte, sich inhaltlich von ihrem Mentor jedoch abwandte, mit Günther Anders bis 1937 verheiratet und mit Walter Benjamin eng befreundet war. Ihr zweiter wichtiger philosophischer Lehrer war Karl Jaspers. 1933 musste sie Deutschland verlassen und lebte ab 1941 in den USA. In ihrem Werk zitiert sie Nietzsche von allen großen Philosophen am häufigsten und gerade in ihrem unsystematischen, gegenstandsbezogenen Stil ist sie Nietzsches Geist sehr verwandt. In ihren Schriften vertritt sie insbesondere eine individualistische Position, die sie in eine gewisse Nähe zum französischen Existenzialismus rückt, und kritisiert die moderne Massengesellschaft, insbesondere den Totalitarismus des Nationalsozialismus und des Stalinismus. Sie pflegte zu den linken Bewegungen ein stets distanziertes Verhältnis und war vor allem eine liberale Denkerin. Die Interpretin Sigridur Thorgeirsdottir erblickt eine überraschende Affinität zwischen Nietzsches Lob des Gebärens und Arendts Konzept der Natalität, mit dem Arendt Heideggers Betonung der Sterblichkeit der Menschen kritisiert. Eine Affinität, die Arendt wiederum in eine erstaunliche Nähe zum Differenzfeminismus Luce Irigarys rückt, mit der wir uns im nächsten Abschnitt zu beschäftigen haben.[767] Als weitere Parallelen zwischen Arendt und Nietzsche lassen sich etwa ihre Kritik an einem absoluten Wahrheitsbegriff und am Mitleid anführen,[768] ihre Konzeption agonalen Handelns, ihre Ressentiment-Kritik sowie ihre Anknüpfung an Nietzsches Metaphysikkritik.[769] In ihren 1965 unter dem Titel *Some Questions of Moral Philosophy* in New York gehaltenen Vorlesungen, die

767 Vgl. *Die Philosophie Nietzsches*, 107–110.

768 Vgl. ihre 1959 anlässlich der Verleihung des Lessingpreises der Stadt Hamburg gehaltene Rede, die unter dem Titel *Von der Menschlichkeit in finsteren Zeiten* veröffentlicht worden ist. Eigenartigerweise fällt hier, trotz der teilweise fast wörtlichen Übereinstimmung ihrer Mitleids- und Wahrheitskritik mit derjenigen Nietzsches, sein Name kein einziges Mal. Das mag, wie im Fall anderer linker und liberaler Intellektuellen in dieser Zeit (wir diskutierten dieses Problem bereits), vor allem taktische Gründe angesichts der damaligen Tabuisierung Nietzsches gehabt haben.

769 Außer ihrem genannten Individualismus sind dies die drei Hauptmomente, die Dana R. Villa in dem entsprechenden Eintrag im *Arendt-Handbuch* hervorhebt.

auf Deutsch unter dem Titel *Über das Böse* publiziert wurden, hält sie, ähnlich wie Adorno und Horkheimer, fest: Nietzsches «bleibende Größe liegt darin, daß er zu zeigen wagte, wie schäbig und bedeutungslos Moral geworden war» (13).

Arendt wird für ihren Individualismus oft der bürgerlichen Naivität gescholten und ihr wird vorgehalten, mit ihrer Kritik am Totalitarismus letztendlich eine indirekte Affirmation des Kapitalismus betrieben zu haben, gegenüber dessen objektiver Realität sie die Augen verschlossen habe. Allerdings ist ihr Denken durchaus nicht affirmativ, in ihrem Werk *On Revolution (Über die Revolution*; 1963) spricht sie sich etwa für die Rätedemokratie aus und konfrontiert die aktuelle US-amerikanische Gesellschaft mit den Idealen ihrer eigenen Revolution, in der sie, die der Französischen eher skeptisch gegenübersteht, einen Höhepunkt gelebter Freiheit erblickt. Wenn es einen würdigen Fortsetzer des freigeistigen, individualistischen Nietzsche nach dem Zweiten Weltkrieg gibt, dann ist es sicher Hannah Arendt.

IV. Vom fröhlichen Nihilismus: Nietzsche aus Frankreich

Nietzsche aus Frankreich ist der Titel eines von dem Literaturwissenschaftler **Werner Hamacher** (1948–2017), der viele Jahre in Frankfurt a. M. lehrte, herausgegeben Sammelbands, der 1986 erschien und zahlreiche Schlüsseltexte der poststrukturalistischen Nietzsche-Rezeption beinhaltet. Titel und Jahr sind symptomatisch. Denn Habermas' Polemik von 1983 war ja nicht in einen luftleeren Raum hineingeschrieben worden. Habermas wollte damit sein wesentlich an Kant und Hegel anknüpfendes Projekt einer rationalen Diskursethik gegen ein wachsendes Interesse an Nietzsche verteidigen, das sich in dieser Zeit an den deutschen Universitäten und Kulturinstitutionen erneut regte, nachdem der politische Triumph des Rechts–Nietzscheanismus (oder zumindest derjenigen, die für sich beanspruchten, Rechts–Nietzscheaner zu sein) dazu geführt hatte, dass Nietzsche in Deutschland für mehrere Jahrzehnte ein solches Tabuthema gewesen war, dass selbst ein ‹orthodoxer› Nietzscheaner wie Adorno sich nur vereinzelt explizit ‹outete›.

Es konnte nun freilich nicht der ‹deutsche Nietzsche› sein, dem sich die jungen Intellektuellen in dieser Zeit zuwandten: Er war politisch diskreditiert und zugleich war der Faden einer produktiven Nietzsche-Rezeption auf der Höhe der Zeit seit fast dreißig Jahren abgerissen. Um eine solche wieder aufnehmen zu können und sich zugleich nicht immer wieder aufs Neue mit der Frage nach der Verbindung von Nietzsche und dem Nationalsozialismus konfrontieren zu müssen, lag es nahe, Nietzsche vermittelt über einen unproblematischeren Umweg nach Deutschland zurückzuholen: Nietzsche kam aus Frankreich.

In Frankreich hatte in der Tat schon früh eine eigenständige Aneignung Nietzsches begonnen[770], die in einem ganz anderen politischen Klima stattfand: Frankreich war ja seit 1871 eine laizistische Republik, in der monarchistische Strömungen mehr und mehr an Bedeutung verloren. Als einer der ersten

770 Brandes betont in der Nachschrift zur seinem Nietzsche-Porträt 1893 ausdrücklich: «Selbst in dem gegen fremde, zumal deutsche Einflüsse so spröden Frankreich wird er dargestellt, gepriesen, widerlegt, verspottet.» (102 f.)

Links–Nietzscheaner gilt etwa der Franzose **Georges Palante**, ein anarchistischer Theoretiker, der von 1862 bis 1925 lebte und dessen Kernkonzept, hierin unserer Phaseneinteilung ganz entsprechend, der Individualismus war. Auch für den mit Kessler befreundeten Intellektuellen **André Gide** (1869–1952), einen der bedeutendsten französischen Autoren jener Zeit, war Nietzsche eine wichtige Bezugsgröße. Auch er war v. a. ein Individualist, unterstützte jedoch in den 30er-Jahren die Kommunistische Partei. Zum von den Nazis eingesetzten Regime des ‹Helden von Verdun› stand er in einem ambivalenten Verhältnis, unterstützte in der Endphase des Krieges jedoch eindeutig de Gaulle.

Ein weiterer französischer Anarchist, der wiederholt auf Nietzsche Bezug nimmt, ist **Édouard Berth** (1875–1939), der mit dem bedeutenden Anarchisten **Georges Sorel** (1847–1922) eng befreundet und sein Schüler war. Sorel zitiert Nietzsche zwar nur vereinzelt, doch durchaus an entscheidender Stelle. In seinen Werken vertritt Sorel eine strikt antihegelianische und antimarxistische Revolutionstheorie, der zufolge alles auf die spontane Gewalt der Massen ankomme – die jedoch nicht als Mittel, sondern als Selbstzweck verstanden werden müsse. Es gehe darum, einen neuen revolutionären Mythos zu begründen, in dem eine zentrale Rolle der Streik und vor allem der Generalstreik als Manifestation der ‹heiligen› proletarischen Gewalt spielen.

In seinem Hauptwerk *Réflexions sur la violence* (*Über die Gewalt*; 1910) spricht Sorel in sichtlicher Parallelität zu Nietzsche von einem «*Willen zur Befreiung*» (24), der in allen großen Erhebungen der Geschichte zum Ausdruck komme – im selben Absatz meint er aber auch, dass sich dieser Wille niemals befriedigen werde, sondern das «die höchsten Bestrebungen der Menschheit» (ebd.) gleich dem «Ewigen Juden» dazu verdammt seien, «immer zu wandern, ohne jemals die Ruhe kennenzulernen»; eine klare Parallelität zu Nietzsches Konstruktion der «ewigen Wiederkunft» und Nietzsche setzt sich, bzw. «Zarathustras Schatten», im Zarathustra ebenfalls mit dem Ewigen Juden der Mythologie, dem heimatlosen Wanderer, gleich.[771]

Explizit kommt Sorel auf Nietzsche im Schlusskapitel des Buches zu sprechen, in dem er eine proletarische Moral entwickeln möchte. Er geht dabei von Nietzsches Antagonismus zwi-

771 Vgl. Za *Schatten.*

schen Herren- und Sklavenmoral aus. Der Altphilologe Nietzsche habe nicht gesehen, dass der Herr keine Sache der tiefen Vergangenheit, sondern der Gegenwart sei: Die Yankees, die Eroberer Nordamerikas, seien die heutigen Herrenmenschen, die Erben der griechischen Heroen. Als Beleg dafür führt er u. a. ihren Glauben an ihre eigene Überlegenheit und ihren Chauvinismus an.[772] Er teilt mithin nicht Nietzsches Kulturpessimismus, sondern geht davon aus, dass es freiheitliche Menschen, die gemäß den «homerischen Werten» (283) leben, immer geben wird. Diese Werte seien notwendig, um die Freiheit aufrechtzuerhalten und die soziale Ordnung immer wieder zu stören. Vor allem die Kunst müsse dem «Kultus des ‹Willens zur Macht›» (ebd.) dienen.

Sorel nimmt die vormodernen Juden – wohl in Unkenntnis des Lobes, das ihnen Nietzsche an anderer Stelle erwies – von Nietzsches Vorwurf aus, die Sklavenmoral erfunden zu haben, da sie ein positives Verhältnis zur Gewalt und zum Familienleben gehabt hätten.[773] Generell erblickt Sorel in den Werten der Familie keine Sklavenmoral: «[D]ie Achtung vor der menschlichen Person, die geschlechtliche Treue und Aufopferung für die Schwachen sind diejenigen Elemente der Moralität, auf die alle Menschen erhabenen Herzens stolz sind.» (Ebd.) Auch wenn die Familie nicht die einzige Quelle einer erhabenen Moral sei, sei sie doch eine der wichtigsten und Sorel kritisiert an der Kirche gerade, dass sie der Familie nicht genug Hochachtung erweise: «Die Liebe vermag durch die Begeisterung, die sie erzeugt, das Erhabene hervorzubringen, ohne welches es keine wirksame Moral geben kann.» (286) Sein wichtigster Referenzpunkt ist in diesem Abschnitt Proudhon.

Sorel führt daraufhin seine eigene Unterscheidung zwischen «Produzenten-» und «Konsumentenmoral» ein. Die herrschenden Moralsysteme basierten alle auf der Konsumentenmoral des Aristoteles, einem Sklavenhalter, den die Produktion nicht interessiert hätte.[774] Eine solche passive Moral vertrete auch der gegenwärtige Sozialismus: «Der einzige Unterschied zwischen diesem vorgeblichen Sozialismus und dem Kapitalismus würde in der Anwendung geschickterer Methoden bestehen, um in den Betrieben Disziplin zu schaffen.» (289)

772 Vgl. 281 f.
773 Vgl. 284.
774 Vgl. 287 f.

Als Quelle für eine Moral revolutionärer, freier Produzenten sieht Sorel demgegenüber die Erfahrung des revolutionären Krieges an. Die französische Revolutionsarmee sei keine Masse willenloser Automaten gewesen, wie in den professionellen Armeen davor und danach, sondern großer Einzelpersönlichkeiten. Aufgrund ihrer Leidenschaft und ihres Willens zur Aufopferung, die an diejenige der homerischen Helden erinnere, sei sie erfolgreich gewesen, nicht aufgrund ihrer überlegenen Ausstattung oder Strategie:[775]

> Derselbe Geist findet sich nun wiederum innerhalb der Arbeitergruppen, die für den Generalstreik entflammt sind; diese Gruppen stellen sich in der Tat die Revolution als eine unermeßliche Aufstandsbewegung vor, die man auch als individualistisch bewerten kann: denn jeder schreitet mit dem größtmöglichen Ungestüm voran, handelt auf eigene Verantwortung und zeigt sich wenig darum bekümmert, sein Vorgehen einem großen kunstvoll aufgebauten Gesamtplan unterzuordnen.[776]

Der Arbeiter müsse dieselbe Haltung entwickeln, die ein Künstler oder ein Erfinder bei der Arbeit an den Tag legt, dieselbe «*Unendlichkeit seines Wollens*», denselben Individualismus. Er soll für seinen Einsatz, wie auch der Soldat an der vordersten Front, keinen gerechten Lohn erwarten, sondern ihn als Selbstzweck betrachten – wie ja auch die proletarische Gewalt ein Selbstzweck sein soll.[777] Sorel schließt mit den Worten: «Der Gewalt verdankt der Sozialismus die hohen moralischen Werte, durch die er der modernen Welt das Heil bringt.» (306)

Für was Sorel also vor allem plädiert, ist die Leidenschaft und die Begeisterung, die den revolutionären Kampf leiten sollen. Ein Gedanke, der, wie wir gesehen haben, sowohl von Rechts– als auch von Links–Nietzscheanern vertreten worden ist und sich auch bei Nietzsche selbst findet. An einer Stelle findet sich bei Nietzsche sogar ein bemerkenswertes Lob revolutionärer Gewalt:

> *Mein Begriff von Freiheit.* – Der Werth einer Sache liegt mitunter nicht in dem, was man mit ihr erreicht, sondern in dem, was man für sie bezahlt, – was sie uns *kostet.* [...] Die liberalen Institutionen hören alsbald auf, liberal zu sein, sobald sie

775 Vgl. 292 f.
776 295.
777 Vgl. 300–304.

erreicht sind: es giebt später keine ärgeren und gründlicheren Schädiger der Freiheit, als liberale Institutionen. Man weiss ja, *was* sie zu Wege bringen: sie unterminiren den Willen zur Macht, sie sind die zur Moral erhobene Nivellirung von Berg und Tal, sie machen klein, feige und genüsslich, – mit ihnen triumphirt jedesmal das Heerdenthier. Liberalismus: auf deutsch *Heerden-Verthierung*... Dieselben Institutionen bringen, so lange sie noch erkämpft werden, ganz andere Wirkungen hervor; sie fördern dann in der That die Freiheit auf eine mächtige Weise. Genauer zugesehn, ist es der Krieg, der diese Wirkungen hervorbringt, der Krieg um liberale Institutionen, der als Krieg die *illiberalen* Instinkte dauern lässt. Und der Krieg erzieht zur Freiheit. Denn was ist Freiheit! Dass man den Willen zur Selbstverantwortlichkeit hat. Dass man die Distanz, die uns abtrennt, festhält. Dass man gegen Mühsal, Härte, Entbehrung, selbst gegen das Leben gleichgültiger wird. Dass man bereit ist, seiner Sache Menschen zu opfern, sich selber nicht abgerechnet. Freiheit bedeutet, dass die männlichen, die kriegs- und siegsfrohen Instinkte die Herrschaft haben über andre Instinkte, zum Beispiel über die des «Glücks». Der *freigewordne* Mensch, um wie viel mehr der freigewordne Geist, tritt mit Füssen auf die verächtliche Art von Wohlbefinden, von dem Krämer, Christen, Kühe, Weiber, Engländer und andre Demokraten träumen. Der freie Mensch ist *Krieger*. – Wonach misst sich die Freiheit, bei Einzelnen, wie bei Völkern? Nach dem Widerstand, der überwunden werden muss, nach der Mühe, die es kostet, *oben* zu bleiben. Den höchsten Typus freier Menschen hätte man dort zu suchen, wo beständig der höchste Widerstand überwunden wird: fünf Schritt weit von der Tyrannei, dicht an der Schwelle der Gefahr der Knechtschaft. Dies ist psychologisch wahr, wenn man hier unter den «Tyrannen» unerbittliche und furchtbare Instinkte begreift, die das Maximum von Autorität und Zucht gegen sich herausfordern – schönster Typus Julius Caesar –; dies ist auch politisch wahr, man mache nur seinen Gang durch die Geschichte. Die Völker, die Etwas werth waren, werth *wurden*, wurden dies nie unter liberalen Institutionen: die *grosse Gefahr* machte Etwas aus ihnen, das Ehrfurcht verdient, die Gefahr, die uns unsre Hülfsmittel, unsre Tugenden, unsre Wehr und Waffen, unsern *Geist* erst kennen lehrt, – die uns *zwingt*, stark zu sein... *Erster* Grundsatz: man muss es nöthig haben, stark zu sein: sonst wird man's nie. – Jene grossen Treibhäuser für starke, für die stärkste Art Mensch, die es bisher gegeben hat, die aristokratischen Gemeinwesen in der Art von Rom und Venedig verstanden Freiheit genau in dem Sinne, wie ich das Wort Freiheit verstehe: als Etwas, das man hat und *nicht* hat, das man *will*, das man *erobert*...[778]

Goethe schreibt in diesem Sinne im *Faust* – mit Blick vor allem auf die Niederländer, die sich ihr Land vom Meer abtrotzen: «Nur der verdient sich Freiheit wie das Leben, / Der täglich sie erobern muß.» (321)

Sorel ist einer der wichtigsten politischen Theoretiker des frühen 20. Jahrhunderts. Seine Glorifizierung ‹männlicher› Werte wie Aufopferung, Heroismus, Gewalt und sogar Chauvinismus ist jedoch, ebenso wie jener Aphorismus Nietzsches, mindestens, zweischneidig. Auch die Liebe verteidigt Sorel, doch dezidiert nur innerhalb der Form der Ehe. Es ist so kein Wunder, dass Sorel besonders stark von den Rechten rezipiert worden ist. Er schloss sich nach dem Erscheinen seines Hauptwerks selbst für kurze Zeit der rechtsradikalen Action française (‹Die französische Tat›) an und übte einen entscheidenden Einfluss auf zahlreiche Protagonisten des Faschismus aus, nicht zuletzt Mussolini selbst. So heißt es im Kommentar zur deutschen Ausgabe von 1943 von Mussolinis Hauptwerk *Der Geist des Faschismus*:

> Georges Sorel [...] hat zu den Wenigen gehört, die lange vor Mussolinis Laufbahn dessen Größe vorausgeahnt haben[:] «Unser Mussolini ist kein gewöhnlicher Spezialist. [...] Man weiß es zwar noch nicht ganz genau, aber eins sicher: Er ist der einzige energische Mann, der die Schwächen der Regierung abwenden kann.» Umgekehrt hat Mussolini sich Sorel gegenüber verpflichtet gefühlt. Ein Redakteur [...] fragte einmal: «Wer hat am entscheidendsten auf Ihre Bildung Einfluß genommen: Nietzsche, Jaurès[779] oder Sorel?» Mussolini antwortete: «Sorel. Für mich hieß es handeln. Ich wiederhole: Sorel, ihm verdanke ich am meisten. Dieser Meister des Syndikalismus hat durch

778 GD *Streifzüge* 38.

779 Jean Jaurès (1859–1914), von einem Nationalisten ermordet, war einer der führenden französischen Sozialisten seiner Zeit, der sich u. a. stark auf Marx, aber v. a. auch Lassalle bezog. Der leidenschaftliche Republikaner referierte jedoch auch auf Nietzsche und vertrat die Auffassung, dass das Proletariat der Übermensch sei (vgl. Sorel, *Überlegungen*, 282, Fn. 41). Sorel sieht ihn als hauptsächlichen Gegenspieler an.

seine rauhen Theorien über die revolutionäre Theorie[780] am meisten zur Bildung der Disziplin, der Energie und der Macht der faschistischen Kampftruppen beigetragen.»[781]

Generell gibt es eine Tradition des philosophischen Dezisionismus', in die Nietzsche, – der Apologet der Entscheidung, aber zugleich auch des Zweifels und der Kontemplation war –, nur bedingt zu verorten ist. Nicht zufällig fehlt er in der folgenden von einem Faschisten verfassten Aufzählung – und nicht zufällig rezipierte der gläubige Katholik Carl Schmitt, dessen ganze Doktrin um den bei Nietzsche kaum vorkommenden Begriff der ‹Entscheidung› kreist, ein noch viel deutlicherer Nazi als Heidegger, Jünger und Co., Nietzsche nur peripher und wenn, dann ablehnend[782]:

Maurice Blondel[783] trat nur vereinzelt mit einer Philosophie der Aktion hervor; Giovanni Gentile begründete eine Philo-

---

780 Hier liegt vermutlich ein Druckfehler vor, es müsste «Praxis» heißen.

781 90.

782 «Schmitt begegnet Nietzsche ein Leben lang mit Geringschätzung und schroffer Ablehnung.» (Heinrich Meier, *Carl Schmitt, Leo Strauss und «Der Begriff des Politischen»*, 74; Fn. 73) Nietzsche ist für ihn ein Vertreter individualistisch-liberaler Dekadenz, deren Bekämpfung im Namen eines strikten, u. a. von Sorel inspirierten, Kollektivismus sein erklärtes Hauptziel ist. (Vgl. etwa *Glossarium*, 150 f.; 16. & 17.5.1948 – Schmitt wettert hier auch sehr deutlich gegen den Existenzialismus Sartres.) Schmitt als vielleicht einzig wirklich konsequenter deutscher Denker des Faschismus hat den tiefen Gegensatz zwischen dieser Bewegung und Nietzsche mithin deutlich erkannt. Zwar spricht auch er, mit Bezug auf Sorel (in dem auch Schmitt einen Vordenker Mussolinis erblickt und einen Antipoden Marx'), von «[e]iner Philosophie des konkreten Lebens» (*Die geistesgeschichtliche Lage*, 76), mit der «das Rangverhältnis der überlieferten Moral, nämlich die Herrschaft des Bewußten über das Unbewußte, der Ratio über die Instinkte, von Grund auf erschüttert war» (ebd.), doch bezieht sich damit nicht auf Nietzsche, sondern meint den französischen Philosophen Henri Bergson (1859–1941), einen wichtigen Stichwortgeber Sorels und der gesamten französischen Philosophie, der völlig unabhängig von Nietzsche eine eigene Version des Vitalismus entwickelte. Es wäre zu untersuchen, inwieweit die Eigenart der französischen Nietzsche-Interpretation nicht zuletzt auch in einer impliziten Engführung von Nietzsche und Bergson begründet liegt. Jedenfalls in Schmitts Lesart ist es Bergsons völlig undialektische, einseitige Verklärung des Unmittelbaren und Triebhaften, die den Nietzscheschen vom Bergsonschen Vitalismus scheidet. (Vgl. zu Bergson Heike Delitz' entsprechenden Eintrag in Niemeyers *Nietzsche-Lexikon*.)

783 Blondel (1861–1949) war ein christlicher französischer Philosoph, der eine Philosophie der Tat entwickelte und von Heidegger sehr bewundert wurde. Bezüge zu Nietzsche sind nicht bekannt.

> sophie der Praxis; der George-Kreis hob den «Täter» auf den Schild; Kierkegaard verkündete den Entschluß der Leidenschaft und das Entweder-Oder [...]; Carl Schmitt sprach vom «Decisionismus», davon, daß «Entscheidung» nottut, und griff auf den Satz des Hobbes zurück: Die Autorität, nicht die Wahrheit macht das Gesetz.[784]

Auch Nietzsche verachtet die abstrakte ‹Wahrheit› der Philosophen – doch befürwortet darum nicht die Autorität und das Gesetz.

Wir werden sehen, dass für die uns interessierende linke französische Nietzsche-Rezeption allgemein eine Verquickung individualistischer, anarchistischer und nihilistischer Impulse prägend ist, die ihr einen mitunter sehr eigenwilligen Charakter verleiht. Hauptgrund für diese Spezifik dürfte vor allem sein, dass es aus französischer Sicht völlig unplausibel war, an das rechte Narrativ vom ‹deutschen Genie› Nietzsche anzuknüpfen, dass ihn in mitunter geradezu grotesker Verkehrung seiner expliziten Äußerungen in eine lange Ahnenreihe von Armin dem Cherusker bis Hitler stellte, die die Überlegenheit der deutschen Kultur über die westliche Zivilisation legitimieren sollte. Im Gegenteil lag es nahe, Nietzsches frankophile und modernistische Seite hervorzukehren.

Nietzsche war aus dieser Sicht geradezu dazu prädestiniert, zu einer Gallionsfigur der Résistance zu werden, des französischen Widerstands gegen die Nazi-Okkupation – gerade, um den deutschen Besatzern einen ihrer wichtigsten Säulenheiligen entreißen zu können. Nach 1945 hatte man daher so gut wie keine Hemmungen, Nietzsche als einen Denker der Linken zu betrachten. Insbesondere die Vertreter des Poststrukturalismus benutzten Nietzsche, um eine ideologische Alternative zum auch in Frankreich sehr prominenten Hegel-Marxismus einerseits, zum Existenzialismus andererseits entwickeln zu können. Nietzsche war für diese Denker nicht nur ein Philosoph unter vielen, sondern *die* entscheidende intellektuelle Bezugsgröße. Ihnen vor allem ist es zu verdanken, dass Nietzsche heute weltweit eher dem linken als dem rechten Lager zugeordnet wird.

Dies freilich zu einem Preis. Die Stilisierung Nietzsches zu einem Vordenker des Antifaschismus führte dazu, dass nun nicht,

---

784 Zit. n. Mussolini, *Geist des Faschismus*, 96. Zitiert wird hier in den Anmerkungen des Herausgebers «Michael Freund: *Georges Sorel*. 1932, S. 151». In der Vorlage sind die Nachnamen gesperrt.

wie in der dritten Welle, ein grundsätzliches verschiedenes Alternativnarrativ zur rechten Nietzsche-Rezeption entwickelt wurde, sondern zahlreiche Elemente dieser Rezeption unter umgedrehten Vorzeichen übernommen wurden: Nietzsche wurde so von einem Kritiker des Nihilismus zu einem Nihilisten umgewertet – unter weitgehender Ausblendung der simplen Tatsache, dass Nietzsche sich ja selbst als Antinihilisten verstanden hatte. Es ist so ein eigenartiges Zerrbild von Nietzsche entstanden, das jedoch aufgrund seiner Zeitgemäßheit eine ungeheure Wirkung entwickeln konnte. Man kann gegenwärtig von einer fast ubiquitären Hegemonie jenes postmodernen Nietzsche in linken Theoriezirkeln sprechen. Auf der vierten Welle schwimmen wir noch immer, auch die dritte ist von ihr fast völlig überspült worden.

Das wesentliche Anliegen dieses Abschnitts ist es, uns den Preis ermessen zu lassen, den wir für diese einseitige Zugangsweise zu Nietzsche zu bezahlen haben – die möglicherweise der historischen Periode in der wir uns *jetzt* befinden, schlicht und ergreifend nicht mehr gerecht wird. Wir sollten, so meine These, den postmodernen Nietzsche hinter uns lassen – doch um das zu tun, müssen wir ihn zunächst einmal verstehen. Dazu gehört es natürlich auch zu betonen, dass auch jene Unterströmung des Links–Nietzscheanismus keineswegs so einhellig ist, wie die bisherige Vorbetrachtung womöglich suggeriert hat; und, dass es auch innerhalb der linken französischen Nietzsche-Rezeption ab der Zwischenkriegszeit immer wieder andere Optionen zum poststrukturalistischen Mainstream gegeben hat, auf die sich eine fünfte Welle vielleicht aneignend beziehen könnte.

1. Engagement in Freiheit: Der Nietzsche des französischen Existenzialismus

Eine dieser alternativen links–nietzscheanischen Strömungen ist der Existenzialismus. Wir haben bereits erwähnt, dass es ein wesentliches Anliegen der Poststrukturalisten war, ihm als bestimmender Ideologie der ersten beiden Nachkriegsjahrzehnte eine wirkmächtige Alternative entgegenzusetzen.

‹Existenzialismus› ist ein recht vager Begriff, unter den teilweise sogar Nietzsche selbst subsumiert wird. Im Grunde sind die einzigen wirklichen ‹Existenzialisten› von Bedeutung Jean-Paul Sartre, der den Begriff erfand, und seine Partnerin Simone des Beauvoir. Als weiterer ‹Kernautor› des Existenzialismus kann Albert Camus aufgefasst werden, obzwar er sich selbst nicht als ‹Existenzialist› bezeichnete, daneben noch – mit Einschränkungen – der Philosoph Maurice Merleau-Ponty (1908–1961), der eine äußerst interessante Philosophie der Leiblichkeit entwickelt hat, und der Essayist Emil Cioran (1911–1995), der auch zahlreiche Aphorismen verfasste. Nur die ersten drei genannten sollen in diesem Kapitel ausführlich behandelt werden, auch wenn sowohl bei Merleau-Ponty als auch bei Cioran der Einfluss Nietzsches unverkennbar ist: Bei dem erstgenannten durch die Thematik seiner Bücher, bei dem letzteren durch seinen Stil und sein Hauptthema, dem Nihilismus – gegen den er freilich, im Gegensatz zu Nietzsche, nichts einzuwenden hat, sondern den er als unabwendbares Los akzeptiert und zu einem an Düsterkeit kaum zu überbietenden Pessimismus zuspitzt. Er wurde damit zu einem wichtigen Wegbereiter der Dekonstruktion Derridas.[785] Ferner dem Existenzialismus zuzurechnen ist Frantz Fanon (1925–1961), der als erster eine Philosophie der Befreiung der Kolonisierten entwarf (er war selbst schwarz). Allerdings zitiert er Nietzsche nur sporadisch. Sein früher Text *Peau noire, masques blancs* (*Schwarze Haut, weiße Masken*; 1952) ist allerdings von zwei Nietzsche-Erwähnungen gerahmt.[786]

Auch **Beauvoir** (1908–1986) kann hier recht kurz abgehandelt werden, da sie sich in ihren Texten so gut wie nie auf

785 Zu Cioran und Nietzsche vgl. Lohwasser, *Nietzsche und der Französische Existenzialismus*, 225–227.

786 In der Einleitung schreibt Fanon: «Das Unglück des Menschen, sagt Nietzsche, ist es, ein Kind gewesen zu sein.» (8) Ich habe allerdings keine Stelle gefunden, an der Nietzsche tatsächlich etwas Vergleichbares schreibt. Am Ende des Buches (188) wiederholt Fanon dieses Zitat noch einmal ohne Nennung Nietzsches und stellt klar, dass er damit meint, dass das Unglück des Menschen darin bestehe, in eine kontingente Situation geworfen zu sein, die er nicht gewählt hat. Das ist ein Gedanke, der eher Sartre als Nietzsche zuzuschreiben ist, für den die Kindheit eher einen Zustand der Freiheit und Offenheit bedeutet, zu dem es zurückzukehren gelte – Fanon will sie jedoch gerade überwinden. In diesem Sinne spricht er davon, abermals Nietzsches Namen erwähnend, im Schlusskapitel des Buches davon, dass es darum gehen müsse, den *aktiven Menschen* gegenüber dem passiven zu lieben (vgl. 180). Damit meint er eben den Menschen, der gegen seine Geworfenheit ankämpft um der Freiheit willen. Diese kämpferische Haltung, die typisch für Fanons gesamtes Schaffen ist und die er mit einem klaren Aufruf zum militanten Widerstand gegen die koloniale Unterdrückung verbindet, ist schon eher mit Nietzsche vereinbar.

Nietzsche bezieht[787] und auch nicht bekannt ist, ob sie Nietzsche je wirklich intensiv studierte. Ihr wichtigster Beitrag zur Philosophie ist *Le Deuxième Sexe* (*Das andere Geschlecht*) von 1949. Sie baut darin auf Gedanken auf, die Sartre in derselben Zeit entwickelte, führt sie jedoch in eigenständiger Weise weiter und bezieht sie auf die Lage der Frau in der Gesellschaft. Ihr Buch gilt als erste feministische Philosophie, sie vertritt dort vor allem zwei Thesen: a) Dass es von Natur aus keine Frauen gibt, sondern sie erst durch die patriarchale Gesellschaft zu solchen gemacht werden – hierbei bezieht sich explizit auch auf Nietzsches Konstruktivismus[788]; b) dass diese Subjektform eine ‹minderwertige› ist – Frauen sollen sich von ihrem Frau-Sein emanzipieren, um endlich richtige Menschen, volle Subjekte zu werden. Wie gezeigt, kann sich vor allem die erste der beiden Thesen voll auf Nietzsche stützen. Bei der zweiten sieht es komplexer aus: Beauvoir stört am Patriarchat, das es Frauen auf ihren Körper reduziert und ihnen dadurch die volle Menschlichkeit, die Freiheit, verwehrt bleibe. Mit Nietzsche ließe sich dagegen fragen, ob die vorherrschende leibferne Subjektivität überhaupt so erstrebenswert ist. Wenn man freilich eher den Nietzsche der negativen Befreiung als denjenigen der positiven (zum Leib) zum Maßstab nimmt, dann wäre der einzige Kernunterschied zwischen Beauvoir und Nietzsche Beauvoirs Universalismus.

Ähnlich wie mit Beauvoir verhält es sich mit **Sartre** (1905–1980): Er greift offensichtlich nietzscheanische Topoi auf – und das an durchaus zentraler Stelle –, erwähnt ihn jedoch so gut wie nicht; und dass, obwohl bei ihm zumindest nachgewiesen ist, dass er in seiner Jugend begeisterter Nietzscheaner war.[789]

787 In *Das andere Geschlecht* zitiert sie ein paar Mal Nietzsches Äußerungen zum Verhältnis von Frau und Mann als diagnostische Beispiele, in *Pour une morale de l'ambiguïté (Ethik der Ambiguität*; 1947) kritisiert sie Nietzsches Solipsismus und Elitismus (vgl. Thorgeirsdottir, *Die Philosophie Nietzsches im Spiegel von Philosophinnen im 20. Jahrhundert*, 102–107).

788 Sie zitiert die Stelle in der *Götzen-Dämmerung*, wonach der Mann die Frau aus einer Rippe seines Ideals geschaffen habe (vgl. *The Second Sex*, 201; Fn. 1).

789 Die Biographien Annie Cohen-Solal referiert in *Sartre 1905–1980*, dass Sartre während seiner Studentenzeit seinem eigenen Zeugnis nach einem nietzscheanischen Elitismus anhing, den er zugleich um eine universalistische Komponente zu erweitern suchte (vgl. 109). Sie zitiert ferner den mit Sartre damals befreundeten Philosopen und Soziologen

Die zentrale These seiner Philosophie, die er vor allem in seinem Hauptwerk darlegt und umfassend begründet, *L'Être et le néant* (*Das Sein und das Nichts*; 1943), lautet, dass beim Menschen – im Gegensatz zu allen anderen Entitäten – die Existenz (daher der Name der Strömung), also sein Sein, seinem Wesen (also seiner Essenz) vorausgehe. Das klingt komplizierter, als es ist: Sartre geht davon aus, dass es kein metaphysisch feststehendes ‹Wesen des Menschen› gibt, sondern dass das ‹Wesen des Menschen› seine konstitutive Offenheit bzw. Unbestimmtheit ist. Der Mensch *macht* sich bei Sartre erst zu dem, was er ist, er *ist* es nicht einfach.

Sartre ist also in gewisser Weise, wie etwa Cioran, Nihilist. Für ihn lebt der Mensch in einer vollkommen ‹wertlosen›, unbestimmten Welt: Alle Werte und Wahrheiten muss er erst selbst schaffen. Doch er folgert daraus, und hierin liegt die zentrale Parallele zwischen Sartre und Nietzsche, keinen Pessimismus: Die Erkenntnis des Nihilismus schafft für ihn erst die Möglichkeit einer freien Selbsterschaffung des Menschen. Mit der Unbestimmtheit des Menschen ist bei Sartre geradezu die Pflicht verbunden, sich selbst zu bestimmen, sich zu *engagieren* – im Wissen darum, dass jede Bestimmung nur vorläufig, nur provisorisch sein kann. Und es handelt sich um eine Pflicht, die jedem Einzelnen auferlegt ist, da jeder Einzelne für sich frei ist – andere Menschen sieht Sartre wesentlich als Bedrohung der je eigenen Freiheit, der Einzelne verstricke sich ihnen gegenüber notwendig in einen Kampf um Macht und Anerkennung.

Man kann somit Sartres Philosophie geradezu als Versuch der Systematisierung einer subjektivistischen Nietzsche-Lektüre verstehen, die einerseits von Nietzsches Individualismus ausgeht und andererseits von Nietzsches Diagnose des Nihilismus und seiner Antwort einer tragischen Welthaltung. Sartre lehnt Freud ebenso ab wie die Surrealisten: Für ihn gibt es keine Autonomie des Leibes oder gar ein Unbewusstes. Die Surrealisten sind für ihn reaktionäre Träumer, die sich vor ihrer Verantwortung drücken.[790] Und auch vom ‹kollektivistischen› Marxismus hielt er wenig. Er kooperierte zwar zeitweise mit der Kommunistischen Partei Frankreichs (KPF), blieb jedoch politisch vor allem Anarchist: In jeder starken Form von Kollektivität sieht er eine po-

---

Raymond Aron, der Sartres Abwertung der Materie zum bedeutungslosen ‹X› bei Nietzsche angelegt sieht (vgl. 124).

790 Vgl. seine polemische Kritik in *Was ist Literatur?*, 133–154.

tenzielle Vernichtung der ursprünglichen menschlichen Freiheit, die er nicht hinnehmen mag. Daraus folgt nicht zuletzt auch eine Art Perspektivismus, der jede Art, die menschliche Freiheit mit Leben zu füllen, als prinzipiell gleichwertig anerkennt.

Vor allem aber war Sartre glühender Antifaschist. Er beteiligte sich an der Résistance und verfasst mit seinen *Réflexions sur la question juive (Überlegungen zur Judenfrage*; 1954) eine bis heute lesenswerte Analyse des Antisemitismus. Gerade mit dieser Schrift prägte er entscheidend die linke Doktrin, den Faschismus nicht als Meinung, sondern als Verbrechen oder sogar Geisteskrankheit zu behandeln. Denn der Antisemit, das ist für ihn jemand, der vor seiner ursprünglichen Freiheit fliehen will, ein vollkommener Irrationalist und Zyniker, der nur die Gewalt kennt – und deshalb auch nur mit Gewalt bekämpft werden kann.

Sartre war allerdings gerade von Heideggers Philosophie auch stark beeinflusst – ihn benennt er auch als wichtigste Quelle. Er ist so ‹Anti–Faschist› im vollsten Sinne des Wortes: Er greift zentrale Motive des Rechts–Nietzscheanismus auf, doch gibt ihnen eine anarchistische und radikalindividualistische Wendung. Von Heidegger übernimmt er dabei nicht zuletzt Methode und Stil: Sein Hauptwerk entspricht schon dem Titel nach Heideggers und ist ganz der Methode der «phänomenologischen Ontologie»[791] verpflichtet. Zugleich steht Sartre jedoch auch stark in der Tradition des Deutschen Idealismus, was sich insbesondere in seiner Betonung der Freiheit und der Subjektivität zeigt – die Nietzsche in dieser Form völlig fremd ist. Insbesondere Adorno kritisierte an Sartre seine Nähe zum Idealismus einerseits, zu Heidegger andererseits.[792]

Sartre und Beauvoir beschreiten so einen eigenwilligen Sonderweg, der in der unmittelbaren Nachkriegszeit ungeheuer plausibel wirkte, danach jedoch schnell an Akzeptanz verlor. In der Philosophie gibt es heute nur noch wenige, die sich zustimmend auf Sartre beziehen, er gilt einigen sogar als verwirrter Metaphysiker. Das ist vielleicht deswegen der Fall, weil er bestrebt ist, eine Philosophie zu entwickeln, die so viele unterschiedliche Impulse in sich integriert: den Heideggerianern ist

791 Vgl. der Untertitel: «Versuch einer phänomenologischen Ontologie».

792 Allerdings ist Adornos Sartre-Kritik sehr oberflächlich – es gibt bei näherer Betrachtung zahlreiche Übereinstimmungen zwischen den philosophischen Grundanliegen beider. Vgl. dazu die äußerst instruktive Studie David Shermans, *Sartre and Adorno*, in der auch ihr jeweiliger nietzscheanische Zug sehr klar herausgearbeitet wird.

er zu idealistisch, den Nietzscheanern zu metaphysisch, den Marxisten zu individualistisch ... für die Poststrukturalisten ist er ohnehin ein *rotes* Tuch.

Der emphatische Bezug Sartres und Beauvoirs auf Begriffe wie Freiheit, Subjektivität und Individualität verleiht ihrem Denken jedoch eine gewisse Faszination gerade angesichts der objektiven Krise, in der sich diese Konzepte in unseren postmodernen Zeiten befinden. Überall sind wir mit einem Verlust an echter Individualität konfrontiert, an substantieller Freiheit, mit mehr oder weniger wahnhaften Kollektivitäten und der geradezu monströsen Gefährdung der Subjektivität durch Digitalisierung und Biotechnologie. Während die Poststrukturalisten in ihrem Nihilismus diese Entwicklungen teilweise sogar, wie wir noch sehen werden, stürmisch begrüßten, die klassische Frankfurter Schule vor ihnen weitgehend kapitulierte und sich ihre Schüler auf den erhobenen moralischen Zeigefinger aus dem Elfenbeinturm heraus beschränkten, wirkt Sartres Philosophie im Nachhinein wie ein letztes offensives Aufbegehren des 19. gegen das 20. und das sich ankündigende 21. Jahrhundert. Vielleicht ein hilfloses? Der zwischen Adorno- und Poststrukturalismus-Adeptentum schwankenden linksradikalen Theoriebildung, die sich in diesem Rahmen ein Spiegelgefecht nach dem anderen liefert, während die Neuste Rechte ideologisch aufrüstet, würde jedenfalls, soviel ist sicher, eine ordentliche Brise Existenzialismus gut tun, denn von Sartre kann man zumindest lernen, sich seines eigenen Verstandes zu bedienen und jeder Form von Opportunismus zu misstrauen; insbesondere aber, die rückhaltlose Verantwortung für sein eigenes Schicksal zu übernehmen und nicht darauf zu warten, dass irgendeine Führerfigur die Leitlinie vorgibt. Das wäre schon viel.

Freilich gälte es, an die Sartreschen Impulse – und mithin an den Geist des 19. Jahrhunderts – in einer Weise anzuknüpfen, die der Erfahrung *unserer* Zeit, die fraglos eine völlig andere ist, gerecht wird. Jedweder ‹Neo-Existenzialismus›, wie modisch er sich auch immer aufplustert, ist darum erst recht zum Scheitern verurteilt. Es führt kein Weg zu Sartre zurück – aber vielleicht sind die «Wege der Freiheit»[793] noch immer nicht ganz ausgetreten.

---

793 So die deutsche Übersetzung des Titels von Sartres vierteiligem Romanwerk *Les chemins de la liberté* (1945–1949), in dem er in einer

Weniger in Verruf geraten als Sartre ist sein zeitweiliger Freund und späterer Kontrahent **Camus** (1913–1960). Er bezieht sich im Gegensatz zu Sartre und Beauvoir ganz explizit auf Nietzsche. Es soll hier auf seine essayistischen Schriften rekurriert werden, auch wenn sich sicher auch in seinen bekannteren literarischen Texten Bezüge auf Nietzsche finden ließen. In seinem wohl bekanntesten Essay, *Le Mythe de Sisyphe* (*Der Mythos des Sisyphos*; 1962), ist Nietzsche neben Kierkegaard, den auch Sartre als wichtigen Vorläufer anerkennt,[794] der mit Abstand meistgenannte Philosoph. Die Schlüsselthemen Camus', nur in einer Nietzsches Stil viel ähnlicheren, literarischen Form beschrieben und ohne den Anspruch, eine allgemeinverbindliche Wahrheit zu begründen, sind auch diejenigen Sartres: Individualismus und Nihilismus. Camus' Kernbegriff ist dabei derjenige des *Absurden*: Wir lebten in der gänzlich gottverlassenen, entwerteten Welt, aus der uns niemand werde erlösen können; das menschliche Begehren nach Sinn werde von ihr gnadenlos zurückgewiesen. Wir glichen so der mythischen Figur Sisyphos, die von den Göttern dazu verurteilt wurde, unentwegt einen schweren Stein einen Berg hinaufzurollen im Wissen darum, dass dieser stets kurz vor dem Ziel zurückrollen werde. Doch anstatt an dieser Lage zu verzweifeln, sollten wir diese Situation, jeder und jede für sich, rückhaltlos auf uns nehmen, als unser Schicksal bejahen lernen und uns so ganz der Schönheit des Diesseits und der Welt, wie sie ist, hingeben. Für diese, Sartres Haltung höchst ähnliche, Ethik des *amor fati* dient der in diesem Buch gänzlich unkritisch behandelte Nietzsche als Kronzeuge:

> Je erregender das Leben, um so absurder die Vorstellung, es zu verlieren. Vielleicht liegt hier das Geheimnis der großartigen Gefühllosigkeit, die durch Nietzsches Werk strömt. In dieser Hinsicht scheint Nietzsche der einzige Künstler zu sein, der aus einer Ästhetik des Absurden die letzten Schlüsse gezogen hat, denn seine klare letzte Botschaft besteht in einer zwingenden, sterilen Klarheit und in einer beharrlichen Verneinung jedes übernatürlichen Trostes.[795]

---

geradezu ‹orthodox nietzscheanischen› Technik eine multiperspektivische, realistische Darstellung des Frankreichs der Vorkriegs- und der Kriegszeit entwickelt, die jedem, der sich für diese Zeit interessiert (oder einfach einen sehr guten Roman lesen will) sehr empfohlen werden kann.

794 Vgl. *Fragen der Methode*, 14–22.

795 179.

Camus war wie Sartre Aktivist in der Résistance – doch wie er war er nicht nur von Nietzsche, sondern etwa auch von Heidegger, den er gleichfalls oft zitiert, und auch Spengler stark beeinflusst.[796] *Der Mythos des Sisyphos* ist so ein wesentlich unpolitisches Buch: Zwar ist es antikollektivistisch und antimetaphysisch, doch es beinhaltet erklärtermaßen keine universalistischen Inhalte wie Sartres Philosophie. Im Gegenteil wird jeder Universalismus zurückgewiesen. Sartre versucht in *Das Sein und das Nichts* wenigstens, die Existenz des Anderen irgendwie mit zu berücksichtigen – bei Camus kommt sie überhaupt nicht vor. Vielleicht ist *Der Mythos des Sisyphos* deshalb bis heute so populär – weil es Radikalität vortäuscht, ohne im politischen Sinne wirklich radikal zu sein. Ein heroischer Nihilismus für Feige.

Camus blieb der Widerspruch zwischen seinem nietzscheanischen Individualismus und seinem politischen Engagement, das eher anarchistische Züge aufwies – und vor allem von einer pazifistischen Moral zeugte, die ihm innerhalb der militanten Résistance nicht nur Freunde machte –, durchaus nicht unverborgen. Dies führte zu einer baldigen Revision seines Denkens – die ihn nun freilich in einen klaren Gegensatz zu seinem einstigen Mitstreiter Sartre brachte.

1951 veröffentlichte Camus in einer Zeitschrift mit dem recht eindeutigen Titel *La Révolution prolétarienne* einen Aufsatz mit dem Titel *L'Europe de la fidélité* (*Das Europa der Treue*). Er spricht dort zunächst sehr nietzscheanisch davon, dass es darum gehe, eine neue europäische Aristokratie zu schaffen, nachdem die alte den Kontinent in den Untergang jagte.[797] Es soll eine Synthese der Aristokratien des Geistes und der Arbeit sein:

> Wenn sie befreit und miteinander versöhnt werden […], dann bilden sie zusammen das einzige Europa, das auf Dauer bestehen kann. Es wird weder das Europa der Zwangsarbeit oder das Europa eines der Doktrin unterworfenen Geistes sein, noch das, in dem wir leben – das Europa der Heuchelei und der Krämermoral –, sondern das lebendige Europa der Gemeinden und der Gewerkschaften[.][798]

---

796 Er zitiert ihn nicht, doch er studierte das Buch *Der Untergang des Abendlandes* in den späten 30ern intensiv und zustimmend (vgl. ebd., 186 f.).

797 Vgl. 285 f.

798 286.

Die dreifache Frontstellung gegen Faschismus, Stalinismus und Kapitalismus ist typisch für den Links–Nietzscheanismus (ist ja bei Nietzsche auch bereits angelegt) – doch zugleich klingt hier ein Anarchosyndikalismus an, der weniger orthodox nietzscheanisch wirkt. Entsprechend fährt Camus fort:

> Europa ist tatsächlich dieses inhumane Terrain geworden, auf dem gleichwohl alle vom Humanismus sprechen. Es ist dieses Sklavencamp und diese Welt der Schatten und Ruinen geworden. Und das alles nur, weil es sich ohne Distanz den willkürlichsten Doktrinen ausgeliefert hat, weil es von einem Terrain der Götter geträumt hat und weil es zum Zweck der Vergöttlichung alle Menschen mit den Mitteln der Macht unterworfen hat. Die Philosophien des Nordens haben es bei diesem schönen Unternehmen beraten und ihm geholfen. Und heute – im Europa von [Friedrich] Nietzsche, [Georg Wilhelm Friedrich] Hegel und [Karl] Marx – ernten wir die Früchte dieses Wahnsinns.[799]

Das ist eine eigenartige Trias – eigenartig zumal, da ja Nietzsche selbst den ‹Geist des Nordens› widerholt kritisiert. Camus beschreibt sein ideales Europa in der Folge als Kontinent der Vielfalt und der aufrechterhaltenen Spannung – auch dies eine deutliche Reminiszenz an Konzepte Nietzsches wie insbesondere sein Lob Frankreichs als Synthese von Nord und Süd. In der Folge ist die Rede davon, dass sich Europa von Doktrinen zu befreien habe, «die verlangen, alles der Geschichte, der Vernunft und der Macht zu opfern» (287). Hier sind sichtlich der Reihe nach Marx, Hegel und Nietzsche gemeint – doch sprach sich Nietzsche nicht klar dagegen aus, alles für die «großen Politik» hinzugeben?

Seine Nietzsche-Kritik begründet Camus differenzierter in seinem im selben Jahr veröffentlichten zweiten bedeutenden Essay *L'Homme révolté* (*Der Mensch in der Revolte*). Es beginnt mit einer klaren Selbstkritik: Die Haltung des *Sisyphos* scheine den Mord möglich zu machen, auch wenn sie den Selbstmord verneint – von seinem individualistischen Nihilismus möchte er nun angesichts der Erfahrung des Krieges abrücken und eine Ethik entwickeln, die nicht nur den Selbstmord, sondern auch den Mord ausschließt.[800]

---

799 Ebd. Einfügungen im Original.
800 9–18.

Er nimmt dabei dezidiert den Standpunkt des revoltierenden Sklaven ein. Seine Haltung sei – darin stimmt er Nietzsche zu – zunächst eine verneinende; doch in dieser Verneinung stecke zugleich eine tiefere Bejahung: «Die Revolte kommt nicht zustande ohne das Gefühl, irgendwo und auf irgendeine Art selbst Recht zu haben. […] [Der Sklave] bestätigt gleichzeitig mit der Grenze [die er der Macht des Herrn setzt] alles, was er jenseits von ihr vermutet und schützen will.» (21) Dieser Akt sei *unmittelbar* universell: «In der Revolte übersteigt sich der Mensch im andern, von diesem Gesichtspunkt aus ist die menschliche Solidarität eine metaphysische.» (25) Die Revolte entspringe daher, auch wenn Camus dessen Existenz nicht abstreitet, nicht, wie Max Scheler[801] und Nietzsche behaupteten, aus einem rein negativen Geist des Ressentiments, des Hasses und des Neides: «Scheinbar negativ, da sie nichts erschafft, ist die Revolte dennoch zutiefst positiv, da sie offenbart, was im Menschen allzeit zu verteidigen ist.» (28) Man ersieht leicht, dass Camus hier geradezu eine Wendung um 180° vollzieht: Kollektivität, Universalität und sogar der Metaphysik wird nun das Wort geredet – gleichzeitig ist er jedoch sichtlich darum bemüht, auf Nietzsches Kritik des ‹Sklavenaufstandes› zu antworten. Camus ‹deduziert› die Revolte dabei nicht, sondern setzt sie voraus:

> In unserer täglichen Erfahrung spielt die Revolte die gleiche Rolle wie das «Cogito» auf dem Gebiet des Denkens: sie ist die erste Selbstverständlichkeit. Aber diese Selbstverständlichkeit entreißt den einzelnen seiner Einsamkeit. Sie ist ein Gemeinplatz, die den ersten Wert auf allen Menschen gründet. Ich empöre mich, also sind wir.[802]

Das ist ein direkter Angriff nicht nur auf den ‹alten Camus›, sondern auch auf Sartre, der stets das vereinzelte Individuum als erste ontologische Gewissheit voraussetzte. – Und genauso auf Nietzsche, für den der Herr und sein Ja primär, das Nein des Sklaven nur abgeleitet ist.

Das Nietzsche-Kapitel des *Mensch in der Revolte*[803] gehört zu dem Interessantesten und Tiefsten, was je über Nietzsche

801 Der deutsche Philosoph Scheler (1874–1928) gilt als wichtiger Vertreter der philosophischen Anthropologie. Auf seine Weiterentwicklung von Nietzsches Ressentiment-Begriff bezieht sich auch Sartre in *Das Sein und das Nichts* (120).

802 31.

803 80–96.

geschrieben worden ist. Wir können hier nur seine Kernthese referieren. Wie gesagt ist für Camus der Inbegriff des Geistes der Revolte die Gleichzeitigkeit von Ja und Nein: Der Sklave sagt in ihr Nein zum Befehl des Herrn und Ja zur universellen Freiheit aller. Stirners Grundfehler sei es gewesen, nur «Nein» zu sagen – Nietzsche hingegen habe gegen den repressiven Geist der Metaphysik und des doktrinären Christentums zu Recht revoltiert, seine Gegenlehre der absoluten Bejahung jedoch zu weit getrieben. Er versuche, den Sklaven und den Herrn zugleich zu bejahen – doch das führe notwendig dazu, dem Stärkeren der beiden Recht zu geben. Nietzsches an sich befreiende Philosophie gerinne so in der Tat zu einer Affirmation der Unterdrückung und des Mordes, zu einer Affirmation der bloßen Macht. In dieser Hinsicht sei Nietzsches Philosophie der Vergötzung der Geschichte durch den Marxismus-Leninismus nur allzu ähnlich – und von den Faschisten mit Recht verwendet worden, selbst wenn es Nietzsche gegen ihre Dummheit zu verteidigen gelte. Genauer gesagt: Camus gesteht zu, dass die Faschisten den Geist Nietzsches verstanden hätten – Nietzsche selbst sei den eigenen Folgerungen seines Denkens nur nicht immer konsequent gefolgt. Nietzsche revoltiert gegen die Metaphysik – doch um den Preis, die *phýsis* (altgr., Natur) und damit die in ihr herrschende Gewalt zu vergötzen.

Camus hat wohl Recht: Aus der Sicht des Sklaven bedeutet das *amor fati,* die eigene Unterdrückung zu bejahen; aus der Sicht des Herrn, die Unterdrückung des Sklaven zu bejahen. So oder so kommt die Bejahung der Unterdrückung dabei heraus. Ein analoges Beispiel ist sicherlich, dass ein konsequenter Relativismus, der dem Wort nach alle Perspektiven als gleichwertig anerkennt, in der Realität in der Regel dazu führt, letztendlich schlicht der Meinung Recht zu geben, die die größte faktische Macht hinter sich versammelt.

Camus zieht als klare politische Folgerung aus seinem Denken eine Bejahung des Anarchosyndikalismus, also der revolutionären Gewerkschaftsbewegung, gegenüber der doktrinären Parteipolitik. «[D]as freiheitliche Denken der Franzosen, Spanier und Italiener» (336) müsse endlich über die «deutsche[] Ideologie» (337), für die gerade das Denken von Marx und Engels stehe, triumphieren. Eine mediterrane, südliche Mentalität des Maßes wird beschworen gegen den nördlichen Geist der Maßlosigkeit.

Wer einmal Italien, Griechenland, die Türkei oder Spanien mit wachen politischen Augen besucht hat und sich zugleich die Geschichte dieser Staaten vor Augen hält, kann kaum umhin, Camus' Worten eine hohe Plausibilität zuzugestehen: Zwar blüht in diesem ‹südlichen Klima› auch der Faschismus sehr gut, doch – und das auch heute noch, trotz aller Neoliberalisierung – mit ebensolcher Leidenschaft ein von einem authentischen kleinbürgerlichen, proletarischen und bäuerlichen Trotz zeugender Freiheitssinn, den es im ‹Norden› vielleicht höchstens noch in Irland gibt. Wenn es heute noch Hoffnung gibt, die endgültige Neoliberalisierung Europas – und damit in letzter Instanz seine Umformung in einen technokratischen Kapitalismus nach dem Vorbild Chinas – zu verhindern, dann eher dort als bei uns im Norden, wo selbst die ‹progressivsten› sich noch einen ihre Kleingärten schützenden ‹grünen› Technofaschismus erträumen und sich über ein paar ‹Südländer› zur folkloristischen Erbauung freuen; freilich bitte mit zwei Meter Sicherheitsabstand! – Nietzsche fordert eine Mitte zwischen Nord und Süd – vielleicht gälte es, sich vom Geist des Nordens noch radikaler zu lösen.

Es lässt sich resümieren, dass auch der späte Camus selbst noch in seiner radikalen Nietzsche-Kritik den Denkhorizont Nietzsches nicht völlig verlässt. Doch er versteht – Gedanken von Emmanuel Levinas (1906–1995), der etwa zehn Jahre später einen ganz ähnlichen Perspektivwechsel der Philosophie weg vom Ich hin zum Anderen fordern sollte, vorwegnehmend –, dass womöglich schon im Ansatz des Sartreschen Subjektivismus' und des Nietzscheanischen Individualismus' und *amor fati*-Konzepts ein grundlegender Denkfehler liegt, der nur überwunden werden kann, wenn man das Denken *von vorneherein* auf ein anderes Gerüst stellt.

Freilich hat Camus' Versuch der Begründung einer Philosophie des Anarchosyndikalismus ein ähnliches Schicksal ereilt wie der Sartresche Individualanarchismus: Von einer lebendigen ‹Rezeption› ist hier kaum zu sprechen und der Poststrukturalismus hat beide in den Orkus der ‹Ewiggestrigen› geworfen. Wahrscheinlich entspricht uns ‹Nördlichen› Sartres Philosophie (schließlich war er von Haus aus Protestant) mehr als Camus' ‹südliches› Denken – vielleicht ist die individuelle Revolte eines Sartre die höchste Form, die wir erreichen können, ohne mit unserer Bindung an den Geist des Nordens zu brechen. Doch wir sollten nie vergessen, dass mit ihr die Gefahr verbunden ist, in eine nihilistische Vergötzung der bestehenden Mächte zu verfallen, wie sie Camus beschreibt.[804]

Zu Sartres und Nietzsches Rettung ist zu sagen, dass sie beide in ihren helleren Momenten – Sartre sehr bestimmt – die Bejahung an eine Verneinung koppeln und umgekehrt. Wir haben die Passage zitiert, in der Nietzsche seinen Perspektivismus begründet und es ist dort davon die Rede, nicht einfach alle Perspektiven als gleich gültig anzuerkennen, sondern die Perspektiven in eine *Rangordnung* zu bringen. Das ist damit vereinbar, unterdrückerische abzulehnen oder ihnen jedenfalls einen geringeren Wert zuzusprechen als befreienden. Entschieden lehnt es Sartre ab, zuzulassen, aus der Freiheit heraus die Freiheit zu negieren – wie es in seiner Perspektive prototypisch der Antisemit tut. Doch wir müssen uns die Frage gefallen lassen, ob da nicht im Ansatz etwas faul ist: Ob nicht aus der Perspektive des revoltierenden Sklaven diejenige des Herren *absolut* zu verneinen ist, bzw. Sartre in seine Analyse des Antisemiten eine Wertung hinreinschmuggelt, die aus seiner Ontologie in Wahrheit gar nicht folgt.

2. Dionysus *redivivus*: Dadaismus und Surrealismus

Nach der Jahrhundertwende war es insbesondere der Expressionismus, der nietzscheanische und linke Impulse verknüpfte und für ein sehr politisiertes Kunstverständnis stand. Mit Gottfried Benn (1886–1956, der freilich später mit den Nazis sympathisierte), Kurt Hiller, Otto Gross und Edvard Munch haben wir bereits einige wichtige Protagonisten des Expressionismus kennengelernt.[805] In Italien waren es die Futuristen, die einen nietzscheanischen ästhetischen Avantgardismus fortführten – verbunden jedoch mit sehr offenen Sympathien für den Faschis-

804 Sartre übrigens versuchte ähnlich wie Camus seine universalistische Ethik der Befreiung aus dem unmittelbaren Fundament seiner Philosophie – freilich dem Cogito – folgen zu lassen. (Vgl. am deutlichsten seinen berühmten Vortrag *L'existentialisme est un humanisme* [*Ist der Existentialismus ein Humanismus?*] von 1946.) Doch Camus hat Recht, wenn er – implizit – kritisiert, dass aus diesem *egoistischen* Grundansatz nie und immer eine *volle* Solidarität ableitbar ist.

805 Vgl. zum Expressionismus als links-nietzscheanischer Bewegung die Studie Taylor, *Left-Wing Nietzscheans*.

mus Mussolinis. Expressionismus und Futurismus einigt eine geteilte Emphase auf die Kunst als Ausdruck einer unmittelbaren *Kraft*, im Fall des Expressionismus damit verbunden des Inneren der Persönlichkeit.

Die bedeutendste links-nietzscheanische Künstlerbewegung nach 1914 waren die Dadaisten. ‹Bedeutend›, weil sie das von Nietzsche angestoßene Programm einer Annäherung der Kunst an das Leben bzw. des Lebens an die Kunst zu einer radikal gegen den traditionellen Kunstbegriff gewendeten ästhetischen Praxis zuspitzten. Sie waren eine transnationale Bewegung, während der Expressionismus ein primär deutsches, der Futurismus ein primär italienisches Phänomen war. Als Begründer des Dadaismus gilt gemeinhin **Hugo Ball** (1886–1927). Seine posthum veröffentlichte Dissertation *Nietzsche in Basel. Eine Streitschrift* ist eine apologetische Interpretation des frühen Nietzsche, in der Ball dem dionysischen, irrationalistischen und amoralischen Zug in Nietzsches Philosophie das absolute Übergewicht einräumt. Aus dieser Nietzsche-Interpretation folgert Ball die Notwendigkeit einer grundlegenden Kulturrevolution, in der die Menschen ihre ursprüngliche Kreativität und Spontanität entdecken sollten, die er der bloß materiellen, instinkthaften Revolution des Marxismus gegenüberstellt. Er meldete sich 1914 freiwillig zur Armee, doch seine konkrete Kriegserfahrung ließ ihn zum Pazifisten werden. Er beschäftigte sich in der Folge mit anarchistischen Theoretikern wie Kropotkin und Bakunin. Während ihm Bakunin als politischer Anarchist gilt, gilt ihm Nietzsche als geistiger: Beide bringt er gemeinsam gegen Deutschland und den Krieg in Stellung. In dem Artikel *Die junge Literatur in Deutschland* von 1915 bezeichnet er Bakunin und Nietzsche als «die verantwortlichen Denker der letzten fünf Jahrzehnte», die beide gemeinsam hätten «den Deutschen als Typus» abzulehnen. Er beklagt die Lähmung der deutschen alternativen Kultur, die beide Denker nicht verstanden hätte. Bezüglich Nietzsche bemerkt er:

> Wenn man den Deutschen vorwirft, daß sie ihren Nietzsche (und dessen vielgliedrige Kritik der Moral, der Philosophie, der Religion, des Idealismus) nicht verstanden haben, so zitieren sie den «Zarathustra» (das nutzloseste Buch, das einer geschrieben hat) und den «Willen zur Macht», statt «Ecce-homo», «Morgenröte» und den «Fall Wagner» (sie zitieren immer, was ihnen gerade in den Kram paßt).

Während es in der Tat so ist, dass sich die rechte Nietzsche-Interpretation vor allem auf diese beiden Werke stützt, macht Ball hier diejenigen Schriften Nietzsches stark, in denen sein kritischer, destruktiver Zug jenseits von der Lehre vom «Willen zur Macht» und Zarathustras Pathos am deutlichsten wird. Was Ball anvisiert, ist ein fröhlicher Nihilismus der totalen Zerstörung, von dem er sich erst einen neuen Anfang erhofft. Als Bezugsfigur dient ihm dabei interessanterweise neben Nietzsche auch Thomas Müntzer, auf den wir noch ausführlicher zu sprechen kommen werden.

Die eigentliche Dada-Bewegung nimmt ihren Anfang 1916 mit der Gründung des Cabaret Voltaire in Zürich, wohin Ball vor dem deutschen Krieg flieht. Der Name ist Programm: Es ging um eine aufklärerische Kunst im skeptischen Geist des französischen Philosophen Voltaire (1694–1778), auf den sich auch Nietzsche immer wieder positiv bezieht.[806] Das Wort «Dada» lässt sich in zweifacher Weise interpretieren: Einmal als bewusst sinnlose Lautfolge, einmal als den doppelten Verweis auf eine präsentische Erfahrung – eine Doppeldeutigkeit, die das Programm der Bewegung recht gut umreißt. Es ging darum, eine sinnlose Kunst, etwa in Form reiner Lautgedichte ohne Bedeutung zu produzieren, die sich dem reinen Rausch annähert. Ball selbst erklärt das Wort in seinem dadaistischen Manifest von 1916 wie folgt:

> Ein internationales Wort. Nur ein Wort und das Wort als Bewegung. Es ist einfach furchtbar. Wenn man eine Kunstrichtung daraus macht, muss das bedeuten, man will Komplikationen wegnehmen. Dada Psychologie, Dada Literatur, Dada Bourgeoisie und ihr, verehrteste Dichter, die ihr immer mit Worten, nie aber das Wort selber gedichtet habt. Dada Weltkrieg und kein Ende, Dada Revolution und kein Anfang. Dada ihr Freunde und Auchdichter, allerwerteste Evangelisten. Dada Tzara, Dada Huelsenbeck, Dada m'dada, Dada mhm' dada, Dada Hue, Dada Tza.[807]

Dem Krieg wird so eine Praxis radikaler Entgrenzung in jedweder Hinsicht entgegengesetzt, eine permanente Revolution zum Programm erklärt.

806 So war die Erstausgabe von *Menschliches, Allzumenschliches* dezidiert Voltaire gewidmet – in der zweiten fehlt diese Widmung allerdings.

807 *Eroeffnungs-Manifest.*

Freilich war Ball bald unzufrieden mit diesem rein negativen, rein nihilistischen Programm. Er gab ihm schon 1917 eine politischere, konstruktivere Ausrichtung in einer Vorlesung über den Maler Wassily Kandinsky (1866–1944), Expressionist und Vorreiter der abstrakten Malerei, einer seiner wichtigsten Bezugsgrößen neben Nietzsche und den Anarchisten. Seine Gegenwartsdiagnose ist direkt von Nietzsche übernommen:

> Gott ist tot. Eine Welt brach zusammen. Ich bin Dynamit. Die Weltgeschichte bricht in zwei Teile. Es gibt eine Zeit vor mir. Und eine Zeit nach mir. Religion, Wissenschaft, Moral – Phänomene, die aus Angstzuständen primitiver Völker entstanden sind. Eine Zeit bricht zusammen. Eine tausendjährige Kultur bricht zusammen. Es gibt keine Pfeiler und Stützen, keine Fundamente mehr, die nicht zersprengt worden wären. Kirchen sind Luftschlösser geworden. Überzeugungen, Vorurteile. Es gibt keine Perspektive mehr in der moralischen Welt. Oben ist unten, unten ist oben. Umwertung aller Werte fand statt. Das Christentum bekam einen Stoß. Die Prinzipien der Logik, des Zentrums, Einheit und Vernunft wurden als Postulate einer herrschsüchtigen Theologie durchschaut. Der Sinn der Welt schwand. Die Zweckmäßigkeit der Welt in Hinsicht auf ein sie zusammenhaltendes höchstes Wesen schwand. Chaos brach hervor. Tumult brach hervor. Die Welt zeigte sich als ein blindes Über- und Gegeneinander entfesselter Kräfte. Der Mensch verlor sein himmlisches Gesicht, wurde Materie, Zufall, Konglomerat, Tier, Wahnsinnsprodukt abrupt und unzulänglich zuckender Gedanken. Der Mensch verlor seine Sonderstellung, die ihm die Vernunft gewahrt hatte. Er wurde Partikel der Natur, vorurteilslos gesehen ein Wesen frosch- oder storchenähnlich[.] […] Eine Revolution gegen Gott und seine Kreaturen fand statt. Das Resultat war eine Anarchie der befreiten Dämonen und Naturmächte. […] Aber man zerbrach nicht nur die Mauern, man zerrieb, zerlegte, zertrat noch die Sandkörner. Es blieb nicht nur kein Stein auf dem andern, es blieb auch nicht einmal kein Körnchen, kein Atom beim andern. Das Feste zerrann. Stein, Holz, Metall zerrannen. Das Große wurde klein und das Kleine wuchs riesenhaft. Die Welt wurde monströs, unheimlich, das Vernunfts- und Konventionsverhältnis, der Maßstab schwand. […] Letzte beherrschende Prinzipien gegenüber der Willkür der Natur blieben der individuelle Geschmack, Takt und Logos des Individuums. Inmitten von

Finsternis, Angst, Sinnlosigkeit hob eine neue Welt voll Ahnungen, Fragen, Deutungen schüchtern ihr riesenhaftes Haupt. [...] Und als ein weiteres Element traf zerstörend, bedrohend, mit dem verzweifelten Suchen nach einer Neuordnung der in Trümmer gegangenen Welt zusammen: die Massenkultur der modernen Großstadt. Das individuelle Leben starb, die Melodie starb. Der einzelne Eindruck besagte nichts mehr. Komplektisch drängten die Gedanken und Wahrnehmungen auf die Gehirne ein, symphonisch die Gefühle. Maschinen entstanden und traten anstelle der Individuen. Komplexe und Wesen entstanden von übermenschlicher, überindividueller Furchtbarkeit. Angst wurde ein Wesen mit Millionen Köpfen. Kraft wurde nicht mehr nach dem einzelnen Menschen, sondern nach zehntausenden Pferdekräften gemessen. Turbinen, Kesselhäuser, Eisenhämmer, Elektrizität ließen Kraftfelder und Geister entstehen, die ganze Städte und Länder in ihrer furchtbaren Gewalt hatten; neue Schlachten, Untergänge und Himmelfahrten, neue Feste, Himmel und Höllen. Eine Welt abstrakter Dämonen verschlang die Einzeläußerung, verzehrte die individuellen Gesichter in turmhohen Masken, verschlang den Privatausdruck, raubte den Namen der Einzeldinge, zerstörte das Ich und schwenkte Meere von ineinandergestürzten Gefühlen gegeneinander.[808]

In dieser nihilistischen Welt müsse sich auch die Rolle der Kunst grundlegend verändern:

Die Künstler in dieser Zeit sind der Welt gegenüber Asketen ihrer Geistigkeit. Sie führen ein tief verschollenes Dasein. Sie sind Vorläufer, Propheten einer neuen Zeit. Ihre Werke tönen in einer nur erst ihnen bekannten Sprache. Sie stehen im Gegensatz zur Gesellschaft wie die Ketzer des Mittelalters. Ihre Werke philosophieren, politisieren, prophezeien zugleich. Sie sind Vorläufer einer ganzen Epoche, einer neuen Gesamtkultur. Man versteht sie schwer und nur dann, wenn man die innere Basis ändert, wenn man bereit ist, zu brechen mit der Tradition eines Jahrtausends. Man versteht sie nicht, wenn man an Gott glaubt statt an das Chaos. Die Künstler in dieser Zeit wenden sich gegen sich selbst und gegen die Kunst. Auch die letzte, bisher unerschüttertste Basis wird ihnen Problem.[809]

808 Kandinsky, https://www.textlog.de/39027.html.
809 https://www.textlog.de/39028.html.

Der Künstler soll die allgemeine Entwertung aller Werte nun also nicht mehr nur abbilden und sogar noch forcieren, sondern ihr zugleich etwas Positives entgegenhalten – den Ausblick auf eine neue, wieder geordnete Welt der Zukunft, die sich aber nun an nichts Gegenständlichem mehr orientieren könne, sondern nur noch an abstrakten Formen. Den Kubismus und Kandinskys abstrakte Malerei führt Ball dabei als wesentliche Beispiele an. Letzteren bringt er in die Nähe von Kropotkin und Bakunin und schreibt:

> Kandinsky ist Befreiung, Trost, Erlösung und Beruhigung. Man sollte wallfahren zu seinen Bildern: sie sind ein Ausweg aus den Wirren, den Niederlagen und Verzweiflungen der Zeit. Sie sind Befreiung aus einem zusammenbrechenden Jahrtausend. Kandinsky ist einer der ganz großen Erneuerer, Läuterer des Lebens.[810]

Man sieht hier ein seltsames Schwanken zwischen dem dadaistischen Anarchismus und einer religiösen Aufladung der Kunst, ein Schwanken, das Ball auch 1919 zum endgültigen Bruch mit der Dada-Bewegung führen sollte. In der 1919 erschienenen Schrift *Zur Kritik der deutschen Intelligenz* etablierte er, unter Bezugnahme auf Nietzsche, ein Narrativ, dem wir in ähnlicher Form bereits begegnet sind: Einen systematischen Webfehler in der deutschen Geschichte, der in den Ersten Weltkrieg führte. Seit der Niederschlagung des Bauernkriegs – Ball stellt der Schrift nicht zufällig ein Müntzer-Zitat voran – habe das deutsche Volk keine wirkliche Revolution zu Stande gebracht, alle revolutionären Impulse seien in innerliche, moralische umgemünzt worden. Die Französische Revolution etwa sei ein Kampf um wirkliche Freiheit gewesen, «[i]hr blasphemisches Schlachten war eine Form von Sichausleben lange vor Nietzsche» (79) – die Deutschen hätten daraus Kants unwirkliche «intelligible Freiheit» gemacht. Ball bringt seine Kritik auf folgenden Punkt:

> Eine Konspiration der protestantischen mit der jüdischen Theologie (seit Luther) und eine Konspiration beider mit dem preussischen Gewaltsstaat (seit Hegel), die nicht nur die Unterwerfung Europas und die Weltherrschaft erstrebte, sondern die gleichzeitig ausging auf die universale Zerstörung von Religion und Moral.[811]

---

810 https://www.textlog.de/39029.html.
811 V.

Christliche mischen sich hier mit anarchistischen, deutschlandkritischen und antisemitischen Impulsen. Auch Nietzsche wird von dieser Generalkritik an Deutschland nicht ausgenommen, sondern wird einerseits Bakunin an die Seite gestellt,[812] andererseits sei er eben doch Protestant und Nationalist geblieben. Der Katholizismus wird in dem Buch zwar ebenfalls als Irrlehre angesehen, doch Ball sollte schon im nächsten Jahr zum Katholizismus konvertieren und seine letzten Jahre vor allem dem Studium christlicher Mystiker widmen.[813]

Die Dada-Bewegung lebte auch unabhängig von Ball fort und erreichte einen radikalen Höhepunkt in Berlin, wo die dortigen Dadaisten unter der intellektuellen Führung von Richard Huelsenbeck (1892–1974), George Grosz (1893–1959) und Raoul Hausmann (1886–1971) eine andere Entwicklung als Ball nahmen: Sie vertraten zunächst einen radikalen fröhlichen Nihilismus der totalen Destruktion der Kultur und der Bejahung des Chaos und verbanden diese Haltung mit einer radikalen Kritik am Individualismus des Expressionismus. Dies sollte sie freilich auch von Nietzsche unter seinem Ideal einer freien Geistigkeit wegführen: Sie unterstützten aus ihrer radikal antibürgerlichen Haltung heraus klar den Spartakus-Aufstand und schlossen sich in der Folge mehrheitlich der KPD oder anarchosyndikalistischen Organisationen an. Nietzsche wurde von ihnen letztendlich selbst als Vertreter einer bürgerlichen Kultur angesehen, die es im Namen des Marxismus zu bekämpfen gelte.[814]

Letztendlich blieb der Dadaismus eine recht kurzlebige Bewegung, die sich ab den frühen 20er–Jahren mehr und mehr auflöste. Die Haltung des ‹fröhlichen Nihilismus› konnte die Künstler nicht lange befriedigen und sie suchten einen Ausweg aus ihren Aporien in engen Ideologien wie einem katholischen Mystizismus oder einer eindeutig politisierten künstlerischen Praxis. – Ein Ausweg, vor dem Nietzsche gewarnt hatte,[815] der aufgrund seines Individualismus und Amoralismus nun geradezu zum Abstoßungspunkt wurde.

---

812 Vgl. 138.

813 Zum gesamten Abschnitt zu Ball vgl. Taylor, *Left-Wing Nietzscheans*, 164–186.

814 Vgl. ebd., 186–206.

815 So ermahnt er seinen «Schatten», den verzweifelten Freigeist: «Hüte dich, dass dich nicht am Ende noch ein enger Glaube einfängt, ein harter, strenger Wahn! Dich nämlich verführt und versucht nunmehr Jegliches, das eng und fest ist.» (Za *Schatten*)

Das Zerfallen der Dada-Bewegung in einen ‹rechten› Flügel (Ball) und einen linken korrespondiert mit dem allgemeinen Zerfallen der nietzscheanischen Bewegung in diejenigen, die den Ausweg aus dem Nihilismus im Faschismus oder im Marxismus suchten. Wir sahen bereits, dass sowohl Heidegger als auch Adorno den ‹bürgerlichen Individualismus› der Vorkriegszeit mit ganz ähnlichen Worten kritisierten. Der Erste Weltkrieg war eine Zäsur, die das Zeitalter des Individualismus beendet zu haben schien und ein neues Zeitalter des Kollektivismus einläutete: Entweder eines rechten, eines Kollektivismus der Nation oder der Rasse, oder eines linken, eines Kollektivismus der Klasse und letztendlich der Menschheit. Heidegger und Adorno diagnostizieren diese Tendenz, die auch bei Nietzsche schon anklingt, auf ihre jeweils eigene Weise.

Auch in Frankreich kam es, wie bereits angedeutet wurde, zu einer ähnlichen Entwicklung weg vom Individualismus des ‹klassischen Nietzscheanismus›, der einzig noch im Existenzialismus einen letzten Ausdruck fand. Freilich in einer eigentümlichen Weise, in der stets etwas vom ‹fröhlichen Nihilismus› der Dada-Bewegung fortlebte.

Tristan Tzara (1896–1963) hatte in Zürich die Dada-Bewegung mitbegründet und zog 1919 nach Paris, wo er mit den Künstlern **Marcel Duchamp** (1887–1968), – der mit seinen ‹Readymades›, banalen Alltagsobjekten, die nun als ‹Kunst› deklariert wurden, wie etwa einem Flaschentrockner und einem Pissoir, bereits zuvor den tradierten Kunstbegriff so radikal in Frage gestellt hatte wie niemand zuvor, – **Louis Aragon** (1897–1982) und **André Breton** (1896–1966) begeisterte Mitstreiter fand, mit denen er die Dada-Bewegung zunächst fortsetzte. Es kam allerdings bald zu internen Konflikten, die dazu führten, dass sich der Dadaismus in den Surrealismus transformierte.

Der Surrealismus war ebenfalls eine positive Antwort auf den Nihilismus des Dadaismus. Allerdings eine, die im Grunde aus dem ursprünglichen Konzept Balls folgte: Von Freuds Psychoanalyse inspiriert ging es den Surrealisten vor allem darum, eine Kunst zu entwickeln, in denen das Unbewusste sich vergegenständlichen sollte. Man verwandte zu diesem Zweck Techniken wie etwa diejenige des autonomen Schreibens, der Hypnose und der Protokollierung von Träumen. Die Surrealisten verstanden sich dabei von Anfang an als links. Walter Benjamin schreibt über den Surrealismus 1929: «Seit Bakunin hat es in Europa keinen radikalen Begriff von Freiheit mehr gegeben. Die Sürrealisten [sic] haben ihn.» (306) Und: «Die Kräfte des Rausches für die Revolution zu gewinnen, darum kreist der Sürrealismus in allen Büchern und Unternehmen.» (307) 1927 traten die Surrealisten mehrheitlich in die KPF ein (mit der sie freilich 1935 wieder brachen). André Breton nahm eine Art Führungsrolle im Kreis der Surrealisten ein.

Die Nähe zu Nietzsche drückt sich bereits im Namen der Bewegung aus. Nietzsches Übermensch wird nämlich auf Französisch gemeinhin mit ‹*surhomme*› übersetzt. Die Surrealisten bemühten sich in diesem Sinne darum, eine Realität zu entdecken und künstlerisch zu entwerfen, die die bestehende Weltsicht überschreitet, über sie hinausgeht. Im ersten Manifest des Surrealismus von 1924 definiert Breton den Surrealismus wie folgt:

> Reiner psychischer Automatismus, durch den man mündlich oder schriftlich oder auf jede andere Weise den wirklichen Ablauf des Denkens auszudrücken sucht. Denk-Diktat ohne jede Kontrolle durch die Vernunft, jenseits jeder ästhetischen oder ethischen Überlegung.[816]

Die Philosophie des Surrealismus fasst er so zusammen:

> Der Surrealismus beruht auf dem Glauben an die höhere Wirklichkeit gewisser, bis dahin vernachlässigter Assoziationsformen, an die Allmacht des Traumes, an das zweckfreie Spiel des Denkens. Er zielt auf die endgültige Zerstörung aller anderen psychischen Mechanismen und will sich zur Lösung der hauptsächlichen Lebensprobleme an ihre Stelle setzen.[817]

Nietzsche wird von Breton hier nicht zitiert und auch nicht in seinen sonstigen theoretischen Schriften. Doch man erkennt hier leicht die Anwendung von Grundideen Nietzsches: die Kritik des Rationalismus, die Aufwertung assoziativen, bildlichen Denkens, die Betonung der Macht des Unbewussten, die Aufwertung alternativer Bewusstseinszustände wie Traum, Rausch und Wahn gegenüber der gewöhnlichen Wahrnehmung, das zweckfreie Spiel als Inbegriff der Freiheit. Ideen, die von den Surrealisten nur wenige Jahre später politisch gedeutet werden im Sinne einer geistigen Befreiung der Arbeiterklasse.[818] Dies ist

816 *Erstes Manifest des Surrealismus 1924*, 26.

817 26 f.

818 Für einen systematischen Vergleich der Ideen vgl. Miriam Ommeln, *Die Verkörperung von Friedrich Nietzsches Ästhetik im Surrealismus*.

insofern konsequent, als dass Breton – mit Bezug auf Freud – die Befreiung vom rationalen, alltäglichen Denken nie als individuelle Befreiung konzipiert, sondern stets als kollektive Angelegenheit, insofern das Unbewusste immer schon ein Ausdruck kollektiver Triebe ist, der Leib gewissermaßen immer schon kollektiver Leib. Aragon solle diesen antiindividualistischen Zug des Surrealismus auf folgende Formel bringen: «Treibt den Gedanken der Zerstörung der Persönlichkeit bis an seine äußerste Grenze, und überschreitet sie.»[819] Breton nahm dementsprechend den letzten überlieferten Brief Nietzsches vom 6.1.1889 an Jacob Burckhardt[820] in seine *Anthologie de l'humour noir* (*Anthologie des schwarzen Humors*; 1940) auf neben Zeugnissen anderer ‹großer Verrückter› wie dem Marquis de Sade, Charles Baudelaire und Lewis Carroll. In jenem Brief, der veranlasste, dass Burckhardt sich um Nietzsches geistige Gesundheit sorgte und der letztendlich dazu führte, dass er in die Psychiatrie eingeliefert wurde, findet sich u. a. die bereits zitierte Stelle: «Wilhelm Bismarck und alle Antisemiten abgeschafft.» Breton spricht von einem

> bewundernswerten Brief […], in dem wir versucht sind, die höchste lyrische Explosion seines gesamten Corpus zu erblicken. Der Humor hat niemals eine solche Intensität erreicht noch rannte er gegen strengere Grenzen an. Nietzsches gesamtes Unternehmen ist in der Tat darauf aus, das Überich zu rechtfertigen durch Wachstum und Ausdehnung des Ich (Pessimismus als eine Quelle des guten Willens; der Tod als eine Form der Befreiung; die sexuelle Liebe als die ideale Verwirklichung der Einheit der Gegensätze; «sich vernichten, um neu geboren zu werden»[821]). Das gesamte Problem bestand darin, dem Menschen all die Macht zurückzugeben, die er in dem Namen *Gott* konzentriert hatte. Es ist möglich, dass sich das Ich bei dieser Temperatur auflöst («Das Ich ist *ein Anderer*», hätte Rimbaud gesagt, und wir sehen keinen Grund, warum es für

---

819 Zit. n. Miriam Ommeln, *Die Aufnahme von Nietzsches Philosophie in die surrealistischen Ideen*, 156.

820 Nr. 1256.

821 Breton spielt hier wohl – wie auch in diesem gesamten Abschnitt – auf folgende Stelle aus dem Nachlass an: «Man muß vergehen wollen, um wieder entstehen zu können – von einem Tage zum anderen. Verwandlung durch hundert Seelen – das sei dein Leben, dein Schicksal: Und dann zuletzt: diese ganze Reihe noch einmal wollen!» (NF 1882 5[1]; Nr. 227)

> Nietzsche keine Serie von «Anderen» geben sollte, gewählt je nach der Laune des Augenblicks und bezeichnet durch ihren Namen). […] Man ist nur für andere wahnsinnig. Nur kleinen Menschen erschienen Nietzsches Ideen als Einbildungen seines Größenwahns.[822]

Als besonderer Beleg für Nietzsches Genialität dient Breton der rätselhafte Ausdruck «Astu» in dem Brief, den er mit einer ähnlich seltsamen Stelle in einem Gedicht Rimbauds vergleicht und als Zeugnis dafür, dass «die Brücken der Kommunikation zerstört worden sind» (ebd.), betrachtet. Diese Glorifizierung des Nietzsches der ‹Turiner Phase› zum wahren, authentischen Nietzsche sollte für die französische Nietzsche-Interpretation wegweisend sein. Sie ist sicherlich politisch motiviert, insofern sich Nietzsche hier klar gegen die Politik des Deutschen Reiches und den Antisemitismus ausspricht. Aber Hauptgrund für diese Faszination dürfte die völlige Auflösung der Person und des Realitätssinns sein, die in diesem und anderen Texten jener Zeit deutlich zum Ausdruck kommt und die als Ausdruck der höchsten Befreiung interpretiert wird.

Derjenige Surrealist, der sich am deutlichsten zu Nietzsche bekannt hat, war freilich **Salvador Dalí** (1904–1989), ein aus Spanien stammender Künstler, der den Surrealisten von 1929 bis 1939 angehörte. Er zitiert Nietzsche in seinen ästhetischen Schriften fortlaufend und meint etwa, «daß es in diesem Jahrhundert keine heroischere, erstaunlichere Persönlichkeit gibt als mich, und abgesehen von Nietzsche (der allerdings im Wahnsinn endete) wird man auch in anderen Jahrhunderten nicht meinesgleichen finden.»[823] Und: «Meine Geheimnisse sind zu tief und einer nietzscheanischen Elite vorbehalten.»[824] Er will ein Narr sein, «‹vom nietzscheschen Willen zur Macht› beseelt»[825], verklärt Delirium, Paranoia und Zufälligkeit und die Gastronomie: «In meinem Wertesystem steht die Gastronomie […] ganz oben, aber die Güte steht auf Null.»[826] Selbstverständlich lehnt das erhabene Genie Dalí auch den Sozialismus als «Gleichmacherei» ab.[827]

822 André Breton, *Anthology of Black Humor*, 129.
823 Zit. n. Ommeln, *Die Verkörperung*, 221.
824 Zit. n. ebd., 239.
825 Zit. n. ebd.
826 Zit. n. ebd., 221.
827 Vgl. ebd., Fn. 347.

Ein Grund für den Bruch zwischen Dalí und dem Kern der Surrealisten um Breton war denn auch der wachsende politische Gegensatz: Sie schlossen Dalí aus ihrem Kreis aus, weil er die Ansicht vertrete, dass «all die gegenwärtige Unruhe der Welt rassischen Ursprungs ist und dass die beste Lösung, übereinstimmend geteilt von allen weißen Rassen, darin besteht, die dunklen Rassen zu versklaven»[828]. In der Tat sympathisierte Dalí in seinen späteren Jahren mit Franco – während des Krieges emigrierte er freilich in die USA und schaffte es dort, kommerziell sehr erfolgreich zu sein und sich als «Exzentrikclown» (Adorno[829]) in geradezu kulturindustrieller Weise zu vermarkten. Dalí zeigt so die doppelte Schwachstelle des Surrealismus: Seinen Irrationalismus, der mit dem Faschismus nur allzu gut vereinbar ist, einerseits, andererseits aber auch, dass er sich nur allzu leicht kommerzialisieren lässt. Im Rückblick wirkt er fast wie ein Laboratorium der avancierteren Kulturindustrie. Besonders kritisch und schockhaft wirken Dalís Werke jedenfalls nicht, eher gefällig und stereotyp. Dalí markiert definitiv die ästhetische wie auch politische und theoretische Verfallsform des Surrealismus.

3. Kopflos: Nietzsche im Bataille-Kreis

Georges Bataille (1897–1962) ist wohl als derjenige anzuerkennen, der dem Geist des Surrealismus eine adäquate Philosophie gab. In der Geschichte des französischen Nietzscheanismus wie auch des französischen Denkens allgemein ist er eine Schlüsselfigur, deren Bedeutung kaum unterschätzt werden darf. Unter Bezugnahme u.a. auf Marx, Freud und eben Nietzsche entwickelte er eine eigenwillige Form der Kritik der Moderne. Er ist als Gründervater des Poststrukturalismus anzusehen.

Sein Denken ist ganz dem Ziel verpflichtet, der modernen Welt der kalten Rationalität einen neuen, allerdings nicht so sehr apollinischen, sondern vielmehr radikal dionysisch-anarchischen, Mythos entgegenzustellen, dessen Hauptquellen die Erotik und der Rausch sind. Damit war allerdings keine, wenn man so will ‹weiße› Befreiung der Sexualität wie bei Wilhelm Reich gemeint mit dem wechselseitigen Orgasmus des hetero-

828 Zit. n. Pine, *Anti-Surrealist Cross-Word Puzzles*, 8.
829 Vgl. Behrens, *Adorno-ABC*, 84 f.

sexuellen Paares als Ideal einer ‹antifaschistischen Liebe›, sondern eine dunkle, wilde Sexualität, die untrennbar mit der Trauer, dem Tod, dem Schmerz und der Perversion, insbesondere dem Sadomasochismus, verbunden ist. Wichtige Bezugsfigur für Bataille ist dabei neben Nietzsche de Sade.[830]

Der zentralste theoretische Beitrag Batailles zu seiner linken Theoriebildung ist wahrscheinlich seine Ökonomiekritik, in der er einerseits Gedanken von Marx aufgreift, andererseits diese jedoch radikalisiert, indem er eine grundsätzliche Aufhebung der Ökonomie, wie man sie bisher versteht, fordert. An die Stelle der Tauschökonomie solle eine Ökonomie der «Gabe» treten, die auf der Verschwendung und dem Exzess basiert. Nietzsches «schenkende Tugend» und seine Kritik der Tauschlogik in *Zur Genealogie der Moral* war hier eine zentrale Inspirationsquelle.[831] Sowohl die Poststrukturalisten als auch die Situationisten wurden stark von dieser Perspektive auf die Ökonomie geprägt.[832]

Bemerkenswert ist zudem seine Faschismusanalyse, die er in seinem 1933 erschienen Artikel *La Structure psychologique du fascisme (Die psychologische Struktur des Faschismus)* entwickelt, in dem er darauf aufmerksam macht, dass die nihilistische «homogene» Gesellschaft der kapitalistischen Demokratie notwendig zwei Weisen einer «heterogenen» Opposition erzeuge: Eine ‹von oben›, den Faschismus, der das Heterogene in Form seiner sadistischen Autorität wiedererwecke, eines sakralen Kults der Reinheit und Pflicht und eine ‹von unten›, die proletarische Subversion der aus der homogenen Gesellschaft ausge-

---

830 Joachim Köhler argumentiert in der erwähnten Studie, dass Nietzsche nicht nur homosexuelle, sondern auch sadomasochistische Neigungen gehabt habe und zeigt Parallelen zwischen Textstellen bei ihm und Leopold von Sacher-Masochs (1836–1895) Novelle *Venus im Pelz* (1870) auf. Der «Peitschen»-Satz hätte angesichts dessen noch eine ganz andere Bedeutungsdimension, wobei Köhler Nietzsche eine vor allem masochistische Neigung attestiert.

831 Vgl. die Textsammlung *Das theoretische Werk I. Die Aufhebung der Ökonomie*.

832 Vgl. etwa Vaneigem, *Handbuch*, 33. Die Vorläuferorganisation der SI, die Lettristische Internationale, veröffentlichte sogar eine Zeitschrift mit dem Titel *Potlatch*, ein auch von Bataille verwendetes Konzept, das er den nordamerikanischen indigenen Kulturen entnimmt – ein ‹Fest des Schenkens› bei dem es darum ging, durch möglichst wertvolle Geschenke seine Macht zu demonstrieren. Das Schenken wurde dabei so weit getrieben, dass der Potlatch im späten 19. Jahrhundert gesetzlich verboten werden musste, um die indigenen Clans daran zu hindern, sich zu ruinieren.

schlossenen ‹unreinen›, schmutzigen Elemente. Um die letztere Opposition abzuwehren, verbünde sich die homogene Gesellschaft mit der faschistischen Heterogenität. Bataille zieht daraus den Schluss, dass eine Bekämpfung des Faschismus nur gelingen könne, wenn es gelänge, das Begehren nach Heterogenität wieder in eine revolutionäre Richtung zu lenken. Es komme also auf eine affektive Besetzung des revolutionären Kampfes des Proletariats an. Er schätzt dabei die Möglichkeiten eines revolutionären Kampfes jedoch ausgesprochen schlecht ein: Gerade sein Erfolg vergrößere die Menge der aus der Homogenität ausgeschlossenen Bürger und Kleinbürger und stärke so die faschistische Konterrevolution. Letztlich komme es fast notwendig zu einem Sieg des Faschismus, sobald es ihm gelänge, auch Teile des Proletariats affektiv für sich zu gewinnen. Batailles Faschismus-Analyse entspricht so auffällig den ebenfalls nietzscheanischen Analysen Reichs und Lebers. Worauf sie hinausläuft ist klar: Aufgabe der Linken sei es, einen Mythos der subversiven Heterogenität, einen Kult des Unreinen zu schaffen.

Bedeutsam war Bataille vor allem auch durch seine zentrale Rolle in den Versuchen, einen solchen ‹orthodox nietzscheanischen› Antifaschismus aus dem Geist des Surrealismus heraus zu begründen. Die ersten Anläufe zu diesem Projekt datieren in die frühen 30er-Jahre. Bataille trat 1932 dem seit 1930 bestehenden *Cercle communiste démocratique* bei, einem Kreis unorthodoxer Marxisten, die sich weigerten, mit der stalinistischen KPF zu kollaborieren.[833] Aus diesem Kreis ging 1935 Contre-Attaque hervor, ein Kampfbund linker Intellektueller, die sich – wieder einmal – in Opposition sowohl zur KPF als auch zum bürgerlichen Staat als auch zum Faschismus sahen. An den Diskussionen in diesem Kreis waren u. a. auch Breton und andere Surrealisten beteiligt, aber auch deutsche Emigranten wie insbesondere Walter Benjamin, der Bataille so nahe stand, dass er ihm vor seiner Flucht nach Spanien sogar seinen Nachlass anvertraute.

Der emphatische Bezug auf Nietzsche war dabei schon für Contre-Attaque charakteristisch. In einem Text der Gruppe heißt es:

> Es scheint, dass sich bislang nur Menschen auf Nietzsche berufen haben, die ihn elendiglich verrieten. Es scheint, dass eine

833 Vgl. Rita Bischof, *Tragisches Lachen*, 22. Die verdienstvolle Studie ist das deutschsprachige Standardwerk zur Geschichte von Acéphale und die Hauptquelle dieses Abschnitts.

der zerreißendsten menschlichen Stimmen vergeblich gesprochen hat. Soll der leidenschaftliche Antichrist, der Versucher der vaterländischen Eselei, weil er alle Forderungen auf sich nahm, allen Stolz zu dem seinen machte, nun das Opfer der Philister und Herdentiere, das Opfer der universellen Plattheit werden? Wir glauben nicht an die Zukunft der Philister. Für uns bleibt die stolze und brechende Stimme Nietzsches die Verkünderin der kommenden moralischen Revolution, die Stimme dessen, der den Sinn für die Erde hatte. Die Welt, die morgen geboren wird, wird die von Nietzsche verkündete Welt sein, die Welt, die jede moralische Knechtschaft von sich abschüttelt.[834]

Bataille setzte sich dabei für einen strikten Antinationalismus ein, der offensichtlich Motive von Nietzsches Nationalismuskritik und seinem Pathos der «Erde» aufgreift. So heißt es in einem von ihm für *Contre-Attaque* verfassten Text:

Das Vaterland oder die Erde

Eine große Anzahl von Menschen liebt ihr Vaterland, sie opfern sich und sterben für es. Ein Nazi kann das Reich [im Original auf Deutsch] bis zum Delirium lieben. Auch wir können leidenschaftlich lieben, aber was wir, wenngleich gebürtige Franzosen, lieben, ist nicht die französische, sondern die menschliche Gemeinschaft, es ist auf gar keinen Fall Frankreich, sondern die ganze Erde.[835]

Diese eindeutige Haltung, die Bataille auch in den folgenden Jahren vertreten sollte, blieb nicht unwidersprochen. Der Philosoph Pierre Kaan (1903–1945[836]), Mitglied der Gruppe, warf Bataille gleichzeitig vor, dass der Ausdruck «gebürtige Franzosen» rassistisch sei, hielt aber auch fest, dass er aber auch nichts davon halte, Frankreich an sich abzulehnen. Diese und ähnliche Konflikte, in denen man so weit ging, sich gegenseitig des Faschismus zu bezichtigen (das Schlagwort vom «*Surfascisme*» machte die Runde), beendeten bereits 1936 die Arbeit von Contre-Attaque.

Bataille blieb jedoch nicht untätig und gab Anfang 1937 die erste Ausgabe der Zeitschrift *Acéphale* heraus, die den programmatischen Titel *Nietzsche und die Faschisten. Eine Wiedergutmachung* trug. Das Titelblatt zeigt eine von André Masson (1896–1987), surrealistischer Künstler und Mitherausgeber der

834 Zit. n. ebd., 62.
835 Zit. n. ebd., 29 f.
836 Er starb kurz nach seiner Befreiung aus Gleina, einem Außenlager des KZ Buchenwald.

Zeitschrift, angefertigte Zeichnung, die verdeutlicht, um was es bei Acéphale ging (vgl. Abb. 11): Der kopflose (altgr.: *a-képhalos*) Mann sollte sinnbildlich für einen postmetaphysischen Mythos stehen, für eine Masse ohne Führer, eine Gesellschaft ohne Herrschaft. Nicht zuletzt weckt der Kopflose die Assoziation eines geköpften Königs. Langbehn schrieb in einem Gedicht mit dem Titel *Apokalyptisch*:

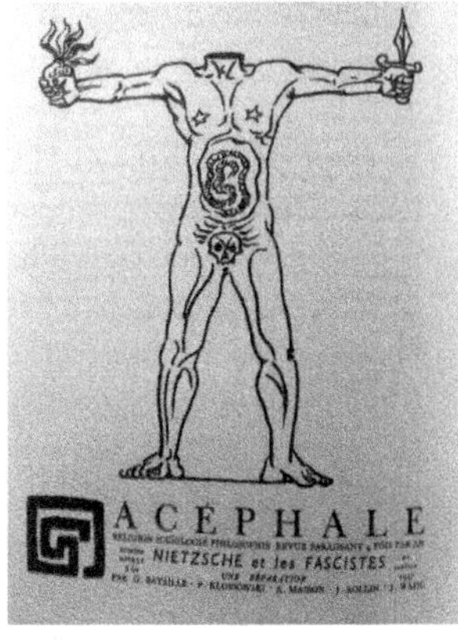

Abb. 11

Ich sah ein sehr großes Tier ohne Kopf;
es hieß «Volk».
Da, wo es einen Kopf haben sollte, hatte es
zahllose Warzen.
Viele davon spritzten Gift.
Das Tier keuchte und zappelte über die Maßen.
Von Zeit zu Zeit kam ein Harlekin und zog
es hin und her.
Dies bewerkstelligte er mit einem Strick,
Politik genannt.[837]

Das Programm von Acéphale ist die genaue Umkehrung dieser ‹Kopflosigkeitskritik›.

Masson zufolge seien die restlichen Symbole einer unbewussten Eingebung entsprungen,[838] doch es scheint klar, dass der Totenkopf anstelle des Phallus eine Reminiszenz an Freuds Todestrieb darstellt, aber auch die Kastration, die nun nicht mehr als Gefahr betrachtet, sondern geradezu begehrt wird, das flammende Herz und das Schwert Symbole des leidenschaftlichen Kampfes sein dürften, ebenso wie die beiden Sterne. Die sichtbaren Gedärme dürften auf den materialistischen Grundzug von Batailles Theorie anspielen; sie entsprechen zudem dem labyrinthischen Logo von *Acéphale*, sichtlich ein subvertiertes Hakenkreuz, das aber auch seinerseits eine Sonne darstellen könnte.

837 Die im Original enthaltenen Nummerierungen wurden weggelassen.
838 Vgl. ebd., 45.

Bataille schreibt dazu in seinem programmatischen Einleitungsartikel *La Conjuration Sacrée (frz., Die heilige Beschwörung)*:

> Der Mensch ist seinem Haupt entsprungen wie der Verurteilte dem Gefängnis. Jenseits seiner selbst hat er nicht Gott gefunden, der das Verbrechen verbietet, sondern ein Wesen, welches das Verbot nicht kennt. Jenseits dessen, was ich bin, begegne ich einem Wesen, das mich lachen macht, weil es ohne Kopf ist, das mich mit Angst erfüllt, weil es aus Unschuld und Verbrechen zusammengesetzt ist: es hält eine eiserne Waffe in seiner Linken, Flammen, einem heiligen Herz vergleichbar, in seiner Rechten. In ein und derselben Eruption vereinigt es Geburt und Tod. Es ist kein Mensch, es ist aber auch kein Gott. Es ist nicht Ich, aber es ist mehr als ich: sein Bauch ist ein Labyrinth, in dem es sich selbst verirrt, in dem ich mich mit ihm verirre und in dem ich mich als es, das heißt: als Monstrum, wiederfinde.[839]

Batailles Antifaschismus geht also, wie schnell deutlich wird, tiefer als jede oberflächliche Faschismuskritik: Der Faschismus ist für ihn Ergebnis der gesamten rationalen Zivilisation; nur durch ihre grundsätzliche Infragestellung kann eine neue Gemeinschaft gestiftet werden, die jeden Krieg und jeden Faschismus für immer unmöglich macht. Letztendlich geht es um eine Umschaffung des gesamten Universums, um dasjenige zu erreichen, was Nietzsche als «Unschuld des Werdens»[840] und «das spielende Kind»[841] bezeichnete. Und im *Zarathustra* schreibt Nietzsche ganz ähnlich: «Ich liebe Den, der freien Geistes und freien Herzens ist: so ist sein Kopf nur das Eingeweide seines Herzens, sein Herz aber treibt ihn zum Untergang.»[842] Ein letzter Bezug zu Nietzsche, der aus dem letzten Satz des Bataille-Zitats sehr deutlich hervorgeht, besteht in der Metaphorik des Inneren als Labyrinth, in dem sich der Mensch, der frei werden will, zu verirren habe – und in dessen Zentrum, wie im Mythos, der Minotaurus lauert.[843]

839 Zit. n. ebd., 46.
840 Vgl. GD *Irrthümer* 7 & 8.
841 Vgl. Za *drei Verwandlungen*.
842 *Vorrede* 4.
843 Vgl. etwa JGB 29, wo Nietzsche aber auch über die Gefahren einer solchen Vereinsamung spricht. Auf das mit dem Labyrinth-/Minotaurus-Motiv bei Nietzsche untrennbar verbundene Ariadne-Thema werden wir später noch zurückkommen.

Inhaltlich geht es in dem Heft vor allem darum, jenen anarchistischen Nietzsche demjenigen der Faschisten offensiv entgegenzuhalten – es sollte ein symbolischer Krieg gegen sie geführt werden, in dem der ‹Schlacht um das Symbol Nietzsche› eine herausgehobene Bedeutung zukam. Auch die folgenden Nummern der Zeitschrift, die zuletzt 1939 erschien, blieben dieser Programmatik treu.

Acéphale war aber nicht nur eine Zeitschrift, sondern auch eine Ende 1936 gegründete Geheimgesellschaft, die sich ganz jenem Programm eines ‹Links-Dionysmus› verschrieben hatte. Über ihre Aktivitäten ist – der Natur einer Geheimgesellschaft entsprechend – nur wenig bekannt. Jedenfalls wurde von den, nicht sehr zahlreichen, Mitgliedern versucht, magische und satanistische Rituale zu vollziehen. Es gibt sogar Gerüchte, dass es Pläne zu einem – wohl nicht vollzogenen – Menschenopfer gegeben habe. Zentrales Thema der Gruppe war es, sich, etwa durch Meditation, darin zu üben, Schmerz, Gewalt, Zerstörung und Tod im Sinne von Nietzsches *amor fati* absolut zu bejahen und nicht als Störungen des Seins, sondern als Inbegriff höchster Lebensintensität und Lust zu erfahren. Auch dies wurde als antifaschistischer Kampf betrachtet, insofern der Faschismus als verneinende Reaktion auf das Chaos der Realität gedeutet wurde.

Es handelt sich letztendlich um eine Art Neubelebung dessen, was wenige Jahrzehnte zuvor von Klages & Co. in München und später im George-Kreis versucht worden war, nun allerdings von links. Zentral waren hier wie dort die Texte von Nietzsche, die als eine Art ‹Evangelium› behandelt wurden, vermengt mit einem ordentlichen Schuss Mystik. Ende 1939 löste sich die Gruppe und wenig später auch das Le Collège de Sociologie auf, das parallel zu Acéphale als dessen ‹exoterischer Arm› bestanden hatte. Während der Besatzung wurde es ruhig um Bataille, der sich primär auf sein Schreiben konzentrierte. An der Résistance beteiligte er sich nicht. 1946 gründete er die monatlich erscheinende Zeitschrift *Revue Critique*, in der u. a. wichtige Vertreter des Poststrukturalismus wie Roland Barthes, Jacques Derrida und Michel Foucault publizierten. 1940 freundete sich Bataille mit dem Schriftsteller und Philosophen **Maurice Blanchot** (1907–2003) an, der, ebenfalls stark von Nietzsche inspiriert, ähnliche Vorstellungen wie Bataille vertrat und auf den Poststrukturalismus ebenso stark einwirkte, allerdings in der Résistance engagiert war und sich auch nach dem Krieg stark für eine klar linke Positionen einsetzte.

Zum Umfeld des Bataille-Kreises gehörte auch der Psychoanalytiker **Jacques Lacan** (1901–1981), der den Surrealisten nahestand und sich für die Aktivitäten von Acéphale interessierte. Er heiratete 1953 Batailles erste Frau Sylvia, die Bataille bereits Jahre vorher zugunsten Lacans verlassen hatte, Bataille blieb jedoch nichtsdestotrotz mit beiden in Kontakt und mit Lacan in intellektuellem Austausch. Auch er verhielt sich während des Krieges eher ruhig, wurde aber nach dem Krieg zu einem wichtigen Erneurer der Psychoanalyse, die er mit Elementen der Philosophie Heideggers synthetisierte. Lacan beeinflusste seinerseits Deleuze und Guattari stark, die sich später freilich kritisch von ihm abgrenzten. Über Lacan gibt es an dieser Stelle allerdings nicht viel zu sagen, da weder klar ist, ob er links, noch, ob er in einem substantiellen Sinne Nietzscheaner ist. Einigen gilt Lacan jedoch als subversiver Geheimtipp[844] – ob das so stimmt, ist eine Frage, die hier offen bleiben muss; und angesichts der legendären Dunkelheit von Lacans Texten wahrscheinlich auch für immer offen bleiben wird.

Erwähnt werden muss auch der weniger bekannte **Pierre Klossowski** (1905–2001), der Mitglied von Acéphale war und dessen Nietzsche-Deutung die Poststrukturalisten extrem prägte. Er entwickelte insbesondere die Auffassung, dass aus dem ‹Tod Gottes› ein – zu begrüßender – Tod des Menschen und des Subjekts folge.[845] 1969 veröffentlichte er seinen wichtigsten Beitrag zur philosophischen Debatte um Nietzsche, *Nietzsche et le Cercle Vicieux* (*Nietzsche und der Circulus vitiosus deus*), den Foucault als «das größte Buch der Philosophie»[846], das er

844 Derjenige, der maßgeblich dafür sorgte, Lacan diesen Status zu verleihen, ist der slowenische Philosoph Slavoj Žižek (geb. 1949). Seit Jahrzehnten versucht er, eine Art ‹lacan-marxistische› Kulturkritik der Gegenwart zu forcieren – mit erstaunlichem Erfolg. Über Nietzsche äußert er sich nur selten und schlagworthaft – doch die Vermutung liegt nahe, zumindest sein öffentliches Auftreten als assoziativ sprechender Provokateur als nietzscheanisch aufzufassen. In dem sehr empfehlenswerten Buch *Lacan* wird Nietzsche immerhin einmal erwähnt und davon gesprochen, dass Lacans Gleichheitskritik an Nietzsches Ressentimentkritik anknüpfe und es heißt: «Erst heute können wir wirklich die Konturen des Letzten Menschen erkennen, und zwar in der Verkleidung der vorherrschenden hedonistischen Askese.» (54)

845 Vgl. Rehmann, *Postmoderner Links-Nietzscheanismus*, 94.

846 Zit. n. ebd.

kenne, bezeichnet, und der Gilles Deleuze gewidmet ist. Der Titel des Buches bezieht sich auf den 56. Aphorismus von *Jenseits von Gut und Böse*:

> Wer, gleich mir, mit irgend einer räthselhaften Begierde sich lange darum bemüht hat, den Pessimismus in die Tiefe zu denken und aus der halb christlichen, halb deutschen Enge und Einfalt zu erlösen, mit der er sich diesem Jahrhundert zuletzt dargestellt hat, nämlich in Gestalt der Schopenhauerischen Philosophie; wer wirklich einmal mit einem asiatischen und überasiatischen Auge in die weltverneinendste aller möglichen Denkweisen hinein und hinunter geblickt hat – jenseits von Gut und Böse, und nicht mehr, wie Buddha und Schopenhauer, im Bann und Wahne der Moral –, der hat vielleicht ebendamit, ohne dass er es eigentlich wollte, sich die Augen für das umgekehrte Ideal aufgemacht: für das Ideal des übermüthigsten lebendigsten und weltbejahendsten Menschen, der sich nicht nur mit dem, was war und ist, abgefunden und vertragen gelernt hat, sondern es, *so wie es war und ist*, wieder haben will, in alle Ewigkeit hinaus, unersättlich da capo rufend, nicht nur zu sich, sondern zum ganzen Stücke und Schauspiele, und nicht nur zu einem Schauspiele, sondern im Grunde zu Dem, der gerade dies Schauspiel nöthig hat – und nöthig macht: weil er immer wieder sich nöthig hat – und nöthig macht – – Wie? Und dies wäre nicht – circulus vitiosus deus?

Der lateinische Begriff des «circulus vitiosus» meint wörtlich einen ‹fehlerhaften Kreis›. Das kann ein logischer Zirkelschluss sein oder auch eine Abwärtsspirale in Form eines sich selbst verstärkenden Negativtrends (bestes Beispiel: der Klimawandel). Man spricht auch gerne von einem ‹Teufelskreis›. Die Formulierung «circulus vitiosus deus» will also sagen: ‹Der Teufelskreis als Gott›. Dieser Satz bezeichnet für Klossowski den Kern von Nietzsches gesamtem Denken.

Dieser Lesart zufolge ist Nietzsches letzte Schaffensphase keine Phase des Größenwahns und der Umnachtung, sondern in ihr – und insbesondere der Zeit des Turiner Zusammenbruchs – finde Nietzsche endlich zu sich. Freilich nicht im Sinne einer identitären Selbstwerdung, sondern der radikalen Aufhebung aller Identität, einer Einswerdung mit seiner diffusen, chaotischen Triebnatur. Nietzsche hätte sich von jedem «Apollinismus» befreit und sei endlich bei einem reinen «Dionysmus» angekommen, nach dem er sich immer gesehnt hätte.[847] Alle Subjektivität und Rationalität, die Klossowski mit dem «aufrechten Gang» assoziiert,[848] sollen aufgelöst werden, darin erblickt Klossowski die höchste Form der Befreiung, die wahre Radikalität Nietzsches. Es sei ihm nicht darum gegangen, ‹die Kultur› in irgendeinem Sinne zu retten: Er sei ein Kritiker *der* Kultur gewesen, er habe einen aktiven Nihilismus verfolgt.[849]

Vor diesem Hintergrund rechtfertigt Klossowski rückblickend das Experiment der Geheimgesellschaft:

> Welche Staatsgewalt kann es jemals wagen, auf die Begriffe von Sinn und Zweck zu verzichten, auf deren Grundlage eine etablierte Kraft sich das Recht zur Herrschaft nimmt, welche Staatsgewalt wird eine andere Gewalt als die des Absurden ausüben? Diese Staatsgewalt oder diese Herrschaftsgebilde müßten also ihre Herrschaft mit ihrer eigenen Zersetzung verbinden, zumindest wenn es sich um eine Institution oder einen Staat im traditionellen Sinne handelt. Es kann sich also in Nietzsches Denken nicht darum handeln, ein politisches Regime im traditionellen Sinne des Wortes zu bilden. Nietzsches Komplott kann deshalb also nur so verstanden werden, daß es von irgendeiner kleinen, geheimen Gemeinschaft durchgeführt wird, deren Handlungen in jedem beliebigen Regime große Verheerungen anrichten können. Allein eine solche Gemeinschaft wäre in der Lage, schon dann eine Auflösung zu bewirken, während sie ihre Aktion plant; andererseits würde sie sich fatalerweise selber auflösen, sobald die herdenmäßige Realität sich ihres Geheimnisses in institutioneller Weise bemächtigt.[850]

Klossowski diskutiert auf diese Bemerkung folgend einige Überlegungen Nietzsches, in denen er davon spricht, dass der Prozess der kapitalistischen Nivellierung der Menschen sogar noch zu beschleunigen wäre. Auf diese werden wir noch zurückkommen; Klossowski kommentiert sie jedenfalls:

> Nietzsche schätzt in seinen theoretischen Überlegungen die konkreten Chancen zur Realisierung einer solchen Macht nicht nur als utopisch ein, sondern er entdeckt die Voraussetzungen und Perspektiven einer solchen Aktion in der Entwicklung der modernen Ökonomie selber. Die Gesamtverwaltung der Erde,

847 Vgl. 138.
848 Vgl. 54.
849 Vgl. 404.
850 405.

die weltweite Planung der Existenz, gehorcht dem Gesetz einer irreversiblen Bewegung. Diese ökonomische Bewegung, die die herrschende Denkweise der falschen darwinschen Selektion rechtfertigt, also die Verkleinerung des Menschen, macht die Reaktion einer Gegenbewegung notwendig.[851]

Er lehnt sich hier sichtlich an Batailles Faschismustheorie an: Die Homogenisierung muss notwendig zu einer Wiederkehr des Heterogenen führen. Klossowski grenzt dabei – das wird aus einem der deutschen Ausgabe des Buches angehängten Protokoll einer Diskussion sehr deutlich, an der u. a. Derrida, Jean-François Lyotard[852] und Deleuze teilnahmen – nicht mehr eine ‹subversive› von einer autoritären Form der Heterogenität ab, sondern anwortet auf den auch in der Diskussion gestellten Vorwurf, seine Nietzsche-Interpretation sei faschistisch, nicht. Er stellt vielmehr klar:

Für Nietzsche kann es keine Welt ohne Zwänge geben; wenn der Sozialismus siegt – und in diesem Falle, sagt Nietzsche ausdrücklich, kann er mit einer ungeheuren Energieverschwendung jene Grundlage sichern, derer wir bedürfen – muß man mit einer neuen Spannung rechnen, denn jede beliebige Gesellschaft scheidet einen Überschuß aus, einen Überschuß, der immer Dynamit sein wird, der das Ganze in die Luft sprengen wird.[853]

Als Beispiel für eine solche Gegenbewegung führt Klossowski die Antipsychiatriebewegung an.[854] Ein Schlüsselbegriff ist dabei auch derjenige der «Parodie», von dem er sagt: «Ich glaube, *auf die Dauer* kann nichts dieser Parodie widerstehen.» (422) Deleuze definiert diese «Parodie» in besagtem Gespräch folgendermaßen: «Die wirklich treffende Parodie im Sinne Nietzsches oder Klossowskis will nicht die Kopie eines Vorbildes sein, sondern in ihrem parodistischen Akt sowohl das Vorbild als auch die Kopie verändern.» (423) Es lässt sich eine direkte Linie

851 406.
852 Lyotard (1924–1998) ist ein weiterer wichtiger Vertreter des Poststrukturalismus, der die für ihn zentralen Themen (Kritik des Subjekts, des Humanismus, der Vernunft etc.) auf eigene Art ansprach. Er verfocht dabei eine eher liberale, pluralistische Position. Nietzsche widmete er 1975 die Vorlesung *La logique qu'il nous faut. Cours sur Nietzsche et les Sophistes (Die Logik, die wir brauchen. Nietzsche und die Sophisten).*
853 417.
854 Vgl. 420.

zwischen diesem Parodie-Begriff und den Praktiken der Queer-Bewegung ziehen: Durch seine Nachahmung wird das Original selbst als Inszenierung kenntlich gemacht und so seiner Originalität beraubt.

Letztendlich verfolgen also Bataille und seine Mitstreiter in ihren Schriften ganz ähnlich wie die Frankfurter Schule das Projekt einer Synthese von Marx, Freud und Nietzsche mit dem Kernanliegen, dem aufkommenden Faschismus etwas entgegenzusetzen. Der wesentliche Unterschied ist jedoch, dass er den Faschismus nicht nur negativ kritisiert und ansonsten am von der Aufklärung gestifteten Rahmen vernünftigen Denkens festhält, sondern darüber hinaus einen positiven Gegenmythos zum faschistischen Mythos stiften will – etwas, von dem selbst Marcuse Abstand nimmt. Dieser Gegenmythos dreht nun den faschistischen geradezu spiegelbildlich um: Wo der Faschismus die Ordnung will, will Bataille das Chaos, wo der Faschismus den Nihilismus verneinen will, bejaht Bataille ihn, wo der Faschismus die Souveränität bejaht, bejaht Bataille ihre Auflösung. Das ist ein deutlicher Unterschied zu Sorel oder auch Leber, die genau solche ‹faschistischen› Wünsche auch für ein linkes Projekt mobilisieren wollten.

Einwenden kann man gegen dieses Vorhaben freilich zunächst, dass hier eine vereinfachte Vorstellung der faschistischen Triebkräfte am Werk ist. Wie wir gesehen haben, und wie etwa Bloch betonte, liegt die Stärke des Faschismus gerade darin, auch dionysische Triebenergien für sich zu mobilisieren. Am deutlichsten wird das bei Kantorowicz. Bei allem Begehren nach Ordnung und Sittlichkeit ist der Faschismus gerade dadurch gekennzeichnet, dass er – auch wenn er sich auf der ideologischen, ‹offiziellen› Ebene, wenigstens dem Inhalt (keineswegs der Rhetorik – und auf die besonders zu achten lehrt ja Nietzsche) nach bieder gibt – auf der triebhaften Ebene durchaus Energien besetzt, die seiner Ideologie teilweise diametral widersprechen: dunkle, anarchische und sadomasochistische, in gewisser Weise satanische. Gerade der plebejische Faschismus der SA mobilisierte sogar homosexuelle Triebregungen für eine offiziell strikt heterosexistische Politik. Marcuse beispielsweise betonte durchaus, dass man auch im Todestrieb eine revolutionäre Macht erblicken sollte – doch bei Bataille und den seinen wirkt es so, als wäre für sie Thanatos und nicht Eros der Gott der Revolution. Auch Nietzsche wird in dieser Lesart vollkommen vereinseitigt. Er war, bei aller Liebe zum Dionysischen, doch auch stets auch ein Jünger Apolls, für den bis zum Schluss Ordnung, Souveränität, Individualität etc. ebenso zentrale Momente bleiben wie die dionysische Entfesselung – und das eben aus dem Grund, dass er sieht, dass die reine Entfesselung ein Irrweg wäre, gerade weil er die dunklen Triebkräfte des Menschen vor allem als grausam und zerstörerisch konzipiert.

Es ist also fraglich, ob die von Bataille und den seinen betriebene (vermeintliche) Umkehrung des Faschismus nicht ihrem Anspruch überhaupt nicht gerecht wird, zumal es sich um eine Umkehrung auf Grundlage derselben Denklogik handelt: Sowohl Bataille als auch die Faschisten sehnen sich nach einem reinen, unmittelbaren, archaischen Ursprung, dem es durch einen ‹neuen Mythos› Ausdruck zu verleihen gilt. Was ist nun das Kriterium, um zu bewerten, ob die ‹Rasse› oder eine neue Gemeinschaft zwischen allen Menschen der ‹wirkliche› Ursprung ist? Bleibt nicht auch das Acéphale-Symbol noch ein Sonnenrad? Und war der Totenkopf nicht auch *das* Symbol der Waffen-SS? «Es lebe der Tod» hieß die Losung der faschistischen Kampfverbände in Italien, Spanien und Rumänien.[855] Müsste sich ein ‹linker Mythos› nicht viel deutlicher auch qualitativ vom faschistischen unterscheiden, wenn er wirklich im gewünschten Sinne wirksam sein will – und nicht ein dunkler, sondern ein heller Mythos sein? Marx hatte jedenfalls noch geschrieben: «Mag das Leben sterben: der Tod darf nicht leben.»[856]

Schon Nietzsche analysierte die Problematik, dass eine von asketischen Idealen beherrschte Kultur paradoxerweise gerade zu einer Verwahrlosung der Triebe und damit einer völligen Entfesslung der Destruktivkräfte der Menschen komme – und das heißt er gerade nicht gut, sondern erblickt darin eine große Gefahr:

> Wir finden im Gefolge des Buss- und Erlösungstraining ungeheure epileptische Epidemien, die grössten, von denen die Geschichte weiss, wie die der St. Veit- und St. Johann-Tänzer des Mittelalters; wir finden als andre Form seines Nachspiels furchtbare Lähmungen und Dauer-Depressionen, mit denen

---

855 Zu Italien und Frankreich vgl. Franziska Meyer, *Mythos der Erneuerung*, 173; Fn. 59. Zu Rumänien vgl. Dietmar Gottfried, *«Es lebe der Tod»*.

856 *Debatten über Preßfreiheit*, 69.

unter Umständen das Temperament eines Volkes oder einer Stadt (Genf, Basel) ein für alle Mal in sein Gegentheil umschlägt; – hierher gehört auch die Hexen-Hysterie, etwas dem Somnambulismus Verwandtes (acht grosse epidemische Ausbrüche derselben allein zwischen 1564 und 1605) –; wir finden in seinem Gefolge insgleichen jene todsüchtigen Massen-Delirien, deren entsetzlicher Schrei «evviva la morte» [ital., ‹Es lebe der Tod!›] über ganz Europa weg gehört wurde, unterbrochen bald von wollüstigen, bald von zerstörungswüthigen Idiosynkrasien: wie der gleiche Affektwechsel, mit den gleichen Intermittenzen und Umsprüngen auch heute noch überall beobachtet wird, in jedem Falle, wo die asketische Sündenlehre es wieder einmal zu einem grossen Erfolge bringt (die religiöse Neurose *erscheint* als eine Form des «bösen Wesens»: daran ist kein Zweifel. Was sie ist? Quaeritur [lat., ‹das steht in Frage›].) In's Grosse gerechnet, so hat sich das asketische Ideal und sein sublim-moralischer Cultus, diese geistreichste, unbedenklichste und gefährlichste Systematisirung aller Mittel der Gefühls-Ausschweifung unter dem Schutz heiliger Absichten auf eine furchtbare und unvergessliche Weise in die ganze Geschichte des Menschen eingeschrieben[.][857]

Interessanter interpretierte Nietzsche noch in der *Geburt der Tragödie* genau jene mittelalterlichen Massenhysterien als Wiederkehr der «bacchischen Chöre der Griechen» (1) und schrieb:

Es giebt Menschen, die, aus Mangel an Erfahrung oder aus Stumpfsinn, sich von solchen Erscheinungen wie von «Volkskrankheiten», spöttisch oder bedauernd im Gefühl der eigenen Gesundheit abwenden: die Armen ahnen freilich nicht, wie leichenfarbig und gespenstisch eben diese ihre «Gesundheit» sich ausnimmt, wenn an ihnen das glühende Leben dionysischer Schwärmer vorüberbraust.[858]

Nietzsche sieht solche Ausbrüche nun selbst als Krankheiten an, als Symptome einer tiefgreifenden Dekadenz und Abkehr von der gesunden Sinnlichkeit der Antike. Er ahnt wohl nirgends so deutlich wie hier den Faschismus voraus – als Entfesselung der krankhaften, destruktiven Seite des Dionysischen. Eine Heilung könnte nur durch eine Rückkehr zur maßvollen Sinnlichkeit der Antike, die stets Disziplin und Freizügigkeit in sich integrierte,

857 GM III 21.
858 Ebd.

erfolgen – das ist ein völliges Gegenprogramm zu demjenigen Batailles.

Der Unterschied zwischen dem Nietzsche-Verständnis des Bataille-Kreises und demjenigen der Frankfurter Schule lässt sich gut anhand der Rezension verdeutlichen, die Bataille Jaspers' Nietzsche-Einführung in der zweiten Ausgabe der Zeitschrift *Acéphale* widmet. Die erwähnte Besprechung des Buches durch Horkheimer und diejenige Batailles erschienen fast zeitgleich. Während Horkheimer Jaspers als spießbürgerlichen Nietzsche-Verharmloser darstellt, der ihn völlig entpolitisiere, feiert Bataille Jaspers hymnisch als Retter des deutschen Geistes. Er schätzt an Jaspers, dass dieser den unsystematischen, uneindeutigen Charakter von Nietzsches Denken betont und die Notwendigkeit, Nietzsche in einem emphatischen Sinne zu *folgen*, um ihn zu verstehen. Batailles Nietzsche-Lesart ließe sich als eine *Politisierung* gerade jenes unpolitischen Zugangs zu Nietzsche verstehen: Ein in sich paradoxes Unterfangen, vor dessen Hintergrund der Rückzug Batailles ab 1939 nur allzu verständlich wird. Denn Politik, so müsste man jedenfalls in Anlehnung an Horkheimer argumentieren, bedeutet *immer* eine gewisse Vereindeutigung und Positionierung – wer hingegen die bloße Veruneindeutigung um ihrer selbst willen schon als politische Praxis betreibe, der schwächt im Namen besonderer ‹Radikalität› den Kampf für die eigene Sache. Es ist jedenfalls unklar, inwieweit es eine wirkungsvolle politische Praxis sein kann, einen satanistischen Geheimbund zu gründen – oder ob es sich dabei nicht eher um eine Flucht aus der Politik handelt.[859]

Viele sehen freilich in Batailles Politik der symbolischen Subversion gerade eine besonders wirksame politische Praxis und man darf ihn als direkten Vorläufer der späteren Subversionsstragien der Neuen Linken betrachten von Graffitis bis zu *raves* und *queer performances*. All diesen Formen wohnt freilich auch weiterhin die Gefahr inne, zur bloßen Kunstform oder Praxis der individuellen Selbstsorge zu verkommen, in der der politische Anspruch letztlich nur eine eitle Illusion ist, um die eigene Ohnmacht zu kompensieren. Sofern Batailles Subversionspraxis jemals irgendeinen wirklich kritischen Impuls implizierte, ist er inzwischen längst vom Kapitalismus integriert worden: «Acephale» heißt heute in Köln ein hipper Techno-Club, der auf Antifaschismus macht.

859 Zu einem Vergleich der beiden Jaspers-Rezensionen vgl. Bischof, *Tragisches Lachen*, 70–74.

Den problematischen Zug des Bataille-Kreises verdeutlicht nicht zuletzt die Affäre um **Roger Callois** (1913–1978), der u. a. eine für Adorno und Horkheimer sehr bedeutsame Theorie der Mimesis entwickelte und eine des Spiels. Während der aktiven Zeit des Bataille-Kreises war er begeisterter Anhänger Sorels und konzipierte, im Gegensatz zu Batailles anarchischem Verständnis, den Geheimbund als eine autoritär und hierarchisch organisierte Avantgardegruppe, deren Ziel die politische Beeinflussung der Gesellschaft sein müsse, während es Bataille dezidiert um eine Praxis der Selbstveränderung der in der Geheimgesellschaften organisierten ging mit nur indirekten politischen Auswirkungen. Callois vertrat einen Elitismus, Biologismus und eine Bejahung des «Willens zur Macht», der in Sätzen mündete wie:

> Im Blick auf unsichere Kandidaten ist eine distanzierte und bewaffnete Neutralität nur eine Notwehrreaktion, aber absolut notwendig, um eine Ansteckung auszuschließen. Eine Gesellschaft muss ihre Abfälle beseitigen dürfen wie ein Organismus.[860]

Der paramilitärische Geheimorden solle das Recht besitzen, «den Rest der Menschen nicht so sehr als Gleiche vor dem Gesetz, sondern als Rohstoff für [seine] Unternehmungen zu behandeln»[861]. Es verwundert nicht, dass Callois den Faschismus von diesem Standpunkt aus als zu demokratisch ansieht und für einen Kampf gegen Faschismus und Demokratie gleichermaßen plädiert – Bataille hielt hingegen die Vielfalt der Demokratie gegen die Uniformität des Faschismus hoch und er kritisiert den «Willen zur Macht» an sich im Namen eines ‹Willens zur Ohnmacht›.[862]

Diese Debatte, die von der Auflösung des Bataille-Kreises im Zuge des Kriegsausbruchs beendet wurde, offenbart die Aporien des Bataille-Kreises: Callois mobilisiert gegen den Faschismus ein selbst faschistisches Politikprogramm, dem Bataille nicht viel mehr als eine abstrakte Negation entgegenzusetzen hat. Callois hat Recht gegenüber Bataille, insofern er problematisiert, dass es eines wirklichen Kampfes gegen den Faschismus mit allen damit verbundenen Konsequenzen bedürfe – doch genauso gut Bataille, wenn er meint, dass Callois sich selbst dem angleicht, was er bekämpft. Es handelt sich um Aporien, die sich im Rahmen des Diskurses des Bataille-Kreises nicht auflösen las-

860 Zit. n. nach Bischof, *Tragisches Lachen*, 240.
861 Zit. n. ebd, 241.
862 Zu dieser ganzen Debatte vgl. ebd., 236–246.

sen: Es bleibt bei unbegründeten Stellungnahmen und Behauptungen ohne theoretische oder feste ethische Basis. Nietzsche sah dieses Problem und stand deshalb der Vergötzung reiner Unmittelbarkeit skeptisch gegenüber.

Diese Tendenzen blieben auch den Mitgliedern des IfS nicht verborgen, die sich u. a. für Klossowski interessierten, da sie nach fähigen französischsprachigen Mitarbeitern suchten. Für Adorno und Horkheimer war der Kreis um Bataille jedoch eine irrationalistische Gruppe verwirrter liberaler Spinner, mit der sie nicht viel anzufangen wussten. Und auch Walter Benjamin entgingen die faschistoiden Tendenzen innerhalb dieses Zirkels nicht und er erblickt in Callois in einem Brief an Horkheimer einen Teil der «Goebbels-Clique». Adorno stellt Callois in einem Brief an Benjamin explizit in die Tradition von Klages und Jung – und sieht einen ähnlichen irrationalistischen Materialismus sogar bei Benjamin selbst am Werk. Gerade für Callois' Theorien interessieren sich Adorno und Horkheimer wie bereits angedeutet – doch sie beurteilen sie letztendlich als zu unausgegoren und als politisch zu problematisch, um sie wirklich gutzuheißen. Sie erkannten also die Affinitäten zwischen ihrem eigenen Projekt einer ‹Aufklärung der Aufklärung› und dem Bataille-Kreis, doch sahen die Unterschiede letztendlich als zu gravierend an, um eine vertiefte Zusammenarbeit zuzulassen.[863]

4. Nietzsche 68: Situationismus & Co.

Die Bezeichnung ‹Situationismus› kann als Abgrenzung vom ‹Existenzialismus› verstanden werden: Sartre hatte den Begriff der «Situation» von Hegel übernommen. Er bezeichnet bei ihm die objektive Lage, in die jede Handlung notwendigerweise verstrickt ist.[864] Die Faktizität der Situation geht bei Sartre zwar dem subjektiven Willen des Handelnden voraus – doch Bedeutung erhält sie erst durch dessen freie Entscheidung. Sartre bringt das auf die bewusst paradoxale Formel: «[E]s gibt Freiheit nur *in Situationen*, und es gibt Situationen nur durch Freiheit.»[865] Wenn ich etwa einen Kuchen backen will, wird das Mehlregal im Supermarkt für mich zu einer signifikanten Größe – mein

863 Vgl. zu diesem Absatz: Michael Weingrad, *The College of Sociology and the Institute of Social Research.*

864 Vgl. Hegel, *Vorlesungen über die Ästhetik*, I, 257–261.

865 *Das Sein und das Nichts,* 845.

Nachbar, der es nicht benötigt, geht achtlos daran vorbei: Die faktische Vorhandenheit des Regals bleibt davon unberührt.

Letztendlich wird bei Sartre die Situation also von der Freiheit, d. i. die Existenz, determiniert. Der Künstlergruppe, die sich als Situationistische Internationale (SI) bezeichnete und die von 1957 bis 1972 existierte, ging es hingegen darum, eine stark politisierte Kunstpraxis zu etablieren, die in materialistischer Weise die Übermacht der Situation über die Existenz betonte. Es reichte jenen Künstlern nicht mehr aus, wie Sartre die menschliche Freiheit als ontologische Gewissheit zu proklamieren – sie musste gegen eine freiheitsfeindliche Gesellschaft erkämpft werden.

Ihren Höhepunkt erreichte die Tätigkeit der SI in den späten 60er-Jahren. Die Gruppe beteiligte sich intensiv an den damaligen Protesten, die sich vor allem in Frankreich und Italien, wo sie besonders aktiv war, bei Weitem nicht nur auf die Universitäten beschränkten, sondern auch auf die Fabriken ausgriffen. Im Mai 68 kam es dabei in Frankreich zu einer echten Staatskrise. Große Teile der Wirtschaft standen still und der ungeliebte Präsident de Gaulle sah sich sogar dazu gezwungen nach Deutschland zu fliehen, um sich der Unterstützung der dort stationierten französischen Streitkräfte zu versichern. Populäre Parolen der Protestierenden waren u. a. «Phantasie an die Macht!» oder «Unter dem Pflaster liegt der Strand», intensiv zum Einsatz kam insbesondere das Graffiti als neuartige politisch-künstlerische Aktionsform, mit der man sich zugleich symbolisch den öffentlichen Raum aneignete.

Die Situationisten sind ein typisches Produkt jener Zeit und sollen hier stellvertretend für unzählige Künstler und Aktivisten stehen, die in jenen Jahren nahezu weltweit versuchten, mit Nietzsche und Marx gleichermaßen bewaffnet eine völlig neuartige Form der Revolte zu praktizieren. Neuartig nicht, weil ihre Ideen völlig neu waren, die sich teilweise bis ins 19. Jahrhundert zurückverfolgen lassen – neuartig, weil in den 60ern die Ideen des Links–Nietzscheanismus zum ersten Mal keine Sache kleiner elitärer Zirkel mehr waren, sondern eine echte Massenbasis besaßen. Es war eine Revolte, die sich dezidiert darum bemühte, individuelle Selbstverwirklichung *und* Sozialismus gleichermaßen anzustreben, die sich sowohl gegen den westlichen Kapitalismus als auch den östlichen Staatssozialismus richtete und entsprechend ebenfalls gegen den Bürokratismus der klassischen Sozialdemokratie. Einige Links–Nietzscheaner der ‹alten Schule› wie Marcuse und Sartre sympathisierten mit den Ideen der Jugend und erkannten in ihnen die eigenen wieder – andere, wie Adorno und Horkheimer, verhielten sich ambivalenter. Entscheidend prägend wirkten diese Ereignisse vor allem auf die Poststrukturalisten, die 68 am Beginn ihrer akademischen Karriere standen und sich auf ihre Art bemühten, dem ‹neuen Geist› gerecht zu werden.

Im Mai 68 und der Studentenbewegung der 60er-Jahre generell konstituiert sich, was man gemeinhin als ‹Neue Linke› bezeichnet, für die eine Abkehr von den traditionellen Organisationsformen der Linken typisch ist sowie eine Betonung der genannten ‹postmaterialistischen› Werte und Themen, die quer zur klassischen Achse ‹Arbeiter vs. Kapitalisten› liegen wie sexuelle Befreiung, Emanzipation der Frauen, einem neuen Naturverhältnis, einer Kritik an Massenkonsum und Kulturindustrie … Nietzsche kann mit demselben Recht als Vordenker der ‹Neuen Linken› gelten wie als solcher der ‹Neuen Rechten›. Sowohl linke als auch rechte Theoretiker benutzten Nietzsche als Flaschenzug, um ihr Denken auf das Niveau der ‹neuen Zeit› zu hieven.

Die SI ging aus avantgardistischen Künstlerkreisen hervor, ihre unmittelbare Vorläuferorganisation ist die Lettristische Internationale, die 1946 in Paris gegründet wurde. In diesen Kreisen sammelten sich junge Leute, die am Krieg nicht aktiv beteiligt gewesen waren und nun an den Geist der Vorkriegsavantgarde, insbesondere den Dadaismus und den Surrealismus, anzuknüpfen gedachten. Nietzsche – vermittelt vor allem auch über Bataille – war dabei von Anfang an eine Schlüsselfigur. Es ging ihnen vor allem darum, die Trennung von Kunst und Leben zu überwinden – und in dieser Hinsicht waren sie deutlich radikaler als die Vorkriegsavantgarde. Sie begründeten damit die Aktionskunst und überschritten schnell die Grenze zum politischen Aktivismus. 1950 schlossen die Lettristen etwa einen Priester ein und ersetzten ihn durch einen der ihren, der als Dominikanermönch verkleidet eine auf Nietzsches «Gott ist tot» aufbauende Predigt hielt – nicht irgendwo und irgendwann, sondern zur Ostermesse in Notre Dame. Das hatte damals noch echtes Empörungspotential: Die Lettristen wären vom aufgebrachten Mob fast gelyncht worden.[866] (Angesichts der von

866 Vgl. Biene Baumeister Zwi Negator, *Situationistische Revolutionstheorie* II, 42. Es handelt sich bei dieser Einführung um das deutschsprachi-

Nietzsche beklagten Gleichgültigkeit gegenüber der Nihilismus-Diagnose eine interessante Reaktion.)

Der SI gehörten in ihren Glanzzeiten Intellektuelle, Aktivisten und vor allem Künstler aus allen großen europäischen Ländern an, u.a. Asger Jorn und die Münchner Künstlergruppe SPUR. Insgesamt zählte sie 72 Mitglieder.[867]

Konzentrieren wir uns hier auf ihre beiden wichtigsten Theoretiker, Raoul Vaneigem (geb. 1934) und Guy Debord (1931–1994), die jeweils 1967 ihre Hauptwerke veröffentlichten: Vaneigems *Traité de savoir-vivre à l'usage des jeunes générations* (*Handbuch der Lebenskunst für die jungen Generationen*) und Debords *La Société du Spectacle (Die Gesellschaft des Spektakels)*. Während Vaneigem eher für den ‹subjektivistischen›, an Nietzsche und Heidegger anknüpfenden Flügel der SI steht, verkörpert Debord, Begründer und Chef der Gruppe, ihren ‹objektivistischen›, vor allem an den Hegel-Marxismus anknüpfenden Teil.

Vaneigem schreibt über sein Buch rückblickend:

> Ein Buch, das die Lektüre einer Epoche sein will, legt nur Zeugnis vom unbestimmten Verlauf der Epoche ab; ein Buch, das die Epoche tatsächlich verändert, verbreitet auf dem Feld zukünftiger Umbrüche auch den Keim der Veränderung. Wenn für das *Handbuch* beides gilt, so liegt das an einer klaren Parteinahme für die Radikalität, für das Primat jenes «Ich», das in der Welt ist, ohne von der Welt zu sein, und dessen Emanzipation von nun an die Vorbedingung für alle diejenigen ist, die erkennen, dass «leben lernen» nicht «überleben lernen» bedeutet.[868]

Wir sehen hier die Verschränkung marxistischer Impulse durch die Betonung der Notwendigkeit einer nicht bloß interpretierenden, sondern weltverändernden Theorie; existenzialistischer durch die klare Parteinahme für ein Primat des Ichs – die deutlich politisch aufgeladen wird; und natürlich nietzscheanischer durch den emphatischen Lebensbegriff:

---

ge Standardwerk für alle, die sich für die SI und ihre Theorie interessieren. Leider krankt sie daran, dass aufgrund der hegel-marxistischen Vorurteile ihrer Verfasser der nietzscheanische Zug der SI deutlich stiefmütterlich behandelt wird. Diese Fehldarstellung zu korrigieren ist das Hauptanliegen dieses Abschnitts.

867 Vgl. Biene Baumeister Zwi Negator, *Situationistische Revolutionstheorie* I, 22.

868 Vaneigem, *Handbuch*, 5.

> Der alte Ruf «Tod den Ausbeutern!» hallt nicht länger durch die Städte, weil er einem anderen Ruf Platz gemacht hat, der der Kindheit und einer ungetrübteren, aber nicht weniger beharrlichen Leidenschaft entsprungen ist: «Das Leben vor allen Dingen!»[869]

Der Klassenkampf wird hier also durch eine neue, dem Anspruch nach universellere Revolution ersetzt, die sich ganz Werten wie ‹Individualität›, ‹Authentizität› und ‹Lebendigkeit› verschrieben hat, der Kampf zwischen Kapitalist und Proletarier durch einen tieferen «Kampf des Lebenden gegen den Tod»[870]. Es gibt Ansätze zu einer Metaphorik auch bei Marx und Engels[871] – doch es ist klar Nietzsche, der hier im Hintergrund steht.

Die Struktur des Buches entspricht nun interessanterweise fast haargenau derjenigen von *Sein und Zeit*. In einem ersten Teil wird die ‹uneigentliche› «Perspektive der Macht» analysiert, das «alltägliche Leben» (21) und seine «Sorgen», der zweite Teil, «Die Umkehrung der Perspektive», widmet sich einer positiven Beschreibung eines ‹eigentlichen› Weltzugangs. Zwischen beiden vermittelt ein Übergangskapitel, «Das Überleben und seine falsche Infragestellung», das sich mit dem Nihilismus auseinandersetzt. Wir sehen hier erneut die Unbefangenheit, mit der antifaschistische französische Intellektuelle an Heidegger anknüpfen – in diesem Fall freilich ohne ihn auch nur ein einziges Mal namentlich zu erwähnen.

Einer der Schlüsselbegriffe von Vaneigems Analyse der Gesellschaft seiner Zeit ist, wie bei Debord, derjenige des «Spektakels». Der Begriff leitet sich vom Lateinischen *spectaculum* ab, das primär das Schauspiel bezeichnet, das wiederum vom Verb *speculare* abzuleiten ist, das ‹beobachten› bedeutet, und von dem auch das Wort ‹Spekulation› stammt. *Speculum* bedeutet auf Lateinisch ‹Spiegel›. Hinzu zu diesem schon in sich reichhaltigen Assoziationsfeld tritt noch die Alltagsbedeutung von ‹Spektakel› im Sinne eines ‹spektakulären›, also berauschenden, anziehenden, alle Aufmerksamkeit auf sich lenkenden, bun-

869 Ebd., 7.

870 Ebd., 13.

871 Vgl. das oben angeführte Zitat des jungen Marx, aber etwa auch diese Stelle im ersten Band des *Kapital*: «Das Kapital ist verstorbne Arbeit, die sich nur vampyrmäßig belebt durch Einsaugung lebendiger Arbeit und um so mehr lebt, je mehr sie davon einsaugt. Die Zeit, während deren der Arbeiter arbeitet, ist die Zeit, während deren der Kapitalist die von ihm gekaufte Arbeitskraft konsumiert.» (247)

ten, interessanten Ereignisses. Vaneigem und Debord spielen mit diesem gesamten Bedeutungsspektrum. Sie kritisieren mit Hilfe dieses Begriffs, dass die Nachkriegsgesellschaft die Menschen zu passiven Betrachtern von manipulativen Bildwelten degradiert – Bildwelten, die ihnen zugleich ihren eigenen Alltag, ihr eigenes Erleben widerspiegeln. Anstatt aktive Schöpfer ihres eigenen Lebens zu sein, werden die Menschen zu passiven Betrachtern desselben – die Verbindung zwischen wirklichem Erleben und Selbstwahrnehmung wird gekappt durch den gigantischen kulturindustriellen und ideologischen Apparat, der in jener Periode – auch Adornos und Horkheimers Kritik der Kulturindustrie zeugt ja davon – eine immer größere Wirkung auf die gesamte Gesellschaft ausübt. Die Menschen werden so von ihrem eigenen Wesen entfremdet.

Auch Nietzsche verwendet Begriffe aus diesem Bedeutungsspektrum. So heißt es in einem Nachlassfragment:

> Die Wissenschaft selbst ist in der Periode des Niedergangs, trotz der Methoden und des Handwerkszeugs: und eure großen Universitäten mit dem imponirenden Apparat von Laboratorien Spektatorien und Spektatores und Laboureurs erinnern an die Zeughäuser mit den ungeheuren Geschützen und Kriegswerkzeugen: man erschrickt über die Zurüstungen, aber im Kriege kann niemand solche Maschinen brauchen.[872]

Beachtenswert ist in diesem Zusammenhang auch diese Passage aus *Zur Genealogie der Moral*, in der Nietzsche ausdrücklich die Erzeugung künstlicher moralischer Erregungszustände mit der ökonomischen Spekulation vergleicht:

> [I]ch mag auch sie nicht, diese neuesten Spekulanten in Idealismus, die Antisemiten, welche heute ihre Augen christlich-arisch-biedermännisch verdrehn und durch einen jede Geduld erschöpfenden Missbrauch des wohlfeilsten Agitationsmittels, der moralischen Attitüde, alle Hornvieh-Elemente des Volkes aufzuregen suchen (– dass *jede* Art Schwindel-Geisterei im heutigen Deutschland nicht ohne Erfolg bleibt, hängt mit der nachgerade unableugbaren und bereits handgreiflichen *Verödung* des deutschen Geistes zusammen, deren Ursache ich in einer allzuausschliesslichen Ernährung mit Zeitungen, Politik, Bier und Wagnerischer Musik suche, hinzugerechnet, was die Voraussetzung für diese Diät abgiebt: einmal die nationa-

872 NF 1873 28[1].

le Einklemmung und Eitelkeit, das starke, aber enge Princip «Deutschland, Deutschland über Alles», sodann aber die Paralysis agitans [lt., Schüttellähmung; altes Wort für die Parkinson-Krankheit] der «modernen Ideen»). Europa ist heute reich und erfinderisch vor Allem in Erregungsmitteln, es scheint Nichts nöthiger zu haben als Stimulantia und gebrannte Wasser: daher auch die ungeheure Fälscherei in Idealen, diesen gebranntesten Wassern des Geistes, daher auch die widrige, übelriechende, verlogne, pseudoalkoholische Luft überall. Ich möchte wissen, wie viel Schiffsladungen von nachgemachtem Idealismus, von Helden-Kostümen und Klapperblech grosser Worte, wie viel Tonnen verzuckerten spirituosen Mitgefühls (Firma: la religion de la souffrance [frz., Religion des Leidens], wie viel Stelzbeine «edler Entrüstung» zur Nachhülfe geistig Plattfüssiger, wie viel *Komödianten* des christlich-moralischen Ideals heute aus Europa exportirt werden müssten, damit seine Luft wieder reinlicher röche... Ersichtlich steht in Hinsicht auf diese Überproduktion eine neue *Handels*-Möglichkeit offen, ersichtlich ist mit kleinen Ideal-Götzen und zugehörigen «Idealisten» ein neues «Geschäft» zu machen – man überhöre diesen Zaunspfahl nicht! Wer hat Muth genug dazu? – wir haben es in der *Hand*, die ganze Erde zu «idealisiren»!...[873]

Man sieht hier deutlich, dass Nietzsche ein direkter Vorläufer der späteren Spektakelkritik ist: Er kritisiert ununterbrochen die Theatralität der modernen Gesellschaft, ihren Schauspielcharakter, den er an Stellen wie dieser selbst mit der immer zentraleren Rolle des Marktes in ihr assoziiert. Explizit bezieht sich Vaneigem auf Nietzsches Kritik der vollständigen Verlogenheit der vom priesterlichen Wahrheitsbegriff beherrschten Menschheit – wendet sie aber so, dass es hier um die «Wahrheit der Herren» gehe.[874] Und auch Heideggers «Man» ließe sich hier als wesentliche Inspirationsquelle bezeichnen.

Ein weiteres Charakteristikum des Spektakels bei Vaneigem wie auch bei Debord ist seine Fragmentarität. Die Herrschenden bemühen sich nicht einmal mehr um eine ganzheitliche, geschlossene, konsistente Ideologie: Es genügen bruchstückhafte Floskeln und vor allem Bilder, um die Massen gefügig zu halten. Bei Vaneigem – auch das ein nietzscheanischer Zug – wird die-

873 III, 26.
874 Vgl. 150 f.

se zerstückelte Traumwelt offensiv mit dem Ideal der Ganzheit konfrontiert:

> Will man ihr [der rebellischen jungen Generation] Glauben schenken, so gibt es ein gleichbleibendes revolutionäres Projekt, das die revolutionären Strömungen erfüllt: das Projekt des totalen Menschen, *der Wille, total zu leben* [.][875]

Es gehe darum, «echt und ohne Schranken zu leben» (26), der Mensch der Rebellion ist «der einheitliche Mensch, der Mensch der globalen Verweigerung» (16). Eine Welt der «Herren ohne Sklaven» (84) ist das Ziel.

Der Sinn des – natürlich ironisch gemeinten – Titels: Die einzige sinnvolle «Lebenskunst» in einer Gesellschaft, in der «das Leben nicht lebt» bestehe in der absoluten Verweigerung, mit ihr irgendwelche Kompromisse einzugehen und in der radikalen Rebellion gegen sie. Zurückgewiesen wird dabei insbesondere jeder Versuch der Ontologisierung des bestehenden Übels zum ‹menschlichen Schicksal› – hier kritisiert Vaneigem namentlich Sartre und Freud, aber man könnte hier auch Heidegger und Nietzsche anführen.[876]

Die Konsumgesellschaft speiste das Proletariat mit kleinen «gadgets» ab, nutzlosem Schnickschnack, der einzig und allein der Distinktion dient. Es gehe darum «[e]in Nest für die kleinen Menschen» zu schaffen «von denen Nietzsche sprach» (86). Gemeint ist hier wohl der «letzte Mensch» aus der Vorrede des *Zarathustra*, doch Nietzsche spricht dort auch an einer Stelle vom «kleinen Menschen» als Mensch der Lebensverneinung[877].

Verklärt werden Spontanität, die Kreativität und die Unmittelbarkeit – alle Vermittlung und alle Formung werden kritisiert.[878] Insofern knüpft Vaneigem unmittelbar an Batailles ‹Links-Dionysmus› an. Selbst noch die Sprache wird kritisiert und gegenüber ihr – wiederum mit Heidegger, der vom Schweigen als besonders «eigentliche» Kommunikation im Gegensatz zum «Gerede» spricht[879] – das Schweigen als subversive Kommunikationsform aufgewertet, in der Erotik und Kommunika-

875 81.
876 Vgl. 58.
877 Vgl. *Genesende* 2.
878 Vgl. 120 f.
879 Vgl. *Sein und Zeit*, 164 f.

tion identisch seien.[880] Natürlich fehlt auch ein positiver Bezug auf die Lehre der sexuellen Befreiung des frühen Reich nicht.[881]

Alle bestehenden linken Ideologien und Politiken werden von diesem Hintergrund zurückgewiesen und als Verrat gegenüber der wahren Revolution kritisiert:

> Jeden Tag findet eine Revolution gegen die spezialisierten Revolutionäre statt, sie ist die Revolution ohne Namen, wie alles, was aus dem Erlebten heraus entsteht und in der täglichen Verborgenheit der Gesten und Träume seine explosive Kohärenz vorbereitet.[882]

Auch die Kunst wird demgegenüber als «verfeinerte[] Form des Opfers bezeichnet» (137), die, obgleich ihrem Wesen nach revolutionär, von den Herrschenden in den Dienst gestellt wird, auf dass die Künstler «die alte Konditionierung zur Passivität mit neuen und verführerischen Farben ausmalen» (140). Wirkliche Kunst darf sich nicht mit dieser Rolle begnügen und muss revolutionär werden. Als weiterer Gegenbegriff zum Spektakel kommt hier ein anderer ins Spiel, der sich auch schon bei Nietzsche findet: «Der Ära der Berechnung und des Misstrauens, die der Kapitalismus und der Stalinismus eingeleitet haben, widersetzt sich in einer taktischen Phase heimlichen Aufbaus die *Ära des Spiels*.» (186)

Selbst der Tod sei eine Folge der erzwungenen unnötigen Unterwerfung unter das Gegebene: «Wir sind geboren, um nie zu altern, um nie zu sterben.» (190)

Eine entscheidende Rolle kommt nietzscheanischen Konzepten in den erwähnten Übergangskapitel zwischen den beiden Hauptteilen vor, das mit «Der Mensch des Ressentiments» überschrieben ist. Die ‹Titelfigur› dieses Abschnitts charakterisiert Vaneigem wie folgt:

> Der Mensch des Ressentiments ist die offizielle Version des Revolutionärs: Ein Mensch, der des Bewusstseins der möglichen Aufhebung beraubt wurde; dem die Notwendigkeit der Umkehrung der Perspektive entgeht und der, von Neid, Hass und Verzweiflung gezeichnet, verbittert versucht, mit Neid, Hass und Verzweiflung eine Welt zu zerstören, die ihn so gut zu quälen versteht. Ein isolierter Mensch. Ein Reformist, der

880 Vgl. 126.
881 Vgl. 103.
882 136.

> zwischen der globalen Verweigerung der Macht und ihrer absoluten Hinnahme eingezwängt lebt. Ein Mensch, der die Hierarchie aus Ärger ablehnt, nicht zu ihr zu gehören, und der deshalb ganz darauf vorbereitet ist, in seiner Revolte den Zielen seiner improvisierten Herren zu dienen. Die Macht kann sich keine bessere Unterstützung wünschen als ein enttäuschtes Erfolgsstreben; deswegen bemüht sie sich, diejenigen zu trösten, die bei dem Wettlauf um Amt und Würden besiegt wurden; deswegen überlässt sie ihre Privilegierten ihrem Hass. Diesseits der Umkehrung der Perspektive ist also der Hass auf die Macht stets noch eine Form der Anerkennung ihres Primats.[883]

Ähnlich wie Camus unterscheidet also auch Vaneigem zwischen einer echten, ressentimentfreien Rebellion und einem ‹Sklavenaufstand›, den er ganz ähnlich wie Nietzsche beschreibt.

Das Ressentiment hat bei Vaneigem viele Gesichter. Es entwickeln Menschen, die vom Spektakel grundsätzlich enttäuscht sind, jedoch keine Alternative zu ihm sehen und ihrem Hass daher auf rein desktruktive Art ein Ventil verschaffen. Es sind Faschisten und solche, die platt auf ‹die da oben› oder ‹die Elite› schimpfen, aber nur darauf warten, dass eine neue Elite ans Ruder kommt, der sie huldigen können. Hat die Enttäuschung ihren höchsten Punkt erreicht, dann werden aus diesen Menschen vollständige Nihilisten. Die Nihilisten seien jene, die die umfassende ‹Entwertung aller Werte›, die der Kapitalismus mit sich bringe, vollständig durchschaut hätten – Figuren wie de Sade, Kierkegaard, die Dadaisten und eben auch Nietzsche.[884] Ihnen fehle zwar der Sinn für die geschichtliche Wirklichkeit, den Materialisten, die ihn besäßen, fehle andererseits der Sinn für «die Auflösungsbewegung der Geschichte in der Epoche der Bourgeoisie» (ebd.). Von Angst und absoluter Leere geprägt – hier wird der Heidegger-Bezug Vaneigems am deutlichsten – werden die Nihilisten entweder zu aktiven oder passiven Nihilisten.[885] Passive Nihilisten passen sich den Verhältnissen im Wissen um ihre Sinnlosigkeit an und werden dadurch konterrevolutionär, aktive Nihilisten hingegen treiben die Verfaulung der Gesellschaft selbst voran und stellen sich an ihre Spitze – sie

883 210 f.

884 Vgl. 215.

885 Eine Unterscheidung, die in ähnlicher Form von Nietzsche in zwei Nachlassfragmenten vorgenommen wird (vgl. NF 1886 5[71] & NF 1887 9[35]).

sind auf dem Sprung dazu, revolutionär zu werden. Als Beispiel für jenen Typus gelten Vaneigem erneut die Dadaisten sowie die Rocker. Sie seien die einzigen Verbündeten der Revolution.[886]

Im ‹positiven Teil›, der nun die revolutionäre Subjektivität darstellen soll, wird Nietzsche an einer zentralen Stellen als explizite Referenz angeführt. Diskutiert wird dort der Begriff des «Willen zur Macht». Vaneigem sieht diesen Begriff sehr kritisch:

> Der Wille zur Macht ist das verfälschte Projekt der Verwirklichung, das von der Beteiligung und der Kommunikation abgetrennt ist. Er ist die im hierarchischen System eingefangene Leidenschaft schöpferischer Verwirklichung und schöpferischer Selbstverwirklichung, eine Leidenschaft, die dazu verurteilt ist, die Mühlen der Repression und des Scheins zu drehen. Der Wille zur Macht manövriert mit dem Prestige und der Demut, mit Autorität und Unterwerfung. Ein Held ist, wer sich für eine Rollen- und Muskelkarriere aufopfert. Am Ende seiner Kräfte tritt er dem Rat Voltaires bei, kultiviert er seinen Garten. Und seine Mittelmäßigkeit dient – in ihrer plumpen Form – dem gewöhnlichen Sterblichen noch als Modell.[887]

Der «Wille zur Macht» (292), eine «wilde und doch so leicht von der Ordnung der Dinge zu zähmende Kreativität» (292 f.). Nietzsche als Prophet des Willens zur Macht wird von Vaneigem daher als Verfechter einer letztendlich scheinradikalen Ideologie angesehen, die darauf hinauslaufe, den «Willen zur Macht» als ontologische Grundtatsache zu behandeln und mithin die Unterdrückung zu verewigen. Ähnlich wie Camus kommt Vaneigem zu dem Schluss: «Der Nazismus ist die von der Geschichte zur Ordnung gerufene Logik Nietzsches.» (294)

Bei allem Anschluss grenzt sich Vaneigem so doch auch deutlich von einem von Nietzsches Schlüsselkonzepten ab. Dass er den «Willen zur Macht» ablehnt, bedeutet jedoch nicht, dass er sich die Revolution unbedingt zimperlich vorstellt:

> Das Proletariat muss in kürzester Frist [...] diejenigen liquidieren, die sein Projekt der totalen Befreiung behindern und sich seiner Selbstauflösung entgegenstellen. Es muss sie wie sich besonders rasch vermehrende Schädlinge rastlos zerstören. Es muss bis in jedes Individuum hinein auch die winzigste Lust am Prestige und den geringsten Anspruch auf eine Position in der

886 Vgl. 221.
887 293.

Hierarchie zerstören und dagegen, d.h. gegen die Rollen, den erhabenen Impuls des authentischen Lebens richten.[888]

Dieser Reinheitswahn blieb bei der SI nicht nur theoretisch: Im Verlauf der 60er-Jahre wurden immer wieder Mitglieder, die von der mehr und mehr von der von Debord vorgegebenen Leitlinie abwichen aus der Gruppe ausgeschlossen – bis am Ende quasi nur noch Debord selbst übrigblieb (Vaneigem war 1970 von sich aus aus der SI ausgetreten – freilich aus einem ähnlichen Bedürfnis heraus, seine eigene Authentizität zu sichern[889]).

Hier zeigt sich das Hauptproblem von Vaneigems Situationismus: Es ist eine extrem manichäische, d.h. in schroffen Dualismen operierende Ideologie, die notwendig in derartigen terroristischen Reinigungsphantasien mündet. Auch darin erweist er sich als guter Schüler Heideggers – auch wenn Heidegger in *Sein und Zeit* betont, dass auch das «Man» ein notwendiger Modus der menschlichen Existenz sei. Bei Vaneigem gibt es jedoch keinerlei Grauzone, keinerlei Kompromiss: Entweder man ist Feind oder man ist Freund.

Das wird philosophisch betrachtet vor allem dann krude, wenn er jedwede Form von Vermittlung, und sei es die Sprache, als Verfälschung brandmarkt, wenn er Leben und Tod dualistisch gegenüberstellt, wenn er jedwede Fragmentierung, Passivität, Uneinheitlichkeit als zu bekämpfende Gefahr ansieht. Vermittlung ist eine Grundtatsache der menschlichen Kultur, ein Leben ohne Tod ist nicht zu denken, Fragmentierung, Passivität, Uneinheitlichkeit sind ebenso Grundtatsachen der Existenz. Alle diese Dinge abschaffen zu wollen hieße letztendlich, die Menschheit abzuschaffen, das Leben auszulöschen. Vaneigem würde gegen solche Überlegungen natürlich wütend polemisieren und sie als Verrat denunzieren, doch sie anzustellen bedeutet noch lange nicht, Unterdrückungsverhältnisse zu ontologisieren.

Vaneigems Buch glänzt durch seine gewandte Sprache, seine zahlreichen Referenzen, seine teilweise äußerst luziden Beschreibungen – seine Grundlogik ist demgegenüber geradezu seicht und trivial. Wenn ich bereits den Zwang, sprechen zu

---

888 263.

889 Vgl. *Letter of Resignation from the Situationist International*. Er spricht dort deutlich aus, dass er als Kernproblem der SI ansieht, dass sie nie maßgebliche Erfolge innerhalb des Arbeitermilieus erzielen konnte und auch kaum eins ihrer Mitglieder aus ihm stammte.

müssen, als Angriff auf die Wahrheit empfinde, dann werde ich diese Gesellschaft natürlich als die Hölle auf Erden betrachten müssen – doch vielleicht müsste ich tatsächlich auch erst einmal an mir selbst und meinen Maßstäben arbeiten? Vaneigem hat eher zu wenig als zu viel Nietzsche gelesen, möchte man meinen.

Debord ist Vaneigem gegenüber der schärfere Theoretiker und war wie gesagt der führende Kopf der SI. Er ist sowohl der Form als auch dem Inhalt seines Denkens nach stark vom Hegel-Marxismus, speziell Lukács, geprägt. Nietzsche wird dementsprechend in *Die Gesellschaft des Spektakels* kein einziges Mal namentlich erwähnt. Entscheidender formaler Unterschied ist seine hegelianisierende Sprache und die Organisation des Buches, das aus einer Aneinanderreihung von 221 Thesen besteht, die einen systematischen Argumentationszusammenhang darstellen sollen – also keine bloßen Aphorismen. Liest sich das *Handbuch* wie eine Predigt, stellt Debords Werk eine zwar weniger mitreißende und teils schwer verständliche, jedoch weitaus nüchternere Analyse dar, die mit Recht zu den Schlüsseltexten linker Gesellschaftskritik des 20. Jahrhunderts zählt.

Debord zitiert Nietzsche allerdings indirekt in dem letzten seiner Filme, *In girum imus nocte et consumimur igni*[890], von 1978. Es ist ein sehr autobiographischer Film, in dem Debord eine Art Bilanz seines Lebens zieht. Wie so gut wie alle seine Filme besteht auch dieser nur darin, dass Debord einen Text vorliest und im Hintergrund verschiedene Bilder und Ausschnitte aus anderen Filmen gezeigt werden. Er erzählt in besagter Szene ein wenig nostalgisch vom Paris seiner Jugend, das mittlerweile von der fortschreitenden ‹Spektakelisierung› der Gesellschaft zerstört worden sei. Zur Mentalität seines Milieus sagt er:

> Es gab damals auf dem linken Seine-Ufer […] ein Stadtviertel, wo das Negative Hof hielt.[891] Es ist banal zu bemerken, dass sogar zu Zeiten, die von großen Umwälzungen erschüttert werden, der Geist der größten Erneuerer sich nur schwer von

890 Der lateinische Titel des Films bedeutet übersetzt «Wir irren des Nachts im Kreis umher und werden vom Feuer verzehrt» und ist ein Palindrom, er lautet also vor- und rückwärts gelesen gleich.

891 Welches Viertel Debord hier genau meint, ist unklar. Am linken Seine-Ufer versammelten sich jedoch traditionellerweise seit jeher die Künstler und Intellektuellen im Studentenviertel Quartier Latin, in St. Germain-des-Prés und Montparnasse.

> vielen früheren Auffassungen lösen kann, die ihren Zusammenhang verloren haben. Und sie bewahren wenigstens einige davon, weil es ihnen unmöglich wäre, allgemein anerkannte Behauptungen im Ganzen als falsch und wertlos abzulehnen. Man muss jedoch hinzufügen, wenn man die Praxis solcher Angelegenheiten kennt, dass solche Schwierigkeiten aufhören, hinderlich zu sein, sobald eine Gruppe von Menschen ihre reale Existenz auf die entschiedene Zurückweisung dessen gründet, was allgemein anerkannt ist, sowie auf die vollständige Nichtachtung dessen, was daraus entstehen könnte. Die sich da versammelt hatten, schienen nur ein einziges Aktionsprinzip verwendet zu haben, als Einstieg ins Spiel und ganz offen – und zwar das Geheimnis, welches der Alte vom Berge, wie man sagt, erst in seiner letzten Stunde an den treusten Leutnant seiner Jünger weitergab: «Nichts ist wahr; alles ist erlaubt.»[892]

Der «Alte vom Berg», das ist der Beiname eines Anführers des Assassinen-Ordens, einer fanatischen Gruppe von Muslimen, die u.a. durch ihre klandestine Organisation und ihre Vorliebe für Attentate bekannt geworden sind, namens Raschid ad-Din Sinan (ca. 1133–1193). Doch es dürfte hier in Wahrheit eher Nietzsche sein, der als «Alter vom Berg» adressiert wird, der in *Zur Genealogie der Moral* schreibt:

> Das sind noch lange keine *freien* Geister: *denn sie glauben noch an die Wahrheit*... Als die christlichen Kreuzfahrer im Orient auf jenen unbesiegbaren Assassinen-Orden stiessen, jenen Freigeister-Orden par excellence, dessen unterste Grade in einem Gehorsame lebten, wie einen gleichen kein Mönchsorden erreicht hat, da bekamen sie auf irgend welchem Wege auch einen Wink über jenes Symbol und Kerbholz-Wort, das nur den obersten Graden, als deren Secretum, vorbehalten war: «Nichts ist wahr, Alles ist erlaubt»... Wohlan, *das* war *Freiheit* des Geistes, *damit* war der Wahrheit selbst der Glaube *gekündigt*... Hat wohl je schon ein europäischer, ein christlicher Freigeist sich in diesen Satz und seine labyrinthischen *Folgerungen* verirrt?[893]

Die Pariser Avantgarde wird also als Milieu vorgestellt, dass sich ganz Nietzsches Ideal der höchsten Freigeistigkeit und der absoluten Zurückweisung aller überkommenen Wahrheiten – sogar *der* Wahrheit selbst – verschrieben hat.

---

892 Guy Debord, *In girum imus nocte et consumimur igni.*

893 III, 24. Der Satz kommt bei Nietzsche an mehreren Stellen vor, im Werk noch in Za, *Schatten.*

Anders als Vaneigem geht Debord von keinen starken, letztendlich überhistorischen, normativen Setzungen aus, mit denen er das Spektakel konfrontiert. So hält er etwa fest: «Zweifellos läßt sich das im modernen Konsum aufgezwungene Pseudobedürfnis keinem echten Bedürfnis oder Begehren entgegensetzen, das nicht selbst durch die Gesellschaft und ihre Geschichte geformt wäre»[894]. Und in den dem Buch 1988 beigefügten Kommentaren heißt es: «Das Falsche bildet den Geschmack und stützt das Falsche, indem es vorsätzlich die Möglichkeit der Bezugnahme auf das Authentische beseitigt»[895]. Debord reflektiert also sehr ernsthaft auf ein Problem, das Vaneigem überhaupt nicht im Blick hat: Wie in einer Gesellschaft, in der alles verlogen und verfälscht ist, überhaupt noch vom ‹Echtem› und ‹Authentischem› geredet und es irgendwie positiv bestimmt werden kann.

Debord handelt sich damit freilich ein neues Problem ein, insofern er ja nun seinerseits erklären müsste, wie er selbst dann überhaupt noch in der Lage ist, seine Gesellschaftskritik artikulieren zu können. Im Vorwort zur vierten italienischen Auflage von 1979 drückt er das so aus, «daß nur sehr wenige Leute wissen, wo sich Authentisches noch finden läßt» (302). Gegen seinen Willen nähert sich Debord so postmodernen Theoretikern wie Jean Baudrillard (1929–2007) an, die die Existenz eines ‹Außerhalb› des Spektakels offen leugnen – damit klarerweise aber auch die Möglichkeit von Kritik an ihm unterminieren.

Das ist freilich auch ein Problem, das letztendlich schon Nietzsche selbst betrifft: Auch er geht ja einerseits davon aus, dass die moderne Gesellschaft grundsätzlich verlogen ist, dass die Instinkte von ihr grundlegend verfälscht sind, dass sie nur auf Lügen basiert. Seine Selbstglorifizierung in *Ecce homo* hat vielleicht den tieferen methodischen, geradezu logischen, Grund, dass er sie benötigt, um überhaupt erklären zu können, wie in einer so heruntergekommenen Welt jemand dazu in der Lage sein kann, so tief hinter den Schleier der Verblendung zu blicken.

Es gibt denke ich drei Weisen, mit diesem Problem umzugehen, ohne darum das Projekt einer Gesellschaftskritik nietzscheanischer Prägung gänzlich aufzugeben. (Und es ist ein nietzscheanisches Problem, insofern es sich ja etwa für Marx gar

894 55; These 68.
895 242; Abs. XVII.

nicht stellt: Marx glaubt letztendlich schlicht an die Objektivität der Wissenschaft – diese wissenschaftliche Seite von Marx sieht Debord aber gerade als entscheidende Schwäche seiner Theorie, von der es sich zu lösen gelte, da sie auf einer künstlichen Trennung von Theorie und Praxis basiere.[896]) Diese sind nun: 1) Man ignoriert es (was natürlich der schlechteste Weg ist – aber einem immerhin einen gewissen Spielraum verschafft), 2) man mindert die Kritik in ihrer Radikalität, 3) man hält die Aporie fest. Wahrscheinlich ist die zweite Option nicht nur die strategisch sinnvollste, sondern auch die realistischste: Es mag zwar ästhetisch weniger reizvoll und auch mühsamer, weil eine größere begriffliche Differenzierung verlangend, sein, eine nicht so sehr in Schwarz-Weiß-Kontrasten operierende, sondern auch Grautöne berücksichtigende Analyse der Gesellschaft vorzulegen, doch letztendlich dürfte sich die Mühe lohnen, insofern sie einem dazu verhilft, die *Spielräume* besser zu verstehen, die es bei allem Unbill trotzdem noch gibt.

Freilich geht von der geradezu apokalyptisch anmutenden Kritik eines Debord (oder auch eines Adorno oder eines Heidegger z.B.) eine prophetische Kraft[897] aus, die extrem handlungsmotivierend sein kann, doch sie kann auch lähmen und das ist aus meiner Sicht ihre gegenwärtige Hauptwirkung. Letztendlich ermöglicht sie es, vom bereits von Lukács kritisierten «Grand Hotel Abgrund»[898] aus, das erhabene Spektakel des Untergangs der Welt zu genießen, ohne sich wirklich die Hände schmutzig zu machen. Insbesondere gegen diese Haltung ist Sartres Ethik des Engagements tatsächlich ein zu empfehlendes Heilmittel. Aber letztlich ist es eine Frage der *Haltung*, auf die es keine objektive Antwort geben kann und die schlicht ein Problem markiert, dass in der Logik des linken Projekts selbst angelegt ist: In der Realität muss man sich immer mit Partikularitäten einlassen, wenn man etwas im Sinne universaler Werte ändern will – und sei es aufgrund der schlichten Notwendigkeit, bei allem Engagement auch das eigene Wohl nicht zu vergessen. Entgehen kann man diesem Problem nur, indem man so tut, als gebe es ein ‹partikulares Universales› (wie etwa das Proletariat), oder, indem man rechts wird oder Egoist, und damit das Bessere in sich

896 Vgl. etwa 85; These 85.
897 Debord vergleicht sich im erwähnten Vorwort mit dem biblischen Propheten Daniel (304).
898 *Die Theorie des Romans,* 16.

verleugnet. Sobald man den linken Pfad in aufrichtiger Weise beschreitet, wird es kompliziert.

Die Gesellschaftskritik der SI bleibt jedenfalls relevant und kann nach wie vor – mit den genannten Einschränkungen im Hinterkopf – zur Analyse der Gegenwart gebraucht werden. Die ernste Frage wäre freilich, ob es nicht im Grunde schon zu spät ist. Nicht nur Debords Analyse endet in ausgesprochen düsteren Prognosen, auch Vaneigem warnte in seinem *Handbuch*: «Es bleiben etwa dreißig Jahre, um zu verhindern, dass das Übergangszeitalter der Sklaven ohne Herren zwei Jahrhunderte dauern wird.» (84) Diese Frist ist abgelaufen. Und an anderer Stelle heißt es dort, mit Bezugnahme auf Nietzsche:

> Alle verschwiegenen Wahrheiten werden giftig, hat Nietzsche gesagt.[899] Wenn wir die Perspektive nicht umkehren, wird uns die Perspektive der Macht endgültig gegen uns selbst kehren. Der deutsche Faschismus ist aus dem Blut von Spartakus entstanden. Bei jedem Verzicht im alltäglichen Leben bereitet die Reaktion nichts als unseren totalen Tod vor.[900]

Vielleicht war es, so geben jedenfalls die Autoren der Einführung *Situationistische Revolutionstheorie. Eine Aneignung* zu bedenken[901], bereits 1968 zu spät angesichts des grundsätzlichen Zivilisationsbruchs, der in diesem Zitat nur kurz als «deutscher Faschismus» abgehandelt wird. Es ist fraglich, ob wir nicht sogar bereits *nach* dem Weltuntergang leben und damit zurechtkommen müssen. Wenn dem so wäre, dann bliebe der Nihilismus unsere einzige Option und uns bliebe nur noch die Wahl, aktive oder passive Nihilisten zu werden. Ein Standpunkt, der in gewisser Weise bei den poststrukturalistischen Denkern, denen wir uns nun zuwenden werden, anklingt.

Fortsetzer der SI ist in vielerlei Hinsicht die französische Theoretiker-Gruppe **Tiqqun**, die am bekanntesten für den unter dem Namen **Comité invisible** (Das Unsichtbare Komitee) 2007 veröffentlichten Text *L'Insurrection qui vient* (*Der kommende Aufstand*) ist. Nietzsche wird dort nur einmal kurz erwähnt: «Sade, Nietzsche und Arteaud[902] könnten in den Gymnasien nicht un-

899 Vgl. Za *Überwindung*.
900 230.
901 Vgl. insb. I, 219–231.
902 Gemeint ist Antonin Artaud (1896–1948), ein Bataille nicht unähnlicher französischer Schriftsteller, der vor allem für das «Theater der Grausamkeit» bekannt ist.

terrichtet werden, wäre dieser Begriff der Wahrheit nicht zuvor disqualifiziert worden.» Damit meinen sie den postmodernen Relativismus als ‹typisch europäische› Herrschaftsideologie, der auch radikale Denker wie die drei genannten von vorneherein unschädlich mache. Das ist gerade angesichts der häufigen Inbeschlagnahme Nietzsche für genau jenen Relativismus des Finanzkapitals eine sehr wichtige und richtige Beobachtung!

Das Unsichtbare Komitee verwendet ansonsten sehr häufig einen emphatischen Lebensbegriff – und auch der Spektakel-Begriff taucht mehrere Male auf. In der deutschen Linken wurde das Buch häufig als ‹heideggerianisch› kritisiert, was jedoch eine recht fade Kritik ist. Man sollte einfach mal akzeptieren, dass Heideggers Kulturkritik auch von links aneigbar ist, ohne dass das unbedingt problematisch sein müsste. Das äußerst lesenswerte Manifest erscheint im Rückblick wie eine Vorwegnahme der Proteste der Gelbwesten. Interessant ist, dass seine Autoren im spezifisch französischen republikanischen Patriotismus eine revolutionäre Möglichkeit erblicken, gerade weil er im Zeitalter der Multis anachronistisch geworden sei. Diese Behauptung stellen sie explizit Alexandre Kojève (1902–1968) entgegen, einem für eine ganze Generation französischer Intellektueller extrem bedeutsamer Hegel-Exegeten, der schon in den 1930er-Jahren das «Ende der Geschichte» im Stalinismus verkündet hatte, ab 1945 im Kapitalismus und entsprechend vom «Ende der Nationalstaaten» sprach.[903] Wenn es einen ‹Postmodernisten› gibt, dann ist es Kojève, der, wenn man so will, mit Hegel Nietzsches Warnung vorm «letzten Menschen» affirmativ liest. Nach 1945 wurde er zu einem der wichtigsten Berater der französischen Außenpolitik und gilt als geheimer Architekt der EU.[904] Gegen ihn ist dem Unsichtbaren Komitee Recht zu geben: Der Geist des 19. Jahrhunderts ist noch nicht ‹aufgehoben›, da das Glücksversprechen des Kampfes um die Republik noch immer seiner Erfüllung harrt. Solange die Toten der Revolutionen nicht gesühnt sind, werden ihre Gespenster den ‹Weltgeist› nicht zur Ruhe kommen lassen.[905]

---

903 Vgl. Thomas Thiel, *Der rasende Stillstand der Weltgeschichte* & Giorgio Agamben, *Ein «lateinisches Reich» gegen die deutsche Übermacht.*

904 Vgl. Wolf Lepenies, *Er wollte Deutschland eindämmen und starb für die EU.*

905 1992 griff der US-amerikanische Politologe Francis Fukuyama (geb. 1952) Kojèves Thesen auf und verkündete das Ende der Geschichte als

Wie stellt sich diese Perspektive aus deutscher Sicht dar? Bei den Gelbwesten-Protesten singt man selbstverständlich die *Marseillaise* und schwenkt die Trikolore, ohne dass damit ein reaktionärer Nationalismus gemeint wäre. In den USA lässt sich Ähnliches beobachten. 1989 gab es zuletzt bei der, natürlich sofort vom westdeutschen Großkapital gekaperten, Revolution in der DDR Ansätze, an die entsprechende Tradition in Deutschland anzuknüpfen. Die deutsche Linke tut sich freilich mit einer solchen Perspektive und mit der mit ihr einhergehenden Emotionalität sehr schwer. Nüchtern betrachtet könnte man auf Antifa-Demos ohne Weiteres Schwarz-Rot-Gold schwenken – aber wer würde das schon ernsthaft machen wollen? Der linke Kampf in Deutschland muss seine emotionale Fundierung wohl aus anderen Quellen beziehen, wenn nicht Kojève, sondern Nietzsche und Marx – oder eben die Neuste Rechte – das letzte Wort behalten sollen.

5. Das Denken der Macht: Michel Foucault

Foucault (1926–1984) ist heute der wahrscheinlich einflussreichste Vertreter derjenigen intellektuellen Bewegung, die man gemeinhin als ‹Poststrukturalismus› bezeichnet. Es wird nicht überraschen, dass das einheitliche Band dieser Bewegung – als deren wichtigste Vertreter die meisten der hier vorgestellten französischen Links–Nietzscheaner gelten – die geteilte ablehnende Anknüpfung an den ‹Strukturalismus› ist. Als ‹Strukturalismus› fasst man eine in den Jahrzehnten vor dem Zweiten Weltkrieg, und auch teilweise noch in der Nachkriegszeit, vor allem in Frankreich zu verortende intellektuelle Strömung, die für eine rationalistische, stark an Kant und Hegel, aber teilweise auch Marx anknüpfende, Analyse sozialer Phänomene steht. Zentrales Thema dieser Denker ist die *Sprache*, die man als letztendlich fundamentale Struktur der Welt versteht, die ein System bildet und bestimmten klar rekonstruierbaren logischen Codes gehorcht. Als zentrale Vertreter des Strukturalismus gelten Roland Barthes (1915–1980) (der allerdings teilweise auch dem Poststrukturalismus zugeordnet wird), Ferdinand de Saus-

ewige Herrschaft des liberalen Kapitalismus – in ganz dezidierter Umkehrung von Nietzsches Nihilismuskritik (vgl. *The End of History and the Last Man*; ‹Das Ende der Geschichte und der letzte Mensch›).

sure (1857–1913), Roman Jakobson (1896–1982), Claude Lévi-Strauss (1908–2009), Louis Althusser (1918–1990) und Jacques Lacan.

Ob Poststrukturalisten oder nicht: Alle hier vorgestellten Links-Nietzscheaner verbindet eine geteilte Ablehnung des Strukturalismus, die sich nicht zuletzt auf Nietzsche stützt. Hauptkritikpunkte sind dabei, dass der Strukturalismus in einem die Realität reduzierenden Systemdenken befangen sei, die Sprache voreilig zum ‹Nabel der Welt› erkläre, dem nichts vorausgehe und seine Analyse auf platonischen Ideen gleichende überhistorische ‹Strukturen› hinauslaufe; der Strukturalismus leugne mithin die Möglichkeit grundsätzlichen historischen Wandels und sei eine Ideologie zur Rechtfertigung des Bestehenden. Diese Kritikpunkte werden mehr oder weniger von allen hier vorgestellten Links-Nietzscheanern geteilt, auch wenn sie sich darüber uneins sind, was man genau dem strukturalistischen Rationalismus entgegenhalten soll.

Debord etwa fasst diese Kritik folgendermaßen zusammen:

> Die Struktur ist das Kind der gegenwärtigen Macht. Der Strukturalismus ist das vom Staat garantierte Denken, das die gegenwärtigen Bedingungen der spektakulären «Kommunikation» als ein Absolutes denkt. Seine Art, den Code der Botschaft für sich selbst zu studieren, ist lediglich das Produkt und die Anerkennung einer Gesellschaft, in der die Kommunikation in Form einer Kaskade hierarchischer Signale besteht. Es ist demnach nicht der Strukturalismus, der zum Beweis der übergeschichtlichen Gültigkeit der Gesellschaft des Spektakels dient, sondern die sich als massive Realität durchsetzende Gesellschaft des Spektakels, die zum Beweis des kalten Traums des Strukturalismus dient.[906]

Freilich nimmt die Polemik der SI auch den Poststrukturalismus nicht aus. In dem Film *La Dialectique peut-elle casser des briques?* (*Kann die Dialektik Ziegelsteine zerbrechen?*), der 1973 von René Viénet (geb. 1944) veröffentlicht wurde, einem Anfang der 70er ausgeschlossenen Mitglied der SI, heißt es etwa aus dem Munde eines Kapitalisten:

> Ich will dieses Gerede vom Klassenkampf nicht mehr hören. Wenn doch, dann schick ich euch meine Soziologen. Und wenn's sein muss meine Psychiater, meine Architekten, meine

906 *Gesellschaft des Spektakels,* 172; These 202.

Foucaults, meine Lacans. Und wenn das noch nicht reicht, dann schick ich euch sogar meine Strukturalisten.

Bis heute gilt der Poststrukturalismus den einen, zumal in Deutschland, als Nonplusultra kritischen Denkens, die anderen, wie vor allem Habermas, verdächtigen ihn hingegen, unter einem kritischen Denkmantel reaktionäre Ideologien zu verbreiten. Bei Freund und Feind herrscht derweil kein Zweifel dahingehend, dass Nietzsche *der* Vordenker des Poststrukturalismus ist – wenn es so etwas wie eine eindeutig nietzscheanische Schule gibt, dann ihn. Sowohl bei Foucault als auch Deleuze, Guattari und Derrida müssen wir uns deshalb auf eine sehr ausschnitthafte Darlegung beschränken, da hier nicht der Raum ist, ihr Gesamtwerk zu referieren.

Mit Recht hält der Philosoph Jan Rehmann fest: «Foucault hat sich von Beginn bis zum Ende seines Schreibens so durchgängig und häufig als Nietzscheaner bekannt, dass sein ‹fundamentaler Nietzscheanismus› in der Literatur kaum umstritten ist.»[907] Als Beleg dafür dient ihm folgende Collage von Selbstaussagen Foucaults, die eine deutliche Sprache spricht:

> «Nietzsche war eine Offenbarung für mich» (1982), «wir brauchten seine Figuren […] des Übermenschen und der ewigen Wiederkehr, um aus dem Schlaf der Dialektik und der Anthropologie aufzuwachen» (1963), «‹eine Einladung, die Kategorie des Subjekts in Frage zu stellen und es ihm selbst zu entreißen» (1978), seine Ankündigung des Endes des Menschen «hat für uns einen prophetischen Wert angenommen» (1966), seine «Präsenz ist immer wichtiger» (1975), «Nietzsche und Heidegger, das war der philosophische Schock», «aber schließlich hat sich ersterer durchgesetzt» (1984).[908]

Foucaults Nietzsche hat dabei keinen Anspruch auf philologische Sauberkeit: «[D]ie einzige Anerkennung dem nietzscheanischen Denken gegenüber bestehe darin, ‹dass man es benutzt, verzerrt, misshandelt und zum Schreien bringt […]›»[909]. Das ist eine Lektüreweise, die man als durchaus ‹orthodox nietzscheanisch› verstehen kann.

Die zitierte Zitatcollage offenbart die wesentlichen Punkte, die Foucaults Nietzsche-Bild auszeichnen: a) Die Bezugnahme gerade auch auf von der Frankfurter Schule eher abgelehnte,

907 *Postmoderner Links-Nietzscheanismus*, 19.
908 Ebd.
909 Ebd., 21.

von der Konservativen Revolution jedoch in den Mittelpunkt gerückte, ‹ideologischen› Konzepte Nietzsches (wozu noch der «Wille zur Macht» zu gesellen wäre). b) Die Frontstellung gegen den Hegel-Marxismus, den Strukturalismus und den Existenzialismus als die drei beherrschenden Theorieströmungen des Nachkriegsfrankreichs, die hier in der typischen polemischen Art Foucaults als «Dialektik» und «Anthropologie» abgetan werden. c) Die bejahende Zuspitzung von Nietzsches «Tod Gottes» zu einem «Tod des Menschen», damit verbunden ein dezidierter «Anti-Humanismus» (der vor allem gegen Existenzialismus und Hegel-Marxismus gerichtet ist). d) Die starke Bezugnahme nicht nur auf Nietzsche, sondern auch auf Heidegger.[910]

Foucault war in seiner frühen Schaffenszeit stark von Bataille geprägt. Er trat 1950 in die KPF ein und verstand sich in dieser Zeit, wie er selbst sagt, als «nietzscheanischer Kommunist».[911] 1953 verließ er die Partei wieder, fortan war die Kritik des Hegel-Marxismus eines seiner Hauptanliegen. Foucault gab jedoch sein politisches Engagement nicht auf, beteiligte sich etwa an den 68er-Protesten und engagierte sich vor allem für die Rechte von Gefängnisinsassen. Er kollaborierte auf dieser politischen Ebene sogar mit Sartre; es gibt mehrere Photos, die sie gemeinsam auf Demonstrationen zeigen.[912]

Noch stark von Bataille inspiriert ist sichtlich Foucaults folgende Aussage am Ende seines ersten Hauptwerks, *Historie de la folie (Wahnsinn und Gesellschaft*; 1961):

> Seit dem Ende des achtzehnten Jahrhunderts manifestiert sich das Leben der Unvernunft nur noch im Aufblitzen von Werken wie Hölderlins, Nervals[913], Nietzsches oder Artauds, die unendlich irreduzibel auf jene Alienationen sind, die heilen, weil sie durch ihre eigene Kraft jenem gigantischsten moralischen Gefangenendasein widerstehen, das man gewöhnlich, wahrscheinlich in einer Antiphrase, die Befreiung der Irren durch Pinel und Tuke nennt.[914]

910 Das von Rehmann zitierte Zitat ist in dem Sinne zu verstehen, dass Foucault seinem Selbstzeugnis nach erst vermittelt durch Heidegger überhaupt mit Nietzsche etwas anzufangen wusste (vgl. ebd., 74).

911 Vgl. Philipp Sarasin, *Michel Foucault zur Einführung*, 16.

912 Auf einem sind sogar Sartre, Foucault *und* Deleuze zu sehen!

913 Gérard de Nerval (1808–1855) ist ein bedeutender Autor der französischen Romantik.

914 536.

Foucaults zentrale These ist, dass die moderne Psychiatrie, die für sich beansprucht, besonders human und fortschrittlich mit ihren Kranken umzugehen – für die hier die Namen des Psychiaters Philippe Pinel (1745–1826) und des Philanthropen Samuel Tuke (1784–1857) stehen –, in Wahrheit auf besonders perfide Art repressiv sei, da sie eine klare Unterscheidung zwischen Vernunft und Wahnsinn etabliere, in der der Wahnsinn zum Schweigen verurteilt sei. Hierin sieht Foucault, wenn man so will, den ‹Geburtsfehler› der Aufklärung. Im Vorwort bezeichnet er seine Untersuchung dezidiert als eine, «die im Lichte der großen nietzscheanischen Forschungen [gemeint sind hier wohl vor allem diejenigen Batailles und Klossowskis] die Dialektik der Geschichte mit den unbeweglichen Strukturen der Tragik konfrontieren will» (11). Das «Tragische» bestehe dabei darin, dass Kulturen immer auf konstitutiven Entfremdungen basieren – das Abendland darauf – Foucault bezieht sich hier explizit auf die *Geburt der Tragödie* –, die Erfahrung der Tragödie aus sich auszuschließen.[915]

Im Sinne eines ‹fröhlichen Nihilismus› spitzt Foucault die These vom «Tod Gottes» u.a. zur Behauptung des «Tod des Subjekts», des «Tod des Autors» und des «Tod des Menschen» zu. Letztere formuliert Foucault am Ende von *Les mots et les choses* (*Die Ordnung der Dinge*; 1966) unter explizitem Bezug auf Nietzsche:

> Heutzutage, und wiederum ist es Nietzsche, der von fern den Wendepunkt anzeigt, ist es nicht sosehr das Fehlen oder der Tod Gottes, der bestätigt wird, sondern das Ende des Menschen […]. Hier macht man die Entdeckung, daß der Tod Gottes und der letzte Mensch miteinander zu tun haben: kündigt nicht der letzte Mensch an, daß er Gott getötet hat, und stellt so seine Sprache, sein Denken und sein Lachen in den Raum des bereits toten Gottes, gibt sich aber auch als derjenige, der Gott getötet hat und dessen Existenz die Freiheit und die Entscheidung dieser Tötung einschließt? So ist der letzte Mensch gleichzeitig jünger und älter als der Tod Gottes; da er Gott getötet hat, ist er selbst für sein eigenes Denken verantwortlich. Da er aber im Tod Gottes spricht, denkt und existiert, ist seine Tötung selbst dem Tode geweiht. Neue Götter, die gleichen, wühlen bereits den künftigen Ozean auf. Der Mensch wird verschwinden. Mehr als den Tod Gottes, oder vielmehr in der

915 Vgl. 10.

Spur dieses Todes und gemäß einer tiefen Korrelation mit ihm, kündigt das Denken Nietzsches das Ende seines Mörders, das Aufbrechen des Gesichtes des Menschen im Lachen und die Wiederkehr der Masken, die Verbreitung des tiefen Flusses der Zeit, von dem er sich getragen fühlte und dessen Druck er im Sein der Dinge selbst vermutete, die Identität der Wiederkehr des *Gleichen* und die absolute Zerstreuung des Menschen an.[916]

Der «Tod des Menschen» wird hier nur beschrieben, doch sichtlich auch nicht abgelehnt, sondern begrüßt. Deleuze kommentiert diese Stelle in seinem Buch über Foucault von 1986 wie folgt:

Das Prinzip von Foucault lautet: jede Form ist eine Verbindung von Kräfteverhältnissen. [...] Es liegt auf der Hand, daß jede Formation prekär ist, da sie von Kräfteverhältnissen und deren Umbrüchen abhängt. Man verzerrt Nietzsches Denken, wenn man ihn zum Denker des Todes Gottes macht. Der letzte Denker des Todes Gottes ist Feuerbach: er zeigt, daß, wenn Gott nie etwas anderes gewesen ist als eine Entfaltung des Menschen, der Mensch Gott falten [...] und umfalten [...] muß. Für Nietzsche jedoch ist dies eine alte Geschichte, und wie alte Geschichten es so an sich haben, immer neue Varianten zu bilden, so erfindet Nietzsche immer neue Varianten vom Tode Gottes, die allesamt komisch oder humoristisch sind, als ebenso viele Variationen über eine ausgemachte Tatsache. Was ihn jedoch interessiert, das ist der Tod des Menschen. [...] Die Frage, die sich immer wieder neu stellt, lautet doch: wenn die Kräfte im Menschen eine Form nur bilden, indem sie in Beziehung zu neuen Kräften des Außen treten, mit welchen neuen Kräften werden sie sich jetzt einlassen, und welche neue Form kann hieraus entstehen, die weder Gott noch Mensch wäre? Dies ist die korrekte Formulierung des Problems, das Nietzsche mit dem Wort vom «Übermenschen» bezeichnete. [...] Nietzsche sagte: der Mensch hat das Leben ins Gefängnis gesperrt, der Übermensch wird das Leben *im Menschen selbst* zugunsten einer anderen Form befreien ... [...] Was ist der Übermensch? Er ist die Form der Zusammensetzung der Kräfte im Menschen mit diesen neuen Kräften. Der Mensch strebt danach, *in sich selbst* das Leben, die Arbeit und die Sprache zu befreien. [...] Foucault würde sagen, daß der Übermensch viel weniger ist als das

916 460.

Verschwinden der existierenden Menschen und sehr viel mehr als die Veränderung eines Begriffs: es ist die Ankunft einer neuen Form, weder Gott noch Mensch, von der man hoffen mag, daß sie nicht schlimmer sein wird als die beiden vorausgehenden.[917]

Deleuze lässt hier offen, ob man die Ankunft des so verstandenen «Übermenschen» nun bejubeln oder fürchten soll: Sie wird jedenfalls als Schicksal angesehen, als notwendige Freisetzung der im Begriff des Menschen angelegten ‹Dialektik›, seine Aufhebung als Entfesselung der ihm zu Grunde liegenden Kräfte. Feuerbach habe Gott auf den Menschen, Nietzsche, Marx & Co. hätten nun den Menschen ihrerseits auf seine Kräfte reduziert.

Man sieht hier deutlich, wie sehr Deleuze und Foucault an den Nietzsche der Konservativen Revolution anknüpfen. Die aufklärerisch-humanistische Wissens- und Wertordnung des 18. und frühen 19. Jahrhunderts, die «den Menschen» in der Tat ins Zentrum all ihrer Bemühungen stellte, soll ersetzt werden (oder wird jedenfalls unvermeidlich ersetzt) durch eine andere Ordnung der Dinge, die im Zeichen der «Kräfte» steht, womit letztendlich Nietzsches «Wille zur Macht» gemeint ist. Nietzsche wird dabei freilich vereinseitigt, insofern Nietzsche, gerade in entsprechenden Passagen des *Zarathustra*, den Menschen zwar als «Etwas, das überwunden werden muss» darstellt, ihn jedoch trotzdem noch vom Tier abgrenzt, was Deleuze und Foucault unterschlagen.[918] Den «letzten Menschen» müsste man in diesem Sinne als jemanden verstehen, der hinter den Menschen geradezu zurückfällt und dadurch tierisch wird. An den Griechen und Römern bewundert Nietzsche gerade ihren «*Wille[n]* zur Menschen-Zukunft»[919], an der Kirche kritisiert er, dass sie den Menschen «*verdarb*» und «schwächte»[920]. Nietzsche wäre so eher als jemand zu verstehen, der den Humanismus retten und ihm eine neue Bedeutung verleihen möchte und nicht als jemand, der einfach zu einem post-humanistischen ‹Menschen›-Bild vordringen möchte.

917 *Foucault,* 175–189.

918 Im Gegenteil ist das «Tier-Werden» in *Tausend Plateaus* eine der zentralen Kategorien, um den Prozess der Selbstüberwindung der Gattung zu beschreiben.

919 AC 59.

920 Vgl. GD *Verbesserer* 2.

Freilich liegt hier auch eine Problematik begründet, insofern, etwa in der letzten zitierten Stelle, gerade dieser ‹humanistische› Aspekt Nietzsches oftmals mit seinen biologistischen Züchtungsphantasien gepaart ist. – Ist der Humanismus (wie sogar Heidegger im *Brief über den Humanismus* andeutet), eine grundlegend faschistische Ideologie, insofern er stets einen normativen Begriff des Menschen voraussetzt, aus dem all diejenigen ausgeschlossen sind, die ihn nicht erfüllen (‹Barbaren›, Frauen, Behinderte …)? Ist es möglich, ihn, der ein wesentlicher Bestandteil des linken Projekts des 19. Jahrhunderts gewesen ist, von jenem elitären Humanismus abzulösen? Für eine völlige Preisgabe des Humanismus wird man sich jedenfalls kaum auf Nietzsche berufen können. In den spezifisch menschlichen Vermögen wie Sprache, Vernunft, dem aufrechten Gang, der Fähigkeit zu moralischen und unmoralischen Verhaltensweisen, der Erfindungsgabe, der Liebe, der Freiheit etc. liegt offensichtlich der normative Anspruch begründet, diese Vermögen zu perfektionieren und sie kommen allen Menschen gleichermaßen zu. Wer von ihnen aus Gründen körperlicher Beeinträchtigungen keinen Gebrauch machen kann, dem ist das natürlich nicht vorzuhalten – doch wieso soll es falsch sein, zu sagen, dass etwa ein vollständig gelähmter Mensch weniger Mensch im vollen Sinne sein kann als jemand, der es nicht ist? Daraus folgt mitnichten, ihn nicht dennoch als Menschen anzuerkennen – es folgt vielmehr aus dem Geist eines echten Humanismus, ihm dabei zu helfen, seine menschlichen Potentiale trotzdem möglichst voll zu entfalten. Es wäre vielmehr *tierisch*, einem Schwachen nicht zu helfen. «Diess ist meinem Auge das Fürchterliche, dass ich den Menschen zertrümmert finde und zerstreuet wie über ein Schlacht- und Schlächterfeld hin», spricht Zarathustra. «Und flüchtet mein Auge vom Jetzt zum Ehemals: es findet immer das Gleiche: Bruchstücke und Gliedmaassen und grause Zufälle – aber keine Menschen!»[921] Die postmodernen Nietzsche-Fans erfreuen sich hingegen an der ‹Schönheit› des Schlachtfelds.

Im Sinne dieses Verständnisses der Welt als Spiel von Kräften, als «Wille zur Macht», sollte Foucault jedenfalls auch sein früheres ‹dionystisches› Modell einer Repression des Wahnsinns durch die Vernunft verwerfen. Der Wahnsinn stehe nicht einfach außerhalb der Macht, da er erst durch den Akt der Grenz-

921 *Erlösung.*

ziehung konstituiert werde, sei er selbst Teil der Macht. Es sei deshalb zu einfach, sich auf den Wahnsinn oder auch die Sexualität[922] als positive Gegenbilder zur Macht zu beziehen: Man bewege sich damit noch immer in dem von ihr gestifteten Diskurs, zu dem es kein echtes ‹Außerhalb› gebe. Am klarsten formuliert Foucault diese Kritik der «Repressionshypothese», die im Grunde eine Generalkritik am gesamten ‹dionystischen Strang› der Nietzsche-Rezeption ist, in *Histoire de la sexualité, I: La volonté de savoir* (*Der Wille zum Wissen. Sexualität und Wahrheit* I; 1976) am Beispiel der Sexualität. ‹Befreiung› würde in diesem Sinne nicht mehr heißen, sich naiv positiv auf die Sexualität als ‹Urkraft› zu beziehen, sondern sie selbst als Produkt von Machtverhältnissen zu begreifen. Widerstand könne nicht gegen «die Macht» erfolgen, er könne sich nur *innerhalb* der Machtverhältnisse bewegen und auf ihre Verschiebung hinarbeiten – und diese Verschiebung darf nicht einfach darüber funktionieren, die von der Macht vorgesehene ‹Oppositionsrolle› einzunehmen. Es bedürfe einer komplexeren Strategie des Widerstands, die zu konzipieren eines der Hauptanliegen des späten Foucault ist.

Das Kernthema seiner frühen und seiner späten Studie ist jedoch jeweils dasselbe: Die Wissenschaft nicht als Quelle ‹objektiven Wissens› zu verstehen, sondern als stets in umfassendere Machtzusammenhänge eingebettete Institution. Auch sie sei mithin kein Ort des Widerstands, sondern im Gegenteil der Macht. Freilich führt auch das wieder zu einer Aporie, denn was ist dann der Status von Foucaults *eigenen* Texten? Er gibt in den zahllosen Interviews, die er im Laufe seines Lebens gegeben hat, auf diese Frage stets differierende Antworten, die eher ausweichend sind.

Eine Art methodische Präzisierung seines Vorgehens versucht Foucault in dem Text *Nietzsche, la généalogie, l'histoire (Nietzsche, die Genealogie, die Historie*; 1971), in dem er Nietzsches, und damit seinen eigenen, Genealogie-Begriff zu klären versucht. Es gehe in der Genealogie nicht darum, einen einzigen, letztendlich ahistorischen «Ursprung» einer Sache, einen ‹reinen Urzustand vor dem Sündenfall› zu bestimmen, sondern ihre «Herkunft», die gerade nicht eindeutig, sondern vieldeutig und multipel sei. Die Dinge seien ein Resultat mehrdeutiger

922 Foucault parallelisiert die Ausgrenzung des Wahnsinns mit derjenigen der Sexualität schon in *Wahnsinn und Gesellschaft* (10).

Kräfteverhältnisse, keine Substanzen. Über den Leib schreibt Foucault etwa:

> Der Leib: eine Fläche, auf dem die Ereignisse sich einprägen [...]; Ort der Zersetzung des Ich (dem er die Schimäre einer substantiellen Einheit zu unterstellen versucht); ein Körper, der in ständigem Zerfall begriffen ist. Die Genealogie stellt als Analyse der Herkunft eine Verbindung zwischen Leib und Geschichte her. Sie soll zeigen, dass der Leib von der Geschichte geprägt und von ihr zerstört wird.[923]

Auch etwa die Gefühle würden einer solchen Herkunftsanalyse unterzogen, seien nichts Unmittelbares.[924] Die Herkunft der Dinge sei dabei stets in dieselben sich ewig wiederholenden Machtkämpfe eingebunden.[925] Alles in der Geschichte sei kontingent, veränderlich und ‹die Geschichte› nicht in ihrer Totalität erfassbar: «Wissen dient nicht dem Verstehen, sondern dem Zerschneiden.» (180) Auch die Historie selbst wird dabei zum Gegenstand der *wirklichen* Historie gemacht und ihr Objektivitätsanspruch als Schein enttarnt. Die wirkliche Historie sei hingegen ein bewusst perspektivisches Wissen, das einen bestimmten Standpunkt beziehe und bestimmte Urteile fälle.[926] Es gehe ihr um eine «systematische Auflösung der Identität» (187), die Betrachtung der Geschichte als reines Maskenspiel, das keinen ideologischen Sinn mehr herstellen könne, der über die objektive Entindividualisierung der modernen Menschen hinwegtäuschen würde. Nietzsche habe von den drei in der zweiten *Unzeitgemäßen* dargelegten Arten der Historie nur die kritische in ihrer zersetzenden Degeneration übriggelassen, abgelöst von ihrem gesellschaftskritischen Impetus, die monumentalische lebe nur noch als Parodie fort, die archivarische Historie sei einer «systematischen Auflösung» (191) gewichen. Foucault zufolge habe Nietzsche also die Nihilismuskritik seiner Frühschrift «im Namen des Lebens und seiner positiven, schöpferischen Kraft» (190) aufgegeben und sei letztendlich ‹fröhlicher Nihilist› geworden.

Die Abkehr von den ‹romantischen› Impulsen des frühen Foucault, aber auch die Differenz, wie wir sehen werden, zu Deleuze und Guattari wird hier ganz deutlich und auch, dass

---

923 174.
924 Vgl. 179.
925 Vgl. 176–178.
926 Vgl. 182 f.

er sich eben um das Problem der ‹Wahrheit› überhaupt nicht schert. Wir haben es hier mit einer gleichermaßen radikal antikonservativen wie auch antimarxistischen Kritik zu tun, die sich zugleich auch absolut antiszientifistisch gibt. Foucault hat gerade mit dieser Schrift das Nietzsche-Bild der folgenden Dekaden entscheidend geprägt und bringt einen bis heute wirksamen postmodernen Zeitgeist in radikaler Weise zum Ausdruck, der gerade die ‹linken› Geisteswissenschaften bestimmt.

Abgesehen davon, dass Foucault in diesem Text das Grundproblem seiner Theorie, ihren epistemischen Status, nicht auflöst (was, wie gezeigt, konsistent nur möglich unter Rückgriff auf die Figur der Selbstaufhebung wäre), wird hier wiederum ein höchst einseitiges Bild von Nietzsche gezeichnet. Etwa zu behaupten, die zahllosen «monumentalischen» Passagen gerade auch im Spätwerk Nietzsches seien das Produkt einer bloßen «Parodie», ist reichlich gewagt. Wie bereits gezeigt, kreist zumal auch das Spätwerk Nietzsches durchaus um Motive wie Leidenschaft, Subjektivität, Individualität und Identität, die Foucault hier in Bausch und Bogen als naiv verdammt.

Der größte Widerspruch, der nicht zuletzt die Relevanz Foucaults als *politischen* Denker betrifft, besteht jedoch darin, dass er einerseits von der Notwendigkeit der Zersetzung jeder Identität spricht, andererseits von der Notwendigkeit, einen Standpunkt zu beziehen. Er sagt selbst, dass dieser Standpunkt nur ein provisorischer, ironischer, niemals feststehender sein kann; dass es notwendig einer ist, der zwischen den verschiedensten Kräften hin- und hergerissen wird, der in sich multipel ist.[927] Die einen schlagen sich heute eher auf die ‹Standpunktseite› und verfechten die Notwendigkeit einer ‹politisierten Wissenschaft› und einer ‹Identitätspolitik›, die anderen frönen einem ästhetizistischen Spiel der ‹ortlosen Existenz›, das freilich nur solange fröhlich sein kann, wie man privilegiert genug ist, sie nur als Spiel betrachten zu dürfen. Foucault selbst schwankt zwischen diesen beiden Rollen: Mal mimt er den radikalen Aktivisten, mal den prinzipienlosen Skeptiker.

In seiner letzten Schaffensphase in den Jahren vor seinem Tod – er gehörte zu den ersten prominenten AIDS-Opfern – fokussierte sich Foucault darauf, eine Theorie des Widerstands auf der Höhe seiner Machttheorie zu entwickeln, die wieder in eine etwas andere Richtung ging. Seine Überlegungen kreisten

927 Vgl. 187.

darum, wie man eine Subjektivität konzipieren könnte, die weder, wie noch bei Sartre, ein ‹sicherer Hafen› absoluter Freiheit ist noch einfach nur ein Produkt von Machtverhältnissen, aus denen es ohnehin kein Entkommen gibt, wie es beim mittleren Foucault bisweilen den Anschein hat. In gewisser Weise könnte man darin eine Rückwendung zu einem nietzscheanischen Individualismus erblicken, Foucault spricht etwa von einer «Ethik der Sorge um sich als Praxis der Freiheit»[928], dem subversiven «Wahrsprechen»[929] und der «Heterotopie» als Gegenbegriff zur klassischen Utopie[930]. In einem späten Interview benennt Foucault dabei etwa BDSM-Praktiken und den Drogenkonsum als Beispiele dafür, einen anderen, nicht mehr an die traditionellen Vorstellungen von Sexualität gebundenen, Bezug zu seinem Körper herzustellen. Man müsse nicht die Begehren befreien, sondern «neue Lüste erschaffen»[931] frei von allen starren Identitätsmustern. Man kann vielleicht davon sprechen, dass er hier den frühen und den mittleren Foucault zu synthetisieren versucht, den Aktivisten und den Dandy.

Das Problem, mit dem uns Foucaults Denken konfrontiert, ist letztendlich dasjenige, ob das ‹Sein› nichts weiter als ein «Wille zur Macht» ist (wie Foucault behauptet und es etwa Heidegger Nietzsche als «Metaphysik» zuschreibt) oder ob es darüber hinaus noch etwas anderes Unmittelbares gibt, was nicht im «Willen zur Macht» aufgeht. Die Foucaultsche Haltung, selbst noch diejenige des späten, läuft letztendlich auf einen Jüngerschen Zynismus hinaus, der mit einem linken Projekt in einem substantiellen Sinne kaum mehr vereinbar ist. Denn was soll einem linken Projekt die *Kraft* geben außer ‹unmittelbare Gewissheiten›, so prekär diese sein mögen? Identitäten, die sich nicht als völlig offen verstehen? Erfahrungen – wie etwa diejenige des Leidens gerade an der realen neoliberalen Zersetzung aller authentischen Identitäten? Und eben möglicherweise auch ein moralischer, universalistischer Impuls, der bei Nietzsche noch vorhanden ist, bei Foucault aber keine Rolle mehr spielt, selbst wenn er sich immer wieder als Aktivist betätigt und radikal gebärdet.

Man darf freilich nicht den Fehler machen, deswegen Foucault einfach zu verdammen. Das würde der Relevanz seiner

928 So der Titel eines 1984 geführten Interviews.
929 Vgl. *Das Wahrsprechen des Anderen.*
930 Vgl. *Von anderen Räumen.*
931 *Michel Foucault, ein Interview,* 305.

Theorien nicht gerecht und der wichtigen Fragen, die sie aufwerfen. Um was es gehen müsste, wäre, seine eigene Methode konsequent auf seine Theorien selbst anzuwenden: Aus welchen Machtkonstellationen entspringen sie? Welche Rolle spielen sie darin? Welche Motive liegen ihnen zu Grunde? Eine solche Herangehensweise würde erst eine Auseinandersetzung mit Foucault auf Augenhöhe ermöglichen, ohne in platte Moralismen zu verfallen. Foucault repräsentiert in seinem Denken eine neue Mittelschicht, die sich der Studentenbewegung anschloss, weil sie aufrichtig die Verkrustungen der Nachkriegsgesellschaft als nicht mehr zeitgemäß empfand, die zugleich jedoch mit allzu radikalen linken Forderungen nichts anfangen konnte; die einen flexiblen, ungebundenen, nomadischen Lebensstil als Befreiung empfand und nicht als von außen aufgezwungenes Los. Das erklärt insbesondere, warum Foucault im akademischen Milieu so populär ist, das sich zu guten Teilen aus diesem postkonventionellen Milieu rekrutiert. Für Foucault selbst dürfte seine Homosexualität den Ausschlag gegeben haben, sich mit diesem Milieu zu identifizieren, er stammte an sich aus einem gutbürgerlichen Milieu und gehörte schon früh der kulturellen Elite Frankreichs an. Die im Grunde *gemäßigte* Haltung Foucaults drückt sich nicht zuletzt darin aus, dass er ständig dazwischen oszilliert, einerseits die Abschaffung aller Machtbeziehungen als sinnlose Utopie darzustellen, andererseits eben bestimmte Machtverhältnisse doch zu kritisieren, also nicht die rein affirmativen Konsequenzen zu ziehen, die sein Denken durchaus zulassen würde. Doch er kritisiert sie eben ohne einen klaren Maßstab, sondern je nachdem, was ihn gerade am meisten stört.

Wenn uns seine Haltung heute immer weniger überzeugt, dann wahrscheinlich nicht zuletzt deswegen, weil uns dieser postkonventionelle Lebensstil mittlerweile mehr und mehr selbst als Last erscheint und nicht mehr als Befreiung, weil er zum dominanten Lebensstil geworden ist. Und zugleich, weil die wachsende ökonomische Ungerechtigkeit klar zeigt, dass es ein, wie bereits angedeutet, eben elitärer Lebensstil ist, der an bestimmte Privilegien gebunden ist, die Foucault als selbstverständlich voraussetzt, die es aber eben nicht sind. Foucaults Kritik entstand in einer Ära relativer ökonomischer Prosperität und sozialer Stabilität, die kaum möglich gewesen wäre, ohne den Kampf der Arbeiterbewegung, die Foucault als autoritär abwatscht. Heute hingegen gewinnen die ‹harten Fragen› nach

Gerechtigkeit und Sicherheit (im umfassenden Sinne) eine ganz neue Bedeutung. Es ist für uns heute plausibler geworden, für ein Recht auf Heimat zu kämpfen als für eines auf Heimatlosigkeit. Eine nicht adeptenhafte, sondern in Foucaults Geist operierende Weiterführung von Foucaults Theorien, um die es allein gehen kann, müsste diese völlig veränderte Problemlage aufgreifen und vor diesem Hintergrund gewinnen auch die von Foucault ausgeblendeten Aspekte (das Reale jenseits der Macht, die Stabilität des Leibes, die Wirklichkeit der Natur, eine leibliche Moral, eine realistische Theorie, die Utopie, die Ökonomie …) eine ganz neue, existentielle Bedeutung. Foucaults Jünger haben die Linke in einen kraftlosen bunten Karnevalszug verwandelt. Gerade, wenn man Foucaults Analytik der Macht ernst nimmt, müsste es heute darum gehen, wieder offensiv die Machtfrage zu stellen, was nur durch eine völlige Neuerfindung linker Politik und Theorie möglich ist. Dem Proletariat hat Foucault wenig zu sagen. (Wobei anerkannt werden muss, dass er es war, der als einer der ersten die Machtformation des Neoliberalismus systematisch analysierte![932])

6. Schizo-Niesche: Gilles Deleuze und Félix Guattari

a) *Nietzsche, Deleuze und die Philosophie*

Gilles Deleuzes (1925–1995) wichtigster Beitrag zur philosophischen Nietzsche-Interpretation ist seine 1962 veröffentlichte Studie *Nietzsche et la philosophie* (*Nietzsche und die Philosophie*). Deleuzes Nietzsche-Buch ist für Foucault eine maßgebliche Quelle; ab 1966 gab er zudem zusammen mit Deleuze die französische Übersetzung der Kritischen Gesamtausgabe Collis und Montinaris heraus.[933] Es sind vor allem drei Bücher, auf die sich Deleuze in seiner Nietzsche-Deutung bezieht: den *Zarathustra*, *Zur Genealogie der Moral* und den *Willen zur Macht*. Seine Interpretation steht ganz auf dem Boden von Batailles Dionysmus, weist aber auch, dem Narrativ des *Willens zur Macht* entsprechend, einige Parallelen zu derjenigen der Konservativen

932 Vgl. seine 1979 gehaltene Vorlesung *Naissance de la biopolitique* (*Geburt der Biopolitik*).

933 Vgl. Rehmann, *Postmoderner Links-Nietzscheanismus*, 69.

Revolution auf.[934] Der Kernpunkt von Deleuzes Interpretation ist dabei, Nietzsches Denken als Alternative zur Hegelschen Dialektik darzustellen. Er fasst den Kern seiner Deutung selbst wie folgt zusammen:

> Der Wille zur Macht ist das Prinzip der vielfältigen Bejahung, Prinzip, das schenkt oder die schenkende Tugend. Darin, daß das Viele, das Werden, der Zufall Objekte reiner Bejahung sein mögen, ist der Sinn der Philosophie Nietzsches formuliert. [...] Die Bejahung teilt sich, um dann, ihre höchste Macht einnehmend, sich zu verdoppeln. [...] Diese höchste Macht ist die ewige Wiederkunft, Synthese der Bejahung, die im *Willen* ihr Prinzip findet. Gegen die Last des Negativen die Leichtigkeit des Bejahenden; gegen die Arbeit der Dialektik die Spiele des Willens zur Macht; gegen jene famose Negation der Negation die Bejahung der Bejahung.[935]

Deleuze behauptet dementsprechend: «Wir haben gute Gründe, bei Nietzsche eine profunde Kenntnis der Hegelschen Bewegung, von Hegel zu Stirner, vorauszusetzen.» (177)

Diese Hauptthese des Buches ist aus philologischer wie auch philosophisch-interpretativer Sicht fragwürdig. Wie erwähnt ist es sehr unwahrscheinlich, dass Nietzsche Stirner wirklich derart intensiv rezipierte, wie viele behaupten. (Wobei Deleuze von der üblichen ‹Nietzsche-Stirner-These› abweicht, insofern er gerade betont, dass Nietzsche sich von Stirner als Vollender der Hegelschen Dialektik abgrenzen will.) Auch Hegel kannte Nietzsche, soweit sich nachweisen lässt, nur bedingt.[936] Seine Urteile zu

934 Deleuzes Kritik am *Willen zur Macht,* den er ja selbst ganz selbstverständlich als Quelle heranzieht, ist dementsprechend zunächst eher zurückhaltend und vage. Er behauptet zumal fälschlicherweise, dass von der Verfälschung nur die Zusammenstellung der Texte betroffen wäre, nicht jedoch die Texte selbst. Er erörtert nicht, inwiefern angesichts der von ihm selbst mitgestalteten Neuedition möglicherweise auch eine Revision seiner eigenen Interpretation nötig wäre. (Vgl. *Nietzsche's Burst of Laughter*) In der von Foucault und Deleuze gemeinsam verfassten Einführung in die Gesamtausgabe wird das Problem jedoch sehr klar benannt (vgl. *Allgemeine Einführung*).

935 212.

936 In Nietzsches persönlicher Bibliothek befand sich beispielsweise kein einziges Buch von Hegel. Giuliano Campioni e. a., *Nietzsche persönliche Bibliothek*, 281 beinhaltet hier, wie meine Recherchen in Weimar ergaben, einen kleinen Fehler: Nietzsche besaß, wie das dort als Quelle angegebene Verzeichnis recht klar belegt, kein Exemplar von Hegels *Enzyklopädie,* sondern die von dessen Schüler Karl Rosenkranz ver-

Hegel sind in der Tat oft polemisch,[937] doch er erkennt in Hegel zugleich auch einen wichtigen Philosophen der Geschichte und des Werdens,[938] den er in diesem Punkt sogar dem ahistorisch denkenden Schopenhauer vorzieht[939]. Feuerbach und andere Junghegelianer kannte er aus seiner Jugend- und Studentenzeit, doch er erwähnt sie in seinen Texten nur vereinzelt. Gegen die «Dialektik» polemisiert Nietzsche tatsächlich und mit ähnlichen Worten wie Deleuze. In *Zur Genealogie der Moral* schreibt er etwa:

> [P]hysiologisch nachgerechnet, ruht die Wissenschaft auf dem gleichen Boden wie das asketische Ideal: eine gewisse *Verarmung des Lebens* ist hier wie dort die Voraussetzung, – die Affekte kühl geworden, das tempo verlangsamt, die Dialektik an Stelle des Instinktes, der *Ernst* den Gesichtern und Gebärden aufgedrückt (der Ernst, dieses unmissverständlichste Abzeichen des mühsameren Stoffwechsels, des ringenden, schwerer arbeitenden Lebens).[940]

Doch das Wort «Dialektik» wird hier, wie auch an anderen vergleichbaren Stellen, in einem sehr unspezifischen Sinn gebraucht. Nietzsche meint damit vor allem das dialogische Begründen im Sinne Platons, nicht die Dialektik im Sinne der Lehre vom Übergang der Gegensätze ineinander wie bei Hegel. In diesem zweiten Sinne gebraucht er das Wort sogar einmal ganz affirmativ.[941]

Man gewinnt so den Eindruck, dass sich Deleuze in dem Nietzsche-Buch mit Hegel einen Popanz bastelt, mit dem er eigentlich den Existenzialismus[942] und den Marxismus[943] zu attackieren versucht – und Kojèves Hegel des «Endes der Geschich-

---

fassten Erläuterungen zu derselben. Er verkaufte dieses Buch jedoch 1875 an eine Buchhandlung.

937 Wir verwiesen bereits auf seine Hegel-Kritik in der zweiten *Unzeitgemäßen*.

938 Vgl. FW 357.

939 Vgl. JGB 204.

940 III, 25. Deleuze zitiert diesen Abschnitt in dem Buch mehrmals, aber nicht diese Stelle.

941 Vgl. FW 7.

942 In einem Interview, in dem Deleuze und Foucault zur neuen Nietzsche-Edition befragt werden, behaupten sie, Sartre sei nicht von Nietzsche beeinflusst worden, «weil er seit langem aufgehört hat zu philosophieren» (*Michel Foucault und Gilles Deleuze möchten Nietzsche sein wahres Gesicht zurückgeben*, 711). Sie unterschätzen dort das Ausmaß der Verfälschungen durch Förster-Nietzsche sichtlich.

943 Vgl. Deleuze, *Nietzsche*, 173.

te». Versteht man Hegel im Sinne eines solchen Philosophen des «Endes der Geschichte» – wofür einiges spricht –, dann ergibt es in der Tat Sinn, in Nietzsche seinen größten philosophischen Antipoden zu erblicken.[944] Dies ist jedoch, in Hegels eigener Terminologie, der Hegel der Spekulation, der Versöhnung, nicht der Dialektik, des Widerstreits[945] – letzteren erkennt Nietzsche voll und ganz als wichtigen Vorreiter seiner eigenen historischen Methode an.

Freilich ist selbst für den ‹wilden› Hegel der Dialektik die *Verneinung* der entscheidende Motor der Geschichte, nicht die Bejahung; der Kampf, nicht die Schöpfung. Aber auch Nietzsche denkt das Verhältnis von Bejahung und Verneinung nicht ‹undialektisch›: Bejahung und Verneinung sind bei ihm stets gekoppelt, das ‹undialektische› Ja des I-A-sagenden Esels, der immer nur bejahen kann, kritisiert er dezidiert.[946] Deleuze geht auf diese Problematik zwar ein,[947] und unterscheidet dort zwischen ressentimenthafter und aggressiver Verneinung, eselshafter und dionysischer Bejahung. Doch diese Lösung des Problems überzeugt nur bedingt: Er blendet etwa aus, dass Nietzsche in der Rede *Von den drei Verwandlungen* gerade einen dialektischen Entwicklungsgang skizziert, in dem sowohl die ‹eselige› Bejahung des «Kamels», das die alten Werte tapfer auf sich nimmt, als auch die kämpferische Verneinung des Löwen als notwendige Momente der Befreiung des Geistes benannt werden. In dieser Passage stellt Deleuze Nietzsche zumal als Anti-Realisten dar, als Apologeten der ‹fröhlichen Lüge›, was, wie gezeigt, eine ebenso einseitige Deutung ist. Letztendlich ist die Schwäche auch von Deleuzes Nietzsche-Deutung ihr einseitiger Dionysmus, der Nietzsche nur als dionysischen, nicht jedoch zugleich auch immer apollinischen Denker porträtiert.

Was an Deleuzes Nietzsche-Deutung eher überzeugt, ist das klare Aufzeigen der Parallelen zwischen Nietzsche und Freud. Wie für Nietzsche sei für Freud die Ursache einer psychischen Erkrankung eine Verhaftung des Unbewussten in der Vergangenheit, ein Nicht-Vergessen-Können. Auf einen Reiz konnte nicht reagiert werden und das Bewusstsein verhaftet daher in einer

944 Vgl. hierzu meinen eigenen Aufsatz *Zarathustras «Augen-Blick»*.
945 Vgl. § 11 (S. 44), § 81 (S. 102 f.) und § 82 (S. 103 f.) der *Enzyklopädie*.
946 Vgl. Za, *Geist der Schwere* 2 und auch Za *Sehnsucht*.
947 Vgl. Deleuze, *Nietzsche*, 190–201.

grundsätzlich reaktiven Haltung – es ist daher nicht mehr fähig, auf neue Reize zu reagieren. Deleuze betont dagegen mit Nietzsche die Notwendigkeit einer «aktiven Vergesslichkeit»[948].[949] Während der gesunde Mensch, der Herr, von einer spontanen Aktivität gekennzeichnet sei, sei der kranke Mensch gelähmt und in der Vergangenheit gefangen.[950]

b) Nietzscheanismus und Schizophrenie

Ihre konkreteste, und vor allem: *politischste*, Anwendung findet Deleuzes Philosophie in den beiden Bänden von *Capitalisme et schizophrénie* (*Kapitalismus und Schizophrenie*), die Deleuze zusammen mit dem Psychiater und Psychoanalytiker Félix Guattari (1930–1992) verfasste. Nietzsche ist hier eine wiederholt auftauchende Bezugsgröße. Über den ersten Band der Dilogie, *L'Anti-Œdipe* (*Anti-Ödipus*; 1972), schreibt Michel Foucault in dem von ihm verfassten Vorwort zur amerikanischen Ausgabe von 1977, dass das Buch ein Produkt jener Aufbruchszeit von 1965 bis 1970 gewesen sei, die er wie folgt charakterisiert:

> Der Traum, der zwischen dem Ersten Weltkrieg und dem aufkommenden Faschismus die utopistischen Fraktionen Europas – das Deutschland Wilhelm Reichs und das Frankreich der Surrealisten – in seinen Bann geschlagen hatte, war zurückgekehrt, um die Wirklichkeit selbst zu entflammen: Marx und Freud im Licht desselben Glühens.[951]

Freilich habe auch eine deutliche Verschiebung dieses Traumes stattgefunden, die eben im *Anti-Ödipus* ihren Ausdruck finde. Es sei ein Buch, das sich gleichermaßen gegen den Marxismus, die Psychoanalyse und den Faschismus, der der Hauptfeind sei, wende. In ihm werde zugleich eine Ethik entfaltet, es sei «eine *Einführung in das nicht-faschistische Leben*» (179). Damit gehe einher, die Vielfalt der Einheit vorzuziehen, das Horizontale dem Vertikalen, und eine Ablehnung von Autorität und Hierarchie, der Negativität, der Sesshaftigkeit (zugunsten des Nomadentums). Es ginge darum, Theorie und Praxis nicht gegeneinander auszuspielen, sondern als Einheit zu verstehen, in der sich beide

948 GM II 1.
949 Vgl. Deleuze, *Nietzsche*, 123–125.
950 Vgl. ebd., 122.
951 *Vorwort*, 177.

Pole wechselseitig intensivieren, sich nicht in die Macht zu verlieben und nicht für das Individuum zu kämpfen, denn: «Das Individuum ist das Produkt der Macht.» (180) Es gehe darum, eine kollektive Praxis der «Entindividualisierung» (ebd.) zu entwickeln. Das Buch sei eine «Treibjagd auf sämtliche Formen des Faschismus, ausgehend von den kolossalen, die uns umgeben und uns unterdrücken, bis hin zu den winzig kleinen Formen, die die bittere Tyrannei unserer alltäglichen Leben ausmachen» (ebd). Man sieht also, dass Foucault wenigstens zu dieser Zeit noch meinte, dass es ein ‹Jenseits der Macht› gebe und dass es im *Anti-Ödipus* dargestellt werde.

Guattari war in der Antipsychiatriebewegung engagiert und die zweifache Frontstellung gegen die (Lacansche) Psychoanalyse und die Psychiatrie beherrscht das Buch. Der «Anti-Ödipus» des Titels, das ist der «Schizo», der seine affektiven Bindungen an jedwede autoritären Strukturen aufgibt und sich dadurch radikal zur Realität hin öffnet, die Deleuze und Guattari als riesiges diffuses Konglomerat von «Maschinen» beschreiben. In den maschinellen Gefügen konstituiert sich alles, was es gibt: «Alles ist Maschine.» (7) Während der ödipale, autoritäre Mensch vor den Maschinen flieht, öffnet sich der Schizo ihrem Wirken in radikaler Weise und begreift sich als unterschiedslosen Teil von ihm: «[D]ie Schizophrenie ist das Universum der produktiven und reproduktiven Wunschmaschinen, die universelle Primärproduktion als ‹wesentliche Realität des Menschen und der Natur›. […] Der Schizophrene ist der universelle Produzent.» (11–13) Er stößt dabei jedoch an die Grenze der Produktion vor, an jene glatte, konturlose Einschreibefläche, auf der das wilde Treiben der Maschinen stattfindet (und die als solche Fläche von diesem Treiben erst konstituiert wird): den «organlosen Körper», die Anti-Produktion. Der Schizo nähert sich in seiner Produktion von Codes der ursprünglichen Flüssigkeit und Diffusität des organlosen Körpers an, ihm gelingt daher ein radikaler Ausbruch aus den sozialen Codes.

Es handelt sich hier sichtlich um eine Variante des Dionysmus, heißt es doch, Nietzsches Metaphorik folgend: «Gleich Läusen auf einer Löwenmähne ist alles auf diesem ungezeugten Körper gegeben.» (23) Der «organlose Körper», das ist letztendlich das, was Nietzsche als «Leben» und als «Erde» bezeichnet und der Schizo ist die zeitgemäße Wiederkehr des Bacchanten. Um die «Erschaffung einer neuen Menschheit» (25) geht es dem

Schizo, das Aufbrechen aller identitären Begrenzungen und gewöhnlichen Vorstellungsarten. Als Beispiel für einen solchen Schizo dient Deleuze und Guattari der, mit Klossowski interpretierte, späte Nietzsche selbst: Die Ich-Auflösung in *Ecce homo* feiern sie als höchste Stufe der Befreiung, in der Nietzsche mit dem «organlosen Körper» identisch geworden sei.[952]

Wichtige Bezugspunkte sind dabei für Deleuze und Guattari der frühe Freud – den sie gegen den Freud des Ödipus-Komplexes (den Lacanschen) in Anschlag bringen –, Spinoza, Wilhelm Reich, der Dadaismus, der Surrealismus (wobei sie Dada den Vorzug geben) und sogar Marx. Der Schizo ist dabei dem Kapitalismus freilich nicht entgegengesetzt. Vielmehr ist die fortwährende – Entgrenzung, Marx erkannte sie bereits, die Vernichtung aller Heimaten, die Deleuze und Guattari auf den Begriff der «Deterritorialisierung» bringen –, das Wesen des Kapitalismus selbst und der Schizo insofern sein äußerster ‹Avantgardist›:

> Die Decodierung der Ströme sowie die Deterritorialisierung des Sozius[953] bilden so die wesentliche Tendenz des Kapitalismus. Unaufhaltsam nähert er sich seiner im eigentlichen Sinne schizophrenen Grenze. Unter Aufbietung aller Kräfte versucht er, den Schizo als Subjekt der decodierten Ströme auf dem organlosen Körper zu erzeugen – kapitalistischer als jeder Kapitalist, proletarischer als jeder Proletarier.[954]

Den Kapitalismus zeichne jedoch gerade auch eine Gegentendenz aus: die autoritäre Reterritorialisierung durch die repressiven Staatsapparate. Die freiheitliche Bewegung des Kapitalismus bleibt so stets ein reines Versprechen, sie wird niemals Wirklichkeit. Es gehe letztendlich darum, die immanente Auf-

---

952 Ebd., 29 f. Wir sehen diese eigenartige Obsession für den ‹letzten› Nietzsche bereits bei Breton und Klossowski. Und auch Bataille hatte den *Ecce homo* als Buch der Befreiung vom Wunsch nach einer archaischen, auf Beherrschung ausgerichteten Souveränität gesehen, von dem noch der *Zarathustra* gekennzeichnet gewesen sei. Erst hier sei Nietzsche freigeworden für eine neue, herrschaftsfreie Souveränität. Er macht das vor allem an dem Satz fest: «Ich will kein Heiliger sein, lieber noch ein *Hanswurst*… Vielleicht bin ich ein *Hanswurst*….» (EH *Schicksal* 1) (Vgl. *Die Souveränität*, 82 f.)

953 Die «Gesellschaftsmaschine» (43), also die soziale Totalität, innerhalb der alle Wunschproduktion vonstatten zu gehen hat ist der Sozius. Der «organlose Körper» bildet die ‹verbotene Zone› des «Sozius», seine äußerste Grenze.

954 44 f.

lösungstendenz des Kapitalismus entgegen jenen Reterritorialisierungsbewegungen zu beschleunigen mit dem Ziel einer «neuen Erde» im Sinne Nietzsches:

> Wir haben gesehen, daß die negative Aufgabe der Schizo-Analyse gewaltsam, brutal zu sein hat; defamiliarisieren, desödipalisieren, Kastration, Phallus, Theater, Traum und Phantasie abbauen, decodieren, deterritoralisieren – eine abscheuliche Ausspülung, eine bösartige Tätigkeit ist sie. [...] Den Prozeß zu verwirklichen, zu vollenden, statt ihn zu unterbrechen, im Leeren kreisen zu lassen, ihm ein Ziel vorzugeben. Niemals wird man in der Deterritorialisierung, der Decodierung der Ströme weit genug gehen können. Denn die neue Erde («In Wahrheit wird die Erde eines Tages ein Ort der Heilung sein»[955]) findet sich nicht in den neurotischen und perversen Reterritorialisierungen, die den Prozeß unterbrechen oder ihm Ziele vorgeben, sie ist vorne ebenso wie hinten, sie ist eins mit der Vollendung, der Verwirklichung des Prozesses, der immer schon sich verwirklicht und vollendet, insofern und solange er sich vollzieht.[956]

Deleuze und Guattari entwickeln so eine eigenwillige Synthese von Marx und Nietzsche. Ihren Dionysmus zeichnet aus, dass er von jedwedem Biologismus befreit ist: Im dionysischen Rausch entbirgt sich keine ungesellschaftliche, natürliche, sondern eine immer schon gesellschaftliche Erfahrung und wenn sie ungesellschaftlich erscheint dann nur, insofern die Gesellschaft ihr eigenes Ungesellschaftliches produziert. Den Kapitalismus zeichnet aus, eine Gesellschaft zu sein, die geradezu darauf basiert, eine ‹asoziale Sozialität› zu bilden, die nur durch gewaltsame Eingriffe aufrechterhalten werden kann.

Der Begriff des «Schizo» irritiert dabei natürlich, weil es so wirkt, als würden Deleuze und Guattari die psychische Erkrankung verherrlichen. Es wirkt freilich nicht nur so, sie tun es auch tatsächlich und meinen diesen Begriff durchaus nicht nur metaphorisch, sondern wörtlich. Liest man das Buch als Beitrag zur Antipsychiatriebewegung, dann ist seine These, dass man die Schizophrenen ihren Wahn ausagieren lassen soll – krank werden sie erst durch die Einsperrung und Medikation. Die Schizophrenen sind nicht einfach unnormal, sie repräsentieren einfach nur eine Seite der sozialen Realität – in ihren Wahnvor-

955 Wörtlich heißt es im Zarathustra: «Wahrlich, eine Stätte der Genesung soll noch die Erde werden!» (*schenkenden Tugend* 2)
956 495 f.

stellungen lässt sich *die Wahrheit* der gegenwärtigen Gesellschaft erkennen.[957] Ihre Vorstellung einer befreiten Gesellschaft bringen sie auf den Begriff der «produktive[n], endlich glücklich gewordene[n] allgemeine[n] Schizophrenie» (515).

In dem Fortsetzungsband, *Milles plateaux* (*Tausend Plateaus*; 1980), ist dieses revolutionäre Pathos deutlich zurückgenommen. Zwar reden auch hier Deleuze und Guattari noch der Auflösung und Deterritorialisierung das Wort, doch sie sprechen auch davon, dass «die Fluchtlinien selber [...] immer in Gefahr sind, ihre schöpferischen Möglichkeiten aufzugeben, um sich in eine Todeslinie zu verwandeln, um in eine Linie der Zerstörung (Faschismus) verwandelt zu werden» (701). Bedeutet der Faschismus nicht auch eine Entfesselung des Begehrens? Ist der faschistische Krieger nicht auch in gewisser Weise ein Schizo und Nomade? Deleuze und Guattari erkennen nun voll den ‹anarchischen› Charakter des Faschismus an:

> [J]eder Faschismus wird durch ein schwarzes Mikro-Loch definiert, das für sich selber steht und mit den anderen kommuniziert, bevor es in einem allgemeinen zentralen schwarzen Loch Widerhall findet. Faschismus gibt es dann, wenn in jedem Loch, in jeder Nische eine Kriegsmaschine installiert wird. Selbst wenn der nationalsozialistische Staat sich etabliert hat, ist er auf das Weiterbestehen dieser Mikro-Faschismen angewiesen, die ihm ein unvergleichliches Handlungsmittel gegenüber den «Massen» geben.[958]

Seine wahre Macht bestehe in «eine[r] geschmeidige[n] und molekulare[n] Segmentarität, Strömungen, die in alle Arten von Zellen eindringen konnten» (ebd.).

In seinem späten Text *Post-scriptum sur les sociétés de contrôle* (*Postskriptum über die Kontrollgesellschaften*; 1990) stellt Deleuze zudem selbst die Frage, ob die Zerstörung aller Disziplin, die Guattari und er noch als Inbegriff der Befreiung beschrieben, nun im Rahmen einer neuen Lebensform kapitalistisch nutzbar gemacht worden ist, die er als «Kontrollgesellschaft» beschreibt:

> Der alte Geldmaulwurf ist das Tier des Einschließungs-Milieus, während das der Kontrollgesellschaften die Schlange ist. Der Übergang von einem Tier zum anderen, vom Maulwurf

957 Vgl. 9.
958 292.

> zur Schlange, ist nicht nur ein Übergang im Regime, in dem wir leben, sondern auch in unserer Lebensweise und unseren Beziehungen zu anderen. Der Mensch der Disziplinierung war ein diskontinuierlicher Produzent von Energie, während der Mensch der Kontrolle eher wellenhaft ist, in einem kontinuierlichen Strahl, in einer Umlaufbahn. Überall hat das *Surfen* schon die alten *Sportarten* abgelöst. […] Familie, Schule, Armee, Fabrik sind keine unterschiedlichen analogen Milieus mehr, die auf einen Eigentümer konvergieren, sondern sind chiffrierte, deformierbare und transformierbare Figuren ein und desselben Unternehmens, das nur noch Geschäftsführer kennt.[959]

Olaf Sanders kommentiert diese Stelle:

> Verständlich wird dieses Bild erst im Kontext der in der «Abhandlung über Nomadologie», 12. Plateau, entfalteten Differenz des glatten und des gekerbten Raums. Die Schlange schafft den Raum ihrer Bewegung erst durch die Bewegung, mit der er auch wieder vergeht. Dieser Raum entspricht dem nomadischen Raum, dem Deleuze und Guattari den Staat entgegenstellen, den der Maulwurf zwar unterwandern kann, allerdings nur innerhalb derselben Raumordnung, innerhalb derselben Spielregeln. Mit anderen Worten: Ein Maulwurf spielt weiterhin Schach, eine Schlange hingegen das komplexere Go.[960]

Die kriechende, sich horizontal fortbewegende Schlange ist also das von Deleuze und Guattari selbst präferierte Tier. Es handelt sich hier zumal um eine philosophiegeschichtliche Differenz: Der Maulwurf ist das Tier, mit dem Marx die Wühlarbeit der Revolution vergleicht,[961] die Schlange hingegen, neben dem Adler, eines der Tiere Zarathustras, mit dem Nietzsche die «ewige Wiederkunft» symbolisiert.

Man kann das *Postskriptum* so auch als Selbstkritik lesen. Deleuze erkennt darin selbst an, dass zumindest ein Teil dessen, was er konzipierte, mittlerweile vom kapitalistischen System integriert wurde und nicht mehr ein positives Gegenbild zu ihm, sondern schlicht den *status quo* beschreibt. Auch die Auflösung der Individuen zu «Dividuen» sei im gegenwärtigen Kapitalismus schon längst an der Tagesordnung.[962] Diese verän-

959 258-260.

960 *Das Imperium der Schlange.*

961 *Der achtzehnte Brumaire*, 196.

962 Vgl. Deleuze, *Postskriptum*, 258. Auf Nietzsches Kritik der Reduktion der Menschen zu «Dividuen» sind wir schon zu sprechen gekommen.

derte Situation erfordere ganz neue Begrifflichkeiten und Widerstandsformen, «neue Waffen» (256), zu denen Deleuze sich aber ausschweigt. – Sie zu entwickeln, obläge uns.

c) Das Problem der Akzeleration

Deleuzes und Guattaris Denken wird von der akademischen Geisteswissenschaft nach wie vor noch nicht als ‹richtige Philosophie› anerkannt. In eher ‹para-akademischen› Zirkeln wird es jedoch so intensiv rezipiert wie kaum ein anderes. Als eine der wichtigsten Strömungen, die in diesem Zusammenhang von Bedeutung sind, kann der «Akzelerationismus» benannt werden. Diese Theorie-Strömung, als deren Begründer der Brite **Nick Land** (geb. 1962) gilt, geht vom Konzept der «Deterritorialisierung» aus, spitzt es aber auf eine Weise zu, die der eher ‹gemäßigten› Position von Deleuze und Guattari widerspricht. Neben Deleuze und Guattari sind wichtige Gewährsmänner dieser Richtung etwa Bataille, Laruelle – und auch Nietzsche.

Die Grundhaltung der Akzelerationisten lässt sich auf den Begriff des «aktiven Nihilismus» bringen. Sie ähnelt auffällig der Weltsicht der Konservativen Revolution und es dürfte auch mehr als ein Zufall sein, dass Nick Land mittlerweile zur Neusten Rechten übergelaufen ist: Es gelte, jedes Ressentiment gegenüber dem bestehenden Nihilismus aufzugeben und ihn sogar noch zuzuspitzen, weil er nicht konsequent genug sei. Manche ziehen daraus den Schluss, dass man den Neoliberalismus unterstützen müsste, andere votieren für den Anarchismus oder sogar für Trump – einig sind sie sich alle darin, dass es keinen Sinn ergibt, den unvermeidlichen Zersetzungsprozess der ‹westlichen Kultur› bzw. der Kultur überhaupt irgendwie abbremsen zu wollen. Insofern brechen sie dezidiert mit einem klassischen Verständnis des Linken: Die Linke sei letztendlich eine konservative Strömung, die die Zeichen der Zeit noch nicht richtig begriffen habe. Es müsse darum gehen, jede Technikfeindschaft aufzugeben und die Technologie als Mittel des sozialen Fortschritts aufzufassen. In diesem Geiste kritisieren etwa die Autoren des ‹Akzelerationistischen Manifests› den Antiautoritarismus der traditionellen Linken als «ineffektiv». Sie berufen sich dagegen auf Lenin.[963]

963 Vgl. Nick Srnicek & Alex Williams, *#ACCELERATE MANIFESTO for an Accelerationist Politics.*

Als akzelerationistische Schlüsselstelle[964] bei Deleuze und Guattari gilt die folgende:

> Sich [...] vom Weltmarkt zurückziehen, in einer eigentümlichen Neuauflage der faschistischen «ökonomischen Lösung»? Oder den umgekehrten Weg einschlagen? Das heiß mit noch mehr Verve sich in die Bewegung des Marktes, der Decodierung und der Deterritorialisierung stürzen? Denn vielleicht sind die Ströme aus der Perspektive einer Theorie und Praxis der zutiefst schizophrenen Ströme noch zu wenig decodiert und deterritorialisiert? Nicht vom Prozeß sich abwenden, sondern unaufhaltsam weitergehen, «den Prozeß beschleunigen», wie Nietzsche: wahrlich, in dieser Sache haben wir noch zu wenig gesehen.[965]

Das kann man als klares Bekenntnis dazu lesen, dass die Linke eine neoliberale Politik der offenen Grenzen, des Freihandels etc. unterstützen sollte. Die Alternative der Abschottung vom Weltmarkt wird als «faschistisch» denunziert, letztendlich gibt es also nur die Wahl zwischen einem ‹Schizo-Neoliberalismus› und dem Faschismus. Als Gewährsmann dient hier Nietzsche, angespielt wird auf folgendes Nachlassfragment, das auch schon Klossowski heranzieht: «Die *Ausgleichung* des europäischen Menschen ist der große Prozeß, der nicht zu hemmen ist: man sollte ihn noch beschleunigen.»[966]

Man darf sich freilich nicht darin täuschen, dass dies eine linke Stelle in Nietzsches Werk wäre. Im Gegenteil handelt der Abschnitt, aus dem sie stammt, davon, dass, wie es auch Jünger vorschwebte, die Menschheit in zwei Teile zerfallen soll: Freie, starke Einzelnen, die hemmungslos regieren, und eben einer Masse ‹Ausgeglichener›. Und man kommt kaum umhin, im Neoliberalismus eine solche Bewegung zu sehen, in der genau eine solche Zweiteilung der Menschheit in eine immer kleiner werdende globale Elite und den großen Rest, der mit den Mitteln der Cybertechnologien kontrolliert wird, stattfindet.

Eine andere akzelerationistische Stelle (auf die Deleuze und Guattari oben anspielen):

> Ich höre mit Vergnügen, dass unsre Sonne in rascher Bewegung gegen das Sternbild des *Herkules* hin begriffen ist: und ich hof-

964 Vgl. Obsolete Capitalism, *The strong of the future.*
965 *Anti-Ödipus*, 308.
966 NF 1887 9[153].

fe, dass der Mensch auf dieser Erde es darin der Sonne gleich thut. Und wir voran, wir guten Europäer![967]

Es gehe also darum, nicht zu meinen, dass man einen letztendlich alternativlosen Prozess hemmen könne: Ein gewisser Gestaltungsspielraum, eine Art minimale Freiheit, ließe sich nur dadurch erreichen, dass man sich an die Spitze dieses Prozesses stellt. Wobei Deleuze und Guattari damit, anscheinend, noch irgendeine Utopie verbinden: Nietzsche sieht als Telos dieses Prozesses eine totalitäre Diktatur oder den Weltuntergang. Der Weltuntergang ist auch eher unsere Aussicht, wenn der gegenwärtig dominante «Prozess» so weitergeht, wie er es tut. Neuste ernstzunehmende Studien halten das Ende der Menschheit im Jahr 2050 für realistisch.[968]

Der Vorwurf des ‹Faschismus› wird auch heute noch all denen gemacht, die für ein grundsätzliches Alternativprojekt zum Neoliberalismus eintreten, das letztendlich nur in einer ‹Entschleunigung› liegen kann. Eine, die natürlich *grundsätzlicher* verfahren muss, als für *slow food* und ein wenig mehr Achtsamkeit zu votieren. Es gibt dabei zum einen den Weg eines kommunalistischen Anarchismus, wie ihn etwa der US-amerikanische Anarchist **Murray Bookchin** (1921–2006) vertritt, der sich für eine Dekonzentrationsbewegung in allen sozialen Bereichen einsetzt.[969] Er ist keine bloße ‹Utopie›, in den befreiten kurdischen Gebieten wird hier und jetzt versucht, diese Theorien in die Tat umzusetzen: Vielleicht ist Rojava ein Laboratorium der Zukunft und wir sollten den kurdischen Widerstand gerade deswegen unterstützen.[970]

---

967 JGB 243.

968 Vgl. insb. Ian Dunlop & David Spratt, *Existential climate-related security risk.*

969 Deleuze und Guattari kritisieren eine solche Vision dezidiert und meinen, dass «die ‹gesellige›, die Wunschrevolution» «unter der Losung technologischer Innovation» stattfinden müsse (*Anti-Ödipus,* S. 514).

970 Interessanterweise bezieht sich der Anführer des kurdischen Widerstandes, Abdullah Öcalan (wie auch Bookchin), wiederholt positiv auf Nietzsche. Er schreibt etwa in seinem *Manifest der demokratischen Zivilisation*: «Die intellektuellen Arbeiten der nietzeanischen Denkschule sind echte Gegenspieler der kapitalistischen Moderne. Es ist ein schwerer Mangel, dass sein Denken nicht zu einer politischen Philosophie und ihrer Anwendung weiterentwickelt worden ist.» (*Manifesto for a Democratic Civilisation*, 51) Nietzsche sei «der stärkste oppositionelle Prophet der kapitalistischen Periode» (ebd., 220).

Eine eher sozialdemokratische Variante wäre eine linke Verteidigung des Nationalstaats mit einhergehender Zerschlagung der großen Konzerne, wie sie etwa **Sahra Wagenknecht** (geb 1969) in ihrem Buch *Reichtum ohne Gier* konzipiert.[971] Um was man diese Lösung freilich ergänzen müsste, wäre trotzdem eine «Erdregierung» im Sinne Kesslers, die insbesondere nötig ist, um die Anstrengungen zur Bekämpfung des Klimawandels zu vernetzen. Damit ist auch bei Kessler keine Abschaffung des Nationalstaats gemeint, die nur zu einem Demokratieverlust führen würde, wie wir ihn bereits auf der Ebene der EU und der UNO sehen. Doch es müsste eben durchaus zusätzlich eine echte Weltregierung mit vor allem auch ökonomischen Kompetenzen geschaffen werden. Diese müsste vor allem dafür sorgen, schrittweise unser Grundproblem (das auch Deleuze im *Postskriptum* sehr drastisch beschreibt), die krasse ungleiche Verteilung des Wohlstands, durch massive Enteignung und Umverteilung zu lösen.

Diese beiden Wege markieren unterschiedliche Ansätze einer humanistischen, *anti*-akzelerationistischen Linken, zwischen denen hier keine Wahl getroffen werden soll. Vielmehr vereinigt beide dieselbe Stoßrichtung und sie könnten sich wahrscheinlich wechselseitig ergänzen. Es wäre eine linke Variante des Waldgangs, die sich zugleich auf Adornos «Sur l'Eau» und Benjamins Revolutionsbegriff stützen kann:

> Marx sagt, die Revolutionen sind die Lokomotiven der Weltgeschichte, Aber vielleicht ist dem gänzlich anders, Vielleicht sind die Revolutionen der Griff des in diesem Zuge reisenden Menschengeschlechts nach der Notbremse.[972]

Eine solche revolutionäre Entschleunigung könnte sich aber auch auf Nietzsche und seiner Kritik der Rastlosigkeit der modernen Welt berufen. Nietzsche spricht zumindest schonungsloser als seine Nacheiferer aus, was die Folgerungen eines konsequenten Akzelerationismus sind. In diesem Sinne ist der Akzelerationismus die vielleicht gefährlichste freiheitsfeindliche Theorieströmung der Gegenwart und der positive Bezug auf Lenin lässt wenig Gutes erwarten.

---

971 Vgl. hierzu auch meinen Artikel *Hat die Sozialdemokratie eine Zukunft?*.

972 *Über den Begriff der Geschichte²*, 153. Vgl. *Marx, Die Klassenkämpfe in Frankreich 1848–1850*, 85.

Die eher philosophischen Begründungsversuche des Akzelerationismus machen aus dem aktiven Nihilismus dieser Bewegung keinen Hehl. **Ray Brassier** (geb 1965) zitiert in seinem Buch *Nihil Unbound. Enlightenment and Extinction* (‹Das entfesselte Nichts. Aufklärung und Auslöschung›) etwa exzessiv Deleuze, Nietzsche und Laruelle und kommt zu dem Schluss: «Das Subjekt der Philosophie muss [...] anerkennen, dass er oder sie bereits tot ist, und dass Philosophie weder ein Medium der Bejahung noch eine Quelle der Rechtfertigung, sondern ein Werkzeug der Auslöschung ist.» (239) **Malcolm Bull** stellt in seinem Buch *Anti-Nietzsche* Nietzsche und Heidegger als letztendlich ästhetizistische Faschisten dar, denen man eine absolute Auflösung aller Grenzen entgegenstellen sollte, eine Affirmation des ‹Versagertums›.[973]

In dem Buch *Dark Deleuze* (2016) beschreitet **Andrew Culp** einen etwas anderen Weg: Er wirft dem bestehenden Akzelerationismus, mit Deleuze, vor, noch nicht ‹schnell› genug zu sein.[974] Er sieht das Problem, dass Deleuze selbst im *Postskriptum* thematisiert, dass Teile seiner Philosophie heute affirmativ geworden seien. Es müsse daher darum gehen, hinter dem freudvollen, bejahenden, ‹lichten› Deleuze einen ‹dunklen› Denker der absoluten Negation zu entdecken, des Hasses auf die Welt, des aktiven Nihilismus. Auch Nietzsche wird für diese Haltung immer wieder als Referenzfigur angeführt. Gegen diese Haltung lassen sich zwei Haupteinwände vorbringen: 1) Ist sie eben eine bloße *Haltung*, die letztlich bei einem reinen Ästhetizismus stehenbleibt. 2) Läuft sie, was Culp gar nicht verhehlt und auch von Deleuze und Guattari immer wieder offen ausgesprochen wird, auf eine letztendlich terroristische, rein negative Politik hinaus, die dem Faschismus in Deleuzes und Guattaris eigener Beschreibung nicht allzu unähnlich ist.[975]

Culp repräsentiert also ebenfalls eine Variante einer ‹Entschleunigung›, die bei ihm freilich die Form einer reinen Negation annimmt, eines aktiven Nihilismus eigener Art. Auch diese Variante des linken Anti-Akzelerationismus hat ihr Recht. Es ist zumal keine bloß abstrakte Frage, die sich hier stellt, sondern eine der konkreten politischen Praxis: Soll eine Bewegung wie die Gelbwesten etwa konkrete Forderungskataloge erstellen

973 Vgl. meine kritische Besprechung *Anti-Bull.*
974 Vgl. 53–57.
975 Vgl. meine Rezension des Buches.

und Repräsentanten bestimmen, die dann mit den Politikern in einen ‹konstruktiven Dialog› treten können? Oder eine rein negative Bewegung bleiben? Während sich die Gelbwesten freilich über diesen Punkt zerfleischten, ließen zahlreiche ihrer Anhänger das Protestieren sein und wählten Marine Le Pen (größtenteils) oder Jean-Luc Mélenchon. Ich denke aus genannten Gründen, dass eine Haltung der absoluten Negativität uns nicht weiterbringt: Sie spielt letztendlich nur den ‹konstruktiven› Rechts-Anti-Akzelerationisten in die Hände. Dass wir eine klare anti-akzelerationistische, humanistische Grundorientierung linker Politik brauchen, daran besteht indes kein Zweifel.

Eine spannende Frage wäre, ob das Beispiel Griechenlands, wo 2015 von 2019 eine Koalition der linken Syriza mit der rechten Partei «Unabhängigen Griechen» regierte, Schule machen könnte. Braucht es ein Bündnis von linken und konservativ-«ödipalen» (natürlich *nicht* faschistischen – der Patriotismus der «Unabhängigen Griechen» knüpft vielmehr dezidiert an den antifaschistischen Widerstand gegen die Nazis an) Kräften, um den neoliberalen Kräften Einhalt zu gebieten und eine sozial-ökologische Alternative zu entwickeln? Diese Frage werfen Deleuze und Guattari in der Tat auf.

«Das Jahrhundert wird eines Tages deleuzianisch sein»[976], schrieb Foucault. Noch ist unklar, ob die Nachkriegszeit die Bezeichnung als ‹Jahrhundert von Deleuze› verdient so, wie man die Zeit zwischen 1848 bis 1914 vielleicht als die ‹Epoche von Marx und Nietzsche› und das 18. Jahrhundert als das ‹Jahrhundert von Rousseau und Voltaire› taufen kann. Doch das Werk von Deleuze und Guattari ist von allen hier vorgestellten der Zeit nach 1968 das wahrscheinlich tiefste und vor allem gegenwartsgesättigste. Man mag von Deleuzes und Guattaris Thesen und ihren normativen Standpunkten halten, was man mag: Man wird kaum leugnen können, dass es ihnen wie keinen anderen Philosophen ihrer Zeit gelungen ist, dieser Periode gerade in ihrer Widersprüchlichkeit einen adäquaten philosophischen Ausdruck zu verleihen. Wir leben zweifellos im Zeitalter der Entödipalisierung und der Deterritorialisierung, ob wir es wollen oder nicht. Vielleicht gerade wegen des radikalen Potentials ihres Denkens und der wilden Form, die es notwendig annimmt, werden Deleuze und Guattari in der akademischen Geisteswissenschaft

976 Zit n. Ulrich Johannes Schneider, *Michel Foucault*, 115.

weitaus weniger stark rezipiert als Foucault und Derrida. Und sie sind diejenigen von allen Denkern der Nachkriegszeit, die am ‹orthodoxesten› an Nietzsche anknüpfen. Man muss deswegen Foucault wahrscheinlich zustimmen. Eine kritische Theorie der Gegenwart muss in der einen oder anderen Form deleuzianisch sein oder sie ist ihres Namens nicht wert.

7. ~~Nietzsche~~: Jacques Derrida

Derrida (1930–2004) ist die vielleicht am schwersten fassbare Figur des Poststrukturalismus. Das liegt vor allem daran, dass er unter dem Namen «Dekonstruktion» eine Art zu denken wesentlich geprägt und praktiziert hat, die bewusst darauf verzichtet, in der Form klarer Thesen zu operieren. Die Tendenz dazu gibt es schon bei Nietzsche, doch bei Derrida wird sie noch deutlich zugespitzt.

Aufgrund des eigenwilligen, experimentellen, teilweise wie seitenlanges punktloses Gefasel wirkenden Charakters seiner Texte – von denen es auch noch eine unglaubliche Vielzahl gibt – ist Derrida oftmals geradezu als *der* postmoderne Philosoph dargestellt und entsprechend als vernunftfeindlicher Obskurantist kritisiert worden. Mit nicht weniger Vehemenz wird er von anderen zugleich als der bedeutendste Philosoph überhaupt angesehen – sie schätzen an seinem Denkstil gerade seine Experimentierfreude und Offenheit. Einige erblicken darin zugleich eine besonders radikale Form einer kritischen Philosophie, die als Werkzeug dient, bestehende Ideologien in Frage zu stellen. Und wieder andere werfen Derrida vor, mit seiner radikalen Dekonstruktion jede Kritik unmöglich zu machen. Es gibt nahezu keinen Wortwitz und kein formales Experiment, den oder das Derrida unterlassen hätte. In dieser Hinsicht ist er der wohl treueste Schüler Nietzsches. Man muss sich freilich sehr genau anschauen, wie seine Texte funktionieren, um Derrida wirklich zu verstehen. Da Nietzsche (wie im Übrigen auch Heidegger) in allen von ihnen mehr oder weniger stark präsent ist, ist es fast gleichgültig, welche wir uns herausgreifen.

Zunächst ist jedoch herauszustellen, dass es Derrida selbst war, der sein Wirken immer wieder mit den politischen Entwicklungen seiner Zeit in Verbindung brachte und dabei linke Positionen einnahm. 1968 hielt er etwa in New York einen Vortrag mit dem Titel *Fines hominis* (lt., ‹Die Grenzen des Menschen›), den er u. a. mit einem Zitat zum «Ende des Menschen» aus Foucaults *Les mots et les choses* einleitet. Er beginnt ihn mit dem Satz: «Jedes philosophische Colloquium hat eine politische Bedeutung.» (119) Und er sagt ein wenig später:

> Als ich zu dieser Tagung eingeladen wurde, konnte ich mein Zögern erst überwinden, als ich die Sicherheit hatte, daß ich hier selbst meine Übereinstimmung und bis zu einem gewissen Punkt meine Solidarität mit jenen bezeugen könne, die in diesem Lande gegen das kämpfen, was die offizielle Politik ihres Landes in manchen Gegenden der Welt ist, insbesondere in Vietnam.[977]

Er stellt seinen Vortrag unmittelbar in den Kontext der Studentenbewegung und widmet ihn der Frage nach der Demokratie.[978] In dem folgenden eigentlichen Vortrag beschäftigt sich Derrida mit der Frage des Humanismus und des «Endes des Menschen». Nachdem das französische Denken nach dem Zweiten Weltkrieg zunächst ganz im Banner des Humanismus gestanden hätte (Derrida nennt hier insbesondere Sartre, Husserl, Hegel, Marx und den Heidegger von *Sein und Zeit*), sei es danach zu einer Abkehr vom Humanismus gekommen. Selbst der antihumanistische Heidegger des *Brief über den Humanismus* bleibe in Wahrheit dem Humanismus verbunden, insofern er eine privilegierte Nähe zwischen dem Menschen und dem Sein, das ihn anruft, postuliere. Er kommt zu dem Fazit:

> Was heute vielleicht ins Wanken gerät – ist es nicht diese Sicherheit des Nahen, diese gemeinsame Zugehörigkeit und Eigentlichkeit des Namens des Menschen und des Namens des Seins […]?[979]

Doch die eigentliche Pointe von Derridas Text besteht darin, zu behaupten, dass das «Ende des Menschen» als Vision dem metaphysisch-humanistischen Denken schon immer selbst innegewohnt habe:

> Im Denken und in der Sprache des Seins war das Ende des Menschen seit jeher vorgezeichnet, und diese Vorschrift konnte die Äquivokationen des *Endes* immer nur modulieren, im Spiel von Telos und Tod. […] Das Ende des Menschen ist das

977 121 f.
978 Vgl. ebd.
979 138.

> Denken des Seins, der Mensch ist das Ende des Denkens des Seins, das Ende des Menschen ist das Ende des Denkens des Seins. Der Mensch ist seit jeher sein eigenes Ende, will sagen das Ende seines Eigenen. Das Sein ist seit jeher sein eigenes Ende, will sagen das Ende seines Eigenen.[980]

Es folgt eine bemerkenswerte Kurzdarstellung von Derridas eigener Methode. Genauer gesagt unterscheidet Derrida zwischen zwei Methoden, mit denen die Aufhebung der abendländischen Vernunft bewerkstelligt werden könne. Die erste, die er in dem Vortrag selbst vorgeführt hat, beschreibt er wie folgt:

> [D]en Ausgang und die Dekonstruktion zu versuchen, ohne den Standort zu wechseln, durch die Wiederholung des Impliziten in den grundlegenden Begriffen und in der ursprünglichen Problematik, durch die Verwendung der Instrumente und Steine, die sich im Haus, das heißt auch in der Sprache, vorfinden, gegen eben dieses Gebäude. Die Gefahr besteht hier darin, gerade das, was man zu dekonstruieren meint, in immer sicherer Tiefe unaufhörlich zu konsolidieren und *aufzuheben*. Die kontinuierliche Explikation auf eine Eröffnung hin läuft Gefahr, im Autismus der Umschließung zu versinken[.][981]

Derrida beansprucht, keine externe Kritik an der Tradition zu üben, sondern vielmehr die Selbstkritik der Tradition zu vollziehen. Ein Verfahren, das demjenigen Adornos, die bürgerliche Ideologie wie auch die bürgerliche Gesellschaft vor allem vermittels eines negativen Aufzeigens ihrer inneren Widersprüche, durch «immanente Kritik»[982], zu kritisieren, nicht so sehr durch einen positiven Gegenentwurf, sehr ähnlich ist. – Und wie gezeigt lassen sich auch Teile von Nietzsches Kritik, insbesondere seine Wahrheitskritik, auch als eine Anwendung dieses Verfahrens beschreiben, nicht so sehr als – stets willkürlich bleibende – Beziehung eines anderen Standpunkts.

Derrida erblickt in dieser Art der Kritik, die bei Nietzsche auch zu finden ist (seine u. a. von Adorno als ‹ideologisch› kritisierte ‹bejahende› Seite), einen zweiten ihrer Modi, der eher dem entspricht, was Foucault und Deleuze in derselben Zeit versuchen:

---

980 Ebd.

981 139.

982 Vgl. Martin Weißmann, *Wie immanent ist die immanente Kritik?*

[E]inen Wechsel des Standortes zu beschließen, auf diskontinuierliche und plötzliche Weise, durch ein brutales Sich-außen-Einrichten und durch die Affirmation des absoluten Bruches und der Differenz. Ohne von allen anderen Formen einer auf optischer Täuschung beruhenden Perspektive zu sprechen, zu denen eine solche Verschiebung sich vereinnahmen lassen kann, wo dann nur naiver und direkter denn je das Innen bewohnt wird, das man zu verlassen behauptet, holt der einfache Gebrauch der Sprache unaufhörlich den «neuen» Standort auf ältesten Boden zurück. An zahlreichen und präzisen Beispielen ließen sich die Auswirkungen solchen Zurückholens oder solcher Blindheit zeigen.[983]

Trotz der hier klar anklingenden Kritik, die Derrida in ähnlicher Form etwa an Foucaults *Wahnsinn und Gesellschaft* geübt hatte,[984] hält er fest: «Eine neue Schrift muß die beiden Motive verweben und verknüpfen. [...] [W]enn es Stil gibt, Nietzsche hat uns daran erinnert, muß er im *Plural* stehen.» (140) (Ein Thema, auf das wir gleich zurückkommen werden.)

Unmittelbar danach kommt Derrida direkt auf Nietzsche zu sprechen:

Man weiß, wie Nietzsche am Ende des *Zarathustra*, im Augenblick, wo «*das Zeichen kommt*», in größter Nähe, in seltsamer Ähnlichkeit und letztlicher Komplizität, in der Nachtwache vor der letzten Trennung, vor dem «*großen Mittag*», zwischen dem *höheren Menschen* und dem *Übermenschen* unterscheidet. Der erste wird mit einer letzten Bewegung des Mitleids seinem Jammer überlassen. Der letztere – der nicht der letzte Mensch ist – erwacht und geht fort, ohne sich nach dem umzusehen, was er hinter sich läßt. Er verbrennt seinen Text und verwischt die Spuren seiner Schritte. Sein Lachen birst auf eine Wiederkehr hin, die nicht mehr die Form metaphysischer Wiederholungen des Humanismus haben wird und noch viel weniger, «jenseits» der Metaphysik, die des Eingedenkens oder der Wahrung des Sinnes von Sein, die des Hauses oder der Wahrheit des Seins. Er wird, außerhalb des Hauses, jene «*aktive Vergeßlichkeit*» [s.o.] und jenes «*grausame Fest*»[985] tanzen, von denen die Genealogie der Moral spricht. Kein Zweifel, daß Nietzsche zum aktiven

983 139 f.

984 Vgl. *Cogito und Geschichte des Wahnsinns.*

985 Vgl. GM II 6.

> Vergessen des Seins gemahnt hat; es hätte nicht die metaphysische Form gehabt, die Heidegger ihm aufgebürdet hat.[986]

Das ist eine sehr freihändige Lektüre des Endes des vierten Buches des *Zarathustra*. Jedenfalls grenzt sich hier Derrida klar vom späten Heidegger, demjenigen des *Brief über den Humanismus*, ab und bekennt sich zu Nietzsche, den er als denjenigen versteht, dem die Überwindung der Metaphysik wirklich geglückt sei. Die Studentenrevolte erscheint Derrida, wie ja auch Deleuze und Foucault etwa, nicht nur als politische, sondern eben primär *anti-metaphysische* Revolte, die sich im Namen einer *nicht-humanistischen Demokratie* erhebt.

Konkret engagierte sich Derrida auf verschiedene Weise gegen Antisemitismus, Fremdenfeindlichkeit und Sexismus. Es ist wichtig zu betonen, dass er immer, wenn er von ‹Metaphysik› spricht, diese Ideologien mitmeint, die seines Erachtens im metaphysischen Denken wurzeln. In seinem späteren Werk vollzieht er dabei eine von einigen seiner Schüler überraschend wahrgenommene ‹ethische Wende› und macht den Begriff der «Gerechtigkeit» zu einem der Schlüsselkonzepte seines Denkens. Er bezog sich positiv auf Marx[987], Debords Spektakelkritik[988] und veröffentlichte 2003 gemeinsam mit Habermas, der Derrida noch in den frühen 80ern als einen kryptofaschistischen Nihilisten dargestellt hatte, einen Aufruf für ein soziales Europa als Gegengewicht zum amerikanischen Imperialismus.[989]

Derridas wichtigster Text zu Nietzsche ist *Éperons. Les Styles de Nietzsche* (*Sporen. Nietzsches Stile*) von 1978. Er geht dabei von einer Stelle aus *Der Fall Wagner* aus,[990] in der Nietzsche schreibt:

> Ich halte mich dies Mal nur bei der Frage des *Stils* auf. – Womit kennzeichnet sich jede *litterarische* décadence? Damit, dass das Leben nicht mehr im Ganzen wohnt. Das Wort wird souverain und springt aus dem Satz hinaus, der Satz greift über und verdunkelt den Sinn der Seite, die Seite gewinnt Leben auf Unkosten des Ganzen – das Ganze ist kein Ganzes mehr. Aber das ist das Gleichniss für jeden Stil der décadence: jedes Mal Anarchie der Atome, Disgregation des Willens, «Freiheit des Individu-

986 140.
987 Vgl. *Marx' Gespenster.*
988 Vgl. Jacques Derrida e. a., *Derrida on DERRIDA*, 115.
989 *Nach dem Krieg. Die Wiedergeburt Europas.*
990 Vgl. *Spurs. Nietzsche's Styles / Eperons. Les Styles de Nietzsche*, 36.

> ums», moralisch geredet, – zu einer politischen Theorie erweitert «*gleiche* Rechte für Alle». Das Leben, die *gleiche* Lebendigkeit, die Vibration und Exuberanz des Lebens in die kleinsten Gebilde zurückgedrängt, der Rest *arm* an Leben. Überall Lähmung, Mühsal, Erstarrung *oder* Feindschaft und Chaos: beides immer mehr in die Augen springend, in je höhere Formen der Organisation man aufsteigt. Das Ganze lebt überhaupt nicht mehr: es ist zusammengesetzt, gerechnet, künstlich, ein Artefakt.[991]

Man sieht hier, wie Nietzsche selbst der Frage nach dem Stil eine politische Bedeutung gibt, insofern er einen fragmentarischen, nicht mehr zu einem Ganzen findenden Stil mit einer demokratischen und individualistischen Politik assoziiert. Er lehnt diesen Stil als dekadent ab, doch man fragt sich, ob der ‹dekadente Stil› den er hier an Wagner kritisiert, nicht sogar weitaus eher sein eigener ist als derjenige Wagners. Das zu zeigen, d.h. auf die Uneinheitlichkeit und Pluralität von Nietzsches Werk – daher der Plural des Titels – hinzuweisen, ist das zentrale Anliegen von Derridas Text und es lässt sich so unschwer als *politisches* verstehen: Zu zeigen, dass sich Nietzsche, seinen eigenen Kriterien gemäß, eines demokratisch-individualistischen Stils, oder besser: Stilen, bedient.

Derrida führt dabei Nietzsches Diskurs über den Stil mit demjenigen über «das Weib» eng, wobei es ihm darum geht zu zeigen, dass, insofern Nietzsche «Wahrheit» und «Weib», wie wir gesehen haben, gleichsetzt, die «Wahrheit» bei ihm stets als abwesend, als verhüllt konzipiert wird. Wie wir bereits gesehen haben, ist das Problematische an der Metaphysik Derrida zufolge, die Wahrheit als Anwesenheit, Präsenz und Nähe zu konzipieren. In Nietzsche findet er nun jemanden, der sie radikal als Abwesenheit versteht:

> Es gibt nicht so etwas wie die Wahrheit des Weibes, doch aufgrund dieser abgründigen Unterschiedenheit der Wahrheit ist diese Nicht-Wahrheit die «Wahrheit». Weib ist ein Name für diese Nicht-Wahrheit der Wahrheit.[992]

Diese «abgründige Unterschiedenheit» bezeichnet Derrida in anderen Texten als «*différance*», ein Wortspiel mit dem französischen Wort ‹*différence*›, das gleich ausgesprochen wird. Derrida will durch dieses Wortspiel diese Unterschiedenheit selbst

991 *Turiner Brief* 7.

992 *Spurs*, 50. Aus dem Französischen (wie auch im Folgenden) von mir unter Rückgriff auf die englische Übersetzung dieser Ausgabe.

zum Ausdruck bringen als minimale Unterschiedenheit von Wort und Schrift. ‹Wahrheit› ist bei ihm nie gegenwärtig, sie ist nur denkbar als abwesende – und genau darin besteht die ‹Wahrheit der Wahrheit›.

Nietzsches Denken sowohl über den Stil als auch über das Weib sei von einer derartigen Heterogenität bestimmt, dass sich keine «Wahrheit Nietzsches oder des Textes Nietzsches» (102) feststellen lasse. Demgemäß sei auch keinerlei Ontologie der Geschlechterdifferenz möglich, an die Stelle eines Denkens der Identität trete eines der radikalen *Unentscheidbarkeit*.[993]

Diese Unentscheidbarkeit demonstriert Derrida anhand eines Nachlassfragments, das lautet: «ich habe meinen Regenschirm vergessen».[994] Dieses Fragment steht mitten in einer Reihe ‹ernstzunehmender› philosophischer Fragmente. Derrida betont, dass es vollkommen unklar ist, was Nietzsche mit diesem Fragment sagen wollte, wenn er es überhaupt tun wollte. Vielleicht handelt es sich auch nur um ein Zitat, wie die Anführungszeichen andeuten. Es könnte auch ein Satz sein, der in Wahrheit nicht einmal von Nietzsche geschrieben wurde – oder auch eine Metapher für etwas sehr Tiefsinniges oder ein Geheimcode. Diese Überlegungen bringen Derrida dazu, die prinzipielle Untentschlüsselbarkeit von allen Texten Nietzsches (und allen Texten überhaupt) zu behaupten:

> Wie lange man eine gewissenhafte Interpretation auch immer betreiben mag, wird man die Hypothese niemals ausschließen können, dass die Totalität von Nietzsches Text möglicherweise, ungeheuerlicherweise, vom Typ «Ich habe meinen Regenschirm vergessen» ist. Es lässt sich ebenso gut sagen, dass es keine «Totalität von Nietzsches Text» gibt, nicht einmal eine fragmentarische oder aphoristische.[995]

Derrida geht in der Folge soweit, diese Problematik auf seinen eigenen Text anzuwenden und zu behaupten, dass auch er prinzipiell nicht zu entschlüsseln sei, nicht einmal von ihm selbst. Er zieht daraus das Fazit:

> Es wird jedoch ziemlich offensichtlich, gemäß einer fröhlichen Wissenschaft […]: Es hat nie *den* Stil gegeben, *das* Simulakrum, *das* Weib. Und auch nicht *die* sexuelle Differenz. Damit das Simulakrum sich ereignen kann, muss es in die Unterscheidung

993 Vgl. 102–106.
994 NF 1881 12[62]. Vgl. *Spurs*, S. 122.
995 132–134.

> zwischen mehreren Stilen eingeschrieben sein. [...] Wenn es einen Stil gibt, [...] dann muss es mehr als einen geben.[996]

Man kommt kaum umhin zu bemerken, dass Derrida in dem Text, wenn er überhaupt *etwas* sagt, etwas recht Banales sagt: Es ist in der Tat unbestreitbar, dass jeder Text letztendlich nie entschlüsselbar ist. Im Grunde hat das jeder schon immer gewusst. Genauso ist klar, dass es hinsichtlich empirischer ‹Wahrheiten› immer ein Maß an ‹Unentscheidbarkeit› gibt, die Geschlechtsdifferenz ist nur eine von ihnen.

Derrida vertritt letztendlich einen radikalen Skeptizismus. Nietzsche selbst äußert sich zur Skepsis an vielen Stellen positiv, betont jedoch stets, dass sie noch eine Form der Metaphysik sei, die es auch zu überwinden gelte:

> Diese Verneinenden und Abseitigen von Heute, diese Unbedingten in Einem, im Anspruch auf intellektuelle Sauberkeit, diese harten, strengen, enthaltsamen, heroischen Geister, welche die Ehre unsrer Zeit ausmachen, alle diese blassen Atheisten, Antichristen, Immoralisten, Nihilisten, diese Skeptiker, Ephektiker[997], *Hektiker* des Geistes (letzteres sind sie sammt und sonders, in irgend einem Sinne), diese letzten Idealisten der Erkenntniss, in denen allein heute das intellektuelle Gewissen wohnt und leibhaft ward, – sie glauben sich in der That so losgelöst als möglich vom asketischen Ideale, diese «freien, *sehr* freien Geister»: und doch, dass ich ihnen verrathe, was sie selbst nicht sehen können – denn sie stehen sich zu nahe – dies Ideal ist gerade auch *ihr* Ideal, sie selbst stellen es heute dar, und Niemand sonst vielleicht, sie selbst sind seine vergeistigtste Ausgeburt, seine vorgeschobenste Krieger- und Kundschafter-Schaar, seine verfänglichste, zarteste, unfasslichste Verführungsform: – wenn ich irgend worin Räthselrather bin, so will ich es mit *diesem* Satze sein!... Das sind noch lange keine *freien* Geister: *denn sie glauben noch an die Wahrheit*...[998]

Den Kritikpunkt, dass die Dekonstruktion möglicherweise selbst noch in der Metaphysik befangen sei, führt Derrida in *Fines hominis* ja selbst an – und er hat Recht damit, wenn er feststellt, dass es diejenigen, die meinen, die Metaphysik durch den Verweis auf eine alternative Erfahrung zu kritisieren, letztendlich

996 138.
997 Schule der antiken Skepsis, die sich die Zurückhaltung des Urteils zu ihrem Prinzip machte. Vom altgr. Verb ‹epéchein›, zögern.
998 GM III 24.

auch noch sind, insofern sie sich in ihrer Kritik notwendig metaphysischer Kategorien bedienen müssen.

Das verweist letztendlich auf ein grundsätzliches Problem, dem wir, in etwas anderer Form, auch schon bei der Diskussion um Culps Buch *Dark Deleuze* begegnet sind: Muss sich nicht jede, auch die radikalste Kritik, sobald sie sich positiv artikuliert (also, in Nietzsches Begriffen, bejahend bzw. schöpferisch ist), auf irgendwelche Elemente desjenigen beziehen, das sie kritisiert? Muss und sollte sich eine Kritik freilich durch diese Feststellung lähmen lassen? Man kann auch schlicht zugeben, dass man eben notwendig in demjenigen, was Derrida als «Metaphysik» bezeichnet, befangen ist, und sich davon nicht beirren lassen. Diesen Weg ging etwa Adorno, dessen *Negative Dialektik* mit dem Satz schließt: «Solches Denken [also dasjenige, das er in dem Buch praktiziert] ist solidarisch mit Metaphysik im Augenblick ihres Sturzes.» (400) Adorno ist sich der nietzscheanischen Metaphysikkritik bewusst, doch will an den metaphysischen Kategorien der Tradition dezitiert festhalten, da sich in ihnen Momente der Hoffnung auf eine versöhnte Welt verbergen. Würde man sie ganz preisgeben, würde man nicht nur das Denken, sondern auch diese Hoffnung verraten.

Heute lässt sich fragen, ob Derridas radikale Kritik nicht schon längst im *common sense* aufgegangen ist. Anders als Derrida selbst, der doch den politischen und vor allem auch ethischen Anspruch seines Denkens immer wieder betont – und das zu Recht, denn es ist ohne Zweifel ein vielfach anwendbares kritisches Werkzeug –, gefallen sich seine Adepten heute größtenteils in einem vornehmen apolitischen Nihilismus, der allem ‹naiven› Realismus und politischer Ernsthaftigkeit mit einem zynischen Achselzucken begegnet. Radikale Kritik ist so in Anti-Kritik erstarrt – schon Marx und Engels sprachen in diesem Sinne in *Deutschen Ideologie* von der «kritische[n] Kritik» (94) der Junghegelianer, die sich über die Dummheit der ‹Masse› erhaben dünkte, weil sie ja Hegel verstanden hätten, und dieselbe Ablehnung einer einfach nur skeptischen Haltung lässt sich bei Nietzsche finden. Im Kapitel zu Nietzsches Wahrheitskritik wurde das Wesentliche in dieser Hinsicht bereits gesagt.

Derridas großer Verdienst ist es, die *verneinende* Seite der Kritik bis in ihr äußerstes Extrem getrieben zu haben – doch ein Extrem, das zugleich eine Sackgasse darstellt. Das kritische Potential dieser negativen Kritik ist weitgehend verbraucht. Sie wird auch Nietzsche nicht gerecht: Natürlich ist in seinem Werk vieles viel- und uneindeutig, doch es lassen sich genug Gedanken Nietzsches benennen, die nicht derart offen und unklar sind, wie von Derrida behauptet. Wäre es anders, wäre es unklar, warum man Nietzsche überhaupt lesen sollte.

Obwohl Foucault und Deleuze Derridas Nihilismus grundsätzlich teilen, werden sie der schöpferischen Dimension Nietzsches, dem Begehren, nicht einfach nur alte Begriffe zu dekonstruieren, sondern *neue* Begriffe zu schaffen, doch gerechter. Sie haben so jeweils für ein kritisches Denken der Gegenwart mehr zu bieten als Derrida und sind Nietzsche unterm Strich treuer geblieben.

Der Satz «Ich habe meinen Regenschirm vergessen» könnte in diesem Sinne in der Tat ein Schlüsselsatz zum Verständnis von Nietzsches Philosophie sein. Er schrieb ja über den rationalistischen, ernsthaften Denker: «Wenn eine rechte Wetterwolke sich über ihn ausgiesst, so hüllt er sich in seinen Mantel und geht langsamen Schrittes unter ihr davon.»[999] Und in *Jenseits von Gut und Böse* heißt es:

> Es giebt Menschen, welche auf eine unvermeidliche Weise Geist haben, sie mögen sich drehen und wenden, wie sie wollen, und die Hände vor die verrätherischen Augen halten (– als ob die Hand kein Verräther wäre! –): schliesslich kommt es immer heraus, dass sie Etwas haben, das sie verbergen, nämlich Geist. Eins der feinsten Mittel, um wenigstens so lange als möglich zu täuschen und sich mit Erfolg dümmer zu stellen als man ist – was im gemeinen Leben oft so wünschenswerth ist wie ein Regenschirm –, heisst *Begeisterung*: hinzugerechnet, was hinzu gehört, zum Beispiel Tugend.[1000]

Nietzsches Weg wäre es also, sich der Leidenschaft des vernünftigen wie auch der Begeisterung des moralischen Menschen gleichermaßen zu entsagen und einen offenen Blick auf die Wirklichkeit zu werfen. Doch zugleich reflektiert er auch den Preis, die ungeheure Verletztlichkeit, die mit einer solchen Hingabe verbunden ist. Wahrscheinlich bedarf es beidem: Der Fähigkeit, den Schirm aufzuspannen, wenn es Not tut, aber auch, sich den Schauern des Regens zu ergeben. Ein seiltänzerisches Risiko, dem sich Derrida nur bedingt ausgesetzt hat,

999 WL 2.
1000 288.

dass die meisten seiner Adepten nicht mehr auf sich nehmen. Sie haben den Regenschirm weggeworfen, doch sich zugleich in Glaspalästen verkrochen, in denen es ohnehin keinen Regen mehr gibt. Hätten sie einen Tropfen Ernsthaftigkeit, würden sie mit Zarathustra klagen:

> Zehn Jahre dahin –,
> kein Tropfen erreichte mich,
> kein feuchter Wind, kein Thau der Liebe
> – ein *regenloses* Land...
> Nun bitte ich meine Weisheit,
> nicht geizig zu werden in dieser Dürre:
> ströme selber über, träufle selber Thau
> sei selber Regen der vergilbten Wildniss![1001]

Die Angesprochene antwortet dem Leidenden:

> – Still!
> Eine Wahrheit wandelt über mir
> einer Wolke gleich, –
> mit unsichtbaren Blitzen trifft sie mich.
> Auf breiten langsamen Treppen
> steigt ihr Glück zu mir:
> komm, komm, geliebte Wahrheit!
> – Still!
> *Meine* Wahrheit ists!
> Aus zögernden Augen,
> aus sammtenen Schaudern
> trifft mich ihr Blick,
> lieblich, bös, ein Mädchenblick...
> Sie errieth meines Glückes *Grund*,
> sie errieth *mich* – ha! Was sinnt sie aus? –
> Purpurn lauert ein Drache
> im Abgrunde ihres Mädchenblicks.
> [...]
> Du möchtest schenken, wegschenken deinen Überfluss,
> aber du selber bist der Überflüssigste!
> Sei klug, du Reicher!
> *Verschenke dich selber erst*, oh Zarathustra!
> [...]
> – Ich bin deine Wahrheit...[1002]

1001 DD *Von der Armut der Reichsten.*
1002 Ebd.

Ist das vielleicht die tiefste Wahrheit Nietzsches – eine, die er sogar selbst nicht erreichen konnte? Eine Ethik der Hingabe, die tiefer ist als alle Rhetorik der Härte und Selbstsucht? Eine Ethik des Vergessens des Regenschirms, der Öffnung zum Anderen, wie sie sich freilich auch beim späten Derrida findet.

Diese Haltung findet ihren Ausdruck in der Tat auch am Ende des vierten Buches des *Zarathustra*, dessen Inhalt in der oben zitierten Passage von Derrida referiert wird.[1003] Nietzsche beschreibt auch dort, wie gleichfalls an anderer Stelle im Buch,[1004] die Begegnung mit dem «Leben» als Konfrontation zwischen Zarathustra und einer Frau bzw. verschiedenen Tiergestalten. Sein Bildungsprozess besteht dabei darin, dass er immer mehr lernt, seinen metaphysischen Konstruktionswillen aufzugeben und sich in Hingabe zu üben, die am Ende des vierten Buches zur absoluten Passivität gesteigert ist:

> Also sprach Zarathustra; da aber geschah es, dass er sich plötzlich wie von unzähligen Vögeln umschwärmt und umflattert hörte, – das Geschwirr so vieler Flügel aber und das Gedräng um sein Haupt war so gross, dass er die Augen schloss. Und wahrlich, einer Wolke gleich fiel es über ihn her, einer Wolke von Pfeilen gleich, welche sich über einen neuen Feind ausschüttet. Aber siehe, hier war es eine Wolke der Liebe, und über einen neuen Freund. «Was geschieht mir?» dachte Zarathustra in seinem erstaunten Herzen und liess sich langsam auf dem grossen Steine nieder, der neben dem Ausgange seiner Höhle lag. Aber, indem er mit den Händen um sich und über sich und unter sich griff, und den zärtlichen Vögeln wehrte, siehe, da geschah ihm etwas noch Seltsameres: er griff nämlich dabei unvermerkt in ein dichtes warmes Haar-Gezottel hinein; zugleich aber erscholl vor ihm ein Gebrüll, – ein sanftes langes Löwen-Brüllen. «*Das Zeichen kommt,*» sprach Zarathustra und sein Herz verwandelte sich. Und in Wahrheit, als es helle vor ihm wurde, da lag ihm ein gelbes mächtiges Gethier zu Füssen und schmiegte das Haupt an seine Knie und wollte nicht von ihm lassen vor Liebe und that einem Hunde gleich, welcher seinen alten Herrn wiederfindet. Die Tauben aber waren mit ihrer Liebe nicht minder eifrig als der Löwe; und jedes Mal, wenn eine Taube über die Nase des Löwen huschte, schüttelte der Löwe das Haupt und wunderte sich und lachte dazu. Zu

1003 Vgl. *Das Zeichen*.
1004 Vgl. v. a. *Das Tanzlied* und *Das andere Tanzlied*.

dem Allen sprach Zarathustra nur Ein Wort: «*meine Kinder sind nahe, meine Kinder*» –, dann wurde er ganz stumm. Sein Herz aber war gelöst, und aus seinen Augen tropften Thränen herab und fielen auf seine Hände. Und er achtete keines Dings mehr und sass da, unbeweglich und ohne dass er sich noch gegen die Thiere wehrte. Da flogen die Tauben ab und zu und setzten sich ihm auf die Schulter und liebkosten sein weisses Haar und wurden nicht müde mit Zärtlichkeit und Frohlocken. Der starke Löwe aber leckte immer die Thränen, welche auf die Hände Zarathustra's herabfielen und brüllte und brummte schüchtern dazu. Also trieben es diese Thiere.

Ein Nietzsche jenseits des Willens zur Macht, ein vielleicht sogar feministischer Nietzsche, wird an diesen Stellen so kenntlich wie sonst nirgends – aber vor allem auch ein *realistischer* Nietzsche im oben eingeführten Sinne, ein Nietzsche der Begegnung mit der Wirklichkeit. Dieser Nietzsche geht über die Textvergötzung von Derridas Adepten (und teilweise auch Derridas selbst) weit hinaus, er würde auch sie noch den «höheren Menschen» zurechnen, die vor dem Gebrüll des Seins Reißaus nehmen, die sich nicht verschenken können. Ihnen gegenüber ist Zarathustra kalt und mitleidlos[1005] – doch diese Härte ist mit einer tieferen Weichheit gepaart, deren Bedingung sie ist. Werdet warm – und werdet vor allem *feucht*; verliert eure Angst davor, ins Wasser zu steigen. Das Ertrinken ist nicht eure größte Gefahr, sondern das Vertrocknen.[1006] – Genau einen solchen ‹Schwimmversuch› im Sinne eines radikalen Realismus, der die Grenzen des Poststrukturalismus zu transzendieren beansprucht, unternimmt François Laruelle.[1007]

1005 «[S]ein Antlitz verwandelte sich in Erz» (ebd.).

1006 Zu dieser Interpretation des Zarathustra vgl. ausführlicher meinen Aufsatz «*Vergiss die Peitsche nicht!*», 104–106.

1007 Zu einer Nietzsche-Interpretation ausgehend vom Regenschirm des Philosophen vgl. auch Thomas Hürlimann, *Nietzsches Regenschirm*.

8. Für eine nietzscheanische Politik: François Laruelle

Laruelle (geb. 1937) ist eine eigenwillige Sonderfigur des Poststrukturalismus, deren Denken in Deutschland bis dato kaum bekannt ist.[1008] Sein teilweise nur äußerst schwer zugängliches Denken, das zudem in sich keine geschlossene Einheit bildet, kreist um das Konzept der «Non-Philosophie». Er versteht darunter, dass selbst noch die radikalsten Philosophen wie Heidegger und Derrida innerhalb des Immanenzrahmens der Metaphysik verblieben seien, der davon bestimmt sei, bestimmte Aspekte der Realität herauszugreifen und sie als ‹Ursprung› aller anderen zu betrachten. Es gehe dagegen darum, im Sinne eines radikalen Realismus diesen Immanenzrahmen hinter sich zu lassen und keine Philosophie mehr zu betreiben, sondern eine nichthierarchische *Wissenschaft der Philosophie*, die die Philosophie nur als eine von vielen Zugangsweisen zur Realität auffasst. Was freilich dabei «Wissenschaft» bedeutet, ähnelt kaum dem, was man gemeinhin als solche definiert – und Laruelle sieht sein Denken selbst in der Tradition der mittelalterlichen Mystik und spiritueller Revolutionäre wie Thomas Müntzer (ca. 1489–1525).[1009] Liest man die Texte von Laruelle, kann man sich kaum des Eindrucks erwehren, dass seine ‹Wissenschaft› vor allem einem dionysischen Taumel gleicht: Er will das Denken bis an die Grenze des Nicht-Denkens treiben, es soll so wenig begrifflich wie möglich sein. Ein faszinierendes Experiment, das sich einer Entdeckung lohnt und ganz offenkundig in der Tradition Nietzsches und seiner linken französischen Rezeption steht.

Laruelles wichtigster Beitrag zur Nietzsche-Rezeption ist sein 1977 veröffentlichtes Buch *Nietzsche contre Heidegger. Thèses pour une politique nietzschéenne* (*Nietzsche gegen Heidegger, Thesen zu einer nietzscheanischen Politik*), das bislang nur auf

1008 Es existiert gegenwärtig (20.5.2019) noch nicht einmal ein Eintrag zu Laruelle in der deutschsprachigen Wikipedia. Ins Deutsche übersetzt wurden, soweit mir bekannt, einzig zwei Texte von ihm unter dem Titel *Non-Photografie / Photo-Fiktion* und der Aufsatz *Das Reale gegen den Materialismus*. Der Autor Achim Szepanski entwickelt in seinen Texten ausgehend v. a. von Deleuze und Laruelle eine beachtliche Aktualisierung der Marxschen Ökonomie-Kritik (vgl. meine Besprechung *Wörtchen am Mittwoch*).

1009 Vgl. François Laruelle: *A New Presentation of Non-Philosophy*.

Französisch vorliegt.[1010] Explizit an Klossowski, Deleuze und Guattari anknüpfend, geht er dort sehr dezidiert auf den Vorwurf gegen Nietzsche ein, ein faschistischer Denker zu sein – und versucht zugleich einen Gegenentwurf zu Heideggers Interpretation von Nietzsche als (sogar bei Heidegger faschistischen) Metaphysiker vorzulegen.

Die erste seiner Thesen könnte deutlicher kaum sein: «Nietzsche ist derjenige revolutionäre Denker, der dem imperialistischen Stadium des Kapitalismus entspricht, und vor allem dem faschistischen Stadium des Imperialismus.» (9) Die Erläuterung dazu findet sich in der zweiten und dritten These: Laruelle gesteht zwar zu, dass Nietzsche «*in gewisser Weise* ein Denker des Faschismus» (ebd.) gewesen sei, er sei jedoch «*vor allem* ein Denker der Subversion des Faschismus» (ebd.): «*Nietzsche hat sich* zum Faschisten *gemacht*, um den Faschismus besser überwinden zu können. Er hat die schlimmen Formen der Herrschaft auf sich genommen, um dadurch zu einem Rebellen zu werden.» (Ebd.) Dieser Gedanke ist vor dem Hintergrund von Nietzsches Philosophie der Maske, auf die Laruelle in dem Text auch immer wieder anspielt,[1011] und der Verstellung plausibel: «Ein solcher Verborgener, der aus Instinkt das Reden zum Schweigen und Verschweigen braucht und unerschöpflich ist in der Ausflucht vor Mittheilung, *will* es und fördert es, dass eine Maske von ihm an seiner Statt in den Herzen und Köpfen seiner Freunde herum wandelt»[1012]. In diesem Sinne könnte man Nietzsches Apologie der Herrenmoral als Maskenspiel deuten, das die Herrenmoral gerade subvertieren und durch eine scheinbare Überaffirmation ihre Schwächen aufzeigen, sie geradezu karikieren möchte. (Ein Gedanke, den ja bereits Foucault äußerte.)

In den Thesen 4 bis 6 wendet Laruelle Nietzsche dann gegen den Marxismus. Während Marx «den Kontinent Geschichte

---

1010 Für eine Übersetzung des ersten Kapitels ins Englische vgl. *Nietzsche contre Heidegger, Chapter 1* Ausgerechnet Bernhard H. F. Taureck, der mit *Nietzsche und der Faschismus* (1992) einen zwar lesenswerten, jedoch unterm Strich platten Versuch unternommen hat, die Habermassche/Lukácssche Nietzsche-Kritik zu erneuern, ist der meines Wissens einzige deutschsprachige Interpret, der Laruelles Nietzsche-Interpretation wenigstens kurz abhandelt (131–133); bleibt dabei freilich ebenso oberflächlich wie sonst auch.

1011 Er zitiert Nietzsche kein einziges Mal, was, darin müssen wir Taureck zustimmen, tatsächlich ein wenig eigenartig wirkt. Er zitiert allerdings in dem gesamten Text so gut wie nie.

1012 JGB 40.

entdeckt» (21) habe, habe Nietzsche «den Kontinent Politik erfunden» (ebd.). Nietzsche habe, so These 7, einen «Politischen Materialismus» (31) geschaffen, um den «Historischen» zu ersetzen: «Er gibt ihm [dem P. M.] seinen Gegenstand, indem er die gesamte Realität als Macht und Machtverhältnisse setzt. Er gibt ihm seine materielle Ursache in letzter Instanz: die Libido.» (Ebd.) Dieser «Politische Materialismus» sei, so die 8. These, mit einem «Maschinellen Materialismus» (ebd.) verbunden, der den «Dialektischen» ersetzen solle.

Um was es Laruelle im Kern geht, ähnelt sehr dem zur selben Zeit von Foucault verfolgten Projekt einer Theorie der Macht und Deleuze und Guattaris Konzept der Maschine: Laruelle will darauf hinweisen, dass Nietzsche darstellt, wie Herrschaft und Rebellion, oder Macht und Widerstand, wie es in der dritten These heißt, weder in einem monistischen noch in einem dualistischen Verhältnis zueinander stehen, sondern eine maschinelle Konfiguration bilden, in der die Macht den Widerstand erzeugt und umgekehrt. Der Widerstand bildet kein ‹Außen› der Macht, sondern wird von ihr erzeugt und umgekehrt.[1013] Insofern bedeutet, den Standpunkt des Herren einzunehmen, immer schon, zugleich denjenigen des Rebellen hervorzubringen. Foucault sollte diesen Gedanken auf folgende Formel bringen: «Wo es Macht gibt, gibt es Widerstand. Und doch oder vielmehr gerade deswegen liegt der Widerstand niemals außerhalb der Macht»[1014].

Derartige Überlegungen zum Verhältnis von Macht und Widerstand finden sich in der Tat bei Nietzsche, wenn er etwa schreibt: «Ob wir Immoralisten der Tugend *Schaden* thun? – Eben so wenig, als die Anarchisten den Fürsten. Erst seitdem diese angeschossen werden, sitzen sie wieder fest auf ihrem Thron. Moral: *man muss die Moral anschiessen.*»[1015] Und entsprechend heißt es: «Luther, ein unmöglicher Mönch, der, aus Gründen seiner ‹Unmöglichkeit›, die Kirche angriff und sie –folglich! – wiederherstellte... Die Katholiken hätten Gründe, Lutherfeste zu feiern, Lutherspiele zu dichten...»[1016] Der Rebell Luther habe, indem er im Namen der Werte der Kirche gegen die Kirche rebellierte, den Werten der Kirche gerade erst neue Geltung verschafft, obwohl sie eigentlich schon längst im

1013 Vgl. 9.
1014 *Der Wille zum Wissen*, 116.
1015 GD *Sprüche* 36.
1016 EH FaW 2.

Niedergang begriffen waren. Nietzsches Apologie der Familie Borgia könnte man in diesem Sinne so verstehen, dass diese Familie dem Katholizismus viel mehr geschadet habe, indem sie dessen Heuchelei gerade auf das höchste Extrem getrieben und so kenntlich gemacht hätte. *Will* Nietzsche mithin vielleicht auch selbst Christus stärken, indem er die Rolle des Antichristen einnimmt? Umgekehrt beschreibt er es selbst so, dass die Sklavenmoral letztendlich die Herrenmoral stärkt – und umgekehrt muss dasselbe gelten. Wir haben gesehen, dass das der innerste geschichtsphilosophische Kern seiner Lehre von der «ewigen Wiederkunft» ist, auf die sich auch Laruelle in seinem Text wiederholt bezieht.

Die Kernfrage, die sich dem linken Denken seit der Französischen Revolution stellt, ist letztendlich: Wie kann man eine Konterrevolution verhindern? Die Französische Revolution führte dazu, so etwa die Analyse von Marx und Engels, dass sich ein neuer Adel, die Kapitalistenklasse bildete. Sie hofften nun, dass das von der Kapitalistenklasse mit Notwendigkeit erzeugte Proletariat eine so starke Gegenmacht bilden würde, dass es sie geradezu gezwungenermaßen stürzen werde und dann keine weitere Revolution mehr nötig sein werde. Mit Laruelles Nietzsche gedacht, müsste man die Situation jedoch so beschreiben, dass der Widerstand der Arbeiter im fortgeschrittenen Stadium des Kapitalismus schon längst zu einem integralen Bestandteil seines Funktionierens geworden ist, insofern die Arbeiter immer wieder Reformen erzwingen, die seinen Untergang gerade *verhindern*. Die Stärke seiner Analyse ist, dass er sie von der ersten These an nicht, wie es bei Foucault wirkt, als quasi-metaphysische ‹ewige Gesetzmäßigkeit› behandelt, sondern als konkrete Beschreibung der historischen Situation, in der wir uns *jetzt* befinden.

Während es, jedenfalls beim späten Foucault, so wirkt, als habe er sich mit dem Gesetz der ‹ewigen Konterrevolution› abgefunden und sei letztendlich Reformist geworden, der sich nur noch partielle Widerstände vorstellen könne, muss vor diesem Hintergrund Laruelles «Non-Philosophie» als Versuch gedeutet werden, genau einen Widerstand zu üben, der nicht wieder sofort zur Stärkung desjenigen führt, dem er widerstehen soll: Keine Anti-, sondern eben eine *Non*-Philosophie.[1017] In die-

1017 Laruelle spielt mit dieser Formulierung auf die *non*-euklidische Geometrie an, die die euklidische transzendiert und in ein neues Milieu über-

sem Sinne könnte man auch Nietzsches «*Jenseits* von Gut und Böse» und Deleuzes und Guattaris «Schizo» interpretieren. Und es ist klar, warum alle diese Konzepte ins ‹Wahnhafte› oder zumindest Unverständliche abgleiten *müssen*: Sie wollen ja einen Punkt einnehmen, der radikal außerhalb der bestehenden Matrix von Macht und Widerstand liegt. Die Frage ist: Gibt es einen solchen Punkt? Oder ist er eine bloße Chimäre – am Ende selbst ein Teil des Spiels der Macht? – «Wir sind alle faschistische Leser Nietzsches, wir sind alle revolutionäre Leser Nietzsches.»[1018]

Kommen wir in diesem Zuge kurz auf Laruelles Hinweis zurück, dass er sein Projekt in der Tradition Müntzers sieht. Er schließt unmittelbar danach seinen Text *A New Presentation of Non-Philosophy* (‹Eine neue Vorstellung der Non-Philosophie›; 2004) mit der rhetorischen Frage: «Ist die Non-Philosophie letztendlich etwas anderes als die Möglichkeit einer wirksamen Utopie?» Müntzers Bauernaufstand, diese von Engels so gefeierte erste neuzeitliche Revolution auf deutschem Boden,[1019] wird in Nietzsches Schriften an keiner einzigen Stelle thematisiert, obwohl der Umbruch zwischen Mittelalter und Neuzeit eines seiner Hauptthemen ist. Vielleicht müsste man, mit Laruelle, dieses Schweigen als Chance begreifen, einen Punkt zu denken, der jenseits der zwei von Nietzsche konzipierten Alternativen (Borgia vs. Luther) liegt: Denjenigen des *wirklichen* Revolutionärs, der eine grundlegende Alternative zu *allen* politischen Fraktionen seiner Zeit artikuliert. Betrachtet man Müntzers Schriften sieht man in der Tat, wie er die ‹Anti-Dekadenz› der Mainstreamreformation und die Dekadenz des Adels als Teil ein- und derselben Dekadenz auffasst, die letztendlich darauf hinausläuft, das Volk mit Wort und Schwert zu unterjochen, ein Bündnis von Priester- und Herrenkaste gegen das Volk. Müntzer schweigt dabei zu den politischen Forderungen der Bauern – aus dem Grund, dass genau dieser politische Widerstand zu kurz greift, wenn es um das Werk der radikalen Befreiung geht, die eine Befreiung *von* der Politik, nicht *in* ihr wäre. Vielleicht ist es sein Fehler, sich darauf einzulassen, den spirituellen in einen gewaltsamen Widerstand, der letztendlich nur die Ordnung der Gewalt zementieren kann, zu überführen – die Gewalt der

---

führt, ohne ihr dadurch entgegengesetzt zu sein (vgl. meine Rezension zu Achim Szepanski, *Kapitalisierung*).

1018 Laruelle, *Nietzsche contre Heidegger*, 9.

1019 Vgl. *Der deutsche Bauernkrieg*.

Bauern nahmen die Herrschenden zum Anlass, den Widerstand niederzuschlagen und in einen ‹gemäßigten›, reformwilligen und einen ‹radikalen›, terroristischen zu spalten. Unter der Folter zwangen die Herren Müntzer das ‹Geständnis› ab, ein politischer Unruhestifter zu sein – ähnlich, wie es Pilatus darum geht, Christus der politischen Unruhestiftung zu überführen.[1020]

Müssen wir heutigen also Müntzer und Christus zum Vorbild nehmen – und wäre das möglicherweise die ‹geheime Intention›, der von Nietzsches eigenartiger Metaphernmaschinerie eigentlich produzierte Ort, der hinter allen Masken steckt? Dafür spricht vielleicht gerade, dass es eine überwiegend rechte Lesart ist, Nietzsche auf der Seite der Römer zu vermuten. Weder Jude noch Römer noch paulinischer Christ[1021], sondern …? Ist Nietzsche in Wahrheit der *christlichste* aller Philosophen?

Für Laruelle ist es erst dieser Standpunkt des radikalen Außerhalb, der einer wahrhaft realistischen Theorie als Sprungbrett dienen kann. Doch ist das nicht, auch bei Nietzsche selbst, eine reine Fiktion, muss gerade ein wirklichkeitsnahes Denken nicht stets standpunktgebunden, perspektivistisch sein – aber seine Gebundenheit *zugleich* transzendieren? Auch wir haben versucht, Nietzsche zugleich als Faschisten und als Revolutionär zu lesen, doch eine wirklich lebendige Interpretation muss in dieser Hinsicht letztendlich eine Entscheidung treffen und eine der beiden Perspektiven wählen. Ein Denken, das die Welt nur als Spiel von Kräften sieht, wird letztendlich kraftlos, insofern es sich nicht selbst mit bestimmten Kräften verbindet, wirklichkeitsfern, distanziert, trocken. Es reicht nicht, über das Meer zu gleiten, man muss von Zeit zu Zeit auch in es hineintauchen. Auch Müntzers Realismus gewann erst dadurch an Konkretion, dass er sein Denken in den Dienst der Revolution stellte. Laruelles Realismus bleibt so hinter der Komplexität des Nietzscheschen zurück – bietet aber einen wichtigen Anknüpfungspunkt für die Renaissance eines authentischen Realismus heute. Doch auch Nietzsches Schwäche war es vielleicht, den Perspektivismus nur theoretisch proklamiert, nicht jedoch praktisch vollzogen zu haben.

1020 Zu dieser Müntzer-Deutung vgl. meine Aufsätze *Thomas Müntzer: ein neuzeitlicher Vordenker moderner Authentizität* und *Der Theologe mit dem Hammer*.

1021 Vgl. die bereits oben erwähnte Auffassung Nietzsches, dass Paulus der wahre Erfinder des Christentums sei.

9. Ein neuer Nietzsche aus Italien

Eine andere Wendung erhält der poststrukturalistische Nietzsche in dem Theoriekontext, den man mittlerweile als «Italian Theory» bezeichnet und zu dem u.a. Denker wie Giorgio Agamben (geb. 1942), Antonio Negri, Roberto Esposito (geb. 1950) und Maurizio Lazzarato gezählt werden. Wir haben gesehen, dass zwischen Italien und Nietzsche schon immer eine eigentümliche Affinität bestand. In seinen Schriften äußert sich Nietzsche zu Italien weniger oft als etwa zu Frankreich, doch er verbrachte dort etliche Monate. Italien, das war für ihn der Inbegriff des Südens, in dem er ein Gegenbild zum kalten protestantischen Norden zu erblicken glaubte.

In Italien war Nietzsche, wie wir gesehen haben, zunächst vor allem eine Inspirationsquelle der Faschisten gewesen. Der wichtigste antifaschistische Denker Italiens, **Antonio Gramsci** (1891–1937), der auch für die Vertreter der Italian Theory ein wichtiger Bezugspunkt bleibt, hinterließ zwar aphoristisch wirkende Notizen, seine berühmten «Gefängnishefte», doch ist hier die aphoristische Form eher den schwierigen Umständen ihrer Entstehung geschuldet als einem bewussten Entschluss. Die wenigen Aufzeichnungen, in denen sich Gramsci zu Nietzsche äußert, offenbaren eine eher oberflächliche Kenntnis. Er führt dort Nietzsches «Übermenschen» auf die Helden der Populärliteratur des 19. Jahrhunderts zurück und erblickt in ihm einen präfaschistischen Typus.[1022] Ähnlich wie die Theoretiker der Frankfurter Schule versucht Gramsci jedoch ebenfalls, die hegel-marxistische Doktrin um eine Theorie der Kultur zu erweitern, um den Aufstieg des Faschismus zu verstehen. Er geht dabei von einer gewissen Autonomie des Kampfes um kulturelle Hegemonie aus. Den Faschisten sei es über die Kultur gelungen, ein breites Bündnis verschiedener Klassenfraktionen zu schließen, das eigentlich streng ökonomisch betrachtet irrational sei und somit der strengen marxistischen Doktrin widerspreche. Gramscis Theorien waren extrem einflussreich für die Neue Linke – aber übrigens auch die Neue Rechte.

Der Nietzsche-Bezug der Vertreter der Italian Theory wird schon dadurch deutlich, dass sie so gut alle in der einen oder anderen Art in ihrem Denken um den Begriff des «Lebens» und

1022 Vgl. *Marxismus und Literatur*, 222–225.

den der «Biopolitik» kreisen. Es geht ihnen darum, das Leben einerseits als kritische Kategorie zu schärfen, andererseits zu untersuchen, wie es in der modernen Gesellschaft unterdrückt und verunstaltet wird.[1023]

Von besonderem Interesse ist die Studie *La fabrique de l'homme endetté. Essai sur la condition néolibérale* (*Die Fabrik des verschuldeten Menschen. Essay über das neoliberale Leben*; 2011), in der **Maurizio Lazzarato** (geb. 1955) ausgehend von Nietzsches Kritik der Verschuldung das unendliche Anwachsen der Schuldenberge und die damit verbundene Integration der Menschen in die kapitalistische Tretmühle als Signum des neoliberalen Zeitalters beschreibt. Sie zeigt, dass es durchaus fruchtbar sein kann, Nietzsche als *ökonomischen* Denker ernst zu nehmen.[1024]

Die Italian Theory ist in Deutschland noch weitgehend unrezipiert, eine Ausnahme bilden die Theorien **Michael Hardts** (geb. 1960) und **Antonio Negris** (geb. 1933), die insbesondere mit ihrem gemeinsam verfassten Hauptwerk *Empire (Empire. Die neue Weltordnung*; 2000) einen einzigartigen Versuch unternahmen, eine umfassende linke Analyse der gegenwärtigen Gesellschaft vorzulegen. Sie sollen hier als Hauptbeispiele für die Nietzsche-Aneignung der Italian Theory nicht nur aufgrund ihrer Prominenz angeführt werden, sondern auch, weil ihr Werk eine unerlässliche Grundlage für eine materialistische Erfassung der Gegenwart darstellt.

Im Grunde lässt sich *Empire* als Fortsetzung von Debords Spektakel-Kritik lesen. Ihre Grundthese: Es gibt in der heutigen Welt keine echten Antagonismen zwischen verschiedenen Machtblöcken mehr, sondern einen einzigen Machtblock, eben das «Empire», ein diffuses, teilweise offen, teilweise verborgen agierendes Netzwerk aus den Vertretern globaler Konzerne, der führenden Staaten und NGOs, das gemeinsam die entscheidenden Richtlinien der Weltpolitik vorgibt. Wenn man so will gibt es also bereits eine «Erdregierung», doch sie setzt nicht lebensbejahende, sondern lebensverneinende Werte durch: Die Aufteilung der Welt und ihrer Reichtümer zugunsten einer kleinen

1023 Vgl. zur Italian Theory und ihrer Beschäftigung mit dem Lebensbegriff Antonio Lucci, *Italian Theory*, eine sehr gute Einführung in diese Thematik.

1024 Vgl. Sigridur Thorgeirsdottir, *Nietzsches Philosophie der Schuld/en als transformierende Kritik der Schuldenökonomie der Gegenwart.*

«parasitären»[1025] Elite bei gleichzeitiger Enteignung der großen Masse der Menschen, die Hardt und Negri als «Multitude» (von lat. *multitudo*, Vielheit, Menge) bezeichnen. Zwischen dem Empire und der Multitude erblicken Hardt und Negri den entscheidenden Kampf der Gegenwart.

Das Buch ist heute fast 20 Jahre alt und man mag sich fragen, ob es der heutigen Realität, in der es scheinbar mehr und mehr zu einem Revival der imperialistischen Konkurrenz alten Stils kommt, noch gerecht wird. Tatsächlich gibt es heute einen Kampf *innerhalb* der globalen Elite darum, ob das Empire weiterhin der richtige Weg zur Profitmaximierung ist, oder ob es nicht doch wieder an der Zeit ist, nationale Alleingänge zu wagen. Dieser Kampf ist noch nicht entschieden, doch abseits aller Rivalitäten bleibt das Empire doch auch weiterhin eine Realität, über die alle, oftmals als reine Spiegelgefechte und Wahlkampfgags leicht durchschaubaren, Rivalitäten nicht hinwegtäuschen sollten. Man mag sich über den genauen Verlauf der Einflusssphären uneins sein, doch letztendlich ist man sich doch einig darin, dass eine Welt ohne Staat und Kapital die Hölle auf Erden wäre.

Hardts und Negris Analyse wurde oft in die Nähe einer ‹strukturell antisemitischen› Gesellschaftskritik oder dergleichen gerückt, doch Hardt und Negri sprechen nirgends davon, dass es eine geheime ‹Verschwörung› gebe, und ähnliche Analysen finden sich auch schon bei Adorno und Horkheimer, die ebenso davon ausgehen, dass es im Spätkapitalismus tendenziell keinen freien Markt mehr gibt. So schreiben sie in der *Dialektik der Aufklärung*:

> Die heutige Gesellschaft, in der religiöse Urgefühle und Renaissancen ebenso wie die Erbmasse von Revolutionen am Markte feilstehen, in der die faschistischen Führer hinter verschlossenen Türen Land und Leben der Nationen aushandeln, während das gewiegte Publikum am Radioempfänger den Preis nachrechnet, die Gesellschaft, in der noch das Wort, das sie entlarvt, sich eben damit als Empfehlung zur Aufnahme in ein politisches Racket legitimiert: diese Gesellschaft, in der nicht bloß mehr die Politik ein Geschäft ist, sondern das Geschäft die ganze Politik – sie entrüstet sich über das zurückgebliebene Händlergebaren des Juden und bestimmt ihn als den Materialis-

1025 Vgl. *Empire*, 367–369.

ten, den Schacherer, der dem Feuergeist derer weichen soll, die das Geschäft zum Absoluten erhoben haben.[1026]

Nietzsche Kritik der «kleinen Politik» steht hier deutlich Pate. In der «Ära der großen Konzerne und Weltkriege» (123) gebe es keine Marktwirtschaft mehr. Nachdem, durch bewusste staatliche Politik, die von Marx diagnostizierte Monopolbildungstendenz nach dem Zweiten Weltkrieg wenigstens stückweit ausgebremst wurde, erlebt die Konzentrationstendenz des Kapitals seit einigen Jahrzehnten wieder neue Höhenflüge. Fast schon anachronistisch wirkt es demgegenüber, heute noch im *Kapital* den Schlüssel zum Verständnis der sozialen Lage auszumachen, das doch von einem existierenden freien Markt ausgeht, der heute wieder mehr und mehr zum bloßen Schein wird. Vielleicht ist die so genannte ‹personalisierte Kapitalismuskritik› der gegenwärtigen Situation sogar adäquater als der Verweis auf objektive ökonomische Strukturen, die in Wahrheit oft als Ausreden für die angebliche ‹Alternativlosigkeit› der herrschenden Politik herangezogen werden. Aus einer falschen ‹politischen Korrektheit› heraus verdummten sich Teile der Linken auch in diesem Fall selbst und verlieren jeden Bezug zur objektiven sozialen Wirklichkeit – zumal in Deutschland.

In *Empire* und seinen zwei ersten Fortsetzungen *Multitude* (2004) und *Commonwealth* (2009) ist Nietzsche zwar ein häufig zitierter Referenzpunkt, doch erscheint er eher als Steinbruch, an dem sich Hardt und Negri recht unsystematisch bedienen, als ein zentraler theoretischer Gewährsmann. In einer Fußnote von *Multitude* betonen sie dabei, unter Verweis auf Losurdos Nietzsche-Kritik, dass Nietzsche auch eine reaktionäre Seite habe, die heute von den neokonservativen Strategen der Bush-Regierung fortgeführte werde, ihr halten sie einen progressiven Nietzsche entgegen, wie ihn aus ihrer Sicht die französischen Poststrukturalisten aufgezeigt hätten.[1027]

Mit ihren poststrukturalistischen Vorreitern sprechen sich Hardt und Negri immer wieder dagegen aus, über den ‹Tod Europas› oder den ‹Tod der Zivilisation› zu trauern oder dieses oder jene gar erneuern oder wiederbeleben zu wollen. Ein solches Programm halten sie für im Ansatz unkritisch und reaktionär. Das Zeitalter des Bürgertums habe spätestens mit dem

1026 182.
1027 Vgl. 401; Fn. 108.

«dreißigjährigen Krieg zwischen 1914 und 1945»[1028] geendet, wir haben es seitdem Negris und Hardts Einschätzung nach mit einem Kapitalismus ohne Bürgertum zu tun. Auch Nietzsche nehmen sie von ihrer Kritik einer Verherrlichung des ‹goldenen Europas› vor 1914 nicht aus:

> Bis heute vernimmt man das Gerede von einer «Krise der Zivilisation», ein Thema, das die gequälte Seele des mitteleuropäischen Bürgertums beschäftigt hielt. Man flüstert immer noch dieselben Namen: Nietzsche, dessen man sich in der einen oder anderen Weise je nach Geschmack bedient; Thomas Mann, doch bereits zu seiner Zeit schwangen Naphta und Settembrini ihre Flügel im Leeren;[1029] Benjamin, der nicht herauszufinden vermag, ob er ein Rabbi oder ein Kommunist ist; Heidegger, den man unplausiblerweise von seiner Zusammenarbeit mit den Nazis gereinigt hat; und so weiter, in einem konfusen Chor von Litaneien. Diese Art einer kraftlosen Nostalgie bestärkt nur den *status quo*.[1030]

Die alte politische Rationalität sei endgültig wertlos geworden und müsse einer neuen weichen, die «hin zu pluralen Subjektivitäten innerhalb des Gemeinsamen» (137) orientiert sei, nicht mehr an den Werten des ‹alten Europa›. Das «Gemeinsame», das *common*, ist ein Schlüsselbegriff in Hardts und Negris Denken. Das von der kreativen Arbeit der Multitude geschaffene Gemeinsame sei es, dass vom Kapital immer wieder aufs Neue enteignet und in private Hände konzentriert werde. Dagegen solle eine radikaldemokratische Selbstverwaltung des Gemeinsamen durch die Multitude selbst treten. Im Namen jener vielfältigen, pluralen Multitude kritisieren Hardt und Negri jedwede starren Identitätszuschreibungen oder Individualismen.

Hardt und Negri stehen auch mit dieser Äußerung klar in der Tradition des französischen ‹Links-Dionysmus›. Dieser Bezug wird am deutlichsten in Hardts und Negris älterem Buch *Labor of Dionysus. A Critique of the State-Form (Die Arbeit des Dionysos. Materialistische Staatskritik in der Postmoderne*; 1994),

---

1028 *Assembly*, 136.

1029 Naphta und Settembrini sind zwei Hauptfiguren von Thomas Manns Roman *Zauberberg* (1924): In einem Schweizer Kurort, nicht unweit von Sils-Maria, tragen der Irrationalist Naphta, ein zum Katholizismus konvertierter Jude, der dem frühen Lukács nachempfunden sein soll, und Settembrini, Freimaurer und Vertreter der Aufklärung, wortgewaltige Rededuelle aus ohne einen realen Bezug zur Welt im ‹Flachland›.

1030 Ebd.

von dem einige Kapitel aus den 70ern stammen. Auf Dionysos, den Gott der enthemmten Menge und der Desubjektivierung, den sogar der frühe Nietzsche mit einer ‹kommunistischen› Vision einer geeinten Menschheit verband, nimmt das Buch schon im Titel Bezug. Auch wenn Nietzsche in dem Buch nur selten namentlich erwähnt wird, wird der Nietzscheanismus doch bereits in seinem ersten Satz deutlich ausgesprochen:

> Das Ziel dieses Buches ist der Entwurf einer Praxis der Freude – Freude in dem Sinn der wachsenden Macht eines expansiven sozialen Subjekts. Die lebendige Arbeit dieses Subjekts ist seine Freude, die Bejahung seiner eigenen Macht. [...] Die endlose Wiederkehr des Gleichen der kapitalistischen Arbeit erscheint als ein Gefängnis, das unsere Macht versklavt, uns unsere Zeit stiehlt, und die Zeit, die sie uns lässt, unsere Freizeit, ist scheinbar nur mit unserer Passivität, unserer Unproduktivität gefüllt. [...] Dionysos ist der Gott der lebendigen Arbeit, der Schöpfung zu ihrer eigenen Zeit. Unser Werk ist den schöpferischen, dionysischen Kräften der Unterwelt gewidmet.[1031]

In ihrer Konzeption «lebendiger Arbeit» erblicken Hardt und Negri zugleich das utopische Potential einer nicht-kapitalistischen Zukunft:

> Eine negative Methode ist [...] nicht genug. Die Kritik muss ebenso einen Entwurf formulieren. Der Kommunismus muss als eine totale Kritik in einem nietzscheanischen Sinne angesehen werden: nicht nur eine Zerstörung der alten Werte, sondern auch die Erschaffung neuer Werte; nicht nur die Verneinung dessen, was existiert, sondern auch die Bejahung dessen, was darüber hinausgeht. Eine Kritik der Staatsform bedeutet darum auch den Vorschlag einer wirksamen Alternative. Dieser positive Aspekt einer marxistischen Kritik muss gleichfalls im Ansatz die Idee und die Erfahrung lebendiger Arbeit zum Ausgangspunkt nehmen. Die lebendige Arbeit ist die immanente Kraft, die andauernd nicht nur die Subversion des kapitalistischen Prozesses betreibt, sondern ebenso die Konstruktion einer Alternative. [...] Die lebendige Arbeit ist also eine aktive Kraft, nicht nur eine der Negation, sondern ebenso der Bejahung.[1032]

Der Kommunismus ist also kein Himmelreich, dass abstrakt postuliert werden könnte: Es gibt eine konkrete Erfahrung der

---

1031 xiii–xv.
1032 6.

«lebendigen Arbeit», die bereits im Hier und Jetzt auf einen nichtentfremdeten Zustand der Welt verweist. Die von Marx und Nietzsche entnommene Lebensmetapher fungiert dabei als Gegenbegriff zur Langeweile und Passivität, zu denen die Menschen selbst noch in ihrer Freizeit vom Kapitalismus verdammt sind.

Hardt und Negri beanspruchen dabei an eine radikaldemokratische Linie modernen Denkens anzuknüpfen, die «von Machiavelli und Spinoza zu Marx, und in der gegenwärtigen Periode von Nietzsche und Heidegger zu Foucault und Deleuze verläuft» (16). An einer anderen Stelle heißt es entsprechend:

> Im Herzen der Modernität stoßen wir auf eine Tradition radikaler Kritik – von Spinoza und Nietzsche zu Foucault und Deleuze –, die eine Alternative zur Dialektik darstellt und uns dadurch eine Freifläche für eine alternative politische Methodologie bereitstellt.[1033]

Es ist bezeichnend, dass an der zweiten Stelle Marx fehlt, den Hardt und Negri offenbar für zu hegelianisch halten, um an ihn in methodologischer Hinsicht anknüpfen zu können. Sie distanzieren sich in diesem Sinne von jedwedem Marxismus und bezeichnen sich als Materialisten.[1034] Sie meinen damit insbesondere, dass sie in ihrer Theorie bewusst von einem ‹undialektischen› Ursprung ausgehen, der Kraft der Multitude und ihrer lebendigen Arbeit, die das Kapital konstituiert ohne ihrerseits von ihm konstituiert zu werden. Der Kapitalismus sei letztendlich das Resultat der Kämpfe der Multitude und der ihnen entsprechenden kapitalistischen Abwehrgefechte.[1035] Diese Sichtweise ist es, die Hardt und Negri zu echten Nietzscheanern im Sinn der Tradition des Links-Dionysmus macht, und die verständlich werden lässt, warum ihre Theorie eine solche Wirkung entfalten konnte: Sie konzipiert die Multitude nicht einfach als passives Objekt des Kapitalismus, sondern als, wenn auch unbewusst und ideologisch verschleiert, *eigentlich* wirkende Kraft. Das Empire sei beispielsweise eine Reaktion auf die Vernetzungsbemühungen der Arbeiter, insbesondere den Internationalismus der Arbeiterbewegung und die Oktoberrevolution – die Globalisierung also keine dem ‹Volk› aufgezwungene Entwicklung ‹von

1033 286.
1034 Vgl. 16–18.
1035 Vgl. 285–289.

oben›, sondern etwas, das die Menschen in ihren konkreten Kämpfen letztendlich selbst erzeugt hätten. Das ähnelt in der Tat der Beschreibung des Verhältnisses von Herren- und Sklavenmoral bei Nietzsche: Eigentliche und alleinige Bestimmer der Geschichte sind die Herren in ihrem aktiven Schaffenstrieb, den Sklaven und Priestern kommt ein rein negative, ‹parasitäre› Rolle zu, ohne dass irgendeine Form dialektischer Wechselwirkung im Spiel wäre. Hardt und Negri drehen den Spieß nur um, indem sie behaupten, dass diejenigen, die als ‹Sklaven› erscheinen, in Wahrheit die Herren sind.

Der Unterschied zu den meisten bisher vorgestellten Versuchen, Marx und Nietzsche zu verknüpfen, könnte größer kaum sein: Von den ‹Frankfurtern› bis zu den Situationisten teilten die nietzscheanischen Marxisten mehr oder weniger die Diagnose, dass der Kapitalismus ein übermächtiger, wie ein Subjekt agierender Automat geworden sei, gegenüber dem der Widerstand kaum mehr eine Chance hätte. Hardt und Negri drehen diese pessimistische, dezidiert von Aspekten von Nietzsches Kulturkritik ausgehende, Perspektive nun um und konfrontieren sie mit einem Nietzscheanismus ganz anderer Art. Es ist klar, dass diese Theorie einen großen Appeal für all jene hat, die an einer Doktrin interessiert sind, die die Möglichkeit des Widerstands betont.

So unplausibel ist dieser Ansatz nicht. In der deutschen hegelmarxistischen Tradition, insbesondere der Wertkritik, hat man sich sehr daran gewöhnt, den Kapitalismus als übermächtigen Apparat zu betrachten, der jeden Widerstand sofort in sich integriert. Widerständige Praxis sei darum zur Ohnmacht verdammt, die einzige Hoffnung bestehe in dem Zusammenbruch des Kapitalismus an seinen objektiven ökonomischen Widersprüchen. Doch die Geschichte des Kapitalismus lässt sich genauso gut auch anders herum erzählen: Dass der Kapitalismus ein Getriebener ist, der Neuerungen wie den Sozialstaat und Frauen- und Migrantenrechte nicht einführt, weil es seiner immanenten Rationalität entspricht, sondern weil er in massiven großen und kleinen Kämpfen dazu gezwungen wird. Selbst technologische Neuerungen könnte man dergestalt als Reaktionen auf die von den Arbeitern erkämpften höheren Löhne erklären – und zugleich als das Ergebnis der ganz unabhängig vom Kapitalismus stattfindenden Forschungen kreativer Wissenschaftler. Die Welt ist also nicht das Ergebnis automatischer Prozesse – sie ist das

Resultat sozialer Kämpfe, an denen wir selbst noch in kleinsten widerständigen Gesten und kreativen Praktiken teilhaben. Das ist in der Tat eine ‹frohe Botschaft›.

Wie ihre Kritik an den ‹Werten der Zivilisation› vermuten lässt, halten Hardt und Negri wenig davon, den Kapitalismus aus einer moralischen Perspektive heraus zu kritisieren. Auch in diesem Punkt knüpfen sie explizit an Nietzsche und seine Kritik der Sklavenmoral an:

> Für Autoren wie Spinoza und Nietzsche beinhaltet das Leben selbst Gewalt and es ergäbe keinen Sinn irgendein Konzept des Richtigen, des Gerechten oder des Guten außerhalb der Anwendung unserer Macht zu verorten. All das könnte in einer Form der Moral oder des Asketismus resultieren, die das Leben verleugnet oder, genauer, unsere Macht. Das Ressentiment, das mit dieser Art von repräsentativer Politik einhergeht, ist genau, was Gewaltlosigkeit mit Terrorismus verbindet, was sie mit dem zusammenbringt, dem sie so unerbittlich widerspricht.[1036]

Die moralische Kritik am Terrorismus bleibe abstrakt, da sie nicht mehr den spezifischen Charakter terroristischer Gewalt erkennen könne. Sie bleibe zudem wie jener in der Logik einer repräsentativen Politik gefangen, in der die Mittel von den Zielen der Politik getrennt werden.[1037] Unter Berufung insbesondere auf Foucault[1038] plädieren Hardt und Negri demgegenüber für eine Differenzierung zwischen unterschiedlichen Arten der Gewalt und der Macht: «Die konstituierende Praxis der Multitude ist nicht das Mittel zu irgendetwas anderem als ihrer eigenen Macht.» (294) Eine solche Praxis könne nur außerhalb des Staats und aller repräsentativen Institutionen stattfinden – eine Position, die Hardt und Negri in die Nähe des Anarchismus rückt. Man dürfte hier an Bewegungen wie die Antiglobalisierungsbewegung, die Occupy-Bewegung, die Bewegung des Arabischen Frühlings, die Gelbwesten oder die jüngsten Proteste für einen radikalen Wandel in der Klimapolitik denken, die sich einer Institutionalisierung strikt verweiger(te)n und gerade durch diese Radikalität unbestreitbare Wirkungen erziel(t)en.

Auch einer klassischen Gewerkschaftspolitik stehen Hardt und Negri dementsprechend sehr kritisch gegenüber. Das dritte

---

1036 291.
1037 Vgl. 291 f.
1038 Vgl. 292.

Kapitel leiten Hardt und Negri mit den ersten zwei Sätzen eines dem *Willen zur Macht* entnommenen Nachlassfragments Nietzsches ein:

> Arbeiter sollten wie *Soldaten* empfinden lernen. Ein Honorar, ein Gehalt, aber keine Bezahlung! Kein Verhältniß zwischen Abzahlung und *Leistung*! Sondern das Individuum, *je nach seiner Art*, so stellen, daß es *das Höchste* leisten kann, was in seinem Bereiche liegt.[1039]

Thema dieses Kapitels ist die Abschaffung der Lohnarbeit, die keine positive Bezugsgröße für die linke Bewegung bilden sollte, sondern etwas, was es der Form nach zu bekämpfen gelte. Auch wenn man dieses Nietzsche-Zitat gleichfalls in einem sehr reaktionären Sinne lesen kann, lässt es doch auch diese linke Interpretation zu, dass es hier um eine Kritik der – vermeintlichen – Geltung des ‹Leistungsprinzips› geht und eine künftige Gesellschaft, in der der Beitrag, dem man zum Gemeinwesen leistet, und das, was man von ihm erhält, entkoppelt sind und stattdessen das Prinzip «Jeder nach seinen Fähigkeiten, jedem nach seinen Bedürfnissen» gilt. Eine ähnliche Sichtweise fanden wir bereits bei Sorel.

Hardt und Negri haben sicherlich die tragfähigste Version eines Links–Nietzscheanismus ‹auf der Höhe der Zeit›, eine authentische Theorie der aktuellen Kämpfe um eine postkapitalistische Welt vorgelegt. Von großer Aktualität ist dabei insbesondere ihr Ansatz, an Deleuze und Guattaris Figur des «Nomaden», aber auch an Nietzsches «Heimatlosen» und Nietzsches und Benjamins «Barbaren»[1040] anknüpfend, die weltweite Migrationsbewegung nicht als passive Reaktion zu deuten, sondern wiederum als aktive Widerstandsbewegung gegen das repressive Grenzregime des Empire, in der der Kampf um ein individuell besseres Leben und der gemeinsame Kampf für eine Welt ohne Grenzen eine unmittelbare Einheit bilden. Entgrenzung verstehen sie dabei in einem ähnlich weiten Sinne wie Deleuze und Guattari: Ihr Ziel ist die umfassende Entnatürlichung des

---

1039 NF 1887 9 [34]; vgl. 54.

1040 Sie zitieren eine Bemerkung Benjamins, wonach es darum gehen müsse «einen neuen, positiven Begriff des Barbarentum[s]» (*Empire*, 227) zu entwickeln, eine brutale, zerstörerische Kraft, die zugleich einen fundamentalen Neuanfang ermögliche. Vgl. hierzu auch Nietzsches zitierte Frage: «[W]o sind die *Barbaren* des 20. Jahrhunderts» (NF1887 11[31]) – Womit bei Nietzsche allerdings nicht nach einer zerstörischen «socialistischen», sondern einer *konstruktiven* Kraft gefragt wird.

Lebens, «eine mächtige Künstlichkeit des Seins»[1041], für die bei ihnen als Figuren etwa auch der Punk und der Cyborg fungieren. Es gehe letztendlich darum, einen völlig neuen Körper zu kreieren. – Das alles erinnert sehr an Nietzsches «Übermensch», auch wenn er hier nicht erwähnt wird.[1042]

Man sollte diese Apologie der Heimatlosigkeit allerdings auch hinterfragen: Die von Hardt und Negri beschworene ‹Avantgarde des Klassenkampfs›, die globale Migrationsbewegung, ist eine äußerst heterogene Formation, der Millionärstöchter ebenso angehören wie Homosexuelle, die vor homophober Gewalt fliehen, oder auch einfach Menschen, die Krieg und Hunger entkommen wollen. Ein einigendes Band ist, wenn überhaupt, ein starker Individualismus und ein geradezu neoliberaler Glaube daran, im Westen durch harte Arbeit zu Geld zu kommen. In Marx' Begriffen gefasst dürften zahlreiche dieser Menschen dem «Lumpenproletariat» angehören, in dem Marx und Engels eine käufliche und leicht korrumpierbare Reservearmee der Konterrevolution erblickten.[1043] Auch sie schrieben zwar: «Die Arbeiter haben kein Vaterland»[1044], und lobten die entgrenzende Kraft des Kapitalismus[1045], doch als Avantgarde des revolutionären Widerstands erblickten sie doch die in gewisser Weise ‹verwurzelte› städtische Facharbeiterschaft. Dieses Milieu ist am Schwinden, man könn-

---

1041 Ebd., 230.

1042 Vgl. zu diesem gesamten Absatz ebd., 217–230. Sie beziehen sich hier auch auf die US-amerikanische Feministin Donna Haraway (geb. 1944) und ihr Lob des identitätslosen Cyborgs als feministische Utopie in *A Cyborg Manifesto* (1985). (Es gibt freilich auch eine bemerkenswerte Nähe zwischen ihren Überlegungen und denen Jüngers im *Arbeiter*.) In dem Text *Situated Knowledges* (*Situiertes Wissen*; 1988) unternimmt Haraway, ohne seinen Namen auch nur ein einziges Mal zu erwähnen, eine Aktualisierung von Nietzsches Konzept des Perspektivismus vor dem Hintergrund der im *Cyborg Manifesto* geübten radikalen Identitätskritik.

1043 So eine der Kernthesen des *Achtzehnten Brumaire*. Im *Manifest* heißt es: «Das Lumpenproletariat, diese passive Verfaulung der untersten Schichten der alten Gesellschaft, wird durch eine proletarische Revolution stellenweise in die Bewegung hineingeschleudert, seiner ganzen Lebenslage nach wird es bereitwilliger sein, sich zu reaktionären Umtrieben erkaufen zu lassen.» (472)

1044 Ebd., 479.

1045 «Die nationalen Absonderungen und Gegensätze der Völker verschwinden mehr und mehr schon mit der Entwicklung der Bourgeoisie, mit der Handelsfreiheit, dem Weltmarkt, der Gleichförmigkeit der industriellen Produktion und der ihr entsprechenden Lebensverhältnisse. Die Herrschaft des Proletariats wird sie noch mehr verschwinden machen.» (Ebd.)

te geradezu von einer ‹Verlumpung› aller Klassen sprechen, die seit Jahrzehnten vor sich geht. Wie schon Adorno erkannte,[1046] tendiert der Kapitalismus dahin, alle Menschen zu Heimatlosen zu machen – nur erblickt er darin gerade keine Chance für eine neue Form radikalen Widerstands, sondern gerade die Gefahr des Verschwindens jedweder Solidarität.

Die Frage ist, ob die diversen ‹Nomaden› (vom Manager über den Programmierer bis hin zum Verkäufer von Gadgets für Touristen) wirklich ein neues revolutionäres Subjekt bilden oder nicht eher eine Gefahr auch vom Standpunkt der Emanzipation darstellen, insofern wir es hier mit einer diffusen Masse zu tun haben, die vom Kapital leicht manipulierbar ist und sich nur allzu leicht für reaktionäre Politiken gewinnen lässt wie etwa für den Islamismus. Man sieht die Problematik des diffusen postmodernen Widerstands leicht, wenn man sich vor Augen hält, dass die meisten postmodernen Bewegungen sehr unbeständig sind, schnell zerfallen, es selten zu greifbaren Erfolgen bringen. Hardt und Negri würden argumentieren, dass dieser Widerstand eben doch Erfolge zeitigt und das Kapital immer wieder vor sich hertreibt.

Doch sind die wirklichen Widerstandszellen nicht eher in denjenigen Orten zu finden, in denen es noch so etwas wie ein funktionierendes, soziales Gemeinwesen gibt, seien es Dorf- oder Stadtcommunities, die sich etwa gegen den Bau neuer Autobahnen und Landebahnen auf Flughäfen engagieren – und damit nicht nur gegen die Zerstörung ihres Wohnraums protestieren, sondern auch die weitere Fortschreitung der Vernetzung der Welt – und gemeinsam Straßenfeste organisieren? Und eben in Nationalstaaten, die sich dem Zugriff der transnationalen Konzerne bis zu einem gewissen Grad entziehen und wohlfahrtstaatliche Strukturen bewahren? Sind die verwurzelten Bürgerschaften nicht das wahre Kraftzentrum linker Politik, von dem sie sich künstlich abtrennt, wenn sie glaubt, stattdessen auf einen bunten dionysischen Karnevalszug der Minder-

1046 Vgl. *Minima Moralia*, 57–59. Aph. 18. Adorno grenzt sich dort kritisch von den architektonischen Versuchen (wie denjenigen des Jugendstils und des Bauhaus) ab, die objektive Heimatlosigkeit durch die Schaffung einer ‹neuen Heimat› zu kaschieren, sie solle vielmehr – er bezieht sich hier auf Nietzsche – bewusst als Schicksal auf sich genommen werden. Eine Schlussfolgerung, die Adorno freilich sofort wieder zurücknimmt und es am Ende bei der bekannten Aporie belässt: «Es gibt kein richtiges Leben im falschen» (59).

heiten setzen zu können? Ein Kraftzentrum, das sie leichtfertig rechter Propaganda überlässt, wenn sie sich allein als Bewegung der ‹Kosmopoliten› versteht? Für ein Recht auf Heimatlosigkeit – oder für ein Recht auf Heimat für alle, das ist die Entscheidung, vor der linke Politik heute steht. Das Problem der ersteren Option ist offensichtlich, dass sie sich oftmals zum Erfüllungsgehilfen einer grundsätzlich neoliberalen Politik macht, die die Träume der Migranten dazu benutzt, die Löhne zu drücken und die linken Organisationen, denen sich die Migranten in der Regel nicht anschließen, zu schwächen. Die zweite Option klingt ‹konservativ› – doch vielleicht sind die Werte des 19. Jahrhunderts eben doch eine Kraftquelle, auf die wir auch heute nicht verzichten können und von der in Wahrheit auch Hardts und Negris Projekt zehrt. Die Multitude sollte jedenfalls Platz nicht *nur* (natürlich: auch) für syrische Flüchtlinge, transsexuelle *queers* (mehr dazu gleich) und kritische Akademiker haben, sondern auch für den gewerkschaftlich organisierten Facharbeiter aus Michigan, die alleinerziehende Mutter aus der ostdeutschen Kleinstadt und den gegen die Erhöhung der Benzinpreise im Namen einer pseudoökologischen Umverteilungspolitik auf Kosten der Ärmsten protestierende Bauern aus der französischen Provinz – Trump, Höcke und Le Pen stehen schon bereit, das Ressentiment jener Leute für eine ‹Rettung der Zivilisation› ganz eigener Art zu missbrauchen (und ihre Zerstörung dadurch in Wahrheit nur noch weiter zu forcieren).

10. Friederike: Nietzsche und der neuere Feminismus

Wir haben bereits gesehen, dass Nietzsche immer wieder Feministinnen als Anknüpfungspunkt gedient hat. Es ist daher nicht verwunderlich, dass er auch für den poststrukturalistischen Feminismus eine bedeutende Rolle spielt – für ihn sogar noch mehr als für alle Generationen vor ihm. Das hat seinen Hauptgrund darin, dass das Kernanliegen dieser Strömung ist, den klassischen Feminismus, dessen zentrales Thema (wenn auch nicht unwidersprochen) die Gleichstellung von Mann und Frau war (mit Beauvoir als seiner radikalsten philosophischen Fürsprecherin), einer grundlegenden Revision zu unterziehen. Nietzsches Kritik genau dieses klassischen Feminismus ist dabei von offensichtlichem Interesse. Beschränken wir uns im Folgenden auf die beiden bedeutendsten Vertreterinnen dieser Strömung, die zugleich paradigmatisch für ihre wichtigsten Hauptrichtungen stehen: Die Belgierin Luce Irigaray, die gemeinhin als wichtigste Theoretikerin des Differenzfeminismus gilt, und die US-Amerikanerin Judith Butler, die wie kein anderer den Queerfeminismus prägte. Obwohl beide nicht aus Frankreich stammen, sind sie doch jeweils der französischen Linie des Links–Nietzscheanismus zuzuordnen.

Irigaray (geb. 1930) ist Schülerin Lacans, ihre gesamte Theoriebildung ist stark von der Psychoanalyse geprägt. Sie veröffentlichte einige Texte über Nietzsche, von denen der wichtigste, auf den wir uns hier beschränken müssen, *Amante marine de Friedrich Nietzsche* (1980), jedoch auf Deutsch bislang nicht vorliegt. Übersetzt bedeutet der Titel ‹Marine Geliebte von Friedrich Nietzsche›. Das Werk ist an theoretischer Tiefe jedoch den parallelen der ‹Großen› des Poststrukturalismus mindestens ebenbürtig und verdiente mehr Beachtung, als ihm bislang zu Teil wird. Nietzsche wird in dem Buch kritisiert – doch mit ihm zugleich seine poststrukturalistischen Fans.

Das Besondere an dem Buch ist, dass es nicht als gewöhnliche philosophische Abhandlung verfasst ist, sondern als Ansprache der ‹marinen Geliebten› in der zweiten Person. Die Geliebte wirft Nietzsche – aber man darf Nietzsche hier wohl als Repräsentanten des männlichen Philosophen schlechthin ansehen – vor, dass dieser sie nur dazu benutze, ihm als Spiegel zu dienen, als Resonanzboden und Verstärker ohne eigenen Willen. Der Mann hingegen sei getrieben von seinem Willen zur Macht, sei jedoch wegen der grundsätzlichen Bodenlosigkeit seiner Entwürfe stets von der Frau abhängig. Irigaray versucht dabei, Nietzsche mit seinen Aussagen zu konfrontieren und ihn so gewissermaßen seines eigenen Widerspruchs zu überführen. Insbesondere betont sie dabei die Leibes- und Naturferne des Mannes:

> Und es ist wirklich nötig, alle ihre Reserven aufzubrauchen, um den Sinn der Erde auszusprechen? Ist die Herrschaft des Übermenschen zum Greifen nahe, wenn die Ganzheit der Erde zu einem sublimen Diskurs geworden ist, wenn alles, was von ihr übrig bleibt, ein Lob im Andenken an Gespenster ist?[1047]

1047 *Marine Lover of Friedrich Nietzsche*, 18.

Diese Stelle ist kaum anders denn als Seitenhieb gegen Derrida zu verstehen, für den es kein Außerhalb des Diskurses gibt und in dessen Philosophie das «Gespenst» eine ‹ontologische› Grundkategorie darstellt.

Selbst noch die ‹Leibesnähe› des Mannes sei stets mit der Ausbeutung anderer Leiber verbunden:

> Wenn ganz Leib und sonst nichts zu sein bedeutet, sich auch den Leib des anderen anzueignen, dann behalte deine Seele, alter Mann! Spiel weiter mit deiner Vernunft, deinem Geist, deinen Glaubenssätzen. Es geht relativ friedlich auf der Erde zu, solange du mit anderen Dingen als Leibern beschäftigt bist. Denn immer, wenn diese Frage, «Wo ist mein Leib?», in dir mal wieder hochkommt, fängst du gleich wieder in der Erde zu buddeln an, die ihn immer für dich aufbewahrt hat.[1048]

Der Mann versuche stets, seine Abhängigkeit von der Frau als Mutter, sein Geboren-Worden-Sein, zu verdrängen und sieht es als Schande, als Kränkung seines Narzissmus an:

> Es ist Apoll, der weitsichtige, der immer schon am Sprechen ist, der als erster den Mord an der Mutter befahl.[1049] Um damit die Illegitimität seiner eigenen Geburt wegzupeitschen, zu verleugnen? Ein Blutvergießen, um zu bestätigen, dass er zum Gesetz des Vaters allein gehört.[1050]

Die Frau modelt der Mann in seinem Sinne zur Tochter und Verführerin um, die jedoch keine authentische Frau sein, sondern eine bloße Gehilfin des Patriarchats: «Ariadne – Doppelgängerin des Mannes. Reproduziert nichts, was nicht maskulin ist. Dass er sich angeblich feminin machen will, verdoppelt vielleicht den Einsatz. Es ändert nichts am Spiel.»[1051]

1048 18 f.

1049 Irigaray spielt hier auf die griechische Sage an, derzufolge Orestes seine Mutter Klytaimnestra auf Befehl Apolls tötete. – Der archetypische Muttermord. – Orestes wählt zwischen der Treue zu seinem Vater – Agamemnon, der Anführer der Griechen im Trojanischen Krieg – und derjenigen zu seiner Mutter, die den heimkehrenden Sieger ermordete. Allerdings ist es Orestes' Schwester Elektra, die durch ihre Bitten Orestes erst dazu veranlasste, nach Delphi zu gehen und im dortigen Orakel Apolls Weisung zu vernehmen. Müsste eine nonpatriarchale Frau zur ‹Anti-Elektra› als Pendant zum ‹Anti-Ödipus› werden?

1050 100.

1051 117. Die Figur der Ariadne, die im griechischen Mythos dem Helden Theseus hilft, ins Labyrinth des kretischen Königs Minos vorzudringen und dort das Monster Minotaurus umzubringen, von diesem jedoch undankbarerweise bei seiner Heimfahrt nach Athen auf einer Insel zu-

Irigaray konzipiert authentische Weiblichkeit hingegen als eine ganze andere Subjektivität. Sie geht dabei von einem grundsätzlichen natürlichen Geschlechtsdualismus aus: «Wenn man nicht argumentiert, dass die ‹Physiologie› dieselbe für beide Geschlechter sei. Eine Behauptung, die bestimmte natürliche Schrecken verdeckt, sie künstlich übertüncht» (ebd.).

Nur, indem die Frauen aufhörten, sich zu Komplizinnen des Patriarchats zu machen, könnten sie frei werden, sich entwickeln und sich auf ihre ureigenste Fähigkeit besinnen: zu gebären, jedoch nicht, um neue Patriarchen zu zeugen, sondern aus innerem Antrieb heraus. Am Ende des Buches entwirft Irigaray anhand einer Umdeutung der biblischen Figur Marias eine Art matriarchalen Urmythos, den sie für eine grundsätzlich Alternative zum patriarchalen Denken der Vermittlung, der Entgrenzung und der Maßlosigkeit hält, dem auch noch die Poststrukturalisten und Nietzsche verpflichtet seien. Der Mann müsse seine Selbstbezogenheit aufgeben und, gleich Christus in Irigarays Lektüre, die Hingabe an die Frau lernen, um sich vom Nihilismus zu befreien, in dem er gefangen sei.

Irigarays Nietzsche-Kritik ähnelt derjenigen Heideggers, nur dass sie dezidiert an das – freilich umgedeutete – Christentum anknüpft und den Ursprung, zu dem es zurückzukehren gelte, konkret als Natur deutet. Stärker noch als Heidegger wendet sie freilich Nietzsche gegen sich selbst: Die Themen der Leibes- und Naturbejahung stammen ja von ihm. Doch Irigaray wirft ihm vor, damit letztendlich nur auf eine dionysische Enthemmung des patriarchalen Begehrens und mithin eine noch gesteigerte Ausbeutung der Natur und der Frau hinauszuwollen. Als Metapher für ein nicht-entfremdetes Verhältnis zwischen Mensch und Natur dient Irigaray hingegen das Atmen als ausgeglichenes Geben und Nehmen und die Sexualität im Sinne wechselseitiger Erfüllung.

In ihren Vorträgen betont Irigaray übrigens immer wieder, wie viel sie Nietzsche verdankt. Vor allem Nietzsches *Zarathustra* habe sie ihr ganzes Leben lang begleitet und ihr gehol-

---

rückgelassen und dann zur Braut des Dionysos wird, ist eine der Lieblingssagenfiguren Nietzsches. Am wichtigsten ist hier das Gedicht *Klage der Ariadne aus den Dionysos-Dithyramben*, in der Ariadne zum Sinnbild eines Menschen wird, dem die höchste Lebensbejahung auch in der Bejahung des Schmerzes gelingt. Sie ist so in der Tat eine Parallelfigur zu Zarathustra, eine Identifikationsfigur Nietzsches, die nicht zuletzt erkennt, dass das äußere Labyrinth in Wahrheit ihr inneres ist.

fen, persönliche Rückschläge zu überstehen. Sie erblickt eine Art Intimität zwischen dem kranken Mann Nietzsche und ihr als Frau.[1052]

Man kann kaum bestreiten, dass Irigarays Kritik an Nietzsche einiges trifft – und mehr noch an seinen poststrukturalistischen Fans. Bei ihnen mündet ihr Nietzscheanismus in einer Vergötzung der Macht (Foucault), der Maschine (Deleuze/Guattari) und des Diskurses (Derrida); alle sprechen sich für Entgrenzung und Überschreitung aus und kritisieren den Glauben an irgendwelche Unmittelbarkeiten. Die Frage ist, ob sie Recht haben und Irigaray eine romantische Träumerin ist – oder ob sie nicht doch ein reales Problem anspricht, dass gerade vor dem Hintergrund der drohenden ökologischen Apokalypse heute wichtiger denn je ist.

Es verwundert jedenfalls wenig, dass sich der poststrukturalistische Feminismus in großen Teilen von Irigaray abgewendet hat. Insbesondere wirft man Irigaray vor, ein essentialistisches Bild von Weiblichkeit zu propagieren und damit letztendlich reaktionär zu sein. Es ist auch in der Tat so, dass sie beispielsweise der Ansicht ist, dass Homosexualität unnatürlich sei – für sie ist die Zweigeschlechtlichkeit ganz klar eine natürliche Gegebenheit.[1053] Die Angleichung zwischen den Geschlechtern kritisiert sie – auch hierin ist sie Nietzsche sehr ähnlich. Man sollte freilich Irigaray nicht anhand der leicht angreifbaren Aspekte ihres Denkens beurteilen. Auch wenn sie nicht sehen kann, dass es genauso homo- wie heterosexuelle Beziehungen gibt, die das von ihr propagierte Ideal einer nicht-ausbeuterischen Liebe und Sexualität leben, ist ihr Grundimpuls doch ein wichtiges Antidot zum ‹fröhlichen Nihilismus› des Mainstreams des französischen Links–Nietzscheanismus.

Die wichtigste Denkerin, die als eine orthodoxe Anwenderin der Ideen von Foucault, Deleuze/Guattari und Derrida auf die Probleme des Feminismus zu betrachten ist, ist **Judith Butler** (geb. 1956). Ihr Feminismus ist fast ein Gegenentwurf zu Irigarays. Ausgehend vom Konstruktivismus ihrer Lehrmeister, allen voran Foucaults, geht sie davon aus, dass es hinter dem patriarchalen Konstrukt ‹Frau› keine erfahrbare Realität gebe, auf die man sich irgendwie in seiner Kritik beziehen könne. Der Körper der ‹Frau› sei durch und durch eine patriarchale Konstruktion –

1052 Vgl. mein Tagungsbericht *Nietzsche und der Stand des Feminismus.*
1053 Vgl. ebd.

jeder positive Bezug auf ihn sei also in Wahrheit keine kritische, sondern eine affirmative Geste.

In einer Fußnote ihres Hauptwerks *Gender Trouble* (*Das Unbehagen der Geschlechter)* von 1990 diskutiert Butler beispielsweise kritisch eine Stelle bei Irigaray, in der jene sich positiv auf die Klitoris als Inbegriff authentischer Weiblichkeit bezieht. Sie führt dagegen Monique Wittig (1935–2003) an, eine französische Nachkriegsfeministin, die einen Rückzug in lesbische Beziehungsformen als einzigen Ausweg aus der patriarchalen Unterdrückung propagierte:

> Wittig hat argumentiert, dass Irigarays Aufwertung der anatomischen Besonderheit selbst eine unkritische Wiederholung eines Fortpflanzungsdiskurses ist, der den weiblichen Körper in künstliche «Teile» wie «Vagina», «Klitoris» und «Vulva» unterteilt. Bei einer Vorlesung am Vassar College wurde Wittig gefragt, ob sie eine Vagina habe. Sie antwortete mit «Nein».[1054]

Nietzsche wird von Butler wiederholt als Kronzeuge für ihren radikalen Antiessentialismus aufgerufen. Sie versteht Nietzsche dabei als radikalen Kritiker jedweder Substanzontologie: Die grundsätzliche fluide Welt werde erst durch die Sprache in feste Formen gebracht.[1055] Auch für eine weitere ihrer Grundthesen führt sie Nietzsche als Gewährsmann an: Dass es nämlich kein Subjekt hinter der Handlung gebe und die Handlung die einzige Wirklichkeit sei.[1056] Butler kommentiert:

> In einer Anwendung, die Nietzsche weder antizipiert noch gebilligt hätte, können wir daraus folgenden Schluss ziehen: Es gibt keine Geschlechtsidentität hinter den Manifestationen, in denen sich das Geschlecht ausdrückt; diese Identität wird performativ durch genau die «Manifestationen» konstituiert, von denen gesagt wird, dass sie ihr Resultat seien.[1057]

An diesen subjektkritischen Nietzsche der *Genealogie der Moral* knüpft Butler auch in *The Psychic Life of Power* (*Die Psyche der Macht*; 1997) an, wo sie Nietzsches Genealogie des schlechten Gewissens in der zweiten Abhandlung des Buches als Subjektivierungstheorie deutet, die diejenige Freuds vorwegnehme. Von ihm könne man lernen, dass das Subjekt

---

1054 *Gender Trouble*, 157.
1055 Vgl. 20 f. Vgl. etwa FW 111.
1056 Vgl. 25. Vgl. GM I 13.
1057 25.

durch und durch ein Resultat von Machtbeziehungen sei.[1058] Weder das Subjekt noch der Leib können bei Butler mithin kritische Kategorien sein: Residuen der Kritik sind bei ihr einzig Momente, in denen die Konstruiertheit der Identitäten kenntlich wird und sich so Spielräume ihrer Umgestaltung auftun – daher die Bedeutung, die bei ihr den *queer performances* zukommt.

Butler liest also Nietzsche mit Foucault als Kritiker aller Metaphysik, aller Subjektivität, aber auch aller Unmittelbarkeit (die ja, wie Derrida lehrt, letztendlich nur wieder eine neue Metaphysik sei). Man fragt sich freilich, ob sich ihre Theorie damit nicht heillos in dieselben Aporien verstrickt: Man will eine besonders radikale Kritik üben doch gerade durch diese ‹Radikalität› entzieht man auch den Kategorien jede Gültigkeit, auf denen diese Kritik wurzeln könnte. Der späteren Butler bleibt dabei – ähnlich wie Derrida – kaum eine andere Möglichkeit, als auf eine strenge Moral zu rekurrieren, um überhaupt noch irgendeine Grundlage der eigenen Kritik liefern zu können, eine von Levinas inspirierte Ethik der Gewaltlosigkeit.

Man sieht deutlich, wie sowohl für Irigaray als auch für Butler Nietzsche nicht nur ein Philosoph unter vielen ist, sondern eine wesentliche theoretische Bezugsgröße. Sie radikalisieren die konstruktivistischen Aspekte seines Denkens über die Frauenfrage und seine Kritik am Gleichheitsfeminismus, freilich mit unterschiedlichen Konsequenzen: Während Irigaray eine ursprüngliche weibliche Erfahrung dem Patriarchat entgegensetzt und dagegen einen matriarchalen Mythos beschwört, ist für Butler letztendlich die Erfahrung der Konstruiertheit selbst, in Verbindung mit einer Ethik der Gewaltlosigkeit, das einzige verbleibende Residuum der Kritik. Butler ist – auch von Irigaray selbst[1059] – dabei häufig eine gewisse Lebens- und vor allem Leibesferne vorgeworfen worden; ein im Grunde nietzscheanisches Argument (auch wenn Irigaray denselben Vorwurf ebenso gegen Nietzsche richtet). Irigarays Denken zeigt wiederum die Problematik des Versuchs, auf eine vermeintlich unmittelba-

1058 Vgl. *The Psychic Life of Power*, 63–82.

1059 Deutliche Seitenhiebe gegen Butler und den dekonstruktivistischen Feminismus artikuliert Irigaray jedenfalls immer wieder in ihren Vorträgen. In ihren Texten belässt sie es eher bei allgemeinen Bemerkungen zur Leibesfeindlichkeit der westlichen Kultur und der ‹komplizenhaften› Weiblichkeit.

re Erfahrung zu rekurrieren, die im Grunde nicht aussprechbar ist, da bereits die Sprache patriarchal verunstaltet sei.[1060]

Butler scheint mit ihrer Variante des Feminismus überzeugender zu wirken. Das dürfte zum einen daran liegen, dass es ihr dezidiert darum geht, nicht nur eine Theorie des Kampfes der Frauen zu entwickeln, sondern eine umfassende Dekonstruktion der «heteronormativen Matrix» vorzunehmen, die auch die Kämpfe der Homosexuellen und der Menschen mit unklarer oder gebrochener Geschlechtsidentität mit einbezieht. Zum anderen entspricht Butlers Theorie aber wahrscheinlich auch einfach besser der alltäglichen Erfahrung der Gegenwart, in der sich die traditionellen Geschlechterrollen mehr und mehr destabilisieren und als *Rollen* erfahren werden, nicht als etwas wesentliches.

Man darf auch hier freilich nicht vergessen, um *wessen* Erfahrung es sich handelt: Die ökonomische Grundlage des klassischen Patriarchats – die Ernährerrolle des Mannes – gerät zwar immer mehr ins Wanken, doch trotzdem dürfte sich die übergroße Mehrheit der Menschen, einschließlich der meisten Homosexuellen, immer noch so ‹naiv› zu ihrer Sexualität und ihrer Geschlechtsidentität verhalten wie eh und je. Unmittelbar plausibel dürften Butlers Theorien vor allem für Personen sein, die aus relativ privilegierten Milieus stammen und sich in entsprechenden akademisch gebildeten Zirkeln bewegen. Vielleicht gerade wegen ihrer objektiven Auflösung halten sich viele umso verbissener an ihrer Geschlechtsidentität fest, die doch so etwas wie ein ‹sicherer Hafen› in einer sich in rasanter Geschwindigkeit wandelnden Welt zu sein verspricht. Gegenüber diesem nach wie vor überwältigenden *common sense* scheinen Butlers Theorien und die auf ihr wesentlich aufbauenden *queer politics* oft als rechthaberisch, spitzfindig und vor allem moralinsauer. Jedwede Repräsentation männlicher, aber auch weiblicher, Sexualität und Geschlechtsidentität wird von vorneherein als sexistisch und damit als Angriff gegen die queere Identität begriffen. Insbesondere wird am Queerfeminismus auch oft kritisiert, dass er im Zeichen eines moralistischen Antirassismus islamistische Ideologien nicht entschieden genug kritisiere. Zuletzt artikulierte dieses Unbehagen mit der queeren Szene der von Patsy l'Amour laLove herausgegebene Sammelband *Beißreflexe*.

1060 Vgl. *Marine Lover*, 65, wo der Eintritt in die Sprache geradezu als ‹Sündenfall› beschrieben wird.

Was im queeren Lager auf jeden Fall zu beobachten ist, ist eine gewisse Ablehnung sachlicher theoretischer Debatten zugunsten der Vorstellung, dass es vielmehr darum gehen müsse, durch symbolische Verschiebungen und Machtpolitik die Dominanz der ‹weißen heterosexuellen Männer› zu brechen und Minderheitsidentitäten zu fördern. Das kann man als zutiefst nietzscheanisches Verständnis von Theorie und Kunst bezeichnen – doch es handelt sich hier um einen verkürzten Nietzsche, der ignoriert, dass Nietzsches Kritik am metaphysischen Wahrheitsbegriff mit einem aufrichtigen Realismus und einem Interesse an Biologie und Medizin einhergeht. Mit jedwedem Dogmatismus ist diese Haltung unvereinbar, Nietzsche hätte diesen Zynismus der «heiligen Lüge» vielmehr als zutiefst priesterliche Denkweise bezeichnet.[1061]

Nietzsche kritisiert die «heilige Lüge» allerdings nicht *per se*, sondern unterscheidet bemerkenswerterweise zwischen lebensverneinden «décadence-Priestern» und «Heidenthums-Priestern», wobei er definiert: «Heiden sind Alle, die zum Leben Ja sagen, denen ‹Gott› das Wort für das grosse Ja zu allen Dingen ist» (ebd.). Er schreibt im folgenden Abschnitt: «Zuletzt kommt es darauf an, zu welchem Zweck gelogen wird.» Er lobt dort, wieder einmal, das Gesetzbuch des Manu und vor allem dessen Lob der Sexualität und des «Weibes». – Nietzsches Realismus erkennt also an, dass die Lüge, die Konstruktion bestimmter Perspektiven unter Absehung von bestimmten Aspekten des Lebens, ein notwendiger Bestandteil des Lebens ist. Er schreibt sogar: «[D]er Parteimensch wird mit Nothwendigkeit Lügner»[1062]. Mit der Unterscheidung zwischen lebensförderlichen und lebenszerstörenden Lügen bezieht Nietzsche freilich eben doch einen höheren Standpunkt, der ihn davor schützt, eine Position der reinen Beliebigkeit zu vertreten. Die Frage ist eben, was das «Leben» ausmacht und welche Werte lebensförderlich sind und welche nicht. Die einseitige Verklärung von Identitätslosigkeit, Antihumanismus und Leibesüberwindung im Sinne eines Maschinenmenschen wie beim Jünger des *Arbeiters* durch den Postmodernismus ist es sicher nicht. Denn ‹lügen› heißt ja nicht zuletzt, in Nietzsches umfassendem Sinn, sich eine einigermaßen stabile Identität zu formen. Wer

1061 Vgl. AC 55.
1062 AC 55.

das Recht der Lüge anerkennt, der muss auch dasjenige der Identität anerkennen.

Von einem solchen Realismus beseelt ließe sich durchaus fragen, ob Irigarays Bemühungen darum, ein nicht-metaphysisches ‹Wesen der Frau› zu beschreiben und anhand dessen eine neue, nicht-patriarchale Subjektivität zu konzipieren, nicht mehr zu bieten haben als Butlers Dekonstruktion – auch wenn man Irigarays Theorie wahrscheinlich um eine ‹queere› Komponente anreichern müsste. Die Nähe zu Nietzsche zeigt sich nicht zuletzt in Irigarays Sprache: Während ihre Texte, insbesondere ihre Texte zu Nietzsche, in einem mitreißenden, polemischen und kraftvollen Duktus geschrieben sind, sind diejenigen Butlers in einem eher trockenen, technokratischen Jargon verfasst, der ihre Leibesferne auch schon in der Rhetorik verrät. Vom wilden Stil auch ihres Idols Foucault ist dabei wenig geblieben – aus der fröhlichen ist eine nicht einmal mehr traurige, sondern einfach nur ‹ernste› Wissenschaft geworden.

Bibliographie

1. Werke Nietzsches & Siglenverzeichnis

a) Werke gemäß der Kritischen Studienausgabe (München & New York 1980) mit Siglen

AC = *Der Antichrist. Fluch auf das Christenthum.* In: Bd. 6, S. 165–254.

EH = *Ecce homo. Wie man wird, was man ist.* In: Bd. 6. S. 255–374.

FaW = *Der Fall Wagner. Ein Musikanten-Problem.*In: Bd. 6, S. 9–53.

FV = *Fünf Vorreden zu fünf ungeschriebenen Büchern.* Bd. 1, S. 753–792.

FW = *Die fröhliche Wissenschaft.* In: Bd. 3, S. 343–651.

GD = *Götzen-Dämmerung oder Wie man mit dem Hammer philosophirt.* In: Bd. 6, S. 55–161.

GM = *Zur Genealogie der Moral. Eine Streitschrift.* In: Bd. 5, S. 245–412.

GT = *Die Geburt der Tragödie. Oder: Griechenthum und Pessimismus.* In: Bd. 1, S. 9–156.

JGB = *Jenseits von Gut und Böse. Vorspiel einer Philosophie der Zukunft.* In: Bd. 5, S. 9–244.

M = *Morgenröthe. Gedanken über die moralischen Vorurtheile.* In: Bd. 3, S. 9–331.

MA = *Menschliches, Allzumenschliches. Ein Buch für freie Geister.* Bd. 2. [darin: VM = *Vermischte Meinungen und Sprüche* und WS = *Der Wanderer und sein Schatten*]

NF = *Nachgelassene Fragmente.* Bd. 7–13.

NW= *Nietzsche contra Wagner. Aktenstücke eines Psychologen.* In: Bd. 6, S. 413–445.

PG = *Die Philosophie im tragischen Zeitalter der Griechen.* In: Bd. 1, S. 799–872.

WL = *Ueber Wahrheit und Lüge im außermoralischen Sinne.* In: Bd. 1, S. 873–890.

Za = *Also sprach Zarathustra. Ein Buch für Alle und Keinen.* Bd. 4.

b) Werke gemäß der Kritischen Studienausgabe ohne Siglen

Dionysos-Dithyramben. In: Bd. 6., S. 377–410.

Unzeitgemässe Betrachtungen. Erstes Stück: David Strauss der Bekenner und der Schriftsteller. In: Bd. 1, S. 157–242.

Unzeitgemäße Betrachtungen. Zweites Stück: Vom Nutzen und Nachtheil der Historie für das Leben. In: Bd. 1, S. 243–334.

Unzeitgemässe Betrachtungen. Drittes Stück: Schopenhauer als Erzieher. In: Bd. 1, S. 335–427.

c) *Sonstige Werke*

[Nein, nein, Dreimal nein!]. In: *Jugend* 11 (1906), S. 374.

Briefwechsel. Kritische Gesamtausgabe Bd.e I/2, II/1, II/3, II/5, III/1, III/3, III/5. Berlin & New York 1975–2004.

Der Wille zur Macht. Tübingen 1952.

2. Sonstige Literatur

Die Bibel. Stuttgart 1999. [Revidierte Luther-Bibel von 1984]

[1. Zu einem Referat Ludwig Marcuses über das Verhältnis von Bedürfnis und Kultur bei Nietzsche]. In: Max Horkheimer: *Gesammelte Schriften, Bd. 12. Nachgelassene Schriften 1931–1949*. Hg. v. Gunzelin Schmid Noerr. Frankfurt a. M. 1985, S. 563–570.

Mitschrift der Diskussion. In: «Ins Nichts mit ihm!» – Ins Nichts mit ihm? Zur Rezeption Friedrich Nietzsches in der DDR. Philosophische Gespräche, Bd. 43. Berlin 2016, S. 35–54.

Adorno, Theodor W.: *Aus Sils Maria. In: Kulturkritik und Gesellschaft I. Prismen. Ohne Leitbild. Gesammelte Schriften*, Bd. 10/1. Hg. v. Rolf Tiedemann. Frankfurt a. M. 1977, S. 326–329.

Ders.: *Blochs Spuren.* In: *Noten zur Literatur. Gesammelte Schriften,* Bd. 11. Hg. v. Rolf Tiedemann. Frankfurt a. M. 1974, S. 233–250.

Ders.: Brief v. 12. 2. 1949 (Nr. 147). In: Theodor W. Adorno & Siegfried Kracauer: *Briefwechsel.* Hg. v. Wolfgang Schopf. Frankfurt a. M. 2008, S. 444.

Ders.: *Einleitung in die Musiksoziologie.* In: *Dissonanzen / Einleitung in die Musiksoziologie. Gesammelte Schriften*, Bd. 14. Hg. v. Rolf Tiedemann. Frankfurt a. M. 1980, S. 169–433.

Ders.: *Erpreßte Versöhnung.* In: *Noten zur Literatur*, S. 251–280.

Ders.: *Jargon der Eigentlichkeit.* In: *Negative Dialektik / Jargon der Eigentlichkeit. Gesammelte Schriften*, Bd. 6. Hg. v. Rolf Tiedemann. Frankfurt a. M. 1973, S. 413–526.

Ders.: *Kierkegaard. Konstruktion des Ästhetischen. Gesammelte Schriften*, Bd. 2. Hg. v. Rolf Tiedemann. Frankfurt a. M. 2003.

Ders.: *Marginalien zu Theorie und Praxis.* In: *Kulturkritik und Gesellschaft II. Eingriffe. Stichworte. Gesammelte Schriften,* Bd. 10/2. Hg. v. Rolf Tiedemann. Frankfurt a. M. 1997, S. 674–690.

Ders.: *Minima Moralia. Reflexionen aus dem beschädigten Leben.* Frankfurt a. M. 2001.

Ders.: *Negative Dialektik.* In: *Gesammelte Schriften,* Bd. 6, S. 7–412.

Ders.: *Spengler nach dem Untergang.* In: *Kulturkritik und Gesellschaft I*, S. 47–71.

Ders.: *Über Statik und Dynamik als soziologische Kategorien.* In: *Soziologische Schriften I. Gesammelte Schriften*, Bd. 8. Hg. v. Rolf Tiedemann. Frankfurt a. M. 1972, S. 217–237.

Ders.: *Vorlesung über Negativen Dialektik.* Hg. v. Rolf Tiedemann. Frankfurt a. M. 2007.

Ders. & Max Horkheimer: *Dialektik der Aufklärung. Philosophische Fragmente.* Frankfurt a. M. 2004.

Ders., Max Horkheimer & Hans–Georg Gadamer: *Über Nietzsche und uns. Zum 50. Todestag des Philosophen.* In: *Max Horkheimer: Ge-*

sammelte Schriften, Bd. 13. Nachgelassene Schriften 1949–1972. Hg. v. Gunzelin Schmid Noerr. Frankfurt a. M. 1989, S. 111–120.

Ders.& Siegfried Kracauer, *Briefwechsel1923–1966*. In: *Ders. Briefe und Briefwechsel*, Bd.7. Hg. v. Wolfgang Schopf. Frankfurt a. M. 2008.

Agamben, Giorgio: *Ein «lateinisches Reich» gegen die deutsche Übermacht*. Aus dem Französischen von Patricia Lux Martel. https://voxeurop.eu/de/content/article/3593841-ein-lateinisches-reich-gegen-die-deutsche-uebermacht (letzter Abruf: 18.7.2019).

Amberger, Alexander*: Anti–Utopie einer Öko–Diktatur. DDR–Querdenker Wolfgang Harich als Pionier linker Wachstumskritik*. https://www.neues-deutschland.de/artikel/167045.anti-utopie-einer-oeko-diktatur.html (letzter Abruf 29.5.2019).

Andreas– Salomé, Lou: *Friedrich Nietzsche in seinen Werken*. Wien 1894.

Dies.: *Narzißmus als Doppelrichtung. In: Imago. Zeitschrift für Anwendung der Psychoanalyse auf die Geisteswissenschaften* VII (1921). S. 361–386.

Arendt, Hannah: *Von der Menschlichkeit in finsteren Zeiten. Rede über Lessing*. München 1960.

Dies.: *Über die Revolution*. München & Zürich 2011.

Aschheim Steven E.: *Nietzsche und die Deutschen. Karriere eines Kults*. Aus dem Englischen v. Klaus Laermann. Stuttgart & Weimar 2000.

Asenijeff, Elsa: *An Friedrich Nietzsche. Zum 25. August 1910*. In: *Leipziger Tagblatt* v. 25.8.1910.

Augstein, Rudolf: *Ein Nietzsche für Grüne und Alternative? Rudolf Augstein zur Philosophie des Übermenschen*. In: *Der Spiegel* 24/1981, S. 156–184.

Babich, Babette: *Towards Nietzsche's «Critical» Theory. Science, Art, Life and Creative Economics*. In: Helmut Heit & Sigridur Thorgeirsdottir: *Nietzsche als Kritiker und Denker der Transformation*. Berlin & Boston 2016, S. 112–133.

Baeumler, Alfred: *Nietzsche der Philosoph und Politiker*. Leipzig 1931.

Bachofen, Johann Jakob: *Das Mutterrecht. Eine Untersuchung über die Gynaikokratie der alten Welt nach ihrer religiösen und rechtlichen Natur*. Stuttgart 1861.

Ball, Hugo: *Die junge Literatur in Deutschland*. https://www.textlog.de/39023.html (letzter Abruf: 31.5.2019).

Ders.: *Eroeffnungs-Manifest, 1. Dada-Abend*. https://gutenberg.spiegel.de/buch/eroeffnungs-manifest-1-dada-abend-4681/1 (letzter Abruf: 31.5.2019).

Ders.: *Kandinsky*. https://www.textlog.de/39027.html, https://www.textlog.de/39028.html & https://www.textlog.de/39029.html (letzter Abruf: 31.5.2019).

Ders.: *Zur Kritik der deutschen Intelligenz*. Bern 1919.

Barkan, Regina: *Die soziale Tat Nietzsches*. In: *Sozialistische Monatshefte* 3/1925, H. 10, S. 624–627.

Dies.: *Der Machtbegriff in Nietzsches Philosophie*. Jena 1923.

Dies.: *Nietzsche der Imperialist*. In: *Sozialistische Monatshefte* 30/1924, H. 8, S. 501–507.

Dies.: *Was kann Nietzsche der Schulreform sagen?* In: *Sozialistische Monatshefte* 31/1925, H. 1, S. 22–25.

Bataille, Georges: *Das theoretische Werk I. Die Aufhebung der Ökonomie.* Aus dem Französischen v. Traugott König & Heinz Abosch. München 1975.

Ders.: *Die psychologische Struktur des Faschismus.* In: *Die psychologische Struktur des Faschismus / Die Souveränität.* Aus dem Französischen v. Rita Bischof e. a. Hg. v. Elisabeth Lenk. München 1978, S. 7–43.

Ders.: *Die Souveränität.* In: Ebd., S. 45–86.

Beauvoir, Simone de: *The Second Sex.* Aus dem Französischen ins Englische v. H. M. Parshley. London 1956.

Bebel, August: *Die Frau und der Sozialismus.* Berlin 1990.

Behrens, Roger: *Adorno-ABC.* Leipzig 2003.

Beiner, Ronald: *Dangerous Minds. Nietzsche, Heidegger, and the Return of the Far Right.* Philadelphia 2018.

Benjamin, Walter: *Das Kunstwerk im Zeitalter seiner technischen Reproduzierbarkeit.* In: *Illumination. Ausgewählte Schriften.* Frankfurt a. M. 1977, S. 136–169.

Ders.: *Der destruktive Charakter.* In: Ebd., S. 289 f.

Ders.: *Der Sürrealismus. Die letzte Momentaufnahme der europäischen Intelligenz.* In: *Gesammelte Schriften,* Bd. II/1. Hg. v. Rolf Tiedemann und Hermann Schweppenhäuser. Frankfurt a. M. 1977, S. 295–310.

Ders.: *Einbahnstraße.* Frankfurt a. M. 1955.

Ders.: *Nietzsche und das Archiv der Schwester.* In: *Gesammelte Schriften,* Bd. 3. Hg. v. Hella Tiedemann-Bartels. Frankfurt a. M. 1981, S. 323–326.

Ders.: *Paris, die Hauptstadt des XIX. Jahrhunderts.* In: Ebd., S. 170–184.

Ders.: *Theologisch-politisches Fragment.* In: *Illuminationen. Ausgewählte Schriften,* Bd. 1. Hg. v. Siegfried Unseld. Frankfurt a. M. 1995, S. 262 f.

Ders.: *Über den Begriff der Geschichte.* In: Ebd., S. 251–261.

Ders.: *Über den Begriff der Geschichte². Werke und Nachlaß. Kritische Gesamtausgabe,* Bd. 19. Hg v. Gèrard Raulet. Berlin 2010.

Ders.: *Ursprung des deutschen Trauerspiels.* In. *Gesammelte Schriften,* Bd. I/1. Hg. v. Rolf Tiedemann und Hermann Schweppenhäuser. Frankfurt a. M. 1978, S. 203–409.

Ders.: *Zentralpark.* In: *Illuminationen*, S. 230–250.

Benn, Gottfried: *Nachlass. Sämtliche Werke*, Bd. VII/2. Hg. v. Holger Hof. Stuttgart 2003.

Bernstein, Eduard: *Die Voraussetzungen des Sozialismus.* https://www.marxists.org/deutsch/referenz/bernstein/1899/voraus/schluss.html (letzter Abruf: 18.6.2019).

Ders.: Rezension zu *Wilhelm Weigand*: Friedrich Nietzsche. Ein psychologischer Versuch. In: *Die neue Zeit. Revue des geistigen und öffentlichen Lebens* 11/1892–93, 2. Bd. (1893), H. 38, S. 345–348.

Bertram, Ernst: *Nietzsche. Versuch einer Mythologie*. Berlin 1920.

Biene Baumeister Zwi Negator: *Situationistische Revolutionstheorie. Eine Aneignung. Vol. I: Enchiridion.* Stuttgart 2005.

Dies.: *Situationistische Revolutionstheorie. Eine Aneignung. Vol. II: Kleines Organon.* Stuttgart 2005.

Bischof, Rita: *Tragisches Lachen. Die Geschichte von Acéphale.* Berlin 2010.

Bloch, Ernst: *Das Prinzip Hoffnung. Gesamtausgabe,* Bd. 5. Frankfurt a. M. 1993.

Ders.: *Der Impuls Nietzsche.* In: *Erbschaft dieser Zeit. Gesamtausgabe,* Bd. 4. Frankfurt a. M. 1962, S. 358–366.

Ders.: Neuzeitliche *Philosophie II. Deutscher Idealismus. Die Philosophie des 19. Jahrhunderts. Leipziger Vorlesungen zur Geschichte der Philosophie,* Bd. 4. Hg. v. Ruth Römer & Burghart Schmidt. Frankfurt a. M. 1985.

Ders.: *Über das Problem Nietzsche.* In: *Viele Kammern im Welthaus. Eine Auswahl aus dem Werk.* Hg. v. Friedrich Dieckmann & Jürgen Teller. Frankfurt a. M. 1994, S. 589–593.

Ders.: *Über den gegenwärtigen Stand der Philosophie.* In: *Philosophische Aufsätze zur objektiven Phantasie. Gesamtausgabe,* Bd. 10. Frankfurt a. M. 1969, S. 292–317.

Ders.: *Über die Wurzeln des Nazismus.* In: *Politische Messungen. Pestzeit, Vormärz. Gesamtausgabe,* Bd. 11. Frankfurt a. M. 1970, S. 312–321.

Bosch, Manfred: *Vom Bürgerschreck zum Theatervisionär. Moritz Lederer – ein europäischer Grenzgänger.* Mannheim 1999.

Boy, Atta: *Streitschrift für eine Politisch Unkorrekte Links-Linke.* Bonn 2018.

Bracher, Karl Dietrich: *Die deutsche Diktatur. Entstehung, Struktur, Folgen des Nationalsozialismus.* Köln 1969.

Brandes, Georg: *Ferdinand Lassalle.* Leipzig 1894.

Ders.: *Nietzsche. Eine Abhandlung über aristokratischen Radikalismus.* Mit einer Einleitung v. Klaus Bohnen. Berlin 2004.

Brassier, Ray: *Nihil Unbound. Enlightenment and Extinction.* New York 2007.

Brobjer, Thomas H.: *Nietzsches Knowledge of Marx and Marxism.* In: Nietzsche-Studien 31/1 (2002), S. 298–320.

Ders.: *Philologica. A Possible Solution to the Stirner-Nietzsche Question.* In: *The Journal of Nietzsche Studies* 25/2013, S. 109–114.

Breton, André: *Anthology of Black Humor.* Aus dem Französischen ins Englische v. Mark Polizzotti. San Francisco 1997.

Ders.: *Erstes Manifest des Surrealismus 1924.* In: *Die Manifeste des Surrealismus.* Deutsch v. Ruth Henry. Reinbek b. Hamburg 1968, S. 11–29.

Breuer, Stefan: *Anatomie der Konservativen Revolution.* Darmstadt 1995.

Bruder-Bezzel, Almuth: *Lebenskunst und schöpferische Kraft bei Alfred Adler und Nietzsche.* In: Günter Gödde, Nikolaos Loukidelis & Jörg Zirfas (Hg.): *Nietzsche und die Lebenskunst. Ein philosophisch-psychologisches Kompendium.* Stuttgart 2016, S. 346–354

Bull, Malcolm: *Anti-Nietzsche.* London & New York 2011.

Butler, Judith: *Gender Trouble. Feminism and the Subversion of Identity.* New York 1990.

Dies.: *The Psychic Life of Power. Theories in Subjection.* Stanford 1997.

Campioni, Giuliano e. a.: *Nietzsches persönliche Bibliothek.* Berlin & New York 2002.

Camus, Albert: *Das Europa der Treue.* In: Lou Marin (Hg.): *Albert Camus. Libertäre Schriften (1948–1960).* Aus dem Französischen vom Hg. Hamburg 2013, S. 285–291.

Ders.: *Der Mensch in der Revolte.* Aus dem Französischen von Justus Streller. Reinbek b. Hamburg 2009.

Ders.: *Der Mythos des Sisyphos.* Aus dem Französischen und mit einem Nachwort von Vincent von Wroblewsky. Reinbek b. Hamburg 2000.

Capozza, Nicoletta: Eintrag zu Dietrich Bonhoeffer. In: Christian Niemeyer (Hg.): *Nietzsche-Lexikon.* Darmstadt 2011, S. 54 f.

Cohen-Solal, Annie: *Sartre 1905–1980.* Reinbek b. Hamburg 1988.

Conant, James: *Perfektionismus & Perspektivismus.* Aus dem Englischen v. Joachim Schule. Konstanz 2014.

Culp, Andrew: *Dark Deleuze.* Hamburg 2017.

Das Unsichtbare Komitee: *Der kommende Aufstand.* http://web.archive.org/web/20101130070255/http://linksunten.indymedia.org/node/22964 (letzter Abruf: 14.6.2019).

Debord, Guy: *Die Gesellschaft des Spektakels.* Aus dem Französischen von Jean-Jacques Raspaud. Berlin 1996.

Decker, Kerstin: *Die Schwester.* München/Berlin 2016.

Ders.: *In girum imus nocte et consumimur igni.* http://www.magazinredaktion.tk/video/si/ingirum.php (letzter Abruf: 18.7.2019).

Deleuze, Gilles: *Foucault.* Aus dem Französischen v. Hermann Kocyba. Frankfurt a. M. 1987.

Ders.: *Nietzsche's Burst of Laughter.* http://www.critical-theory.com/nietzsches-burst-of-laughter-interview-with-gilles-deleuze/ (letzter Abruf: 18.7.2019).

Ders.: *Nietzsche und die Philosophie.* Aus dem Französischen v. Bernd Schwibs. Hamburg 2008.

Ders.: *Postskriptum über die Kontrollgesellschaften.* In: *Unterhandlungen. 1972–1990.* Aus dem Französischen von Gustav Roßler. Frankfurt a. M. 1993, S. 254–262.

Ders. & Michel Foucault: *Allgemeine Einführung.* In: *Schriften. Dits et Ecrits*, Bd. 1. Hg. v. Daniel Defert & François Ewald. Aus dem Französischen v. Michael Bischoff. Frankfurt a. M. 2014, S. 723–726.

Dies.: *Michel Foucault und Gilles Deleuze möchten Nietzsche sein wahres Gesicht zurückgeben.* In: Ebd. Aus dem Französischen v. Michael Bischoff, S. 708–712.

Deleuze, Gilles & Félix Guattari: *Anti-Ödipus. Kapitalismus und Schizophrenie I.* Aus dem Französischen v. Bernd Schwibs. Frankfurt a. M. 1974.

Dies.: *Tausend Plateaus. Kapitalismus und Schizophrenie.* Aus dem Französischen v. Gabriele Ricke & Ronald Voullié. Berlin 1992.

Delitz, Heike: Eintrag zu Henri Bergson. In: Christian Niemeyer (Hg.): Nietzsche-Lexikon. Darmstadt 2011, S. 46 f.

Derrida, Jacques: *Cogito und Geschichte des Wahnsinns.* In: *Die Schrift und die Differenz.* Aus dem Französischen v. Ulrich Köppen. Frankfurt / a. M. 1972, S. 53–101.

Ders.: *Fines hominis. In: Randgänge der Philosophie.* Hg. v. Peter Engelmann. Aus dem Französischen v. Henriette Beese. Wien 1988, S. 119–141.

Ders.: *Marx' Gespenster. Der Staat der Schuld, die Trauerarbeit und die neue Internationale.* Aus dem Französischen v. Susanne Lüdemann. Frankfurt a. M. 2004.

Ders.: *Spurs. Nietzsche's Styles / Eperons. Les Styles de Nietzsche.* Originaltext mit englischer Übersetzung v. Barbara Harlow. Chicago & London 1979.

Ders. e. a.: *Derrida on DERRIDA. Q and A with Jacques Derrida. In: Derrida. Screenplay and Essays on the Film.* Manchester 2005, S. 110–117.

Ders. & Jürgen Habermas: *Nach dem Krieg. Die Wiedergeburt Europas.* https://www.faz.net/aktuell/feuilleton/habermas-und-derrida-nach-dem-krieg-die-wiedergeburt-europas-1103893.html (letzter Abruf: 18.7.2019).

Diethe, Carol: *Vergiss die Peitsche. Nietzsche und die Frauen.* Hamburg & Wien 2000.

Dunlop, Ian & David Spratt: *Existential climate-related security risk. A scenario approach.* https://docs.wixstatic.com/ugd/148cb0_b2c0-c79dc4344b279bcf2365336ff23b.pdf (letzter Abruf: 20.6.2019).

Düsing, Edith: *Die «Tod Gottes»-Problematik bei Hegel und Nietzsche.* In: *Perspektiven der Philosophie* 29 (2003), S. 229–282.

Düttmann, Alexander García: *So ist es. Ein philosophischer Kommentar zu Adornos* Minima Moralia. Frankfurt a. M. 2004.

Easton Laird McLeod: *Der rote Graf. Harry Graf Kessler und seine Zeit.* Aus dem Englischen v. Klaus Kochmann. Stuttgart 2005.

Eichberg, Ralf: *Freunde, Jünger und Herausgeber. Zur Geschichte der ersten Nietzsche-Editionen.* Frankfurt a. M. e. a. 2009.

Eilenberger, Wolfram: *Die Zeit der Zauberer. Das große Jahrzehnt der Philosophie 1919–1929.* Stuttgart 2018.

Eisner, Kurt: *Psychopathia spiritualis. Friedrich Nietzsche und die Apostel der Zukunft.* Leipzig 1892.

Engels, Friedrich: *Der deutsche Bauernkrieg.* In: Karl Marx & ders.: *Werke,* Bd. 7. Hg. v. Institut für Marxismus-Leninismus beim ZK der SED. Berlin 1960, S. 327–431.

Ders.: *Der Ursprung der Familie, des Privateigentums und des Staats. Im Anschluß an Lewis H. Morgans Forschungen.* In: Karl Marx & ders.: *Werke,* Bd. 21. Hg. v. Institut für Marxismus-Leninismus beim ZK der SED. Berlin 1975, S. 25–173.

Ders.: *Die Entwicklung des Sozialismus von der Utopie zur Wissenschaft.* In: Karl Marx & ders.: *Werke,* Bd. 19. Hg. v. Institut für Marxismus-Leninismus beim ZK der SED. Berlin 1973, S. 189–201.

Ders.: *Herrn Eugen Dühring's Umwälzung der Wissenschaft.* In: Karl Marx & ders.: *Werke,* Bd. 20. Hg. v. Institut für Marxismus-Leninismus beim ZK der SED. Berlin 1961, S. 1–303.

Ders.: *Ludwig Feuerbach und der Ausgang der klassischen deutschen Philosophie.* In: Karl Marx & ders.: *Werke,* Bd. 21, S. 259–307.

Ders.: *Über den Antisemitismus.* In: Karl Marx & ders.: *Werke,* Bd. 22. Hg. v. Institut für Marxismus-Leninismus beim ZK der SED. Berlin 1972, S. 49–51.

Ders.: *Zur Geschichte des Urchristentums.* In: Ebd., S. 447–473.

Ders.: *Zur Urgeschichte der Deutschen.* In: Karl Marx & ders.: *Werke*, Bd. 19, S. 425–473.

Ders. & Karl Marx: *Die deutsche Ideologie.* In: *Werke*, Bd. 3. Hg. v. Institut für Marxismus-Leninismus beim ZK der SED. Berlin 1969, S. 5–530.

Dies.: *Manifest der Kommunistischen Partei.* In: *Werke*, Bd. 4. Hg. v. Institut für Marxismus-Leninismus beim ZK der SED. Berlin 1969, S. 459–493.

Evola, Julius: *Calvacare la tigre. Den Tiger reiten.* Aus dem Italienischen v. Heinz Klein. Dresden 2006.

Ders.: *Revolte gegen die moderne Welt*. Engerda 2002.

Fanon, Frantz: *Peau noire masques blancs.* Paris 1952.

Foucault, Michel: *Das Wahrsprechen des Anderen. Zwei Vorlesungen 1983/84*. Frankfurt a. M. 1988.

Ders.: *Der Wille zum Wissen. Sexualität und Wahrheit I.* Aus dem Französischen v. Ulrich Raulff & Walter Seitter. Frankfurt a. M. 1995.

Ders.: *Die Geburt der Biopolitik. Geschichte der Gouvernementalität II. Vorlesung am Collège de France 1978/79.* Aus dem Französischen v. Jürgen Schröder. Frankfurt a. M. 2006.

Ders.: *Die Ordnung der Dinge. Eine Archäologie der Humanwissenschaften.* Aus dem Französischen v. Ulrich Köppen. Frankfurt a. M. 1974.

Ders.: *Die Ethik der Sorge um sich als Praxis der Freiheit.* In: *Schriften. Dits et Ecrits.* Bd. 4. Hg. v. Daniel Defert & François Ewald. Aus dem Französischen v. Hermann Kocyba. Frankfurt a. M. 2005, S. 875–902.

Ders.: *Michel Foucault, ein Interview. Sex. Macht und die Politik der Identität.* In: *Analytik der Macht.* Hg. v. Daniel Defert & François Ewald. Aus dem Englischen v. Hans-Dieter Gondek. Frankfurt a. M. 2005, S. 301–315.

Ders.: *Nietzsche, die Genealogie, die Historie.* In: *Schriften. Dits et Ecrits*. Bd. 2. Hg. v. Daniel Defert & François Ewald. Aus dem Französischen v. Michael Bischoff. Frankfurt a. M. 2002, S.166–191.

Ders.: *Von anderen Räumen.* In: *Schriften,* Bd. 4, S. 931–942.

Ders.: *Vorwort.* In: *Schriften in vier Bänden. Dits et Ecrits,* Bd. III. Hg. v. Daniel Defert & François Ewald. Aus dem Englischen v. Hans–Dieter Gondek. Frankfurt a. M. 2003, S. 176–180.

Ders.: *Wahnsinn und Gesellschaft. Eine Geschichte des Wahns im Zeitalter der Vernunft.* Aus dem Französischen v. Ulrich Köppen. Frankfurt a. M. 1973.

Förster-Nietzsche, Elisabeth: *Nietzsche und der Krieg.* In: *Hamburgischer Correspondent* v. 15.9.1914 (Nr. 468, Jg. 184), S. 2.

Freud, Sigmund: *Bemerkungen über einen Fall von Zwangsneurose.* In: Studienausgabe, Bd. VII. Hg. v. Alexander Mitscherlich e. a. Frankfurt a. M. 1973, S. 31–104.

Ders.: *Das Unbehagen in der Kultur.* In: *Studienausgabe,* Bd. IX. Hg. v. Alexander Mitscherlich e. a. Frankfurt a. M. 1974, S. 191–270.

Ders.: *Das Ich und das Es.* In: *Studienausgabe,* Bd. III. Hg. v. Alexander Mitscherlich e. a. Frankfurt a. M. 1965, S. 273–330.

Ders.: *Drei Abhandlungen über Sexualtheorie.* In: *Gesammelte Werke,* Bd. V. Hg. v. Anna Freud e. a. Frankfurt a. M. 1968, S. 27–145.

Ders.: *Jenseits des Lustprinzips.* In: *Studienausgabe,* Bd. III, S. 213–272.
Ders.: *Massenpsychologie und Ich-Analyse.* In: *Studienausgabe,* Bd. IX, S. 61–134.
Ders.: *Nachruf für Lou Andreas-Salomé.* In: *Gesammelte Werke,* Bd. XVI. Hg. v. Anna Freud e. a. Frankfurt a. M. 1961, S. 270.
Ders.: *Neue Folge der Vorlesungen zur Einführung in die Psychoanalyse. Gesammelte Werke,* Bd. XV. Hg. v. Anna Freud e. a. Frankfurt a. M. 1961.
Ders.: *Selbstdarstellung.* In: *Gesammelte Werke,* Bd. XIV. Hg. v. Anna Freud e. a. London 1948, S. 31–96.
Ders.: *Über Triebumsetzungen, insbesondere der Analerotik.* In: *Gesammelte Werke,* Bd. X. Hg. v. Anna Freud e. a. London 1949, S. 402–410.
Ders.: *Vorlesungen zur Einführung in die Psychoanalyse und Neue Folge. Studienausgabe,* Bd. I. Hg. v. Alexander Mitscherlich e. a. Frankfurt a. M. 1969.
Ders.: *Zur Geschichte der psychoanalytischen Bewegung.* In: *Gesammelte Werke,* Bd. X, S. 43–115.
Ders.: *Zur Psychopathologie des Alltagslebens.* In: *Werke,* Bd. IV. Hg. v. Anna Freud e. a. London 1947.
Fuchs, Dieter: *Der Wille zur Macht. Die Geburt des «Hauptwerks» aus dem Geiste des Nietzsche-Archivs.* In: Christian Niemeyer e. a. (Hg.): Friedrich Nietzsche. Darmstadt 2014, S. 108–131.
Fukuyama, Francis: *The End of History and the Last Man.* New York 1992.
Goch, Klaus: *Goebbels liest Nietzsche. Ein deutscher Faschist aus dem Geist Zarathustras?* In: Renate Reschke & Marco Brusotti (Hg.): *«Einige werden posthum geboren». Friedrich Nietzsches Wirkungen.* Berlin & Boston 2012, S. 489–499
Gödde, Günter: *Nietzsches und Freuds Psychologien im Vergleich.* In: Günter Gödde, Nikolaos Loukidelis & Jörg Zirfas (Hg.): *Nietzsche und die Lebenskunst. Ein philosophisch-psychologisches Kompendium.* Stuttgart 2016, S. 335–346
Goddemeier. Christof: *Carl Gustav Jung. Vom kollektiven Unbewussten und den Archetypen.* In: *Deutsches Ärzteblatt* Juli 2011, S. 310.
Goethe, Johann Wolfgang von: *Faust. Der Tragödie zweyter Theil in fünf Acten.* In: *Werke,* Bd. 41. Stuttgart & Tübingen 1832.
Golomb, Jacob: *Thus Spoke Herzl. Nietzsche's Presence in Theodor Herzl's Life and Work. Nietzsche and Zion.* Ithaca & London 2014.
Gottfried, Dietmar: *Der Zauberer der schwarzen Scharen. Julius Evolas Revolte gegen die moderne Welt.* https://www.heise.de/tp/features/Der-Zauberer-der-schwarzen-Scharen-3427370.html (letzter Abruf: 25.5.2019).
Ders.: *«Es lebe der Tod!».* https://www.heise.de/tp/features/Es-lebe-der-Tod-3392199.html (letzter Abruf: 15.7.2019).
Gramsci, Antonio: *Marxismus und Literatur. Ideologie, Alltag, Literatur.* Hamburg 1983.
Gross, Otto: *Über psychopathische Minderwertigkeiten.* Wien & Leipzig 1909.
Ders.: *Zur Ueberwindung der kulturellen Krise.* In: *Die Aktion* III/14, S. 384–387.

Gurlitt, Cornelius: *Das Nackte in Leben und Kunst.* In: *Jugend* 11 (1906), S. 368 & 372.
Habermas, Jürgen: *Der philosophische Diskurs der Moderne. Zwölf Vorlesungen.* Frankfurt a. M. 1983.
Ders.: *Die Moderne – ein unvollendetes Projekt.* In: *Zeitdiagnosen. Zwölf Essays.* Frankfurt a. M. 2003, S. 7–26.
Ders.: *Nachwort.* In: Hans Blumenberg e. a. (Hg.): *Friedrich Nietzsche. Erkenntnistheoretische Schriften.* Frankfurt a. M. 1968, S. 237–264.
Ders.: *Theorie des kommunikativen Handelns.* Frankfurt a. M. 1981.
Haffner, Sebastian: *Ernst Niekisch.* In: Ders. & Wolfgang Venohr (Hg.): *Preußische Profile.* München 2001.
Hansen, Miriam Bratu: *Benjamin's Aura.* In: *Critical Inquiry* 34 (Winter 2008), S. 336–375.
Haraway, Donna: *Situated Knowledges. The Science Question in Feminism and the Privilege of Partial Perspective.* In: *Feminist Studies,* 14/3 (Herbst 1988), S. 575–599.
Hardeck, Jürgen: *«Die Wahrheit wird Euch freimachen». Erich Fromm in der Tradition der Religionskritik von Feuerbach bis Freud.* In: *Fromm Forum* 22/2018, S. 127–138.
Hardt, Michael & Antonio Negri: *Assembly.* Oxford 2017.
Dies.: *Empire. Die neue Weltordnung.* Aus dem Englischen v. Thomas Atzert und Andreas Wirthensohn. Frankfurt a. M. & New York 2003.
Dies.: *Labor of Dionysus. A Critique of the State-Form.* Minneapolis 2003.
Dies.: *Multitude. War and Democracy in the Age of Empire.* New York 2004.
Harich, Wolfgang: *Brief an Walter Grab.* In: *«Ins Nichts mit ihm!» – Ins Nichts mit ihm? Zur Rezeption Friedrich Nietzsches in der DDR. Philosophische Gespräche,* Bd. 43. Berlin 2016, S. 55–58.
Hegel, Georg Wilhelm Friedrich: *Enzyklopädie der philosophischen Wissenschaften im Grundrisse (1830).* Hg. v. Friedhelm Nicolin & Otto Pöggeler. Hamburg 1991.
Ders.: *Grundlinien der Philosophie des Rechts oder Naturrecht und Staatswissenschaft im Grundrisse. Sämtlicher Werke* Bd. 7. Hg. v. Hermann Glockner. Stuttgart 1928.
Ders.: *Vorlesungen über die Ästhetik* I. *Sämtliche Werke*, Bd. 13. Frankfurt a. M. 1970.
Ders.: *Vorlesungen über die Philosophie der Religion II / Vorlesungen über die Beweise vom Dasein Gottes. Werke,* Bd. 17. Frankfurt a. M. 1986.
Ders.: *Wissenschaft der Logik. Erster Teil. Die objektive Logik. Sämtliche Werke,* Bd. 4. Stuttgart & Bad Cannstatt 1965, S. 73.
Heidegger, Martin: *Anmerkungen I–V (Schwarze Hefte 1942–1948). Gesamtausgabe,* Bd. IV/97. Hg. v. Peter Trawny. Frankfurt a. M. 2015
Ders.: *Brief über den Humanismus.* In: *Wegmarken. Gesamtausgabe,* Bd. I/9. Hg. v. Friedrich-Wilhelm v. Herrmann. Frankfurt a. M. 1976, S. 313–364.
Ders.: *Die Frage nach der Technik.* In: *Vorträge und Aufsätze. Gesamtausgabe,* Bd. I/7. Hg. v. Friedrich-Wilhelm Herrmann. Frankfurt a. M. 2000, S. 5–36.
Ders.: *Nietzsche I & II.* Stuttgart 2008.

Ders.: *Nietzsches Wort «Gott ist tot.»* In: *Holzwege. Gesamtausgabe*, Bd. I/5. Hg. v. Friedrich-Wilhelm v. Herrmann. Frankfurt a. M. 1977, S. 209–268.

Ders.: *«Nur noch ein Gott kann uns retten»*. Gespräch m. Jakob Augstein & Georg Wolff. In: *Der Spiegel* 23/1976, S. 193–216.

Ders.: *Schöpferische Landschaft. Warum bleiben wir in der Provinz?* In: *Gesamtausgabe*, Bd. I/13. Hg. v. Hermann Heidegger. Frankfurt a. M. 1983, S. 9–14.

Ders.: *Sein und Zeit*. Tübingen 1986.

Ders.: *Überlegungen II–VI (Schwarze Hefte 1931–1938). Gesamtausgabe*, Bd. IV/94. Hg. v. Peter Trawny. Frankfurt a. M. 2014.

Ders.: *Überlegungen VII–XI (Schwarze Hefte 1938/39). Gesamtausgabe*, Bd. IV/95. Hg. v. Peter Trawny. Frankfurt a. M. 2014.

Ders.: *Überlegungen XII–XV (Schwarze Hefte 1939–1941). Gesamtausgabe*, Bd. IV/96. Hg. v. Peter Trawny. Frankfurt a. M. 2014.

Ders.: *Vom Wesen und Begriff der Φύσις. Aristoteles, Physik B, 1.* In: *Wegmarken. Gesamtausgabe*, Bd. I/9. Hg. v. Friedrich-Wilhelm v. Herrmann. Frankfurt a. M. 1976, S. 239–302.

Heininger, Jörg: Eintrag zu Ernst Bloch. In: Simone Barck e. a. (Hg.): *Lexikon sozialistischer Literatur. Ihre Geschichte in Deutschland bis 1945*. Stuttgart & Weimar 1994, S. 65–67.

Heit, Helmut: *Stilvolles Durchwursteln. Nietzsche und die Lebenskunst im Zeitalter der Beschleunigung*. In: Günter Gödde, Nikolaos Loukidelis & Jörg Zirfas (Hg.): *Nietzsche und die Lebenskunst. Ein philosophisch-psychologisches Kompendium*. Stuttgart 2016, S. 307–315.

Ders.: *Unzeitgemäßheit und Aktualität. Zur Philosophie und Kulturkritik Theodor Lessings*. In: *Zeitschrift für Kulturphilosophie* Nr. 6. 2012/2, S. 355–366.

Hellpach, Willy [Ps.: Ernst Gystrow]: *Etwas über Nietzsche und uns Socialisten*. In: *Sozialistische Monatshefte* 6/1900, S. 630–640.

Hennig, Sebastian: *Der Bauer ist kein Spielzeug. Sezession* 65/2013, S. 8–11.

Herbert, Ammon: *Vor und nach «1968». Die nationalen Unterströmungen in der westdeutschen Neuen Linken*. https://www.globkult.de/geschichte/rezensionen/937-vor-und-nach-r1968l-die-nationalen-unterstroemungen-in-der-westdeutschen-neuen-linken (letzter Abruf: 8.6.2019).

Hesse, Hermann: *Haßbriefe*. In: *Ausgewählte Werke*, Bd. 5. Frankfurt a. M. 1994, S. 103–110.

Ders.: *O Freunde, nicht diese Töne!* In: *Ausgewählte Werke*, Bd. 6. Frankfurt a. M. 1994, S. 192–197.

Ders.: *Peter Camenzind*. In: *Ausgewählte Werke*, Bd. 1. Frankfurt a. M. 1994, 7–154.

Ders.: *Unterm Rad*. In: Ebd., S. 155–319.

Ders.: *Zarathustras Wiederkehr. Ein Wort an die deutsche Jugend von einem Deutschen*. In: *Ausgewählte Werke*, Bd. 6. Frankfurt a. M. 1994, S. 213–242.

Heyer, Andreas: *Die Nietzsche-Debatte in der DDR der achtziger-Jahre*. In: *«Ins Nichts mit ihm!» – Ins Nichts mit ihm? Zur Rezeption Friedrich Nietzsches in der DDR. Philosophische Gespräche*, Bd. 43. Berlin 2016, S. 21–34.

Higgins, Mary & Chester M. Raphael (Hg.): *Reich Speaks of Freud.* New York 1967.

Hildebrandt, Kurt: *Nietzsche als Richter. Sein Schicksal.* In: Ernst Gundolf/Ders.: *Nietzsche als Richter unsrer Zeit.* Breslau 1923, S. 63–104.

Holz, Hans Heinz: *Aspekte einer marxistischen Nietzsche-Kritik.* http://www.trend.infopartisan.net/trd0900/t140900.htm (letzter Abruf: 29.3.2019).

Horkheimer, Max: *Bemerkungen zu Jaspers' «Nietzsche».* In: *Zeitschrift für Sozialforschung* 6 (1937), S. 407–414.

Ders.: *Die Juden und Europa.* In: *Zeitschrift für Sozialforschung,* Bd. VIII, Jg. 1939/40, S. 115–136.

Ders.: *Kritische Theorie gestern und heute.* In: *Gesammelte Schriften, Bd. 8. Vorträge und Aufzeichnungen 1949–1973.* Hg. v. Gunzelin Schmid Noerr. Frankfurt a. M. 1985, S. 336–353.

Ders.: *Notizen 1950 bis 1969 und Dämmerung. Notizen in Deutschland.* Hg. v. Werner Brede. Frankfurt a. M. 1974.

Hürlimann, Thomas: *Nietzsches Regenschirm.* Frankfurt a. M. 2015.

Irigaray, Luce: *Marine Lover of Friedrich Nietzsche.* Aus dem Französischen ins Englische v. Gillian C. Gill. New York 1991.

Jongen, Marc: *Migration und Thymostraining.* https://www.youtube.com/watch?v=cg_KuESI7rY (letzter Abruf: 18.7.2019).

Ders.: *Nichtvergessenheit. Tradition und Wahrheit im transhistorischen Äon. Umrisse einer hermetischen Gegenwartsdeutung im Anschluss an zentrale Motive bei Leopold Ziegler und Peter Sloterdijk.* Karlsruhe 2009.

Ders.: *Vom Arbeiter zum Roboter. Ein Gestaltwandel zweiter Ordnung.* In: Alexander Pschera (Hg.): *Bunter Staub. Ernst Jünger im Gegenlicht.* Berlin 2008, 294–308.

Jung, Carl Gustav: *Wotan.* In: *Neue Schweizer Rundschau.* Bd. 3, Jg. 1935/36, Heft 11, S. 657–669.

Jünger, Ernst: *Der Friede.* In: *Essays I. Betrachtungen zur Zeit. Sämtliche Werke* Bd. 7. Stuttgart 1980, S. 195–236.

Ders.: *Der Waldgang.* In: Ebd., S. 281–374.

Ders: *Essays II. Der Arbeiter. Sämtliche Werke,* Bd. 8. Stuttgart 1981.

Ders.: *In Stahlgewittern. Historisch-kritische Ausgabe.* Hg. v. Helmuth Kiesel. Stuttgart 2013.

Ders.: *In Stahlgewittern. Variantenzeichnis und Materialien.* Hg. v. Helmuth Kiesel. Stuttgart 2013.

Ders.: *Tagebücher II. Strahlungen I. Sämtliche Werke,* Bd. 2. Stuttgart 1979.

Ders.: *Über die Linie.* In: *Essays I. Betrachtungen der Zeit. Sämtliche Werke* Bd. 7. Stuttgart 1980, S. 237–280.

Jünke, Christoph: *Auf zum letzten Gefecht? Zur Kritik an Domenico Losurdos Neostalinismus.* In: *Utopie kreativ.* Heft 118/2000, S. 778–785.

Kant, Immanuel: *Beobachtungen über das Gefühl des Schönen und Erhabenen. In: Werke.* Bd. II. Berlin 1912, S. 203–256.

Ders.: *Zum ewigen Frieden. Ein philosophischer Entwurf. In: Werke,* Bd. XI. Hg. v. Wilhelm Weischedel. Frankfurt a. M. 1968, S. 191–251.

Kantorowicz, Ernst: *Kaiser Friedrich der Zweite*. Düsseldorf & München 1963.
Kaufmann, Sebastian: *Nietzsche und die Neue Rechte. Auch eine Fortführung der Konservativen Revolution.* In: Ders. & Andreas Urs Sommer (Hg.): *Nietzsche und die Konservative Revolution.* Berlin & Boston 2018, S. 591–620.
Ders. & Andreas Urs Sommer: *Nietzsche und die Konservative Revolution. Zur Einführung.* In: Ebd., S. 1–12.
Kautsky, Karl: *Arthur Schopenhauer.* https://www.marxists.org/deutsch/archiv/kautsky/1888/xx/schopenhauer.htm (letzter Abruf: 1.7.2019).
Kessler, Harry Graf: *Das Tagebuch 1880–1937.* Hg. v. Roland S. Kamzelak & Ulrich Ott. Bd. 2. Stuttgart 2004.
Ders.: *Das Tagebuch 1880–1937.* Bd. 3. Stuttgart 2004.
Ders.: *Das Tagebuch 1880–1937.* Bd. 5. Stuttgart 2008.
Ders.: *Das Tagebuch 1880–1937.* Bd. 7. Stuttgart 2007.
Ders.: *Das Tagebuch 1880–1937.* Bd. 9. Stuttgart 2010.
Ders.: *Gesichter und Zeiten. Erinnerungen / Notizen über Mexiko. Gesammelte Schriften* Bd. 1. Hg. v. Cornelia Blasberg & Gerhard Schuster. Frankfurt a. M. 1988.
Ders.: *Walther Rathenau. Sein Leben und Werken. Gesammelte Schriften,* Bd. 3. Hg. v. Cornelia Blasberg & Gerhard Schuster. Frankfurt a. M. 1988.
Klages, Ludwig: *Mensch und Erde*. In: *Mensch und Erde. Gesammelte Abhandlungen.* Stuttgart 1983, S. 1–25.
Klossowski, Pierre: *Nietzsche und der Circulus vitiosus deus.* Aus dem Französischen v. Ronald Vouillé. München 1986.
Koch, Gerd: *Aufrechter Gang.* http://www.ernst-bloch.net/owb/fobei/fobei16.htm (letzter Abruf: 28.6.2019).
Köhler, Joachim: *Zarathustras Geheimnis. Friedrich Nietzsche und seine verschlüsselte Botschaft. Eine Biographie.* Reinbek b. Hamburg 1989.
Kolb, Annette: *Zarastro. Westliche Tage.* Berlin 1921.
König, Hans-Dieter: *Hitlers charismatische Masseninszenierungen.* In: Hans-Joachim Busch (Hg.): *Spuren des Subjekts. Positionen psychoanalytischer Sozialpsychologie*. Göttingen 2007, S. 244–287.
Kraus, Karl: [In den «Studien zur Kritik der Moderne»]. In: *Die Fackel* II/53, S. 26–28.
Ders.: *Zur Frauenfrage.* In: *Die Fackel* IX/227 f.; S. 20–26.
Krieck, Ernst: *Die Ahnen des Nationalsozialismus.* In: *Volk im Werden* 1935/3, S. 182–184.
Ders.: *Ist der Nationalsozialismus universalistisch?* In: Ebd., S. 184–186.
Landauer, Gustav: *Aufruf zum Sozialismus.* Berlin 1919.
Ders.: *Der Todesprediger. In: Ausgewählte Schriften,* Bd. 8. Hg. v. Siegbert Wolf. Lich 2014, S. 31–144.
Ders.: *Die geschmähte Philosophie.* In: *Ausgewählte Schriften,* Bd. 5. Hg. v. Siegbert Wolf. Lich 2012, S. 122–127.
Ders.: *Ein kleiner Beitrag zur Entwicklungsgeschichte Friedrich Nietzsches.* In: *Ausgewählte Schriften,* Bd. 5. Hg. v. Siegbert Wolf. Lich 2012, S. 115–122.

Ders.: *Friedrich Engels und die materialistische Geschichtsauffassung.* In: *Ausgewählte Schriften,* Bd. 2. Hg. v. Siegbert Wolf. Lich 2009, S. 176–179.
Ders.: *Friedrich Nietzsche und das neue Volk.* In: Ebd., S. 166–182.
Ders.: *Gerhart Hauptmann.* In: *Ausgewählte Schriften*, Bd. 6/1. Hg. v. Siegbert Wolf. Lich 2013, S. 93–105.
Ders.: *Skepsis und Mystik. Versuche im Anschluß an Mauthners Sprachkritik*. Berlin 1903.
Ders.: *Von der Ehe.* In: *Ausgewählte Schriften,* Bd. 3.2. Hg. v. Siegbert Wolf. Lich 2010, S. 28–37.
L'Amour laLove, Patsy *: Beißreflexe. Kritik an queerem Aktivismus, autoritären Sehnsüchten, Sprechverboten.* Berlin 2017.
Langbehn, Julius: *Apokalyptisch*. In: Ders.: *Langbehns Lieder.* https://gutenberg.spiegel.de/buch/langbehns-lieder-2236/2 (letzter Abruf: 18.7.2019).
Ders.: *Rembrandt als Erzieher.* Leipzig 1890.
Laruelle, François: *A New Presentation of Non-Philosophy.* http://www.onphi.net/corpus/32/a-new-presentation-of-non-philosophy (letzter Abruf: 25.5.2019).
Ders.: *Das Reale gegen den Materialismus.* In: Armen Avanessian (Hg.): *Realismus Jetzt. Spekulative Philosophie und Metaphysik für das 21. Jahrhundert.* Aus dem Französischen v. Ronald Vouillé. Berlin 2013, S. 195–205.
Ders.: *Nietzsche contre Heidegger, Chapter 1.* Aus dem Französischen ins Englische v. Taylor Adkins. https://fractalontology.wordpress.com/2018/05/06/new-translation-of-francois-laruelles-nietzsche-contre-heidegger-chapter-1/ (letzter Abruf: 19.7.2019).
Ders.: *Non–Photografie / Photo–Fiktion*. Aus dem Französischen v. Ronald Voullié. Berlin 2014.
Ders.: *Nietzsche contre Heidegger. Thèses pour une politique nietzschéenne.* Paris 1977.
Laruelle, Marlene: *Aleksandr Dugin. A Russian Version of the European Radical Right?* https://www.wilsoncenter.org/sites/default/files/OP294.pdf (letzter Abruf: 25.5.2019).
Leber, Julius: *Schriften, Reden, Briefe.* Hg. v. Dorothea Beck & Wilfried E. Schoeller. München 1976.
Lenin, Wladimir Iljitsch: *Unsere außen- und innenpolitische Lage und die Aufgaben der Partei.* In: *Werke*, Bd. 31. Hg. v. Institut für Marxismus-Leninismus beim ZK der KPdSU. Berlin 1966, S. 402–422.
Lepenies, Wolf: *Er wollte Deutschland eindämmen und starb für die EU.* https://www.welt.de/kultur/article177008312/Alexandre-Kojeve-Er-wollte-Deutschland-eindaemmen-und-starb-fuer-die-EU.html (letzter Abruf: 18.7.2019).
Lessing, Theodor: *Nietzsche.* Berlin 1925.
Lesmeister, Roman: *«Werde der, der du bist!» Nietzsches Spuren in C. G. Jungs Verständnis von Selbst und Individuation.* In: Günter Gödde, Nikolaos Loukidelis & Jörg Zirfas (Hg.): *Nietzsche und die Lebenskunst. Ein philosophisch-psychologisches Kompendium.* Stuttgart 2016, S. 355–362.
Liebknecht, Wilhelm: *Wissen ist Macht – Macht ist Wissen.* Berlin 1902.
Lohwasser, Diana: *Nietzsche und der Französische Existenzialismus.*

In: Günter Gödde, Nikolaos Loukidelis & Jörg Zirfas (Hg.): *Nietzsche und die Lebenskunst. Ein philosophisch-psychologisches Kompendium.* Stuttgart 2016, S. 221–228.

Losurdo, Domenico: *Nietzsche der aristokratische Rebell. Intellektuelle Biographie und kritische Bilanz.* Aus dem Italienischen v. Erdmute Brielmayer. Hg. v. Jan Rehmann. Berlin 2012.

Loukidelis, Nikolaos: *Es denkt. Ein Kommentar zum Aphorismus 17 aus Jenseits von Gut und Böse.* Würzburg 2013.

Lucci, Antonio: *Italian Theory. Biopolitik und Kulturkritik in der italienischen Sozialphilosophie der Gegenwart.* https://vimeo.com/301808772 (letzter Abruf: 19.7.2019).

Lukács, Georg: *Die Theorie des Romans. Ein geschichtsphilosophischer Versuch über die Formen der großen Epik.* Darmstadt/Neuwied 1984.

Ders.: *Die Zerstörung der Vernunft. Der Weg des Irrationalismus von Schelling zu Hitler.* Berlin & Weimar 1988.

Ders.: *Nietzsche als Vorläufer der faschistischen Ästhetik. In: Internationale Literatur* 8 (1935), S. 55–64.

Ders.: *Über Wesen und Form des Essays.* In: *Die Seelen und die Formen. Essay.* Berlin 1911, S. 1–40.

Maaß, Sebastian: *Oswald Spengler. Eine politische Biographie.* Berlin 2013.

Mackay, John Henry & Rudolf Steiner: *Der individualistische Anarchismus. Ein Gegner der «Propaganda der Tat».* In: Rudolf Steiner: *Gesamtausgabe,* Bd. 31. Hg. v. Edwin Froböse & Werner Teichert. Dornach 1989, S. 281–287.

Mainberger, Sabine: *Die «dionysische Linie». Zu einem Syndrom der Wende zum 20. Jahrhundert.* In: Renate Reschke & Marco Brusotti (Hg.): *«Einige werden posthum geboren». Friedrich Nietzsches Wirkungen.* Berlin & Boston 2012, S. 209–225.

Mann, Klaus: *Der Vulkan. Roman unter Emigranten.* Reinbek b. Hamburg 2004.

Mann, Thomas: *Gedanken im Kriege.* In: *Neue Rundschau* 11/1914, S. 1471–1484.

Ders.: *Nietzsches Philosophie im Lichte unserer Erfahrung.* In: *Essays,* Bd. 3. Hg. v. Herrmann Kurzke. Frankfurt a. M. 1982, S. 235–264.

Marcuse, Herbert: *Der eindimensionale Mensch. Studien zur Ideologie der fortgeschrittenen Industriegesellschaft.* Aus dem Englischen v. Alfred Schmidt. München 2005.

Ders.: *Eros and Civilization. A Philosophical Inquiry into Freud.* Boston 1966.

Ders.: *Triebstruktur und Gesellschaft. Ein philosophischer Beitrag zu Sigmund Freud. Schriften* Bd. 5. Aus dem Englischen v. Marianne von Eckhardt-Jaffe. Springe 2004.

Marx, Karl: *Das Kapital. Kritik der politischen Ökonomie.* Bd. 1. Friedrich Engels & ders.: *Werke,* Bd. 23. Hg. v. Institut für Marxismus-Leninismus beim ZK der SED. Berlin 1983.

Ders.: *Das Kapital. Kritik der politischen Ökonomie.* Bd. 3. Friedrich Engels & ders.: *Werke,* Bd. 25. Hg. v. Institut für Marxismus-Leninismus beim ZK der SED. Berlin 1968.

Ders.: *Die Klassenkämpfe in Frankreich 1848–1850.* In: Friedrich Engels & ders.: *Werke,* Bd. 7. Hg. v. Institut für Marxismus-Leninismus beim ZK der SED. Berlin 1960, S. 9–107.

Ders.: *Debatten über Preßfreiheit und Publikation der Landständischen Verhandlungen.* In: Friedrich Engels & ders.: *Werke,* Bd. 1. Hg. v. Institut für Marxismus-Leninismus beim ZK der SED. Berlin 1976, S. 28–77.

Ders.: *Der achtzehnte Brumaire des Louis Bonaparte.* In: Friedrich Engels & ders.: *Werke,* Bd. 8. Hg. v. Institut für Marxismus-Leninismus beim ZK der SED. Berlin 1960, S. 111–207.

Ders.: [Entwürfe einer Antwort auf den Brief von V. I Sassulitsch]. In: Friedrich Engels & ders.: *Werke,* Bd. 19. Hg. v. Institut für Marxismus-Leninismus beim ZK der SED. Berlin 1973, S. 384–406.

Ders.: *Zur Judenfrage.* In: Friedrich Engels & ders.: *Werke,* Bd. 1. Hg. v. Institut für Marxismus-Leninismus beim ZK der SED. Berlin 1976, S. 347–377.

Ders.: *Zur Kritik der Hegelschen Rechtsphilosophie. Einleitung.* In: Ebd., S. 378–391.

Ders.: *Kritik des Gothaer Programms.* In: Friedrich Engels & ders.: *Werke,* Bd. 13. Hg. v. Institut für Marxismus-Leninismus beim ZK der SED. Berlin 1962, S. 134–32.

Mehring, Franz: *Kapital und Presse. Ein Nachspiel zum Fall Lindau.* Berlin 1891.

Ders.: *Nietzsche gegen den Sozialismus.* In: *Die neue Zeit.* XV. Jg. H. 18, S. 545–549.

Ders.: Rezension zu Kurt Eisner, *Psychopathia spiritualis. Friedrich Nietzsche und die Apostel der Zukunft.* In: *Die neue Zeit. Revue des geistigen und öffentlichen Lebens.* 10/1891–92, 2. Bd. (1892), H. 47, S. 667–669.

Meier, Heinrich: *Carl Schmitt, Leo Strauss und «Der Begriff des Politischen». Zu einem Dialog unter Abwesenden.* Stuttgart & Weimar 2013.

Meyer, Franziska: *Mythos der Erneuerung. Italienische Prosa in Faschismus und Resistenza.* Göttingen 2002.

Miething, Dominique F.: *Anarchistische Deutungen der Philosophie Friedrich Nietzsches. Deutschland, Großbritannien, USA (1890–1947).* Baden-Baden 2016.

Mohler, Arnim: *Die Konservative Revolution in Deutschland 1918–1932. Ein Handbuch.* Darmstadt 1989.

Momigliano, Anna: *The Alt-Right's Intellectual Darling Hated Christianity.* https://www.theatlantic.com/international/archive/2017/02/julius-evola-alt-right/517326/ (letzter Abruf: 25.5.2019)

Mommsen, Hans: *Julius Leber und der deutsche Widerstand gegen Hitler.* In: Zeitschrift für Geschichtswissenschaft Jg. 42 (1994), H. 7, S. 581–587.

Morgenthaler, Fritz: *Die Stellung der Perversionen in Metapsychologie und Technik.* In: Psyche 28 (1974), S. 1077–1098.

Mussolini, Benito: *Der Geist des Faschismus. Ein Quellenwerk.* Hg. v. Horst Wagenführ. München 1943.

Niemeyer, Christian: *Die dunklen Seiten der Jugendbewegung. Vom Wandervogel zur Hitlerjugend.* Tübingen 2013.

Ders.: *Über Julius Langbehn (1851–1907), die völkische Bewegung und das wundersame Image des «Rembrandtdeutschen» in der pädagogischen Geschichtsschreibung.* In: Sebastian Kaufmann &

Andreas Urs Sommer (Hg.): *Nietzsche und die Konservative Revolution.* Berlin & Boston 2018, S. 35–50.
Neumann, Franz: *Behemoth. Struktur und Praxis des Nationalsozialismus 1933–1944.* Frankfurt a. M. 1984.
Nolte, Ernst: *Marx und Nietzsche im Sozialismus des jungen Mussolini.* In: *Historische Zeitschrift,* Bd. 191/1, S. 249–335.
Öcalan, Abdullah: *Maifesto for a Democratic Civilisation*. Vol. II. Porsgrunn & Köln. 2017.
Obsolete Capitalism: *The strong of the future. Nietzsche's accelerationist fragment in Deleuze and Guattari's Anti-Oedipus.* https://non.copyriot.com/the-strong-of-the-future-nietzsches-accelerationist-fragment-in-deleuze-and-guattaris-anti-oedipus/?cn-reloaded=1 (letzter Abruf: 20.6.2019).
Ommeln, Miriam: *Die Aufnahme von Nietzsches Philosophie in die surrealistischen Ideen oder: Die Verkörperung von Nietzsches Ästhetik im Surrealismus.* In: Clemens Pornschlegel / Martin Stingelin (Hg.): *Nietzsche und Frankreich.* Berlin & New York 2009, S. 151–175.
Dies.: *Die Verkörperung von Friedrich Nietzsches Ästhetik im Surrealismus.* Frankfurt a. M. e. a. 1999.
Oppel, Frances Nesbitt: *Nietzsche on Gender: Beyond Man and Woman.* Charlesville/London 2005.
Penshorn, Sascha: *Zarathustra auf dem Obersalzberg: Die Nietzsche-Rezeption Ernst Niekischs nach 1945.* In: Sebastian Kaufmann & Andreas Urs Sommer (Hg.): *Nietzsche und die Konservative Revolution.* Berlin & Boston 2018, S. 505–536.
Picart, Caroline: *Classic and Romantic Mythology in the (Re)Birthing of Nietzsche's Zarathustra.* In: *Journal of Nietzsche Studies* 12 (1996), S. 40–68.
Pine, Julia: *Anti-Surrealist Cross-Word Puzzles. Breton, Dalí and Print in Wartime America. In: Journal of Surrealism and the Americas* 1 (2007), S. 1–29.
Pol, Heinz: *Goebbels als Dichter.* In: *Die Weltbühne* v. 17.1.1932, Jg. 27, Nr. 4, S. 129–133.
Rand, Ayn: *The Intellectual Bankruptcy of Our Age.* In: Robert Mayhew (Hg.): *Ayn Rand Answers.* New York 2005.
Rath, Norbert: *Zur Nietzsche-Rezeption Horkheimers und Adornos.* https://www.kritiknetz.de/images/stories/texte/Rath_Nietzsche_Rezeption.pdf (letzter Abruf: 14.7.2019).
Rathje, Arthur: *Die Frau im Luftschutz I. Seelisch Anlage.* In: *Die Sirene* H. 9/Mai 1935, S. 227 f.
Ders.: *Die Frau im Luftschutz II. Technische Leistung.* In: *Die Sirene* H. 10/Mai 1935, S. 276 f.
Ders.: *Nietzsche und das neue Werden.* In: *Völkischer Beobachter* v. 22.1.1934.
Ders.: *Was bedeutet Nietzsches Deutschen-Haß?* In: *Völkischen Beobachter* v. 24.5.1934.
Rehmann, Jan: *Postmoderner Links-Nietzscheanismus. Deleuze & Foucault. Eine Dekonstruktion.* Bonn 2004.
Reich, Wilhelm: *Hör zu kleiner Mann.* Frankfurt a. M. 1974.
Ders.: *Massenpsychologie des Faschismus. Zur Sexualökonomie der*

politischen Reaktion und zur proletarischen Sexualpolitik. Kopenhagen, Prag & Zürich 1933.

Ders.: *Menschen im Staat.* Frankfurt a. M. 1995.

Ders.: *The Murder of Christ. The Emotional Plague of Mankind.* New York 1966.

Reichardt, Sven: *Faschistische Kampfbünde. Gewalt und Gemeinschaft im italienischen Faschismus und in der deutschen SA.* Köln 2009.

Reinecke, Stefan: *Erbschaft dieser Zeit.* https://taz.de/!5191222/ (letzter Abruf: 14.7.2019).

Reinthal. Angela: *Einleitung.* In: Harry Graf Kessler: *Das Tagebuch 1880–1937.* Bd. 7., S. 9–67.

Reventlow, Fanny zu: *Ellen Olestjerne.* In: *Gesammelte Werke.* München 1925, S. 504–704.

Rosa, Hartmut: *Beschleunigung. Die Veränderung der Zeitstrukturen in der Moderne.* Frankfurt a. M. 2005.

Ders.: *Resonanz. Eine Soziologie der Weltbeziehung.* Frankfurt a. M. 2016.

Rosenberg, Alfred: *Der Mythus des 20. Jahrhunderts. Eine Wertung der seelisch-geistigen Gestaltungskräfte unserer Zeit.* München 1934.

Rothämel, Christoph: *Georg Wilhelm Friedrich Hegel ist sich sicher.* https://www.blauenarzisse.de/hegel-frauen-grundlinien-der-philosophie-des-rechts/ (Abruf: 7.5.2019).

Rothe, Friedrich: *Harry Graf Kessler. Biographie.* München 2008.

Rousseau, Jean-Jacques: *Abhandlung über den Ursprung und die Grundlagen der Ungleichheit unter den Menschen. In: Sozialphilosophische und Politische Schriften.* München 1981, S. 37–161.

Ders.: *Die Träumereien eines einsamen Spaziergängers.* Aus dem Französischen v. v. Dietrich Leube. In: *Die Bekenntnisse / Die Träumereien des einsamen Spaziergängers.* München 1978.

Ders.: *Vom Gesellschaftsvertrag oder Prinzipien des Staatsrechtes.* In: *Sozialphilosophische und Politische Schriften.* München 1981, S. 267–391.

Rust, Bernhard (Hg.): *Deutsche Wissenschaft. Arbeit und Aufgabe.* Leipzig 1939.

Ryback, Timothy W.: *Hitlers Bücher. Seine Bibliothek – sein Denken.* Aus dem Englischen v. Heike Schlatterer. Köln 2010.

Safranski, Rüdiger: *Ein Meister aus Deutschland. Heidegger und seine Zeit.* München/Wien 1994.

Sanders, Olaf: *Das Imperium der Schlange.* https://jungle.world/artikel/2005/47/das-imperium-der-schlange (letzter Abruf: 20.6.2019).

Sarasin, Philipp: *Michel Foucault zur Einführung.* Hamburg 2005.

Sartre, Jean-Paul: *Das Sein und das Nichts.* Hg. v. Traugott König, aus dem Französischen von dems. und Hans Schönberg. Reinbek b. Hamburg 2009.

Ders.: *Fragen der Methode.* Aus dem Französischen von Vincent von Wroblewsky, hg. v. Arlette Elkaïm-Sartre. Reinbek b. Hamburg 1999.

Ders.: *Ist der Existentialismus ein Humanismus?* In: *Drei Essays.* Berlin 1961, S. 7–52.

Ders.: *Überlegungen zur Judenfrage.* Aus dem Französischen v. Vincent von Wroblewsky. Hamburg 1994.

Ders.: *Was ist Literatur?* Aus dem Französischen und hg. v. Traugott König. Reinbek b. Hamburg 2006.

Schieder, Theodor: *Nietzsche und Bismarck.* Krefeld 1963.

Schirmer, Gregor: *Wolfgang Harich, Nietzsche und die SED.* In: *«Ins Nichts mit ihm!» – Ins Nichts mit ihm? Zur Rezeption Friedrich Nietzsches in der DDR. Philosophische Gespräche,* Bd. 43. Berlin 2016, S. 59–63.

Schloßberger Matthias: *Rekonstruktion der «Konservativen Revolution»: Nietzsche – Jünger – Mohler.* Sebastian Kaufmann & Andreas Urs Sommer (Hg.): *Nietzsche und die Konservative Revolution.* Berlin & Boston 2018, S. 537–572.

Schmidt, Alfred: *Nationalsozialismus und Philosophie. Fayes Studie über Martin Heidegger.* https://www.deutschlandfunk.de/nationalsozialismus-und-philosophie.730.de.html?dram:article_id=102597 [letzter Abruf: 27.5.2019]

Schmitt, Carl: *Die geistesgeschichtliche Lage des heutigen Parlamentarismus.* Berlin 2010.

Ders.: *Glossarium. Aufzeichnungen der Jahre 1947–1951.* Hg. v. Eberhard Freiherr von Medem. Berlin 1991.

Schneider, Ulrich Johannes: *Michel Foucault.* Darmstadt 2004.

Schopenhauer, Arthur: *Parerga und Paralipomena. Kleine philosophische Schriften II. Sämtliche Werke*, Bd. 5. Hg. v. Wolfgang v. Löhneysen. Leipzig 1979.

Schwaabe Christian: *Das Schicksal des Menschen im Schatten des toten Gottes. Zur Bedeutung Friedrich Nietzsches für Max Webers Diagnose der Moderne.* In: Hans-Martin Schönherr-Mann (Hg.): *Der Wille zur Macht und die «große Politik». Friedrich Nietzsches Staatsverständnis.* Baden–Baden 2010, S. 235–251.

Schwab, Hans-Rüdiger: *Der Freigeist, die Frauen, das Leben. Lou Andreas-Salomés Beiträge zur Philosophie. In: Lou Andreas-Salomé: «Ideal und Askese». Aufsätze und Essays,* Bd. 2: *Philosophie.* Taching 2013, S. 318–345.

Schwering, Markus: *Jürgen Habermas über Corona: «So viel Wissen über unser Nichtwissen gab es noch nie.»* https://www.fr.de/kultur/gesellschaft/juergen-habermas-coronavirus-krise-covid19-interview-13642491.html?fbclid=IwAR25ffQwBHquAOZrrTHG6xVi0Nq8q52btWOlAV72cLYUN3RaBNCNAu8I-Us [letzter Abruf: 13.5.2020].

Seibert, Thomas: *Hyperrevolution. Beiträge zu einem aleatorischen Materialismus.* https://www.thomasseibert.de/wp-content/uploads/2008/09/Hyperrevolution.pdf [letzter Abruf: 27.5.2019].

Senigaglia, Christiana: *Nietzsches methodologischer Einfluss auf Max Weber und die Soziologie.* In: Renate Reschke & Marco Brusotti (Hg.): *«Einige werden posthum geboren». Friedrich Nietzsches Wirkungen.* Berlin & Boston 2012, S. 551–561.

Sherman, David: *Sartre and Adorno. The Dialectics of Subjectivity.* New York 2007.

Simmel, Georg: *Schopenhauer und Nietzsche. Ein Vortragszyklus.* Leipzig 1907.

Singer, Kurt: *Nietzsches Vermächtnis.* In: *Hamburgischer Correspondent* v. 15.10.1914 (Nr. 524, Jg. 184), S. 1.

Sloterdijk, Peter: *Der Denker auf der Bühne. Nietzsches Materialismus.* Frankfurt a. M. 1986.

Ders.: *Die Kritik der zynischen Vernunft.* Frankfurt a. M. 1996.

Ders.: *«Merkel ging einen Teufelspakt ein».* https://www.tages-anzeiger.ch/ausland/europa/merkel-ging-einen-teufelspakt-ein/story/16212849?track (letzter Abruf: 18.7.2019).

Ders.: *Zorn und Zeit.* Berlin 2012.

Solms-Lauterbach, Franz Graf zu: *Friedrich Nietzsches vergessener Beitrag zur Soziologie. Ein Plädoyer für eine Neubewertung der Geschichte der klassischen Soziologie*. In: Renate Reschke & Marco Brusotti (Hg.): *«Einige werden posthum geboren». Friedrich Nietzsches Wirkungen.* Berlin & Boston 2012, S. 515–529.

Sommer, Andreas Urs: *Kommentar zu Nietzsches* Der Antichrist, Ecce homo, Dionysos-Dithyramben, Nietzsche contra Wagner. *Historischer und kritischer Kommentar zu Friedrich Nietzsches Werken* Bd. 6/2. Hg. v. der Heidelberger Akademie der Wissenschaften. Berlin & Boston 2013.

Ders.: *Nietzsche und die Folgen.* Stuttgart 2017.

Ders.: *Eschatologie oder Ewige Wiederkunft? Friedrich Nietzsche und Jacob Taubes.* In: Richard Faber e. a. (Hg.): *Abendländische Eschatologie. Ad Jacob Taubes.* Würzburg 2001, S. 341–354.

Ders.: *Friedrich Nietzsche als Basler Philosoph.* In: Emil Angehrn & Wolfgang Rother (Hg.): *Philosophie in Basel. Prominente Denker des 19. und 20. Jahrhunderts.* Basel 2011, S. 32–60.

Sorel, Georges: *Über die Gewalt.* Aus dem Französischen v. Ludwig Oppenheimer. Frankfurt a. M. 1969.

Spengler, Oswald: *Der Untergang des Abendlandes. Umrisse einer Morphologie der Weltgeschichte.* Bd. I & II. München 1923.

Ders.: *Nietzsche und sein Jahrhundert.* In: *Reden und Aufsätze.* München 1951, S. 110–124.

Ders: *Preußentum und Sozialismus.* München 1920.

Srnicek, Nick & Williams, Alex: *#ACCELERATE MANIFESTO for an Accelerationist Politics.* http://criticallegalthinking.com/2013/05/14/accelerate-manifesto-for-an-accelerationist-politics/ (letzter Abruf: 20.6.2019).

Stein, Ludwig: *Friedrich Nietzsche's Weltanschauung und ihre Gefahren. Ein kritisches Essay.* Berlin & Boston 2014.

Steinbach, Matthias: *«Der Donnerer hinter der Mauer». Nietzsche-Lesarten und -Orte in der DDR.* In: *«Ins Nichts mit ihm!» – Ins Nichts mit ihm? Zur Rezeption Friedrich Nietzsches in der DDR. Philosophische Gespräche*, der doBd. 43. Berlin 2016, S. 5–20.

Steiner, Rudolf: *Friedrich Nietzsche. Ein Kämpfer gegen seine Zeit. Gesamtausgabe,* Bd. 5. Hg. von der Rudolf-Steiner-Nachlassverwaltung. Dornach 2000.

Stephan, Paul: *Anti-Bull.* http://blog.harp.tf/2015/29/10/anti-bull/ (letzter Abruf: 20.6.2019).

Ders.: *Der Theologe mit dem Hammer. Thomas Müntzer als Vorläufer des modernen Authentizitätsdenkens*. In: *Narthex. Heft für radikales Denken* 5. Leipzig 2019, S. 20–29.

Ders.: *Die Linke neu* leben. *Thesen für einen linken Nietzsche* heute. *Eine Streitschrift*. Berlin 2019.

Ders.: *Die Moderne als Kultur der Vergewaltigung. Nietzsche als Kritiker der Gewalt.* In: *engagée. Politisch-philosophische Einmischungen.* Vol. 4. Wien 2016, S. 20–23.

Ders.: *Hat die Sozialdemokratie eine Zukunft?* http://blog.harp.tf/2018/12/04/hat-die-sozialdemokratie-eine-zukunft/ (letzter Abruf: 18.7.2019).

Ders.: *Nietzsche's Non-Aesthetics. Nietzsche's Radical Critique of Traditional Aesthetics.* In: *Proceedings of the European Society for Aesthetics* Bd. 8/2016, S. 443–470.

Ders.: *Nietzsche und der Stand des Feminismus. Ein Tagungsbericht.* http://blog.harp.tf/2017/22/04/nietzsche-und-der-stand-des-feminismus-ein-tagungsbericht/ (letzter Abruf: 19.7.2019).

Ders.: Rezension zu Achim Szepanski: *Kapitalisierung.* http://blog.harp.tf/2015/06/01/rezension-achim-szepanski-kapitalisierung/ (letzter Abruf: 13.5.2020).

Ders.: Rezension zu Andrew Culp: *Dark Deleuze.* http://blog.harp.tf/2018/24/01/rezension-zu-andrew-culp-dark-deleuze/ (letzter Abruf: 20.6.2019).

Ders.: *Thomas Müntzer: ein neuzeitlicher Vordenker moderner Authentizität? Überlegungen zur Verschränkung von Existens- und Sozialphilosophie.* In: Michael Hofer & Christian Roßner (Hg.): *Zwischen Illusion und Ideal. Authentizität als Anspruch und Versprechen.* Regensburg 2018, S. 175–190.

Ders.: *«Vergiss die Peitsche nicht!». Eine Untersuchung der Metapher des «Weibes»* in: Also sprach Zarathustra. In: Murat Ates (Hg.): *Nietzsches Zarathustra Auslegen.* Marburg 2014, S. 85–112.

Ders.: *Wahrheit als Geschichte und Augenblick. Die Kritik der Wahrheit im Werk Friedrich Nietzsches im Lichte des Abschnitts* Wie die «wahre Welt» endlich zur Fabel wurde. Nordhausen 2018. Basel 2011, S. 32–60.

Ders.: *Wörtchen am Mittwoch. Achim Szepanskis Versuch einer Aktualisierung des Marxismus.* http://blog.harp.tf/2017/13/02/rezension-zu-achim-szepanski-der-non-marxismus-finance-maschinen-dividuum/ (letzter Abruf: 19.7.2019).

Ders.: *Zarathustras «Augen-Blick». Nietzsches Lehre von der Konfrontation mit der Wirklichkeit.* In: *Nietzscheforschung. Jahrbuch der Nietzsche-Gesellschaft.* Bd. 24. Berlin & Boston 2017, S. 315–327.

Stirner, Max: *Der Einzige und sein Eigentum.* Stuttgart 1991.

Stöcker, Helene: *Über alte und neue Moral.* In: *Jugend* 11 (1906), S. 372 & 374.

Sunshine, Spencer: *Nietzsche und die Anarchisten.* In: *Tsveyfl. Dissensorientierte Zeitschrift* 1/2017, S. 113–117.

Sznajder, Mario: Eintrag zu Benito Mussolini. In: Christian Niemeyer (Hg.): *Nietzsche-Lexikon.* Darmstadt 2011, S. 254 f.

Taureck, Bernhard H. F.: *Nietzsche und der Faschismus. Ein Politikum.* Leipzig 2000.

Taylor, Seth: *Left-Wing Nietzscheans. The Politics of German Expressionism* 1910–1920. Berlin & New York 1990.

Thiel, Thomas: *Der rasende Stillstand der Weltgeschichte.* https://www.faz.net/aktuell/feuilleton/geisteswissenschaften/alexandre-kojeve-der-rasende-stillstand-der-weltgeschichte-11514274.html (letzter Abruf: 18.7.2019).

Thomä, Dieter: *Puer robustus. Eine Philosophie des Störenfrieds.* Berlin 2016, 371–374.

Thorgeirsdottir, Sigridur: *Die Philosophie Nietzsches im Spiegel von Philosophinnen im 20. Jahrhundert. Hannah Arendt, Simone de Beavoir, Luce Irigaray und Judith Butler.* In: Renate Reschke & Marco Brusotti (Hg.): *«Einige werden posthum geboren». Friedrich Nietzsches Wirkungen.* Berlin & Boston 2012, S. 97–115.

Dies.: *Nietzsches Philosophie der Schuld/en als transformierende Kritik der Schuldenökonomie der Gegenwart.* In: Helmut Heit & dies. (Hg.): *Nietzsche als Kritiker und Denker der Transformation.* Berlin & Boston, 189–205.

Tooze, Adam: *Ökonomie der Zerstörung. Die Geschichte der Wirtschaft des Nationalsozialismus.* München 2008.

Tucholsky, Kurt [alias Ignaz Wrobel]: *Fräulein Nietzsche.* In: *Die Weltbühne* v. 12.1.1932, Jg. 28, Nr. 2, S. 54–59.

Türcke, Christoph: *Der tolle Mensch. Nietzsche und der Wahnsinn der Vernunft.* Lüneburg 1989.

Vaneigem, Raoul: *Handbuch der Lebenskunst für die jungen Generationen.* Aus dem Französischen von der Projektgruppe Gegengesellschaft. Hamburg 2008.

Ders.: *Letter of Resignation from the Situationist International.* Aus dem Französischen ins Englische v. *Not bored!* http://www.notbored.org/resignation.html (letzter Abruf: 18.7.2019).

Van de Velde, Henry: *Das neue Kunst-Prinzip in der modernen Frauen-Kleidung.* In: *Deutsche Kunst und Dekoration* 10/1902, S. 363–386.

Villa, Dana R.: Kapitel zu Friedrich Nietzsche. Aus dem Englischen v. Wolfgang Heuer. In: Wolfgang Heuer e. a. (Hg.): *Arendt-Handbuch. Leben – Werk – Wirkung.* Stuttgart 2011, S. 228–233.

Visser, Gerard: *Nihilismus.* In: Christian Niemeyer (Hg.): *Nietzsche-Lexikon.* Darmstadt 2011, S. 275–277.

Vogel, Arna: *Geschichte der Freikörperkultur.* https://web.archive.org/web/20070318015830/http://www.dradio.de/dlr/sendungen/merkmal/145718/ (letzter Abruf: 17.6.2019).

Wagenknecht, Sahra: *Reichtum ohne Gier.* Frankfurt a. M. 2016.

Weber, Max: *Die protestantische Ethik und der «Geist» des Kapitalismus.* Stuttgart 2017.

Ders.: *Wissenschaft als Beruf.* Stuttgart 1995.

Weingrad, Michael: *The College of Sociology and the Institute of Social Research.* In: *New German Critique* 84 (2001), S. 129–161.

Weißmann, Martin: *Wie immanent ist die immanente Kritik? Soziologische Einwände gegen Widerspruchsfreiheit als Ideal der Sozialkritik.* In: *Zeitschrift für Soziologie* 46(6) (2017), S. 381–401.

Wikipedia: Eintrag zu «Archetyp». https://de.wikipedia.org/wiki/Archetyp_(Psychologie) (letzter Abruf: 14.7.2019).

Ebd.: Eintrag zu Hans Blüher. https://de.wikipedia.org/wiki/Hans_Blüher (letzter Abruf: 27.6.2019).

Ebd.: Eintrag zu Harry Graf Kessler. https://de.wikipedia.org/wiki/Harry_Graf_Kessler (Abruf: 9.5.2019).

Ebd.: Eintrag zur Szlachta. https://de.wikipedia.org/wiki/Szlachta (Abruf: 10.7.1019).

Wilamowitz-Moellendorff. Ulrich von: *Zukunftsphilologie! Eine Erwid-*

rung auf Friedrich Nietzsches «Geburt der Tragödie». Berlin 1872.
Wille, Bruno: *Philosophie der Befreiung durch das reine Mittel. Beiträge zur Pädagogik des Menschengeschlechts.* Berlin 1894.
WS[1063]: *Elche, Molche. Was Bernstein und Gernhardt reimten.* https://www.welt.de/wams_print/article1329102/Elche-Molche-Was-Bernstein-und-Gernhardt-reimten.html (letzter Abruf: 15.7.2019).
Yalom, Irvin D.: *Und Nietzsche weinte.* Aus dem Englischen v. Uda Strätling. München & Zürich 2003.
Žižek, Slavoj: *Die bösen Geister des himmlischen Bereichs. Der linke Kampf um das 21. Jahrhundert.* Aus dem Englischen v. Frank Born. Frankfurt a. M. 2011.
Ders.: *Lacan. Eine Einführung.* Frankfurt a. M. 2008.

Abbildungsverzeichnis

Alle sonstigen Bilder stammen vom Autoren.

1063 Dieses im Artikel genannten Kürzel war nicht aufzulösen.

Register

Hinweis zur Benutzung: Seitenzahlen nach „I:" beziehen sich auf den ersten, nach „II:" auf den zweiten Band. Kursive Seitenzahlen beziehen sich auf Fußnoten auf dieser Seite. Fette Seitenzahlen beziehen sich auf gesamte Kapitel, die die angegebene Person oder Sache zum Thema haben, oder Abschnitten, in denen sie schwerpunktmäßig behandelt werden. Gibt es mehrere solcher Stellen ist der Hauptabschnitt (sofern definierbar) zusätzlich unterstrichen. Fetten Stichwörtern sind ganze Kapitel gewidmet. Unterstrichene Begriffe sind Schlüsselbegriffe eines linken Nietzscheanismus der Gegenwart.

Sachregister

Personenregister

Diethard Behrens und
Kornelia Hafner:

Westlicher Marxismus

902 Seiten, kartoniert, 39,80 EUR,
ISBN 3-89657-083-8

Die AutorInnen gehen einem schillernden Begriff auf den Grund, dem üblicherweise so unterschiedliche Denker wie Althusser, Gramsci, Horkheimer und Adorno zugerechnet werden.

Von dem Philosophen Merleau-Ponty bereits in den 1950ern aufgebracht, wurde der Begriff vor allem durch Perry Andersons vielbeachtete Studie «Über den Westlichen Marxismus» (1978) populär und avancierte so in dessen Perspektive zum Synonym für einen «philosophischen» Marxismus, der die Marx-Rezeption im 20. Jahrhundert entscheidend beeinflusste.

Urs Lindner:

Marx und die Philosophie

Wissenschaftlicher Realismus, ethnischer Perfektionismus, kritische Sozialtheorie

424 Seiten, kartoniert, 29,80 EUR,
ISBN 3-89657-060-9

«Marx und die Philosophie» unternimmt eine kritische Rekonstruktion, die die marxschen Auffassungen aus ihren je spezifischen Kontexten heraus versteht und zu gegenwärtigen Debatten der Philosophie und Sozialtheorie in Beziehung setzt. Indem Marx den üblichen Rezeptionsmustern entrissen wird, kommt ein philosophischer Ansatz zum Vorschein, den das Buch als «Reflexivitätsmaterialismus» und «realistische Sozialphilosophie» beschreibt.

schmetterling verlag